The Discourse with Chinese Characteristics

An CHEN on International Economic Law

中国特色话语

陈安论国际经济法学

第二卷

陈安 著

北京大学出版社
PEKING UNIVERSITY PRESS

简目

第二卷

第二编　国际经济法基本理论（二） …… 0911

第 1 章　论"适用国际惯例"与"有法必依"的统一 …… 0913

第 2 章　中国涉外仲裁监督机制评析 …… 0928

第 3 章　论中国的涉外仲裁监督机制及其与国际惯例的接轨 …… 0942

第 4 章　中国涉外仲裁监督机制申论 …… 0978

第 5 章　再论中国涉外仲裁的监督机制及其与国际惯例的接轨
　　　　——兼答肖永平先生等 …… 0989

第 6 章　论中国执行外国仲裁裁决机制的形成和不足 …… 1058

第 7 章　论中国涉外仲裁程序中当事人的申辩权和对质权
　　　　——就香港百利多投资有限公司诉香港克洛克纳东亚有限公司
　　　　　一案向香港高等法院提供的专家意见书 …… 1068

第 8 章　就中国涉外仲裁体制答英商问（专家意见书） …… 1078

第 9 章　论涉外仲裁个案中的偏袒伪证和纵容欺诈
　　　　——CIETAC 1992—1993 年个案评析 …… 1088

第 10 章　论涉外仲裁个案中的越权管辖、越权解释、草率断结和有欠透明
　　　　——CIETAC 2001—2002 年个案评析 …… 1132

第 11 章　论中国法律认定的"违法行为"及其法律后果
　　　　——就广东省广信公司破产清算债务讼案问题答外商摩根公司问
　　　　（专家意见书） …… 1183

第 12 章　论中国内地土地使用权的回收与变卖
　　——就香港某债务讼案问题答台商问（专家意见书） …………… 1192
第 13 章　小议"法无明禁即为合法"
　　——就外资企业"设董"自主权问题答英商问（专家意见书） …… 1199

第三编　国际投资法 ……………………………………………………… 1205

第 1 章　OPIC 述评：美国对海外私人投资的法律保护及典型案例分析 …… 1207
第 2 章　从 OPIC 到 MIGA：跨国投资保险体制的渊源和沿革 ………… 1303
第 3 章　多边投资担保机构与美国在华投资 ………………………………… 1391

目录

第二编　国际经济法基本理论(二)

第1章　论"适用国际惯例"与"有法必依"的统一 ………………… 0913
　一、关于"国际惯例"的诸般学说 ………………………………… 0914
　二、关于"国际惯例"理论要点之管见 …………………………… 0917
　三、"与国际惯例接轨"不能凌驾"有法必依" …………………… 0922
　四、结语 ……………………………………………………………… 0926

第2章　中国涉外仲裁监督机制评析 ………………………………… 0928
　一、中国《仲裁法》的涉外仲裁监督规定与《民事诉讼法》有关规定的
　　　接轨 ……………………………………………………………… 0930
　二、中国《仲裁法》的涉外仲裁监督规定与国际条约有关规定的接轨 … 0932
　三、中国《仲裁法》的涉外仲裁监督规定与当代各国仲裁立法通例有关
　　　规定的接轨 ……………………………………………………… 0934
　四、中国涉外仲裁监督问题的"特殊性"及其有关机制与国际条约、国际
　　　惯例接轨的必要性 ……………………………………………… 0937

第3章　论中国的涉外仲裁监督机制及其与国际惯例的接轨 ……… 0942
　一、中国的审判监督、内国仲裁监督与涉外仲裁监督的同异及其待决
　　　问题 ……………………………………………………………… 0945
　二、中国两类仲裁监督"分轨"立法之合理性问题 ………………… 0949
　三、加强现行中国涉外仲裁监督机制的几点设想 ………………… 0975

第4章　中国涉外仲裁监督机制申论 ………………………………… 0978
　一、内国仲裁监督与涉外仲裁监督"分轨制",并非"国际社会的普遍
　　　做法" …………………………………………………………… 0979

二、英国的仲裁监督并未实行"分轨制",其涉外仲裁监督并非"只管程序运作,不管实体内容" ········· 0981

三、终局而不公、终局而违法的裁决不是受害一方"当事人最主要的期望" ········· 0983

四、"无权监督、无计可施"的担心不是"多余的" ········· 0984

五、结束语 ········· 0988

第5章 再论中国涉外仲裁的监督机制及其与国际惯例的接轨
——兼答肖永平先生等 ········· 0989

一、对内国仲裁监督与涉外仲裁监督实行"分轨",这是国际社会的普遍做法或"符合国际上的通行做法"吗?有何依据? ········· 0991

二、英国的仲裁监督,是否实行"内外有别"的"分轨制"?它对于涉外仲裁的监督是否"只管程序运作,不管实体内容"? ········· 0994

三、美、德、法诸国的仲裁监督,联合国《仲裁示范法》的有关规定,是否实行"内外有别"的"分轨制"?对于涉外仲裁的监督是否"只管程序运作,不管实体内容"? ········· 1007

四、当事人选择仲裁解决争议,"最主要的就是期望获得一份终局裁决"吗?终局而不公、终局而违法的裁决,是受害一方当事人"最主要"的期望吗? ········· 1035

五、"应更注重效益"论、"预防保护主义"论、"抵制司法腐败"论、"仲裁一片净土"论能否成为涉外仲裁排除实体监督的正当"理由"? ········· 1038

六、依照现行的涉外仲裁监督机制,对于实体内容上错误或违法的涉外裁决,包括凭伪证作出或基于贪赃枉法作出的涉外裁决,任何权威机关都无权监督,无计可施。"这种担心是多余的"吗? ········· 1049

七、结束语 ········· 1055

第6章 论中国执行外国仲裁裁决机制的形成和不足 ········· 1058

一、1949—1978年(约30年):相关立法基本空白 ········· 1059

二、1979—1994年(约15年):国内逐步立法+参加国际公约 ········· 1060

三、1995年迄今 ········· 1063

四、中国有关执行外国仲裁裁决的立法仍有待改善 ········· 1067

第7章　论中国涉外仲裁程序中当事人的申辩权和对质权
　　——就香港百利多投资有限公司诉香港克洛克纳东亚有限公司
　　一案向香港高等法院提供的专家意见书 ………………………… 1068
　　一、专家简况 ……………………………………………………………… 1070
　　二、咨询的问题：当事人可否对CIETAC自行指定专家作出的鉴定提出
　　　　抗辩？ …………………………………………………………………… 1070
　　三、专家的看法和意见 …………………………………………………… 1071
　　附录 ………………………………………………………………………… 1075

第8章　就中国涉外仲裁体制答英商问（专家意见书） ………………… 1078
　　一、仲裁和诉讼（俗称"告状"或"打官司"）有何不同？ ………………… 1079
　　二、"仲裁协议"是否必须采取另立合同的形式？ ……………………… 1080
　　三、英商Y能源有限公司申请仲裁，是否已经具有充分的根据？ …… 1081
　　四、由中国国际经济贸易仲裁委员会进行仲裁，与一般国内民事仲裁
　　　　以及由法院审判相比较，其主要区别是什么？ …………………… 1082
　　五、有人说："即使你仲裁胜诉了，到本省本市执行不了，你也没办法。"
　　　　这种说法对不对？ …………………………………………………… 1083
　　六、从申请仲裁到裁决和执行，会拖延不少时间，在此期间内对方如借口
　　　　处于仲裁中而不执行合同，M电厂势必瘫痪。遇此情况，对方应承担
　　　　什么法律责任？ ……………………………………………………… 1084
　　七、如果对方不愿或不能履行合同，英商Y公司是否即可按《合资经营
　　　　合同》第29条进行索赔？其赔偿额依法应如何确定？ …………… 1085
　　八、有人说，政策变化属于"不可抗力"。这种说法能否成立？ ……… 1086

第9章　论涉外仲裁个案中的偏袒伪证和纵容欺诈
　　——CIETAC 1992—1993年个案评析 ………………………… 1088
　　一、本案案情梗概 ………………………………………………………… 1089
　　二、本案仲裁申请书 ……………………………………………………… 1091
　　三、关于香港PH公司S先生欺诈行为的补充说明 …………………… 1094
　　四、本案讼争主要问题剖析（代理词） …………………………………… 1103
　　五、关于《（1993）贸仲字第3470号裁决书》的法律意见书
　　　　——对本案裁决执法不公的批评、质疑和建议 ……………… 1122

第 10 章 论涉外仲裁个案中的越权管辖、越权解释、草率断结和有欠透明
——CIETAC 2001—2002 年个案评析 ……………………………… 1132
  小引 ……………………………………………………………………… 1134
  一、本案案情梗概 ………………………………………………………… 1136
  二、本案裁决书"仲裁庭意见"一稿与二稿的径庭与突变 ……………… 1141
  三、本案裁决中的越权管辖裁断和越权代庖解释 ……………………… 1158
  四、本案仲裁后期的草率断结和断结后的有欠透明 …………………… 1173
  五、几项寄语 ……………………………………………………………… 1179
  六、尾声 …………………………………………………………………… 1182

第 11 章 论中国法律认定的"违法行为"及其法律后果
——就广东省广信公司破产清算债务讼案问题答外商摩根公司问(专家意见书) …………………………………………………… 1183
  一、专家简况 ……………………………………………………………… 1184
  二、本案的梗概和咨询的问题 …………………………………………… 1184
  三、专家的看法和意见 …………………………………………………… 1186

第 12 章 论中国内地土地使用权的回收与变卖
——就香港某债务讼案问题答台商问(专家意见书) ……………… 1192
  一、专家简况 ……………………………………………………………… 1193
  二、本案咨询的问题 ……………………………………………………… 1193
  三、专家的看法和意见 …………………………………………………… 1194

第 13 章 小议"法无明禁即为合法"
——就外资企业"设董"自主权问题答英商问(专家意见书) ……… 1199
  一、在华外商独资有限责任公司可以设立也可以不设立董事会 ……… 1200
  二、中外合资企业或中外合作企业的董事会人数不得少于3人,但外商独资企业的董事会人数可以少于3人 …………………………… 1201
  三、两人董事会或偶数董事会避免决策"僵局"的具体办法 …………… 1202
  四、新颁《国务院关于投资体制改革的决定》深受外商欢迎,应予认真贯彻 …………………………………………………………………… 1203
  五、结论 …………………………………………………………………… 1204

第三编　国际投资法

第 1 章　OPIC 述评：美国对海外私人投资的法律保护及典型案例分析 …… 1207
　韩德培先生序言 …… 1208
　前言 …… 1209
　一、从中美投资保险和投资保证协定谈起 …… 1212
　二、海外私人投资公司的历史沿革和设置意图 …… 1216
　三、海外私人投资公司的基本体制 …… 1237
　四、海外私人投资公司对若干索赔案件处断概况 …… 1249
　五、若干初步结论 …… 1300

第 2 章　从 OPIC 到 MIGA：跨国投资保险体制的渊源和沿革 …… 1303
　一、跨国投资保险体制的渊源和沿革：从 OPIC 到 MIGA …… 1306
　二、多边投资担保机构的概貌 …… 1314
　三、研究多边投资担保机构对于中国的重大现实意义 …… 1335
　附录　多边投资担保机构的十五年发展历程 …… 1340

第 3 章　多边投资担保机构与美国在华投资 …… 1391
　前言 …… 1392
　一、MIGA 与世界银行集团之间的关系 …… 1394
　二、MIGA 与解决投资争端国际中心之间的关系 …… 1396
　三、MIGA 与美国欧皮克公司之间的关系 …… 1399
　四、中国学者的观点及中国的有关立法 …… 1400
　五、美国对 MIGA 的看法以及相应的立法 …… 1404
　六、MIGA 对保护美国在华投资可能发挥的重大作用 …… 1406
　七、结语 …… 1414

第二编
国际经济法基本理论(二)

第 1 章 论"适用国际惯例"与"有法必依"的统一[*]

>> 内容提要

本文从理论与实践两个层面就我国在对外经贸往来中适用国际惯例的问题进行了探讨。作者在回顾与辨析关于国际惯例的诸般学说的基础上,提炼和概括出关于这一问题的几个理论要点,并由此出发,以近年来土地开发与房地产经营中出现的混乱现象为例,指出不应将"适用国际惯例"凌驾于"有法必依"之上,而应将二者统一起来。在"适用国际惯例"与"有法必依"两者之间,如果存在着某种"矛盾",则在立法上,应及时加强调查研究,慎重考虑是否可以或应该"变法";即使可以或应该"变法",也必须"依法变法",不应提倡乱闯法律禁区,以免贻患无穷。

>> 目 次

一、关于"国际惯例"的诸般学说
二、关于"国际惯例"理论要点之管见
三、"与国际惯例接轨"不能凌驾"有法必依"
四、结语

国际惯例作为法的一种渊源,分属于不同的法学学科和法律门类。有的属于国际公法领域,有的属于国际私法领域,有的属于国际经济法领域,有的属于各国民法、经济法、刑法领域,等等。我们在这里探讨的是属于国际经济法领域的惯例,简称"国际经济惯例"或"国际经贸惯例"。

---

[*] 本文原载于《中国社会科学》1994 年第 4 期。

本文拟紧密结合当前中国的实际，对近年来中国在对外经贸往来中适用国际经济惯例方面存在的若干理论问题和实践问题加以探讨。

中国自20世纪70年代末实行改革开放基本国策以来，对外经贸往来迅猛发展。1992年，党的十四大明确提出建立社会主义市场经济体制的改革目标，全方位地对外开放，这就使中国成为国际社会经济生活中更加积极、愈来愈活跃的一员。建立社会主义市场经济，涉外经济基础和上层建筑的许多领域，需要有一系列相应的体制改革、政策更新和法律调整，才能使中国在更大的广度和深度上参与和拓展国际经贸往来，充分利用国际市场经济所提供的各种资源和机遇。正是在这样的历史条件下，人们日益强调：中国为推进改革开放大业而采取的各项措施，应当更加注意"参照国际惯例""适用国际惯例"或"与国际惯例接轨"。

"适用国际惯例"一词，是中国现行经济法、民商法中常见的立法用语。它主要是指中国对外经贸往来在一定条件下适用国际经贸商务中通行的做法，即适用国际经贸惯例。对此，各界看法大体一致，似无歧义。但是，对中国现行经济法、民商法中常见的立法用语"国际惯例"一词，其具体内涵和外延如何界定，"国际惯例"在中国法律规范的整个体系中处在何种具体的法律位阶，它的法律效力或约束力是否高于中国的现行法律，在"国际惯例"与中国现行法律不一致或发生矛盾冲突时，如何正确对待和取舍，等等，则说法不一，见解不同，并且各按自己的说法和见解，各行其是；甚至在"与国际惯例接轨"的堂皇旗号下，乱闯现行法律禁区，追逐个人私利或部门、地区的局部利益，造成思想上和实践上的混乱，严重损害了国家的全局利益。为正本清源，很有必要从理论上对"国际惯例"进行剖析和澄清，以正视听。

一、关于"国际惯例"的诸般学说

早在1985年，中国就在《涉外经济合同法》中针对国际惯例的适用原则作出明确的法律规定："中华人民共和国法律未作规定的，可以适用国际惯例。"次年，在《民法通则》中进一步载明："中华人民共和国法律和中华人民共和国缔结或者参加的国际条约没有规定的，可以适用国际惯例。"1992年颁布的《中华人民共和国海商法》（以下简称《海商法》）再一次重申了同样的适用原则。[1]

---

[1] 参见《涉外经济合同法》第5条第3款、《民法通则》第142条第3款、《海商法》第268条第2款。《涉外经济合同法》颁行以来曾经发挥了重大的积极作用。其基本内容现已被吸收融合于1999年10月1日起施行的《中华人民共和国合同法》中。《涉外经济合同法》《经济合同法》《技术合同法》均于同日废止。

关于"国际惯例"一词的内涵，在中外法律文件的提法上和学者们的论述中，见仁见智，迄今似尚无举世公认、完全一致的界说。

《国际法院规约》第 38 条规定：国际法院在裁判中可以适用"国际习惯"(international custom)，这种惯例，就是"有证据表明已被接受为法律的通例"(general practice)。[2]

英国学者劳特派特(H. Lauterpacht)修订的《奥本海国际法》在"绪论"中专设一目，阐明"习惯"(custom)与"惯例"(usage)的区别，认为"习惯不应与惯例相混淆。……如果某种行为的一种明显和继续的惯行(habit)是在这种行为按照国际法是必需和正当的这个信念之下形成的，国际法学者就说这是**习惯**。另一方面，如果某种行为虽然形成一种惯行，但却没有这种行为按照国际法是必需的或正当的信念，国际法学者就说这是**惯例**"[3]。据此，在形成的时间上，惯例先于习惯；而在约束力的层次上，惯例低于习惯，习惯是由惯例"上升"而成的。

但是，紧接上述正文之后，同书同页却加上一条注解，指出："国际法上的习惯与惯例的区别并非尽如正文所说明的。例如，霍尔(Hall)说过'这种习惯从此形成为一个确定的惯例。'"[4]。据此，则惯例之形成后于习惯，而惯例之约束力应高于或优于习惯，惯例是由习惯"上升"而成的。简言之，上述两种见解正好是截然相反的。

美国学者布莱克(H. C. Black)编纂的《布莱克法学辞典》问世一百余年来，历经五度修订。其中，将"习惯与惯例"(custom and usage)合并立目，并统一解释为"惯例或人们的惯常做法(practice)，……具有强制力；在与它有关的场合或事项上，具有法律约束力。"但是，在同一条目中又补充说："惯例［辨义］(usage distinguished)：'惯例'是一种重复的行为，它不同于习惯，后者是产生于此种重复行为的法律或一般规则。可以有尚未形成习惯的惯例，但如无惯例伴行或先行，就不能形成习惯。"[5]在这里，就其合并立目和统一解释而言，显然是将"习惯"和"惯例"作为同义语看待，二者的法律地位及约束力属于同一层次；但就其补充"辨义"而言，却又将两者作为异

---

[2] 英文原文为："international custom, as evidence of a general practice accepted as law"。See Statute of The International Court of Justice, in Louis Henkin et al. (eds.), *Basic Documents Supplement to International Law*, West Publishing Co., 1987, p. 92. 国内中文本通常译为"国际习惯，作为通例之证明而经接受为法律者"，读来拗口，且语意不明。兹改译如正文，供参考和讨论。

[3] ［英］劳特派特修订：《奥本海国际法》(上卷第 1 分册)，王铁崖、陈体强译，商务印书馆 1971 年版，第 18—19 页。并参见同书英文版：H. Lauterpacht, *Oppenheim's International Law*, 6th Edition, Longman, Green and Co., 1940, p. 25.

[4] 同上书，第 19 页；英文第 6 版，第 26 页。

[5] 《布莱克法学辞典》，1979 年英文第 5 版，第 347 页，并参见第 1381 页"usage"条目中的"custom distinguished"段。这本辞典的特色之一是：把学术界对同一辞目的不同理解和不同解释，兼收并蓄，并一一注明释义的出处，以供读者进一步查索和对照比较。上述既合并立目又补充辨义和诠释的方法，正是这种编纂体例的一种体现。由此可见，在美国法学界，对于惯例与习惯的理解，向来是众说纷纭的。

义语看待,二者的法律地位及约束力就有高低强弱之分。

日本学者皆川洸认为:"国际习惯,是指国际间业经确立的一般惯例。这些惯例已被证明具有法律义务之意义,且正在实践中使用。其实,国际惯例并不是法律义务,而主要是出于国际礼让和方便的考虑而加以引用。在承认业经确立之一般国际惯例时,……即已存在着承认其法律意义的推定。"[6]这段论述,显然是针对前述《国际法院规约》有关规定所作的诠解。

在中国,1929 年国民党政府颁行的《中华民国民法典》中明文规定:"民事,法律所未规定者,依习惯;无习惯者,依法理。"[7]在这前后的"司法解释"和"判例"中,"习惯"一词常与"习惯法""习惯法则""惯例"等混合使用或交替使用。值得注意的是这样的表述和说明:"习惯法之成立须以多年惯行及普遍一般人之确信心为其基础。""习惯法则应以一般所共信不害公益为要件。否则,纵属旧有习惯,亦难认为有法的效力。"[8]

中国台湾学者张镜影先生认为:"习惯乃指多数人对同一事项,经过长时间,反复而为同一之行为也。因此,**习惯是一种事实上的惯例**。""习惯经国家承认时,则成为习惯法(customary law)"。"民事采用之习惯,其必备之要件有五:一须有习惯之存在;二须为**人人确认**其有法之效力;三须系为法令所未规定之事项;四须不背于公共秩序与善良风俗者;五须经国家**明示**或**默示**承认者。"[9]在张先生看来,习惯只是一种客观存在的事实,其所以具有"法之效力",则来源于"人人确认"与"国家承认"这两大前提要件。这种观点,符合实际,颇有见地,值得称道。

著名国际法学者王铁崖教授认为:"惯例"一词,有广义与狭义之分:**广义的"惯例"包含"习惯"在内**。通常外交文件上所称"惯例",既包含已经具有法律约束力的"习惯",也包含尚未具有法律拘束力的常例、通例或惯常做法。狭义的"惯例"则专指尚未具有法律约束力的常例,即《国际法院规约》第 38 条第一项(丑)款所指的"通例"之类。换言之,"国际习惯"与狭义的"国际惯例",两者之间的区别,就在于它们"是否被各国认为具有法律拘束力。"[10]王先生关于"广义的惯例"的见解,在一定程度上突破了前述劳特派特修订本见解所设定的狭窄框架,比较切合实际,颇具启迪

---

[6] 日本国际法学会编:《国际法辞典》,世界知识出版社 1985 年版,第 603 页。
[7] 林纪东、郑玉波等编纂:《新编六法参照法令判解全书》,台湾五南图书出版公司 1986 年版,第 63 页。
[8] 同上书,第 63—65 页。
[9] 转引自何孝元主编:《云五社会科学大辞典》(第 6 册),载《法律学》,台湾 1971 年版,第 302 页。强调是引者所加。
[10] 王铁崖主编:《国际法》,法律出版社 1981 年版,第 29 页。14 年之后,王先生的具体提法虽有所发展更新,认为**狭义的'惯例'专指'习惯'**",即专指具有法律拘束力的习惯,但他所率先提出的关于"广义的惯例"之说,则始终如一。参见王铁崖主编:《国际法》,法律出版社 1995 年版,第 13 页。

意义。

著名国际私法学者韩德培教授认为:"国际惯例是在国际交往中逐渐形成的**不成文的法律规范**。"他强调:"**国际惯例只有经过国家认可才有约束力**。"他同时指出:在国际私法领域,国际惯例可大体分为两类,一类是无需经过当事人选择,大家都必须遵守的惯例,如"国家财产豁免"原则;另一类是只有经过当事人选择,才对他们有约束力的惯例,如《国际贸易术语解释通则》。前一类是强制性规范,后一类是任意性规范。我国在处理涉外民商事法律问题时,除应遵守我国法律以及我国与有关国家订立的条约外,"**在维护主权**和平等互利的原则下,也**参照**国际**惯例**和**习惯**。"[11]在参照适用国际惯例时,大力强调维护国家主权与国家认可原则,是韩先生上述见解的一大特色,颇能发人深思。

著名国际经济法学者朱学山教授认为:"惯例是从习惯来的"。一旦有了习惯,人们往往会按照习惯行事,并逐渐觉得应当如此行事,愿意相约遵守,于是习惯便发展成为惯例。此时或此阶段的习惯,不但具备了"物质因素",即客观上存在的、长期重复发生的行为,而且具备了"心理因素",即人们主观上普遍觉得理应如此,理应遵守这些习惯,这就叫作有了"法的确信"。"习惯具备了这两个因素,就不再是一般的习惯,而是转化成为具有法律效力的惯例了。可以说,惯例是在法律意义上取得了法律效力的习惯。"[12]朱先生强调的是:惯例来自习惯而又高于习惯。此种见解,与前述霍尔的见解可谓不谋而合,而其阐述和论证,则远比霍尔明快、透辟,令人耳目一新!

二、关于"国际惯例"理论要点之管见

对于中外法学家的上述各种观点和见解,仔细地加以比较分析和综合研究,方能博采众长,集思广益。作为中国当代的法律学人,如能立足于中国的实际国情,着眼于当代世界经济秩序新旧更替的趋势,来考察和理解关于适用国际惯例问题,就不难从上述各种见解中,概括、提炼和推导出以下的理论要点:

1. "custom""usage""practice",这三个名词实际上都具有习惯、惯例、惯常做法等多重含义,在辞典的名词字义诠解中,常被用于互相交叉解释。可以说,在一定范

---

[11] 韩德培主编:《国际私法》(修订本),武汉大学出版社1989年修订版,第27—28页。
[12] 朱学山先生的上述见解,收辑于陈安主编:《国际经济法总论》,法律出版社1991年版,第136页。

围内,这三个单词实际上是字义互通的同义语。[13] 现有的一些中译本,把"custom"译为"习惯"、"usage"译为"惯例"、"practice"译为"通则"或"常例",看来也只是为了解释上的方便,而并不意味着这三者的字义之间"界限分明",绝对不准沟通,不得逾越,禁止互相代替使用。有人认为,"习惯"与"惯例"这两个名词,在日常生活语言中可以交叉混用,但在国际法学者用语中却不容混淆。[14] 其实,任何国际法学者都不能脱离社会日常生活,似乎没有绝对必要另外创造或生造一套"同词异义"字,使其完全脱离日常用语中约定俗成的原有字义。例如,有谁能够断言:"international custom"一词,只能译成"国际习惯"而绝对不能译成"国际惯例",或者,前译准确而后译讹误呢?

在中国汉族社会的语言文字和日常生活中,一般说来,"惯例"一词的语义、语气和力度,似均强于"习惯"一词。"例"字含有先例、成例、规例、规程、规则、准则、条例、律例诸义,[15]并由此衍生出"有例可援""援例办理""依例断案""据例处刑"等成语。因此,"**惯例**"一词似可诠释为"**由习惯而形成的规例**"。相应地,前述《国际法院规约》第38条中的"international custom"一词如改译为"国际惯例",似更切合于中国社会生活和日常习惯用语的实际,也更有利于与中国现行诸基本法律(民法、海商法等)中的"国际惯例"这一**法定用语**互相衔接,取得一致。

2. 中国上述法律条文中提到可以适用的"国际惯例",当然主要是指在国际社会中普遍认为具有约束力的那些习惯或惯常做法。但是,在司法实践中,对于那些尚未获得普遍承认,暂时还欠缺约束力的习惯或惯常做法,只要确实有利于问题或争端的公平处理和公正解决,似也不妨采取"拿来主义",参照适用。从这个意义上说,对中国现行法律、法规中提到的"国际惯例"一词,似宜作广义的理解。

3. 在中国法律未作明确规定的情况下,"适用国际惯例""参照国际惯例""与国际惯例接轨",既可以是**司法**、**执法**的补充准则,也可以是**立法**或**施政**的指导方针。换言之,既可适用或参照国际惯例来办事断案,解决争端,又可适用或参照国际惯例来厘定新的政策,制定新的法规。近年来,人们自觉提倡的"与国际惯例接轨",通常就是指在全方位对外开放条件下,中国在施政和立法方面努力更新与不断改善的新导向。

---

[13] 参见《韦氏新大学辞典》(1990年第9版)、《布莱克法学辞典》(1979年版)以及《新英汉词典》等书的有关辞目。

[14] 参见〔英〕劳特派特修订:《奥本海国际法》(上卷第1分册),王铁崖、陈体强译,商务印书馆1971年版,第18页。

[15] 参见《辞海》,上海辞书出版社1979年缩印本,第238页;《汉语大词典》(第1卷),上海辞书出版社1986年版,第1334—1335页。

4. 严格说来，国际惯例本身并不具备任何强制力。有关的法律文字既曰"**可以适用**"，当然就意味着：也可以不用。用与不用，悉听司法、执法者的自由裁断。因此，这显然只是一种任意性规范而不是强制性规范。国际惯例从一个本来并无强制力的客观事物转化成为具有法律约束力的行为规范，一般必须通过两种"中介"之一：其一，通过当事人之间的协议，将其有关规则或内容纳入合同，使其产生合同法上的法律约束力；其二，通过主权国家权力机关某种形式的承认或确认，赋予它法律上的约束力。前者是个案性的，影响甚小；后者则是总体性、普遍性、全国性的，影响至巨。

因此，一个主权国家在决定是否认可和采纳某项国际惯例时，自应审慎从事，在认真调查研究有关国际惯例的真实内容和规则，弄清全貌之后，再立足于本国国情，全面权衡利弊得失，决定取舍。在这方面，闭目塞听、夜郎自大、因循守旧、固步自封，是错误和有害的；反之，一知半解、若明若暗、追赶"时髦"、盲目附和、轻率从事，同样是错误和有害的。

5. 当今世界存在着两大类主权国家，一类是发达国家，它们大多是原先的殖民主义强国；另一类是发展中国家，它们大多是原先的殖民地、半殖民地弱小民族。这两大类国家，由于经济上的互补性，在通过合作谋求世界各国经济的共同繁荣方面，有着共同的利益和共同的语言。但是，毋庸讳言，由于两类国家在经济利害得失上的矛盾和冲突，从总体上说来，发达国家多是国际经济**旧秩序**的维护者，发展中国家多是国际经济**新秩序**的倡导者。相应地，在国际惯例领域，除了两类国家都可以接受的惯例外，也有某些不合时宜的旧日传统惯例，为发达国家所坚持，却为发展中国家所反对；某些符合时代潮流的新生的惯例，为发展中国家所倡导，却为发达国家所抑制。因此，在国际经济秩序**新旧更替**的过程中，国际惯例并**不是"铁板一块"**的，也**不是固定不变**的。中国是社会主义国家，也是发展中国家。作为第三世界的一员，中国在决定是否认可和采纳某项国际惯例时，当然也必须考虑到国际经济秩序新旧更替、**除旧布新**的全局，考虑到第三世界众多发展中国家的共同立场和共同利益。

6. 作为一个主权国家，中国认可和采用国际经贸惯例的方式大体有下述四种：第一，与有关外国缔结或者参加各类国际经济条约；第二，在中国的国际私法（冲突法）立法中，吸收有关的国际经贸惯例；第三，在中国的经济法、民商法立法中，吸收有关的国际经贸惯例；第四，既不缔结或参加某类或某项国际条约，也不在国内立法中正式吸收某项国际经贸惯例，悉听当事人自行决定是否在涉外经贸法律行为中采用某些条约的有关规定、某些外国法律的有关规定，或某些国际民间团体编纂的国际经贸惯例规则。换言之，举凡中国并未缔结或参加的国际条约、一切外国的法律、一切国际民间团体编纂的规则,其中所包含的国际经贸行为规范或行动准则,在中国这个主权国家看来,它们始终都只是停留在**国际经贸惯例**的位阶,即停留在既**非国际法**也**非国内法**(或非条约、非法律)的位阶;它们对于中国这个主权国家看来,都是没有法律约束力的。但是,在中国有关机关的执法、司法过程中,却不妨把它们作为国际社会中通行的行为规范和行动准则,**参照适用**,在各类个案中,赋予一定的法律约束力。

7. 由此可见,在中国涉外立法的整个体系中,国际经贸惯例与中国的国内法、中国缔结或参加的国际条约之间,具有互相交叉、互相渗透和互相融合的关系。试粗略示意如下图:

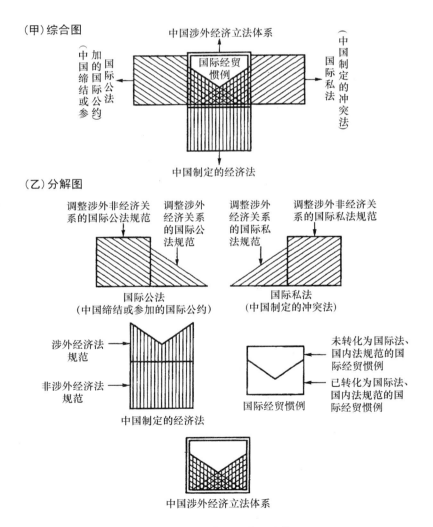

图 2-1-1　中国涉外经济立法体系

在中国涉外经贸法律行为规范的整个体系中，那些尚未转化为国际法（指中国缔结或参加的条约）、中国国内法的国际惯例，可谓自成一类，其独特之处在于它既不是对中国有约束力的国际法规范，也不是在中国境内有直接约束力的国内法规范。具体说来：

第一，它的确立，并非基于中国的国家立法或中国的对外缔约。而中国涉外经贸法律行为规范的其余部分，却无一例外，都必须经过中国的国家立法或国际缔约等程序，才能确立。

第二，它对于特定当事人具有的法律上的约束力，从总体上说，并非直接来源于中国国家的主权或其他强制权力，而是来源于当事人各方的共同协议和自愿选择。如果没有当事人的合意采用，一般说来，它就毫无约束力可言。反之，中国涉外经贸法律行为规范的其余部分，其约束力不但毫不仰赖于当事人的协议采用，而且往往可以逆着当事人的意愿径自发挥其应有作用，如果当事人这种意愿违反有关法律强制性规定的话。

第三，当事人在订立合同时，对于某一项现成的国际经贸惯例，只要各方合意议定，就既可以全盘采用，也可以有所增删，悉听自便。反之，当事人对于调整特定涉外经济关系的许多强制性法律条款，则只有全面遵照办理的义务，并无随意增删更改的自由。

第四，在许多场合，国际经贸惯例对于特定当事人的约束力，虽然并非直接来源于中国国家的主权或其他强制权力，但是，这种约束力的实施或兑现，却往往必须借助于中国国家的主权或其他强制权。例如，涉外经济合同当事人一方任意食言，无视自愿选择采用的某项国际经贸惯例的约束力，为了解决争端，除可提交仲裁之外，最终往往要通过法院作出判决或裁定，借以兑现和显示此项国际惯例的约束力。就此点而言，国际经贸惯例的约束力既区别于又类似于一般民商法律条款。从法理上分析，当事人在订立合同时既已自愿选择采用某种现成的国际经贸惯例，则此种惯例中所规定的权利和义务，就转化成为该项合同所确立的权利和义务，由合同法给予法律上的保障，并赋予法律上的约束力和强制力。因此，一方擅自违约，就要承担法律上的责任。另一种情形是：当事人之间在某项涉外经贸法律行为争端上并无明确的约定条款，而中国法律以及中国缔结或参加的国际条约中也没有明确规定，则中国法院可以参照或适用有关的国际经贸惯例，予以处断。在此种场合，此项国际惯例的约束力，貌似由中国法院直接赋予，实则此时此项国际惯例之约束力的真正渊源和主要法律依据，乃是前述中国《民法通则》中关于"可以适用国际惯例"的明文规定。

三、"与国际惯例接轨"不能凌驾"有法必依"

探讨国际经贸惯例的理论要点,研究国际惯例与相邻部门国际经贸法律行为规范之间的联系与区别,当然不是纯学理的繁琐考证,也不是书斋中的概念游戏。理论上的模糊,往往会导致观念上的错觉和实践中的失误,小则损及单个企业,大则贻害整个国家。

20多年来,特别是在强调全方位对外开放以来,"按国际惯例办事""与国际惯例接轨"的口号和指针日益为国人接受。它开阔了人们的视野,更新了人们的观念,使人们勇于和善于吸收外国的先进经验,加大了中国在经济基础和上层建筑诸多领域改革的深度和力度,促进了社会主义市场经济体制的建立,加快了社会主义经济建设的发展。这当然是事物的主流。但是,在这个过程中,已经出现了一股不容忽视的支流:出于对国际惯例实际内容的无知、误解或一知半解,或者,为了追求某种难登"大雅之堂"的私欲私利或部门、地区的狭隘利益,随心所欲,滥用上述口号,以**"按国际惯例办事"或"与国际惯例接轨"为名,冲击"有法必依"的法制基本原则**,否定社会公众心目中好不容易才逐渐形成和初步建立起来的守法意识,似乎中国的现行法律,都应当用"国际惯例"这个最高圭臬衡量检验一番,以判断其是否已经"不合时宜",从而决定取舍或是否遵行。其影响所及,就在某些地区、某些问题和某种程度上,出现了**有法不依、有令不行、有禁不止**的现象,出现了思想观念上的混乱和经济秩序上的混乱。

试以土地开发与房地产经营为例。顺应改革开放的形势需要,中国已经相继颁行了《中华人民共和国土地管理法》及其实施条例、《中华人民共和国城镇国有土地使用权出让和转让暂行规定》《外商投资开发经营成片土地暂行管理办法》等基本法律、法规以及一系列配套的行政规章,各地也大都有了相应的地方法规。这些法律、法规不能说已经尽善尽美,尚需在今后随着形势的进一步发展而作必要的修改补充,但其中关于征用土地面积数量的审批权限、各类用途土地使用权出让不同的最高年限、土地使用权转让或出租的前提条件(特别是引进外商成片开发然后转让土地使用权的前提条件)、禁止"占而不用"和长期闲置土地等基本规定,应当说,都是立足中国国情、借鉴外国先进经验的正确立法,切合保护和充分开发利用土地资源的现实需要。然而,近年来在全国范围内,特别是在沿海地区,有些地方政府的领导人法制观念淡薄,依法行政的意识不强,往往只从本地区的局部利益和眼前利益出发,甚至只是为了制造个人"政绩",企求邀宠晋升,[16]竟然不顾国家整体利益和长远利益,不计后果,对上述法律法规的基本规定,视而不见,置若罔闻。一时间,越权批地,超年限批地,外商缴纳少量象征性资金后,不经开发即取得土地使用权并立即转手倒让,牟取暴利,或大片"圈地"占地不开发,坐等地价飙升再转手炒卖,使大量耕地抛荒,种种乱象,层出不穷,严重危害了社会经济的健康发展,破坏了土地资源的合理利用,并使大量的级差地租资金白白外流,国家蒙受巨大的经济损失,引起广大群众的强烈不满。[17]

这些有法不依、有意违法的行为,有许多是在"现行法规已不合时宜""要敢于闯不合时宜的政策法规的禁区""应当按国际惯例办事""应当与国际惯例接轨"之类的时髦借口之下,冠冕堂皇地进行的。在他们心目中的所谓"国际惯例",其**法律位阶**和**约束力量**已经**远远凌驾于**中国的现行法律之上。

这实在是对"适用国际惯例"一词的严重误解或曲解。任何无可争辩的真理,都附有一定的条件和限度。超过限度,"只要再多走一小步,看来像是朝同一方向多走了一小步,真理便会变成错误。"[18]这一至理名言,在这里再一次显示了它的旺盛生命力。

关于国际惯例的法律位阶及其约束力问题,本文第二部分之4、6两点已经论及。而本文开头引述的中国现行法律有关适用国际惯例的明文规定,实际上是把国际惯例置在**低于**中国缔结或参加的**国际条约**,也低于中国国内的**现行立法**的**第三层次**,而且限定:只有在这些条约、现行法这两种较高层次的行为规范未作规定的前提条件下,才适用国际惯例。换言之,这分明是强调在**"有法必依"**的**前提**下,在**"无法可依"**的**特定**情况下,才**参照适用**国际惯例,办事断案;而不允许反其道而行,把第三位阶的行为规范任意拔高到第一位阶或第一层次,让所谓的"国际惯例"凌驾、取代、取消或否定上述这些条约或现行法律。

于是,就有必要进一步探讨如何促使"有法必依"与"适用国际惯例"高度统一,以及如何理解这种高度统一的问题。在这方面,谨粗略概述管见如下:

1. 就中国所缔结或参加的国际经贸条约而言,其具体内容大多是原先已存在多时的国际经贸惯例。但是,它既已被确立为中国缔结或参加的国际条约,那么,对于中国说来,它就不再停留在国际惯例的原有位阶,而是上升到法律地位(即属于国际公法层次)的行为规范。中国国内法中的某些规定如果与这些国际条约有所不同,

---

[16] 这里暂且不讨论为了捞钱受贿而滥用权力、胡乱批地的违法犯罪行为。
[17] 参见《国务院批转国家土地管理局关于部分地方政府越权批地情况报告的通知》,载《中华人民共和国房地产法规汇编》,中国检察出版社1992年版,第563页。
[18] 列宁:《共产主义运动中的"左派"幼稚病》,载《列宁选集》第4卷,人民出版社1995年版,第211页。

除原先已经声明保留的条款外,应优先适用这些国际条约的规定。[19] 因此,对于这些原先的国际惯例,已经不再是"参照适用",而是必须遵守了。换言之,它已不属于"按国际惯例办事"的范畴,而是已被提高到"有约必守"[20]（pacta sunt servanda）的层次,同时已经属于"有法（国际法）必依"的范畴了。

2. 就中国现行的国家经济立法而言,其中涉外的许多内容,都是在改革开放基本国策的指引下,既立足于中国的国情,又尽量参照国际惯例,在广泛吸取国外先进经验的基础上制定出来的。在这个意义上,遵守中国现行法律的有关规定与按国际惯例办事应当是完全一致的,并无互相排斥之处。但是,这部分国际惯例既已通过中国国家的立法,被吸收和融化于中国的法律,成为其中不可分割的、有机的组成部分,于是,对于它们应当采取的态度,就不再停留在"参照适用"的位阶和层次,而也已上升到"有法必依"的范畴,必须遵守和执行了。

3. 前文业已提及:除了上述两类法律规范之外,举凡中国并未缔结或参加的国际条约、一切外国立法机关制定的法律、一切国际民间团体编纂的规则,其中所包含的行为规范,在中国这个主权国家看来,都属于并无法律约束力的一般国际惯例之列。通常人们所说的"按国际惯例办事""与国际惯例接轨",严格说来,就是指的这一类。

作为一个主权国家,中国对于这些形形色色的国际惯例,理应在充分调查研究、了解全貌后,以本国的现行法律作为准绳,以国家利益和社会公共利益作为根据,**逐一地、仔细地全面衡量利弊,决定取舍**:或听其自然,参照适用,择其佳者逐步吸收上升为中国法律;或坚决抵制和断然排斥。决不能不分青红皂白,不辨精华与糟粕,对所有的"舶来品",来一个"照单全收"!

有些在西方国家盛行的"国际惯例",如出版发行淫秽的书刊和视听作品、卖淫和嫖娼、开设赌场等等,在当地是合法的,在中国则是违法的或犯罪的行为。对于此类"国际惯例",自应依据中国的现行法律,予以抵制和排斥;对于按此类国际惯例行事的当事人,则予以制裁和惩罚。显然,这就是"有法必依"的结果,也是"有法必依"的另一种表现形式。

有些西方发达国家坚持的国际惯例,例如要求东道国对于财产被征用的外商,"按照国际法上的公平标准",给予"迅速及时、充分足够、切实有效"的赔偿,索价极高,几近敲诈勒索,实际上大大限制,甚至无异于根本剥夺了贫弱的发展中国家征用

---

[19] 参见《民法通则》第142条第2款、《海商法》第268条第1款、《民事诉讼法》第238条。
[20] 参见《维也纳条约法公约》序言第26、27条,载王铁崖、田如萱编:《国际法资料选编》,法律出版社1982年版,第699、708页。

境内外资的主权权利。[21] 这一国际惯例,由于带有浓烈的殖民主义宗主国气息,霸气甚重,历来为广大发展中国家所抵制和抨击。经过长期的斗争和论战,至20世纪70年代中期,通过联合国大会厘定的《各国经济权利和义务宪章》等基本法律文献,逐渐形成了新生的、符合时代潮流的国际惯例:对于因社会公共利益而被征用的外商资产,可依东道国的法律规定给予"适当的补偿"。作为第三世界的一员,中国积极参与了国际经济秩序破旧立新的联合斗争。相应地,在有关外商投资的国内立法中,在缔结的国际条约中,都抵制了"传统的"、不合时宜的前一种国际惯例,参照和吸收了新生的、符合时代潮流的后一种国际惯例,从而使它上升为正式的法律规范。在这里,再次体现了"适用国际惯例"与"有法必依"的高度统一。如果有谁硬要以过时的、陈旧的国际惯例作为标准,责难中国"不按国际惯例办事"或"不愿与国际惯例接轨",那至少说明他对当今世界上仍然存在的殖民主义霸气嗅觉不灵,对国际经济秩序新旧更替的进程和总趋势,缺乏应有的敏感。

4. 随着改革开放的进一步深化,中国现有的涉外经济立法体系当然会有某些内容逐步不能适应新形势发展的需要,有必要采取措施,加以修订、补充和更新。诸如:缔结某些新的国际条约,参加某些尚未参加的国际条约,接纳或吸收某些已经存在的国际惯例,调整或改变国内立法中的某些规定,等等。但是,在这个过程中,依然应当强调法制观念,把"有法必依"放在首要地位。此时的"有法必依",包含着两个要点:第一,对于被认为不能适应形势发展新需要或"不合时宜"的某些法规内容,对于某些被认为应参照吸收的某些国际惯例,务必进行认真细致的调查研究和全面深入的比较分析,对前者之是否真正不合时宜以及后者之是否真正值得吸收,进行反复的论证,得出科学的结论。在得出科学结论之前,对于现行法规中的明确规定,仍然必须严格遵守,依法办事。第二,任何一个法治国家,法律法规之制定、修改或废除,都必须经过法定的程序。在参照和吸收适合我国需要的国际惯例,进一步改善我国涉外经济法律体系的过程中,对于法定的**立法程序**,务必严格遵守,做到依法"变法"或依法立法,有法必依。绝不能以违法的手段来"立法"或"以言代法",[22] 造成新的混乱。

---

[21] 参见陈安:《美国对海外私人投资的法律保护及典型案例分析》,鹭江出版社1985年版,第50—122页;陈安:《我国涉外经济立法中可否规定对外资不实行国有化》,载《厦门大学学报》1986年第1期。
[22] 邓小平同志早在1978年就严肃批评了"以言代法"的现象,指出,有人"往往把领导人说的话当做'法',不赞成领导人说的话就叫做'违法',领导人的话改变了,'法'也就跟着改变"。参见邓小平:《解放思想,实事求是,团结一致向前看》,载《邓小平文选》第2卷,人民出版社1994年版,第146页。

四、结　语

中国建立社会主义市场经济体制、实行全方位对外开放的客观形势,要求中国在对外经贸交往实践及其行为规范方面,更多、更快、更好地与国际经贸惯例接轨。因此,应当"适时修改和废止与建立社会主义市场经济体制不相适应的法律和法规。加强党对立法工作的领导,完善立法体制,改进立法程序,加快立法步伐,为社会主义市场经济提供法律规范。"[23]

近几年来,在经济全球化加速发展的趋势下,在中国即将和已经加入世界贸易组织的条件下,中国的立法机关根据上述原则,一直在加强调查研究,加快必要的法律更新,并力求进一步完善中国的法制体系。这是问题的一个方面。

另一方面,对于一个主权国家来说,一切国际经贸惯例在法律上的约束力,来源于该主权国家的依法认可和参照执行。因此,这些国际经贸惯例在该主权国家的涉外经济法律体系中,其法定的规范位阶和约束力层次,应在该国参加或缔结的国际条约和制定的国内立法之下,而不应凌驾于这两者之上。因此,在"适用国际惯例"与"有法必依"两者之间,如果存在着某种"矛盾",则在立法上,应及时加强调查研究,慎重考虑是否可以或应该"变法";即使可以或应该"变法",也必须"依法变法",不应提倡乱闯法律禁区,以免贻患无穷;在法律尚未改变之前,在执法、司法上,仍应有法必依。换言之,"各级政府都要依法行政,依法办事。坚决纠正经济活动以及其他活动中有法不依,执法不严,违法不究,滥用职权,以及为谋求部门和地区利益而违反法律等现象。"[24]

中国作为**社会主义**国家,作为努力建立社会主义**市场经济**体制的国家,作为发展中国家和第三世界的一员,具有**自己独特的综合性的国情**。面对形形色色的国际经贸惯例,在深入研究和认真鉴别的基础上,只要它确实有利于促进中国社会主义市场经济体制的建立,就应当奉行"拿来主义",尽可能地博采众长,大胆采用。

有利而不"拿来",属于因循守旧,固步自封;反之,一知半解,"信手拈来",奉为最高圭臬,则难免流于盲目轻率,后果堪虞。在这方面,应防止的是"一个倾向掩盖另一个倾向"! 拿来之前要鉴别,拿来之后要消化,因此,"**拿来主义**"应当与"**鉴别主**

---

[23] 《中共中央关于建立社会主义市场经济体制若干问题的决定》,载《人民日报》(海外版)1993年11月17日。

[24] 同上。

义""消化主义"三结合。

鉴别→拿来→消化的基本原则应当是：**立足国情、以我为主、趋利避害、为我所用**。相应地，其基本方法则理应是：开阔视野、博集广收、深入调研、仔细鉴别、去粗取精、吐故纳新、摄其精华、弃其糟粕。

在鉴别→拿来→消化的全过程中，我们的基本信念和基本守则依然是：务必做到"有法可依，有法必依，执法必严，违法必究"。只有这样，才能切实做到"**适用国际惯例**""**与国际惯例接轨**"和"**有法必依**"的**高度统一**。

第 2 章 中国涉外仲裁监督机制评析*

>> 内容提要

《仲裁法》的颁行,标志着中国仲裁制度的进一步完善。但是,这部《仲裁法》关于仲裁监督机制的具体规定却存在着较为明显的缺失。它规定内国仲裁监督与涉外仲裁监督实行"分轨制",对于涉外仲裁裁决,只允许审查和监督其程序运作,不允许审查和监督其实体内容。这种做法并不符合中国现实国情——不利于反腐倡廉,不利于维护法律的尊严。另外,这种做法也不符合中国参加的有关国际条约的规定,不符合当代各国仲裁立法的先进通例。为了改变这种状况,有必要对《仲裁法》进行某些修订,将内国仲裁监督与涉外仲裁监督完全并轨,同时加强涉外仲裁领导机构的建设。

>> 目 次

一、中国《仲裁法》的涉外仲裁监督规定与《民事诉讼法》有关规定的接轨

二、中国《仲裁法》的涉外仲裁监督规定与国际条约有关规定的接轨

三、中国《仲裁法》的涉外仲裁监督规定与当代各国仲裁立法通例有关规定的接轨

四、中国涉外仲裁监督问题的"特殊性"及其有关机制与国际条约、国际惯例接轨的必要性

《中华人民共和国仲裁法》(以下简称《仲裁法》)于 1994 年 8 月 31 日由全国人民

---

* 本文原载于《中国社会科学》1995 年第 4 期。原稿含有大量资料出处注解,发表时因限于篇幅,均被删节。其后在拙作《论中国的涉外仲裁监督机制及其与国际惯例的接轨》中,所有相关资料的原始出处,均予一一列明,可供对照查索(详见本书本编第 3 章)。本书本编之第 2、3、4、5 章四篇专论,先后经多次增订,以中、英两种文字相继发表于中外数家权威性学刊,在肯定中国现行《仲裁法》基本优点的同时,也坦诚地揭示其中关于涉外仲裁监督机制方面的明显缺失和不足,提出进一步改进现行立法的合理建言,形成专题系列学术论文,在国内外引起广泛关注和共鸣。本系列论文共约 18 万字,2002 年获得第三届"全国高校人文社会科学研究成果奖"一等奖。现将上述四篇中文本专论辑入本书的第二编。

代表大会常务委员会通过,并自1995年9月1日起实施。这标志着中国仲裁制度的进一步健全和完善,是中国仲裁制度走向现代化和国际化的一项重大举措。同时,也应当看到,《仲裁法》的个别环节,不论是在行文措辞上,还是在实体规定上,都存在着可以商榷和需要改进之处。本文拟针对《仲裁法》中有关涉外仲裁监督机制的具体规定加以评析,并就其进一步与国际先进惯例接轨的问题提出若干建议和设想。

中国《仲裁法》中所规定的仲裁监督,指的是对已经发生法律效力的"一裁终局"裁决,如发现确有错误或违法,有关当事人可依法定程序向有管辖权的人民法院(以下简称"管辖法院")申请撤销裁决,或申请不予执行。[1] 但是,对于内国仲裁与涉外仲裁,该法所规定的监督范围却很不一样。它所规定的内国仲裁监督,其范围包括了程序上和实体上这两个基本方面。这与我国现行的民事审判监督范围基本一致,也与当代各国的立法通例相吻合。然而,它所规定的涉外仲裁监督,则只限于对涉外终局裁决中程序上的错误或违法实行监督和纠正,而更为重要的涉外终局裁决中实体上的错误或违法则不在监督之列。[2]

具体地讲,管辖法院有权对涉外终局裁决实行仲裁监督的,仅限于在程序上错误或违法的以下四种情况:当事人在合同中没有订立仲裁条款或者事后没有达成书面仲裁协议;被申请人(即仲裁程序中的被诉人)没有得到指定仲裁员或进行仲裁程序的通知,或者由于其他不属于应由被申请人负责的原因而未能陈述意见;仲裁庭的组成或仲裁的程序与仲裁规则不符;裁决的事项不属于仲裁协议的范围或者仲裁机构无权仲裁。但是,遇有在实体上错误或违法的以下五种情况之一,纵使一方当事人已经提出确凿证据,证明其完全属实,管辖法院也无法、无权援用涉外仲裁监督程序对它们进行监督和纠正。这些情况是:原涉外裁决认定事实的主要证据不足;原涉外裁决根据的证据是伪造的;对方当事人隐瞒了足以影响公正裁决的证据;原涉外裁决在适用法律方面确有错误;涉外仲裁员在仲裁该案时有贪污、索贿、受贿、徇私枉法等行为。

不难看出,《仲裁法》对内国仲裁监督和涉外仲裁监督实行的是分别立法,致使涉外仲裁接受监督的范围远远小于内国仲裁。对于《仲裁法》之所以采取上述这种做法的原因,大致有这样几种解释:《仲裁法》的规定必须与法律位阶高于它的《民事诉讼法》中关于涉外仲裁监督的规定保持一致;《仲裁法》的规定必须与中国缔结或参加的国际条约中的有关规定接轨;《仲裁法》的规定符合当代各国仲裁立法通例;

---

[1] 参见《仲裁法》第58、63、70、71条。
[2] 参见《仲裁法》第65、70、71条;《民事诉讼法》第260条。

《仲裁法》的规定符合中国国情——中国的涉外仲裁员素质极高,毋须过分强调监督,且裁决的实体内容易受地方保护主义阻碍而不能得到很好的执行,故不宜向管辖法院授予审查涉外仲裁裁决实体内容的权力;等等。实际上,这几种意见都是值得商榷的。

一、中国《仲裁法》的涉外仲裁监督规定与《民事诉讼法》有关规定的接轨

《仲裁法》的法律位阶究竟如何?《仲裁法》的规定是否可以突破《民事诉讼法》现行的相应规定?众所周知,对于当事人之间的经济争端,向来就有"司法解决"和"仲裁解决"两种解决途径。《民事诉讼法》是专为司法解决而制定的程序法,《仲裁法》则是专为仲裁解决而制定的程序法,两者分工明确,各有专司。只是由于仲裁裁决的强制执行与撤销,须由拥有管辖权的法院来处理,所以在总共270条的《民事诉讼法》中才出现了关于仲裁方面的寥寥几条原则性规定。我们并不能据此推断整个《仲裁法》就是从《民事诉讼法》这一"母法"派生出来的"子法"。相反,这两种程序法,都是由全国人大这一最高立法机关制定的法律,两者的法律位阶应当是相等的,并无主从关系。关于这一点,可以从《仲裁法》本身的规定中找到有力的根据。例如,《仲裁法》第15条第3款以及第75条分别明文规定:中国仲裁协会制定可供具体操作的《仲裁规则》或各类仲裁委员会制定《仲裁暂行规则》时,应当"依照本法和民事诉讼法的有关规定"。在这里,显然是把《仲裁法》与《民事诉讼法》相并列,作为制定仲裁规则所必须遵循的法律基础和法律依据,而且在排列的顺序上,把《仲裁法》列在《民事诉讼法》的前面。

尤其值得注意的是,《仲裁法》第78条明文规定:"本法实施前制定的有关仲裁的规定与本法的规定相抵触的,以本法为准。"这就毫不含糊地表明:就"有关仲裁的规定"而言,《仲裁法》的规定具有法定的、绝对的优越权和优先适用地位。此前各种法律(包括《民事诉讼法》、法规、规章)中针对仲裁的一切规定,都必须与《仲裁法》的规定保持协调一致,不得违反;如有违反,概属无效。

由此可见,在仲裁程序问题上,《仲裁法》处在"特别法"的地位;其他一切法律,包括《民事诉讼法》,均处在"普通法"的地位。按照"特别法优先于普通法"的基本法理原则,《仲裁法》中有关仲裁的规定理所当然地可以突破《民事诉讼法》中有关仲裁的现行规定。前举《仲裁法》第78条就充分地体现了这种突破。

同时,还应当充分注意到,试行自1982年、修订于1991年、适用于计划经济体制的《民事诉讼法》(包括其中关于仲裁监督机制的规定),完全应当根据中共十四届三中全会《关于建立社会主义市场经济体制的决定》之第九部分所指明的立法工作基本方向加以修订。就仲裁领域的立法而言,也必须适应全国人大于1993年3月正式通过的修订后的《宪法》关于"实行社会主义市场经济"的要求,以深化改革、扩大开放的眼光,考虑中国社会主义市场经济与世界市场经济的接轨问题,使中国的仲裁立法(包括有关涉外仲裁监督机制的立法)能够立足于中国当前国情的需要,并恰如其分地与国际立法惯例接轨。

从总体上看,《仲裁法》是符合上述立法方向的。《仲裁法》关于内国仲裁监督机制的新规定,确实已经突破《民事诉讼法》在同一问题上的现有规定,体现了向国际立法惯例靠拢并与之"接轨"的精神。例如,《民事诉讼法》第217条规定:被申请人提出证据证明仲裁裁决有该条文所列举的六种错误或违法情事之一,经法院审查核实,应裁定"不予执行";而对此类错误的或违法的原裁决,却并无依法予以撤销的任何规定。现在,《仲裁法》第58条的规定则与此不同。它参照和吸收了世界各国仲裁立法的有益经验,规定:当事人(包括仲裁案件中的申请人和被申请人)提出证据证明仲裁裁决有该条文所列举的六种错误或违法情事之一,经法院审查核实,即"应当裁定撤销"。与《民事诉讼法》相比,《仲裁法》中这一突破性规定的法律效力、社会影响乃至一般公众观感是大不相同的。它有利于明辨是非、澄清模糊认识,有利于维护有法必依、违法必究的基本法理原则,有利于维护中国法律和中国法院的尊严。关于这一点,后文还将述及。

但是,如前所述,《仲裁法》对于"内国仲裁监督"和"涉外仲裁监督"实行"内外有别"的分轨制,把对涉外仲裁裁决的监督(包括裁定撤销)仅仅限制在《民事诉讼法》第260条第1款所规定的四种程序运作上的错误或违法这样一个小范围内,而不过问涉外仲裁裁决的实体内容,从而在实践上势必造成这样的效果:管辖法院对于前文所举实体内容上的五类错误裁决或违法裁决,包括凭伪证作出的裁决或仲裁员贪污受贿枉法作出的裁决,竟然无权监督、无法监督、无计可施:既不能裁定不予执行,更不能裁定应予撤销。此外,《民事诉讼法》第260条第2款原有规定,"人民法院认定执行该(涉外)裁决违背社会公共利益的,裁定不予执行",对于这一极其重要的国际立法惯例——"公共秩序保留条款"(the reservation clause of public order),《仲裁法》在规定涉外仲裁监督机制时,竟然全未提及,这不能不说是立法上的一大疏漏甚至倒退。

二、中国《仲裁法》的涉外仲裁监督规定与国际条约有关规定的接轨

《仲裁法》与中国缔结或参加的国际条约中有关涉外仲裁监督的规定是否已经确实互相接轨和完全一致？对于这个问题，我们不妨以 1958 年在纽约订立的《承认及执行外国仲裁裁决公约》（以下简称《1958 年纽约公约》）[3] 以及 1965 年在华盛顿订立的《解决国家与他国国民间投资争端公约》（以下简称《1965 年华盛顿公约》）[4] 为例，进行剖析。

1986 年 12 月 2 日，全国人民代表大会常务委员会决定中国加入《1958 年纽约公约》。该公约第 3 条规定：各缔约国应当互相承认外国仲裁裁决具有约束力，并按法定程序予以执行。不言而喻，这正是缔结该公约的主旨所在。但是，公约第 5 条第 1 款却规定了几种例外，即原裁决在程序上存在错误或违法的五种情况（限于篇幅，不一一列出），只要具备其中之一，经受害当事人一方之请求和举证证实，有关缔约国之主管机关对于该项来自外国的仲裁裁决，就有权拒绝承认且不予执行。这实际上就意味着，作为东道国的缔约国对于已经发生法律效力并将在本国境内执行的外国裁决，有权加以必要的审查和监督，并保留否认其约束力和拒绝执行的权利。公约第 5 条第 2 款又进一步规定：外国仲裁裁决执行地所在国（东道国）之主管机关，如果认定：(1) 按照东道国本国的法律，该项争端不能以仲裁解决；或 (2) 承认或执行某项外国仲裁裁决有违东道国本国的公共政策（public policy），则有权拒不承认和执行该项外国仲裁裁决。这种规定，乃是"公共秩序保留"这一原则的具体运用。它的实质，就是授权上述东道国主管机关对来自外国的仲裁裁决除了可以进行程序方面的审查和监督之外，也可以进行实体内容上的审查和监督。

《1958 年纽约公约》上述条文中使用了英美法系所惯用的"公共政策"一词，其含义相当于大陆法系中的"公共秩序"（public order），或中国法律用语中的"社会公共利益"（social public interests）；这些同义语的共同内涵，通常指的是一个国家的重大国家利益、重大社会利益、基本法律原则和基本道德原则。就笔者所见，众多法典条文、法学专著和工具书对此均无歧解。遗憾的是，中国《仲裁法》对于《1958 年纽约公约》所赋予缔约国的上述"公共秩序保留"权利，对于中国《民事诉讼法》第 260 条第 2

---

[3] 参见陈安等：《国际经济法资料选编》，法律出版社 1991 年版，第 71—76 页。
[4] 同上书，第 684—704 页；陈安等：《"解决投资争端国际中心"述评》，鹭江出版社 1989 年版，附录第 162—184 页。

款所明确规定的中国拥有的同一权利,即拒不承认、拒不执行具有错误内容或违法内容的外国仲裁裁决,以免损害本国社会公共利益的权利,竟然略而不提。尽管有人认为中国管辖法院在实践中可以援引《民法通则》第142条第2款前半段的规定来弥补这一缺失,但毕竟失于间接且有赖于解释、推理。

在仲裁领域实行国际协作方面,中国除了在1986年参加了《1958年纽约公约》之外,还在1992年参加了《1965年华盛顿公约》。后者的主旨,在于通过国际仲裁,解决东道国政府与外国投资者之间的争端。为了处理仲裁裁决的"终局性"与"公正性"这一对矛盾,《1965年华盛顿公约》作出了这样的规定:一方面,强调仲裁裁决具有与终局司法判决一样的约束力,不但当事人必须遵守和履行,除公约另有规定外,不得进行上诉或申诉,而且公约的各缔约国都应尊重仲裁裁决,并在其本国领土内履行该裁决所课予的与金钱有关的各种义务;另一方面,又专设一条,允许当事人的任何一方有权根据下列五种理由之一,向依据《1965年华盛顿公约》设立的"解决投资争端国际中心"(International Centre for Settlement of Investment Disputes, ICSID)申请撤销原定的仲裁裁决,这五种理由是:(1)仲裁庭的组成不适当;(2)仲裁庭显然有越权行为;(3)仲裁庭的一名成员有受贿行为;(4)仲裁过程中严重违反仲裁程序基本规则;(5)仲裁裁决未陈述其所依据的理由。

这一专条的规定具有重大的意义,它比较妥善地处理了仲裁裁决之"终局性"与"公正性"之间的矛盾和在对跨国投资争端实行国际仲裁过程中存在着的"南、北"之间的矛盾。从ICSID各年度的报告来看,在提交该组织仲裁的跨国投资争端案件中,吸收外资的发展中国家(东道国)几乎全部处在被诉人(被告)的地位。在这种情况下,如果国际仲裁庭的裁决大体上公平合理,则强调裁决的约束力并强化其执行制度当然无可厚非;反之,如果裁决本身在程序上或实体上确有错误或违法之处,以致处断不公,造成对发展中国家(被诉人)的无端损害,则裁决之约束力愈大,执行制度愈严格,其危害性也愈强烈。正是基于此种考虑,经过发展中国家的共同力争,《1965年华盛顿公约》才设有上述监督机制专条的明文规定。

诚然,在上述跨国投资争端的国际仲裁中,其中一方当事人是外国投资者,另一方则是吸收外资的东道国。从表面上看,后者与一般的商事纠纷当事人有所不同。但是,在上述这种国际仲裁中,后者的法律身份并非国际公法上的主体,而已"降格"为国际商法上的主体,即无异于一般国际商事纠纷中的另一方当事人,双方当事人在仲裁庭中的法律地位完全"平起平坐"。统计资料表明,在此类仲裁实践中,ICSID仲裁员和实际断案的专家们绝大多数来自发达国家或经受过发达国家的法学教育训练,这就不可能不影响到他们在"南北矛盾"中的倾向和态度。不难看出,《1965年华盛顿公约》第 52 条有关仲裁监督机制的规定(包括对仲裁裁决实体内容的监督),实际上是一种保护弱者以维护仲裁裁决公正性的必要措施。

同样令人感到遗憾的是,《仲裁法》中有关涉外仲裁裁决监督机制的规定,也未能充分借鉴和吸收中国已经参加的《1965 年华盛顿公约》在仲裁监督机制方面适当地扶持弱者以保证仲裁裁决公正性的有益经验。

总之,所谓"中国《仲裁法》中关于涉外仲裁监督的现有规定与中国缔结或参加的国际条约互相接轨和完全一致"的论断,显然缺乏足够的事实根据。

三、中国《仲裁法》的涉外仲裁监督规定与当代各国仲裁立法通例有关规定的接轨

《仲裁法》关于涉外仲裁监督的规定是否符合当代各国仲裁立法的通例? 答案是否定的。现列举有关资料如下:[5]

美国 美国仲裁立法中对于在本国境内作出的仲裁裁决,不论其为内国裁决或为涉外裁决,都采取同样的监督机制。监督的对象、项目或要点,既有程序方面的,又有实体方面的。根据当事人的请求,仲裁裁决地所属地区内的管辖法院除了有权审查一般仲裁程序上的错误和违法情事之外,还重视审查仲裁裁决是否"以贿赂、欺诈或者不正当方法取得",仲裁庭各成员是否"显然有偏袒或贪污情事"。一旦认定确有上述情事之一,管辖法院即可作出裁定,撤销原仲裁裁决。

德国 在《德国民事诉讼法》中设有"仲裁程序"专编(第 10 编),[6] 其中对在本国境内作出的仲裁裁决实行监督的规定,也本着"一视同仁"的原则,不区分其为内国裁决或涉外裁决。监督的对象或要点,既涉及裁决的程序运作,也涉及裁决的实体内容。就对于裁决内容方面的监督而言,具有下列七种情况之一,当事人即可申请撤销原裁决:

(1) 承认裁决,显然违背德国法律的基本原则,特别是不符合德国的基本法;

(2) 对方当事人宣誓作证而又犯有故意或过失伪证的罪行,裁决却以其虚假证言作为根据;

---

[5] 本文所引各国仲裁立法资料,除另注出处者外,均参见程德钧和王生长主编:《涉外仲裁与法律》(第二辑),中国统计出版社 1994 年版;姚梅镇主编:《国际经济法教学参考资料选编》(下册),武汉大学出版社 1992 年版;《德意志联邦共和国民事诉讼法》,谢怀栻译,法律出版社 1984 年版。

[6] 本文发表于 1995 年。其后,《德国民事诉讼法》第 10 编经过修订并自 1998 年 1 月 1 日起开始实施。详见本书第二编第 5 章"再论中国涉外仲裁的监督机制及其与国际惯例的接轨"第三部分之(二)。

（3）作为裁决基础的证书是伪造或变造的；

（4）证人或鉴定人犯伪证罪行，裁决却以其虚假证言或鉴定作为根据；

（5）当事人的代理人或对方当事人（或其代理人）犯有与本仲裁案件有关的罪行，而裁决即是基于该行为而作出的；

（6）仲裁员犯有与本仲裁案件有关的、不利于当事人的渎职罪行；

（7）裁决是以某项法院判决为基础，而该项判决已被依法撤销。

管辖法院认定确有上述情况之一，即应撤销原仲裁裁决并驳回执行该裁决的申请。

可见，德国法律既规定仲裁裁决对于当事人具有与法院终局判决同等的法律效力，同时，又对裁决的程序，特别是对裁决的实体内容，实行十分严格和相当具体的监督。对于在仲裁过程中当事人等实行伪证或仲裁员渎职因而势必影响裁决公正性的场合，尤其强调从严监督，坚决纠正。

值得附带提及的是：德国对于来自外国的仲裁裁决，除了在其《民事诉讼法》第1044条中吸收《1958年纽约公约》第5条有关监督机制的规定，授权本国的管辖法院可以裁定"不予承认和不予执行"之外，还专门立法，授权本国的管辖法院在特定情况下可以对来自外国的仲裁裁决作出"应予撤销"的裁定。足见德国的法律的确是把任何仲裁裁决的公正性放在首要地位而从严监督的。

日本　《日本民事诉讼法》对于在本国境内作出的内国仲裁裁决和涉外仲裁裁决，也采取"统一立法、同等监督"的原则。对于在日本本国境内作出的上述两类仲裁裁决，除了实行程序方面的监督之外，也相当强调实行实体方面的监督。就后者而言，凡具备该法所举六项条件（与前文德国法之"七种情况"极近似）之一，当事人即可申请撤销原仲裁裁决；而管辖法院一旦认定申请者举证属实，即应作出裁定，撤销该仲裁裁决。

可见，日本对于在本国作出的涉外仲裁裁决，也与对待内国仲裁裁决一样，针对其实体内容的公正性，实行相当严格与具体的监督。

澳大利亚　澳大利亚实行联邦制，六个州各有自己的宪法、法律和最高法院。1984年以来各州法律实行"统一化"改革，基本上采用同一模式，大同小异。兹以经济和法律发展水平最高、辖区最大的新南威尔士州1984年的《商事仲裁法》为代表，摘述其中对仲裁裁决的监督规定。

这部仲裁法对于在本州作出的一切仲裁裁决，包括内国裁决和涉外裁决，实行统一的司法审查和监督。其特色有二：第一，对于终局性仲裁裁决，原则上一般不允许上诉，但如该州最高法院认为因裁决产生的法律问题可能对争端当事人的权益产生重大影响,则作为例外情况,在经过严格审查和适当限制的条件下,允许当事人向最高法院提起上诉,经过后者审定,可视情况分别作出裁定,维持、变更或撤销原仲裁裁决,或就有关法律问题提出意见,发回重审(重裁);第二,对于终局性仲裁裁决,如发现其"仲裁员或公断人本身行为不轨,或对程序处理不当",或"裁决不当",则作为一般原则,法院可以应仲裁协议一方当事人的申请,全部或部分撤销该仲裁裁决。

在仲裁裁决监督机制上采取这种做法,既对"内国"与"涉外"两类裁决实行"合流"和统一的监督,又按仲裁裁决本身所存在的程序或实体问题的轻重大小实行适当的"分流"监督,灵活掌握,同时提高实行监督的司法机关的层次以昭慎重,可谓独树一帜。

在发达国家的行列中,除了上述美、德、日、澳诸国之外,法国、意大利、加拿大、英国、比利时、荷兰、瑞士、奥地利等许多国家,对于在本国作出的涉外仲裁裁决,也都设有比较健全的监督机制。它们的共同特点是:第一,对于在本国作出的涉外仲裁裁决,与本国作出的内国仲裁裁决,实行统一的同一标准及同等要求的监督;第二,监督和纠正的范围和要点,既包含两大类仲裁裁决在程序方面的错误或违法,又包括它们在实体方面的错误或违法;第三,管辖法院用以纠正这些错误或违法裁决的具体措施,并不局限于裁定"不予执行",而且有权裁定"应予撤销"。

在当代,许多发展中国家的仲裁立法都借鉴和吸收了发达国家的有益经验,在充分肯定仲裁裁决之终局性和约束力的同时,十分强调仲裁裁决的公正性,并为此建立了同样具备上述三项共同特点的监督机制。如印尼、泰国、埃及、阿根廷、秘鲁、韩国、南斯拉夫等国,其仲裁立法中关于审查和监督的条文虽有"列举""概括""综合"等不同的表述方式,但基本精神却是一致的。

综观当代世界各国仲裁立法的通行做法,不论是发达国家还是发展中国家,都对在其本国境内作出的内国仲裁裁决与涉外仲裁裁决实行"一视同仁"的监督,而不实行"内外有别"的分流机制;都对两大类裁决实行程序运作上和实体内容上的双重监督,而不实行"只管程序运作,不管实体内容"的单薄监督。

可以说,正是有鉴于当代各国仲裁立法的通例,总结了各国仲裁实务的有益经验,联合国国际贸易法委员会(UNCITRAL)1985年6月通过的《国际商事仲裁示范法》对于仲裁监督机制才作出了相应的规定,即:一个国家的管辖法院对于在本国境内作出的一切仲裁裁决实行审查和监督时,不分其为内国裁决或是涉外裁决,都采取同样的审查标准和补救措施;对于经过管辖法院审查认定其在程序操作上确有错误或违法,或在实体内容上确与本国公共政策相抵触者,则均在"可予撤销"之列,而不局限于"不予承认"和"不予执行"(这一点突破了《1958年纽约公约》的有关规定)。

作为各国仲裁立法的重要参考,这部示范法受到了联合国大会的郑重推荐。

如前所述,中国《仲裁法》第58条对于在程序上或实体上确有错误或违法之处的内国仲裁裁决,明文规定"应当裁定撤销",从而突破了中国《民事诉讼法》第217条仅限于"裁定不予执行"的原有规定。这种突破,显然与借鉴和吸收当代世界各国仲裁立法的先进通例以及《国际商事仲裁示范法》的积极内容不无关系,并且已与国际仲裁立法通例接轨。但是,根据中国《仲裁法》第65条、第70条、第71条的规定,同法第58条所规定的审查标准和补救措施,却不能一体适用于在中国作出的涉外仲裁裁决。换言之,对于在中国作出的涉外仲裁裁决,只能就其程序运作进行司法审查和监督,而不能审查和监督(包括必要的纠正)其实体内容。这种"只管程序运作,不管实体内容"的监督规定,显然与国际仲裁立法的通例以及《国际商事仲裁示范法》的范例相左。

四、中国涉外仲裁监督问题的"特殊性"及其有关机制与国际条约、国际惯例接轨的必要性

中国的涉外仲裁界是否是无须严格监督的"一片净土"?以"防止司法执行上的地方保护主义"作为将地方管辖法院对涉外仲裁裁决的审查和监督限制在其运作程序方面的理由是否站得住脚?对此需要作具体的分析。

从整体上看,中国涉外仲裁队伍的品德素质和业务素质比较高。他们所作出的涉外裁决,在国内外获得了不少赞誉,至今尚未发现在程序上或实体上有严重的错误。但是,据此否定建立严格监督机制的必要性则是错误的,因为我们必须清醒地意识到以下几点:

第一,"至今尚未发现"并不等于至今绝对没有。况且,众所周知,在1982年3月至1991年4月实施的《中华人民共和国民事诉讼法(试行)》中,本身就缺乏有关涉外仲裁监督的规定,致使法院对于涉外仲裁裁决的程序运作和实体内容,一概无权过问或监督。1991年4月修订颁布《民事诉讼法》以后,情况有所改善,但是管辖法院对于前文所列举的属于实体内容上的五类错误裁决或违法裁决,包括凭伪证作出裁决或仲裁员贪污受贿枉法裁决等等,仍然无从监督,受害当事人向管辖法院投诉以及管辖法院实行监督(包括受理、审查、发现和纠正)的法律渠道实际上被堵塞住了。在这种情况下,错误或违法的裁决当然就难以被发现。

第二,毋庸讳言,伴随着改革开放和市场经济的发展,各种各样的腐败现象已经

渗透到社会生活的广泛领域之中,中国的涉外仲裁界并非生活在隔绝尘寰的"世外桃源"里,对于在改革开放和市场经济条件下带有一定规律性的阴暗事物没有理由不保持足够的警惕,没有理由陶醉于"一片净土"的自我评判中而拒绝接受实体监督。

第三,健全、有效的监督机制是从根本上防止腐败现象产生的一个必要条件。中国的涉外仲裁机构近年来先后制定和修订了《仲裁员须知》《仲裁员守则》,强调仲裁员应当依法公正裁断、廉洁自律、珍惜荣誉、自我监督;《仲裁法》除了规定应当组建"中国仲裁协会"这一自律性组织之外,还明文规定了要依法追究仲裁员枉法裁决行为的法律责任。[7] 这些举措无疑是有益的,但却很不够。理由很简单:自我监督任何时候都不能代替广泛的社会监督、完善的制度监督和严格的法律监督;对于涉外仲裁员个人的法律监督也代替不了对涉外仲裁裁决的法律监督。即使仲裁员个人因实施枉法裁决行为而受到查处,但在由《民事诉讼法》第260条第1款和《仲裁法》第65、70、71条所规定的现有监督机制下,受害当事人仍然不可能依法向管辖法院投诉,管辖法院要受理、审查乃至裁定"不予执行"或"应予撤销",也仍然是无法可依。总之,我国的涉外仲裁监督机制亟待进一步健全。

至于以中国现实国情"特殊",必须在仲裁立法中注意预防仲裁裁决执行中的"地方保护主义"和有关审判人员"业务素质和能力水平不够理想"为理由,主张地方管辖法院对涉外仲裁裁决的司法审查和监督,只宜限制在其程序运作方面,不应扩及其实体内容方面的见解,也是难以自圆其说的。这是因为:

第一,随着我国法律的进一步健全,"地方保护主义"对基层及中级司法界的某些影响必将逐步减弱。我们不能以局部的、暂时的消极现象作为全国性立法的主要依据。对于那种确因地方保护主义作祟而阻碍正确涉外仲裁裁决执行的司法裁定,则完全可以运用现有司法体制中的上诉程序和审判监督程序予以纠正,而不应在仲裁立法中因噎废食,留下漏洞。只要把实施于1982年3月至1991年3月间的《民事诉讼法(试行)》第157、158条和修订后的《民事诉讼法》第140、177、178、179、184、185、186条相对照,就不难看出,我们实际上已经在通过健全法制来克服"地方保护主义"等消极因素方面作出了卓有成效的努力。可惜的是,这种积极的立法精神在《仲裁法》关于涉外仲裁监督机制的规定中没有得到充分的贯彻和体现。

第二,一般说来,涉外民商事案件比内国民商事案件复杂,审理和处断难度较高,而处断的公正与否、得当与否都将涉及国际影响或国际形象问题。为慎重计,在

---

[7] 参见《仲裁法》第15、38条。

我国改革开放初期,即 1982 年 3 月间,曾试行把管辖和受理一切涉外案件的第一审法院定为各地的中级人民法院。随着基层人民法院组织机构的逐步健全、审判人员经验的不断积累和业务水平的逐步提高,自 1991 年 4 月 9 日起,除重大涉外案件第一审的管辖权不变之外,大量一般涉外案件的第一审,已经依法改由基层人民法院管辖受理。[8] 同时,大量的司法实践也已经证明基层人民法院和中级人民法院在审理涉外案件时是胜任的,它们完全能够对涉外案件实体内容的是非曲直作出正确的审理和判决。可是,按《仲裁法》关于涉外仲裁监督机制的现有规定,不仅基层人民法院和中级人民法院,甚至连各省的高级人民法院和中国的最高人民法院也都无权对任何涉外仲裁裁决的实体内容进行司法审查、监督和纠正。这是对整个中国法院系统的"业务素质""能力水平"缺乏信任,还是人为的法律障碍?笔者认为,这个立法缺失是不能不予弥补的。

第三,我国现行民事审判监督制度是内国与涉外实行并轨。诚然,对仲裁裁决的监督不宜完全等同于对司法裁判的监督。前者基于当事人的自愿选择,讲求效率,"一裁终局"。但是,绝不能由此推导说,有关当事人已经因此全盘放弃了向管辖法院提出申诉,请求对错误或违法的仲裁裁决加以监督和纠正的权利。综观当代各国仲裁立法的趋向,有一种现象是值得注意的:为了更加有力地防止"地方保护主义"等消极因素对执行正确仲裁裁决可能产生的不利影响,为了更加有效地防止基层或中级人民法院部分审判人员可能因业务水平不高而在对仲裁裁决实行司法审查和监督中发生失误,把对于内国和涉外两类仲裁裁决实行程序运作审查和实体内容审查的监督权,一概授予拥有高水平审判人员的高层次法院,以昭慎重,并确保监督的公正、正确和准确,而又不影响效率。例如,在英国,把此种监督权授予高等法院;在印度尼西亚和澳大利亚,把此种监督权授予最高法院;在瑞士,原则上由联邦最高法院行使此种监督权,但是当事人可以协议以仲裁庭所在地特定的州法院代替联邦最高法院行使此权。笔者认为,结合我国幅员辽阔、各省发展不平衡等国情特点,在深入调查研究的基础上,可以考虑借鉴或移植上述经验。

综上所述,不难看出,中国《仲裁法》对内国仲裁监督与涉外仲裁监督实行"内外有别"的分轨制,不允许对涉外仲裁裁决的实体内容也实行必要的司法审查和监督,不符合中国现实国情,也不符合中国参加的有关国际条约以及当代各国仲裁立法的先进通例。它不利于促进中国涉外仲裁制度与有关的国际惯例相接轨,也不利于中国涉外仲裁体制迅速走向现代化和国际化。为了改变这种状况,笔者特提出下列

[8] 参见《民事诉讼法(试行)》第 17 条、《民事诉讼法》第 19 条。

设想：

第一，参照当代国际仲裁立法的先进通例，将内国仲裁监督与涉外仲裁监督完全并轨。为此，必须完全删除《仲裁法》第70、71条，并将同法第58条关于对内国仲裁裁决的程序运作和实体内容实行全面监督的规定推广适用于一切涉外仲裁裁决，毫无例外地实行"违法必究"和"违法必纠"。此外，《仲裁法》还可以作出规定，由最高人民法院组建专庭，或授权某些省份的高级人民法院，负责受理针对重大涉外仲裁裁决的投诉，对此类裁决的程序运作和实体内容实行全面监督；对于一般涉外仲裁裁决，则由有管辖权的基层人民法院或中级人民法院行使兼及程序、实体的全面监督权。

第二，在涉外仲裁体系的领导机构中，设立"自律委员会"或"惩戒委员会"之类的组织，以全国涉外仲裁人员（包括分散在全国各地、各部门的仲裁员）为检查、监督的对象，专门受理对于涉外仲裁人员违纪行为、对于涉外仲裁裁决实体内容错误或违法的有关投诉。对于经过认真查证核实者，视其违纪行为、裁决实体内容错误或违法的具体情节，分别给予有关人员以劝告、警告、严重警告、记过直到除名的处分。日后，在"中国仲裁协会"这一全国仲裁界自律性组织正式依《仲裁法》第15条第2款组建成立之后，上述"自律委员会""惩戒委员会"之类的组织可以作为它的一个分支机构或互相配合的职能部门，继续发挥其应有作用。

第三，在涉外仲裁体系的领导机构中，扩大现有"研究所"或其他研究机构的作用。对于有关涉外仲裁裁决实体内容错误或违法的投诉，凡是情节较为复杂、是非较难判明者，可由上述"自律委员会""惩戒委员会"委托此类研究机构立项研究，并将研讨结论向涉外仲裁机构的领导人员提出书面报告，便于后者充分了解情况，果断判明是非，对有关投诉作出正确的回答和必要的处理。

第四，在涉外仲裁体系的领导机构中，加强现有"专家委员会"的作用。专家委员会不但可以在涉外裁决作出之前，针对仲裁过程中出现的疑难或分歧进行研究和提出咨询意见，以供有关案件的仲裁庭参考；而且可以在涉外裁决已经作出并已发生法律效力之后，接受涉外仲裁领导机构的委托，就有关裁决实体内容错误或违法提出的投诉立项研究，并将研究结论报送有关主管领导，俾便后者酌情正确处断。在这方面，应当切实保证专家委员会确有认真研究的足够时间，并给予应有的咨询研究劳务报酬。

第五，修订并健全首席仲裁员的指定体制，从严选定首席仲裁员。《中国国际经济贸易仲裁委员会仲裁规则》第55、56条规定了首席仲裁员在由三人组成的仲裁庭中的特殊地位，相应地，对首席仲裁员的品德和业务水准的要求也就应该比一般仲裁员要高。《仲裁法》第31条规定,在由三人组成仲裁庭的场合,双方当事人除应各自选定一名仲裁员之外,"第三名仲裁员由当事人共同选定或共同委托仲裁委员会主任指定。第三名仲裁员是首席仲裁员"。这种规定充分尊重当事人共同的自愿选择,显然是很合理的,也符合当代国际仲裁立法的先进通例。不过,按现行的《中国国际经济贸易仲裁委员会仲裁规则》第24条的规定,这第三名仲裁员——首席仲裁员,却只能由仲裁委员会主席自行指定,无须以双方当事人的"共同委托"为前提,更不允许双方当事人"共同选定"。这种规定与《仲裁法》第31条直接相抵触,且在实践中未必有利无弊。据《仲裁法》第73、78条,该规定势在必改,而在尚未修改时,对于首席仲裁员的指定自应慎之又慎。对于前述第三点、第四点中提到的当事人投诉较多,且有关仲裁裁决经立项研究核实其程序运作或实体内容确有错误或违法情事的仲裁员,纵使未必就有贪赃受贿、徇私舞弊行为,也不宜再在其他案件中被指定为首席仲裁员。上述规定修订之后,如果双方当事人没有共同选定担任首席仲裁员的第三名仲裁员,则涉外仲裁委员会主任仍有接受当事人的"共同委托"而代为选择和指定首席仲裁员的权力和职责。对于这种权、责的运用和履行,也必须伴有一套合理科学的规章制度,以昭慎重,从而不辜负当事人的信赖和委托,有效地维护涉外仲裁委员会的良好形象。

(本文部分资料由博士研究生单文华帮助收集,特致谢忱。)

第 3 章　论中国的涉外仲裁监督机制及其与国际惯例的接轨*

≫ 内容提要

《仲裁法》的颁行,标志着中国仲裁制度的进一步完善。但是,这部《仲裁法》关于仲裁监督机制的具体规定却存在着较为明显的缺失。它规定内国仲裁监督与涉外仲裁监督实行"分轨制",对于涉外仲裁裁决,只允许审查和监督其程序运作,不允许审查和监督其实体内容。这种做法并不符合中国现实国情——不利于反腐倡廉,不利于维护法律的尊严。另外,这种做法也不符合中国参加的有关国际条约的规定,不符合当代各国仲裁立法的先进通例。为了改变这种状况,有必要对《仲裁法》进行某些修订,将内国仲裁监督与涉外仲裁监督完全并轨,同时加强涉外仲裁领导机构的建设。

≫ 目　次

一、中国的审判监督、内国仲裁监督与涉外仲裁监督的同异及其待决问题

二、中国两类仲裁监督"分轨"立法之合理性问题

　　(一) 中国《仲裁法》的涉外仲裁监督规定与《民事诉讼法》有关规定的接轨问题

　　(二) 中国《仲裁法》的涉外仲裁监督规定与国际条约有关规定的接轨问题

　　(三) 中国《仲裁法》的涉外仲裁监督规定与当代各国仲裁立法通例有关规定的接轨问题

---

* 本文全稿约 3.2 万字,其中部分内容(约 1.5 万字,下称"缩略稿")曾以《中国涉外仲裁监督机制评析》为题,发表于《中国社会科学》1995 年第 4 期。随后,全稿收辑于《比较法研究》1995 年第 4 期。"缩略稿"简明易读,但注解不足。全文稿论证更加透彻,资料更加丰富翔实。辑入本书时,为便于读者对照正文和注解,查索资料原始出处,全文稿正文未加删节。其后,全稿又经增补修订,并译成英文,刊载于《国际仲裁学刊》(*International Arbitration Journal*)1997 年第 14 卷第 3 期。含本文在内的本系列专题学术论文于 2002 年获得第三届"全国高校人文社会科学研究成果奖"一等奖。

(四) 中国国情的"特殊性"与涉外仲裁监督"从宽"的必要性问题

(五) 当事人选择仲裁时"更注重效益"而非"更注重公平"问题

三、加强现行中国涉外仲裁监督机制的几点设想

权力不加监督,势必产生腐败。健全立法,加强法律监督,是预防腐败、制止腐败、纠正腐败和惩治腐败的必要手段之一。为此,有必要把预防腐败的精神和原则,贯彻于各项重要立法之中。换言之,"制定法律、法规和规章,都要把反腐倡廉作为有机组成部分考虑进去,做到存利去弊,完善决策,未雨绸缪,预防在先。要依靠发展民主、健全法制来预防和治理腐败现象";特别要注意从立法上针对容易产生腐败现象的薄弱环节,通过体制创新,"建立结构合理、配置科学、程序严密、相互制约的权力运行机制"[1]。

这一基本精神和基本原则,适用于中国现行的和日后的各种重要立法,当然也适用于中国的仲裁立法。本节所述,就是根据这种精神和原则,探讨中国现行仲裁立法进一步走向健全和完善的问题。

《中华人民共和国仲裁法》(以下简称《仲裁法》)于1994年8月31日由全国人民代表大会常务委员会通过,并自1995年9月1日起施行。它包含8章80条,分别就仲裁范围、仲裁组织、仲裁协议、仲裁程序、仲裁裁决、仲裁监督、涉外仲裁等基本方面,作出了原则性的规定。它是继《中华人民共和国刑事诉讼法》(以下简称《刑事诉讼法》)、《中华人民共和国民事诉讼法》(以下简称《民事诉讼法》)、《中华人民共和国行政诉讼法》(以下简称《行政诉讼法》)之后,我国又一部重要的程序法。

应当看到:《仲裁法》的颁行,标志着中国仲裁制度的进一步改善。但是,也应当看到:这部《仲裁法》关于仲裁监督机制的具体规定却存在着较为明显的缺失。它规定内国仲裁监督与涉外仲裁监督实行"分轨制",对于涉外仲裁裁决,只允许审查和监督其程序运作,不允许审查和监督其实体内容。这种做法并不符合中国现实国情——不利于反腐倡廉,不利于维护法律的尊严。另外,这种做法也不符合中国参加的有关国际条约的规定,不符合当代各国仲裁立法的先进通例。为了改变这种状况,有必要对《仲裁法》进行某些修订,将内国仲裁监督与涉外仲裁监督完全并轨,实行一视同仁的、兼及程序运作和实体内容的双重监督。

据不完全统计,在《仲裁法》颁布以前,我国有关仲裁行为规范的规定,散见于14

---

[1] 江泽民:《在中央纪委第五次全体会议上的讲话:总结党风廉政建设和反腐败斗争经验,加大从源头上预防和治理腐败的力度》,载《人民日报》2000年12月27日。

种法律、82 种行政法规以及 190 种地方性法规之中。[2] 这些规定,分散而不统一;其中有些做法(例如对内国经济合同纠纷的仲裁,曾经长期采取"一裁两审终局"[3]的制度),显然已经不能适应我国经济形势发展的需要。因此,我国立法机关在全面总结内国仲裁和涉外仲裁工作实践经验的基础上,根据建立社会主义市场经济体制和进一步开展国际经贸往来的要求,借鉴世界各国仲裁制度的有益经验和国际通行做法,制定了这部统一的《仲裁法》,成为规范我国一切仲裁行为的基础法律。它的制定和颁行,是中国仲裁制度走向现代化和国际化的一项重大举措,标志着中国仲裁体制进一步走向健全和完善。

《仲裁法》对于**内国**仲裁和**涉外**仲裁**统一**采用了国际上通行的"或审或裁和一裁终局"制度,[4] 以提高仲裁工作的效率;规定了设立仲裁机构的必备条件,以促使其组织健全化;强调了选择和聘任仲裁员必备的品德操守、专业水平和工作纪律,以提高仲裁员队伍整体的综合素质;确立了当事人"意思自治"(autonomy of will)原则,在仲裁方式、仲裁机构、仲裁地点、仲裁规则以及仲裁员的**选择**上,充分尊重当事人的协商意愿,以切实保障其**自主权利**;厘定了对仲裁裁决的监督和纠正措施,以补救、防止或杜绝不当裁决和不法裁决所可能造成的损害或恶果,等等。此类规定,都是符合中国的国情需要的,也都是与当代各国仲裁立法的先进经验和国际惯例,互相"接轨"的。它们必将有效地促使中国的仲裁制度加速走向现代化与国际化,不但为国内人民所由衷欢迎,而且为国际社会所乐意接受。因此,从整体上说,这部《仲裁法》是很值得称道的。

---

[2] 参见顾昂然(全国人大常委会法制工作委员会主任):《关于〈中华人民共和国仲裁法(草案)〉的说明》,人民出版社 1994 年 6 月 27 日单行本,第 2 页。

[3] 1981 年 12 月 13 日通过、1982 年 7 月 1 日起实施的《中华人民共和国经济合同法》第 48—49 条规定:经济合同发生纠纷,当事人无法协商解决时,任何一方均可向国家规定的合同管理机关(通常为工商行政管理局)申请调解或仲裁,也可径向人民法院起诉。在当事人申请仲裁而上述合同管理机关已制作仲裁决定书之后,如当事人一方或双方对仲裁不服,可在法定期限内向人民法院起诉。这样,仲裁程序就转化为诉讼程序,按《民事诉讼法》第 147 条、第 158 条的规定,当事人有权请求法院相继采取第一审程序和第二审程序,予以审理和作出终审裁判。以上法定程序,通常综合简称"一裁两审终局"制。经过十几年的实施,经验证明此制层次过多,程序繁琐,旷日持久,不利于当事人早日解决争端,不能适应市场经济体制的要求。有鉴于此,全国人大常委会于 1993 年 9 月 2 日在修改《经济合同法》时,将上述"一裁两审终局"制改定为"或审或裁和一裁终局"制,即:经济合同发生纠纷,当事人无法协商解决时,可依据合同中的仲裁条款或事后达成的书面仲裁协议,向仲裁机构申请仲裁。当事人未在经济合同中订立仲裁条款,事后又未能达成书面仲裁协议的,可以向人民法院起诉。当事人协议选择仲裁程序解决争端,则一经裁决,即成为已经发生法律效力的终局决定。对此"一裁终局"的决定,如当事人一方不肯履行,另一方可以申请人民法院强制执行。参见杨景宇(国务院法制局局长):《关于〈中华人民共和国经济合同法修正案(草案)〉的说明》,http://www.npc.gov.cn/wxzl/gongbao/2000-12/28/content_5002997.htm。

[4] 《仲裁法》第 5 条规定:当事人达成仲裁协议,一方向人民法院起诉,人民法院不予受理,但仲裁协议无效的除外。换言之,对于经济争端,当事人可以在"审判解决"和"仲裁解决"两种途径之中任择其一,一旦双方议定选择仲裁解决途径,法院即无权受理单方的起诉。第 9 条及第 62 条则进一进规定:仲裁裁决是终局的,当事人应予履行。一方不履行的,另一方可向法院申请强制执行。

但是,《仲裁法》的个别环节,不论是在行文措辞上,还是在实体规定上,仍有值得商榷和有待进一步改善之处。本文拟针对《仲裁法》中有关**涉外仲裁监督机制**的具体规定,加以评析,并就其进一步与国际先进惯例接轨问题,提出若干建议和设想,旨在抛砖引玉,以引起学术界同行更深入的探讨和评论。

一、中国的审判监督、内国仲裁监督与涉外仲裁监督的同异及其待决问题

审判监督,指的是对于已经发生法律效力的终审判决或裁定(以下简称"终审裁判"),发现确有错误,可依法定程序,予以提审或再审,重新作出判决或裁定。审判监督程序,是从近现代世界各国司法工作实践中总结出来的一种先进机制,它的主要功能在于防止或纠正法院作出的违法的终审裁判,切实保证司法裁判的公正性,以维护法律的尊严,保障当事人的合法权益。此种先进机制,已为当代各国法律所普遍吸收和采用。中国的《刑事诉讼法》《民事诉讼法》《行政诉讼法》,也都对审判监督程序作出了明确的原则规定。[5]

有人可能提出这样的问题:法院审判人员作出的终审裁判,既然已经发生法律效力,何以又允许在一定条件下予以提审或再审,即"推倒重来"?这种机制是否会损害法律的尊严和降低法院的权威?答案是否定的。

审判监督机制的理论基础可以大体归纳为以下两个要点:

(1)对于任何权力(当然也包括法官作出终审裁判的权力),都有必要加以一定的监督。不受任何监督的权力,势必会导致权力的滥用,就容易产生腐败。中外古今,概莫能外。对于人类社会发展过程中的这一普遍现象,早在18世纪中期,就由当时杰出的进步思想先驱孟德斯鸠在《论法的精神》这一世界名著中加以明确的总结。他认为:"一切有权力的人都容易滥用权力,这是万古不易的一条经验。……要防止滥用权力,就必须以权力约束权力"[6]。列宁也曾指出,要保证法律的实施和执行,就必须:"第一,对法律的实行加以监督。第二,对不执行法律的加以惩办。"[7]邓小平同志以更为明快的语言,表述和丰富了这一思想,强调务必"做到有法可依,有法

---

[5] 参见《刑事诉讼法》第148—150条;《民事诉讼法》第177—188条;《行政诉讼法》第62—64条。
[6] 〔法〕孟德斯鸠:《论法的精神》(中译本),张雁深译,商务印书馆1982年版,第154页。
[7] 列宁:《新工厂法》,载《列宁全集》第2卷,人民出版社1984年版,第358页。

必依,执法必严,**违法必究**"[8]。据此,对于已经发生法律效力的终审裁判,一旦发现其确有违法之处,包括在实体内容上的违法或在程序运作上的违法,当然都应在"**必究**"和"必纠"之列。

(2) 法律的尊严,首要关键在于它的公正,即秉公执法。对已经发生效力的终审裁判,如果事后发现其确有违法和错误(或执法不公,或枉法裁判,或违反法定程序),却又片面强调其"终局性",不允许通过特定的监督程序重新予以审查、审理和作出必要的纠正,则不但不能积极维护法律的尊严,反而会严重损害法律的威信。换言之,裁判的终局性与裁判的合法性和公正性对比起来,**终局性**应当居于第二位,它必须以**合法性**和**公正性**为前提,并且必须服从于合法性和公正性。

(3) 审判监督机制本身,也受某些法律规定的约束。实施审判监督,必须具备特定的条件,通过特定的程序;这就足以防止审判监督机制的滥用。因此,它所"克"的,只是那些错误的、违法的终审裁判,而不对那些正确的、合法的终审裁判产生任何消极影响。有如良好的农药,"只除害虫杂草,不伤粮禾棉株"。特别是在当事人对已经发生法律效力的裁判认为有错误的场合,他固然可以向原审法院或上一级法院申请再审,但该项判决、裁定并不停止执行。[9]

中国**审判监督**的对象、宗旨和理论基础,大体如上。

中国《仲裁法》中所规定的**仲裁监督**,指的是对已经发生法律效力的"一裁终局"仲裁裁决,如发现确有错误或违法,有关当事人可依法定程序向有管辖权的人民法院(以下简称"管辖法院")申请撤销裁决,或申请不予执行。[10] 仲裁监督的宗旨和理论基础,与前述审判监督的宗旨和理论基础,是基本相同的。

按照各国立法的通例,实行仲裁监督的**范围或条件**与实行民事审判监督的范围或条件,也是基本相同的。具体而言,它们包含两个基本方面。其一是,在司法的终审裁判或仲裁的终局裁决中,确实存在**程序上**的错误或违法情事;其二是,在司法的终审裁判或仲裁的终局裁决中,确实存在**实体上**的错误或违法情事。属于这两个基本方面的各种错误或违法,通常由法律明文具体列举。只要具备其中之一,就应当按照法定程序,对有关的司法终审裁判或仲裁终局裁决,加以审查、监督和纠正。

就中国而言,《仲裁法》中所规定的**内国仲裁监督**(不包括涉外仲裁监督),其范围或条件,也包含上述**程序上**和**实体上**这两个基本方面。这是与中国现行的民事审判监督的范围或条件基本一致的,也是与当代各国的立法通例互相接轨的。

---

[8] 邓小平:《解放思想,实事求是,团结一致向前看》,载《邓小平文选》第2卷,人民出版社1994年版,第146—147页。强调是引者所加。

[9] 参见《刑事诉讼法》第148条;《民事诉讼法》第178条;《行政诉讼法》第62条。

[10] 参见《仲裁法》第58、63、70、71条。

然而,审判程序毕竟有异于仲裁程序。前者是全过程均由国家司法机关实行的,后者则一般是全过程由非国家机关实行的,其中一部分案件也仅在其末期执行阶段可能有国家司法机关的介入。[11] 相应地,审判监督程序与仲裁监督程序也有一些重大不同。其最明显的差异之一就在于,实行审判监督的法定渠道较为多样,而实行仲裁监督的法定渠道只限于一途。

试以中国为例,在实行**审判监督**的场合,如果发现(或认为)已经发生法律效力的终局裁判中确有错误或违法之处,则可以援用法定审判监督程序加以监督和纠正者,多达七种人员或机关,[12] 即:(1)原审人民法院的院长和审判委员会(自行再审);(2)上级人民法院(自行提审或指令再审);(3)最高人民法院(自行提审或指令再审);(4)与原审人民法院同级的人民检察院(自行提请上级检察院提出抗诉);(5)上级人民检察院(自行提出抗诉);(6)最高人民检察院(自行提出抗诉);(7)当事人(申请再审)。简言之,上述(1)至(6)所列的六种人员或机关都有权不经当事人的申请径自**主动**对上述终审裁判施加监督,从而使它得到必要的纠正(经法院再审或提审后重新裁判)。

相形之下,在实行仲裁监督的场合,如果发现(或认为)已经发生法律效力的终局裁决中确有错误或违法之处,则可以援用法定仲裁监督程序申请加以监督和纠正者,只限于原案的当事人向特定的法院提出请求一途。换言之,以上(1)至(6)种人员或机关都根本无权对仲裁的终局裁决主动加以干预、监督或纠正;而且,即使经过原案当事人提出实行仲裁监督的申请,其中有权受理的,也仅限于特定的一家管辖法院,而其他各级法院(包括最高人民法院)以及各级检察院(包括最高人民检察院)一概无权加以受理、干预、监督或纠正。

这种规定,是符合各国立法通例的,也是很合理的。因为:双方当事人为解决争端而自愿选择仲裁方式,其法律效果,实际上就是自愿放弃了向法院诉讼的权利,并以此作为"代价",换得比较"干脆"的"一裁终局",尽早解决争端;既避免了法院诉讼

---

[11] 按《仲裁法》的规定,仲裁机构(仲裁委员会)既不是司法机关,也不是行政机关,它与司法机关以及行政机关都没有隶属关系。同时,仲裁机构对于自己作出的终局裁决,并无予以强制执行的权力。从这种意义上说,仲裁机构并非国家权力机关而只是独立的事业单位法人。但是,仲裁机构作出的裁决,具有很强的法律效力或法律约束力。如一方当事人不履行仲裁裁决,经另一方当事人向管辖法院申请执行,法院即应当予以强制执行。从这个意义上说,有人认为,仲裁机构就不是一个纯粹的"民间组织",它带有"准司法机构"(quasi-judicial organ)的性质和"官民结合"的特点。此外,就仲裁程序而言,受理—开庭—裁决—执行,在当事人完全服从仲裁裁决的场合,可以认为仲裁机构实施了仲裁程序的全过程。反之,在当事人一方不服仲裁裁决并向法院申请"予以撤销"或"不予执行",或另一方申请予以执行,此时,仲裁裁决的执行阶段就由国家司法权力机关——法院全面介入并由后者全权决定了(参见《仲裁法》第14、58、62、63、70、71条)。不过,也有人认为:仲裁程序的全过程在作出裁决之后即告终止。裁决之后的执行问题,并不属于仲裁程序本身,即并非仲裁程序的有机组成部分。以上这些看法,学者们见仁见智,有待进一步探讨。

[12] 参见《民事诉讼法》第177—179、185—186条。

审判程序上的"两审结案",旷日持久,也避免了审判监督程序上的"多头干预",降低效率。基于这一点,就不妨推定:在仲裁监督程序中,施加监督的途径(渠道)如此狭窄和单一,也正是充分尊重当事人的自愿选择。

但是,绝不应由此推导出:当事人一旦选择仲裁方式之后,即使面临错误的或违法的涉外终局裁决,也自愿全盘放弃了向管辖法院提出申诉和请求加以监督和纠正的权利。恰恰相反,无论从"**违法必究**"这一基本法理准则来衡量,这是从当代各国仲裁立法通例来考察,对于已经发生法律效力的涉外终局裁决,只要当事人提出确凿证据足以证明该裁决确有前述法定的各类错误或违法情事,则不论其为**程序上**的错误或违法,抑或是**实体上**的错误或违法,都属于管辖法院应当依法实行仲裁监督之列,即应当在仲裁领域严肃认真地、全面地贯彻"违法必究"和"违法必纠"的基本方针。

反观中国的《仲裁法》,其中规定的**内国仲裁**监督机制的监督范围,确是全面的、符合上述基本法理准则的,也是符合当代国际仲裁立法通例的。但是,《仲裁法》中规定的**涉外仲裁**监督机制,则只限于对涉外终局裁决中**程序上**的错误或违法实行监督和纠正,而对于更为重要的、涉外仲裁终局裁决中**实体上的错误或违法**,则不在实行监督之列。[13]

具体说来,管辖法院有权对涉外终局裁决实行仲裁监督的,仅限于在程序上错误或违法的以下四种情况之一:

(1) 当事人在合同中没有订立仲裁条款或者事后没有达成书面仲裁协议;

(2) 被申请人(即仲裁程序中的被诉人)没有得到指定仲裁员或进行仲裁程序的通知,或者由于其他不属于被申请人负责的原因未能陈述意见;

(3) 仲裁庭的组成或仲裁的程序与仲裁规则不符;

(4) 裁决的事项不属于仲裁协议的范围或者仲裁机构无权仲裁。

反之,遇有在**实体上**错误或违法的以下五种情况之一,纵使一方当事人已经提出确凿证据,证明其完全属实,管辖法院也无法、无权对它们援用涉外仲裁监督程序予以监督和必要的纠正。这些情况是:

(1) 原涉外裁决认定事实的主要证据不足;

(2) 原涉外裁决所根据的证据是伪造的;

(3) 对方当事人隐瞒了足以影响公正裁决的证据;

(4) 原涉外裁决在适用法律上确有错误;

---

[13] 参见《仲裁法》第65、70、71条;《民事诉讼法》第260条。

(5) 涉外仲裁员在仲裁该案时有贪污、索贿、受贿、徇私舞弊、枉法裁决行为。

质言之,这五种情事归根结底都属于涉外裁决书**内容上**或**实体上**的错误或违法。但是,按《仲裁法》关于涉外仲裁监督机制的规定,管辖法院即使在当事人举证之后初步认定确有其事,意欲进一步弄个"水落石出",俾便主持法律公道和祛邪扶正,也仍因"于法无据",碍难过问,而束手无策!这就难免给人形成这样一种印象:第一,在中国,对于具有上述五种情事之一的涉外仲裁裁决,竟然可以"违法不究",或竟因没有法律根据而无法追究和纠正,难免令人感到法律或法院的"软弱"或"无奈";第二,受到仲裁员凭伪证裁决损害或枉法裁决坑害的一方当事人,既不能向管辖法院申请撤销原裁决,也不能向它申请裁定不予执行,从而陷入"投诉无门"的绝境!

试问,这样的执法实践效果岂是《仲裁法》的立法本意?

这岂能维护中国法律的应有尊严?

这岂能有利于中国在国际社会中树立起法治国家的形象?

这岂能符合中国国际贸促会(中国国际商会)近年来所致力追求的促使中国涉外仲裁体制现代化和国际化的宗旨和目标?

以上这几个问题,是很值得人们认真深入思考和郑重回答的。看来,全部问题的核心就在于中国《仲裁法》对"内国仲裁监督"与"涉外仲裁监督"实行"**内外有别**"的"**分轨制**",即区别对待、**分别立法**,使后者接受监督的范围远远小于前者,即**仅限于仲裁的程序运作**,而**不涉及裁决的实体内容**,以致某些涉外仲裁裁决,纵有严重谬误或严重违法的实体内容,仍然可以"逍遥法外",不受任何法律监督和纠正,从而造成两类仲裁裁决在法律效果和法律形象上的强烈反差。上述这种"分轨监督"的做法,究竟是否绝对必要?是否完全合理?——这是有待商榷的。

二、中国两类仲裁监督"分轨"立法之合理性问题

据笔者所知,当前国内法学界对于《仲裁法》之所以把两类仲裁监督分别立法并就涉外仲裁监督机制作出上述规定的原因,有着各种不同的解释和理解。归纳起来,约有如下五种:

第一种意见认为:中国《仲裁法》中关于涉外仲裁监督的上述现有规定,是与中国《民事诉讼法》中关于涉外仲裁监督的规定一致的和"互相接轨"的。鉴于《民事诉讼法》是当前中国法院处理一切民事商事诉讼的一大基础法,其**法律位阶**应当高于

《仲裁法》,因此,尽管《民事诉讼法》中有关涉外仲裁监督机制的现有规定可能存在某些有待修订之处,但在对它进行修订以前,《仲裁法》的同类规定必须与它完全保持一致,不宜有差异,更不容有突破。以免被认为中国的这两部程序法有"自相矛盾"之处,而且是以位阶较低的"从法"或"子法",否定了"位阶较高"的"主法"或"母法",从而有损于中国法律的"国际观感",被认为是缺乏足够的稳定性和一致性。

第二种意见认为:中国《仲裁法》中关于涉外仲裁监督的上述现有规定,是与中国缔结或者参加的国际条约(特别是1958年的《纽约公约》)互相接轨和完全一致的,中国不能一边缔结或参加有关涉外仲裁的国际条约,一边在国内仲裁立法中却自行其是,不遵守或背离这些条约中的明确规定。

第三种意见认为:中国《仲裁法》中关于涉外仲裁监督的现有规定,即实行内国仲裁监督与涉外仲裁监督的"分轨制",是完全必要的,也符合国际上的通行做法。[14] 换言之,中国《仲裁法》中这种"内外有别、分轨监督、严宽不一"的现行规定,是与当代各国仲裁立法的通行做法即国际立法惯例互相接轨的,这些现有规定正是中国涉外仲裁体制走向现代化与国际化的具体体现之一。

第四种意见认为:中国涉外仲裁体制的现状及其所处周边环境条件具有一定的"特殊性",其主要体现是:(1)中国的涉外仲裁员队伍的品德素质和业务素质都是相当高水平的,他们所作出的涉外裁决,至今尚未发现有严重错误、索贿受贿、徇私舞弊、枉法裁断等情事,可以誉之为"一片净土",因此,无须过分强调涉外仲裁的监督;(2)当前中国基层和中级人民法院某些审判人员的业务素质和能力水平不够理想,且在不同程度上受"地方保护主义"观念的影响,少数审判机关中甚至还存在着司法腐败现象。这些因素,往往造成一些涉外仲裁裁决的执法往往难以顺利实现。在这种条件下,如果法律授权管辖法院可以对涉外仲裁裁决的**实体内容**的合法性和公正性予以审查,并作出必要的纠正(不予执行或予以撤销),则势必严重影响涉外仲裁裁决的及时和正确的执行,不利于提高中国涉外仲裁机构及其裁决的"国际威信"。因此,《仲裁法》中关于涉外仲裁监督机制的现有规定,正是充分考虑到当前中国现实国情的上述"特殊性"而作出的正确立法,是一种必要的"预防"措施。

第五种意见认为:当事人选择仲裁解决争议,最主要的就是期望获得一份终局裁决;仲裁裁决的终局性能给当事人带来巨大的**潜在利益**,它显然比上诉程序带来的利益大得多。在商人们看来,**以放弃上诉权利**为**代价**而获得裁决的终局性是完全值得的;当事人在选择仲裁时更**注重效益**,而**不是公平**。[15] 既然如此,则依据"当事人

---

[14] 参见陈安:《中国涉外仲裁监督机制申论》,载《中国社会科学》1998年第2期,第97页。
[15] 同上文,第95、97页。

意思自治"原则,即使仲裁庭作出显失公平,甚至违法的裁决,有关当事人也应乐意接受,自觉履行,而不该再有任何异议或怨言,因为,这是他自愿选择的结果。

对于以上五种意见,乍看乍听,似均不无道理,但细加推敲思考,却都是难以自圆其说、难以令人信服的。本节以下各目拟针对这些见解,逐一加以剖析。

(一)中国《仲裁法》的涉外仲裁监督规定与《民事诉讼法》有关规定的接轨问题

就前述第一种意见而言,首先应当探讨的是《仲裁法》的法律位阶问题以及《仲裁法》的规定是否可以突破《民事诉讼法》现行的相应规定。

众所周知,对当事人之间的经济争端,向来就有"司法解决"和"仲裁解决"两种途径或两种方式。《民事诉讼法》是专为"司法解决"而制定的程序法;而《仲裁法》则是专为"仲裁解决"而制定的程序法,两者分工明确,各有专司。只是由于仲裁裁决的强制执行与撤销,须由有管辖权的法院来处理和定夺,所以,在总共270条的《民事诉讼法》中就只有寥寥几条条文是**专门针对仲裁问题**的原则规定。但并不能据此推断认为整个《仲裁法》就是从《民事诉讼法》这一"母法"派生或衍生出来的"子法"。相反,这两种程序法,都是由全国人大这一最高立法机关制定的法律,两者的法律位阶应当属于同一个层次,"平起平坐",只有分工的不同,而没有主从的区别。质言之,两法之间只是"兄弟关系"和"互补关系",而非"母子关系"或"父子关系"。关于这一点,可以从《仲裁法》本身的规定中找到有力的根据。例如,《仲裁法》第15条第3款以及第75条分别明文规定:中国仲裁协会制定可供具体操作的《仲裁规则》或各类仲裁委员会制定《仲裁暂行规则》时,应当"依照本法和民事诉讼法的有关规定"。在这里,显然是把《仲裁法》与《民事诉讼法》并列,作为制定仲裁规则所必须遵循的法律基础和法律依据,而且在排列的顺序上,把《仲裁法》列在《民事诉讼法》的前面。

尤其值得注意的是,《仲裁法》第78条明文规定:"本法实施前制定的有关仲裁的规定与本法的规定相抵触的,以本法为准"。这就毫不含糊地表明:就"有关仲裁的规定"而言,《仲裁法》的规定具有法定的、绝对的优越权和优先适用地位。此前各种法律(包括《民事诉讼法》)、法规、规章中针对仲裁的一切规定,都必须与《仲裁法》的规定保持协调一致,而不得违反。如有违反,概属无效。

由此可见,在仲裁程序问题上,《仲裁法》处在"特别法"的地位,其他一切法律,包括《民事诉讼法》,均处在"普通法"的地位,按照"特别法优先于普通法"基本法理原则具体法律规定。[16]《仲裁法》中有关仲裁的规定理所当然地可以突破《民事诉讼法》中有关仲裁的现行规定。《仲裁法》第78条的上述明文,就充分地体现了这种突破;而同法第58条以及第70条的规定也具体地突破了《民事诉讼法》的原有规定(详见下文)。

同时,还应当充分注意到,《民事诉讼法(试行)》制定于1982年,修订于1991年。按照当时《宪法》第15条关于中国经济体制的规定:"国家在社会主义公有制基础上实行计划经济"。但是,适应形势的发展,全国人民代表大会于1993年3月正式通过了《中华人民共和国宪法修正案》,将《宪法》第15条的原文修改为"国家实行社会主义**市场经济**"。接着,1993年11月中共十四届三中全会正式作出关于在中国建立社会主义市场经济体制的决定。其中第九部分为今后的立法工作指明了基本方向,包括:必须努力逐步建立适应社会主义市场经济的法律体系;改革、完善司法和行政执法机制;建立健全**执法监督机制**;适时修改和废止与建立社会主义市场经济体制不相适应的法律和法规,等等。

这一决定,完全切合中国的现实迫切需要。显然,对于修订于1991年、适用于**计划经济**条件下的《民事诉讼法》(包括其中关于仲裁监督机制的规定),也必须根据上述立法基本方向加以认真的思考、审议和必要的修订。就仲裁领域的立法而言,也必须适应修订后的宪法关于"实行社会主义市场经济"的要求,以深化改革、扩大开放的眼光,考虑社会主义市场经济与世界市场经济的接轨,使中国的仲裁立法(包括有关涉外仲裁监督机制的立法),立足于中国当前国情的需要,并恰如其分地与国际立法惯例接轨。

应当说,1994年8月底通过的《仲裁法》,就其总体观察,是符合上述立法方向的一大举措,其中关于内国仲裁监督机制的新规定,确实已经突破《民事诉讼法》中在同一问题上的现有规定,体现了向国际立法惯例靠拢并与之"接轨"的精神。例如,《民事诉讼法》第217条规定:被申请人提出证据证明仲裁裁决有该条文列举的六种错误或违法情事之一,经法院审查核实,应裁定**不予执行**。而对此类错误的或违法的原裁决,却并无依法予以撤销的任何规定。现在,《仲裁法》第58条的规定则与此不同。它参照和吸收了世界各国仲裁立法的有益经验,规定:当事人(包括仲裁案件中的申请人和被申请人)提出证据证明仲裁裁决有该条文所列的六种错误或违法情事之一,经法院审查核实,即应当裁定**撤销**。

对《民事诉讼法》上述规定的这一突破,可以说是中国内国仲裁监督机制的一大

---

[16]《中华人民共和国立法法》第83条规定:在同一机关制定的各种法律中,特别规定与一般规定不一致的,适用特别规定。

进步，令人耳目一新。因为，对于在程序上或实体上确有错误或违法因素的终局裁决，管辖法院在审查核实后究竟是裁定"**不予执行**"，还是裁定"**应予撤销**"，其法律效力、社会效应和公众观感，是大不相同的。如果法院只裁定"不予执行"，其在法理逻辑上的可能解释有二：(1) 原仲裁裁决依旧合法、有效，只是不予强制执行，从而导致"在法律上有效，在事实上无效"（*valid de jure, but invalid de facto*）的结局；(2) 原仲裁裁决之合法与否、有效与否，尚未定论，也不作定论，使其处在一种"悬而未决、含糊、模棱"的状态，有如一个未知数或一首"朦胧诗"。以上两者之中，不论作何种解释，其社会效应势必是令公众感到此种"不予执行"的裁定缺乏是非上的**鲜明性**和**透明度**。反之，如果法院裁定"应予撤销"，则表明法院已经旗帜鲜明地确认原仲裁裁决在法律上是无效的，而且是自始无效（*void ab initio*）。因此，面对一项已经发现其确有错误或违法因素的仲裁裁决，如果法院的法定权力仅仅限于裁定"不予执行"，而根本无权裁定"应予撤销"，这样的法定授权界限，实在很不利于维护有法必依、**违法必究**的基本法理原则，有损于中国法律的严肃性，有损于中国法律和中国法院在国内外公众中的尊严形象！现在《仲裁法》已经把管辖法院对内国仲裁裁决的监督权力进一步扩大到必要时可以裁定"应予撤销"，这就有效地消除了《民事诉讼法》上述现有规定所势必产生的负面社会效应，也是完全符合当代各国仲裁立法的惯例的。关于这一点，本文第二部分之（三）将作进一步分析。

但是，如前所述，《仲裁法》对于"内国仲裁监督"和"涉外仲裁监督"实行"内外有别"的分轨制，把对涉外仲裁裁决的监督范围依旧仅仅限于《民事诉讼法》第 260 条第 1 款所规定的四种程序运作上的错误或违法，[17] 而不过问涉外仲裁裁决的实体内容，从而在实践上势必造成这样的效果：管辖法院对于本文第一部分末所列举的实体内容上的五类错误裁决或违法裁决，包括凭伪证作出裁决或仲裁员贪污受贿枉法裁决，竟然无权监督、无法监督、无计可施：既不能裁定不予执行，更不能裁定应予撤销，只能"干瞪眼"！

更有甚者，《民事诉讼法》第 260 条第 2 款明文规定：人民法院认定执行该（涉外）裁决违背社会公共利益的，裁定不予执行；然而，对于这一极其重要的国际立法惯例——"公共秩序保留条款"（the reservation clause of public order），《仲裁法》在规定涉外仲裁监督机制时，竟然毫未提及，这不能不说是立法上的一大疏漏。如果是有意删去，那就是更加令人难以理解和难以接受的倒退了。至于上述"公共秩序保

---

〔17〕 按《仲裁法》第 70 条的规定，对于这四种程序上有错误或违法的涉外仲裁裁决，管辖法院根据当事人的确凿举证和申请，有权裁定予以撤销，而不是只限于裁定"不予执行"。就这一点而言，也对《民事诉讼法》第 260 条的原有规定（仅限于有权"裁定不予执行"）有所突破。

留条款"的内容和实质,下文将另作述评。

(二) 中国《仲裁法》的涉外仲裁监督规定与国际条约有关规定的接轨问题

就本文第二部分开头所引述的第二种意见而言,应当着重深入探讨的是:中国《仲裁法》中有关涉外仲裁监督的现有规定,与中国参加缔结的国际条约的有关规定,究竟是否已经确实互相接轨和完全一致。

在这个问题上,可以用1958年在纽约订立的《承认及执行外国仲裁裁决公约》(以下简称《1958年纽约公约》)[18]以及1965年在华盛顿订立的《解决国家与他国国民间投资争端公约》(以下简称《1965年华盛顿公约》)[19]为例,进行剖析。

1986年12月2日,中国全国人民代表大会常务委员会决定加入《1958年纽约公约》。该公约第3条规定:各缔约国应当互相承认外国仲裁裁决具有约束力,并按法定程序予以执行。不言而喻,这正是缔结本公约的主旨所在。但是,公约第5条第1款却规定了几种例外,即原裁决在程序上存在错误或违法的五种情况,[20]只要具备其中之一,经受害当事人一方之请求和举证证实,有关缔约国之主管机关对于该项来自外国的仲裁裁决,就有权拒绝承认,也不予执行。这实质上就意味着作为东道国的缔约国对于已经发生法律效力并预期在本国境内执行的外国裁决,有权加以必要的审查和监督,并保留否认其约束力和拒绝执行的权利。有人据此断言,《1958年纽约公约》也**只是**允许作为裁决执行地的东道国的主管机关对**程序**上有错误或违法之处的外国仲裁裁决实行必要的审查和监督,而并未授权此类主管机关对外国的仲裁裁决是否在**实体**内容上存在错误或违法之处,也进行审查和监督。

笔者认为,这种理解是不够全面的。因为,紧接着上述规定之后,该公约第5条第2款又进一步规定:外国仲裁裁决执行地所在国(东道国)之主管机关,如果认定:(1)按照东道国本国的法律,该项争端不能以仲裁解决;或(2)承认或执行某项外国仲裁裁决有违东道国本国的**公共政策**(public policy),则有权拒不承认和执行该项外国仲裁裁决。这种规定,乃是"公共秩序保留"这一原则的具体运用,它的实质,就是

---

[18] See S. Zamora & R. A. Brand (eds.), Basic Documents of International Economic Law, CCH International, Vol. 2, 1991, pp. 975-984. 中译文载陈安、刘智中主编:《国际经济法资料选编》,法律出版社1991年版,第71—76页。

[19] Ibid., pp. 947-973. 或参见陈安主编:《"解决投资争端国际中心"述评》,鹭江出版社1989年版,附录第162—184页。

[20] 这五种情况是:(1)原仲裁协议的当事人无行为能力或原协议依法属于无效协议者;(2)当事人一方未获关于指派仲裁员或仲裁程序之适当通知,或因他故,致未能申辩者;(3)裁决所处理的争议不属原仲裁条款规定范围者;(4)仲裁机构之组成或仲裁程序与当事人间仲裁协议不符者,或无协议而与仲裁地所在国法律不符者;(5)原裁决尚未发生约束力或已被撤销或停止执行者。《1958年纽约公约》第3条和第5条的英文原文均参见S. Zamora & R. A. Brand (eds.), Basic Documents of International Economic Law, CCH International, Vol. 2, 1991。

授权上述东道国主管机关对来自外国的仲裁裁决,在进行程序方面的审查和监督之外,也进行**实体内容上**的审查和**监督**。

《1958 年纽约公约》上述条文中使用了英美法系所惯用的"公共政策"一词,其含义相当于大陆法系中的"公共秩序"(public order),或中国法律用语中的"社会公共利益"(social public interests)。[21] 这些同义语的共同内涵,通常指的是一个国家的**重大国家利益、重大社会利益、基本法律原则和基本道德原则**。[22] 换言之,根据《1958 年纽约公约》第 5 条第 2 款的规定,外国仲裁裁决执行地所在(东道国)的主管机关,经过审查,一旦认定某项外国仲裁裁决的实体内容确有违反东道国国家或社会的重大利益、违反东道国法律或道德的基本规范之处,如果加以承认和执行,势必严重损害本国社会的正常秩序,亵渎本国固有法律和道德的尊严,在这种情况下,该东道国就有权以该项外国仲裁裁决的实体内容存在错误和违法情事为由,不予承认和执行。对外国仲裁裁决采取这样的审查标准和判断角度,显然不属于程序运作上的审查与监督,而是实体内容上的审查与监督。

遗憾的是:中国《仲裁法》对于《1958 年纽约公约》所赋予缔约国的上述"公共秩序保留"权利,对于中国《民事诉讼法》第 260 条第 2 款所明确规定中国拥有的同一权利,即拒不承认、拒不执行具有错误内容或违法内容的外国仲裁裁决,以免损害本国社会公共利益的权利,竟然略而不提。让我们再次强调:这显然至少是不应有的疏漏,有待日后补订。[23]

在仲裁领域实行国际协作方面,中国除了在 1986 年参加了《1958 年纽约公约》之外,还在 1992 年参加了《1965 年华盛顿公约》。

《1965 年华盛顿公约》的主旨,在于通过国际仲裁,解决东道国政府与外国投资者之间的争端。为了处理仲裁裁决的"终局性"与"公正性"这一对矛盾,公约作出了这样的规定:一方面,强调仲裁裁决具有与终局司法判决一样的约束力,不但当事人(含东道国)必须遵守和履行,除公约另有规定外,不得进行上诉或申诉,而且公约的

---

[21] 参见日本国际法学会编:《国际法辞典》(中译本),世界知识出版社 1985 年版,第 110—111 页("公共秩序"条目)。并参见《法国民法典》第 6 条;中国《民法通则》第 150 条;《涉外经济合同法》第 4 条、第 9 条第 1 款;《中华人民共和国合同法》第 7、52 条。

[22] 参见李浩培:"保留条款"条目,载《中国大百科全书·法学卷》,中国大百科全书出版社 1984 年版,第 10—11 页;韩德培主编:《国际私法》,武汉大学出版社 1985 年版,第 70—79 页;李双元主编:《国际私法》,北京大学出版社 1991 年版,第 135—137 页。

[23] 在学术讨论中,有的学者认为:在《仲裁法》未对国际通行的"公共秩序保留"条款作出具体规定的情况下,中国的管辖法院在实践中可以援引《民法通则》第 142 条第 2 款前半段的规定,以弥补此种疏漏或缺失,即主张"中华人民共和国缔结或者参加的国际条约同中华人民共和国民事法律有不同规定的,适用国际条约的规定",从而保有《1958 年纽约公约》所承认的各缔约国的"公共秩序保留"权利。此议有理,录以备考。不过,此种"弥补"方式,有待于法律上的解释推理,流于间接,自不如在《仲裁法》本身中直截了当地、明明白白地予以补订为好。

各缔约国都应尊重仲裁裁决,并在其本国领土内履行该裁决所课予的与金钱有关的各种义务。[24] 另一方面,又专设一条,允许当事人(含东道国)的任何一方有权根据下列五种理由之一,向依据《1965 年华盛顿公约》设立的"解决投资争端国际中心"(International Centre for Settlement of Investment Disputes,ICSID)申请**撤销**原定的仲裁裁决,这五种理由是:(1)仲裁庭的组成不适当;(2)仲裁庭显然有越权行为;(3)仲裁庭的一名成员有受贿行为;(4)仲裁过程中严重违反仲裁程序基本规则;(5)仲裁裁决未陈述其所依据的理由。[25]

这条规定具有重大的意义:第一,它比较妥善地处理了仲裁裁决之"终局性"与"公正性"之间的矛盾,在强调其"终局性"的同时,又对其可能存在的程序上和实体上的错误或违法情事,通过公约规定的监督机制,实行应有的审查和监督,一旦认定其确有重大问题,就对原裁决予以撤销,从而有力地维护了仲裁裁决的公正性。第二,它比较妥善地处理了对跨国投资争端实行国际仲裁过程存在于"南、北"之间的矛盾。一般而论,在提交 ICSID 仲裁的跨国投资争端案件中,吸收外资的发展中国家(东道国)几乎全部是处在被诉人(被告)的地位。[26] 在这种情况下,如果国际仲裁庭的裁决大体上公平合理,则强调裁决的约束力并强化其执行制度当然无可厚非;反之,如果裁决本身在程序上或实体上确有错误或违法之处,以致处断不公,造成对发展中国家(被诉人)的无端损害,则裁决之约束力愈大,执行制度愈严格,其危害性也愈强烈。正是基于此种考虑,经过发展中国家的共同力争,《1965 年华盛顿公约》才设有上述监督机制专条的明文规定。[27]

诚然,在上述跨国投资争端的国际仲裁中,其中的一方当事人是外国投资者,另一方则是吸收外资的东道国。从表面上看,后者是与一般的商事纠纷当事人有所不同的。但是,在上述这种国际仲裁中,后者的**法律身份**并非国际公法上的主体,而只是国际商法上的主体,即无异于一般国际商事纠纷中的另一方当事人。双方当事人在仲裁庭中的法律地位完全"平起平坐",并无轩轾之分,就此点而言,吸收外资的东道国实际上已在参加《1965 年华盛顿公约》之初,就已经自愿"降格"为国际商事仲裁过程中的一般当事人,而并无任何特权可言。相反,统计资料表明:在此类仲裁实践中,ICSID 仲裁员和实际断案的专家们绝大多数来自发达国家或经受过发达国家的

---

[24] 参见《1965 年华盛顿公约》第 53、54 条和第 52 条。
[25] 同上公约,第 53、54 条和第 52 条。
[26] See ICSID Annual Reports (1988—2000), ICSID List of Concluded Cases, ICSID List of Pending Cases, http://www.worldbank.org/icsid/cases/conclude htm.
[27] 参见陈安主编:《国际投资争端仲裁——"解决投资争端国际中心"机制研究》,复旦大学出版社 2001 年版,第 32—41 页。

法学教育训练,[28]这就不可能不影响到他们在"南北矛盾"中的倾向和态度,从而很难完全避免在处断体现着"南北矛盾"的跨国投资争端中,自觉地或不自觉地向发达国家有所"倾斜"或偏倚。因此,在此种国际仲裁中,作为吸收外资东道国的发展中国家往往是处在一种弱者的地位。相应地,上述《1965年华盛顿公约》第52条有关仲裁监督机制的规定(包括对仲裁裁决实体内容的监督),究其实质,就是一种**保护弱者**以维护仲裁裁决公正性的必要措施。

可惜的是,中国《仲裁法》中有关涉外仲裁裁决监督机制的规定,也未能充分借鉴和充分吸收中国已经参加的《1965年华盛顿公约》在仲裁监督机制方面适当地扶持弱者以保证仲裁裁决公正性的有益经验。

如所周知,《1958年纽约公约》和《1965年华盛顿公约》乃是中国已经参加的、涉及国际仲裁问题的最重要的两项公约。从上述剖析中不难看出:前述所谓"中国《仲裁法》中关于涉外仲裁监督的现有规定是与中国缔结或参加的国际条约互相接轨和完全一致"的说法或论断,显然缺乏足够的事实根据。

(三)中国《仲裁法》的涉外仲裁监督规定与当代各国仲裁立法通例有关规定的接轨问题

就本文第二部分开头所引述的第三种意见而言,应当深入探讨、查核和具体澄清的是:当代各国仲裁立法在涉外仲裁监督问题上通常作何规定,中国《仲裁法》在同一问题上的现有规定与国际社会中仲裁立法的有关通例究竟是否能妥帖地互相接轨。

就笔者初步查证所知,答案是否定的。兹试列举有关资料信息如下:

美国 美国仲裁立法中对于在本国境内作出的仲裁裁决,不论其为**内国裁决**或为**涉外裁决**,都采取同样的监督机制。监督的对象、项目或要点,既有**程序**方面的,又有**实体**方面的。根据当事人的请求,仲裁裁决地所属地区内的管辖法院除了有权审查一般仲裁程序上的错误或违法情事之外,还重视审查仲裁裁决是否"以贿赂、欺诈或者不正当方法取得",仲裁庭各成员是否"显然有偏袒或贪污情事"。一旦认定确有上述情事之一,管辖法院即可作出裁定,**撤销**原仲裁裁决。[29]

---

[28] See Composition of ICSID Tribunals, *News from ICSID*, Vol. 4, No 2, 1987, pp. 3, 5-7. 并参见陈安主编:《国际投资争端仲裁——"解决投资争端国际中心"机制研究》,复旦大学出版社2001年版,第41—42页。

[29] 参见《美利坚合众国仲裁法》第10条,载《国际商务仲裁》(International Commercial Arbitration,以下简称《ICA》)第七编:"各国仲裁立法",(活页)文件编号: VII. L. 1,第4页,美国奥西阿纳出版社(Oceana Publications),1985年英文版;朱建林中译文载程德钧、王生长主编:《涉外仲裁与法律》(第二辑,资料编译),中国统计出版社1994年版,第295页。

德国 在《德国民事诉讼法》中设有"仲裁程序"专编(第十编),其中对在本国境内作出的仲裁裁决实行监督的规定,也本着"一视同仁"的原则,不区分其为内国裁决或涉外裁决。监督的对象或要点,既涉及裁决的程序运作,也涉及裁决的实体内容。就对于裁决实体内容方面的监督而言,具有下列七种情况之一,当事人即可申请**撤销**原裁决:[30]

(1) 承认裁决,显然违背德国法律的基本原则,特别是不符合德国的基本法;

(2) 对方当事人宣誓作证而又犯有故意或过失伪证的罪行,裁决却以其虚假证言作为根据;

(3) 作为裁决基础的证书是伪造或变造的;

(4) 证人或鉴定人犯伪证罪行,裁决却以其虚假证言或鉴定作为根据;

(5) 当事人的代理人或对方当事人(或其代理人)犯有与本仲裁案件有关的罪行,而裁决即是基于该行为而作出的;

(6) 仲裁员犯有与本仲裁案件有关的、不利于当事人的渎职罪行;

(7) 裁决是以某项法院判决为基础,而该项判决已被依法撤销。

管辖法院认定确有上述情况之一,即应**撤销**原仲裁裁决并驳回执行该裁决的申请。[31]

可见,德国法律既规定仲裁裁决对于当事人具有与法院终局判决同等的法律效力,[32]同时,又对裁决的程序,特别是对裁决的实体内容,实行十分**严格**和相当**具体**的监督。对于在仲裁过程中当事人等实行伪证或仲裁员渎职因而势必影响裁决公正性的场合,尤其强调从严监督,坚决纠正。

值得附带一提的是:德国对于来自外国的仲裁裁决,除了在其《民事诉讼法》第1044条中吸收《1958年纽约公约》第5条有关监督机制的规定,授权本国的管辖法院可以裁定"不予承认和不予执行"之外,还专门立法,授权本国的管辖法院在特定情况下[33]可以对来自外国的仲裁裁决作出"应予撤销"的裁定。足见德国的法律确是把任何仲裁裁决(包括在本国作出的内国仲裁裁决和涉外仲裁裁决以及在外国作出

---

[30] 参见《德意志联邦共和国民事诉讼法》第1041、1042条、第580条,载《ICA》,文件编号:VII.C/1.1,第10—11页,1986年英文版;中译文见谢怀栻译:《德意志联邦共和国民事诉讼法》,法律出版社1984年版,第337—338页、第166—167页。[本文发表于1995年。其后,《德国民事诉讼法》第十编经过修订,并自1998年1月1日开始实施。详见本书第二编第5章"再论中国涉外仲裁的监督机制及其与国际惯例的接轨"第三部分之(二)。]

[31] 参见同上法律,第1042条第2款,载同上《ICA》汇编文件,第10页;同上谢怀栻译书,第338页。

[32] 参见同上法律,第1040条,载同上《ICA》汇编文件,第10页;同上谢怀栻译书,第337页。

[33] "特定情况"指的是:如果属于《1958年纽约公约》范围的外国仲裁裁决是在德国以外的另一缔约国依据德国的程序法作出的,则可以在德国境内向管辖法院提起撤销原仲裁裁决之诉,而一旦德国管辖法院认定该项外国裁决确有前述《德国民事诉讼法》第1041条所规定的七种撤销原因之一,即应裁定予以撤销。参见《德国关于实施1958年〈承认及执行外国仲裁裁决公约〉的法律》(1961年3月15日),载同上谢怀栻译书,第342页,注解之[10]。

的仲裁裁决)的公正性,放在首要地位,监督从严。

日本 《日本民事诉讼法》对于在本国境内作出的内国仲裁裁决和涉外仲裁裁决,也采取"**统一立法、同等监督**"的原则,而且多处与德国法律的有关规定十分近似。对于在日本本国境内作出的上述两类仲裁裁决,除了实行程序方面的监督之外,也相当强调实行实体方面的监督。就后者而言,凡具备以下六项条件之一,当事人即可申请撤销原仲裁裁决;而管辖法院一旦认定申请者举证属实,即应作出裁定,**撤销**该仲裁裁决。[34] 这六项条件是:

(1) 仲裁裁决命令一方当事人实施法律禁止的行为;

(2) 仲裁员对本仲裁案件犯有渎职罪行;

(3) 当事人的指控或答辩受到阻碍,以致影响公正裁决;

(4) 作为裁决证据的文书及其他物证是伪造或变造的;

(5) 证人、鉴定人、翻译人员、当事人或其代理人作出的虚假陈述被援引作为裁决的证据;

(6) 作为裁决基础的某项其他判决或行政裁定已被变更。

可见,日本对于在本国作出的涉外仲裁裁决,也与对待内国仲裁裁决一样,对其实体内容的公正性,实行相当严格与具体的监督。

澳大利亚 澳大利亚实行联邦制,六个州各有自己的宪法、法律和最高法院。1984年以来各州法律实行"统一化"改革,基本上采用同一模式,大同小异。兹以经济和法律发展水平最高、辖区最大的新南威尔士州1984年的《商事仲裁法》为代表,摘述其中对仲裁裁决的监督规定。

这部仲裁法对于在本州作出的一切仲裁裁决,包括内国裁决和涉外裁决,实行统一的司法审查和监督。其特色有二:第一,对于终局性仲裁裁决,原则上一般不允许上诉,但如该州**最高法院**认为因裁决产生的法律问题可能对争端当事人的权益产生重大影响,则作为例外情况,在经过严格审查和适当限制的条件下,允许当事人向最高法院提起上诉,经过后者审查,可视情况分别作出裁定,维持、变更或**撤销**原仲裁裁决,或就有关法律问题提出意见,发回重审(重裁);第二,对于终局性仲裁裁决,如发现其"仲裁员或公断人本身行为不轨,或对程序处理不当",或"裁决不当",则作

---

[34] 参见《日本民事诉讼法》第801—804条、第420条,载《日本模范六法》,三省堂1991年日文版,第1162页、第1154—1155页。英译文载《国际商务仲裁·亚太地区商务仲裁立法》(International Commercial Arbitration Commercial Arbitration Law in Asia and the Pacific,以下简称《ICA·CALAP》),文件编号:7,第3—6页,美国奥西阿纳出版社1990年版;张玉林中译文载程德钧、王生长主编:《涉外仲裁与法律》(第二辑,资料编译),中国统计出版社1994年版,第217—218页。

为一般原则,法院可以应仲裁协议一方当事人的申请,全部或部分**撤销**该仲裁裁决。[35]

在仲裁裁决监督机制上采取这种做法,即对"内国"与"涉外"两类裁决实行"合流"和统一的监督,而又按仲裁裁决本身存在程序上或实体上问题的轻重大小实行适当的"分流"监督,"宽严有别",灵活掌握;同时,提高实行监督的司法机关的层次,以昭慎重:此种机制,可谓独树一帜。

在当代发达国家的行列中,除了上述美、德、日、澳诸国之外,**法国、意大利、加拿大、英国、比利时、荷兰、瑞士、奥地利**等许多国家,对于在本国作出的涉外仲裁裁决,也都设有比较健全的监督机制。它们的**共同特点**也是:**第一**,对于在本国作出的涉外仲裁裁决,与本国作出的内国仲裁裁决,实行统一的、**同一标准**、同等要求的监督;**第二**,监督和纠正的范围和要点,既包含两大类仲裁裁决在程序方面的错误或违法,又包括它们在**实体**方面的错误或违法;**第三**,管辖法院用以纠正这些错误或违法裁决的具体措施,并不局限于裁定"不予执行",而且有权裁定"**应予撤销**"。[36]

在当代发展中国家的行列里,有许多国家的仲裁立法借鉴和吸收了发达国家的有益经验,在充分肯定仲裁裁决之终局性和约束力的同时,十分强调仲裁裁决的公正性,并为此建立了同样具备上述**三项共同特点**的监督机制。

就发展中国家仲裁立法针对仲裁裁决的实体内容进行司法审查和监督而言,各有关法律条文的表述方式,大体上可分为三种:(1)"列举式",即逐项列举审查和监督的要点,诸如:仲裁员有不法行为、渎职行为,当事人从事伪证、欺诈或隐瞒真相,裁决内容违法或违反公共政策等。采取此种方式的有**印尼**、**泰国**等。[37](2)"概括式",即从总体上规定对仲裁裁决的监督可比照对司法审判监督的程序办理,诸如:明文指出"对仲裁员的裁决,可根据与撤销司法判决同样的规则,申请予以撤销"。

---

[35] 参见《澳大利亚新南威尔士1984年商事仲裁法》第38—42条,载《ICA》,文件编号:Ⅶ.A.3,1988年英文版;朱建林中译文载同上资料编译,第231—233页、第255—258页。

[36] 参见《法国民事诉讼法》第1482—1485条,王生长中译文载同上资料编译,第32—33页;《意大利民事诉讼法》第828—831条,载《ICA》,文件编号:Ⅶ.F/1/A.1,1986年英文版,第8—10页;王松中译文载同上资料编译,第133—134页;《加拿大不列颠哥伦比亚1986年国际商事仲裁法》第34条,载《ICA》,文件编号:Ⅶ.A/2.1,1987年英文版,第25—26页;王生长中译文载同上资料编译,第350—351页;《英国仲裁法》第1—2条,载《ICA》,文件编号:Ⅶ.K.3,1985年英文版,第35—37页;陈鲁明中译文载同上资料编译,第134—137页。[本文发表于1995年。其后《英国仲裁法》经过修订,并自1997年1月31日开始实施。详见本书第二编第5章"再论中国的涉外仲裁的监督机制及其与国际惯例的接轨"。]《比利时司法法典(节选)》第1704条,王生长中译文载同上资料编译,第44—45页;《荷兰民事诉讼法》,第1065、1068条,载《ICA》,文件编号:Ⅶ.F/2/A.1,1987年英文版,第13—15页;王生长中译文载同上资料编译,第66—68页;《瑞士国际私法法案》第190—191条,王生长中译文载同上资料编译,第75页;《奥地利民事诉讼法》第595—597条,王生长中译文载同上资料编译,第82—83页。

[37] 参见《印度尼西亚民事诉讼法》第643条,载《ICA·CALAP》,文件编号:6,第12—13页,1987年英文版;许耀忠中译文载同上资料编译,第148—149页。《泰国仲裁法》第24、26条,载《ICA·CALAP》,文件编号:16.1,陈鲁明中译文载同上资料编译,第193—194页。

采取此种方式的有**埃及**、**阿根廷**、**秘鲁**等国。[38]（3）"综合式"，即将列举式和概括式两者相加，既列举仲裁裁决监督的某几项要点，又概括规定应比照适用司法审判监督中的若干项具体规定。采取此种方式的有**韩国**、**南斯拉夫**等。[39]

综上所述，不难看出：当代世界各国的仲裁立法的通行做法，不论其为发达国家或发展中国家，都对在其本国境内作出的内国仲裁裁决与涉外仲裁裁决实行"**一视同仁**"的监督，而不实行"**内外有别**"的分流机制；都对两大类裁决实行程序运作上和实体内容上的双重监督，而不实行"**只管程序运作，不管实体内容**"的单薄监督。

可以说，正是有鉴于当代各国仲裁立法的通例，总结了各国仲裁实务的有益经验，联合国国际贸易法委员会（UNCITRAL）1985年6月通过的《**国际商事仲裁示范法**》对于仲裁监督机制也作了相应的规定。即一个国家的管辖法院对于在本国境内作出的一切仲裁裁决实行审查和监督时，不分其为内国裁决或是涉外裁决，都采取同样的审定标准和同样的补救措施，而并不采取"内外有别、区别对待"的做法。而且进一步规定：对于经过管辖法院审查确认其在程序操作上确有错误或违法，或在实体内容上确与本国公共政策相抵触者，则均在"可予**撤销**"之列，而不局限于可"不予承认"或"不予执行"。[40] 在这一点上，显然是对《1958年纽约公约》有关规定的一大突破。

为了促使世界各国在商事仲裁立法方面尽快趋向统一化，从而进一步增强国际经济交往，联合国大会于1985年12月11日通过专门决议，向整个国际社会郑重推介这部《国际商事仲裁示范法》，建议"全体会员国对这部《示范法》给予应有的考虑"，以作为各国国内仲裁立法的重要参考和借鉴。[41] 这种郑重推介，客观上无异于承认了和进一步加强了示范法各有关条款作为国际通行做法（通例）的应有地位。

如前文所述，中国《仲裁法》第58条对于在程序上或实体上确有错误或违法之处的内国仲裁裁决，明文规定"应当裁定撤销"，从而突破了中国《民事诉讼法》第217条仅限于"裁定不予执行"的原有规定。这种突破，显然与借鉴和吸收当代世界各国仲

---

[38] 参见《埃及民事和商事诉讼法》第511条，宋贝贝中译文载同上资料编译，第356页；《阿根廷国家民商事诉讼法》第758、761条，许耀忠中译文载同上资料编译，第304页；《秘鲁民事诉讼法（节选）》第570条，许耀忠中译文载同上资料编译，第314页。

[39] 参见《韩国仲裁法》第13条，载《ICA·CALAP》，文件编号：8，第5页，1987年英文版；宋贝贝中译文载同上资料编译，第186页。可以看出，韩国本条的文字表述方式是参照和吸收了德国和日本的类似表述方式。参见注〔30〕、〔34〕引文；《南斯拉夫民事诉讼法》第484、485条，载《ICA》，文件编号：VII.M.I，第9—10，1986年英文版；刘京中译文载同上资料编译，第20页。

[40] See UNCITRAL Model Law on International Commercial Arbitration, Arts. 1(1), 2(1), 34, S. Zamora & R. A. Brand（eds.）, Basic Documents of International Economic Law, CCH International, Vol. 2, 1991, pp. 999-1000, 1011-1012；中译本见胡康生主编：《中华人民共和国仲裁法全书》，法律出版社1995年版，第616—621页。

[41] See UNCITRAL Model Law on International Commercial Arbitration, Arts. 1(1), 2(1), 34, supra 44, Basic Documents of International Economic Law, Vol. 2, 1991, p. 993.

裁立法的先进通例以及联合国大会推介的《国际商事仲裁示范法》的积极内容,不无关系,并且已与国际仲裁立法通例互相接轨。但是,根据中国《仲裁法》第65、70、71条的规定,同法第58条所规定的审查标准和补救措施,却不能一体适用于在中国作出的涉外仲裁裁决。换言之,对于在中国作出的涉外仲裁裁决,只能就其程序运作进行司法审查和监督,而不能审查和监督(包括必要的纠正)其实体内容。这种"**只管程序运作,不管实体内容**"的监督规定,显然与国际仲裁立法的通例以及联合国大会郑重推介的上述《国际商事仲裁示范法》的范例相左。

前文提到,有一种观点断言:中国现在实行内国仲裁监督与涉外仲裁监督的"分轨制",是完全必要的,也符合国际上的通行做法。[42]但是,迄今为止,尚未见有人能够举出中国以外的任何一个国家实行像中国这种仲裁监督"分轨制"的实例;换言之,至今似乎仍然无人能够举例证明:当今世界上,除中国之外,究竟还有哪一个国家在哪一部法律的哪些条文中,明文规定这样的"分轨制":对于本国境内仲裁员凭伪证作出的或基于贪赃枉法作出的**内国**裁决,依法应予撤销;而与此同时,对于本国境内仲裁员作出的含有同类错误或违法内容的**涉外**裁决,却规定不得依法撤销,而应当继续承认其法律上的合法地位和法定的约束力,依然必须坚决执行。这样的"分轨制",难道果真是"国际上的通行做法"?这是否中国现行立法上的一种缺失?在涉外仲裁法律监督机制上,这里是否存在着应予堵塞的"漏洞"?这些问题,都是值得反复思考和认真探讨的。

(四)中国国情的"特殊性"与涉外仲裁监督"从宽"的必要性问题

就本节第二目所引述的第四种意见而言,中国现有国情是否十分"特殊",而且"特殊"到足以促使中国仲裁立法无须借鉴国际上"两类仲裁、同等监督"的先进通例,"特殊"到对涉外仲裁监督必须特别从宽?这显然是有待认真研究的。其中尤其值得深入探讨的,是前文提及的"仲裁一片净土"论、"预防地方保护主义"论以及"抵制司法腐败"论。兹试逐一评析如下:

1. "仲裁一片净土"论评析

如前所述,此论的主要论据是:中国涉外仲裁界的综合素质具有很高水平,至今尚未发现有裁决严重错误或枉法裁断情事,故可誉为"一片净土",无须过分强调法律监督。

---

[42] 参见肖永平:《内国、涉外仲裁监督机制之我见》("读者评论"),载《中国社会科学》1998年第2期,第94—97页。陈安:《中国涉外仲裁监督机制申论》("作者答辩"),载《中国社会科学》1998年第2期,第97—105页。

以"净土"这一佛教名词[43]喻中国的涉外仲裁界,有其勉励洁身自爱、说法比较形象的一面,又有其溢美过誉、不合逻辑的一面。

诚然,从整体上看,中国涉外仲裁界队伍的品德素质和业务素质具有较高水平;多年以来他们所作出的涉外裁决,在国内外获得较高的赞誉;至今尚未发现在程序上或实体上有严重的错误、贪污、或受贿、徇私舞弊、枉法裁决等行为。但是,即使成绩昭著,在人们的赞誉声中,沾沾自喜或陶然自满也是无益的;而据此否定建立严格监督机制的必要性,则是错误的。因为,必须清醒地意识到以下几点:

第一,"至今尚未发现"并不等于至今绝对没有。况且,众所周知,在 1982 年 3 月至 1991 年 4 月施行的《民事诉讼法(试行)》中,本身就缺乏有关涉外仲裁监督的规定,以致法院对于涉外仲裁裁决的程序运作和实体内容,一概无权过问或监督。1991 年 4 月修订颁行《民事诉讼法》以后,情况有所改善,但是 17 年以来,在《民事诉讼法》第 260 条规定的涉外仲裁监督现行机制之下,管辖法院对于本文第一部分末所列举的属于实体内容上的"五浊"——五类错误裁决或违法裁决,包括凭伪证作出裁决或仲裁员贪污受贿枉法裁决等等,都无从依法监督,无计可施。这就把受害当事人向管辖法院投诉以及管辖法院实行监督(包括受理、审查、发现和纠正)的法律渠道给堵塞住了。对于因**法律渠道堵塞**、无从依法监督,从而**难以发现**或尚未发现的恶行,显然没有理由掉以轻心,高枕无忧。

第二,中国实行改革开放的基本国策已经有 20 多年了。近几年来,计划经济体制正在逐步向社会主义市场经济体制过渡。紧闭的门窗打开之后,导入许多有益健康的新鲜空气,难免也混进一些蚊蝇之类。而在市场经济与商品经济的大潮之中,也难免泥沙俱下,鱼龙混杂,沉渣泛起。人们在为中国经济的迅猛发展而欢欣鼓舞之际,又不免为贪污腐败现象之层出不穷而深感忧虑和愤慨。党和国家领导人早就对此提出了郑重、痛切的告诫。[44] 中共中央总书记、国家主席江泽民同志曾在部署全国反腐败斗争的一次重要会议上明确地指出:"揭露出来的问题是严重的。腐败现象已经渗透到社会生活的广泛领域,尤其是侵蚀到我们的党政机关和干部队伍。利用职权营私舞弊、贪赃枉法、索贿受贿等犯罪行为,达到了惊人的程度。这些情况

---

[43] 参见《辞海》,上海辞书出版社 1979 年版缩印本,第 368 页("净土"条目);《汉语大词典》(第 5 卷),汉语大词典出版社 1990 年版,第 1178 页。这个佛教名词,指的是没有三毒四恶五浊、没有尘世秽垢污染的清净佛境,是西天诸佛聚居的极乐世界。

[44] 参见江泽民:《在中央纪委第三次全体会议上的讲话》(1994 年 2 月 28 日),载《人民日报》(海外版)1994 年 3 月 7 日第 1 版。在这次讲话中,江泽民同志郑重提醒全国人民注意:腐败现象已经渗透到社会生活的广泛领域,利用职权贪赃枉法等犯罪行为,达到了惊人的程度;号召坚决开展反腐败斗争。

说明,我们如果不坚决打好反腐败这个硬仗,确实有亡党亡国的危险。"[45]这一段精辟言论,科学地概括了当前中国社会的心腹巨患和一大隐忧,有如警钟长鸣,振聋发聩,催人深省。它既道出了广大人民的共同心声,也是引导人们清醒地认识当前"社会生活广泛领域"的阴暗面从而与之作不懈斗争的正确指针,具有广泛的、普遍的指导意义。中国的涉外仲裁界并非生活在超凡脱俗、隔绝尘寰的"世外桃源",而是生活在中国社会这个现实的大环境、大气候中,因此,对于在尘世市场经济、商品经济中带有一定规律性的阴暗面现象,也没有理由不保持足够的警惕。满足于"一片净土"论,正是反映了缺乏应有的清醒和足够的警惕。

第三,在分析和总结上述腐败现象时,江泽民同志指出:"已经揭露出来的问题说明,我们在管理上、制度上存在不少漏洞,在领导作风上存在严重问题,使犯罪分子、腐败分子有机可乘。"他提出:应当"认真总结经验教训,堵塞漏洞,健全制度,加强管理,坚决克服官僚主义。"[46]党中央的其他领导同志也从不同的角度强调了同样的思想。主管政府工作的李鹏同志指出:"同各种腐败现象作斗争,是政权建设的一项基本任务,也是改革与发展顺利推进的重要保证……要通过深化改革,健全法制,建立有效的监督机制和制约机制,从制度上防范和消除腐败现象。"[47]主管政法工作的乔石同志也反复强调:"加强反腐败斗争,还必须进一步健全党和国家的监督机制";必须"建立起对权力的有效制约和监督机制。缺乏制约的权力很容易产生腐败。在建立社会主义市场经济体制的过程中,必须加强对权力的制约和监督"。必须建立和完善社会主义市场经济法律体系,以便"有助于从根本上防范腐败现象的产生"[48]。数月前,党中央在关于党建重大问题的新决定中,也号召全国"把反腐败斗争深入持久地进行下去",为此,必须"逐步建立健全有效的监督约束机制";"逐步形成强有力的监督体系"[49]。

党中央的这些号召和指示,提醒人们:为了在社会生活的各个领域防腐反腐,不但要有一般的监督机制,而且要有**健全、有效**的监督机制。这些号召和指示,对于全中国的一切领域、一切机构,都具有普遍的指导意义。不言而喻,它对于中国的涉外仲裁领域及其有关机构,也是完全适用的。中国涉外仲裁界显然不宜满足于"一片净土"的溢美之词而稍有懈怠,片面强调自身的"特殊性",忽视现行监督机制与国际

---

[45] 参见江泽民:《在中央纪委第三次全体会议上的讲话》(1994年2月28日),载《人民日报》(海外版)1994年3月7日第1版。
[46] 同上。
[47] 李鹏:《政府工作报告》(1994年3月10日),载《人民日报》(海外版)1994年3月24日第1—2版。
[48] 乔石:《建立完善社会主义市场经济体制,必须有完备的法律规范和保障》,载《法制日报》1994年1月15日第1—2版。
[49] 《中央中央关于加强党的建设几个重大问题的决定》,载《人民日报》(海外版)1994年10月7日第1、3版。

先进立法通例之间、与中国现实国情需要之间的差距,从而忽视在涉外仲裁领域也建立起健全、有效的监督机制,以杜绝不利于防腐反腐的任何漏洞。恰恰相反,应当深入体会党中央上述指示的精神,认真研究中国现行涉外仲裁监督机制方面的上述两种差距,积极支持和配合中国的立法机构,为进一步完善中国的涉外仲裁监督机制、**堵塞**任何**漏洞**,为中国的涉外仲裁体制加速实现现代化与国际化,作出应有的贡献。

第四,中国的涉外仲裁机构近年来先后制定和修订了《仲裁员须知》《仲裁员守则》,其中强调仲裁员应当依法公正裁断、廉洁自律;在工作会议中也强调仲裁员应当珍惜自己的荣誉,努力自我监督、自我完善。这当然是很好的,但却是不足的。因为,**自我监督**在任何时候都不能取代广泛的社会监督和严密的**制度监督**,更不能取代严格的**法律监督**。

中国的《仲裁法》颁行之后可以在一定程度上弥补这方面的不足,它除了规定应当组建"中国仲裁协会"这一自律性组织,对中国各类仲裁机构人员、仲裁员的违纪行为进行组织监督之外,还明文规定:仲裁员如私自会见当事人或接受其请客送礼,情节严重者,或有索贿受贿、徇私舞弊、枉法裁决行为者,不但应予以除名处分,而且还应依法追究其法律责任。[50]

然而,对于涉外仲裁员个人的法律监督无论如何严格、严厉,都仍然无法代替对涉外仲裁**裁决**的法律监督,理由很简单,纵使仲裁员个人有上述不法行为且证据确凿因而受到纪律、行政处分,甚至受到刑事惩罚而锒铛入狱,他所制作的涉外仲裁裁决,纵使在实体内容上彰明昭著地含有枉法裁决或凭伪证裁决等重大谬误之一,而且铁证如山,但是,在现行的《民事诉讼法》第 260 条第 1 款规定以及由此推衍而来的《仲裁法》第 65、70、71 条规定的现有监督机制之下,受害当事人仍然无从**依法**向管辖法院投诉,管辖法院也仍然无从**依法**受理、审查有关涉外裁决书的实体内容,也更无从依法裁定"不予执行",更不必说依法裁定"应予撤销"了。换言之,这种在实体内容上确有严重错误或违法的涉外仲裁裁决,在法律上仍然是有效的,谁也动它不得!而且必须予以执行!这就有如掺入甲醇的假茅台酒的制造者已定案入狱服刑,而其伪劣产品却仍作为"特级国优名酒"在一流大商店中公开展销,无法撤除和销毁。一旦果真出现这种情况,实在是对现行涉外仲裁监督机制的一种强烈讽刺,也是对中国法律尊严的一种严重亵渎!这样的规定,显然不符合党中央关于在社会生活各个领域建立健全、有效、严密的监督体制,逐步形成强有力的监督体系这一指示的基本

---

[50] 参见《仲裁法》第 15 条第 2 款、第 38 条。

精神。

由此可见,片面强调"一片净土"的"特殊性",其实践效果是有害无益的,它很不利于发现和清除过去、现在和将来可能潜在的污浊,污浊就会获得藏身之所,美誉就会向怨言转化;反之,在美誉之下,仍然保持清醒的头脑和警惕的眼光、遵循中央上述指示的精神,从立法上、制度上使涉外仲裁监督机制进一步健全化、严密化和有效化,这才是防污去浊、保持干净的不二法门。生活的辩证法,历来如此!

2. "预防地方保护主义"论评析

如前所述,此论的主要论据是:当前中国基层和中级人民法院某些审判人员的综合素质水平不够理想,且在不同程度上受地方保护主义观念或力量的影响,致使涉外仲裁裁决的执行往往难以顺利实现,从而影响国际威信。《仲裁法》中关于涉外仲裁监督机制的现有规定,即不允许法院对涉外仲裁裁决的实体内容进行任何审查监督,正是充分考虑到当前中国现实国情的上述特殊性而作出的正确立法,是一种必要的"预防"措施。

这种见解,貌似有理,但稍加推敲,就不难发现它也是难以自圆其说和令人信服的。因为:

第一,"地方保护主义"对基层甚至中级人民法院虽有一定影响,从而使某些仲裁裁决的执行遇到障碍或困难,但这并不是全国性的普遍现象,更不会是长期存在的现象。随着中国法制的进一步改善和健全,它必将逐步消失。不能以这种个别的、局部性和短暂性的现象,作为全国性立法的主要依据。一般而论,对于在程序上和实体上完全正确无误的涉外仲裁裁决,主管的基层或中级人民法院是会依法予以尊重和执行的。这无疑是现实生活中的主流。对于那种确因地方保护主义作祟而阻碍正确涉外仲裁裁决执行的司法裁定,则完全可以运用现有司法体制中的上诉程序和审判监督程序予以纠正,[51]而不应在仲裁立法中"因噎废食",留下漏洞。

第二,一般说来,涉外民商事案件比之内国民商事案件较为复杂;在审理和处断上,难度较高;而处断的公正与否、得当与否,都涉及国际影响或国际形象问题。为慎重计,在我国改革开放初期,即1982年3月间,曾试行把管辖和受理一切涉外案件的第一审法院定为各地的中级人民法院。随着基层人民法院组织机构的逐渐健全、审判人员经验的不断积累和业务水平的逐步提高,自1991年4月9日起,除重大涉外案件第一审的管辖权不变之外,大量一般涉外案件的第一审,已经依法改由基层

---

[51]《民事诉讼法》第140条规定:对于管辖法院作出的"不予受理""对管辖权有异议"或"驳回起诉"的裁定,可以上诉。对于仲裁裁决"不予执行"的裁定,虽不能直接上诉,但可援引同法第177—179条、第184—186条的规定,通过七种渠道,予以再审或提审,重新作出裁定。

人民法院管辖受理。[52] 既然现行法律承认和肯定基层法院和中级人民法院已经分别成熟到可以管辖受理一般涉外案件和重大涉外案件的程度,足以就涉外案件是非曲直的**实体内容**,作出正确的审理和公正的判决,而且大量事实已经证明它们在审理涉外案件中是胜任愉快的,那么,显然就没有理由硬说这两级的管辖法院现在还没有能力、没有水平对涉外仲裁裁决**实体内容**上的是非曲直及其合法与否,而加以必要的司法审查和监督。否则,就难以自圆其说,更无法解释当初《民事诉讼法(试行)》第17条以及现行《民事诉讼法》第18、19条的规定,即:何以早在1982年或至迟在1991年就已经存在并经法律肯定的同一种业务能力和水平,到了1994—1995年,却突然丧失了呢?

更有甚者,按《仲裁法》关于涉外仲裁监督机制的现有规定,甚至连各省的高级人民法院和中国的最高人民法院,依法也都无权对任何涉外仲裁裁决的实体内容进行必要的司法审查、监督并加以必要的纠正,这就显然不是"没有能力""没有水平"的问题,而是"不但没有法律授权,反而有法律障碍"的问题了。看来,这个立法缺失、不足或漏洞,是不能不予弥补的。

第三,在涉外仲裁裁决执行问题上,对于在少量个案中出现的局部或暂时的"地方保护主义"所造成的障碍,应当采取进一步健全法制、加强审判监督的办法去抵制、克服和排除,而不应当采取在立法上"削足适履"或"因噎废食"的办法去规避它。中国《民事诉讼法》在1991年4月对原有的审判监督规定作了大幅度的修订和补充,就是通过健全法制来克服"地方保护主义"等消极因素的良好范例。

在1982年3月至1991年3月中国《民事诉讼法(试行)》实施期间,在先后九年的司法实践中,虽然在某些案件上,确有因局部或暂时存在的地方保护主义作祟,以致地方法院审判人员曲意袒护本地当事人,作出无理损害外地当事人或外国当事人权益的不公裁判,或者对已经发生法律效力的外地法院判决、裁定在本地的顺利执行,设置了某种障碍。但是,面对这种消极现象,在1991年4月有关审判监督的新的立法中,不但没有因此取消对已经发生法律效力的司法判决或裁定实行实体内容上的监督,反而大大加强了对已生效裁判之实体内容上的监督。这主要体现在以下两点上,即:(1)逐一列举了已生效的裁判在实体内容上含有错误或违法的5—7种情节(包括认定事实主要证据不足、适用法律确有错误、审判人员贪赃枉法等),明确规定对此类裁判依法"应当再审"或"有权提审";(2)增加和扩大了对此类裁判实体内容实行审查和监督的渠道和职能机关:除了法院系统自行实施的审判监督之外,还

---

[52] 参见《民事诉讼法(试行)》(1982年3月8日)第17条;《民事诉讼法》(1991年4月9日)第19条。

增加了最高人民检察院、上级人民检察院依法提出抗诉以及同级人民检察院提请上级人民检察院依法提出抗诉这三条新渠道或三种受权职能机关。[53]

可惜的是,这种通过加强和健全法制以克服"地方保护主义"等消极因素的立法精神,在《仲裁法》关于涉外仲裁监督机制的立法中,却没有得到应有的贯彻和体现。

诚然,对仲裁裁决的监督不宜完全等同于对司法裁判的监督。前者基于当事人自愿选择,讲求效率,因而实行"一裁终局"制度。但是,绝不能由此推导说:有关当事人已经因此全盘放弃了向管辖法院提出申诉,请求对错误或违法的仲裁裁决加以监督和纠正的权利。关于这一点,在本文第一部分剖析仲裁监督和审判监督的异同时,已作论述,兹不另赘。不过,综观当代各国仲裁立法的趋向,有一种现象是值得注意的:为了更加强有力地防止"地方保护主义"等消极因素对执行正确仲裁裁决可能产生的不利影响,为了更加有效地防止基层或中级人民法院部分审判人员可能因业务水平不高而在对仲裁裁决实行司法审查和监督中发生失误,国际仲裁立法实践中已有某些可资参考借鉴的先进经验,即:把对于内国和涉外两类仲裁裁决实行程序运作审查和实体内容审查的监督权,一概授予拥有高水平审判人员的高层次法院,以昭慎重,并确保监督的公正、正确和准确,而又不影响效率。例如,在英国,把此种监督权授予高等法院(High Court);[54]在印度尼西亚和澳大利亚,都把此种监督权授予最高法院;[55]在瑞士,则原则上应由联邦最高法院行使此种监督权,但是当事人可以协议以仲裁庭所在地特定的州法院代替联邦最高法院行使此权。[56]

结合中国幅员辽阔、各省发展不平衡等国情特点,在深入调查研究的基础上,如认为确有必要移植上述经验时,似可考虑在中国的仲裁立法中作出规定,由最高人民法院组建专庭,或授权某些省份的高级人民法院负责受理针对特大或重大涉外仲裁裁决的投诉,对此类裁决的程序运作以及实体内容,实行全面的监督。至于对一般涉外仲裁裁决实行兼及程序、实体的全面监督权,则归由有管辖权的基层法院或中级人民法院掌握和行使。

近几年来,中国在司法实践中也采取了若干新的有效措施,以防范和制止地方保护主义发生的消极作用。这些措施,与上述诸国的立法相较,似有异曲同工、不谋而合之处,而又带有中国的特色,值得注意。

---

[53] 参见《民事诉讼法》第177—179条、第185—186条;并对照《民事诉讼法(试行)》第157—158条。

[54] 参见英国1996年《仲裁法》第105条。

[55] 参见《印度尼西亚民事诉讼法》第641条,许耀忠中译文,载程德钧、王生长主编:《涉外仲裁与法律》(第二辑,资料编译),中国统计出版社1994年版,第148页;《澳大利亚新南威尔士1984年商事仲裁法》第38条,载胡康生主编:《中华人民共和国仲裁法全书》,法律出版社1995年版,第676页。

[56] 参见《瑞士国际私法法案》第191条,载胡康生主编:《中华人民共和国仲裁法全书》,法律出版社1995年版,第635页。

例如,最高人民法院曾在 1995 年 8 月间下达文件,[57]明确规定:凡一方当事人向人民法院申请执行我国涉外仲裁机构的裁决,如果人民法院认为该项裁决具有《民事诉讼法》第 260 条规定情况之一,则在裁定不予执行之前,必须报请本辖区所属高级人民法院进行审查;如果高级人民法院同意不予执行,则应将其审查意见呈报最高人民法院。待最高人民法院答复后,方可裁定不予执行。其后,又在 1998 年 4 月间下达另一份文件,[58]进一步明确规定:凡一方当事人按照《仲裁法》的规定向人民法院申请撤销我国涉外仲裁裁决,如果人民法院经审查认为涉外仲裁裁决具有《民事诉讼法》第 260 条第 1 款规定的情形之一的,在裁定撤销裁决或通知仲裁庭重新仲裁之前,须报请本辖区所属高级人民法院进行审查。如果高级人民法院同意撤销裁决或通知仲裁庭重新仲裁,应将其审查意见呈报最高人民法院。待最高人民法院答复后,方可裁定撤销裁决或通知仲裁庭重新仲裁。

这两份文件,看来其主旨均在于通过法院系统内部建立**事先报批**制度,对地方管辖法院裁定不予执行、予以撤销或发回重裁的权力,加以必要的规范、限制和给予必要的指导,以防止某些地区的地方保护主义妨碍终局涉外裁决的顺利执行。这些规定,既保留了地方各级管辖法院对涉外仲裁裁决的程序运作进行审查监督的权力,又在这些权力具体行使过程中的某些方面,设立了实质上的**两级复审**制度。看来,这些规定比较符合中国幅员辽阔、各省发展不平衡等国情特点。因此,如果日后依中国国情的实际需要,修订《仲裁法》,把对涉外仲裁裁决的司法审查监督,扩大到兼及其实体内容,则由高级人民法院和最高人民法院针对下级法院上报的有关不执行或撤销涉外仲裁裁决的意见加以两级复审的机制,也同样可以有效地预防地方保护主义,切实地保障正确的涉外仲裁裁决得以顺利执行。

由此可见,维护涉外仲裁裁决终局性和高效率的途径很多,无论如何,都不应以"预防地方保护主义"作为借口,在仲裁立法中完全放弃或取消对涉外仲裁裁决也实行实体内容上的司法审查和监督,以致形成涉外仲裁监督机制上的漏洞,留下"违法不究"的隐患。

由此可见,本文第二部分开端所引述的第四种见解,其所强调的中国当前国情的"特殊性",乍一看似乎在某种程度上可谓"持之有故",但细一分析,就显见纯属言之乏理,其思想方法上的毛病就在于以点代面,以偏概全,以事物之次要的、表面的"特殊性"否定其主要的、本质的普遍性。

---

[57] 参见最高人民法院《关于人民法院处理与涉外仲裁及外国仲裁事项有关问题的通知》,1995 年 8 月 28 日法发〔1995〕18 号文件。

[58] 参见最高人民法院《关于人民法院撤销涉外仲裁裁决有关事项的通知》,1998 年 4 月 23 日法发〔1998〕40 号文件。

(五) 当事人选择仲裁时"更注重效益"而非"更注重公平"问题

就本节第二目所引述的第五种意见而言,有待认真探讨的是:当事人选择仲裁方式时,是否意味着以放弃上诉权利为代价而获得终局裁决?是否意味着"更注重效益,而不注重公平"?[59]

1. "放弃上诉权利"论评析

强调当事人在选择仲裁时即已自愿放弃上诉权利,这种论断,看来是缺乏足够的法理根据和事实根据的。因为:

第一,诚然,当事人为解决争端而自愿选择仲裁方式,实际上就是自愿放弃了向**法院提起诉讼**的权利,并以此作为代价,换得比较干脆的一裁终局,尽早解决争端,避免了法院诉讼程序上的两审结案,旷日持久,降低效率。但是,应当指出,此时此际当事人所放弃的仅仅是向**初审法院**提起诉讼的权利,而绝不是所谓的以放弃**上诉权利**为代价。在这里,向初审法院的**起诉**权利与向管辖法院的**上诉**权利两词,只有一字之差,其本质、含义却大不相同。换言之,绝不应任意推断:当事人一旦选择仲裁方式之后,即使面临错误的或违法的涉外终局裁决,也自愿全盘放弃了向**管辖法院**提出申诉和请求加以监督和纠正的权利。恰恰相反,无论从**"违法必究"**这一基本法理准则来衡量,还是从当代各国先进的仲裁立法通例来考察,对于已经发生法律效力的涉外终局裁决,只要当事人提出确凿证据足以证明该裁决确有前述各类重大错误或重大违法情形,则不论其为**程序上**的错误或违法,抑或是**实体上**的错误或违法,都属于管辖法院应当依法实行仲裁监督之列,即应当在仲裁领域严肃认真地、全面地贯彻"违法必究"和"违法必纠"的基本方针。

第二,法律的尊严,首要关键在于它的公正,即秉公执法。对已经发生效力的终局裁决,如果事后发现其确有重大违法和错误(或执法不公,或枉法裁判,或违反法定程序),却又片面强调其"终局性",不允许通过特定的仲裁监督程序重新予以审查、审理和作出必要的纠正,其社会效果不但不能积极维护法律的尊严,反而会严重损害法律的威信。换言之,裁决的**终局性**与裁决的**合法性**和**公正性**相比,**终局性**应当属于**第二位**,它必须以合法性和公正性为前提,并且必须服从于合法性和公正性。应当说,这就是对终局性的裁决设立仲裁监督机制的**立法本旨**。中国1995年9月开始实施的《仲裁法》以及英国1997年1月开始实施的1996年《仲裁法》,其开宗明义第1条,都不约而同地把"公正"或"公平"一词置于"及时"或"避免拖延"之前,作为仲

---

[59] 参见陈安:《中国涉外仲裁监督机制申论》,载《中国社会科学》1998年第2期,第95、97页。

裁立法或仲裁裁决的首要宗旨和第一要求,[60]这就是上述立法宗旨或基本法理的最新证明。

第三,再从当事人的**正常心态**分析:任何正派、诚实的当事人,选择仲裁解决争议,其所殷切期盼的理应是既公正公平又相对简便快捷的终局解决。对于守法的当事人说来,裁决的公正性和公平性,较之裁决的便捷性和终局性,有如**熊掌与鱼**。两者孰重孰轻、孰珍孰廉,是洞若观火的。两者可以得兼,自是理想追求,一旦两者不可得兼,正常人恐怕**谁也不会舍熊掌而取鱼**。试设身处地地想一想:一个正派诚实的涉外商人,当其合法权益受到对方侵害而诉诸仲裁之后,耗时、耗资、耗精力之余,最终收到的却是一份仲裁员凭伪证作出或基于贪赃枉法作出的错误的或违法的终局裁决,这难道是他选择仲裁的初衷和最主要的期望?他难道无权依法向上申诉,讨回公道?古往今来,深受冤假错案之害而又心甘情愿、不极力谋求申诉平反者,应当是极为罕见的。

反过来,通过伪证、行贿等不法手段而取得含有重大错误或违法实体内容的终局裁决,却又因其是涉外仲裁裁决便可以"依法"把裁决受害人向上申诉讨回公道的途径完全堵塞,使其"永世不得翻身",这才是不法奸商(对方当事人)参加仲裁的最主要的期望;而且,正是这样荒唐、违法而又不容许依法推翻的终局裁决,能够给他"带来巨大的潜在利益"和实在利益。

可见问题就是这样摆着:对于一份凭伪证作出的或基于贪赃枉法作出的涉外终局裁决,片面强调其绝对的、至高无上的"终局性",却不允许裁决受害人依法向上申诉,请求对裁决的实体内容予以审查、监督,作出必要的拨乱反正,这样的仲裁监督体制,归根结底,究竟是保护了正派、守法的商人,还是纵容了不法奸商?

第四,更有甚者,不妨再深入地设想一下:一个守法的在华外商,正好是这种凭伪证作出的或基于贪赃枉法作出的裁决的一方当事人和直接受害者,却又因在中国诉请对涉外裁决实行实体内容监督的法律途径已被**依法堵塞**,因而投诉无门,只能忍气吞声,束手"挨宰",或"引颈待戮",试问:这样的法律设计及其存在的漏洞,是如人们所善意预期的"增强对外国当事人的吸引力,改善本国的投资环境"?还是背道而驰,适得其反?

第五,从中国《仲裁法》的现行规定看,当事人选择仲裁方式解决涉外争议之际,并未承担任何**法定义务**,必须放弃上诉权利,或竟然可以**推定**其放弃上诉权利。恰恰相反,《仲裁法》第70、71条以及《民事诉讼法》第260条的有关规定,正是为确保当

---

[60] 中国《仲裁法》第 1 条规定:"为保证公正、及时地仲裁经济纠纷……制定本法";英国 1996 年《仲裁法》第 1 条规定:"仲裁的目的在于通过**公正**的仲裁庭使争端获得公平的解决,避免不必要的拖延或不必要的费用。"

事人在收到终局的涉外裁决之后,仍可依法诉请就有关裁决实行**程序运作**方面的司法监督。令人遗憾的是,这些现行的法律规定不允许此种司法监督也扩及涉外裁决的**实体内容**,因而存在漏洞和可能发生弊端。可见,如果不细加分析,对于选择仲裁方式解决涉外争端的所有当事人,不问青红皂白,一概推定其已经"自愿放弃上诉权利",则此种见解,不但没有法律根据,而且不符合现行法律的明文规定。它不但根本无法解释这些在程序运作方面确保当事人向上申诉权利的现行规定,而且背离了"当事人意思自治"这一基本法理原则。因为这种推断,完全是**强加于当事人**的,它违背了当事人选择仲裁时的真实意思表示。

2. "应更注重效益"论评析

此论断言:当事人在选择仲裁时**更注重效益,而不是公平**;并主张为了提高效率,就不能允许法院对仲裁的监督涉及实体问题。"如果我国法律允许法院对仲裁进行实质审查,无异于使仲裁程序从属于法院的诉讼程序"。[61]

这种主张,看来也是有欠周全、有失偏颇的。因为:

第一,事实上,为了"**注重效益**"和维护涉外仲裁"**裁决的终局性**",并**不应当也不必要以牺牲其公正性和合法性作为代价**。环顾当今世界许多国家先进的仲裁立法,一般都首先坚持公正与合法,同时兼顾效益,因而都允许针对涉外仲裁裁决,提出兼及其程序运作缺陷或实体内容谬误的撤销之诉。其申诉期限,在作出或送达有关仲裁裁决之后,有的长达1年,如美国;[62]有的定为3个月,如德国;[63]有的定为1个月,如法国;[64]有的则定为28天,如英国。[65] 各国仲裁立法中有关提起撤销之诉的具体时限,固有或长或短之分,但在两个基本点上则是相同的,即:(1)都明确地保留、保护当事人在一定条件下和一定期限内,针对内国仲裁裁决和涉外仲裁裁决提起撤销之诉的权利,而不因推崇任何仲裁裁决的"终局性"或"注重效益"而从根本上取消申诉期;(2)都明确地允许当事人针对上述两大类裁决的程序缺陷和实体谬误,提起撤销之诉,而不因特别推崇涉外裁决的"终局性"或"注重效益",以此作为借口,禁止受害当事人针对涉外裁决中实体内容上的谬误,提起撤销之诉,从而不但剥夺

---

[61] 参见肖永平:《也谈我国法院对仲裁的监督范围》,载《仲裁与法律通讯》(中国国际经贸委员会主办内刊)1997年第6期,第8、12页;肖永平:《内国、涉外仲裁监督之我见》,载《法学评论》1998年第1期,第45、49页;陈安:《英、美、德、法等国涉外仲裁监督机制辨析》(对肖文的异议),载《法学评论》1998年第5期;陈安:《再论中国涉外仲裁的监督机制及其与国际惯例的接轨》(对肖文的异议),载《国际经济法论丛》(第2卷),法律出版社1999年版,第201—206页。

[62] 参见美国《仲裁法》第9条。

[63] 参见德国《民事诉讼法》第1059条第3款。

[64] 参见法国《新民事诉讼法》第1484、1503、1505条。

[65] 参见英国《1996年仲裁法》第70条第3款。

了受害当事人的申诉权,而且严重损害了仲裁制度的公正性和合法性,甚至亵渎了法律的尊严。

第二,中国《仲裁法》目前规定对仲裁裁决提起撤销之诉的期限为收到裁决书之后的 6 个月以内,这一期限,短于美国,长于德、法、英等国,它是否长短适度,自应在经历数年实践之后,总结经验教训,立足中国国情,参照他国立法的先进通例,予以必要的调整。但也应当重视:中国自身在法院**审判监督**体制方面,也已积累了一些有益的经验,可以作为进一步改善、健全中国现行**仲裁监督**体制的参考或借鉴。例如,中国现行的审判监督程序规定:当事人对于已经发生效力的判决或裁定,认为有错误的,可以依法申请再审。[66]其实质,就是允许当事人针对终局性判决或裁定中存在的重大程序缺陷或实体谬误,提出撤销原判或原裁之诉。对终局性司法裁判提起再审之诉(撤销之诉)的期限,定为原裁判发生法律效力之后的两年以内,[67]较之对终局性仲裁裁决提起撤销之诉的 6 个月期限,长达 4 倍。就此点而言,现行法律对终局性司法裁判之绝对定案和不可推翻,其保证的强度和力度,似均逊于对终局性仲裁裁决所给予的保证。因为前者在生效后的两年之内仍属于尚可"依法翻案"之列;后者则在生效之后再经半年,就属于"铁案如山",根本无法撼动,依法不许推翻了!

但是,另一方面,在司法审判监督程序中,当事人对终局性司法裁判申请再审或提起撤销之诉,一般并不能阻止、停止终局裁判的强制执行。[68]只有在有关再审的申请或有关撤销的诉求经过法定程序的严格审查,并由主管法院**决定予以再审**之后,才能作出裁定,中止原终审裁判的执行。[69]就此点而言,现行法律对终局性司法裁判给予保证的强度和力度,似均胜于对终局性仲裁裁决所给予的保证。因为审判监督的运作程式是:

当事人申请再审→法院立案受理,原终局司法裁判应**继续执行,不得中止**→法院决定再审,原终局司法裁判方可中止,暂停执行。

但**仲裁监督**的运作程式则是:

当事人申请撤销→法院立案受理,原终局仲裁裁决立即**不得继续执行,应予中止**。[70]

两相比较,显然可以看出:前者的运作程式,在当事人申请与中止执行之间,多设了一道严格审查、不容蒙混逾越的"关口",这对于当事人滥用申诉权、无理取闹以

---

[66] 分别参见中国《民事诉讼法》第 178、179、182、183 条。
[67] 同上。
[68] 同上。
[69] 同上。
[70] 参见中国《仲裁法》第 64 条。

阻碍终局司法裁判执行的行为,无疑能够起到有效的预防和制止作用。对于在现行司法审判监督体制中行之有效的这一道"关口",似可以**移植**到仲裁监督体制中。即在仲裁当事人申请撤销终局仲裁裁决与仲裁裁决中止执行之间,也另设一道关口,命名为"法院决定审查",即在当事人申请、法院立案受理之后,**法院决定审查**之前,原仲裁裁决**应继续执行,不得中止**。借助于这一新设"关口",以预防和制止仲裁当事人滥用申请撤销仲裁裁决的程序,从而确保正确的仲裁裁决得以顺利执行。这一立法建议,在日后修订《仲裁法》、改进仲裁监督机制时,不妨加以考虑。

由此可见,为了注重效益和维护涉外仲裁裁决的终局性,完全可以采取其他有效的措施,以预防和制止申诉权被滥用,而不应不分青红皂白,绝对排斥对涉外仲裁裁决实行兼及其实体内容的司法审查。

第三,所谓"允许法院对仲裁进行实质审查,无异于使仲裁程序**从属于**法院的诉讼程序",并由此推导出结论:"所以,我国法院对仲裁的监督是不应该涉及实体问题的",这种断言和推导,显然是对当代中外**法治国家**通行的**权力制衡**原则[71]有所误解。当代许多法治国家普遍允许法院对终局性的行政决定,依法进行实质审查,决定予以维持或予以撤销;允许法院对终局性的**公诉决定**,依法进行实质审查,决定予以肯定或予以否定;又允许检察院对终局性的**司法判决**,依法进行实质审查,决定予以支持或予以"抗诉"。这些规定,乃是对几种不同的权力,实行互相制衡、互相监督和互相纠偏改错,以确保权力不被滥用,从而维护社会的公正,保持法律的尊严。难道可以从这些规定中分别推导出:"这无疑是使行政程序从属于法院的诉讼程序","这无疑是使检察程序从属于法院的审判程序",或"这无疑是使法院的审判程序从属于检察院的检察程序"?人们显然不能作如此推导和如此判断。换言之,行政机关与行政权力、法院与审判权力、检察院与检察权力,三者之间是互相制衡的,又是互相平等的,并不存在谁高谁低、谁"从属"于谁的问题。如果一定要从这种法治体制中找出某种"从属"关系,那么,不妨说,这三种机关或三种权力,都应当从属于法律,**从属于依法治国,从属于防止权力腐败**,从属于维护社会公正。

"举三可以反一",由此足以证明:在"或审或裁、一裁终局"的现行体制下,同时设置对终局裁决实行兼及其实体内容的司法审查机制,这同样是出于权力制衡、防止腐败、维护公正的需要,而不应误解为"使仲裁程序从属于法院的诉讼程序"。

何况,如上所述,在我国现行法制下,无论行政权力、检察权力,还是审判权力,

---

[71] 参见江泽民:《在中央纪委第五次全体会议上的讲话》,载《人民日报》2000年12月27日。在这篇讲话中,强调要加大力度,从源头上预防和治理腐败;要通过健全法制和体制创新,建立起合理、科学和严密的"相互制约的权力运行机制"。

其运作结果和终局决定,都毫无例外,一律要依法接受针对其实体内容的审查监督。作为"准司法权力"或"准审判权力"的仲裁权力,其内国仲裁运作的终局决定(即内国仲裁裁决),也要依法接受针对其实体内容的审查监督。可是,唯独对于其涉外仲裁运作的终局决定(即涉外仲裁裁决),却绝对排斥、绝对不许依法(更准确些说,是"无法可依"或"依法无权")对其实体内容,也实行必要的审查监督,从而有可能让某些在实体内容上含有重大缺陷或违法谬误的涉外仲裁裁决,得以**长期"逍遥法外"**,谁也奈何不得。无论从理论角度还是从实务角度来看,都毋庸讳言:这乃是中国现行涉外仲裁监督机制的一大漏洞,有待于认真予以堵塞。

综上所述,不难看出:中国《仲裁法》对内国仲裁监督与涉外仲裁监督实行"内外有别"的分轨制,不允许对涉外仲裁裁决的实体内容也实行必要的司法审查和监督,这种立法,实在并不符合中国现实国情本质上的迫切需要,也不符合中国参加的有关国际条约以及当代各国仲裁立法先进通例的基本精神;从而相当不利于促进中国涉外仲裁体制与有关的国际惯例互相接轨,相当不利于中国涉外仲裁体制迅速走向现代化和国际化。

有鉴于此,看来很有必要鼓励中国法学界、司法界、仲裁界以及商界有关人士,针对将在1995年9月1日开始施行的《仲裁法》所规定的涉外仲裁监督机制,就其合理性问题进行较为系统的调查研究和深入的探讨,借以集思广益,供立法部门决策参考。笔者认为:为了全面贯彻党中央反复强调的防腐反腐基本方针,为了在涉外仲裁领域中也建立起健全有效的监督机制,以维护法律的应有尊严,使中国在国际社会中进一步树立起法治的形象,日后在修订仲裁立法时,其可行方案之一是:参照当代国际仲裁立法的先进通例,将"**内国仲裁监督**"与"**涉外仲裁监督**"完全并轨合流,一视同仁;把对涉外仲裁裁决的监督,也扩大到其实体内容方面,为此,将《仲裁法》第70、71条完全删除,并将同法第58条关于对内国仲裁裁决的程序运作和实体内容实行**全面监督**的规定,推广适用于中国的一切涉外仲裁裁决,从而对**一切**已经发生法律效力的涉外仲裁裁决,也毫无例外地实行"**违法必究**"和"**违法必纠**"!

三、加强现行中国涉外仲裁监督机制的几点设想

在对中国《仲裁法》有关涉外仲裁监督的规定进行必要的修订,使它进一步健全化以前,似乎可以设想:不妨在中国现有的涉外仲裁机构体系内,采取若干措施,以弥补现行监督机制之不足。

第一,在中国涉外仲裁体系的领导机构中,设立"自律委员会"或"惩戒委员会"之类的组织,以全国涉外仲裁人员(包括分散在全国各地、各部门的仲裁员)作为检查、监督的对象,专门受理对于涉外仲裁人员违纪行为、对于涉外仲裁裁决实体内容错误或违法的有关投诉,对于经过认真查证核实者,视其违纪行为、裁决实体内容错误或违法的具体情节,对有关人员分别给予劝告、警告、严重警告、记过直到除名的处分。日后,在"中国仲裁协会"这一全国仲裁界自律性组织正式依法[72]组建成立之后,上述"自律委员会"或"惩戒委员会"之类的组织可以作为它的一个分支机构或互相配合的职能部门,继续发挥其应有作用。

第二,在中国涉外仲裁体系的领导机构中,加强和扩大其现有"研究所"或其他研究机构的作用和功能。对于有关涉外仲裁裁决实体内容错误或违法的投诉,凡是情节较为复杂、是非较难判明者,可由上述"自律委员会""惩戒委员会"委托上述研究机构立项进行深入的专题研究,并将研讨结论向涉外仲裁机构的领导人员提出书面报告,便于后者充分了解情况,果断判明是非,对有关投诉作出正确的回答和必要的处理。

第三,在中国涉外仲裁体系的领导机构中,加强和扩大其现有"专家委员会"的作用与功能。专家委员会不但可以在涉外裁决作出*之前*,针对仲裁过程中出现的疑难问题或分歧见解,进行研究和提出咨询意见,以供有关案件的仲裁庭参考;而且可以在涉外裁决已经作出并已发生法律效力*之后*,接受涉外仲裁领导机构的委托,对涉外仲裁裁决实体内容错误或违法提出的有关投诉,立项进行认真的研究,并将研究结论报送有关主管领导,俾便后者酌情正确处断。在这方面,应当切实保证专家委员会确有认真研究的足够时间,并给予应有的咨询研究劳务报酬。

第四,健全或修订首席仲裁员的指定体制,从严选定首席仲裁员。首席仲裁员在由三人组成的仲裁庭中,虽然在最终裁决时也只有一票表决权,但他毕竟是仲裁庭的主干或核心,自始至终主持全案的仲裁运作过程,对仲裁裁决的正确与否和公正与否,起着举足轻重的作用。特别是按照中国现行的涉外仲裁程序规则,在三名仲裁员各持己见、不能就裁决形成多数意见时,仲裁裁决即依首席仲裁员的意见作出。[73]在这种场合,首席仲裁员的意见就比"举足轻重"更进一步,成为"一锤定音"、决定一切了。由此可见,在遴选和指定首席仲裁员时,对其品德素质和业务水平,都应有比一般仲裁员更高、更严格的要求。根据中国《仲裁法》第31条的规定,在由三人组成仲裁庭的场合,双方当事人除应各自选定一名仲裁员之外,"第三名仲裁员由

---

[72] 参见《仲裁法》第15条第2款。
[73] 参见《中国国际经济贸易仲裁委员会仲裁规则》第55、56条。

当事人共同选定或**共同委托**仲裁委员会主任指定。第三名仲裁员是首席仲裁员。"《仲裁法》中的这种规定，充分尊重当事人共同的自愿选择，显然是很合理的，也符合当代国际仲裁立法的先进通例。不过，按现行的《中国国际经济贸易仲裁委员会仲裁规则》第24条的规定，这第三名仲裁员——首席仲裁员，却纯由仲裁委员会主席**自行指定**，无须以双方当事人的"共同委托"为前提，更不允许双方当事人"共同选定"。现行涉外仲裁规则的这种规定，与《仲裁法》第31条的规定显有抵触，且在实践中未必有利无弊。按《仲裁法》第73、78条的规定，上述仲裁规则的这种现行规定势在必改。[74] 在现行仲裁规则的这种规定尚未修订之前，对于首席仲裁员的指定，自应慎之又慎。对于前述第二、第三点中提到的当事人投诉较多，且有关仲裁裁决经立项研究核实其程序运作或实体内容确有错误或违法情事的仲裁员，纵使未必就有贪赃受贿、徇私舞弊情节，也不宜再在其他案件中被指定为首席仲裁员。在上述仲裁规则第24条的现行规定按《仲裁法》第31条的规定修订之后，如果双方当事人没有共同选定担任首席仲裁员的第三名仲裁员，则涉外仲裁委员会主任仍有接受当事人的"共同委托"而代为选择和指定首席仲裁员的权力和职责。对于这种权、责的运用和履行，似也必须有一套比较缜密和科学的规章制度，以昭慎重，从而不辜负当事人的信赖和委托，并且有利于维护和增强涉外仲裁委员会的良好形象和国际威信。

　　以上各点管见，均属引玉之砖。期待这个主题能引起广泛的注意和深入的讨论。不妥之处，欢迎批评指正。

1994年10月初草
1995年2月改订

---

[74]《仲裁法》第73条规定："涉外仲裁规则可以由中国国际商会依照本法和民事诉讼法的有关规定制定"；第78条进一步规定："本法施行前制定的有关仲裁的规定与本法的规定相抵触的，以本法为准"。

第 4 章　中国涉外仲裁监督机制申论*

▶▶ 内容提要

　　针对笔者关于中国现行的涉外仲裁监督机制应予改进的见解,肖永平教授提出四点商榷意见,认为：中国对国际仲裁监督和内国仲裁监督实行内外有别的"分轨制"是完全必要的,也符合国际上的通行做法；英国的仲裁监督就是实行内外有别的"分轨制",在大陆法系国家,即使仲裁裁决有明显错误,法院也不能予以推翻；当事人选择仲裁,最主要的是期望尽快获得一份终局裁决,故常常更注意效益,而不是更注意公平；中国现行的仲裁立法对涉外仲裁裁决的内容并非无权监督。对于这些商榷意见,笔者逐一作了回应,指出：根据已经查索到的大量有关资料,事实证明内国仲裁监督与涉外仲裁监督的"分轨制"并非国际社会的普遍做法,许多国家都对在其本国境内作出的内国仲裁裁决与涉外仲裁裁决实行"一视同仁"的监督,而不实行"内外有别"的分流机制；都对两大类裁决实行程序运作上和实体内容上的双重监督,而不实行"只管程序运作,不管实体内容"的单薄监督。事实上,英国的仲裁监督并未实行"分轨制",其涉外仲裁监督兼及于两类裁决的程序与实体,并非只管程序运作,不管实体内容。当事人选择仲裁,是在力争公平的前提下追求效率,较之裁决的合法性和公正性,裁决的效率性和终局性应当退居第二位。中国现行《仲裁法》对涉外仲裁员个人的监督无法代替对涉外仲裁裁决内容本身的法律监督,无法堵塞现行法律监督体制上的漏洞,不利于反腐倡廉,不利于维护法律的尊严,亟宜修订改进。

▶▶ 目　次

一、内国仲裁监督与涉外仲裁监督"分轨制",并非"国际社会的普遍做法"

---

* 本文原载于《中国社会科学》1998 年第 2 期,旨在回应载于同刊同期的肖永平教授的评议文章《国内、涉外仲裁监督机制之我见》。含本文在内的本系列专题学术论文于 2002 年获得第三届"全国高校人文社会科学研究成果奖"一等奖。

二、英国的仲裁监督并未实行"分轨制",其涉外仲裁监督并非"只管程序运作,不管实体内容"

三、终局而不公、终局而违法的裁决不是受害一方"当事人最主要的期望"

四、"无权监督、无计可施"的担心不是"多余的"

五、结束语

拙作《中国涉外仲裁监督机制评析》(以下简称"拙作")一文在《中国社会科学》1995年第4期发表后,赞同者固多,持异议者亦不罕见。据笔者所知,持异议者的批评意见大同小异,其中肖永平教授提出的四点商榷意见(以下简称"肖文")具有一定的代表性。现将笔者进一步查证、研究和思考所得概述如下:

一、内国仲裁监督与涉外仲裁监督"分轨制",并非"国际社会的普遍做法"

肖文认为,对国际仲裁和国内仲裁作出区分是国际社会的普遍做法,中国在现阶段实行国内仲裁监督与涉外仲裁监督的分轨制是完全必要的,也符合国际上的通行做法,进而批评笔者仅仅考察了几个国家的立法就得出结论,是"不够妥当的"和"不全面的"。

不难看出,拙作是专就中国涉外仲裁的"监督"机制作出评析,而不是泛论内国仲裁与涉外仲裁(以下简称"两大类仲裁")的一般"区分"或区别。如果援引个别国家(例如肖文所引的英国)对待两大类仲裁在非监督机制方面某些细节操作上的一般区分,来论证中国对待两大类仲裁在监督机制方面严格分轨之合理性,实际上转换了论题。这就违反了逻辑学上"同一律"的基本要求。

笔者在撰写《中国涉外仲裁监督机制评析》一文时,查核了当代各国有关仲裁监督机制的立法。限于条件,笔者当时未能逐一钻研全世界所有国家(单是联合国成员国当时就多达185个)的仲裁立法,但确实查索了收集当代各国仲裁立法原始资料较为齐全的《国际商务仲裁》(International Commercial Arbitration)、《国际商务仲裁·亚太地区商务仲裁立法》(International Commercial Arbitration/Commercial Arbitration Law in Asia and the Pacific)[1]数卷,以及若干中文书籍,选出其中具有

---

[1] 两书均由美国奥西阿纳出版社(Oceana Publications)出版,前者出版于1985年,后者出版于1990年。

代表性的 19 个国家(12 个是发达国家,7 个是发展中国家)关于仲裁监督机制的现行立法,在该文中作了扼要论述。[2] 出自版面的考虑,《中国社会科学》1995 年第 4 期在发表拙作时,删去了详细注解,同时增加了一条综合性注解,集中说明了有关资料的来源。因此,对于所谓拙作只依据几个国家的资料就得出全局性结论的批评,恐怕是出自一种误解。拙作所征引的 19 个国家有关仲裁监督机制的现行立法,有一个主要的共同点,即都对在其本国境内作出的内国仲裁裁决与涉外仲裁裁决实行"一视同仁"的监督,而不实行"内外有别"的分流机制;都对两大类裁决实行程序运作上和实体内容上的双重监督,而不实行"只管程序运作,不管实体内容"的单薄监督。"一视同仁""双重监督"的做法有广泛的适应性。正是有鉴于当代各国仲裁立法的通例,总结了各国仲裁实务的有益经验,联合国国际贸易法委员会(UNCITRAL)1985 年 6 月通过、联合国大会同年 12 月通过决议向国际社会推荐的《国际商事仲裁示范法》对于仲裁监督机制才作了相应的规定,即:一个国家的管辖法院对于在本国境内作出的一切仲裁裁决实行审查和监督时,不分其为内国裁决或是涉外裁决,都采取同样的审定标准和同样的补救措施;对于经过管辖法院审查认定其在程序操作上确有错误或违法,或在实体内容上确与本国公共政策相抵触者,则均在"可予撤销"之列,而不局限于可"不予承认"和"不予执行"。[3] 这一点显然是对《1958 年纽约公约》有关规定的一大突破。

但是,根据中国《仲裁法》第 65 条、第 70 条、第 71 条的规定,同法第 58 条所规定的审查标准和补救措施,对于在中国作出的涉外仲裁裁决,只能就其程序运作进行司法审查和监督,而不能审查和监督(包括必要的纠正)其实体内容。这种"只管程序运作,不管实体内容"的监督规定,显然与国际仲裁立法的通例以及联合国大会郑重推介的上述《国际商事仲裁示范法》的范例相左。

肖文强调:中国实行国内仲裁监督与涉外仲裁监督的分轨制"符合国际上的通行做法"。遗憾的是肖文中竟未举出中国以外的任何一个国家推行这种仲裁监督"分轨制"的实例。譬如,能否举例证明,当今世界上究竟有哪一个国家在哪一部法律的哪些条文中明文规定,对于本国境内仲裁员凭伪证作出的或基于贪赃枉法作出的内国裁决,依法应予撤销;而在这同时,对于含有同类错误或违法内容的涉外裁决,却规定不得依法撤销,而应当继续承认其法律上的合法地位和法定的约束力,依

---

[2] 参见拙作《论中国涉外仲裁的监督机制及其与国际惯例的接轨》,载《比较法研究》1995 年第 4 期。该文详细地注明了这 19 个国家有关仲裁监督机制的法律名称及具体条文序号。

[3] 参见《国际商事仲裁示范法》第 1 条第 2 款、第 2 条第 1 款和第 2 款、第 34 条;〔美〕扎莫拉等主编:《国际经济法基本文献汇编》(第 2 卷),1990 年英文版,第 999—1000、1011—1012 页。(Stephen Zamora & Ronald A. Brand (eds.), Basic Documents of International Economic Law, *CCH International*, Vol. II, 1990, U. S. A.)

然必须坚决执行?

二、英国的仲裁监督并未实行"分轨制",其涉外仲裁监督并非"只管程序运作,不管实体内容"

诚如肖文所指,单就相隔约 30 年的两部英国《仲裁法》而言,1979 年立法规定的有关法院对仲裁实行监督的范围确较 1950 年立法规定的监督范围有所缩小。实际上,无论法院对仲裁的监督怎样"缩小"和"弱化",英国仲裁法始终仍然坚持对英国本国作出的包括涉外裁决在内的一切裁决,实行兼及程序运作和实体内容的同等监督和双重监督,这应当是无可置疑和无法否定的事实。特别应当注意的是,《1950 年仲裁法》第 22—27 条关于仲裁监督机制的规定,在 1979 年之后,仍然作为英国仲裁体制"主法"的一部分,持续生效,直至 1997 年 1 月 31 日,才被《1996 年仲裁法》的相关规定所取代。按照《1950 年仲裁法》第 23 条的明文规定,凡是仲裁员本身有渎职行为或错误处置程序(has misconducted himself or the proceedings),高等法院(High Court)有权将该仲裁员中途撤换(remove);凡是仲裁员本身有渎职行为或错误处置程序,或当事人以不正当的手段取得仲裁裁决,高等法院有权撤销该项裁决。

1996 年 6 月 17 日,英国《1996 年仲裁法》(Arbitration Act 1996)正式通过,并自 1997 年 1 月 31 日开始施行。细察其中有关仲裁监督的规定,除了对两大类仲裁裁决仍然坚持"一视同仁、双重监督"这一基本特点和国际通行做法之外,其监督范围、监督力度及其有关表述,与《1950 年仲裁法》以及《1979 年仲裁法》相比,也更加具体和严谨。

《1996 年仲裁法》第 68 条第 1 款规定:"仲裁程序中的一方当事人,可以在通知对方当事人以及仲裁庭的条件下,以存在重大不法行为,影响仲裁庭、仲裁程序或仲裁裁决作为理由,向法院申请,对仲裁裁决提出异议。"同条第 2 款对"重大不法行为"(serious irregularity)加以解释,列举了 9 种具体情况,只要出现其中之一,经一方当事人依法提出申请,法院认为它对申请人已经造成或将会造成实质性的不公正或不公平(substantial injustice),即应立案受理。其中所列的第(1)(7)(9)这三种情况尤其值得重视:"(1) 仲裁庭未能遵守和履行本法第 33 条规定的基本职责(general duty)",即未能公正、公平地断案,在实施仲裁过程中不偏袒任何一方等;"(7) 以欺诈手段取得仲裁裁决;裁决本身或取得裁决的手段违反公共政策";"(9) 在实施仲裁程序中或在仲裁裁决中存在任何不法行为,对于这种不法行为,已由仲裁庭,或由经当事人授权与实行仲裁程序或作出裁决有关的任何仲裁机构、其他机构或个人,加以承认。"[4]

除此之外,《1996 年仲裁法》又另立专条,进一步明确规定对两大类仲裁裁决都实行实体内容方面的监督:"除非当事人另有协议,仲裁程序中的一方当事人可以在通知对方当事人以及仲裁庭的条件下,就仲裁裁决书中出现的法律问题,向法院提出上诉。"(第 69 条第 1 款)尽管设有各种条件限制(见该法第 69 条第 2、3 款),但该法对仲裁程序中和仲裁裁决书中存在的各种重大不法行为和枉法裁断,始终敞开着投诉之门。

当事人基于上述各种实体性或程序性理由提出的上诉,经管辖法院受理并查证核实,法院可根据具体情况,分别作出裁定:(a)维持原裁决;(b)变更原裁决;(c)发回原仲裁庭重新审理(全部或部分);(d)撤销原裁决(全部或部分);(e)宣布原裁决无效(全部或部分)(见该法第 68 条第 3 款、第 69 条第 7 款)。与此同时,该法第 24 条还允许当事人依据事实,合理地怀疑仲裁员不公正,从而按照法定程序,向管辖法院申请中途撤换该仲裁员。

此外,《1996 年仲裁法》虽暂时保留若干细节操作上的原有规定,对内国仲裁和涉外仲裁稍作区分,但鉴于国际上"一视同仁,并轨合流"的通行做法,却又另立专条,授权英国国务大臣(Secretary of State)可以制作行政命令,经国会两院批准,随时取消或废除上述仅存的细节区分规定,以免与英国所承担的国际条约义务相抵触。[5]

如所周知,英国采用商事仲裁体制,有悠久的历史。根据英国本国专家的评析,其 1996 年的最新仲裁立法,是在系统地总结了英国本国长期实践的经验教训,参考和吸收了当代世界各国先进的仲裁立法通例,并在很大程度上以联合国郑重推荐的《国际商事仲裁示范法》作为起草指南(framers' guide),经过长达七年多的国会辩论和广泛征求意见,数易其稿,才达成共识,正式通过与颁行。可以说,这一套包含 110

---

[4] 除了这三种"重大不法行为"之外,第 68 条第 2 款所列举的其他六种重大不法行为是:仲裁庭有越权行为;仲裁庭未能按照当事人商定的程序实行审理;仲裁庭未能处断当事人提交的一切争端;经当事人授权与实行仲裁程序或作出裁决有关的任何仲裁机构、其他机构或个人,有越权行为;对裁决书效力的表述含糊不清或模棱两可;裁决书的格式不符合要求。参见英国《1996 年仲裁法》(注释本),1997 年英文版,第 45 页(Arbitration Act 1996, Annotations by A. W. Sheppard, 1997, U. K.)。

[5] 参见该法第 85—88 条。由英国枢密院顾问、资深大法官萨维尔(Rt. Hon. Lord Justice Saville)主持的"仲裁法起草咨询委员会"在其法案报告中曾建议将这些仅存的细节区分予以删除,以免与英国参加缔结的《欧洲经济共同体条约》(即《罗马条约》)第 6、7 条相抵触,因为其中规定各缔约国相互之间不得基于国籍不同而对外商采取差别待遇,如果英国继续区分内国仲裁与涉外仲裁,势必对欧共体(欧盟)其他国家的国民给予差别待遇。故这些仅存的细节差别和区分规定,势必在近期内予以废除。按《1996 年仲裁法》第 88 条的规定,英国国务大臣竟可以用行政命令的方式随时取消《1996 年仲裁法》第 85—87 条的法律规定,仅此一端,也足见这些法律规定的短暂性和不稳定性。参见《1996 年仲裁法》(注释本),1997 年英文版,第 56、57、58 页的注释。

条、正文达 60 页左右的《1996 年仲裁法》,是相当缜密细致的。它是英国仲裁立法走向统一化、国际化和现代化的重大改革和重要体现,在当代世界各国现行的同类立法中居于比较领先的地位,其中的许多规定,包括有关仲裁监督机制的规定,体现了当代仲裁立法的新走向,值得重视和参考。[6] 它告诉我们,"分轨制"并不是什么"发展趋势"或"通行做法"。

三、终局而不公、终局而违法的裁决不是受害一方"当事人最主要的期望"

肖文强调:"当事人选择仲裁解决争议,……最主要的就是期望获得一份终局裁决";"仲裁裁决的终局性能给当事人带来巨大的潜在利益,它显然比上诉程序带来的利益大得多。在商人们看来,以放弃上诉权利为代价而获得裁决的终局性是完全值得的";"当事人选择仲裁常常更注意效益,而不是公平。"这种论断恐怕是缺乏足够的法理根据和事实根据的。

诚然,当事人为解决争端而自愿选择仲裁方式,实际上就是自愿放弃了向法院提起诉讼的权利,并以此作为"代价",换得比较"干脆"的"一裁终局",尽早解决争端;且避免了法院诉讼程序上的"二审结案",旷日持久,降低效率。但是,应当指出,此时当事人所放弃的仅仅是向第一审法院提起诉讼的权利,而绝不是肖文所指称的"以放弃上诉权利为代价"。这里,"诉讼权利"与"上诉权利"两词的含义并不相同。换言之,除非当事人间另有明文协议"各方自愿放弃任何上诉权利",否则,绝不应任意推断:当事人一旦选择仲裁方式之后,即使面临错误的或违法的涉外终局裁决,也自愿全盘放弃了向管辖法院提出申诉和请求加以监督和纠正的权利。恰恰相反,无论从"违法必究"这一基本法理准则来衡量,还是从当代各国先进的仲裁立法通例来考察,对于已经发生法律效力的涉外终局裁决,只要当事人提出确凿证据足以证明该裁决确有重大错误或重大违法情事,则不论其为程序上的错误或违法,抑或是实体上的错误或违法,都属于管辖法院应当依法实行仲裁监督之列,即应当在仲裁领域严肃认真地、全面地贯彻"违法必究"和"违法必纠"的基本方针。显而易见,与裁决的合法性和公正性相比,裁决的终局性应当居于第二位,它必须服从于合法性和

---

[6] 参见〔英〕托贝·朗道(Toby Landau)《论英国新仲裁法对协会机构仲裁的影响》,载《国际仲裁学刊》(日内瓦,1996 年 12 月英文版)第 13 卷第 4 期,第 113—114 页(该文作者曾经参与英国《1996 年仲裁法》的起草工作);〔英〕A. W. 夏帕德(Sheppard):《1996 年仲裁法评介和注释》,载《1996 年仲裁法》(注释本),1997 年英文版,第 3—6 页。

公正性。正因为如此,中国 1995 年 9 月开始实施的《仲裁法》以及英国 1997 年 1 月开始实施的《1996 年仲裁法》,其开宗明义第 1 条,不约而同地把"公正"或"公平"一词置于"及时"或"避免拖延"之前,作为仲裁立法或仲裁裁决的首要宗旨和第一要求。而从当事人的心态看,一个正派诚实的涉外商人,当其合法权益受到对方侵害而诉诸仲裁之后,耗时、耗资、耗精力之余,最终收到的却是一份仲裁员凭伪证作出或基于贪赃枉法作出的错误的或违法的终局裁决,这显然并非他选择仲裁的初衷和"最主要的期望"。如果一个守法的在华外商,正好是凭伪证作出的或基于贪赃枉法作出的裁决的一方当事人和直接受害者,却又因在中国诉请对涉外裁决实行实体内容监督的法律途径已被"依法"堵塞,因而投诉无门,只能束手"挨宰",这样的法律设计与肖文所善意预期的"增强"涉外仲裁"对外国当事人的吸引力,改善本国投资环境"的目标完全是背道而驰的。

此外,从中国《仲裁法》的现行规定看,当事人选择仲裁方式解决涉外争议之际,并未承担任何法定义务,必须"放弃上诉权利",或竟然可以推定其"放弃上诉权利"。恰恰相反,《仲裁法》第 70、71 条以及《民事诉讼法》第 260 条的有关规定,正是为确保当事人在收到终局的涉外裁决之后,仍可依法诉请就有关裁决实行程序运作方面的司法监督。所憾者,这些现行的法律规定不允许此种司法监督也扩及涉外裁决的实体内容,因而可能发生弊端。如果不细加分析,一概推定当事人完全自愿地放弃了上诉权利,则不但不符合法律规定,也违背当事人"意思自治"原则或"真实意思表示"。

至于肖文提及的《仲裁法》第 59 条和第 64 条允许当事人在收到裁决书之日起 6 个月内提出撤销裁决申请的规定在实践上的缺陷,并不能因其限制扩及涉外裁决的实体内容而得到弥补。要纠正它,完全可以"对症下药",参照我国《民事诉讼法》第 178 和 183 条、英国《1996 年仲裁法》第 70 条第 3 款以及最高人民法院 1995 年 8 月下达的一项执法通知加以必要的修订。

四、"无权监督、无计可施"的担心不是"多余的"

肖文列举《仲裁法》第 34、38 条的规定,包括实行仲裁员回避制度、禁止仲裁员私自会见当事人或吃请收礼、依法追究和惩办贪赃枉法的仲裁员等,来论证中国目前的立法对涉外仲裁裁决并非"无权监督"。然而,拙作探讨的主题是对涉外仲裁裁决书本身实体内容的法律监督(包括受理受害当事人的投诉,对该涉外裁决的实体内容进行审查核实,进行必要的补救和纠正),而不是对涉外仲裁员个人行为的监督。诚然,涉外仲裁员的个人行为、品德操守以及业务水平都与他所制作的涉外裁决的实体内容有着密切的联系;回避制度之类的措施,也略有助于预防涉外仲裁员枉法裁断。但是,第一,对于裁决书内容中凭伪证作出的处断或枉法裁断,当事人一般须待裁决书正式签发和送达之后,才能得悉。在此以前,既然无法未卜先知,又岂能有足够的理由援用回避制度以预防错误处断或枉法裁决?一旦裁决已经签发,其中错误的或违法的实体内容,即已发生法律效力,采取其他措施则为时已晚。第二,对于涉外仲裁员个人的法律监督无论如何严格、严厉,都无法代替对涉外仲裁裁决本身的法律监督。理由很简单:纵使仲裁员个人有上述不法行为且证据确凿因而受到纪律、行政处分,甚至受到刑事惩罚,他所作出的涉外仲裁裁决,纵使在实体内容上彰明昭著地含有枉法裁决或凭伪证裁决等重大谬误之一,而且铁证如山,但是,在现行的《民事诉讼法》第 260 条第 1 款以及由此推衍而来的《仲裁法》第 65、70、71 条规定的现有监督机制之下,受害当事人仍然无权依法向管辖法院投诉,管辖法院也仍然无权依法受理、审查有关涉外裁决书的实体内容,更无权依法裁定"不予执行",更不必说依法裁定"应予撤销"了,这种涉外裁决书在法律上仍然是有效的。这就有如掺入甲醇的伪劣"名酒"制造者已被判刑,而他所制造、勾兑出的含毒假酒却仍被允许公开销售,实在是很荒唐的。

肖文介绍了《仲裁法》第 56 条规定原草案的审议修改过程,说是"多数人"认为"人民法院对仲裁裁决只应审查程序问题,不应审查实体问题",因此,经过删改,形成了第 58 条的现行规定,并认为"这样规定是比较适当的"。肖文对第 58 条规定本身的总评并无不当,但它似乎忽略了三项不容忽视的关键问题:

第一,《仲裁法》第 58 条的监督规定不适用于涉外裁决。《仲裁法》第七章是针对涉外仲裁作出的一系列"特别规定",其中包括专门用以监督涉外裁决的特别规定,即第 70 条"裁定撤销"及第 71 条"裁决不予执行"。第七章第 65 条明文规定了两大类仲裁"分轨"和区别对待的基本原则,即"本章没有规定的,适用本法其他规定"。据此,从该法的整体结构和各个条文间的相互关系上说,本法第 63 条是针对内国裁决不予执行的一般规定,第 71 条则是针对涉外裁决不予执行的特别规定,两者分工明确,各有专司;第 58 条是针对内国裁决予以撤销的一般规定,第 70 条才是针对涉外裁决予以撤销的特别规定,两者泾渭分明,不容混淆。第 58 条规定"比较适当",并不等于第 70、71 条规定也适当。

第二,《仲裁法》第 58 条中的三项监督规定,貌似程序监督,实为实体监督。第 58 条第 1 款第(1)(2)(3)诸项所列的监督要点,当然是属于仲裁程序范围;但同条同款第(4)(5)(6)诸项所列的监督要点,则貌似属于程序问题,实则属于实体范畴。它们指的是:凭伪证作出裁决;对方当事人隐瞒证据,足以影响公正裁决;仲裁员贪赃舞弊枉法裁决。不难看出,仲裁员根据伪证或在对方当事人隐瞒重要证据的情况下作出的裁决,势必反映为裁决书在认定事实方面的重大错误;仲裁员在贪赃枉法基础上作出的裁决,势必反映为裁决书在适用法律方面的任意曲解。管辖法院对于这些在认定事实和适用法律上确有谬误的裁决加以监督和纠正,显然属于实体监督。可惜的是,按《仲裁法》的现有规定,这三类具体监督不能适用于涉外裁决。在这里,肖文对《仲裁法》第58条审议修改过程所作的情况介绍似乎不完全准确。限于篇幅,此处无法详细说明,查王叔文《全国人大法律委员会关于〈中华人民共和国仲裁法(草案)〉审议结果的报告》(见《全国人大常委会公报》1994年,第414页)可知。

为了更便于对照比较,判明法定"界限",兹试列出简表,以说明中国当前对两大类裁决的实体内容实行"内外有别、分轨监督"的法律依据及其在法律效果上的重大反差(见下表)。该表告诉我们:

(1)仲裁裁决的实体内容上存在上述五种错误或违法情节之一,如果是包含在或体现在内国裁决之中,则毫无例外地一概不予执行;序号1、2、3三种情节之一出现在**内国裁决**之中,则不但不予执行,且应进一步依法予以撤销。这确实是大有利于维护中国法律的应有尊严,大有利于促进中国长期艰巨的反贪、反腐斗争,大有利于维护中国在国际社会中的法治国家形象。

表 2-4-1 中国对两大类仲裁裁决实体内容实行"内外有别、分轨监督"的法律效果重大反差一览表

序号	监督项目 (实体内容)	裁决类别	应否执行	应否撤销	法律依据
1	裁决所根据的证据是伪造的	内国裁决	不予执行	应予撤销	《仲裁法》第58条第1款第4项
		涉外裁决	应予执行	不得撤销	《仲裁法》第65、70、71条;《民事诉讼法》第260条第1款
2	对方当事人隐瞒了足以影响公正裁决的证据	内国裁决	不予执行	应予撤销	《仲裁法》第58条第1款第5项
		涉外裁决	应予执行	不得撤销	《仲裁法》第65、70、71条;《民事诉讼法》第260条第1款
3	仲裁员在仲裁该案时有贪污、索贿、受贿、徇私舞弊、枉法裁决行为	内国裁决	不予执行	应予撤销	《仲裁法》第58条第1款第6项,第63条;《民事诉讼法》第217条第2款第6项
		涉外裁决	应予执行	不得撤销	《仲裁法》第65、70、71条;《民事诉讼法》第260条第1款

(续表)

序号	监督项目（实体内容）	裁决类别	应否执行	应否撤销	法律依据
4	认定事实的主要证据不足	内国裁决	不予执行	不得撤销	《仲裁法》第63条；《民事诉讼法》第217条第2款第4项
		涉外裁决	应予执行	不得撤销	《仲裁法》第65、70、71条；《民事诉讼法》第260条第1款
5	适用法律确有错误	内国裁决	不予执行	不得撤销	《仲裁法》第63条；《民事诉讼法》第217条第2款第5项
		涉外裁决	应予执行	不得撤销	《仲裁法》第65、70、71条；《民事诉讼法》第260条第1款

(2) 上述五种错误或违法情节之一(甚至五种情节"齐备俱全"),如果出现在涉外裁决之中,则"依法"毫无例外地一概必须执行,一概不许撤销。换言之,现行的涉外仲裁监督机制对涉外裁决实体内容中存在的上述五种重大错误或违法情节,竟然全盘放弃了应有的、起码的法律监督。这种"差别"待遇或"特惠"待遇在社会效应和国际形象上的负面作用将是巨大的。立足于当前国情,笔者的担心绝不是"多余的"。[7]

第三,《仲裁法》第58条第3款的"公共秩序保留"规定并不能涵盖和适用于涉外裁决。这是因为:(1) 前已述及,从该法整体结构看,第58条与第70条,是一对互相对应、互相搭配的规定,前者专管内国裁决的撤销,后者专管涉外裁决的撤销,其法定的分工界限十分鲜明,不宜随便解释,任意"张冠李戴";(2) 从第58条三款的上下文衔接看,第1款所指称的"有下列情况之一的""裁决",第2款所指称的"有前款规定情况之一的""裁决",以及第3款所指称的"该裁决",显然是前后连贯、具有同等内涵和同等外延的同一概念,即均是专指"内国裁决",而不能涵盖涉外裁决;(3) 从第58条与《民事诉讼法》(以下简称《民诉法》)第217条的关联看,前者显然是从后者直接移植和适当修订而来的。具体而言,《民诉法》第217条第2款的六点监督规定,经移植和修订,形成了《仲裁法》第58条第3款的同类规定,两者之间的源流关系不言自明。关于这一点,可以从肖文所引述的《仲裁法草案》修订文字中看清,即原草案第56条第1款第7项关于"违背社会公共利益的"这一规定,经修订后作为单独一款,被吸收为现行《仲裁法》第58条第3款,这样,就与《民诉法》第217条第3款的原有规定,在作为独立一款的层次上,完全互相衔接了(只是在监督力度上从"裁定不

---

[7] 参见拙作《论中国涉外仲裁的监督机制及其与国际惯例的接轨》中所摘引的各项重要文献,载《比较法研究》1995年第4期；江泽民：《在中央纪委第八次全会上讲话的摘要》,载《人民日报》(海外版)1997年5月16日。

予执行"提高为"应当裁定撤销"),这不是又一个有力的佐证吗?

有人认为,《仲裁法》第58条第3款关于"公共秩序保留条款"的规定,可以解释为同样适用于涉外裁决,因而"无须"在《仲裁法》第70条中另作特别规定;遇有涉外裁决违背公共利益的,"法院自然有权援用第58条的规定撤销该裁决,否则岂不重复"。这种理解颇为牵强。专门监督内国裁决的《民诉法》第217条第3款,明文规定和强调了国际通行的"公共秩序保留"这一重大法律原则,而专门监督涉外裁决的《民诉法》第260条第2款,也一字不差地规定和强调了"公共秩序保留"这同一原则,这是完全正确和必不可少的"重复";而《仲裁法》中专门监督涉外裁决的第70条和第71条规定,竟然只字不提国际通行的"公共秩序保留"这一重大原则,确实是仲裁立法的一个明显缺陷。总之,"无权监督""无计可施",并不是笔者的危言耸听或杞人之忧。

五、结 束 语

自商务仲裁制度与民商事诉讼制度并存以来,仲裁裁决之公正性与终局性,即公平与效率如何兼顾的问题,一直是个老旧而又常新的话题。假定仲裁与诉讼能够同样地保证公平,则当事人当然会倾向于讲求效率,即选定仲裁。但是,如果不讲究公平,把"终局性"强调到至高无上的地位,那也是不妥当的。当守法的当事人获得了虽属高效却很不公平的仲裁裁决时,他当然有强烈的愿望和法定的权利向上申诉。笔者认为,对于仲裁的终局性与高效性应当作辩证的理解,而不能片面地强调效率而忽略公平。

第 5 章　再论中国涉外仲裁的监督机制及其与国际惯例的接轨[*]

——兼答肖永平先生等

▶▶ 内容提要

　　肖永平教授撰写的《也谈我国法院对仲裁的监督范围》及其"缩写本"《内国、涉外仲裁监督机制之我见——对〈中国涉外仲裁监督机制评析〉一文的商榷》，在短期内先后连续三度分别发表于《仲裁与法律通讯》1997年第6期、《法学评论》1998年第1期、《中国社会科学》1998年第2期，逐步"升级"，形成一定的"声势"。对此，笔者先后在同一刊物上（《仲裁与法律通讯》1998年第2期、《中国社会科学》1998年第2期和《法学评论》1998年第5期）分别作了回应。本文是笔者先后回应诸文的综合整理，其基本内容参见本书第二编第4章"中国涉外仲裁监督机制申论"题下之"内容提要"，兹不另赘。

▶▶ 目　次

一、对内国仲裁监督与涉外仲裁监督实行"分轨"，这是国际社会的普遍做法或"符合国际上的通行做法"吗？有何依据？

二、英国的仲裁监督，是否实行"内外有别"的"分轨制"？它对于涉外仲裁的监督是否"只管程序运作，不管实体内容"？

　　（一）英国《1950年仲裁法》和《1979年仲裁法》

---

* 本文原稿曾发表于梁慧星教授主编的《民商法论丛》1998年第10卷，原稿约3.9万字。其后，作者经进一步查证和研究，对本文原稿作了重要的修订，增补了约4万字新的内容，全稿约8万字。修订增补后的新稿发表于《国际经济法论丛》（第2卷），法律出版社1999年版。较之此前发表的各篇原稿，经过综合修订增补后的新稿论证更加透彻，资料更加丰富翔实。为便于读者对照正文和注解，查索资料原始出处，新稿辑入本书时全部正文和注解未加删节。含本文在内的本系列专题学术论文于2002年获得第三届"全国高校人文社会科学研究成果奖"一等奖。

（二）英国《1996年仲裁法》

（三）英国《1996年仲裁法》之"尘封"年半及其"原貌"辨识

三、美、德、法诸国的仲裁监督，联合国《仲裁示范法》的有关规定，是否实行"内外有别"的"分轨制"？对于涉外仲裁的监督是否"只管程序运作，不管实体内容"？

（一）美国的仲裁监督机制辨析

（二）德国的仲裁监督机制辨析

（三）法国的仲裁监督机制辨析

（四）联合国《国际商事仲裁示范法》

四、当事人选择仲裁解决争议，"最主要的就是期望获得一份终局裁决"吗？终局而不公、终局而违法的裁决，是受害一方当事人"最主要"的期望吗？

五、"应更注重效益"论、"预防保护主义"论、"抵制司法腐败"论、"仲裁一片净土"论能否成为涉外仲裁排除实体监督的正当"理由"？

（一）"应更注重效益"论评析

（二）"预防保护主义"论评析

（三）"抵制司法腐败"论评析

（四）"仲裁一片净土"论评析

六、依照现行的涉外仲裁监督机制，对于实体内容上错误或违法的涉外裁决，包括凭伪证作出或基于贪赃枉法作出的涉外裁决，任何权威机关都无权监督，无计可施。"这种担心是多余的"吗？

（一）对仲裁员的监督无法取代对裁决书的监督

（二）《仲裁法》第58条的监督规定不适用于涉外裁决

七、结束语

拙作《中国涉外仲裁监督机制评析》（以下简称"拙作"）一文在《中国社会科学》1995年第4期发表后，赞同者固多，也不无持异议者。据笔者所知，异议者的批评意见，大同小异。其中，肖永平先生对拙作提出的意见[1]（以下简称"肖文"），具有一定的代表性。笔者很钦佩肖先生的钻研精神，但对肖文的基本观点、立论依据以及论证方法，却不敢苟同。为便于对照，兹谨按肖文所列顺序，就近来进一步查证、研究和思考所得，逐一缕述管见如下，以就教于肖先生以及其他同行学人。

---

[1] 参见肖永平：《也谈我国法院对仲裁的监督范围》及其"缩写本"《内国、涉外仲裁监督机制之我见——对〈中国涉外仲裁监督机制评析〉一文的商榷》（以下简称"肖文"），先后分别发表于《仲裁与法律通讯》1997年第6期，第5—12页；《法学评论》1998年第1期，第42—49页；《中国社会科学》1998年第2期，第94—97页。

一、对内国仲裁监督与涉外仲裁监督实行"分轨",这是国际社会的普遍做法或"符合国际上的通行做法"吗?有何依据?

肖文认为:对国际仲裁和国内仲裁作出**区分**是国际社会的**普遍做法**(强调是引者所加,下同),主张中国在现阶段,实行国内仲裁监督与涉外仲裁监督的分轨制是完全必要的,"也符合国际上的**通行做法**",并据此进而批评笔者"在考察几个国家的立法后"就得出结论的"**不周全性**"。

拙作所探讨的主题和中心,显然是专就中国涉外仲裁的监督机制作出评析,而不是泛论内国仲裁与涉外仲裁(以下简称"两大类仲裁")的一般"区分"或区别。这从拙作的标题和内容上看,都是不说自明和不容误解的。因此,似不宜援引个别国家(例如肖文所引的英国)对待两大类仲裁在**非监督机制**方面某些细节操作上的一般区分,来论证中国对待两大类仲裁在监督机制方面严格分轨之合理性及其"符合国际上的通行做法",并据以批评拙作的基本观点。否则,这就是转换了论题,从而违反了逻辑学上"同一律系"的基本要求。[2]

笔者在查核当代各国有关仲裁监督机制的立法时,限于资料,未能把全世界所有国家(单是联合国当时的成员国就多达 185 个)的仲裁立法毫无遗漏地逐一钻研,但确实曾就力所能及,认真查索了收集当代各国仲裁立法原始资料较为齐全的《国际商务仲裁》(International Commercial Arbitration)、《国际商务仲裁·亚太地区商务仲裁立法》(International Commercial Arbitration/Commercial Arbitration Law in Asia and the Pacific)[3] 数厚卷,以及若干中文资料书籍,选出其中具有代表性的 19 个国家(12 个是散处欧、北美、亚、澳四大洲的发达国家,7 个是散处亚、非、南美、欧四大洲的发展中国家)关于仲裁监督机制的现行立法,或详或简,或在正文或在注解,列举在拙作之中。[4] 其间,扼要地概述了《美国仲裁法》(1970 年修订)第 10 条,

---

[2] "**同一律系** 形式逻辑的基本规律之一。在同一思维过程中,每个概念、判断必须具有确定的同一内容。遵守同一律能使思维具有确定性;否则,就会犯'偷换概念'和'偷换论题'等逻辑错误。"(参见《辞海》,上海辞书出版社 1979 年版,第 197 页;《汉语大词典》(第 3 卷),汉语大词典出版社 1989 年版,第 101 页。)

[3] 两书均由美国奥西阿纳出版社(Oceana Publications)出版,前者出版于 1985 年,后者于 1990 年问世。

[4] 关于这 19 个国家有关仲裁监督机制的法律名称及具体条文序号,笔者曾在拙作**全文原稿**的注解[25]至[35]中,逐一详细注明引据资料的出处(约共 1800 字),以备读者查证对照。由于全文篇幅较大,《中国社会科学》1995 年第 4 期仅摘要刊登了其中的 1.5 万字,并删节了上述注解。但细心的编者除了在正文中全部保留拙作所列的 19 个国家的国名以及有关的概括、归纳和综述文字之外,还在该期第 24 页末添加了一条颇长的综合性脚注,交代了本文所列各国仲裁立法资料的主要出处,以便读者进一步查索和研究。其后不久,拙作全文约 3.2 万字在《比较法研究》1995 年第 4 期上发表,题为《论中国涉外仲裁的监督机制及其与国际惯例的接轨》,与此同时,上述原有 11 条注解的 1800 余字也全文刊出(详见该刊本期第 377—380 页脚注第[25]至[35])。看来,肖文的作者在提出只"考察几个国家的立法后就得出通例"的有关批评时,可能并未注意到《中国社会科学》上述那条综合性脚注,也未涉猎到《比较法研究》上的那十几条长篇注解,因而在撰文批评时,还未曾花时间或暂且不及以一一查核澄清。

1995 年《德意志联邦共和国民事诉讼法》第 1040、1041、1042 条及第 580 条,《日本民事诉讼法》第 801—804 条及第 420 条,以及《澳大利亚新南威尔士商事仲裁法》(1984 年修订)第 38—42 条;逐一指明并归纳了《法国民事诉讼法》第 1482—1485 条,《英国 1950 年仲裁法》第 22—27 条以及《英国 1979 年仲裁法》第 1—2 条,《意大利民事诉讼法》第 828—831 条,《加拿大不列颠哥伦比亚国际商事仲裁法》(1986 年修订)第 34 条,《比利时司法法典》第 1704 条,《荷兰民事诉讼法》第 1065、1068 条,《瑞士国际私法法案》第 190—191 条以及《奥地利民事诉讼法》第 595—597 条的具体条文序号及其内容上的主要共同点;同时,又逐一指明和综述了《印度尼西亚民事诉讼法》第 643 条,《泰国仲裁法》第 24、26 条,《埃及民事和商事诉讼法》第 511 条,《阿根廷国家民商事诉讼法》第 758、761 条,《秘鲁民事诉讼法》第 570 条,《韩国仲裁法》第 13 条,以及《南斯拉夫民事诉讼法》第 484、485 条的具体条文序号及其三种表述方式。

把这些原始资料加以分析和归纳,显然可以看出这 19 个国家有关仲裁监督机制的现行立法,都有一个主要的共同之点,即都对在其本国境内作出的内国仲裁裁决与涉外仲裁裁决实行"**一视同仁**"的监督(以下简称"同等监督"),而**不实行"内外有别"**的分流机制;都对两大类裁决实行兼及程序运作上和实体内容上的**双重监督**(以下简称"双重监督"),而**不实行"只管程序运作,不管实体内容"**的单一监督。

应当说,这 19 个国家有关仲裁监督机制的这种立法,在很大程度上反映了当代世界各国在同一问题上的通行做法,具有很大的**代表性**。因为:

第一,在所列举的这 19 个国家中,包含不同地域和多种类型,它们散处欧、北美、亚、非、南美、澳六大洲,不但地域差异很大,而且经济发展水平也颇有不同:既有发达国家,又有发展中国家;既有全球经济发展水平最高的发达国家(如属于原"七国"集团的美、德、日、英、法、加、意),又有经济发展水平次高的一般发达国家;既有经济"起飞"取得突出成就的发展中国家,又有经济发展较为落后或业绩平平的发展中国家。它们分别具有各自类型的**典型性**。

第二,尽管这些国家地域差异甚大,发展水平不一,但却在仲裁监督机制立法方面具有上述突出的共同点,这就有力地说明它们对两大类仲裁裁决实行"**一视同仁、双重监督**"机制,确是**切合于**不同地域、不同发展水平国家的**共同需要**,是建立现代化仲裁监督机制过程中带有**规律性**的客观现象,值得认真思考和借镜。把这种在国际社会中多处、多次重复出现的现象称为"国际上的通行做法",看来是可以允许的,大体上不会犯"不周全性"的严重错误。

第三,可以说,正是有鉴于当代各国仲裁立法的通例,总结了各国仲裁实务的有益经验,联合国国际贸易法委员会(UNCITRAL)1985 年 6 月通过的《**国际商事仲裁**

示范法》对于仲裁监督机制才作了相应的规定,即:一个国家的管辖法院对于在本国境内作出的一切仲裁裁决实行审查和监督时,**不分其为内国裁决**或是**涉外裁决**,都采取**同样**的审定标准和同样的补救措施,对于经过管辖法院审查认定其在程序操作上确有错误或违法,或在实体内容上确与本国公共政策相抵触者,则均在"可予撤销"之列,而不局限于可"不予承认"和"不予执行"。[5] 在这一点上,显然是对《1958年纽约公约》有关规定的一大发展。

为了促使世界各国在商事仲裁立法方面尽快趋向统一化,从而进一步增强国际经济交往,联合国大会于 1985 年 12 月 11 日通过专门决议,向整个国际社会郑重推荐这部《国际商事仲裁示范法》,建议"全体会员国对这部示范法给予应有的考虑",以作为各国国内仲裁立法的重要参考和借鉴。[6] 这种郑重推介,客观上无异于承认了和进一步加强了《国际商事仲裁示范法》各有关条款作为**国际通行做法(通例)**的应有地位。

但是,根据中国《仲裁法》第 65、70、71 条的规定,同法第 58 条所规定的审查标准和补救措施,却**不能一体适用**于在中国作出的涉外仲裁裁决。换言之,对于在中国作出的涉外仲裁裁决,只能就其程序运作进行司法审查和监督,而不能审查和监督(包括必要的纠正)其实体内容。这种对涉外裁决实行严格分轨监督以及"**只管程序运作,不管实体内容**"的监督规定,显然与国际仲裁立法的**通例**以及联合国大会郑重推介的上述《国际商事仲裁示范法》的范例**相左**。[7]

肖文强调:中国实行国内仲裁监督与涉外仲裁监督的分轨制"符合国际上的**通行做法**"。既曰"国际上的通行做法",谅必有许多实例。而且,按肖文所立的"不周全"与"周全"的判断标准,其考察的范围和掌握的有关实例,谅必是远远超过"几个国家",当然也不止于一二十个国家。遗憾的是肖文中竟未举出**中国以外的任何一个国家**推行这种仲裁监督"**分轨制**"的实例。譬如,能否举例证明,当今世界上,除中国之外,究竟还有哪一个国家在哪一部法律的哪些条文中,明文规定这样的"分轨制":对于本国境内仲裁员凭**伪证**作出的或基于**贪赃枉法**作出的内国裁决,依法应予

---

〔5〕 See UNCITRAL Model Law on International Commercial Arbitration,Arts. 1(1),2(1),34,S. Zamora & R. A. Brand (eds.),Basic Documents of International Economic Law,*CCH International*,Vol. 2,1991,pp. 999-1000,1011-1012;中译本见胡康生主编:《中华人民共和国仲裁法全书》,法律出版社 1995 年版,第 616—621 页。

〔6〕 See UNCITRAL Model Law on International Commercial Arbitration,Arts. 1(1),2(1),34,supra 5,*Basic Documents of International Economic Law*,Vol. 2,p. 993.

〔7〕 中国现有国情是否"**十分特殊**",而且"特殊"到足以促使中国的仲裁立法在这方面**根本无须**或**绝对不宜**与国际仲裁立法的通行做法以及联合国推荐的《国际商事仲裁示范法》互相接轨,关于这个问题,笔者曾在《论中国涉外仲裁的监督机制及其与国际惯例的接轨》一文中作了探讨(详见《比较法研究》1995 年第 4 期,第 381—385 页),兹不另赘。

撤销；而**在这同时**，对于含有同类错误或违法内容的涉外裁决，却规定不得依法撤销，而应当继续承认其法律上的合法地位和法定的约束力，依然必须坚决执行？

笔者囿于见闻，恳切期待着能获得这方面的答案、**论据**、信息或资料，肖文的其他读者们想必也有同样的期待。

二、英国的仲裁监督，是否实行"内外有别"的"分轨制"？它对于涉外仲裁的监督是否"只管程序运作，不管实体内容"？

（一）英国《1950 年仲裁法》和《1979 年仲裁法》

肖文认为："对某一特定国家仲裁法制的总结也应从其历史发展的角度来归纳，单凭某一具体的立法文件是**不全面的**"。该文"以英国为例"，列举英国《1950 年仲裁法》（Arbitration Act 1950）和《1979 年仲裁法》（Arbitration Act 1979）对仲裁监督机制规定的差异，论证其"历史发展"轨迹：从"对仲裁监督最为严格"到"削弱了法院对仲裁的监督和干预"；并以此作为主要论据，断言"各国仲裁立法的**通行做法**不是扩大法院的监督范围，而是**缩小**司法复审的范围，弱化法院对仲裁的监督"。

诚然，单就英国这两部先后相隔约 30 年的《仲裁法》[8]而言，1979 年立法规定的有关法院对仲裁实行监督的范围确较 1950 年立法规定的监督范围有所缩小。但是，肖文据此提出的关于"不全面的"的批评，却是难以令人信服的。因为：

第一，历史是历史，现状是现状，不能用历史的某种发展否定现状的**现实存在**。1995 年，拙作在引述英国的仲裁机制时，探讨和论证的是**当时**英国仲裁监督机制的**现状**，即当时英国根据《1950 年仲裁法》以及《1979 年仲裁法》对其本国制作的两大类仲裁裁决实行内外合轨、一视同仁，并且兼及裁决程序运作与裁决实体内容的全面监督；拙作同时指出英国当时的这些现状，与其他许多发达国家的现行同类立法，具有共同的特点。如果拙作的这些观点不符合**1995 年当时的英国现状**，当然理应心悦诚服地接受批评指正。可惜的是肖文在批评拙作"单凭某一具体的立法文件"之

---

[8] 英国的《1950 年仲裁法》制定于 1950 年 7 月 28 日，同年 9 月 1 日开始施行（见该法第 44 条第 2 款）；《1979 年仲裁法》制定于 1979 年 4 月 4 日，并授权英国国务大臣以行政命令的方式随后指定实施日期（见该法第 8 条第 2 款）。《1979 年仲裁法》对《1950 年仲裁法》进行了重要的修订和补充，同时继续保留了后者的大部分内容。前者在其第 1 条第 1 款中规定："本法行文中称《1950 年仲裁法》为'**主法**'（principal law）"，以示后者与前者之间有"主从关系"或"主次关系"；同时，前者又在其第 8 条第 1 款中规定："本法可称为《1979 年仲裁法》"，以示它本身又是一项独立的新的立法。这两项立法有机地互相结合和互为补充，构成一个整体，持续生效至 1997 年 1 月 30 日。详见《国际商务仲裁》第七编："各国仲裁立法"，文件编号：Ⅶ.K.1，第 1—28 页；Ⅶ.K.3，第 35—43 页。

"不全面"时,完全避而不谈该"具体立法文件"(即当时现行有效的法律)的具体内容,不敢直接面对争论的焦点,也未能提出任何确凿具体的论据证明:英国在 1995 年当时或其稍后,对两大类仲裁裁决的监督实行"内外有别"的分轨制,而且"只管程序运作,不管实体内容"。相反,却顾左右而言他,旁征博引"历史发展"之由严到宽、由强到弱。当问题是**现状**是否实行一视同仁、双重监督"时,答案却是"现状的监督**比历史**上缩小、弱化",这种答非所问、文不对题的现象,究其实质,仍然是未能遵守讨论学术问题时必须共同遵守的逻辑学"同一律"的基本要求。

第二,英国《1979 年仲裁法》关于仲裁监督的规定较之《1950 年仲裁法》的有关规定,虽有"缩小"和"弱化",但无论怎样"缩小"和"弱化",它**始终仍然坚持**对英国本国制作的包括涉外裁决在内的一切裁决,实行兼及程序运作和实体内容的**同等监督和双重监督**,这应当是无可置疑和无法否定的事实。其铁证之一便是英国《1979 年仲裁法》第 1—2 条明文规定:如果裁决书中存在法律问题,而且对该法律问题的认定会在实体上影响(substantially affect)当事人的权益,则当事人经高等法院批准,可以向该院上诉,要求将上述裁决变更、撤销,或发回重审。[9]

特别应当注意的是:《1950 年仲裁法》第 22—27 条关于仲裁监督机制的规定,在 1979 年之后,仍然作为英国仲裁体制"主法"的一部分,持续生效;直至 1997 年 1 月 31 日,才被《1996 年仲裁法》的相关规定所取代。按照《1950 年仲裁法》第 23 条的明文规定,凡是仲裁员本身有渎职行为或错误处置程序(has misconducted himself or the proceedings),高等法院有权将该仲裁员中途撤换(remove);凡是仲裁员本身有渎职行为或错误处置程序,或当事人以不正当的手段取得仲裁裁决,高等法院有权撤销该项裁决。[10] 本条规定,可谓斩钉截铁,毫不含糊,而且同等适用于在英国境内作出的一切仲裁裁决(包括内国裁决和涉外裁决)。

由此可见,自 1950 年 9 月 1 日迄 1997 年 1 月 30 日,根据英国当时两部现行仲裁法的**综合规定**,即《1950 年仲裁法》中持续生效的大部分规定以及《1979 年仲裁法》新增订的规定,英国法院对在本国境内作出的一切裁决,包括内国裁决和涉外裁决,只要其中确实存在重大的法律问题,或仲裁员本身有贪赃枉法等渎职行为,或当事人以不正当手段(包括提供伪证以歪曲事实或向仲裁员行贿等)取得仲裁裁决,则经过一定法定程序查证属实,概在可予撤销之列。这些法律条文的明确规定足以证明:在上述这段长达 47 年左右的时期里,英国**始终**对本国作出的内国和涉外这两大类仲裁裁决采取"一视同仁、双重监督"的监督体制,而并不实行"内外有别"的分轨

---

[9] 参见《国际商务仲裁》第七编:"各国仲裁立法",文件编号:Ⅶ.K.3,第 35—37 页。
[10] 同上书,文件编号:Ⅶ.K.1,第 11 页。

监督体制。**1997年12月**,肖文在转述他人编著时,认定了"英国**现在**(原文如此,详见以下第三点分析)的仲裁法是**1950年**仲裁法和**1979年**仲裁法**并存**,只是**1950年**仲裁法的一部分作废而已。"但是,在其据此进一步论证和发挥时,却忽视了或回避了《1950年仲裁法》中在上述那段期间内仍然长期"并存"、并未"作废"的关键部分,即对两大类仲裁裁决仍然长期继续实行"一视同仁、双重监督"的关键性规定,并遽下断语称:"英国仲裁法对国际仲裁和国内仲裁的监督实行的是'内外有别'的分流机制"。[11] 衡诸上述两法"并存"的综合规定和具体法条,这种断语显然并不符合事实,也难以自圆其说。

由此可见,肖文在其第一部分之中长篇转述他人的第二手资料及有关论断时,并不完全准确,也并未全面反映当时英国有关法制的客观事实。作为郑重的学术批评,似**不宜停止在转述、转引之上**,而不去进一步仔细查证上述**法律条文**的**第一手**(原始)规定。

(二) 英国《1996年仲裁法》

英国《1996年仲裁法》(Arbitration Act 1996)于1996年6月17日正式通过并自1997年1月31日开始施行。这是最新的现状,当然也是最新的"历史发展",应当给予充分的注意。细察其中有关仲裁监督的规定,除了对两大类仲裁裁决**仍然坚持"一视同仁、双重监督"**这一基本特点和国际通行做法之外,其监督范围、监督力度及其有关表述,与《1950年仲裁法》以及《1979年仲裁法》相比,也更加具体和严谨。

《1996年仲裁法》第68条第1款规定:"仲裁程序中的一方当事人,可以在通知对方当事人以及仲裁庭的条件下,以存在重大不法行为[12],影响仲裁庭、仲裁程序或仲裁裁决作为理由,向法院申请,对仲裁裁决提出抗辩。"同条第2款对"**重大不法行为**"加以解释,列举了九种具体情况,只要出现其中之一,经一方当事人依法提出申请,法院认为它对申请人已经造成或将会造成实质性的不公正或不公平(substantial injustice),即**应立案受理**。其中所列的第(1)(7)(9)这三种情况尤其值得重视:"(1) 仲裁庭未能遵守和履行本法第33条规定的基本职责(general duty)",即未能公正、公平地断案,未能在实施仲裁过程中不偏袒任何一方等;"(7) 以**欺诈手段**取得仲裁裁决;裁决本身或取得裁决的手段**违反公共政策**";"(9) 在实施仲裁程序中或在

---

[11] 肖文,载《仲裁与法律通讯》1997年第6期,第6页;《法学评论》1998年第1期,第44页。
[12] "serious irregularity",又译"重大不轨行为""重大不正当行为"或"重大违规行为"。See Arbitration Act 1996, Annotated by A. W. Sheppard, *Current Law States*, Vol. 2, 1996, Sweet & Maxwell, London, 1997, p.45.

仲裁裁决中存在**任何不法行为**,对于这种不法行为,已由仲裁庭,或由经当事人授权与实行仲裁程序或作出裁决有关的任何仲裁机构、其他机构或个人,**加以承认**。"[13](强调是引者所加,下同)

除此之外,《1996 年仲裁法》又另立专条,进一步明确规定对两大类仲裁裁决都实行**实体内容**方面的监督:"除非当事人另有协议,仲裁程序中的一方当事人可以在通知对方当事人以及仲裁庭的条件下,就仲裁裁决书中出现的**法律问题**,向法院提出上诉。"[14]当然,当事人一方就裁决书中出现的法律问题向法院上诉,并非漫无限制,而应当符合一定条件,即法院认为:对该项法律问题的认定会在实体上影响当事人一方或多方的权益(the determination of the question will substantially affect the rights of one or more of the parties);根据裁决书认定的事实,仲裁庭对有关问题作出的决定显然是错误的;或此项问题具有"普遍的公共重要性"(general public importance),而仲裁庭对此问题作出的决定至少有重大疑问等等,因而准予上诉。[15]可见,尽管设有各种条件限制,但对仲裁程序中和仲裁裁决书中存在的各种重大**不法行为**和**枉法裁断**,始终是**敞开投诉之门**的。

当事人基于上述各种实体性或程序性理由提出的上诉,经管辖法院受理并查证核实,法院可根据具体情况,分别作出裁定:(a)维持原裁决;(b)变更原裁决;(c)发回原仲裁庭重新审理(全部或部分);(d)撤销原裁决(全部或部分);(e)宣布原裁决无效(全部或部分)。[16]

此外,《1996 年仲裁法》虽**暂时**保留若干细节操作上的原有规定,对内国仲裁和涉外仲裁稍作区分,但鉴于国际上"一视同仁,并轨合流"的通行做法和大势所趋,却又另立专条,授权英国国务大臣(Secretary of State)可以制作行政命令,经国会两院批准,**随时取消**或废除上述仅存的细节区分规定,以免与英国所承担的国际条约义

---

[13] 除了这三种"重大不法行为"之外,第 68 条第 2 款所列举的其他六种重大不法行为是:仲裁庭有越权行为;仲裁庭未能按照当事人商定的程序实行审理;仲裁庭未能处断当事人提交的一切争端;经当事人授权与实行仲裁程序或作出裁决有关的任何仲裁机构、其他机构或个人,有越权行为;对裁决书效力的表述含糊不清或模棱两可;裁决书的格式不符合要求。

新近披露的英国"上诉法院"1999 年 5 月 12 日作出的一项判例,论及外国的仲裁裁决在英国申请执行的问题,其中提到有关以欺诈、伪证手段取得仲裁裁决的观点,值得注意,录以备考:"原则上,如果能够确认伪造的证据足以影响一项裁决,法院就可以拒绝执行该有关裁决。"See Lloyd's Law Reports, Alert Service, No. 41, July 26, 1999.

[14] 英国《1996 年仲裁法》第 69 条第 1 款。

[15] 参见英国《1996 年仲裁法》第 69 条第 2 款、第 3 款。

[16] 参见英国《1996 年仲裁法》第 69 条第 7 款、第 68 条第 3 款。与此同时,该法第 24 条还允许当事人依据事实,合理地怀疑仲裁员不公正,从而按照法定程序,向管辖法院申请中途撤换该仲裁员。

务相抵触。[17] 其后不久，英国当局随即取消了内国仲裁与涉外仲裁的操作差别，完全并轨合流。[18]

如所周知，英国采用商事仲裁体制，有悠久的历史。根据英国本国专家的评析，其1996年的最新仲裁立法，系统地总结了英国本国长期实践的经验教训，参考和吸收了当代世界各国先进的仲裁立法通例，并在很大程度上以联合国郑重推荐的《国际商事仲裁示范法》作为起草指南（framers' guide），经过长达七年多的国会辩论和广泛征求意见，数易其稿，才达成共识，正式通过与颁行。可以说，这一套包含110条、正文长达60页左右的《1996年仲裁法》，是相当缜密细致的。它是英国仲裁立法走向统一化、国际化和现代化的重大改革和重要体现；在当代世界各国现行的同类立法中，居于比较领先的地位；其中的许多规定，包括有关仲裁监督机制的规定，体现了当代仲裁立法的**新的走向**，值得重视和参考。[19] 它告诉我们："分轨制"并不是什么"发展趋势"或"通行做法"。

综上事实，不难看出：英国最新仲裁立法中关于仲裁监督机制的现行规定，即英国仲裁监督机制最新的"历史发展"，也实在很不利于作为论据，据以论证所谓对两大类仲裁的监督"实行分轨制符合国际上的通行做法"或符合"国际社会的普遍做法"的见解；尤其不利于据以论证所谓英国对涉外仲裁的监督已经或即将"缩小"或"弱化"到"只管程序运作，不管实体内容"的臆测。更何况，单就英国仲裁监督机制之宽、严变迁而言，当历史发展已经开始进入"否定之否定"阶段时，仍囿于转述他人对"肯定之否定"阶段的并不全面的第二手评析，并据此立论和发挥，这是否有点"**不合时宜**"呢？

---

[17] 参见英国《1996年仲裁法》，第85—88条。由英国枢密院顾问、资深大法官萨维尔（Rt. Hon. Lord Justice Saville）主持的"仲裁法起草咨询委员会"，在其法案报告中，曾建议将这些仅存的细节区分予以删除，以免与英国参加缔结的《欧洲经济共同体条约》（即《罗马条约》）第6条、第7条相抵触，因为该条约中规定各缔约国相互之间不得基于国籍不同而对外商采取差别待遇，如果英国继续区分内国仲裁与涉外仲裁，势必对欧共体（欧盟）其他国家的国民给予差别待遇。故这些仅存的细节差别和区分规定，势必在近期内予以废除。按《1996年仲裁法》第88条的规定，英国国务大臣竟可以用行政命令的方式随时取消仲裁法第85—87条的法律规定，仅此一端，也足见这些法律规定的短暂性和不稳定性。参见《1996年仲裁法》（注释本），1997年英文版，第5、56—58页的注释。（C. 23 Arbitration Act 1996，Annotations by A. W. Sheppard，*Current Law States*，Vol. 2，1996，Sweet & Maxwell，Landon，1997.）

[18] See Arbitration Act 1996(Commencement No.1)，Order 1996(No. 3146)，http://www.arbitrators.org/subweb/nvmay-97/Commene.htm. 并参见陈安：《再论中国涉外仲裁的监督机制及其与国际惯例的接轨》，载《国际经济法论丛》（第2卷），法律出版社1999年版，第150—153页。

[19] See Toby Landau，The Effect of The New English Arbitration Act on Institutional Arbitration，*Journal of International Arbitration*，Vol. 13，No. 4，1996，pp. 113-114. 并参见陈安：《再论中国涉外仲裁的监督机制及其与国际惯例的接轨》，载《国际经济法论丛》（第2卷），法律出版社1999年版，第153—154页。

（三）英国《1996年仲裁法》之"尘封"年半及其"原貌"辨识

值得注意的是：肖文首先发表于1997年12月出版的《仲裁与法律通讯》。此时距英国《1996年仲裁法》正式通过并颁布的日期（1996年6月17日）已历时18个月，但其有关立法内容在肖文中未见有任何反映或转述。肖文的"缩写本"发表于1998年第2期的《中国社会科学》，其中仍无片言只字提及英国《1996年仲裁法》。故其立论似显对英国立法最新的"历史发展"注意不够，从而不大符合肖文提出的原则或主张，即"对某一特定国家仲裁法制的总结也应从其**历史发展**的角度来总结。"1998年1月重复发表于《法学评论》上的肖文，终于注意到并转述了英国《1996年仲裁法》的某些新规定，这当然是一大进步，但可惜的是：如将其转述和任意"发挥"的内容与该法原文作一对照，却又与后者的原貌和真义"显然有较大差异"，多处**不实**、**失真**、**讹传**，甚至完全**背离**，因而其立论的"根基"就发生了重大的动摇。

肖文称：

> 它[指英国《1996年仲裁法》]规定，在**国际仲裁**中，当事人可以在任何时间内协议排除法院的司法复审权，换言之，**只要当事人同意**，法院不得以法律或事实认定上的错误为由撤销仲裁裁决。而在**国内仲裁**中，要排除这种干预只有在仲裁程序开始后才能进行，且对上诉有**更为严格**的条件，主要是：(1) 仲裁庭对争议事项无实体管辖权（第67条）；(2) 仲裁程序严重有误（第68条）；(3) 在某些情况下，如**中间裁决**中的法律问题，必须经双方当事人同意或法院同意方可上诉（第69条）。当事人上诉时必须首先采用**法律用尽**原则，且在裁决作出后28天内提出。**由此可见**，英国仲裁法对国际仲裁和国内仲裁的监督实行的是"**内外有别**"的分流机制，而监督的范围也是越来越小，**限于程序问题**。

为便于读者查核、对照、鉴别和判断，兹谨将英国《1996年仲裁法》的相关原文摘引和辨析如下：

第一，关于该法第68条和第33条：

> Challenging the award: serious irregularity
> 68. —(1) A Party to arbitral proceedings may (upon notice to the other parties and to the tribunal) apply to the court challenging an award in the proceedings on the ground of serious irregularity affecting the tribunal, the proceedings or the award.
>
> A party may lose the right to object (see section 73) and the right to apply

is subject to the restrictions in section 70(2) and (3).

(2) Serious irregularity means an irregularity of one or more of the following kinds which the court considers has caused or will cause substantial injustice to the applicant—

(a) failure by the tribunal to comply with section 33 (general duty of tribunal);

(b) the tribunal exceeding its powers (otherwise than by exceeding its substantive jurisdiction: see section 67);

(c) failure by the tribunal to conduct the proceedings in accordance with the procedure agreed by the parties;

(d) failure by the tribunal to deal with all the issues that were put to it;

(e) any arbitral or other institution or person vested by the parties with powers in relation to the proceedings or the award exceeding its powers;

(f) uncertainty of ambiguity as to the effect of the award;

(g) the award being obtained by fraud or the award or the way in which it was procured being contrary to public policy;

(h) failure to comply with the requirements as to the form of the award; or

(i) any irregularity in the conduct of the proceedings or in the award which is admitted by the tribunal or by any arbitral or other institution or person vested by the parties with powers in relation to the proceedings or the award.

(3) If there is shown to be serious irregularity affecting the tribunal, the proceedings or the award, the court may—

(a) remit the award to the tribunal, in whole or in part, for reconsideration;

(d) set the award aside in whole or in part; or

(c) declare the award to be of no effect, in whole or in part.

……

第33条[第68条(2)(a)所概括转引的具体规定]：

General duty of the tribunal

33. —(1) The tribunal shall—

(a) act fairly and impartially as between the parties, giving each party a reasonable opportunity of putting his case and dealing with that of his opponent, and

(b) adopt procedures suitable to the circumstances of the particular case, avoiding unnecessary delay or expense, so as to provide a fair means for the resolution of the matters falling to be determined.

(2) The tribunal shall comply with that general duty in conducting the arbitral proceedings, in its decisions on matters of procedure and evidence and in the exercise of all other powers conferred on it.

第 68 条的标题是**"对裁决提出抗辩：存在重大不法行为"**；第 33 条的标题是**"仲裁庭的基本职责"**。这两条条文有关大意的中译文可参见前注〔13〕及有关正文。

通过对照，读者不难看出：《1996 年仲裁法》第 68 条规定的监督对象，是含有九种不法情节的仲裁裁决，其监督范围兼及程序错误和实体错误，而绝非局限于肖文所称的"仲裁程序严重有误"。具体而言，第 68 条第 2 款所列举的九种情节中，第(2)(3)(4)(5)(6)(8)[即上引英文原文中的(2)之(b)(c)(d)(e)(f)(g)]这六种，属于程序上的不法行为，而(1)(7)(9)[即原文中(2)之(a)(g)(i)]这三种中，第(1)种所监督的，是仲裁员不履行基本职责，以致断案偏袒和执法不公，这显然是兼及实体内容和程序运作；第(7)(9)两种所监督的，包含了依靠伪证等欺诈手段取得的错误裁决和依靠行贿等不法手段取得的枉法裁决，实质上是针对实体内容的。显然，正因为本条规定的监督范围兼及程序和实体两者，故在条文的标题上概括为"对裁决提出抗辩：**存在重大不法行为**"，以便从概念的内涵和外延上能够兼容和涵盖程序和实体这两大方面。肖文将此九种不法情节概括为"仲裁**程序**严重有误"，从而在本条中完全**摒除**了对裁决"**实体**严重有误"的监督，如此转述，不知是否另有其他英国法律条文根据？纵使果真另有其他法律条文依据，则似亦不宜在括号中又标明为"第 68 条"，因为该"第 68 条"并无此种**摒除**规定。

第二，关于该法第 69 条：

Appeal on point of law

69. —(1) Unless otherwise agreed by the parties, a party to arbitral proceedings may (upon notice to the other parties and to the tribunal) appeal to the court on a question of law arising out of an award made in the proceedings.

…

(2) An appeal shall not be brought under this section except—

(a) with the agreement of all the other parties to the proceedings, or

(b) with the leave of the court.

The right to appeal is also subject to the restrictions in section 70(2) and

(3) …

本条标题是"针对法律要点提起上诉"。条文第 1 款大意是：除非各方当事人另有约定，仲裁案件的一方当事人，经通知对方当事人和仲裁庭，可以针对仲裁案件裁决中存在的法律问题，向法院提起上诉。同条第 2 款的大意是：除非仲裁案件中其他当事人一致同意，或者经过法院批准，一方当事人不得根据本条提起上诉。

通过对照，读者不难看出：《1996 年仲裁法》第 69 条规定的监督对象，是指实体内容上存在重大**法律问题**的**一切仲裁裁决**，包括中间裁决（interlocutory award）、部分裁决（partial award）以及终局裁决（final award），而**绝非局限于**肖文所称的"**中间裁决**"。在仲裁案件中的所谓"中间裁决"，通常指的是仲裁庭认为有必要时，或者当事人提出经仲裁庭同意，可以在全案终局裁决作出之前，在仲裁过程中的任何时候，就案件中的任何部分问题先行作出"中途"性的裁决。其英文表述通常是"interlocutory award"或"interim award"。[20] 但是，通读《1996 年仲裁法》第 69 条的英文原文，仍不能发现有任何相当于肖文所称"中间裁决"的英文表述。如果将原文中的"an award made in the proceedings"硬译为"中间裁决"，则显属常识性错误或不当。不知肖文所述是否另有其他英国法律条文根据？纵使果真另有其他法律条文根据，则似亦不宜在括号中标明为"第 69 条"，因为该"第 69 条"中并无此项所谓"中间裁决"的规定。

第三，关于该法第 70 条：

Challenge or appeal: supplementary provisions

70.—(1) The following provisions apply to an application or appeal under section 67, 68 or 69.

(2) An application or appeal may not be brought if the applicant or appellant has not first exhausted—

(a) any available arbitral process of appeal or review, and

(b) any available recourse under section 57 (correction of award or additional award).

(3) Any application or appeal must be brought within 28 days of the date of the award or, if there has been any arbitral process of appeal or review, of the

---

[20] 参见《中国国际经济贸易仲裁委员会仲裁规则》(1995 年 10 月 1 日起施行)第 57 条及其英译文；并参见该《仲裁规则》(1989 年 1 月 1 日起施行)第 35 条及其英译文，载国务院法制局编：《中华人民共和国涉外法规汇编(1949—1990)》(下卷)，中国法制出版社 1991 年版，第 1556、1911、1917 页。1998 年 5 月 10 日，上述规则再度修订施行，其中第 57 条的中文、英译均未作任何更动。

date when the applicant or appellant was notified of the result of that process.
……

本条标题是"抗辩或上诉：补充规定"。条文第 1 款大意是：以下各项规定,适用于根据本法第 67、68 或 69 条提出的申请或上诉。第 2 款的大意是：申请人或上诉人**未经首先用尽**以下**两项措施**,不得提出申请或上诉：(a) 采取仲裁中可以援用的申诉程序或复议程序；(b) 采取本法第 57 条规定可以援用的补救办法（更正裁决或作出补充裁决）。第 3 款则是有关上诉应在裁决后 28 天以内提出的有关规定。

通过对照,读者不难看出：《1996 年仲裁法》第 70 条规定的上诉步骤,似只是要求当事人首先尽量采取（或"用尽"）上面**两项程序性**措施,而并不存在肖文所称的**"法律用尽"原则**。如所周知,常见的法学专业术语中有"用尽当地救济"（exhaust local remedies）一词,指的是在采取"非当地救济"（外国救济或国际救济）以前必须首先尽量采用东道国当地的司法、行政或仲裁等救济措施。[21] 可见,依逻辑常理,**当地**救济"用尽"之后,所采取的就应当是,也必然是**非当地**救济。参照此类**互相对应**的法律术语,如果像肖文所称,当事人在针对仲裁裁决向法院提出抗辩或上诉之前必须首先做到"用尽"法律,那么,就会把当事人向法院提出抗辩或上诉这一举措,排除在**法律救济**之外,并把当事人采取此种郑重的、地地道道的**法律**行动,视为采取了**非法律**的救济措施。这是不是有点违背法学常识？不知肖文所称的"法律用尽"原则,究何所指？有何英国法律根据？

第四,关于该法第 68、69、70 条的适用范围：

细读《1996 年仲裁法》上述各条的原文,读者不难看出：其中关于当事人不服仲裁裁决向管辖法院提出抗辩或上诉的各项监督规定,不但兼及仲裁程序运作和裁决实体内容两大方面,而且完全**同等适用于**英国作出的内国裁决和涉外裁决,足证英国现行的仲裁立法确是对上述两大类仲裁裁决实行"合流并轨、一视同仁"的**同等**监督和**双重**监督。

但是,前引肖文对这些条文适用范围的转述和发挥,与原条文的实际规定却大相径庭。肖文把两大类仲裁称为"国际仲裁"（指涉外仲裁）和"国内仲裁"（指内国仲裁）,强调两类仲裁的当事人在协议排除司法复审干预的**时间**条件上有先后之分,紧接着就论证说："在**国内仲裁**中,要排除这种干预只有在仲裁程序开始后才能进行,

---

[21] 例如,《解决国家与他国国民间投资争端公约》第 26 条规定："缔约国可以要求用尽当地各种行政或司法补救办法,作为其同意根据本公约交付[国际]仲裁的一个条件。"（A Contracting State may require the exhaustion of local administrative or judicial remedies as a condition of its consent to [international] arbitration under this Convention.） See Stephen Zamora et al. (eds.), Basic Documents of International Economic Law, CCH International, Vol. 2, 1991, p. 960.

且对上诉有**更为严格**的条件,主要是……"在"主要是"三字以下,逐一转述了《1996年仲裁法》第 67、68、69 条的规定(均具体标明条文序号),也转述了该法第 70 条的相关规定(未标明条文序号)。这显然是认定:这些有关"上诉"的**"更为严格的条件"**,**仅仅适用于"国内仲裁"**(指内国仲裁),而不适用于**"国际仲裁"**(指涉外仲裁),从而完全排除了第 67、68、69、70 条对涉外仲裁裁决的同等适用。这种转述和"发挥",不能不让细心的读者提出这样的问题:**根据何在**?究竟是否真正符合英国《1996 年仲裁法》的原来面貌?何以如此面目全非,南辕北辙?

第五,关于该法第 85—87 条的存废问题:

如前所述,《1996 年仲裁法》第 85—87 条虽在若干程序操作细节上对内国仲裁和涉外仲裁仍然稍作区分(例如,关于一方当事人申请中止法律诉讼的条件,两类仲裁略有不同;双方当事人协议排斥法院管辖权的时机先后,两类仲裁稍有差异),但是,第 88 条随即授权英国国务大臣可以通过行政命令随时取消、废除这些暂时仅存的细节区分规定(参见前注〔17〕及其有关正文)。

根据中国国际经济贸易仲裁委员会仲裁研究所研究人员 1996 年底在有关刊物上提供的来自英国的信息:这些细节区分早已不复存在:在英国,"在历史上,存在着国际仲裁与国内仲裁的区别……然而,经采纳了广泛的社会公众之意见,顾问委员会在 1996 年 9 月 30 日的会议上决定取消二者的区别。如今,在新的仲裁法中国际仲裁与国内仲裁已别无二致";"现在取消国际与国内仲裁的差别,意谓[味]着仲裁法对两种形式的仲裁协议一视同仁。"〔22〕

经过"互联网"(internet)查证,得悉此项信息是确凿可信的:早在 1996 年 12 月 16 日,英国国务大臣即根据《1996 年仲裁法》第 109 条的授权,正式发布行政命令,规定该《仲裁法》自 1997 年 1 月 31 日起开始实施;但是,其中的第 85—87 条(即内国仲裁与涉外仲裁在程序操作细节上稍有区别的三条规定)则作为例外,**不予开始实施**(are not commenced)。同时,有关进一步**废除**(repeal)这三条规定的另一项行政命

---

〔22〕 穆子砺编译:《英国仲裁法(1997)简介》,载《仲裁与法律通讯》1996 年第 6 期,第 55 页;1997 年第 1 期,第 47 页。

承穆先生惠赠一份他从英国带回的资料:Freshfields: The Arbitration Act 1996—A Client Guide, Oct. 1996. 这是伦敦一家著名的国际性律师事务所(即 Freshfields)国际仲裁部专为国际仲裁客户提供的实用指南,其中第 3 页和第 13 页一再强调:"顾问委员会"(DAC)已决定建议在英国的《1996 年仲裁法》中取消两类仲裁的差别规定:"A distinction has historically been drawn between international and domestic arbitration, ⋯ However, following extensive public consultation, the decision was taken at a meeting of the DAC on 30 September 1996 to abolish this distinction. The Act now treats international and domestic arbitrations alike." "The abolition of the distinction between international and domestic arbitration now means that the Act treats parties to both types of agreements in the same way."文中的"DAC"全称是"Departmental Advisory Committee of Department of Trade and Industry",指的是英国贸易与产业部授权专门负责起草和解释仲裁法的顾问(咨询)委员会。

令草案,即将尽快提交英国议会两院(both Houses)审批后正式发布。[23]

　　对于上述信息,举凡关注国际(尤其英国)仲裁立法最新"历史发展"动态的学人,似均宜及时予以注意。如果意欲以"英国对两类仲裁的监督实行'内外有别'的分流机制"作为立论的**事实依据**,借以"证明"中国现今对两类仲裁监督的分流机制符合当代"国际上的通行做法",并借以批评他人之不懂英国仲裁立法的"历史发展",则对于此种与"分流机制"主张截然相反的新信息,即英国早已将两大类仲裁完全合流并轨的新信息和最新的"历史发展",尤其不宜不予以应有的重视,并着力于自我的知识更新。

　　第六,关于当事人协议排除法院的司法复审权问题:

　　肖文称,英国《1996年仲裁法》规定,"在国际仲裁中,当事人可以在任何时间内协议排除法院的司法复审权";"**只要当事人同意**,法院不得以法律或事实认定上的错误

---

[23] 参见《1996年仲裁法实施令》〔Arbitration Act 1996 (Commencement No. 1) Order 1996(No. 3146),http://www.arbitrators.org/sebweb/nvmay 97/commence.htm〕;又参见《英国议会下院议事录》〔House of Commons Hansard Written Answers for 17 Jan 1997 (pt 2), http://www.parliament the-stationery-offi…9697/…〕。该实施令的英文原文如下,特录以备考:

THE ARBITRATION ACT 1996
(COMMENCEMENT NO. 1) ORDER 1996
(S. I. 1996 No. 3146 (C. 96))

　　The Secretary of State, in exercise of the powers conferred on him by section 109 of the Arbitration Act 1996(c. 23), hereby makes the following Order:

　　1. This Order may be cited as the Arbitration Act 1996 (Commencement No. 1) Order 1996.

　　2. The provisions of the Arbitration Act 1996 ("the Act") listed in Schedule 1 to this Order shall come into force on the day after this Order is made.

　　3. The rest of the Act, except sections 85 to 87, shall come into force on 31st January 1997.

　　4. The transitional provisions in Schedule 2 to this Order shall have effect.

John M. Taylor,
Parliamentary Under-Secretary of State
for Corporate and Consumer Affairs.
Department of Trade and Industry
16th December 1996

载英国官方出版的《1996年法规文件汇编》,1998年版,第9695页。(Statutory Instruments 1996, Part Ⅲ, Section 3, 1998, p.9695.)

该实施令的英文"诠解"原文如下,亦录以备考:

ARBITRATION ACT 1996 (COMMENCEMENT No. 1) ORDER 1996 (No. 3146)

　　The Order was made on 16 December 1996. The explanatory note is set out hereunder:

　　With one exception, this Order brings into force the provisions of the Arbitration Act 1996. Those provisions necessary to enable the substantive provisions to be brought into force are commenced immediately. The substantive provisions come into force on 31st January 1997. Commencement is subject to transitional provisions designed to ensure continuity of legal proceedings and to preserve the current law on what are known as "honourable engagement" clauses in relation to existing agreements.

　　Sections 85 to 87, which make special provisions in relation to domestic arbitration agreements, are not commenced.

http://www.arbitrators.org/sebweb/nvmay97/commence.htm.

为由撤销仲裁裁决。"肖文之意显然在于强调和论证"当事人意思自治"原则在英国涉外仲裁程序中处于至高无上地位。但是,如果未注意到,或虽已注意到却不同时向读者推介该法第 4 条对"当事人意思自治原则"的**限制性规定**,就难免使读者获得"不周全"的概念。因为第 4 条第 1 款明文规定:"本法本篇的各项强制性规定,列明于'附表一'之中,无论当事人达成何种相反的协议,这些强制性的规定仍然有效"[24]。而"附表一"所逐一列出的**强制性规定**中,就赫然**包含本法第 67、68、71 条**。[25] 换言之,第 67 条规定法院有权受理仲裁当事人对仲裁庭管辖权提出的抗辩,第 68 条规定当事人有权对存在**九种重大不法行为**之一的仲裁裁决提出抗辩,法院有权对存在九种重大不法行为之一的仲裁裁决实行监督和纠正,以及第 71 条规定法院有权对仲裁裁决作出裁定予以变更、发回重审、撤销或宣布无效,这些规定,都是强制性的,不是任意性的。对于这些规定,当事人只有遵守、服从的义务,**没有自由"排除"的权利**。因此,即使仲裁当事人事先订有仲裁协议,约定排除上述这些司法复审、干预和监督,这种**"排除协议"也是无效的**,没有约束力的,它丝毫不能削弱,更不能取消这些强制性规定的法律效力。[26] 由此可见,在仲裁协议中的"当事人意思自治",并不能不受任何限制,也不能凌驾于各项强制性法律规定之上,更不能在任何程序运作和实体内容上都绝对排除法院对仲裁的必要监督。一言以蔽之,此时此际,当事人的"意思自治"不等于当事人的"随心所欲",更不是**非当事人**的随意推断。这种强制性的司法监督规定,显然是保障裁决公正、防止不法裁决和维护法律尊严所不可或缺的。

第七,关于《1996 年仲裁法》监督机制的综合判断:

通过以上各点的对照和比较,不难发现:肖文对英国《1996 年仲裁法》有关仲裁监督机制各条条文的转述和"发挥"并**不符合该法各条的本来面貌**。因此,根据这些转述和"发挥"对英国现行仲裁监督机制整体作出的综合判断,也就**严重地背离了事实**。换句话说,所称"英国仲裁法对国际仲裁和国内仲裁的监督实行的是'内外有别'的**分流机制**,而监督的范围也是越来越小,**限于程序问题**"云云,**既无事实根据,更无法律根据**。进而言之,就在上引的同一段文字中,既说仲裁的当事人在一定条件下可以就仲裁裁决中存在的**法律问题**向法院上诉,由法院予以复审,又说法院对仲裁的监督"**限于程序**问题",在这里,又一次出现了论据与论点的显著龃龉和重大背离。看来,出

---

[24] 英文原文为:"The mandatory provisions of this Part are listed in Schedule 1 and have effect notwithstanding any agreement to the contrary."

[25] 英文原文为:"Schedule 1 Mandatory provisions of Part 1:…sections 67 and 68 (challenging the award: substantive jurisdiction and serious irregularity) and sections 70 and 71 (supplementary provisions: effect of order of court) so far as relating to those sections."

[26] 英国学者夏帕德对《1996 年仲裁法》第 4 条作出这样的评注:本条明白无误、毫不含糊地指明了本法附表一中所列举的各项规定都是"**强制性的**",当事人不予以否定。参见《1996 年仲裁法》(注释本),1997 年英文版,第 9 页。

现上述各种背离现象的原因之一,似在于肖文在批评拙作并连续在三种不同刊物上重复发表内容大体雷同的大作之际,还**未曾花时间**或**暂且来不及**对英国《1996 年仲裁法》的原文全文予以必要的**通读**,更不必说认真予以**精读**了。在这种基础上作出这样的学术批评,对于被批评者说来,自难令人信服;而对于尚无机会亲自阅读该法原文全文的一般读者说来,是否难免起着某种**误导**的作用呢?

三、美、德、法诸国的仲裁监督,联合国《仲裁示范法》的有关规定,是否实行"内外有别"的"分轨制"? 对于涉外仲裁的监督是否"只管程序运作,不管实体内容"?

肖文在其第二部分中,再次长篇转述他人评介美、德、法等国有关仲裁监督的第二手资料,并据此立论和进一步发挥,作出自己的判断。读者如果细心地将肖文所作的判断与被转述的原有文字作一对照,特别是与被转述的有关国家仲裁立法**条文本身**作一对照,就不难发现肖文所作的判断,有的并非被转述的评介资料的原意,有的甚至还背离了有关立法条文的原有内涵。

(一) 美国的仲裁监督机制辨析

肖文援引他人编著中转述的、由美国民间团体草拟的《美利坚合众国统一仲裁法》,作出自己的推论和判断,断言:美国法院对仲裁的监督"**主要是从程序角度**来进行的"。[27]

对照美国联邦立法机关(美国国会)正式制定和颁行的《美利坚合众国联邦仲裁法》(以下简称"美国《仲裁法》"),肖文所作的上述论断显然是**失实、失真**的,并存在若干不宜存在的**讹误**。

美国《仲裁法》制定于 1925 年 2 月,其后经 1954 年、1970 年、1988 年、1990 年以及 1992 年数度修订增补,共 3 章 31 条。[28] 这是对美国各州均有约束力的联邦立法,[29]它既是全国性的、"严格意义上的法律",又是美国仲裁体制(包括仲裁监督

---

[27] 参见肖文,载《仲裁与法律通讯》1997 年第 6 期,第 9 页;《法学评论》1998 年第 1 期,第 46 页。

[28] The Federal Arbitration Act, http://www.adr.org/statutes/federal-act.html; U. S. House of Representatives Downloadable U. S. Code, Title q-Arbitration, http://uscode.house.gov/title-09.htm. 并参见陈安:《再论中国涉外仲裁的监督机制及其与国际惯例的接轨》,载《国际经济法论丛》(第 2 卷),法律出版社 1999 年版,第 157—163 页。

[29] 在美国,"虽然各州都有自己的仲裁法律,但根据美国宪法中联邦至上的原则,以及联邦有利仲裁的政策,如果有关交易及合同涉及海事、州际贸易或对外贸易,无论是联邦法院还是州法院都应以联邦仲裁法为准。"参见姜兆东等:《国际商事仲裁裁决在各国国内法中的处理》,载《中国国际法年刊》(1991),中国对外翻译出版公司 1992 年版,第 296 页。

机制)方面的基本法和特别法,故在评介美国**法定的**仲裁监督机制时,显然不能任意忽略或避而不谈。

现行的美国《仲裁法》第一章题为"总则"(General Provisions),含第1—16条,对在美国境内实施仲裁的基本法律原则或一般行为准则,作了总体的规定;第二章题为"承认及执行外国仲裁裁决公约",含第201—206条,专门针对题述公约(即《1958年纽约公约》)在美国境内的实施问题,作出原则规定;第三章题为"美洲间国际商务仲裁公约",含第301—307条,专门针对题述的另一公约(即1975年由北美、南美各国缔结的商务仲裁公约)在美国境内的实施问题,作出原则规定。

美国《仲裁法》第一章第13条,确认和强调了仲裁裁决具有很强的法律拘束力。仲裁裁决如未获自愿执行,一方当事人可依法向管辖法院申请对仲裁裁决予以确认和强制执行。法院受理和审查后,对程序运作和实体内容均符合法律规定的仲裁裁决,应予确认,并作出判决,强制执行。这是问题的一个方面。[30]

问题的另一个方面是:管辖法院经审查后,如果认定仲裁裁决具有《仲裁法》第一章第10条(a)(b)两款所列举的情节之一,即裁决的**程序运作**或**实体内容**存在重大的瑕疵,则可由法院作出裁定,撤销该仲裁裁决。兹将这两款的各项具体规定,分别介绍和阐述如下:

甲、美国《仲裁法》第10条(a)款的规定

美国《仲裁法》第一章第10条的英文原文,照录附后,[31]以备读者对照查考。这

---

[30] See The Federal Arbitration Act,http://www.adr.org/statutes/federal-act.html;U. S. House of Representatives Downloadable U. S. Code, Title q-Arbitration, http://uscode.house.gov/title-09.htm;U. S. Code,Title 5,Chap. 5,Subchap. 4-Alternative Means of Dispute Resolution in the Administrative Process,http://uscode.house.gov/title-0.5.htm. 参见《美国法典》第五编(即《政府组织与雇员法》)第580条。

[31] Sec. 10 Same; vacation; grounds; rehearing

(a) In any of the following cases the United States court in and for the district wherein the award was made may make an order vacating the award upon the application of any party to the arbitration-

(1) Where the award was procured by corruption, fraud, or undue means.

(2) Where there was evident partiality or corruption in the arbitrators, or either of them.

(3) Where the arbitrators were guilty of misconduct in refusing to postpone the hearing, upon sufficient cause shown, or in refusing to hear evidence pertinent and material to the controversy; or of any other misbehavior by which the rights of any party have been prejudiced.

(4) Where the arbitrators exceeded their powers, or so imperfectly executed them that a mutual, final, and definite award upon the subject matter submitted was not made.

(5) Where an award is vacated and the time within which the agreement required the award to be made has not expired the court may, in its discretion, direct a rehearing by the arbitrators.

(b) The United States district court for the district wherein an award was made that was issued pursuant to section 580 of title 5 may make an order vacating the award upon the application of a person, other than a party to the arbitration, who is adversely affected or aggrieved by the award, if the use of arbitration or the award is clearly inconsistent with the factors set forth in section 572 of title 5.

里先将其中的(a)款规定,试为中译如下:

第 10 条 仲裁员的决定;撤销;理由;重新审理

(a) 仲裁裁决具有下述情况之一的,仲裁裁决地所属地区的美国法院可以根据任何一方仲裁当事人的申请,作出裁定,撤销仲裁裁决:

(1) 裁决以**贿赂**、**欺诈**或者其他不正当方法取得;

(2) 仲裁员全体或者其中任何一人显然偏袒一方或者有**贪污受贿**行为;

(3) 仲裁员错误地拒绝理由充分的延期审理请求,错误地拒绝审核与争端相关的实质证据,或者有损害当事人权利的其他错误行为;

(4) 仲裁员超越权限,或者没有充分运用权力,以致对仲裁事件没有作出共同的、终局的、确定的裁决。

(5) 裁决已经撤销,但仲裁协议规定的裁决期限尚未终止,法院可以酌情指示仲裁员重新审理。

第 10 条(a)款所列的以上 5 项中,第(1)至(4)诸项之一,是仲裁当事人向管辖法院申请撤销仲裁裁决的必备条件;第(5)项则是管辖法院在撤销仲裁裁决之后的特定处理,它本身并不是撤销仲裁裁决的必备条件之一,因其不属于本文探讨范围,可暂不置论。

如果对以上第(1)至(4)项所列,联系生活现实,加以考察分析,就不难理解:其中第(3)(4)两项,乃是对仲裁裁决的运作程序实行监督;而其中第(1)(2)两项,则是对仲裁裁决的**实体**内容实行监督。

实践表明:以提供伪证等欺诈手段取得的判决或裁决,势必在认定事实方面产生重大的谬误或扭曲;在行贿、受贿等条件下制作出来的判决或裁决,即在法官或仲裁员贪赃枉法基础上作出的裁断,也势必在认定事实或适用法律方面产生重大的谬误或扭曲。因此,美国《仲裁法》第 10 条(a)款第(1)(2)两项关于撤销仲裁裁决的上述规定,显然属于对仲裁裁决实行实体内容上的严格监督。这两项规定,占四项之半,而且列在第 10 条(a)款的前面一半,足见其重要性超过或至少并不亚于(a)款后两项[即(3)(4)两项]有关程序运作上的监督。任何谨慎些的法律学人,怎能无视这条有关仲裁裁决监督的专门的、最基本的法律规定,随意作出这样的论断:美国法院在仲裁监督问题上"**主要是从程序的角度来进行的**"?

诚然,肖文转述了他人编著中提到的《美利坚合众国统一仲裁法案》,提到其中规定具有所列五种情况之一,经一方当事人申请,法院可以撤销有关的仲裁裁决,其中(1)(2)两种情况,与美国《仲裁法》第 10 条(a)款第(1)(2)两项的上述规定基本相同;(3)(4)两种情况则与《仲裁法》同条同款第(3)(4)两项基本相同,只是多列了一种

"没有仲裁协议"云云的程序性监督。表面上看,程序监督条款与实体监督条款的"比例"是 3∶2。但是,不能不指出:

第一,这个《统一仲裁法案》只是民间人士草拟的供各州地方性立法参考的一项建议性草案,它本身毫无法律约束力。

第二,尽管它"目前已有 20 多个州采用"[32],但在美国的 50 个州中,至少也还有另外"20 多个州"不予采用;而且就是已予采用的 20 多个州中,实际上也并非全盘照搬,而是"稍有增删和修改","各州的仲裁法还有自己的独立性,它们与该法案并不完全相同"。[33] 仅仅根据这样的民间人士建议性草案,美国各州只有半数左右经过修订增删才加以采用的规则以及含糊不清的局部性统计数字,怎能从中得出有关美国在仲裁监督体制上的全局性的结论,认为在美国全国通行的仲裁监督"**主要是从程序的角度来进行的**"?这样的推断是否略嫌"**大胆**"了些?

第三,退一步而言,纵使姑且认可美国对仲裁裁决的监督"主要是从程序的角度来进行"云云的论断,那么,有"主要"就必有"次要"(或"非主要"),然则就"次要"(或"非主要")而言,不就是"从实体的角度"来进行监督么?既然同时还要对仲裁裁决的实体内容进行监督,那么,无论它多么"次要"或多么"非主要",美国对仲裁裁决难道不就是实行兼及程序运作和实体内容的**双重监督**吗?

乙、美国《仲裁法》第 10 条(b)款的规定

作为美国《仲裁法》第 10 条(a)款的重要补充,同法第 10 条(b)款从另一个方面对仲裁监督机制,作出概括性的规定,[34]其内容,大体上相当于大陆法系国家仲裁立法中关于"公共秩序保留"或"公共政策保留"的规定。与第 10 条(a)款相较,第 10 条(b)款更加集中、更为直截了当地规定了对在美国境内制作的一切仲裁裁决实行兼及程序运作和实体内容的双重监督。

美国《仲裁法》第 10 条原无(b)款规定。现行的第 10 条(b)款规定,是在 1990 年 11 月 15 日修订立法增补而成的。兹试为中译如下:

> 第 10 条 仲裁员的裁决;撤销;理由;重新审理
> (a)……

---

[32] 肖文,载《仲裁与法律通讯》1997 年第 6 期,第 9 页;《法学评论》1998 年第 1 期,第 45 页。
[33] 参见王存学主编:《中国经济仲裁和诉讼实用手册》(以下简称《实用手册》),中国发展出版社 1993 年版,第 35 页。肖文在转述《实用手册》中有关内容时,删去了这些似不宜删去的关键性语句。
[34] 参见前注[31]引第 10 条(b)款英文原文。

(b) 采取仲裁方式或执行仲裁裁决,显然违背[美国法律]第五编第572条[35]列举的各项因素,致使仲裁当事人以外的第三人受到损害或侵害,经受害人申请,可由依据[美国法典]第五编第580条[36]作出仲裁裁决所在地的美国地区法院,裁定撤销该项裁决。

经查核,美国《仲裁法》第10条(b)款中所转指的《美国法典》第五编第572条,是这样规定的:

(a) 经当事人协商同意,政府机构可以采取某种争端解决程序,解决涉及某种行政管理事项的争议问题。

(b) 遇有下列各项情况,政府机构应当考虑不采取此种争端解决程序:

(1) 要求对案件作出终局性或权威性决定,使其具有先例价值,但采取此种解决程序就难以构成公认的权威性先例;

(2) 案件涉及或可能影响到**政府政策**(government policy)的重大问题,必须经过另外几道程序才能作出最后决定,但采取此种解决程序,就难以发展成为政府机构**可取的政策**(recommended policy);

(3) 维护某些**既定的政策**(established policies)具有特别重要的意义,因而不应在各种个案决定中增加各种变动,但采取此种解决程序,就难以在各种个案决定中保持协调一致;

(4) 案件对于程序当事人以外的其他个人或组织产生重大的不利影响;

(5) 有关程序的完全公开的记录具有重大意义,但采取此种争端解决程序,就不能形成这样的公开记录;

(6) 政府机构必须对有关事项继续保持管辖权,从而有权根据形势的变化,更改对有关事项的处置,但采取此种争端解决程序,就会妨碍政府机构实现上述要求。

(c) 本节(subchapter)授权采取的各种替代性争端解决方式,都是自愿选择的程序,它们只是补充而并不限制政府机构采取其他可行的争端解决方法。

把美国《仲裁法》第10条(b)款的概括规定与该款所转指的《美国法典》第五编(即《政府组织与雇员法》)第572条的上述具体规定联系起来,综合考察,就不难看出:

---

[35] See U. S. Code, Title 5, Chap. 5, Subchap. 4-Alternative Means of Dispute Resolution in the Administrative Process, http://uscode.house.gov/title-0.5.htm.

[36] 《美国法典》第五编第580条专门规定了仲裁裁决的制作、送达、生效、执行等有关程序。详见同上注出处。

第一,在美国的现行法制中,对仲裁实行的审查和监督,是比较全面的和双重的,是兼及仲裁方式的程序运作和仲裁裁决的实体内容的。对于本国制作的内国仲裁裁决和涉外仲裁裁决,其监督范围和监督力度,是一视同仁的,即均兼及程序运作和实体内容两个方面,并无从严、从宽之分。

就(a)款而言,其中第(3)(4)两项,乃是对仲裁裁决的运作程序实行监督;而其中第(1)(2)两项,则是对仲裁裁决的实体内容实行监督。

实践表明:以提供伪证等欺诈手段取得的裁决,势必在认定事实方面产生重大的谬误或扭曲;在行贿、受贿等条件下制作出来的裁决,即在仲裁员贪赃枉法基础上作出的裁断,也势必在认定事实或适用法律方面产生重大的谬误或扭曲。因此,美国《仲裁法》第 10 条(a)款第(1)(2)两项关于撤销仲裁裁决的上述规定,显然属于对仲裁裁决实行**实体内容**上的严格监督。

第二,单就对仲裁裁决的实体内容实行审查和监督而言,不但可因《仲裁法》第 10 条(a)款第(1)(2)两项所列的欺诈、伪证、行贿、受贿等情节,由管辖法院对有关的仲裁裁决,作出裁定,予以撤销;而且可因同法第 10 条(b)款所列的违反"政府政策"等情节,由管辖法院对有关的仲裁裁决,裁定予以撤销。

第三,美国《仲裁法》第 10 条(b)款针对确认与执行仲裁裁决问题规定的"政府政策"保留,在一定程度上相当于大陆法系国家同类立法中的"公共秩序"保留或"公共政策"保留。所不同的是:(1)在术语上,美国使用"政府政策""既定政策""可取政策"等词,略异于其他国家通常使用的"公共秩序"或"公共政策";(2)其他国家关于"公共秩序"或"公共政策"保留条款的确认和实施,可由管辖法院主动地自行采取相应的法定措施,而无须经过仲裁程序当事人一方提出撤销裁决的申请;但在美国,管辖法院如以违背"政府政策"等作为理由,对有关的仲裁裁决予以撤销,则依法必须以仲裁程序当事人以外的其他受害人(第三人)提出撤销申请,作为前提条件。

由此可见,美国《仲裁法》第 10 条(b)款针对确认与执行仲裁裁决问题作出的概括性规定及其转指的有关"政府政策"保留的具体内涵,乃是对仲裁裁决实施兼及实体内容监督的另一个重要方面,不可忽视,不容漠视,更不应避而不谈。

肖文在引据和论述美国对仲裁裁决的监督机制时,对上述兼及**实体内容**监督的重要法律规定,不予重视,也不予正视,未置片言只语作出评析,便遽尔断言:美国法院对仲裁的监督"**主要**是从**程序**的角度来进行的"。这种失实论断,显然有欠"周全"或"理解有所偏差"。不论是出于有意规避,还是由于尚未认真查索和通读最基本的法律条文,这种批评方法,似都是学术争鸣中不宜提倡的。

丙、美国《仲裁法》是否也规定了"内外有别"或"内外分轨"的监督机制？

上述甲、乙两节剖析了肖文对美国现行的仲裁监督机制作出的失实论断，除此之外，值得注意的是：肖文中还对另一关键问题保持了"**缄默**"，即根本未提及，更无法援引任何具体法律条文来证明美国对仲裁裁决的监督体制，竟然也是实行"内外大有别"的分轨制，竟然也对本国制作的涉外仲裁裁决特别"优待"：即不许适用《美利坚合众国联邦仲裁法》第 10 条关于一视同仁、双重监督的规定，而只许监督其程序运作，不许监督其实体内容，一如中国今日《仲裁法》规定的那样。这种"缄默"实在无助于证明肖文所力图论证的核心观点，即现阶段中国实行内国仲裁监督和涉外仲裁监督"内外大有别"的分轨制"符合国际上的通行做法"。

（二）德国的仲裁监督机制辨析

当代德国的仲裁立法，可以大体划分为两个阶段，即 1997 年 12 月 31 日以前施行多年的原有仲裁立法，以及经过修订增补并于 1998 年 1 月 1 日开始实施的现行仲裁立法。兹分别简介和评析如下：

甲、德国行之多年的原有仲裁立法

德国一向没有独立的、单行的"仲裁法"。在 1997 年 12 月 31 日以前，德国的立法机构把有关仲裁的法律规定，作为民事诉讼法有机组成的一部分，纳入《德意志联邦共和国民事诉讼法》（以下简称《德国民事诉讼法》），列为其中的最后一编，即"第十编：仲裁程序"，并经过多次补充和修订，形成为包含 31 条条文的立法单元。

《德国民事诉讼法》第十编修订增补以前的原第 1401 条，规定了德国主管法院有权对仲裁裁决依法予以撤销的**六种情况**。肖文在转述他人编著中介绍的第二手资料时，也列举了有关的六种情况，并评论说，该法第 1041 条所列举的理由"与陈文中所列举的理由**显然有较大差异**"。其意似在暗示或隐指前述拙作中所列举的关于德国法院有权对仲裁裁决的**实体内容**进行监督并在必要时依法予以撤销的**另外六种**具体情况，在德国的立法中并无根据。但是，读者如将肖文的转述、被转述的《实用手册》内容以及《德国民事诉讼法》原第 **1041** 条的**原文全译**作一仔细比较对照，就不难发现：肖文所作的转述虽是忠实于被引述的《实用手册》的，但却似有两点重大疏忽：第一，该法原第 1041 条第 1 款第 1 项规定了可予撤销的第一种仲裁裁决："仲裁决不是根据有效的仲裁协议作成的,或者仲裁裁决是依其他不合法的程序作成的。"[37]《实用手册》在介绍有关资料时表述为:"仲裁裁决不是根据有效的仲裁协议作成的,或者是依其他不合法的协议作成的,或者是依其他不合法的程序作成的"[38]。其中"或者是依其他不合法的协议作成的"一语,很可能是"衍词"或"笔误",因为在原法律条文中并无此句。肖文在转述时,却把在原法律条文中并未出现的这句话也照样转抄了。第二,该法原第1041条第1款第6项**概括式地**、**间接地**规定了**另外六种**可予撤销的仲裁裁决,即有关仲裁裁决中"**具备《德国民事诉讼法》第580条第1项至第6项的回复原状之诉的要件**"[39]。《实用手册》在介绍这一条款时,为节省文字,简略地表述为:"具备《民事诉讼法》规定的恢复原状诉讼的要件"[40],这当然是完全可以的。肖文在加以转述时,照样抄录,当然也是完全**可以**的。但是,如果不花时间、下功夫进一步查清究竟什么是《德国民事诉讼法》中所规定的有关"恢复原状诉讼的要件",就遽尔判断:德国的立法中对仲裁裁决的监督只限于程序运作范围,它并不对仲裁裁决实行兼及程序运作和实体内容的监督,或也"主要是从程序的角度来进行的";那就难免违背事实,进入判断的**误区**或盲区,因而就有所欠妥和有

---

[37] 《德意志联邦共和国民事诉讼法》,载《国际商务仲裁》第七编:"各国仲裁立法",活页文件编号:Ⅶ.C/1.1,第10页。并参见谢怀栻译中文单行本,法律出版社1984年版,第337—338页。

为便于读者查考和对照,兹将《德国民事诉讼法》原第1041条的英文译文以及上述谢译的中文译文分别摘录如下:

1041 Action to set aside the award may be brought:

(1) if the award does not arise out of a valid arbitration agreement or depends in some other manner on an inadmissible procedure;

(2) if recognition of the award would involve an offence against morality or public policy;

(3) if the party was not represented in the proceedings according to provisions of law, unless he agreed either expressly or tacitly to the manner in which the proceedings were conducted;

(4) if the party was not granted a due hearing in the course of the proceedings;

(5) if the grounds for the award are not stated;

(6) if the conditions under which an action for judicial review (Restitutionsklage), in the cases enumerated in Section 580, Paras. 1-6, may be brought are fulfilled.

An award shall not be set aside on the grounds given in No. 5, if the parties have agreed otherwise.

第1041条[撤销之诉](一)有下列情形时,可以申请撤销仲裁裁决:

(1) 仲裁裁决不是根据有效的仲裁契约作成的,或者仲裁裁决是依其他不合法的程序作成的;

(2) 如承认仲裁裁决就违反善良风俗或公共秩序;

(3) 当事人在仲裁程序中未经合法代理,但当事人已经明示地或默示地对仲裁的进行予以追认时除外;

(4) 当事人在仲裁程序中未经合法讯问;

(5) 仲裁裁决未附理由;

(6) 具备依第580条第1至第6项的回复原状诉讼的要件。

(二)在前款第5项的情形,如当事人另有约定时,不得申请撤销仲裁裁决。

[38] 王存学主编:《实用手册》,中国发展出版社1993年版,第40页。

[39] 《德意志联邦共和国民事诉讼法》,载《国际商务仲裁》第七编:"各国仲裁立法",活页文件编号:Ⅶ.C/1.1,第10页。并参见谢怀栻译中文单行本,法律出版社1984年版,第337—338页。

[40] 王存学主编:《实用手册》,中国发展出版社1993年版,第40页。

所不可了。事实是这样的:《德国民事诉讼法》第580条明文规定如下:[41]

> 有下列各种情形之一的,可以提起回复原状之诉(Restitutionsklage):
> (1) 对方当事人宣誓作证而又犯有故意或过失伪证的罪行,判决却以其虚假证言作为根据;
> (2) 作为判决基础的证书是伪造或变造的;
> (3) 证人或鉴定人犯了伪证罪行,判决却以其虚假证言或鉴定作为根据;
> (4) 当事人的代理人或对方当事人(或其代理人)犯有与本诉讼案件有关的罪行,而判决即是基于该行为而作出的;
> (5) 参与判决的法官犯有与本诉讼案件有关的、不利于当事人的渎职罪行;
> (6) 判决是以某一普通法院、特别法院或行政法院的判决为基础,而该判决已由另一确定判决所撤销;
> …………

由此可见,《德国民事诉讼法》原第1041条第1款第6项的**概括性**文字表述,实际上就是明确规定:举凡同法第580条第1项至第6项所列举的当事人可以针对既定判决的实体内容上的谬误,提起"回复原状之诉",以求撤销既定裁判的六种具体条件,不但适用于**司法**过程,也适用于**仲裁**过程;不但适用于法官作出的法院**判决**,也适用于仲裁员作出的仲裁**裁决**。

由此可见,肖文所评论的"显然有较大差异",实际上乃是一种误解或错觉,其缘由盖在于未对他人编著中提供的信息线索进一步寻渊探源,"跟踪追击"或按图索骥,以致根本未能发现与第1041条"**血肉相连、不可分割**"的第580条的一系列规定。

由此可见,肖文在援引**德国**的例子来论证其核心观点,强调中国对两大类仲裁的监督必须实行"内外有别"的分流机制,强调中国对涉外仲裁裁决只实行程序监督而不实行实体监督的有关规定"符合国际上的通行做法"时,恰恰就是忽略了或无意中回避了《德国民事诉讼法》原第1041条第1款第6项所特地指明的、该法第580条逐一列举的、同样适用于两大类仲裁裁决的六种**实体监督**。

除此之外,肖文在援引德国的例子来论证其核心观点时,也毫未提及或引证任何一条德国法律条文借以证明德国对两大类仲裁裁决的监督的确也是实行"分流机制"的,这就更难令人信服其"国际上的通行做法"之说了。

---

[41] 参见《德意志联邦共和国民事诉讼法》,谢怀栻译,法律出版社1984年版,第166—167页。

乙、德国新近制定的现行仲裁立法

前述《德国民事诉讼法》中有关仲裁的规定,新近作了若干重大的修改和补充。

为了适应形势发展的需要,经过各有关部门和学术界长达七八年的酝酿、讨论和审议,德国联邦议院在 1997 年 11 月至 12 月间通过和颁布了《仲裁程序修订法》,自 1998 年 1 月 1 日起开始实施。此项修订法的主体内容,就是对《德国民事诉讼法》第十编的原有法律条文加以修改,并将原有的 31 条扩充为 42 条,分列为 10 章,依次为总则、仲裁协议、仲裁庭的组成、仲裁庭的管辖权、仲裁程序的实施、作出仲裁裁决和结束仲裁程序、申请撤销仲裁裁决、承认与执行仲裁裁决、法院程序以及非协议性仲裁庭。本编这 10 章 42 条,既自成体系,又仍然纳入《德国民事诉讼法》,作为其有机构成的一部分,而并未分离出来,另外采取"仲裁法"的名义,成为独立的、单行的另一种特别法律。[42] 这样的仲裁立法体例,有异于中国的现行做法,却大体相同于下述法国的仲裁立法。

就德国现行的仲裁监督机制而言,上述新近立法中最值得注意的是:A. 第 1025 条第 1 款、第 4 款关于本编仲裁立法适用范围的规定,以及 B. 第 1059 条关于**申请撤销仲裁裁决**的规定。兹分述如下:

A. 关于本编仲裁立法的适用范围

第 1025 条的德文原文[43]如下:

§ 1025

Anwendungsbereich

(1) Die Vorschriften dieses Buches sind anzuwenden, wenn der Ort des schiedsrichterlichen Verfahrens im Sinne des § 1043 Abs. 1 in Deutschland liegt.

(2) Die Bestimmungen der §§ 1032, 1033 und 1050 sind auch dann anzuwenden, wenn der Ort des schiedsrichterlichen Verfahrens im Ausland liegt.

(3) Solange der Ort des schiedsrichterlichen Verfahrens noch nicht bestimmt ist, sind die deutschen Gerichte für die Ausübung der in den §§

---

[42] 参见德国《联邦法律公报》(以下简称《公报》),1997 年第 1 卷第 88 期,第 3224—3232 页(Bundesgesetzblatt Jahrgang 1997 Teil 1 Nr. 88, ausgegeben zu Bonn am 30, Dezember, 1997, 3224—3232);并参见孙珺:《德国仲裁立法改革》,载《仲裁与法律通讯》1998 年第 3 期,第 25—35 页。

[43] 参见前引《公报》,第 3225 页。

1034,1035,1037 und 1038 bezeichneten gerichtlichen Aufgaben zus ndig, wenn der Beklagte oder der Klăger seinen Sitz oder seinen gewőhnlichen Aufenthalt in Deutschland hat.

(4) Für die Anerkennung und Vollstrechung ausländischer Schiedssprüche gelten die §§ 1061 bis 1065.

兹根据本条的德文原文,并对照其英文译文,[44]试为中译如下：

第 1025 条
适 用 范 围

(1) 本编**各条规定**适用于本法第 1043 条第 1 款[45]所规定的**仲裁地点在德国境内**的仲裁。

(2) 本法第 1032、1033 条以及 1050 条的规定,[46]也适用于仲裁地点在德国境外或地点尚未确定的仲裁。

(3) 仲裁地点尚未确定,但被申请人或申请人的营业地或习惯住所在德国境内,则德国法院有权实施本法第 1034、1035、1037 条以及第 1038 条规定的各项法院职能。[47]

(4) 本法第 1061 条至第 1064 条适用于对外国仲裁裁决的承认和执行。[48]

---

[44] Section 1025　Scope of application
(1) The provisions of this Book apply if the place of arbitration as referred to in section 1043 subs. 1 is situated in Germany.
(2) The provisions of sections 1032,1033 and 1050 also apply if the place of arbitration is situated outside Germany or has not yet been determined.
(3) If the place of arbitration has not yet been determined, the German courts shall be competent to perform the court functions spectified in sections 1034,1035, 1037 and 1038 if the respondent or the claimant has his place of business or habitual residence in Germany.
(4) Sections 1061 to 1065 apply to the recognition and enforcement of foreign arbitral awards.
《德国民事诉讼法》第十编各条的英译文本,由"德国仲裁协会"(Deutsche Institution für Schiedsgerichtsbarkeit)提供,载于该协会(DIS)网站：http//www.dis-arb.de/materialien/Schiedsverfahrensrecht 98-e.html。

[45] 第 1043 条第 1 款规定：当事人可自由议定仲裁地点。如无此种协议,应由仲裁庭参酌案件情况,包括当事人的方便,确定仲裁地点。参见前引《公报》,第 3228 页。

[46] 第 1032 条规定：德国法院不受理当事人曾达成仲裁协议的案件；第 1033 条规定：在仲裁程序开始之前或进行之中,德国法院可应当事人一方的请求,对仲裁标的物采取临时性的保护措施；第 1050 条规定：德国法院可应仲裁庭或当事人的请求,协助取证,或采取其他司法行动。参见前引《公报》,第 3226、3229 页。

[47] 第 1034 条规定：仲裁庭的组成对一方当事人显失公平时,德国法院可以改组仲裁庭。第 1035 条规定：在某些情况下,德国法院可以直接指定独任仲裁员或首席仲裁员。第 1037 条规定：在某些情况下,德国法院可应当事人一方的请求,决定仲裁员的回避问题。第 1038 条规定：仲裁员不能视事时,德国法院可应当事人的请求,解除对仲裁员的任命。参见前引《公报》,第 3326—3327 页。

[48] 第 1061 条规定：对外国仲裁裁决的承认与执行,应按《1958 年纽约公约》的规定办理。第 1062 条规定了有权监督仲裁的管辖法院及其各项职能。第 1063 条和第 1064 条规定了法院执行或撤销仲裁裁决的具体操作程序。参见前引《公报》,第 3132—3232 页。

本条是现行《德国民事诉讼法》第十编第1章的第1条,它**实质上**也就是德国现行仲裁立法的第1条。在这第1条的第1款中,开宗明义地规定了本法适用的范围,即举凡在**德国境内**进行的仲裁程序并在**德国境内**作出的仲裁裁决,**不论**其为**内国仲裁**抑或是**涉外仲裁**,均应适用本法的各项规定。本条的第2、3、4款则规定:仲裁地点在德国境外或仲裁地点未定的仲裁以及外国仲裁裁决的承认与执行,在特定情况下,也适用本法某几条的规定(主要是德国法院对有关仲裁程序特定的司法协助功能和司法管辖功能)。

特别值得注意的是:通观新近修订颁行的《德国民事诉讼法》第十编,其所含10章42条之中,并无任何专章专条,另对涉外仲裁作出"特别规定",像中国现行的《仲裁法》那样。

由此可见,德国现行的仲裁立法,对于在**德国境内**的内国仲裁程序和涉外仲裁程序,**仍然保持了其历史上惯行的"一视同仁,同等对待"**的传统,适用完全相同的法律,加以规范和调整。换言之,它在仲裁程序进行的全过程中,对内国仲裁和涉外仲裁实行的是"内外合流"的"**单轨制**"或"**并轨制**",而不是"内外有别"的"分流制""分轨制"或"双轨制"。

由此可见,所谓"对国际仲裁和国内仲裁作出区分是国际社会的**普遍做法**"[49],云云,此种论断,无论在德国的原有仲裁立法中还是在1998年1月1日以后实施的德国现行仲裁立法中,都是找不到任何法律根据的。

B. 关于对仲裁裁决的监督

德国现行仲裁立法中对仲裁裁决的监督,主要体现在1998年1月1日开始实施的《德国民事诉讼法》第1059条关于撤销仲裁裁决的规定之中。本条的德文原文[50]如下:

§ 1059

Aufhebungsantrag

1. Gegen einen Schiedsspruch kann nur der Antrag auf gerichtliche Aufhebung nach den Absatzen 2 und 3 gestellt werden.

2. Ein Schiedsspruch kann nur aufgehoben werden,

(1) wenn der Antragsteller begründet geltend macht, daB

a) eine der Parteien, die eine Schiedsvereinbarung nuach den §§ 1029,

---

[49] 肖文,载《中国社会科学》1998年第2期,第94页。
[50] 参见前引《公报》,第3231页。

1031 geschlossen haben, nach dem Recht, das für sie persönlich maßgebend ist, hierzu nicht fähig war, oder daß die Schiedsvereinbarung nach dem Recht, dem die Parteien sie unterstellt haben oder, falls die parteien hierüber nichts bestimmt haben, nach deutschem Recht ungültig ist; oder

  b) er von der Bestellung eines Schiedsrichters oder von dem schiedsrichterlichen Verfahren nicht gehörig in Kenntnis gesetzt worden ist oder daß er aus einem anderen Grund seine Angriffs oder Verteidigungsmittel nicht hat geltend machen können; oder

  c) der Schiedsspruch eine Streitigkeit betrifft, die in der Schiedsabrede nicht erwähnt ist oder nicht unter die Bestimmungen der Schiedsklausel fällt, oder daß er Entscheidungen enthält, welche die Grenzen der Schiedsvereinbarung überschreiten; kann jedoch der Teil des Schiedsspruchs, der sich auf Streitpunkte bezieht, die dem schiedsrichterlichen Verfahren unterworfen waren, von dem Teil, der Streitpunkte betrifft, die ihm nicht unterworfen waren, getrennt werden, so kann nur der letztgenannte Teil des Schiedsspruchs aufgehoben werden; oder

  d) die Bildung des Schiedsgerichts oder das schiedsrichterliche Verfahren einer Bestimmung dieses Buches oder einer zulässigen Vereinbarung der Parteien nicht entsprochen hat und anzunehmen ist, daß sich dies auf den Schiedsspruch ausgewirkt hat; oder

  (2) wenn das Gericht feststellt, daß

  a) der Gegenstand des Streites nach deutschem Recht nicht schiedsfähig ist; oder

  b) die Anerkennung oder Vollstreckung des Schiedsspruchs zu einem Ergebnis fünrt, das der öffentlichen Ordnung (ordre public) widerspricht.

  3. Sofern, die Parteien nichts anderes vereinbaren, muß der Aufhebungsantrag innerhalb einer Frist von drei Monaten bei Gericht eingereicht werden. Die Frist beginnt mit dem Tag, an dem der Antragsteller den Schiedsspruch empfangen hat. lst ein Antrag nach § 1058 gestellt worden, verlängert sich ide Frist um höchstens einen Monat nach Empfang der Entscheidung über diesen Antrag. Der Antrag auf Aufhebung des Schiedsspruchs kann nicht mehr gestellt werden, wenn der Schiedsspruch von

einem deutschen Gericht für vollstreckbar erklăt worden ist.

4. lst die Aufhebung beantragt worden, so kann das Gericht in geeigneten Făllen auf Antrag einer Partei unter Aufhebung des Schiedsspruchs die Sache an das Schiedsgericht zuruckverweisen.

5. Die Aufhebung des Schiedsspruchs hat im Zweifel zur Folge. daB wegen des Streitgegenstrandes die Schiedwvereinbarung wiederauflebt.

兹根据本条的德文原文,并参照其英文译本,[51]试为中译如下:

第 1059 条
申请撤销仲裁裁决

1. 只有符合本条第 2 款和第 3 款的规定,才可以向法院申请撤销仲裁裁决。

2. 具备下列情形之一,才可以申请撤销仲裁裁决:

---

[51] Section 1059 Application for setting aside

1. Recourse to a court against an arbitral award may be made only by an application for setting aside in accordance with subsections 2 and 3 of this section.

2. An arbitral award may be set aside only if:

(1) the applicant shows sufficient cause that:

a) a party to the arbitration agreement referred to in Sections 1029 and 1031 was under some incapacity pursuant to the law applicable to him; or the said agreement is not valid under the law to which the parties have subjected it or, failing any indication thereon, under German law; or

b) he was not given proper notice of the appointment of an arbitrator or of the arbitral proceedings or was otherwise unable to present his case; or

c) the award deals with a dispute not contemplated by or not falling within the terms of the submission to arbitration; or contains decisions on matters beyond the scope of the submission to arbitration; provided that, if the decisions on matters submitted to arbitration can be separated from those not so submitted, only that part of the award which contains decisions on matters not submitted to arbitration may be set aside; or

d) the composition of the arbitral tribunal or the arbitral procedure was not in accordance with a provision of this Book or with an admissible agreement of the parties and this presumably affected the award; or

(2) the court finds that

a) the subject-matter of the dispute is not capable of settlement by arbitration under German law; or

b) recognition or enforcement of the award leads to a result which is in conflict with public policy (ordre public).

3. Unless the parties have agreed otherwise, an application for setting aside to the court may not be made after three months have elapsed. The period of time shall commence on the date on which the party making the application had received the award. If a request has been made under section 1058, the time-limit shall be extended by not more than one month from receipt of the decision on the request. No application for setting aside the award may be made once the award has been declared enforceable by a German court.

4. The court, when asked to set aside an award, may, where appropriate, set aside the award and remit the case to the arbitral tribunal.

5. Setting aside the arbitral award shall, in the absence of indications to the contrary, result in the arbitration agreement becoming operative again in respect of the subject-matter of the dispute.

参见前注[44]引资料,http://www.dis-arb.de/materialien/Schiedsverfahrensrecht 98-e.html。

(1) 申请人提出证据证明：

a) 本法第 1029 条和第 1031 条规定的仲裁协议的一方当事人，依据对他适用的法律，缺乏行为能力；或依据各方当事人议定遵守的法律，上述仲裁协议是无效的；或未有明确议定，依据德国的法律，上述仲裁协议是无效的；

b) 该申请人没有获得关于指定一名仲裁员或关于仲裁程序的适当通知，或因其他原因，未能陈述意见进行申辩；

c) 裁决所处理的争议，并非提交仲裁的事项；或者不属于提交仲裁的范围；或裁决中含有对提交仲裁的争端以外的事项作出决定；但是，如果针对提交仲裁的事项作出的决定能够与未提交仲裁的事项区分开来，则只可以撤销针对未提交仲裁的事项作出的那一部分裁决；

d) 仲裁庭的组成或仲裁的程序不符合本法本编的规定，或者不符合各方当事人的约定，从而可能影响公正裁决；或者

(2) 法院认定：

a) 依据德国的法律，争议事项不能以仲裁解决；或

b) 承认和执行该裁决，会导致违反公共秩序(ordre public)。

3. 除非当事人另有约定，提出申请的一方当事人在收到仲裁裁决之日起满 3 个月后，不得向法院申请撤销裁决。如果已经依据本法第 1058 条[52]提出请求，则限于在收到针对该项请求的决定后 1 个月以内，提出撤销裁决的申请。在德国法院宣布裁决准予执行之后，不得再申请撤销该项裁决。

4. 如果符合条件，法院可以依据申请，撤销有关裁决，并将它发回仲裁庭重新审理。

5. 裁决撤销后，如无相反规定，有关争议事项的原有仲裁协议重新生效。

本条规定，是专为当事人向法院申请撤销仲裁裁决而设。综观本条以及《德国民事诉讼法》第十编(即德国现行的主要仲裁立法)其他各条各款的整体内容，可以看出以下几个关键之点：

第一，本条各款所列的可据以向主管法院申请撤销仲裁裁决的各项条件，**均一体**适用于、同等适用于在德国境内作出的内国仲裁裁决和涉外仲裁裁决。对待这两类裁决实行监督的**范围**、**条件**和**力度**，完全一视同仁，并无任何**宽**、**严**、**厚**、**薄**之分。

---

[52] 第 1058 条规定：当事人可在收到裁决书后 1 个月内，请求仲裁庭更正裁决书中的数字计算、文书打字之类的失误；或对裁决书中的某个部分作出解释说明；或对仲裁过程中曾经提出请求但裁决书中漏裁的事项，作出补充裁决。参见前引《公报》，第 3230 页。

对于涉外仲裁裁决的监督,并没有任何"特惠待遇",只要它确实符合与内国仲裁裁决相同的**法定撤销条件**,就应当依法予以撤销。换言之,在德国现行的这部最新仲裁立法中,对于涉外仲裁裁决,没有任何可以"监督从宽"和曲意庇护的明文规定或暗示含意。

第二,本条第 2 款第 2 项(b)点关于"违反公共秩序"的规定,值得特别注意。

如所周知,德国属于大陆法系。法、德等大陆法系国家法律用语中的"公共秩序"(ordre public 或 öffentlichen ordnung)一词,其含义相当于英美法系国家法律用语中的"公共政策"(public policy),或中国法律用语中的"社会公共利益"(通常英译为"social public interests")。[53] 这些同义语的共同内涵,通常指的是一个国家的重大国家利益、重大社会利益、基本法律原则和基本道德原则。[54]

德国现行仲裁立法中本条本款本项(b)点有关"违反公共秩序"的规定,显然是指:仲裁裁决执行地的德国主管法院,经过审查,一旦认定某项仲裁裁决的实体内容确有违反德国国家或社会的重大利益、违反德国法律或道德的基本规范之处,如果加以承认和执行,势必损害本国社会的正常秩序,亵渎本国固有法律和道德的尊严,在这种情况下,德国主管法院就有权以该项仲裁裁决的实体内容存在错误和违法情事为由,不但不予承认和执行,而且可以依法径予撤销。对于在德国境内作出的一切仲裁裁决,包括内国仲裁裁决和涉外仲裁裁决,采取这样的审查标准和判断角度,显然不属于一般程序运作上的审查与监督,而是**实体内容**上的审查与监督。

第三,本条第 2 款第 2 项(b)点关于"违反公共秩序"的规定,不妨说,实质上乃是对前述《德国民事诉讼法》原第 1041 条第 1 款第 6 项间接地转引的第 580 条所列有关申请司法再审("恢复原状之诉")诸项条件的概括和移植,即继续把这些在司法程序中申请审判监督、撤销终局判决的条件,推广适用于在仲裁程序中申请仲裁监督、撤销仲裁裁决。众所周知,遇有仲裁员索贿、受贿、徇私舞弊、严重渎职、枉法裁决,或者当事人(或其代理人)以行贿、欺诈、提供伪证等不法手段取得仲裁裁决,则一般而论,这些行径势必导致裁决内容在**事实认定**或**法律适用**上产生重大谬误,从而产生颠倒黑白、扶邪压正的客观后果和社会危害。对于此种裁决,受害一方的当事人理所当然地有权援引本条关于"承认和执行该裁决会导致违反公共秩序"的规定,向

---

[53] 参见日本国际法学会编:《国际法辞典》(中译本),世界知识出版社 1985 年版,第 110—111 页("公共秩序"条目)。并参见《法国民法典》第 6 条;中国《民法通则》第 150 条,《合同法》第 7 条、第 52 条。

[54] 参阅李浩培:"保留条款"条目,载《中国大百科全书·法学卷》,中国大百科全书出版社 1984 年版,第 10—11 页;韩德培主编:《国际私法》,武汉大学出版社 1985 年版,第 70—90 页;李双元主编:《国际私法》,北京大学出版社 1991 年版,第 135—137 页。

主管法院申请予以撤销。

特别值得注意的是,起草德国仲裁新立法的法学专家们针对有关法律条文中"公共秩序"一词所作的权威性的诠释。1997年,德国联邦政府将《仲裁程序修订法草案》(Entwurf eines Gesetzes zur Neuregelung des Schiedsverfahrensrechts)提交联邦议院审议时,曾经附有一份《仲裁程序修订法草案理由说明》,其中针对《德国民事诉讼法》**原第 1401 条**第 1 款第 6 项转引的关于撤销仲裁裁决的各点理由(要件),与同法**新订的第 1059 条**第 2 款规定的关于撤销仲裁裁决的各点理由(要件),两者之间的**衔接**关系,作了专门的、毫不含糊的说明与交待:[55]

《德国民事诉讼法》原第1041条第1款第6项规定的提起"恢复原状之诉"的各点理由(Restitutionsgründe),在同法新修订的第1059条第2款第1项中并未列入,这意味着:提起"恢复原状之诉"的这些理由,今后将被**纳入**同条第 2 款第 2 项关于**违反公共秩序**这一**条款**(ordre public Klausel)的范畴,加以掌握援用。

各项**基本法律**,乃是**公共秩序**的核心,这是不言而喻和毫无疑义的。

上述草案于1997年获得德国联邦议院通过和公布。由此可见,德国的仲裁立法专家和立法机关对于仲裁新订法律条文中"公共秩序"一词的诠解和掌握,其内涵和适用范围,是并不狭窄和较为宽泛的。由此可见,凡是以行贿、欺诈、伪证等**不法手段**取得从而在**实体内容**上有重大谬误的仲裁裁决,德国法院都有权以违反德国基本法律作为理由,援引《德国民事诉讼法》第1059条第2款关于"公共秩序"的规定,予以撤销。

关于对"违反公共秩序"这一规定的理解,本文第三部分之(四)以及第六部分,将作进一步的分析。

第四,本条各款的有关规定,乃是德国现行仲裁立法中针对仲裁裁决实行监督的主要内容。这种监督机制,基本上是以 1985 年联合国郑重推荐的《国际商事仲裁示范法》第 34 条[56]作为蓝本,结合德国本国的国情,加以修订和移植,从而也体现了《国际商事仲裁示范法》中有关仲裁监督机制的基本原则,即:一个国家的管辖法院对于在本国境内作出的一切仲裁裁决实行审查和监督时,不分其为内国裁决或是涉

---

[55] 参见德国《联邦议院公报》第 13/5274 号(BT—13/5274)或网址:http//www. bundes. tag. de, at "Datenbanken-Documentensever (Parfors)";并参见前注[37]引书及有关正文。

[56] 参见胡康生主编:《中华人民共和国仲裁法全书》,法律出版社 1995 年版,第 620—621 页。

外裁决,都采取**同样**的审定标准和**同样**的补救措施,而并不采取"内外有别、区别对待"的做法;而且规定:对于经过管辖法院审查确认其在程序运作上确有错误或违法,或在实体内容上确与本国公共政策相抵触者,则均在"可予撤销"之列,而不局限于"不予承认"和"不予执行"。

由此可见,所谓"实行国内仲裁监督与涉外仲裁监督的**分轨制**是完全必要的,也**符合国际**上的**通行做法**"[57]云云,这种论断,无论在德国的原有仲裁立法中,还是在 1998 年 1 月 1 日以后实施的德国现行仲裁立法中,也都是找不到任何法律根据的。

(三) 法国的仲裁监督机制辨析

就法国的仲裁立法而言,肖文转述了施米托夫所列举的五种"特定情况"的仲裁监督,紧接着笔锋一转,就判断说:"因此,法国法院对仲裁的监督也是**控制**在**程序**问题上的。"[58]可是就在肖文所转述的五种"特定情况"的监督之中,竟赫然列明包含这样两种在内,即仲裁裁决"违背了公正原则";"执行裁决与法国的公共秩序相抵触"[59]。既然法国法院对仲裁的监督也包含这样两种显然是同时针对裁决**实体**内容的监督,那又怎能做到把对仲裁的监督"控制在**程序**问题上"呢? 果真加以此种"**控制**",则岂不是有法不依或违法操作? 简言之,这样论证问题,岂不是出现了论点与论据之间的龃龉与背离?

经查证核实:法国并无独立的"仲裁法",而是将仲裁程序的有关规定纳入本国的民事诉讼法之中,列为其中的若干编章。此种仲裁立法体例,大体相同于德国,却有异于中国现行的做法。20 世纪 80 年代初,法国曾连续两度对有关仲裁的立法作了重要的更新和补充:1980 年 5 月 14 日,颁布了关于仲裁的第 80—354 号法令,刊载于 1980 年 5 月 18 日出版的《官方议事录》(*Journal Official*)第 1238 页;1981 年

---

[57] 肖文,载《中国社会科学》1998 年第 2 期,第 97 页。

[58] 肖文,载《仲裁与法律通讯》1997 年第 6 期,第 10 页。随后,在其《法学评论》1998 年第 1 期,第 46 页上,将这句话改为"主要也是控制在程序问题上的",即添加了"主要"两字,从而闪烁其词,显见已略失其原有的自信,但又不大愿意承认自己立论的"失之偏颇"。

[59] 此处施米托夫原著的原译文是"承认与执行该外国裁决与国际公共政策相抵触"(when it is contrary to international public policy as to recognition or enforcement of a foreign award)。肖文转述时将此语修改为"执行裁决与法国的公共秩序相抵触"。在这里,"外国裁决"改成了"国籍"不明的"裁决","国际公共政策"改成了"法国的公共秩序",从"无国籍"或"多国籍"变为"法国籍"。这样转述和任意修改,衡诸逻辑学上的"同一律",恐有不当。实则施著此处所述,指的是《法国民事诉讼法》第 1502 条(外国裁决或国际性裁决),而并非同法第 1484 条(法国内国裁决)。参见《国际贸易法文选》,赵秀文译,中国大百科全书出版社 1993 年版,第 679 页;并参见《法国民事诉讼法(节选)》,载王生长等主编:《涉外仲裁与法律》(第 2 辑),中国统计出版社 1994 年版,第 32—33、36 页。

5月12日,又颁布了关于国际仲裁的第81—500号法令,刊载于1981年5月14日出版的《官方议事录》第1402页。这两项法令的内容,随即被辑入《法国新民事诉讼法》,共同构成它的第4编,列为该法的第1442—1507条。[60] 按这些现行法条的规定,法国把在本国境内进行的仲裁区分为内国仲裁和涉外仲裁(即"国际仲裁")两种,并对两者的仲裁员指定、仲裁规则选择、准据法选择等具体操作规则作了若干区分。

就法国现行的仲裁监督机制而言,上述立法中最值得注意的是第1484条关于内国仲裁监督的规定以及第1502条和第1504条关于外国仲裁和国际仲裁监督的规定。兹分述如下:

甲、对内国仲裁裁决的监督

按照《法国新民事诉讼法》第1484条的规定,当事人对于具有下列六种情形之一的内国仲裁裁决,可以向有管辖权的法院申请予以撤销。本条的法文原文为:[61]

> Art. 1484 Lorsuqe, suivant les distinctions faites à l'article 1482, les parties ont renoncé à l'appel, ou qu'elles ne se sont pas exressément réservé cette faculté dans la convention d'arbitrage, un recours en annulation de l'acte qualifié sentence arbitrale peut néanmoins être formé malgré toute stipulation contraire.
>
> Il n'est ouvert que dans les cas suivants:
>
> 1. Si l'arbitre a statué sans convention d'arbitrage ou sur convention nulle ou expirée;
>
> 2. Si le tribunal arbitral a été irrégulièrement composé ou l'arbitre unique irrégulièrement désigné;
>
> 3. Si l'arbitre a statué sans se conformer à la mission qui lui avait été conférée;
>
> 4. Lorsque le principe de la contradiction n'a pas été respecté;
>
> 5. Dans tous les cas de nullité prévus à l'article 1480;
>
> 6. Si l'arbitre a violé une règle d'ordre public.

---

[60] See W. Laurence Craig *et al.*, International Chamber of Commerce Arbitration, 2nd ed., Part V § 30: Annex, French Law, Oceana Publications, 1990, pp. 499-513.

[61] Nouveux Code de Procedure Civile, Editions Dalloz, 1998, pp. 629-630.

兹根据对于本条的法文原文,并参照英文[62]、日文[63]译文,试为中译如下:

第 1484 条 依第 1482 条的区分,当事人放弃了上诉权或在仲裁协议中没有明确地保留上诉权的,不论有任何相反的规定,当事人仍可申请撤销具有仲裁裁决性质的文件。

仅限于下列情形,可以申请撤销:

1. 仲裁员作出裁决时,没有仲裁协议,仲裁协议无效,或仲裁协议已经失效;
2. 仲裁庭的组成失当,或独任仲裁员的指定失当;
3. 仲裁员作出裁决时,**违背了他承担的职责**[64];

---

[62] 本条的英文译文为:

Article 1484 Whenever, in conformity with the distinction made in Article 1482, the parties have waived their right to appeal, or have not expressly reserved said right in the arbitration agreement, a motion to set aside the document characterized as an arbitral award may nevertheless be raised irrespective of any stipulation to the contrary.

It may be granted only in the following cases:

1st If there was no valid arbitration agreement or the arbitrator decided on the basis of a void or expired agreement;

2nd If there were irregularities in the composition of the arbitral tribunal or in the designation of the sole arbitrator;

3rd If the arbitrator has decided in a manner incompatible with the **mission** conferred upon him;

4th Whenever due process (literally: the principle of an adversarial process) has not been respected;

5th In all cases of nullity defined in Article 1480;

6th If the arbitrator has violated order public.

See W. Laurence Craig *et al*., International Chamber of Commerce Arbitration, 2nd ed., Part V § 30; Annex, French Law, Oceana Publications, 1990, pp. 508—509.

[63] 本条的日文译文为:

第一四八四条

第一四八二条 になされた区分に従って、当事者が控訴を放棄したとき、又は、当事者が仲裁の合意の申立にこの権限を明示に留保しないとき、それにもかかわらず、仲裁判断とされた文書の無効の不服申立はすべての反対の規定にかかわらずなされることができる。それは、次の場合にのみ許される。

1. 仲裁人が仲裁の合意なく又は無効もしくは満了の合意に基づき裁判した場合。
2. 仲裁裁判所が不適法に構成され又は不適法に指名された単裁裁判人であった場合。
3. 仲裁人が仲裁人に付与された任務に従わないで裁判した場合。
4. 対審原則が尊重されなかったとき。
5. 第一四八〇条に規定されたすべての無効の場合。
6. 仲裁人が公序の規則を侵害した場合。

载《近畿大学法学》1990 年第 40 卷第 2 期,第 322 页。

[64] 本词语的法文原文为"mission",前注[62]摘引的英译文也是"mission",发音不同,其含义均为职责、职守、天职、使命、任务。前注[63]摘引的日译文为"任务",其含义也是责任、职责、职守、任务。这些释义分别参见《法汉词典》,上海译文出版社 1979 年版,第 805 页;《新英汉辞典》,上海译文出版社 1991 年版,第 822 页;《日汉大辞典》,机械工业出版社 1991 年版,第 1376 页。

有的学者将本词转译为"职权"或"权限",似不够贴切。"职权"或"权限",强调的是"权力";"职责"或"职守",强调的则是责任。从《法国新民事诉讼法》第 1484 条下所附的诠解中,也可以看出它所强调的是仲裁员必须德才兼备、恪尽职守。

4. 仲裁中不遵守两造充分辩驳对质的原则；[65]

5. 裁决中存在本法第1480条规定的无效情况之一；[66]

6. 仲裁员触犯了公共秩序的准则。[67]

上述第3点和第6点的规定，显然都涉及仲裁裁决的程序运作，也都涉及仲裁裁决的实体内容，换言之，在作出仲裁裁决过程中，举凡仲裁员有渎职、失职、玩忽职守，乃至于利用职便或滥用职权，贪污受贿，徇私舞弊，枉法裁决，触犯基本的法律规范和道德规范（公序良俗）等行为，则不论其后果是体现在仲裁裁决的程序运作错误上，抑或是体现在仲裁裁决的实体内容错误上，均可依法申请管辖法院予以审查、纠正，甚至全盘撤销。

乙、对国际仲裁裁决的监督

按照《法国新民事诉讼法》第1502条的规定，当事人对于具有下列五种情形之一的外国仲裁裁决以及在法国境内作出的国际仲裁裁决，纵使已获法院准予承认或准予执行，仍可依法向有管辖权的上诉法院提起上诉，申请不予承认或不予执行。同时，根据同法第1054条第1款的规定，对于在法国境内作出的国际仲裁裁决，[68]则还可根据同样的理由，进一步申请予以撤销。这两条有关的法文原文为：[69]

Art. 1502 L'appel de la décision qui accorde la reconnaissance ou l'exécution n'est ouvert que dans les cas suivants：

1. Si l'arbitre a statué sans convention d'arbitrage ou sur convention nulle ou expirée；

2. Si le tribunal arbitral a été irrégulièrement composé ou l'arbitre unique irrégulièremen désigné；

3. Si l'arbitre a statué sans se conformer à la mission qui lui avait

---

[65] 法文原文为"principe de la contradiction"，指法官或仲裁员审理案件时，应当让双方当事人到庭当面互相辩驳对质，充分尊重两造平等的陈述和讼争权利，借以澄清事实，兼听则明。这是法国民事诉讼程序中最基本的原则，其英译为"principle of an adversarial process"，日译为"对审原则"。其释义参见张卫平、陈刚编著：《法国民事诉讼法导论》，中国政法大学出版社1997年版，第100—102页。

[66] 《法国新民事诉讼法》第1480条综合规定：仲裁裁决书应当阐明裁决理由；列出仲裁员姓名、仲裁日期；并且应当经仲裁员签署。凡不符合这些规定要求的裁决书，概属无效。

[67] 此处依法文原文"une règle d'ordre public"译出。其中"règle"一词，含义为准则、守则、行为规范等。

[68] 《法国新民事诉讼法》第1492条规定：涉及国际商务权益的仲裁，均为国际仲裁（arbitrage internationale）。其内容大体相当于《中华人民共和国仲裁法》第七章各条所称的"涉外仲裁"。对于在法国境外作出的仲裁裁决，《法国新民事诉讼法》则称为"外国仲裁裁决"（les sentences arbitrales rendues à l'etranger），其内容即《1958年纽约公约》中所规定的"外国仲裁裁决"。See Nouveux Code de Procedure Civile, Editions Dalloz, 1998, pp. 637-638.

[69] See Nouveux Code de Procedure Civile, Editions Dalloz, 1998, pp. 637, 639.

été conférée；

4. Lorsque le principe de la contradiction n'a pas été respecté；

5. Si la reconnaissance ou l'exécution sont contraires à l'ordre public international.

Art. 1504 La sentence arbitrale rendue en France en matière d'arbitrage international peut faire l'objet d'un recours en annulation dans les cas prévus à l'article 1502.

兹根据这两条的法文原文,并参照其英文[70]、日文[71]的译文,试为中译如下：

第1502条　只有在下列情形下,才可以对准予承认或准予执行的决定提起上诉：

1. 仲裁员作出裁决时,没有仲裁协议,仲裁协议无效,或仲裁协议已经失效；
2. 仲裁庭的组成失当,或独任仲裁员的指定失当；
3. 仲裁员作出裁决时,**违背了**他承担的**职责**；
4. 仲裁中不遵守两造充分辩驳对质的原则；
5. 承认或执行仲裁裁决违背国际公共秩序。

第1504条　对于在法国境内作出的国际仲裁裁决,具有第1502条所列的

---

[70] 这两条的英文译文为：

Article 1502 An appeal against a decision granting recognition or enforcement may be brought only in the following cases：

1st If the arbitrator decided in the absence of an arbitration agreement or on the basis of a void or expired agreement；

2nd If the arbitral tribunal was irregularly composed or the sole arbitrator irregularly appointed；

3rd If the arbitrator decided in a manner incompatible with the mission conferred upon him；

4th If due process (literally：the principle of an adversarial process) was not respected；

5th If recognition or enforcement would be contrary to international public policy (order public international).

Article 1504 An arbitral award rendered in France in international arbitral proceedings is subject to an action to set aside on the grounds set forth in Article 1502.

See W. Laurence Craig et al., *International Chamber of Commerce Arbitration*, 2nd ed., Part Ⅴ § 30：Annex, French Law, Oceana Publications, 1990, pp.512-513.

[71] 这两条的日文译文为：

第一五〇二条　承認又は執行を付与する判決の控訴は次の場合にのみ許される。
1. 仲裁人が仲裁の合意なく又は無効もしくは満了の合意に基づき裁判した場合。
2. 仲裁裁判所が不適法に構成され又は不適法に指名された単独仲裁人であった場合。
3. 仲裁人が仲裁人に付与されられた任務に従わないで裁判した場合。
4. 対審の原則が尊重されなかったとき。
5. 承認又は執行が国際公序に反する場合。
第一五〇四条　国際仲裁事項に関しフランスで下された仲裁判断は第一五〇二条に規定された場合に無効の不服申立の対象をなすことができる。
载《近畿大学法学》1990年第40卷第2期,第324页。

理由,可以申请予以撤销。

笔者之所以不厌其详地将《法国新民事诉讼法》第 1484、1502 和 1504 条的原文本、英文译本、日文译本以及中文译文逐一列出,目的端在提供**第一手的法律条文本身**,作为论据,据以**论证**:法国的有关法律虽然将内国仲裁和在法国境内作出的涉外仲裁分为两类,并对各类的若干操作规则作了区分,但是,就针对两类仲裁裁决的**监督机制和撤销条件**而言,**却是基本相同**的。

读者只要较为细心和认真地对上述四种文本中的任何一种文本(即法文原本、中文译本、英文译本或日文译本)中第 1484 条关于**内国仲裁裁决**的六种撤销条件与第 1502 条关于**涉外仲裁裁决**的五种撤销条件,逐一加以对照比较,即不难发现后者所列的五种撤销条件,从用词遣句到实际内容,几乎完全**雷同**于前者,即几乎完全是逐字逐句地重复前者并从前者移植而来;所不同的只是对前者之中关于裁决书未阐述裁决理由或仲裁员未正式签署等纯程序性失误这一种撤销条件(即 1484 条第 5 款所指),未加移植而已。

由此可见,法国对于内国仲裁和涉外仲裁两者的监督范围,虽略有小异,但在监督的原则和监督的力度上,则基本相同,即对这两大类仲裁裁决都实行**一视同仁的、兼及程序**运作和实体内容的**双重监督**。

由此可见,肖文援引法国的例子似也无助于论证前述所谓"国际上的通行做法"之说。[72]

(四)联合国《国际商事仲裁示范法》

为了论证前述所谓"国际上的通行做法"之说,肖文进一步对 1985 年的联合国《国际商事仲裁示范法》(以下简称《示范法》)加以转述和推论:

---

[72] 顺便说说,肖文在引证和转述施米托夫的有关法国仲裁监督机制的论述时,任意"修改"了施氏的原语和中文的原译,此点已见前注[53]所作的对照。不但如此,肖文的作者尤其未曾下功夫去查证施氏所述是否符合法国有关条文规定的真貌。经核对,原来施氏本人在这一段的叙述中,竟有三处"失真",即:(1) 法国用以调整国际贸易仲裁的法令,是颁布于 1981 年 5 月 12 日,而不是施氏所述的"1980 年";(2) 第 1052 条第 3 款的规定是"仲裁员作出裁决时违背了他承担的职责"(l'arbitre a statué sans se conformer à la mission qui lui avait été conférée,或 the arbitrator decided in a manner incompatible with the mission conferred upon him),而不是施氏所述的"仲裁员超出了其权限范围"(the arbitrator's failure to respect the terms of reference);(3) 第 1052 条第 4 款的规定是"仲裁中不遵守两造充分辩驳对质的原则"(le principe de la contradiction n'a pas été respecté,或 the principle of an adversarial process was not respected),而不是施氏所述的"违背了公正原则"(violation of the principle of fairness)。这种"失真"表明:即使是权威学者,也可能"千虑一失"。故对其有关论述,如欲加以引证和发挥,仍很有必要认真查对其原始出处,究其所本,而不宜一味迷信,导致以讹传讹。(See C. M. Schmitthoff's Select Essays on International Trade Law, Edited by C. J. Chen, Kluwer Academic Publishers, 1988, pp. 657-658. 并参见《国际贸易法文选》,赵秀文译,中国大百科全书出版社 1993 年版,第 679 页。)

例如,《示范法》第 34 条规定,一方当事人要求撤销裁决时,必须能够证明:

(1) 订立仲裁协议的一方缺乏行为能力,或根据法律仲裁协议无效;或

(2) 有关当事人未能得到指定仲裁员或进行仲裁程序的适当通知,或因其他理由未能陈述其案情;或

(3) 裁决处理的是不属于仲裁协议规定提交仲裁的争议;或

(4) 仲裁庭的组成或仲裁程序违反当事人事先达成的协议。

法院认为有下列情况之一时,也可撤销仲裁裁决:

(1) 按照本国法律,争议的标的不能通过仲裁解决;

(2) 该裁决与本国的公共政策相抵触。

陈文认为,上述公约设置的公共政策条款的实质"就是授权上述东道国主管机关对来自外国的仲裁裁决除了可以进行程序方面的审查和监督之外,也可以进行实体内容上的审查和监督。"笔者认为,这种理解显然过分扩大了公共政策的含义。公共政策作为国际私法上拒绝适用外国法的一种理由,其实际内容的不确定性和含糊性是一个显著特点,但大多数国家的司法实践和多数学者均主张,公共政策所针对的并不是外国法内容本身,而是其适用结果。因此,法院在审查仲裁裁决时,并不涉及仲裁员如何适用法律以及适用法律是否恰当,而只考虑承认和执行裁决的结果是否会与本国的公共政策相抵触。从实践来看,各国法院在仲裁案中均对公共政策作了狭义的严格解释。……因此,在目前的仲裁案中,以公共政策作为抗辩理由而取得成功的可能性愈来愈小。有位学者曾统计,在 140 项拒绝执行仲裁裁决和仲裁协议的判决中,仅有 5 项是基于公共政策作出的。而这 5 项又都是属于程序上的问题。例如,德国汉堡上诉法院拒绝执行一项在纽约作出的仲裁裁决,原因是仲裁员没有把申诉人提交仲裁员的信件转给被诉人。德国科隆上诉法院也拒绝执行一项在哥本哈根作出的仲裁裁决,原因是仲裁员的姓名未让当事人得知。因此,各国对仲裁中的公共政策都作了狭义的严格解释,且其一般涉及程序上的问题。[73]

这段转述和推论,乍一读,似乎是"言之凿凿";细加推敲,却令人疑窦丛生:

第一,众所周知,1985 年由联合国大会加以推荐的《示范法》,从来就不是什么"国际条约"或"国际公约",十几年来,它一直只是一种"仅供各国参考"的国内立法建议。肖文在引述《示范法》第 34 条的具体规定之后,将其称为"上述公约设置的公共政策条款",并进而把拙作中专门评论《1958 年纽约公约》的一段话,即"授权上述东道国主管机关对来自外国的仲裁裁决除了可以进行程序方面的审查和监督之外,

---

[73] 肖文,载《仲裁与法律通讯》1997 年第 6 期,第 10—11 页;《法学评论》1998 年第 1 期,第 47 页。

也可以进行实体内容上的审查和监督"[74],"嫁接"到《示范法》头上,再次"张冠李戴",从而产生了这样的问题:《示范法》并非国际公约,何能对东道国"授权"?这样的"嫁接"术,是逻辑学"同一律"所允许的吗?(参见前注〔2〕)

第二,《示范法》既是专供各国在制定有关仲裁事宜的国内法时作为参考,故拙作对它作出评论时,认为其中有关仲裁监督的建议,乃是总结和概括了当代各国国内仲裁立法的通例,即:"一个国家的管辖法院对于在本国境内作出的一切仲裁裁决实行审查和监督时,不分其为内国裁决或是涉外裁决,都采取同样的审定标准和补救措施;对于经过管辖法院审查认定其在程序操作上确有错误或违法,或在实体内容上确与本国公共政策相抵触者,则均在'可予撤销'之列"[75]。拙作并据此进一步认为,中国对在本国境内作出的涉外仲裁裁决实行监督的现行规定,显然与当代各国仲裁立法对两大类裁决实行"一视同仁、双重监督"的通例以及联合国《示范法》的范例相左。面对拙作的这一重要论据和论点,肖文避而不予置评,既不能证明《示范法》提倡对两大类裁决实行"内外有别"的"分轨监督制",又不能证明它反对兼及程序与实体的"双重监督制",却又一次"顾左右而言他",花了不少笔墨论证"公共政策"含义的宽狭,不正面回答有关"公共政策"的监督究竟是不是实体内容的监督。这是否有意无意地避开了问题的焦点、难点和"要害"呢?

第三,肖文承认,法院在审查仲裁裁决时,必须"看承认与执行裁决的结果是否与本国的公共政策相抵触",既然如此,对执行裁决的结果进行审查时,可以完全不审查该裁决的实体内容吗?

第四,据肖文称"各国法院在仲裁案中对公共政策均作了狭义的严格解释",然则这些解释是否已"狭"到肖文所强调的这种地步:完全"**否定法院对实体问题进行监督**"?[76] 有何具体证据?何不认真列举?

第五,据肖文称"以公共政策作为抗辩理由取得成功的可能性愈来愈小",然则已经"小"到何种程度?谁曾作过科学的衡量,可以断定其可能性已经"小"到等于零?有何具体证据?据称"有位学者"曾经对 140 项有关的判决作过"统计",成功率仅为 5∶140,而这仅有的"5",又全部"都是属于程序上的问题"云云。然而,令读者纳闷的是:在"140"这个基数中何以竟然掺有数量不明的、并非仲裁裁决的"仲裁协议"?在专门探讨"牛"的"发病率"时可以掺入"羊"的数字吗?"70 头牛+70 只羊=140 头牛"——这样的基数,可凭以立论么?如果这样的统计数字果真确凿可信,而

---

[74] 参见拙作,载《中国社会科学》1995 年第 4 期,第 22—23 页。
[75] 同上书,第 26 页。
[76] 肖文,载《仲裁与法律通讯》1997 年第 6 期,第 7 页。随后,在其《法学评论》1998 年第 1 期,第 44 页上,将这句话修改为"基本否定法院对实体问题进行监督",即添加了"基本"两字,从而再次闪烁其词,再次显示已失去其原有的自信,但又不愿意承认自己立论的"失之偏颇"。

且具有普遍的、国际性的重大意义,则在转述时何以竟如此"惜墨如金",语焉不详,含糊不清?在这里,是否略有一点"大胆假设,粗心求证"呢?[77]

第六,肖文所列举的两项德国判决,据称德国法院拒绝执行外国仲裁裁决的"原因"均在于仲裁庭未将有关信件或信息通知有关当事人,这显然纯属违反了《纽约公约》第5条第1款第2项的禁止规定,即"受裁决援用之一造未接获关于指派仲裁员或仲裁程序之适当通知,或因他故,致未能申辩者";[78]因而与该公约同条第2款第2项关于"公共政策"的禁止规定毫不相干,即德国法院拒绝执行根本不是由于执行这些裁决有违德国的公共政策。以与公共政策无关的判例来论证公共政策的"狭义解释",这样的"求证",是否稍嫌"大胆有余,小心不足"?

第七,肖文提道:"在140项拒绝执行仲裁裁决和仲裁协议的判决中,仅有5项是基于公共政策作出的。"其所列举的"5项"中的2项德国判决,属于"文不对题",已如上述;其所未予列举的其余3项他国判决,经查对肖文所称那个"有位学者"的英文原著,原来竟也是"文不对题"的。该学者对其余3项他国判决的要点简介如下:

> 第3个案例,是美国纽约地区法院作出的一项判决,判决认定:根据《美国公共船舶法》,有关海上救助美国军舰的争议,不得提交仲裁(在伦敦仲裁)。[79]
>
> 第4个案例,是比利时最高法院作出的一项判决,判决认定:根据《1961年比利法时》(Belgian Law of 1961),有关单方面终止特许比利时某商行独家经销协议的争议,不得按照该协议的规定提交(瑞士)苏黎世仲裁解决,而只应由比利时法院专属管辖。[80]
>
> 第5个案例,是美国哥伦比亚特区法院作出的一项判决,判决认定:利比亚采取的国有化措施构成了一种不能仲裁的国家行为,因此,根据1958年《纽约公

---

[77] 肖文此段论述所"引证"的出处是"Albert Jan Van Den Berg, The New York Arbitration Convention of 1958, 1981. pp. 220-227."(参见肖文,《仲裁与法律通讯》1997年第6期,第10—11页;《法学评论》1998年第1期,第48、49页)。经查核 Kluwer Law and Taxation Publishers 1981年版该英文原著复印件,发现其准确页数应是 pp. 366-367 而不是"pp. 220-227"。为何会出现这么大的页码差错?看来,肖文的这段转述是转引自另一位中国学者的著作。经向被转引的那本著作的中国学者请教,那位学者已查明和确认了自己的笔误。肖文的作者对他人的笔误照抄不误,既不下功夫去查读英文原著,又不如实注明所转引的中文著作。在治学和撰文中,这种引证方法似不宜提倡。(参见韩健:《现代国际商事仲裁法的理论与实践》,法律出版社1993年版,第346页注[2]及有关正文;并参见前注[32]—[35]及有关正文)。

[78] 本项规定的内容,与联合国《国际商事仲裁示范法》第34条第2款第1项第2点规定的内容大体相似,所不同的是《1958年纽约公约》规定有关裁决可不予执行,《示范法》则进一步规定有关裁决可径予撤销。参见胡康生主编:《中华人民共和国仲裁法全书》,法律出版社1995年版,第607、620页。

[79] See U. S. District Court of New York, S. D. December 21, 1976, B. V. Bureau Wijsmuller v. United States of America,(U. S. no. 15)。

[80] See Cour de Cassation (lst Chamber), June 28, 1979, Audi-NSU Auto Union A. G. v. Adelin Petit & Cie (Belgium no. 2)。

约》第 5 条第 2 款第 1 项,应当拒绝执行有关裁决。[81]

《1958 年纽约公约》第 5 条第 2 款**第 1 项**规定:对于当事人一方申请执行之外国裁决,举凡申请执行地所在国之主管法院认定"依该国法律,争议系不能以仲裁解决者",即可拒绝承认,不予执行。第 5 节 2 款**第 2 项**则规定:举凡申请执行地所在国之主管法院认定"承认或执行裁决有违该国公共政策者",亦可拒绝承认,不予执行。[82] 把《1958 年纽约公约》的这两项规定对照美国和比利时上述三案例的具体情

---

[81] See U. S. District Court of Columbia,January 18,1980,LIAMCO v. Libya (U. S. no. 33)。以上 3 条注解,均转引自 Ablert Jan Van Den Berg, The New York Arbitration Convention of 1958,1981, p. 367。英文原注序号分别为 362、363、364。

[82] 为便于读者仔细对照、查核和进一步研究,兹将《1958 年纽约公约》和 1985 年联合国《国际商事仲裁示范法》中有关外国仲裁裁决和内国仲裁裁决因违背本国公共政策而不予执行或径予撤销的条文规定(英文原文和中文译文)分别摘录如下:

《1958 年纽约公约》第 5 条第 2 款第 1 项和第 2 项的规定:
英文:
Article V
1. …
2. Recognition and enforcement of an arbitral award may also be refused if the competent authority in the country where recognition and enforcement is sought finds that:
(a) The subject matter of the difference is not capable of settlement by arbitration under the law of that country; or
(b) The recognition or enforcement of the award would be contrary to the public policy of that country.
中译文:
第 5 条
一、…
二、倘声请承认及执行地所在国之主管机关认定有下列情形之一,亦得拒不承认及执行仲裁裁决:
(甲)依该国法律,争议事项系不能以仲裁解决者;
(乙)承认或执行裁决有违该国公共政策者。
《国际商事仲裁示范法》第 34 条第 2 款第 2 项第 1 点和第 2 点的规定:
英文:
Article 34
1. …
2. An arbitral award may be set aside by the court specified in Article 6 only if:
(a) the party making the application furnishes proof that:
…
(b) the court finds that:
(i) the subject-matter of the dispute is not capable of settlement by arbitration under the law of this State; or
(ii) the award is in conflict with the public policy of this State.
中译文:
第 34 条
1. …
2. 仲裁裁决只有在下列情况下才可以被第 6 条规定的法院撤销:
(a) 提出申请的当事一方提出证据证明:
…
(b) 法院认为:
(i) 根据本国的法律,争议的标的不能通过仲裁解决;或
(ii) 该裁决与本国的公共政策相抵触。
以上英文原文参见 S. Zamora & R. A. Brand (eds.), Basic Documents of International Economic Law, CCH International, Vol. 2, 1991, pp. 980-981, 1011。中译文参见胡康生主编:《中华人民共和国仲裁法全书》,第 607—608、620—621 页。

节,显然可以看出:申请执行地所在国的主管法院拒绝执行有关外国裁决所依据的法定理由,均属《1958年纽约公约》第5条第2款的第1项,而均非同条同款的第2项,即都是因为有关争议依执行地所在国法律根本不能提交仲裁,而都不是出于如予执行便会违背执行地所在国的公共政策。肖文无视于上述三案例的具体情节,抽象地援引这些与"公共政策"无关的判例,来论证"各国法院在仲裁案中均对公共政策作了狭义的严格解释",致使"论据"不能为"论点"服务,两者之间,有如风马牛之不相及。而且,把依据《1958年纽约公约》第5条第2款**第1项**作出的判决,用来论证或诠释该公约第5条第2款**第2项**的内容,这是否类似于"认定事实不当"以及"**适用法律错误**"呢?

第八,其实,各国法学界对"公共秩序""公共政策"或"社会公共利益"的理解和诠释,尽管见仁见智,"广""狭""宽""严"不尽一致,但从基本法理上说,对于仲裁员在贪赃枉法基础上作出的仲裁裁决,或在适用法律上或认定事实上有重大错误的仲裁裁决,或对于当事人以提供伪证等欺诈手段取得仲裁裁决,如果立法者和执法者明知其违法却不许追究、不许纠正,不但不否定其法律效力,反而凭借法律的威力,仍予强制执行,则如此立法、如此执法,其客观后果和社会影响,就不可能不是对法律尊严的强烈讽刺和严重亵渎,就不可能不是直接违反社会公共秩序或社会公共利益。在这方面,作为近、现代民法和民事诉讼法发源地的法国,其法学界对"公共秩序"一词所持的见解是值得重视的。例如,针对前引《法国新民事诉讼法》第1502条第5款所列的仲裁裁决撤销条件之一——"违反国际公共秩序",法国的学者们就曾作出这样的诠释:

E. 违反国际公共秩序

....

16. 1982年6月14日的政府法令强制性地规定应当给予进口商补偿金。擅自更改这种法令规定的仲裁裁决是违反国际公共秩序的。[83]

17. 法律规定对外国投资的公共权利应予以监督控制。仲裁裁决却认可了违反这种法律规定的行为,此项裁决是违反国际公共秩序的。[84]

---

[83] 1998年由Dalloz出版社推出的《法国新民事诉讼法》(法文版)一书,在各条法律条文之下均标明主要的参考文献,并摘要辑录具有代表性的法学学者见解及其出处。

本段见解的出处是:Civ. 1re, 15 mars 1988; Bull. Civ. 1, No. 72; D. 1989, 577, note Robert. See Nouveux Code de Procedure Civile, Editions Dalloz, 1998, p. 639.

[84] Paris, 5 avr. 1990; D. 1990, IR. 116. 参见同上书同页。

18. 以欺诈手段取得的仲裁裁决,其有关处断是违反国际公共秩序的。[85]

法国法学界的这些主张,似可归纳为:在法国境内作出的涉外仲裁裁决,如果其实体内容违反了法国现行法律的规定,或因当事人以提供伪证等欺诈手段取得涉外仲裁裁决,从而使该裁决在认定事实上发生重大错误,则均应认定为违反了国际公共秩序,法国的主管法院可依法予以撤销。

笔者认为:根据"有法必依、违法必究"这一最基本的法理原则来判断,法国学者们对"违反公共秩序"一词的上述理解和诠释,可以说是"不枉不纵"、宽严适度、恰如其分、十分合理的。因而应当认真地予以借鉴。

四、当事人选择仲裁解决争议,"最主要的就是期望获得一份终局裁决"吗? 终局而不公、终局而违法的裁决,是受害一方当事人"最主要"的期望吗?

肖文强调:"当事人选择仲裁解决争议,……最主要的就是期望获得一份终局裁决";"仲裁裁决的终局性能给当事人带来巨大的**潜在利益**,它显然比上诉程序带来的利益大得多。在商人们看来,以**放弃上诉权利**为代价而获得裁决的终局性是完全值得的";"当事人在选择仲裁时更注重**效益**,而不是**公平**。"[86]

这种论断,看来是缺乏足够的法理根据和事实根据的。

第一,诚然,当事人为解决争端而自愿选择仲裁方式,实际上就是自愿放弃了**向法院诉讼**的权利,并以此作为"代价",换得比较"干脆"的"一裁终局",尽早解决争端;避免了法院诉讼程序上的"二审结案",旷日持久,降低效率。但是,应当指出,此时此际,当事人所放弃的仅仅是向**第一审法院**提起诉讼的权利,而绝不是肖文所指

---

[85] Paris, 10 Sept. 1993; Rev. Crit. DIP 1994, 349, Note Heuzé. 参见同上书同页。法文原文如下,特摘录附此,以备读者一步核查和对照:
　　E. CONTRARIT L'ORDRE PUBLIC INTERNATIONAL
　　...
　　16. Est contraire á l'ordre public international la sentence modifiant l'attribution des montants compensatoires aux importateurs, ré glée impérativement par l'arrêté ministériel du 14 juin 1982. Civ. 1re, 15 mars 1988; Bull. civ, 1, no 72; D. 1989, 577, note Robert.
　　17. Est contraire á l'ordre public international la sentence consácrant la violation des dispositions relatives au contrôle des pouvoirs publics sur les investissements étrangers. Paris, 5 avr. 1990; D. 1990. IR. 116.
　　18. Les dispositions d'une sentence arbitrale obtenues par fraude sont contraires à l'ordre public international fiançais. Paris, 10 sept. 1993; Rev. crit. DIP 1994, note Heuzé.
[86] 肖文,载《仲裁与法律通讯》1997年第6期,第8、12页;《法学评论》1998年第1期,第45、49页。

称的"以放弃**上诉权利**为代价"。在这里,向初审法院的"起诉权利"与向管辖法院的"上诉权利"两词,只有一字之差,其本质含义却大不相同。换言之,除非当事人间另有明文协议"各方自愿放弃任何上诉权利",否则,绝不应任意推断:当事人一旦选择仲裁方式之后,即使面临错误的或违法的涉外终局裁决,也自愿全盘放弃了向**管辖法院**提出申诉和请求加以监督和纠正的权利。恰恰相反,无论从"**违法必究**"这一基本法理准则来衡量,还是从当代各国先进的仲裁立法通例来考察,对于已经发生法律效力的涉外终局裁决,只要当事人提出确凿证据足以证明该裁决确有前述各类重大错误或重大违法情事,则不论其为**程序上**的错误或违法,抑或是**实体上**的错误或违法,都属于管辖法院应当依法实行仲裁监督之列,即应当在仲裁领域严肃认真地、全面地贯彻"违法必究"和"违法必纠"的基本方针。

第二,法律的尊严,首要关键在于它的公正,即秉公执法。对已经发生效力的终局裁决,如果事后发现其确有重大违法和错误(或执法不公,或枉法裁判,或违反法定程序),却又片面强调其"终局性",不允许通过特定的仲裁监督程序重新予以审查、审理和作出必要的纠正,其社会效果不但不能积极维护法律的尊严,反而会严重损害法院的威信。换言之,裁决的**终局性**与裁决的**合法性**和**公正性**相比,终局性应当属于第二位,它必须以合法性和公正性为前提,并且必须服从于合法性和公正性。应当说,这就是对终局性的裁决设立仲裁监督机制的立法本旨。中国 1995 年 9 月开始实施的《仲裁法》以及英国 1997 年 1 月开始实施的《1996 年仲裁法》,其开宗明义第 1 条,都不约而同地把"公正"或"公平"一词置于"及时"或"避免拖延"之前,作为仲裁立法或仲裁裁决的首要宗旨和第一要求,[87]这就是上述立法宗旨或基本法理的最新证明。

第三,再从当事人的**正常心态**分析:任何正派、诚实的当事人,选择仲裁解决争议,其所殷切期盼的理应是既公正公平又相对简便快捷的终局解决。对于守法的当事人说来,裁决的公正性和公平性,较之裁决的便捷性和终局性,有如熊掌与鱼。两者孰轻孰重、孰珍孰廉,是显而易见的。两者可以得兼,自是理想追求,一旦两者不可得兼,正常人恐怕**谁也不会舍熊掌而取鱼**。试设身处地地想一想:一个正派诚实的涉外商人,当其合法权益受到对方侵害而诉诸仲裁之后,耗时、耗资、耗精力之余,最终收到的却是一份仲裁员凭伪证作出或基于贪赃枉法作出的错误的或违法的终局裁决,这难道是他选择仲裁的初衷和"最主要的期望"?此时此际,他应当"被打落门牙便往肚里吞"吗?他难道无权依法向上申诉,讨回公道?古往今

---

[87] 中国《仲裁法》第 1 条规定:"为保证公正、及时地仲裁经济纠纷……制定本法";英国《1996 年仲裁法》第 1 条规定:"仲裁的目的在于通过公正的仲裁庭使争端获得公平的解决,避免不必要的拖延或不必要的费用。"

来,深受冤假错案之害而又心甘情愿、不极力谋求申诉平反者,应当是极为罕见的。

反过来,通过伪证、行贿等不法手段而取得含有重大错误或违法实体内容的终局裁决,却又因其是涉外仲裁裁决从而可以"依法"把裁决受害人向上申诉讨回公道的途径完全堵塞,使其"永世不得翻身",这才是不法奸商(对方当事人)参加仲裁的"最主要的期望";而且,正是这样荒唐、违法而又不容许依法推翻的终局裁决,能够给他"带来巨大的潜在利益"和实在利益。

可见,问题就是这样摆着:对于一份凭伪证作出的或基于贪赃枉法作出的涉外终局裁决,片面强调其绝对的、至高无上的"终局性",却不允许裁决受害人依法向上申诉,请求对裁决的实体内容予以审查、监督,作出必要的拨乱反正,这样的仲裁监督体制,归根结底,究竟是保护了正派、守法的商人,还是纵容了不法奸商?

第四,更有甚者,不妨再深入地设想一下:一个守法的在华外商,正好是这种凭伪证作出的或基于贪赃枉法作出的裁决的一方当事人和直接受害者,却又因在中国诉请对涉外裁决实行实体内容监督的法律途径已被"依法"堵塞,因而投诉无门,只能忍气吞声,束手"挨宰",或"引颈待戮",试问:这样的法律设计及其存在的"漏洞",是如肖文所善意预期的"增强该国的涉外仲裁对外国当事人的吸引力,改善本国的投资环境",还是背道而驰,适得其反?

第五,从中国《仲裁法》的现行规定看,当事人选择仲裁方式解决涉外争议之际,并未承担任何**法定义务**,必须"放弃上诉权利",或竟然可以**推定**其"放弃上诉权利"。恰恰相反,《仲裁法》第70、71条以及《民事诉讼法》第260条的有关规定,正是为确保当事人在收到终局的涉外裁决之后,仍可依法诉请就有关裁决实行**程序运作**方面的司法监督。令人遗憾的是,这些现行的法律规定不允许此种司法监督也扩及涉外裁决的**实体内容**,因而存在漏洞和可能发生弊端。可见,如果不细加分析,对于选择仲裁方式解决涉外争端的所有当事人,不问青红皂白,一概推定其已经自愿"放弃上诉权利",则此种见解,不但没有法律根据,而且不符合现行法律的明文规定。它不但根本无法解释这些在程序运作方面确保当事人向上申诉权利的现行规定,而且背离了"当事人意思自治"这一基本法理原则。因为这种推断,完全是**强加于当事人**的,它违背了当事人选择仲裁时的真实意思表示。

五、"应更注重效益"论、"预防保护主义"论、"抵制司法腐败"论、"仲裁一片净土"论能否成为涉外仲裁排除实体监督的正当"理由"?

为了论证对涉外仲裁裁决不应实行兼及其实体内容的司法审查或司法监督,肖文提出了"应更注重效益"论。与此种观点互相呼应的,还有若干其他人士提出的"预防保护主义"论、"抵制司法腐败"论以及"仲裁一片净土"论。兹试予分别评析如下:

(一)"应更注重效益"论评析

肖文极力强调:"当事人在选择仲裁时**更注重效益,而不是公平**";主张为了提高"效益",就不能允许法院对仲裁的监督涉及实体问题。因为:"如果我国法律允许法院对仲裁进行实质审查,无异于使仲裁程序从属于法院的诉讼程序,任何一方当事人可以在收到裁决书之日起 6 个月内因程序上或实体上的问题向作出裁决的仲裁委员会所在地中级人民法院申请撤销裁决,这比允许向法院上诉更不利于维护仲裁裁决的终局性,因为上诉的期限只是 15 天。所以,我国法院对仲裁的监督是不应该涉及实体问题的。"[88]

这种论证,看来也是有欠周全、有所偏差的。因为:

第一,根据中国现行《仲裁法》第 59 条,"当事人申请撤销裁决的,应当自收到裁决书之日起 6 个月内提出"。这 6 个月的法定期限,是同等适用于内国仲裁裁决和涉外仲裁裁决的。所异者,在适用于内国仲裁裁决的场合,应结合《仲裁法》第 58 条的规定,兼及于对有关裁决的运作程序和实体内容,实行双重的监督;而在适用于涉外仲裁裁决的场合,则应结合《仲裁法》第 70 条的规定,只能对有关裁决的运作程序,实行单重、单薄的监督,而不允许对其实体内容,也实行同等的、双重的监督。如果认为这 6 个月的法定期限,为时过长,从而"不利于维护仲裁裁决的终局性",则在当事人援引《仲裁法》第 58 条和第 70 条的规定针对涉外仲裁裁决的**程序缺陷**提起撤销之诉时,也**同样**依法享有这 **6 个月**的申诉期,这难道不是同样地"不利于维护仲裁裁决的终局性"吗?如果"当事人在选择仲裁时更注重效益,而不是公平"因而愿意"以放

---
[88] 肖文,载《仲裁与法律通讯》1997 年第 6 期,第 8、12 页;《法学评论》1998 年第 1 期,第 45、49 页。

弃上诉权利为代价而获得裁决的终局性"这一论断果真是正确的,那么,为了"更注重效益",更迅速有效地"获得裁决的终局性",岂不是连同当事人针对涉外仲裁裁决的**程序缺陷**提起撤销之诉的权利,也应当在立法上一并予以否定或予以剥夺?试问:当今世界各国的仲裁立法,有如此极端推崇裁决之"终局性"、不惜牺牲裁决之公正性和合法性的规定吗?

第二,事实上,为了"**注重效益**"和维护涉外仲裁"裁决的终局性",并**不应当也不必要以牺牲其公正性和合法性作为代价**。环顾当今世界许多先进国家的仲裁立法,一般都正是首先坚持公正与合法,同时兼顾效益,因而都允许针对涉外仲裁裁决,提出兼及其程序运作缺陷或实体内容谬误的撤销之诉。其申诉期限,在作出或送达有关仲裁裁决之后,有的长达 1 年,如今日之美国;[89]有的定为 3 个月,如今日之德国;[90]有的定为 1 个月,如今日之法国;[91]有的则定为 28 天,如今日之英国。[92] 各国仲裁立法中有关提起撤销之诉的具体时限,固有或长或短之分,但在两个基本点上则是相同的,即:(1)都明确地保留、保护当事人在一定条件下和一定期限内针对内国仲裁裁决和涉外仲裁裁决提起撤销之诉的权利,而不因推崇任何仲裁裁决的"终局性"或"注重效益"而从根本上取消申诉期;(2)都明确地允许当事人针对上述两大类裁决的程序缺陷和实体谬误,提起撤销之诉,而不应特别推崇涉外裁决的"终局性"或"注重效益",以此作为借口,禁止受害当事人针对涉外裁决中实体内容上的谬误,提起撤销之诉,从而不但剥夺了受害当事人的申诉权,而且严重损害了仲裁制度的公正性和合法性,甚至亵渎了法律的尊严。

第三,中国《仲裁法》目前规定对仲裁裁决提起撤销之诉的期限为收到裁决书之后的 6 个月以内,这一期限,短于美国,长于德、法、英等国,它是否长短适度,自应在经历数年实践之后,总结经验教训,立足中国国情,参照他国立法的先进通例,予以必要的调整。但也应当重视:中国自身在法院**审判监督**体制方面,也已积累了一些有益的经验,可以作为进一步改善、健全中国现行**仲裁监督**体制的参考或借鉴。例如,中国现行的审判监督程序规定:当事人对于已经发生效力的判决或裁定,发现确有错误的,可以依法申请再审。[93] 其实质,就是允许当事人针对终局性判决或裁定中存在的重大程序缺陷或实体谬误,提出撤销原判或原裁之诉。对终局性司法裁判

---

[89] 参见美国《仲裁法》第 9 条。
[90] 参见德国《民事诉讼法》第 1059 条第 3 款。
[91] 参见法国《新民事诉讼法》第 1484、1503、1505 条。
[92] 参见英国《1996 年仲裁法》第 70 条第 3 款。
[93] 参见中国《民事诉讼法》第 178、179、182、183 条。

提起再审之诉(撤销之诉)的期限,定为原裁判发生法律效力之后的 2 年以内,[94] 较之对终局性仲裁裁决提起撤销之诉的 6 个月期限,长达 4 倍。就此点而言,现行法律对终局性司法裁判之"绝对定案"和"不可推翻",其保证的强度和力度,似均逊于对终局性仲裁裁决所给予的保证。因为前者在生效后的 2 年之内仍属于尚可"依法翻案"之列;后者则在生效之后再经半年,就属于"铁案如山",根本无法撼动,依法不许推翻了!

但是,另一方面,在司法审判监督程序中,当事人对终局性司法裁判申请再审或提起撤销之诉,一般并不能阻止、停止终局裁判的强制执行。[95] 只有在有关再审的申请或有关撤销的诉求经过法定程序的严格审查,并由主管法院**决定予以再审**之后,才能作出裁定,中止原终审裁判的执行。[96] 就此点而言,现行法律对终局性司法裁判给予保证的强度和力度,似均胜于对终局性仲裁裁决所给予的保证。因为**前者**的运作程式是:

当事人申请再审→法院立案受理,原终局司法裁判应**继续执行,不得中止**→法院决定再审,原终局司法裁判方可中止,暂停执行

但**后者**的运作程式则是:

当事人申请撤销→法院立案受理,原终局仲裁裁决即**不得继续执行,应予中止**

两相比较,显然可以看出:前者的运作程式,在"当事人申请"与"中止执行"之间,多设了一道严格审查、不容蒙混逾越的"关口",这对于当事人滥用申诉权、无理取闹以阻碍终局司法裁判执行的行为,无疑能够起到有效的预防和制止作用。对于在现行司法审判监督体制中行之有效的这一道"关口",是否可以移植到仲裁监督体制中,即在仲裁当事人"申请撤销"终局仲裁裁决与仲裁裁决"中止执行"之间,也另设一道"关口",命名为"法院决定审查",即在当事人申请、法院立案受理之后,法院决定审查之前,原仲裁裁决应继续执行,不得中止。借助于这一新设"关口",以预防和制止仲裁当事人滥用申请撤销仲裁裁决的程序,从而确保正确的仲裁裁决得以顺利执行。这一立法建议,是日后修订《仲裁法》、改进仲裁监督机制时,不妨加以认真考虑的。

由此可见,为了"注重效益"和维护涉外仲裁"裁决的终局性",完全可以采取其他有效的措施,以预防和制止申诉权之被滥用,而不应不分青红皂白,绝对排斥对涉外仲裁裁决实行兼及其实体内容的司法审查。

---

[94] 参见中国《民事诉讼法》第 178、179、182、183 条。
[95] 同上。
[96] 同上。

第四，肖文断言："允许法院对仲裁进行实质审查，无异于使仲裁程序**从属于法院的诉讼程序**"，并由此推导出结论："所以，我国法院对仲裁的监督是不应该涉及实体问题的。"这种断言和推导，显然是对当代中外**法治国家**通行的"**权力制衡**"原则[97]有所误解。当代许多法治国家普遍允许法院对"终局性"的行政决定，依法进行实质审查，决定予以维持或予以撤销；允许法院对"终局性"的公诉决定，依法进行实质审查，决定予以肯定或予以否定；又允许检察院对"终局性"的司法判决，依法进行实质审查，决定予以支持或予以抗诉。这些规定，乃是对几种不同的权力，实行互相制衡、互相监督和互相纠偏改错，以确保权力之不被滥用，从而维护社会的公正，保持法律的尊严。难道可以从这些规定中分别推导出："这无疑是使行政程序**从属于法院的诉讼程序**"，"这无疑是使检察程序**从属于**法院的审判程序"或"这无疑是使法院的审判程序**从属于**检察院的检察程序"？衡之于现实，人们显然不能如此推导和如此判断。换言之，行政机关与行政权力、法院与审判权力、检察院与检察权力，三者之间是互相制衡的，又是互相平等的，并不存在谁高谁低、谁"**从属于**"谁的问题。如果一定要从这种法治体制中找出某种"从属"关系，那么，不妨说，这三种机关或三种权力，都应当"从属于"法律，"从属于**依法治国**，"从属于"**防止权力腐败**，"从属于"维护社会公正。

举三可以反一。由此可以证明：在"或审或裁、一裁终局"的现行体制下，同时设置对终局裁决实行兼及其实体内容的司法审查机制，这同样是出于权力制衡、防止腐败、维护公正的需要，而不应误解为"使仲裁程序从属于法院的诉讼程序"。

何况，如上所述，在我国现行法制下，无论行政权力、检察权力，还是审判权力，其运作结果和"终局决定"，都毫无例外，一律要依法接受针对其实体内容的审查监督；作为"准司法权力"或"准审判权力"的仲裁权力，其内国仲裁运作的终局决定（即内国仲裁裁决），也要依法接受针对其实体内容的审查监督；可是，唯独对于其涉外仲裁运作的终局决定（即涉外仲裁裁决），却绝对排斥、绝对不许依法（更准确些说，是"无法可依"，详见下文）对其实体内容，也实行必要的审查监督，从而有可能让某些在实体内容上含有重大缺陷或违法谬误的涉外仲裁裁决，得以**飘飘然长期"逍遥法外**"，谁也奈何不得。无论从理论角度还是从实务角度来看，都毋庸讳言：这乃是我国现行涉外仲裁监督机制的一大漏洞，有待于认真予以堵塞。关于这一点，下文将进一步加以分析。

---

[97] 参见江泽民：《在中央纪委第五次全体会议上的讲话》，载《人民日报》2000年12月27日。在这篇讲话中，强调要加大力度，从源头上预防和治理腐败；要通过健全法制和体制创新，建立起合理、科学和严密的"相互制约的权力运行机制"。

(二)"预防保护主义"论评析

"预防保护主义"论是和上述"应更注重效益"论互相呼应的。这种观点的主要"论据"是:当前中国基层和中级法院某些审判人员的业务素质和能力水平不够理想,且在不同程度上受"**地方保护主义**"观念或"力量"的影响,致使涉外仲裁裁决的执行往往难以顺利实现,在这种条件下,如果法律授权管辖法院可以对涉外仲裁裁决的实体内容的合法性和公正性予以审查,并作出必要的纠正(不予执行或予以撤销),则势必严重影响涉外仲裁裁决及时和正确地执行,不利于提高中国涉外仲裁机构及其裁决的"国际威信"。因此,《仲裁法》中关于涉外仲裁监督机制的现有规定,正是充分考虑到当前中国现实国情的上述"特殊性"而作出的正确立法,是一种必要的"**预防**"措施。

这种见解,貌似有理,但稍加推敲,就不难发现它也是难以自圆其说和令人信服的。因为:

第一,"地方保护主义"对基层甚至中级人民法院虽有一定影响,从而使某些仲裁裁决的执行遇到障碍或困难,但这并不是全国性的普遍现象,更不会是长期存在的现象。随着中国法制的进一步改善和健全,它必将逐步消失。不能以这种个别的、局部性和短暂性的现象,作为全国性立法的主要依据。一般而论,对于在程序上和实体上完全正确无误的涉外仲裁裁决,主管的基层或中级人民法院是会依法予以尊重和执行的。这无疑是现实生活中的主流。对于那种确因地方保护主义作祟而阻碍正确涉外仲裁裁决执行的司法裁定,则完全可以运用现有司法体制中的上诉程序和审判监督程序予以纠正,[98]而不应在仲裁立法中"**因噎废食**",留下漏洞。

第二,一般说来,涉外民商事案件比之内国民商事案件较为复杂;在审理和处断上,难度较高;而处断的公正与否、得当与否,都涉及国际影响或国际形象问题。为慎重计,在针对涉外仲裁裁决实体内容进行司法审查监督方面,完全可以设定某些限制条件,从严掌握。遗憾的是:按《仲裁法》关于涉外仲裁监督机制的现有规定,甚至连中国的最高人民法院,依法也都无权对任何涉外仲裁裁决的实体内容进行必要的司法审查、监督并加以必要的纠正,这就显然不是"没有能力""没有水平"的问题,而是"不但没有法律授权,反而有**法律障碍**"的问题了。看来,这个立法缺失、不足或漏洞,是不能不予弥补的。

---

[98]《民事诉讼法》第140条规定:对于管辖法院作出的"不予受理""对管辖权有异议"或"驳回起诉"的裁定,可以上诉。对于仲裁裁决"不予执行"的裁定,虽不能直接上诉,但可援引同法第177—179条、第184—186条的规定,通过七种渠道,予以再审或提审,重新作出裁定。

第三，中国现行的民事审判监督制度，就是实行内国审判监督与涉外审判监督"并轨"制或"合流"制，不存在"内外有别、区别对待"问题。既然中国各级法院已经逐步成熟，开始具备必要的能力和水平，可以依法对涉外司法判决或裁定实行兼及程序运作和实体内容的全面监督，何以就没有同样的能力与水平，对涉外仲裁裁决实行同样的全面监督？

第四，在涉外仲裁裁决执行问题上，对于在少量个案中出现的局部或暂时的"地方保护主义"所造成的障碍，应当采取进一步健全法制、加强审判监督的办法去抵制、克服和排除，而不应当采取在立法上"削足适履"或"因噎废食"的办法去规避它。中国《民事诉讼法》在1991年4月对原有的审判监督规定作了大幅度的修订和补充，就是通过健全法制来克服"地方保护主义"等消极因素的良好范例：在1982年3月至1991年3月中国《民事诉讼法（试行）》实施期间，在先后九年的司法实践中，虽然在某些案件上，确有因局部或暂时存在的地方保护主义作祟，以致地方法院审判人员曲意袒护本地当事人，作出无理损害外地当事人或外国当事人权益的不公裁判，或者对已经发生法律效力的外地法院判决、裁定在本地的顺序执行，设置了某种障碍。但是，面对这种消极现象，在1991年4月有关审判监督的新的立法中，不但没有因此**取消**对已经发生法律效力的司法判决或裁定实行实体内容上的监督，反而大大**加强**了对已生效裁判之实体内容上的监督。这主要体现在以下两点上，即：（1）逐一列举了已生效的裁判在实体内容上含有错误或违法的5—7种情节（包括认定事实主要证据不足、适用法律确有错误、审判人员贪赃枉法等），明确规定对此类裁判依法"应当再审"或"有权提审"；（2）增加和扩大了对此类裁判实体内容实行审查和监督的渠道和职能机关：除了法院系统自行实施的审判监督之外，还增加了最高人民检察院、上级人民检察院依法提出抗诉以及同级人民检察院提请上级人民检察院依法提出抗诉这三条新渠道或三种受权职能机关。[99]

可惜的是，这种**通过加强和健全法制以克服"地方保护主义"**等消极因素的立法精神，在《仲裁法》关于涉外仲裁监督机制的立法中，却没有得到应有的贯彻和体现。

第五，诚然，对仲裁裁决的监督不宜完全等同于对司法裁判的监督。前者基于当事人自愿选择，讲求效率，因而实行"一裁终局"制度。但是，绝不能由此推导出：有关当事人已经因此**全盘放弃**了向管辖法院提出申诉，请求对错误或违法的仲裁裁决加以监督和纠正的权利。关于这一点，在本文第四部分已作论述，兹不另赘。不过，综观当代各国仲裁立法的趋向，有一种现象是值得注意的：为了更加强有力地防

---

[99] 参见《民事诉讼法》第177—179条、第185—186条；并对照《民事诉讼法（试行）》第157—158条。

止"地方保护主义"等消极因素对执行正确仲裁裁决可能产生的不利影响,为了更加有效地防止基层或中级人民法院部分审判人员可能因业务水平不高而在对仲裁裁决实行司法审查和监督中发生失误,国际仲裁立法实践中已有某些可资参考借鉴的先进经验,即把对于内国和涉外两类仲裁裁决实行程序运作审查和实体内容审查的监督权,一概授予拥有**高水平**审判人员的**高层次法院**,以昭慎重,并确保监督的公正、正确和准确,而又不影响效率。例如,在英国,把此种监督权授予高等法院;[100] 在印度尼西亚和澳大利亚,都把此种监督权授予最高法院;[101] 在瑞士,原则上应由联邦最高法院行使此种监督权,但是当事人可以协议以仲裁庭所在地特定的州法院代替联邦最高法院行使此权。[102]

近几年来,中国在司法实践中也采取了若干新的有效措施,以防范和制止地方保护主义发生的消极作用。这些措施,与上述诸国的立法相较,似有异曲同工、不谋而合之处,而又带有中国的特色,值得注意。例如,最高人民法院曾在1995年8月间下达文件,[103] 明确规定:凡一方当事人向人民法院申请执行我国涉外仲裁机构的裁决,如果人民法院认为该项裁决具有《民事诉讼法》第260条规定情况之一,则在裁定"不予执行"之前,必须报请本辖区所属高级人民法院进行审查;如果高级人民法院同意不予执行,则应将其审查意见报最高人民法院,待最高人民法院答复后,方可裁定"不予执行"。其后,又在1998年4月间下达另一份文件,[104] 进一步明确规定:凡一方当事人按照《仲裁法》的规定向人民法院申请撤销我国涉外仲裁裁决,如果人民法院经审查认为涉外仲裁裁决具有《民事诉讼法》第260条第1款规定的情形之一的,在裁定撤销裁决或通知仲裁庭重新仲裁之前,须报请本辖区所属高级人民法院进行审查。如果高级人民法院同意撤销裁决或通知仲裁庭重新仲裁,应将其审查意见报最高人民法院,待最高人民法院答复后,方可裁定撤销裁决或通知仲裁庭重新仲裁。这两份文件,看来其主旨均在于通过法院系统内部建立**事先报批制度**,对地方管辖法院裁定"不予执行""予以撤销"或"发回重裁"的权力,加以必要的规范、限

---

[100] 参见《英国1979年仲裁法》第1条第2—4款,详见《国际商务仲裁》第七编:"各国仲裁立法",文件编号:Ⅷ.K.1,第1—28页;Ⅷ.K.3,第35—43页;《英国1996年仲裁法》第105条,见前注〔12〕引文本。

[101] 参见《印度尼西亚民事诉讼法》第641条,载程德钧、王生长主编:《涉外仲裁与法律》,中国人民大学出版社1994年版,第148页;《澳大利亚新南威尔士1984年商事仲裁法》第38条,参见胡康生主编:《中华人民共和国仲裁法全书》,法律出版社1995年版,第676页。

[102] 参见《瑞士国际私法法案》第191条,参见胡康生主编:《中华人民共和国仲裁法全书》,法律出版社1995年版,第635页。

[103] 详见最高人民法院《关于人民法院处理与涉外仲裁及外国仲裁事项有关问题的通知》(法发〔1995〕18号),1995年8月28日。

[104] 详见最高人民法院《关于人民法院撤销涉外仲裁裁决有关事项的通知》(法发〔1998〕40号),1998年4月23日。

制和给予必要的指导,以防止某些地区的"地方保护主义"妨碍终局涉外裁决的顺利执行。这些规定,既保留了地方各级管辖法院对涉外仲裁裁决的程序运作进行审查监督的权力,又在这些权力具体行使过程中的某些方面,设立了实质上的"**复审**"制度。看来,这些规定比较符合中国幅员辽阔、各省发展不平衡等国情特点。因此,如果日后依中国国情的实际需要,修订《仲裁法》,把对涉外仲裁裁决的司法审查监督,扩大到兼及其实体内容,则由高级人民法院和最高人民法院针对下级法院上报的有关不执行或撤销涉外仲裁裁决的意见加以"**双层复审**"的机制,也同样可以有效地预防"地方保护主义",切实地保障正确的涉外仲裁裁决得以顺利执行。

由此可见,维护涉外仲裁裁决终局性和高效率的途径,**所在多有!** 无论如何,都不应以"预防地方保护主义"作为借口,在仲裁立法中完全放弃或取消对涉外仲裁裁决也实行实体内容上的司法审查和监督,以致形成涉外仲裁监督机制上的漏洞,留下"**违法不究**"的隐患。

(三)"抵制司法腐败"论评析

如果说,近几年来在一些地区的司法实践中存在着"地方保护主义",损害了执法的公正和效率,已经引起人民群众的不满和非议;那么,在少数审判机关中存在的"司法腐败"现象,尤为人民群众所深恶痛绝。"官吏的腐败、司法的腐败,是最大的腐败,是滋生和助长其他腐败的重要原因。"[105]这句话,一语破的,有如警钟长鸣,振聋发聩;也表明了中央领导抓住要害,根除一切腐败的坚强决心。

抵制、根除司法腐败,是全国上下人心所向。但是,决不能以"抵制司法腐败"作为"理由"或借口,在仲裁立法中绝对排除或拒绝对涉外仲裁裁决的实体内容也进行必要的司法审查和司法监督。因为:

第一,中国从远古时代起,就有关于"独角神兽"獬豸(廌)的美好传说:它具有目光如电、善于明辨邪正曲直的天生本领,又疾恶如仇,敢于"触不直者去之"。这种传说,反映了人民大众心目中对司法功能、司法公正的愿望与寄托。中华人民共和国成立后,人民司法成为人民民主专政国家机器不可或缺的组成部分,也是中国实行"依法治国"、建设社会主义法治国家必备的强大手段,其祛邪扶正作用,有待加强,不能削弱。因此,各类司法监督的覆盖面,随着"依法治国"的强化和深化,势必视需要而适当扩大;监督的力度也势必逐步加强。现实中的某些司法腐败现象,当然不能掉以轻心,必须坚决予以纠正和根除,这是问题的一个方面。另一方面,又不能不

---

[105] 江泽民:《在中央纪委第八次全会上讲话的摘要》,载《人民日报》(海外版)1997年5月16日第1版。

看到,强化各类司法监督体制乃是在社会生活各个领域全面纠正腐败和根除腐败的利器。**利器**本身的钝化和发生**锈蚀**,自应及时加以重新**磨砺**和认真锤锻,但显然不能完全**弃置**一旁,否则,就会导致更广泛、更严重的"无法无天"!

第二,某些司法腐败现象的存在和一定程度的蔓延,这是毋庸讳言的生活现实。但从全国范围来看,它毕竟只是少数的、局部的、非主流的社会现象,而且正在大力纠正之中,不应以此作为全国性、长期性仲裁立法的主要根据,绝对排除对涉外仲裁裁决实行兼及其实体内容的司法审查和司法监督。否则,对涉外仲裁裁决实体内容上确实存在的重大谬误或严重违法,就无从通过必要的司法监督程序,"触而去之"!可见,以"抵制司法腐败"为由,在仲裁立法中绝对排除对涉外裁决实行兼及其实体内容的司法监督,有如将沾了秽臭的娃娃,不加洗濯,弃之沟壑;或洗濯之后,把洗澡水连同娃娃,一起泼入沟中。

第三,在针对涉外裁决实行兼及其实体内容的司法监督过程中,为了防止某些司法腐败因素可能发生的消极作用,即防止司法监督之被滥用,从而损及涉外裁决之公正执行和及时执行,不但可以援用《民事诉讼法》规定的现行"审判监督程序",对被滥用的司法监督本身予以监督和纠正,[106]而且可以通过贯彻上文列举的最高人民法院两份文件规定的"两级复审"制,予以切实有效的预防。[107]

总之,在设定涉外仲裁监督机制的过程中,对于可能出现的司法腐败和司法监督被滥用问题,应积极地正面地对待,通过更严密的监督立法和更有效的司法行政"复审"制,予以防范和制止;而不应消极地退缩、回避,因"抵制司法腐败"而从根本上放弃了或废除了对涉外仲裁裁决也实行兼及其实体内容的司法监督。反之,如果从根本上完全放弃了或废除了这种必要的司法监督,致使涉外仲裁裁决的实体内容处在**无法可督、无权可督、无人可督的"三无"**真空地带,则难以保证有朝一日,某些司法腐败不会"蔓延"为某些"准司法腐败",即仲裁腐败。人类社会的发展历史已经反复证明:对于任何权力的任何方面(当然包括法官作出终审裁判的权力,也包括仲裁员作出终局性涉外裁决的"准司法"权力),都有必要加以一定的监督。不**受任何监督的权力**,势必导致权力的**滥用**,从而产生**腐败**。这是中外古今概莫能外的规律性现象。对此种现象,早在18世纪中期,当时杰出的进步思想先驱孟德斯鸠就曾作出明确的总结,[108]值得后人深思。

---

[106] 参见《民事诉讼法》第177—179条、第185—186条。

[107] 参见最高人民法院《关于人民法院处理与涉外仲裁及外国仲裁事项有关问题的通知》(法发〔1995〕18号),1995年8月28日;《关于人民法院撤销涉外仲裁裁决有关事项的通知》(法发〔1998〕40号),1998年4月23日。

[108] 他总结了历史现象,指出:"一切有权力的人都容易滥用权力,这是万古不易的一条经验。……要防止滥用权力,就必须以权力约束权力。"参见〔法〕孟德斯鸠:《论法的精神》(中译本),张雁深译,商务印书馆1982年版,第154页。

(四)"仲裁一片净土"论评析

这种意见认为:中国涉外仲裁监督体制的现状及其周边环境条件具有一定的"**特殊性**"。这种"特殊性"不但体现在某些司法监督职能部门存在着一定程度的"地方保护主义"或"司法腐败"现象,而且主要体现在:当今中国涉外仲裁员队伍的品德素质和业务素质都是相当高水平的,他们所作出的涉外裁决,至今尚未发现有严重错误、索贿受贿、徇私舞弊、枉法裁断等情事,可以誉之为"一片净土",因此,无须过分强调对涉外仲裁的监督。

这种观点,从反面衬托了"预防保护主义"论和"抵制司法腐败"论,流传较广,但却未必完全正确,因而值得深入思考,认真剖析。

以"净土"这一佛教名词[109]喻中国的涉外仲裁界,有其勉励洁身自爱、说法比较形象的一面,又有其**溢美过誉**、不合逻辑的一面。

诚然,从整体上看,中国涉外仲裁界队伍的品德素质和业务素质具有较高水平,多年以来他们所作出的涉外裁决,在国内外获得较高的赞誉,至今尚未发现在程序上或实体上有严重的错误,或贪污受贿、徇私舞弊、枉法裁决等行为。但是,即使成绩昭著,在人们的赞誉声中,沾沾自喜或陶然自满也都是无益的,而据此否定建立严格监督机制的必要性,则是错误的。因为,必须清醒地意识到以下几点:

第一,"至今尚未发现"并不等于至今绝对没有。况且,众所周知,在 1982 年 3 月至 1991 年 4 月施行的《民事诉讼法(试行)》中,本身就缺乏有关涉外仲裁监督的规定,以致法院对于涉外仲裁裁决的程序运作和实体内容,一概无权过问或监督。1991 年 4 月修订颁行《民事诉讼法》以后,情况有所改善,但是 17 年以来,在《民事诉讼法》第 260 条规定的涉外仲裁监督现行机制之下,管辖法院对于本文第六部分"内外有别、分轨监督"的法律效果重大反差一览表所列举的属于实体内容上的五类错误裁决或违法裁决,包括凭伪证作出裁决或仲裁员贪污受贿枉法裁决等等,都无从依法监督,无计可施。这就把受害当事人向管辖法院投诉以及管辖法院实行监督(包括受理、审查、发现和纠正)的法律渠道给堵塞住了。对于**因法律渠道堵塞、无从依法监督**,因而**难以发现**或尚未发现的恶行,显然没有理由掉以轻心,高枕无忧。

第二,中国实行改革开放的基本国策已经有 20 多年了。近几年来,计划经济体制正在逐步向社会主义市场经济体制过渡。紧闭的门窗打开之后,导入许多有益健

---

[109] 参见《辞海》,上海辞书出版社 1979 年版缩印本,第 368 页("净土"条目);《汉语大词典》,汉语大词典出版社 1990 年版,第 5 卷,第 1178 页。这个佛教名词,指的是没有三毒四恶五浊、没有尘世秽垢污染的清净佛境,是西天诸佛聚居的极乐世界。

康的新鲜空气,难免也混进一些蚊蝇之类。而在市场经济与商品经济的大潮之中,也难免泥沙俱下,鱼龙混杂,沉滓泛起。人们在为中国经济的迅猛发展而欢欣鼓舞之际,又不免为贪污腐败现象之层出不穷而深感忧虑和愤慨。中共领导人对此有切实而沉痛的告诫。[110] 中国的涉外仲裁界并非生活在超凡脱俗、**隔绝尘寰**的"**世外桃源**",而是生活在中国社会这个现实的大环境、大气候中,因此,对于在尘世市场经济、商品经济中带有一定规律性的阴暗面现象,也没有理由不保持足够的警惕。满足于"一片净土"论,正是反映了缺乏应有的**清醒**和足够的**警惕**。

第三,在分析和总结上述腐败现象时,江泽民同志指出:"已经揭露出来的问题说明,我们在管理上、制度上存在不少漏洞,在领导作风上存在严重问题,使犯罪分子、腐败分子有机可乘。"他提出:应当"认真总结经验教训,**堵塞漏洞**,健全制度,加强管理,坚决克服官僚主义"[111]。党和国家的其他领导人也反复强调:务必通过深化改革,**健全法制**,建立有效的监督机制和制约机制,从**制度**上防范和消除腐败现象。[112] 党和国家领导人的这些指示,对于全中国的一切领域、一切机构,都具有**普遍**的指导意义。不言而喻,它对于中国的涉外仲裁领域及其有关机构,也是完全适用的。中国涉外仲裁界显然不宜满足于"一片净土"的溢美之词而稍有懈怠,从而忽视在涉外仲裁领域也建立起**健全**、**有效**的监督机制,以**堵塞**不利于防腐、反腐的任何**漏洞**。

第四,中国的涉外仲裁机构近年来先后制定和修订了《仲裁员须知》《仲裁员守则》,其中强调仲裁员应当依法公正裁断、廉洁自律;在其有关的工作会议中也强调仲裁员应当珍惜自己的荣誉,努力自我监督、自我完善。这当然是很好的,但却是不足的。因为,**自我监督**在任何时候都不能取代广泛的社会监督和严密的**制度监督**,更不能取代严格的**法律监督**。

中国的《仲裁法》颁行之后可以在一定程度上弥补这方面的不足,它除了规定应当组建"中国仲裁协会"这一自律性组织,对中国各类仲裁机构人员、仲裁员的违纪行为进行组织监督之外,还明文规定:仲裁员如私自会见当事人或接受其请客送礼,情节严重者,或有索贿受贿、徇私舞弊、枉法裁决行为者,不但应予除名处分,而且还应依法追究其法律责任。[113] 然而,对于涉外仲裁员**个人**的法律监督却仍然代替不了

---

[110] 参见江泽民:《在中央纪委第三次全体会议上的讲话》(1994年2月28日),载《人民日报》(海外版)1994年3月7日第1版。在这次讲话中,江泽民同志郑重提醒全国人民注意:腐败现象已经渗透到社会生活的**广泛领域**,利用职权贪赃枉法等犯罪行为,达到了**惊人的程度**;号召坚决开展反腐败斗争。

[111] 同上。

[112] 参见李鹏:《政府工作报告》(1994年3月10日),载《人民日报》1994年3月24日第1—2版;并参见乔石:《建立完善的社会主义市场经济体制,必须有完备的法制规范和保障》,载《法制日报》1994年1月15日第1—2版。

[113] 参见《仲裁法》第15条第2款、第38条。

对涉外仲裁**裁决**的法律监督。关于这一点,下文将作进一步分析。

由此可见,片面强调"一片净土"的"特殊性",其实践效果是有害无益的,它很不利于发现和清除过去、现在和将来可能**潜在的**污浊,**污浊**就会获得**藏身**之所,美誉就会向怨言转化;反之,在美誉之下,仍然保持清醒的头脑和警惕的眼光,从**立法上**、**制度上**使涉外仲裁监督机制进一步健全化、**严密化**和有效化,这才是防污去浊、保持干净的不二法门。生活的辩证法,历来如此!

六、依照现行的涉外仲裁监督机制,对于实体内容上错误或违法的涉外裁决,包括凭伪证作出或基于贪赃枉法作出的涉外裁决,任何权威机关都无权监督,无计可施。"这种担心是多余的"吗?

肖文列举《仲裁法》第 34、38 条的规定,包括实行仲裁员回避制度,禁止仲裁员私自会见当事人或吃请收礼,依法追究和惩办贪赃枉法的仲裁员等,论证对涉外仲裁**裁决**并非无权监督。因此,如果认为现行的涉外仲裁监督机制对于实体内容上含有重大错误或违法谬误的涉外裁决,势将奈何不得,无计可施,则"这种担心是多余的。"[114] 肖文的这种论证方法,是第三次不遵守学术讨论中的基本准则:逻辑学上的"同一律"。

(一) 对仲裁员的监督无法取代对裁决书的监督

肖文忽略了拙作探讨的主题和核心:对涉外仲裁**裁决书本身**实体内容的法律监督(包括受理受害当事人的投诉、对该涉外裁决的实体内容进行审查核实、进行必要的补救或纠正),而不是对涉外**仲裁员个人**行为的监督。

诚然,涉外仲裁员的个人行为、品德操守以及业务水平都与他所制作的涉外裁决的实体内容,有着密切的联系;回避制度之类的措施,也略有助于预防涉外仲裁员枉法裁断。但是,决不能无视以下两点事实:

首先,肖文强调:"如果仲裁员违法裁判或枉法裁判,当事人当然有权申请其回避。"[115] 然而,按仲裁常规,对于裁决书内容中凭伪证作出的处断或枉法裁断,当事人一般须待裁决书正式签发和送达**之后**,才能得悉。在此以前,既然**无法未卜先知**,又

---

[114] 肖文,载《仲裁与法律通讯》1997 年第 6 期,第 11 页;《法学评论》1998 年第 1 期,第 48 页。
[115] 同上。

岂能有足够的理由援用回避制度以预防错误处断或枉法裁决？一旦裁决已经签发，其中错误的或违法的实体内容，即已发生法律效力，则为时已晚，受害的当事人又岂能再"当然有权申请其回避"，使"**熟饭**"再转变成为"**生米**"？

其次，对于涉外**仲裁员个人**的法律监督无论如何严格、严厉，都仍然无法代替对涉外**仲裁裁决**本身的法律监督。理由很简单：纵使仲裁员个人有上述不法行为且证据确凿因而受到纪律、行政处分，甚至受到刑事惩罚而锒铛入狱，他所制作的涉外仲裁裁决，纵使在实体内容上彰明昭著地含有枉法裁决或凭伪证裁决等重大谬误之一，而且铁证如山，但是，在现行的《民事诉讼法》第260条第1款规定以及由此推衍而来的《仲裁法》第65、70、71条规定的现有监督机制之下，受害当事人仍然无权**依法**向管辖法院投诉，管辖法院也仍然无权**依法**受理、审查有关涉外裁决书的实体内容，更无权**依法**裁定"不予执行"，更不必说依法裁定"应予撤销"了。换言之，这种在实体内容上确有重大错误或违法的涉外裁决书本身，**在法律上仍然是有效的，谁也动它不得！而且必须予以执行！**这就有如掺入甲醇的含毒假"茅台"的制造者已定案入狱服刑，而其含毒伪劣产品却仍作为"特级国优名酒"在一流大商店的漂亮橱窗中公开展销，不许撤除和销毁。一旦果真出现这种情况，实在是对现行涉外仲裁监督机制的一种强烈讽刺，也是对中国法律尊严的一种严重亵渎！这样的现行规定，显然不符合党中央反复强调的关于在社会生活各个领域建立健全、有效、**严密的监督体制**，逐步形成强有力的**监督体系**这一指示的基本精神。

肖文介绍了《仲裁法》第56条规定原草案的审议修改过程，说是"多数人"认为，"人民法院对仲裁裁决只应审查程序问题，不应进行实体审查"，因此，经过删改，形成了第58条的现行规定，并评价说，"我认为这样规定是比较适当的"[116]。肖文对第58条规定本身的总评并无不当。但它似乎忽略了三项不容忽视的关键问题。

（二）《仲裁法》第58条的监督规定不适用于涉外裁决

第一，《仲裁法》第58条的监督规定不适用于涉外裁决：《仲裁法》第七章是针对涉外仲裁作出的一系列"特别规定"，其中包括专门用以监督涉外裁决的特别规定，即第70条（"裁定撤销"）和第71条（"裁定不予执行"）。第七章第65条明文规定了两大类仲裁"分轨"和区别对待的基本原则，即"本章没有规定的，适用本法其他规定"。据此，从本法的整体结构和各条条文间的相互关系上说，本法**第63条**是针对内国裁定不予执行的**一般规定**，**第71条**则是针对涉外裁定不予执行的特别规定，两者

---

[116] 肖文，载《仲裁与法律通讯》1997年第6期，第11页；《法学评论》1998年第1期，第48页。

分工明确，各有专司；第 **58 条**是针对内国裁决予以撤销的**一般规定**，第 **70 条**才是针对涉外裁决予以撤销的**特别规定**，两者泾渭分明，不容混淆。换言之，《仲裁法》第 58 条规定的六项监督范围或监督要点，仅仅适用于内国仲裁裁决，而不适用于涉外仲裁裁决。因此，尽管它的规定"是比较适当的"，却**无从推广**适用于理应一体适用的**涉外裁决**。对后者，只能按第 65、70、71 条的规定，实行"只管程序运作，不管实体内容"的狭窄的、单薄的监督，这就从整体上大大削弱了对涉外裁决的监督。因此，着力论证第 58 条规定的"**比较适当**"，并不能掩盖或否定第 70、71 条规定之相当欠妥和**颇为失当**。

第二，《仲裁法》第 58 条中的三项监督规定，貌似程序监督，实为实体监督：第 58 条第 1 款第（1）（2）（3）诸项所列的监督要点，当然是属于仲裁程序范围；但同条同款第（4）（5）（6）诸项所列的监督要点，则**貌似**属于**程序**问题，**实则**属于**实体**范畴，它们并不因据称是审议参加者"多数人"的主观意志就改变了其客观属性，迅即从本质上的实体问题转化成为所谓的"程序问题"。事实上，也正因为它们的实质内涵确实属于对裁决的**实体内容**实行监督，所以，按当时审议参加者"多数人"的主张，竟然根本不许把它们（尽管貌似程序监督）推广适用于涉外裁决，从而取消了对涉外裁决实行同等的必要监督。

观察事物，不能只着眼于其表面现象，而不探究其内在实质。《仲裁法》第 58 条第 1 款后半所列的三种监督项目或监督范围，指的是凭伪证作出裁决；对方当事人隐瞒证据，足以影响公正裁决；以及仲裁员贪赃舞弊枉法裁决。乍一看，这些似乎都只是程序运作中出现的问题，因而对此类问题的监督仍属于程序范围，但细察之后，就不难发现这只是表面假象。因为，正如前文已经提到的：仲裁员根据**伪证**作出的裁决或在对方当事人隐瞒重要证据基础上作出的裁决，势必反映为裁决书内容中在**认定事实**方面产生**重大**的错误；仲裁员在**贪赃枉法**基础上作出的裁决，势必反映为裁决书内容中在**适用法律**方面任意曲解和出现**重大**的谬误。管辖法院对于这些在认定事实上确有重大错误、在适用法律上确有重大谬误的裁决加以监督和纠正，显然属于对裁决实体内容实行监督，这是不容置疑的。**可惜**是，按《仲裁法》的现有规定，这三类具体的监督，竟全然**不许同等适用**于涉外裁决。

在这个问题上，肖文对《仲裁法》第 58 条审议修改过程所作的情况介绍，似有欠准确，或略有误解。经查对，1994 年 8 月间有关主管同志向全国人大常委会正式报告关于该法草案审议结果时，提道：

草案**第 56 条**规定：当事人提出证据证明仲裁有**认定事实**的主要证据不足和**适用法律**确有错误的，可以向人民法院申请撤销裁决。一些委员、法院和仲裁机构提出,要做到一裁终局,避免又裁又审,不应当对仲裁裁决进行**实体审查**,如果需要审查,也应当有明确、严格的限制。建议把草案第56条第(四)(五)项"认定事实的主要证据不足的"和"适用法律确有错误的",**修改为"裁决所根据的证据是伪造的;对方当事人隐瞒了足以影响公正裁决的证据的**;有新的证据足以推翻裁决的。"(草案修改稿第58条)[117](强调是引者所加)

揣摩本段原文原意,显然是指原草稿第56条关于"认定事实"和"适用法律"方面的原有规定,属于对内国裁决进行**实体审查**,凡具备上述"证据不足"或"确有错误"的法定条件,当事人即"可以向人民法院申请撤销裁决"。一些审议者认为:此种审查标准和撤销标准失之过宽;一般而论,不应当对仲裁裁决进行实体审查,但如果确实需要进行**实体审查**,也应当有明确、**严格的限制**。因此,建议把第56条草案中原有的(四)(五)两项修改为现行第58条第1款中的(四)(五)两项。经过重新修改和正式通过后,第58条中关于"裁决所根据的证据是伪造的"以及"对方当事人隐瞒了足以影响公正裁决的证据的"这两项审查标准和撤销条件,显然仍属实行**实体审查**的范畴,只是对草案第56条原定的实体审查,设定了"明确、严格的限制"。换言之,这种严格的限制,只是属于实体审查范围宽、严程度上的"量"的变化,而不是使原有的实体审查发生"质"的改变,变成了"程序审查"。——这样理解,是否更符合上引文字的原意呢?

为了更便于对照比较,判明法定"界限",兹试列出简表,以说明中国当前对两大类仲裁裁决**实体内容**实行"内外有别、分轨监督"的法律依据及其在法律效果上的重大**反差**。

---

[117] 摘自王叔文(全国人大法律委员会副主任委员):《全国人大法律委员会关于〈中华人民共和国仲裁法(草案)〉审议结果的报告》,载《全国人大常委会公报》1994年,总第414页。为便于读者对照查核,兹将正式通过的现行《仲裁法》第58条全文照录如下:
第58条　当事人提出证据证明裁决有下列情形之一的,可以向仲裁委员会所在地的中级人民法院申请撤销裁决:
(一) 没有仲裁协议的;
(二) 裁决的事项不属于仲裁协议的范围或者仲裁委员会无权仲裁的;
(三) 仲裁庭的组成或者仲裁的程序违反法定程序的;
(四) 裁决所根据的证据是伪造的;
(五) 对方当事人隐瞒了足以影响公正裁决的证据的;
(六) 仲裁员在仲裁该案时有索贿受贿,徇私舞弊,枉法裁决行为的。
人民法院经组成合议庭审查核实裁决有前款规定情形之一的,应当裁定撤销。
人民法院认定**该裁决**违背社会公共利益的,应当裁定撤销。

表 2-5-1　中国对两大类仲裁裁决实体内容实行"内外有别、分轨监督"的法律效果重大反差一览表

序号	监督项目 (实体内容)	裁决类别	应否执行	应否撤销	法律依据
1	裁决所根据的证据是伪造的	内国裁决	不予执行	应予撤销	《仲裁法》第58条第1款第4项
		涉外裁决	应予执行	不得撤销	《仲裁法》第65、70、71条；《民事诉讼法》第260条第1款
2	对方当事人隐瞒了足以影响公正裁决的证据	内国裁决	不予执行	应予撤销	《仲裁法》第58条第1款第5项
		涉外裁决	应予执行	不得撤销	《仲裁法》第65、70、71条；《民事诉讼法》第260条第1款
3	仲裁员在仲裁该案时有贪污、索贿、受贿、徇私舞弊、枉法裁决行为	内国裁决	不予执行	应予撤销	《仲裁法》第58条第1款第6项，第63条；《民事诉讼法》第217条第2款第6项
		涉外裁决	应予执行	不得撤销	《仲裁法》第65、70、71条；《民事诉讼法》第260条第1款
4	认定事实的主要证据不足	内国裁决	不予执行	不得撤销	《仲裁法》第63条；《民事诉讼法》第217条第2款第4项
		涉外裁决	应予执行	不得撤销	《仲裁法》第65、70、71条；《民事诉讼法》第260条第1款
5	适用法律确有错误	内国裁决	不予执行	不得撤销	《仲裁法》第63条；《民事诉讼法》第217条第2款第5项
		涉外裁决	应予执行	不得撤销	《仲裁法》第65、70、71条；《民事诉讼法》第260条第1款

从该一览表的对照中，显然可以看出：

(1) 仲裁裁决的实体内容上存在上述五种错误或违法情节之一，如果是包含或体现在**内国裁决**之中，则毫无例外地一概不予执行；序号1、2、3三种情节之一出现在内国裁决之中，则不但不予执行，且应进一步依法予以撤销。这确实是大有利于维护中国法律的应有尊严，大有利于促进中国**长期艰巨**的反贪、反腐斗争，大有利于维护中国在国际社会中的法治国家形象。

(2) 上述五种错误或违法情节之一(甚至五种情节"齐备俱全")，如果出现在**涉外裁决**之中，则"依法"毫无例外地一概**必须执行**，一概**不许撤销**。换言之，现行的涉外仲裁监督机制对涉外裁决实体内容中存在的上述五种重大错误或违法情节，竟然**全盘放弃**了应有的、起码的**法律监督**。这种"差别"待遇或"特惠"待遇，其在法律效果上的巨大反差，势必反映在社会效应和国际形象上的巨大反差和**巨大负面作用**，从上述的"三大有利"，转化为"**三大不利**"。应当说，这正是立足于当前中国国情的冷静思考和事物发展的必然，并非什么"多余的"担心。它既不是杞人之忧，更**绝非**

危言耸听！[118]

第三，对于《仲裁法》第58条第3款的"公共秩序保留"规定，也不应"想当然"地认为它可以涵盖和适用于涉外裁决。前述第二点提到：第58条第1款的六项监督，包括前三项程序监督和后三项实体监督，均只适用于内国裁决而不适用于涉外裁决。然则，同条第3款关于"公共秩序保留"的规定，即"人民法院认定该裁决违背社会公共利益的，应当裁定撤销"，是否当然涵盖和适用于涉外裁决？笔者认为，**答案是否定的**。这是因为：(1) 前面已经提到：从本法整体结构看，第58条与第70条，是一对互相对应、互相搭配的规定，前者专管内国裁决的撤销，后者专管涉外裁决的撤销，其法定的分工界限十分鲜明，不宜随便解释，任意"内冠外戴"。(2) 从第58条中三款的上下文衔接看，第1款所指称"有下列情形之一的""**裁决**"，第2款所指称的"有**前款**规定情形之一的""**裁决**"，以及第3款所指称的"该裁决"显然是前后连贯、具有同等内涵和同等外延的**同一概念**，即均是**专指**"内国裁决"，而不能涵盖涉外裁决，这是汉语语法和行文逻辑本身的严格要求，也是条文本身原有的、应有的含义范围。(3) 从本法第58条与《民事诉讼法》(以下简称《民诉法》) 第217条的关联看，前者显然是从后者直接移植和适当修订而来的。具体而言，《民诉法》第217条第2款的六点监督规定，经移植和修订，形成了《仲裁法》第58条第1款的同类规定，两者之间的前源与后流、蓝本与新图的关系，是不说自明的。关于这一点，还可以从肖文所引述的《仲裁法草案》修订文字中看清两者间的师承与发展关系，即原草案第56条第1款**第7项**关于"违背社会公共利益的"这一规定，经修订后作为单独一款，被吸收为现行《仲裁法》第58条第3款，[119]这样，就与《民诉法》第217条第3款的原有规定，在作为独立一款的**层次**上，完全互相衔接了 (只是在监督力度上从"裁定不予执行"提高为"应当裁定撤销")。这不是又一个有力的佐证吗？

有人认为：《仲裁法》第58条第3款关于"公共秩序保留条款"的规定，可以解释为同样适用于涉外裁决，因而"无须在"《仲裁法》第70条中另作特别规定；遇有涉外

---

[118] 早在1994年初，江泽民同志在部署全国反腐败斗争的重要会议上指出：揭露出来的问题是严重的，**腐败现象已经渗透到社会生活的广泛领域**，利用职权索贿受贿、贪赃枉法等犯罪行为，**达到了惊人的程度**。他呼吁：应当认真总结经验教训，**堵塞漏洞**，健全管理监督制度。李鹏、乔石等中央主要领导同志以及中共中央的重要决议也多次反复强调必须努力在各个领域建立起健全、有效、强有力的**法律监督机制**和**监督体系**，俾便更有效、更深入持久地进行反腐败斗争。时隔三年，江泽民同志在1997年初充分肯定全国反腐败斗争取得新进展的同时，再次强调：当前反腐败斗争的形势**依然严峻**，某些腐败现象经过整治又有反复，有的**仍在蔓延**；必须看到：反腐败斗争要贯穿于改革开放和现代化建设的全过程，是一项**长期而艰巨的任务**；必须把查办贪污腐败案件同**加强防范**和管理监督结合起来。他再次提醒全国人民：务必加强反腐败斗争，决不能掉以轻心、松懈斗志；"这个问题不解决好，……就有亡党亡国的危险。**这决不是危言耸听**。"详见前注〔105〕、〔110〕、〔112〕所列文献。

[119] 参见肖文，载《仲裁与法律通讯》1997年第6期，第12页；《法学评论》1998年第1期，第48页；并参见前注〔117〕附录的现行《仲裁法》第58条全文。

裁决违背公共利益的,"法院**自然有权**援用第 58 条的规定撤销该裁决,否则**岂不重复**"。这种理解,衡诸前引事实,看来是颇为牵强,很难令人信服的;如果再对照一下《民诉法》第 217 条和第 206 条的"蓝本"规定,就益发显现出这种看法难以自圆其说。因为,如前所述,专门监督内国裁决的《民诉法》第 217 条第 3 款,明文规定和强调了国际通行的"公共秩序保留"这一重大法律原则,而专门监督涉外裁决的《民诉法》第 260 条第 2 款,也一字不差地规定和强调了"公共秩序保留"这同一原则。对于这种在监督两大裁决时都绝对必须遵守的规范和准则,显然必须在针对内国裁决监督的**一般规定**中与针对涉外裁决监督的**特别规定**中,同时地和分别地予以强调。岂可以避免"重复"为由,在专管内国裁决的专条中"附带地"插入一款兼管涉外裁决的规定,从而引起逻辑上的混乱?显然,《民诉法》中上述两处关于"公共秩序保留"的明确规定,是完全正确和必不可少的"重复";而《仲裁法》中专门监督**涉外**裁决的第 70 条和第 71 条规定,竟然只字不提国际通行的"公共秩序保留"这一重大原则,相形之下,确实不能不说是仲裁立法上的一大疏漏甚至倒退。[120] 任何立法者都不可能是神仙和圣人;任何立法经过实践检验和学界讨论,适时地加以必要的修订,这是法制不断走向健全的必经途径。对于立法上可能存在的任何疏漏和缺失,似均宜予以正视,而不宜讳疾忌医,曲为辩解。

七、结 束 语

自商务仲裁制度与民商事诉讼制度并存以来,仲裁裁决之公正性与终局性或公平性与效率性两者如何兼顾的问题,一直是个"老旧"而又"常新"的话题。

一般说来,正派、守法的当事人在诉讼与仲裁两者中之所以选择仲裁,通常是在假定这两者都保证**同等公正**的前提下,着眼于后者比前者有较高的效率。在这个意义上,也仅仅是在这个意义上,此时**矛盾的主要方面**是讲求**效率**。但选定仲裁之后,除非双方另有约定,当事人的主要期待理应是得到既公平、又高效的裁决,而从未放弃公平这一首要要求。当两者不可得兼,守法的当事人获得虽属高效率却十分不公的裁决之际,他当然有强烈的愿望和法定的权利向上申诉,请求监督、纠正。此时,**矛盾的主要方面**就从要求效率**转化**为要求**公正**了。

"**一裁终局**"与在特定条件下"**允许申诉**"同时**并存**,从来就是相反相成的**左右两**

---

[120] 参见拙作,载《中国社会科学》1995 年第 4 期,第 22—23 页;《比较法研究》1995 年第 4 期,第 374—375 页。

腿,缺一不可。仲裁制度行之多年和行之有效,端赖这两条腿的密切配合与循序协作。否则,就如单腿瘸子,难以健步行进。中外任何仲裁监督机制之设立,不论其宽严、新旧,其主旨都在于当矛盾的主要方面转化为要求公平时,让受害当事人投诉有门,讨回公道,以满足其**重新获得公正**的强烈愿望和首要要求。反之,如果推定当事人在选择仲裁之后就已自动放弃了公正的第一要求,只讲效率而不求公正,则**任何仲裁监督机制**本身当初就根本**没有产生的基础**,也**毫无继续存在的必要**,既然纯属多余,早就应当全盘取消,或移送到法律博物馆中去。何以至今世界各国从未采取这种荒唐举措呢?

在保证公正的前提下,强调仲裁之高效便捷的特色,并强调以"一裁终局"求得高效便捷的解决,这当然是正确的判断。但是这两种强调,都应当掌握一个"**度**"。片面、过分地强调到逾越了某个应有的"度",则任何正确的判断就会转变成它自身的反面。换言之,在对待涉外裁决问题上,如果把"终局性"强调到、推崇到"至高无上"的地位,纵有重大违法或重大谬误,纵有贪赃枉法裁断或依据伪证裁断,也绝对禁止追究,禁止纠正,则尽管作此种强调者的主观用意颇为良善,其客观实践后果却难免起到"藏垢纳污"的作用。任何真理,都附有一定的条件,受到一定的局限。任何真理的存在与确立都不是毫无条件和毫无限度的。一位伟大的先哲曾经谆谆告诫说:"只要再多走一小步,看起来是朝同一方向多走了一小步,**真理便会变成错误**。"[121]这一至理名言,对于辩证地理解仲裁的终局性和高效率,也具有重大的指导意义,值得后人反复咀嚼和认真品味。

综上所述,不难看出:中国《仲裁法》对内国仲裁监督与涉外仲裁监督实行"内外有别"的分轨制,不允许对涉外仲裁裁决的实体内容也实行必要的司法审查和监督,这种立法,实在并不符合中国现实国情本质上的迫切需要,也不符合中国参加的有关国际条约以及当代各国仲裁立法先进通例的基本精神;从而相当不利于促进中国涉外仲裁体制与有关的国际惯例互相接轨,相当不利于中国涉外仲裁体制迅速走向现代化和国际化。

有鉴于此,看来很有必要鼓励中国法学界、司法界、仲裁界以及商界有关人士,针对在1995年9月1日开始施行的《仲裁法》所规定的涉外仲裁监督机制,就其**合理性问题**进行较为系统的调查研究和深入探讨,借以集思广益,供立法部门决策参考。笔者认为:为了全面贯彻党中央反复强调的**防腐、反腐**基本方针,为了在涉外仲裁领域中也建立起健全、有效和严密的监督机制,以维护法律的应有尊严,使中国在国际

---

[121] 列宁:《共产主义运动的"左派"幼稚病》,载《列宁选集》第4卷,人民出版社1995年版,第211页。强调是引者所加。

社会中进一步树立起**法治**国家的形象,日后在修订仲裁法时,其可行方案之一是:参照当代国际仲裁立法的先进通例,将"内国仲裁监督"与"涉外仲裁监督"完全**并轨合流,一视同仁**;把**对涉外仲裁裁决的监督**,也**扩大**到其**实体内容**方面,亦即将《仲裁法》第70、71条完全删除,并将同法第58条关于对内国仲裁裁决的程序运作和实体内容实行**全面监督**的规定,推广适用于中国的一切涉外仲裁裁决,从而对一切已经发生法律效力的涉外仲裁裁决,也毫无例外地实行"**违法必究**"和"**违法必纠**"!

（**后记** 本文修订补充过程中,承中国社会科学院法学研究所谢怀栻教授、清华大学法学院张卫平教授、中国国际商会仲裁研究所王生长主任、黎晓光女士、穆子砺先生、中国国际经贸仲裁委员会深圳分会韩健博士、香港城市大学法律学院王贵国教授、林来梵教授、香港商务仲裁专家杨良宜先生、英国伦敦大学访问学者曾华群教授、剑桥大学访问学者单文华副研究员、德国 Marburg 大学法律系博士生孙珺女士等同行学者惠赠了珍贵的第一手外文资料,谨此志谢!）

第 6 章　论中国执行外国仲裁裁决机制的形成和不足*

>> 内容提要

　　无论诉讼或是仲裁,两者都追求公正与效率。就效率而言,由于仲裁是一审终局,故仲裁优于诉讼。但是终局裁决之后,如法院未能给予及时承认和执行,则仲裁在效率上的优越性就会大为削弱甚至完全丧失。因此,仲裁裁决的执行,特别是在外国执行的问题,就成为国际仲裁界广泛关注的焦点之一。针对中国有关执行外国仲裁裁决存在的"地方保护主义"、法律位阶不够高、法律约束力不够强等"美中不足",中国应在本国《仲裁法》或《民事诉讼法》修订及其实施细则中,正式设立"双层报批复审制",并进一步作出具体规定,借以提高其法律位阶,增强其法律约束力;并且在法律或法规中,进一步明确规定最高人民法院作出最后答复的时限,以利于提高承认和执行外国正确仲裁裁决的效率。

>> 目　次

一、1949—1978 年(约 30 年):相关立法基本空白
二、1979—1994 年(约 15 年):国内逐步立法＋参加国际公约
　　(一) 颁布中国《民事诉讼法(试行)》
　　(二) 参加 1958 年的《纽约公约》
　　(三) 参加 1965 年的《华盛顿公约》
　　(四) 颁布正式的现行中国《民事诉讼法》
　　(五) 颁布现行的中国《仲裁法》

---

* 本文是笔者 2005 年 12 月 12 日应邀参加在巴黎召开的国际仲裁专题研讨会上的大会发言文稿,旨在向国际同行简介当时中国执行外国仲裁裁决机制从无到有的形成过程和有待进一步完善的概况。这次专题研讨会由"解决投资争端国际中心"(ICSID)、"联合国贸易和发展委员会"(UNCTAD)以及"经济合作与发展组织"(OECD)联合主办,其主题是探讨有关国际投资协定以及国际仲裁立法的理论和实践。

三、1995 年迄今
    （一）来自"地方保护主义"的障碍
    （二）克服"地方保护主义"的措施之一："双层报批复审制"
    （三）强化"双层报批复审制"：设定时限
四、中国有关执行外国仲裁裁决的立法仍有待改善
    （一）正式立法，提高法律位阶
    （二）对最高院设定答复时限

无论诉讼或是仲裁，两者都追求公正与效率。就效率而言，由于仲裁是一审终局，故仲裁优于诉讼。但是终局裁决之后，如法院未能给予及时承认和执行，则仲裁在效率上的优越性就会大为削弱甚至完全丧失。因此，仲裁裁决的执行，特别是在外国执行的问题，就成为国际仲裁界广泛关注的焦点之一。

在中华人民共和国，有关承认和执行外国仲裁裁决的立法过程和实践问题，大体上可以划分为三个阶段：(1) 1949—1978 年；(2) 1979—1994 年；(3) 1995 年迄今。兹分别简介如下：

一、1949—1978 年（约 30 年）：相关立法基本空白

从 1949 年 10 月中华人民共和国成立到 1978 年底决定实行改革开放基本国策，在这段长达 30 年左右的时期里，由于众所周知的原因，没有关于承认和执行外国仲裁裁决的明确的法律规定。

其所以然，是因为：自 1840 年起，中国在臭名远扬的"鸦片战争"中被英国击败后，西方列强把一系列的不平等条约强加于中国，使中国沦为半殖民地，丧失了政治主权和经济主权。而其中的"领事裁判权"条款排除了中国政府对本国领土上涉外争端的管辖权与裁判权，其严重恶果之一是，外国罪犯和暴徒在中国领土上为非作歹，违法犯罪，往往在各该国驻华领事的包庇、纵容下，可以逍遥法外，不受任何惩罚；反之，在本国领土上遭到外国罪犯歹徒暴行侵害、蒙受人身伤亡或财产损失的中国人民，却无权寻求本国政府给予强有力的法律保护。凡此种种，在中国人的心目中历来是一种惨痛和耻辱。100 多年的历史惨痛教训，使中国人对自己的国家政府当局可能直接成为受外国仲裁机构管辖的"被告"和被执行人一事，感到特别敏感和警惕，深恐"领事裁判权"以新的形式卷土重来，这种"惊弓之鸟，望月而飞"的心理状

态,是不难理解和情有可原的!相应地,在这段长达30年左右的时期里,新中国没有关于承认和执行外国仲裁裁决的明确立法,可谓"基本空白",这也是不难理解和情有可原的。

二、1979—1994年(约15年):国内逐步立法+参加国际公约

(一)颁布中国《民事诉讼法(试行)》

1978年底,新中国决定实行改革开放基本国策。适应着形势发展的需要,1982年3月8日颁布了《中华人民共和国民事诉讼法(试行)》,其中第204条首度出现与承认和执行外国仲裁裁决有关的法律明文规定:

> 中华人民共和国人民法院对外国法院委托执行的已经确定的判决、裁决,应当根据中华人民共和国缔结或者参加的国际条约,或者按照互惠原则进行审查,认为不违反中华人民共和国法律的基本准则或者我国国家、社会利益的,裁定承认其效力,并且依照本法规定的程序执行。否则,应当退回外国法院。

自此时起,中国才初步填补了有关承认和执行外国仲裁裁决的立法空白。

不过,尽管上述条文中提到中国"缔结或者参加的国际条约",但实际上在当时,中国还未缔结或者参加当代国际社会中有关外国仲裁裁决的最重要的国际条约,即1958年《承认及执行外国仲裁裁决公约》(简称《纽约公约》)、1965年《解决国家与他国国民间投资争端公约》(简称《华盛顿公约》)。换言之,在1982年当时,中国都还不是这两个公约的缔约国或成员国。

(二)参加1958年的《纽约公约》

直到《中华人民共和国民事诉讼法(试行)》颁布四年多以后,即1986年12月2日,中国才决定正式参加前述《纽约公约》,在履行相关手续后,该公约于1987年4月22日开始对中国生效。在其生效前夕,即当年4月10日,中国的最高人民法院向全国各级人民法院发布了关于认真执行《纽约公约》的正式通知,要求各级法院"都应立即组织经济、民事审判人员、执行人员及其他有关人员认真学习这一重要国际公

约,并且切实依照执行"[1]。

参加《纽约公约》并接受其中规定的国际义务,虽然也涉及中国司法管辖权——中国司法主权的自我限制问题和国际互惠问题,但它所直接牵涉到的中国的"被执行人"(即参加民事诉讼、仲裁程序的中国"被告"或"被执行人"),毕竟还只限于中国的企业法人和自然人。这对于20世纪80年代中期的中国政府和学界人士说来,一般是能够理解和可以接受的。但是,当问题涉及中国是否可以参加《华盛顿公约》,从而接受ICSID体制,同意在国际仲裁中直接以中国政府当局为被诉人("被告",respondent)和被执行人时,这就不仅涉及中国司法管辖权或司法主权的自我限制,而且扩大到中国的政治主权问题了。因此,自20世纪80年代中期起,在中国应否参加《华盛顿公约》和接受ICSID仲裁体制问题上,政府主管部门和学术界都曾经发生过相当长期的意见分歧和相应的争论。[2]

(三) 参加 1965 年的《华盛顿公约》

直到1990年2月,中国政府在广泛征求各界意见、全面权衡利弊得失之后,终于指示当时的中国驻美大使朱启桢代表中国签署参加了《华盛顿公约》。但是,事隔三年,一直到1993年初,中国的全国人民代表大会(中国的最高立法机构)才正式批准中国加入该公约,并向ICSID机构所在的世界银行总部递交批准书,成为该公约的正式成员,自1993年2月6日起生效。

由此可见,中国政府针对接受ICSID仲裁体制问题决策之慎重和郑重,这也充分反映了由于前述特定的历史原因,中国人对于接受外国仲裁裁决理所当然地长期存在思想顾虑。

(四) 颁布正式的现行中国《民事诉讼法》[3]

适应着中国先后参加《纽约公约》《华盛顿公约》以及履行国际条约义务的需要,中国在总结前述"试行"实践经验的基础上,于1991年4月颁行了正式的《中华人民共和国民事诉讼法》,其中第268条和第269条针对承认及执行外国仲裁裁决问题作出了比前述"试行"阶段更加明确的规定:

---

[1]《最高人民法院关于执行我国加入的〈承认及执行外国仲裁裁决公约〉的通知》[法(经)发〔1987〕5号],1987年4月10日。

[2] 参见陈安:《国际投资争端仲裁:ICSID机制研究》,复旦大学出版社2001年版,第25—41页。

[3] 本文撰写于2005年12月初,此处所称"现行中国《民事诉讼法》",指的是1991年4月颁行的《中华人民共和国民事诉讼法》。该法已于2007年10月28日、2012年8月31日、2017年6月27日分别修订公布,修订后的具体条文内容、数目和序列,均有所调整,阅读本文时请留意予以对照。

人民法院对申请或者请求承认和执行的外国法院作出的发生法律效力的判决、裁定，依照中华人民共和国缔结或者参加的国际条约，或者按照互惠原则进行审查后，认为不违反中华人民共和国法律的基本原则或者国家主权、安全、社会公共利益的，裁定承认其效力；需要执行的，发出执行令，依照本法的有关规定执行。违反中华人民共和国法律的基本原则或者国家主权、安全、社会公共利益的，不予承认和执行。（第 208 条）

国外仲裁机构的裁决，需要中华人民共和国人民法院承认和执行的，应当由当事人直接向被执行人住所地或者其财产所在地的中级人民法院申请，人民法院应当依照中华人民共和国缔结或者参加的国际条约，或者按照互惠原则办理。（第 209 条）

（五）颁布现行的中国《仲裁法》

在颁布正式的中国《民事诉讼法》之后三年多，中华人民共和国全国代表大会常务委员会在 1994 年 8 月 31 日通过了《中华人民共和国仲裁法》，并自 1995 年 9 月 1 日起施行。这部重要法律含八章 80 条，针对仲裁范围、仲裁机构、仲裁协议、仲裁程序、仲裁裁决及其执行、仲裁监督以及涉外仲裁等事项，逐一作了明确的原则性规定。

就仲裁裁决及其执行而言，中国《仲裁法》第 9 条和第 62 条明文规定：仲裁实行一裁终局的制度，当事人应当履行仲裁裁决。一方当事人不履行的，另一方当事人有权依照民事诉讼法的有关规定向人民法院申请执行，受申请的人民法院应当执行。

这些规定，改变了过去曾经长期采取的"又裁又审，一裁两审终局"的体制，转采取"或审或裁，一裁终局"的体制，从而完全符合当代世界各国有关仲裁立法的先进经验，与国际惯例互相接轨，促进了中国仲裁制度加速走向现代化和国际化，因而不但受到国内人民的欢迎，也受到国际社会的认可和好评。简言之，从整体上说来，中国的这部《仲裁法》是值得肯定和称赞的。

但是，这部《仲裁法》的若干环节，在行文措辞上、在实体规定上，都存在有待商榷和需要改进之处。其中，有待商榷和改进的具体环节之一，就是这部法律还缺乏专门针对承认和执行外国仲裁的具体规定。

三、1995 年迄今

（一）来自"地方保护主义"的障碍

中国相继参加 1958 年《纽约公约》和 1965 年《华盛顿公约》以来，在承认和执行某些案件的外国仲裁裁决过程中，从整体上说来，是信守国际义务的。但是，有时会遇到来自"地方保护主义"的障碍。前文提到，按照《民事诉讼法》第 209 条，有关承认和执行外国仲裁裁决的任务，是授权给有管辖权的中级地方人民法院受理和承担的。在某些场合，这些有管辖权的中级地方人民法院可能受到来自当地政府官员的"压力"，从而偏袒受到执行外国仲裁裁决不利影响的当事人（即"被执行人"），致使承认和执行某些外国仲裁裁决的进程，在"地方保护主义"的干扰之下，久拖不决，或拒不执行。

这类"地方保护主义"干扰问题，似乎并非中国独有，而且可以通过针对性立法加以排除。综观当代各国仲裁立法的趋向，有一种现象是值得注意的：为了更强有力地防止"地方保护主义"等消极因素对执行正确仲裁裁决可能产生的不利影响，为了更加有效地防止基层或中级人民法院部分审判人员可能因业务水平不高而在对仲裁裁决实行司法审查和监督中发生失误，国际仲裁立法实践中已有某些可资参考借鉴的先进经验，即：把对于内国和涉外两类仲裁裁决实行程序运作审查和实体内容审查的监督权，一概授予拥有高水平审判人员的高层次法院，以昭慎重，并确保监督的公正、正确和准确，而又不影响效率。例如，在英国，把此种监督权授予高等法院（High Court）；[4] 在印度尼西亚和澳大利亚，都把此种监督权授予最高法院；[5] 在瑞士，则原则上应由联邦最高法院行使此种监督权，但是当事人可以协议以仲裁庭所在地特定的州法院代替联邦最高法院行使此权。[6]

结合中国幅员辽阔、各省发展不平衡等国情特点，在深入调查研究的基础上，如认为确有必要移植上述经验时，似可考虑在中国的仲裁立法中作出规定，由最高人

---

[4] 参见英国 1996 年《仲裁法》第 105 条。
[5] 参见《印度尼西亚民事诉讼法》第 641 条，见许耀忠中译文，载程德钧、王生长主编：《涉外仲裁与法律》（第二辑，资料译），第 148 页；《澳大利亚新南威尔士 1984 年商事仲裁法》第 38 条，见胡康生主编：《中华人民共和国仲裁法全书》，法律出版社 1995 年版，第 676 页。
[6] 参见《瑞士国际私法法案》第 191 条，见胡康生主编：《中华人民共和国仲裁法全书》，法律出版社 1995 年版，第 635 页。

民法院组建专庭,或授权某些省份的高级人民法院,负责受理针对重大涉外仲裁裁决和外国仲裁裁决的投诉,对此类裁决的程序运作以及实体内容,实行全面的监督。至于对一般仲裁裁决实行兼及程序、实体的全面监督权,则归由有管辖权的基层法院或中级人民法院掌握和行使。

(二)克服"地方保护主义"的措施之一:"双层报批复审制"

近几年来,中国在司法实践中也采取了若干新的有效措施,以防范和制止地方保护主义发生的消极作用。这些措施,与上述诸国的立法相较,似有异曲同工、不谋而合之处,而又带有中国的特色,值得注意。例如,最高人民法院曾在 1995 年 8 月间下达文件[7],明确规定:

> 为严格执行《中华人民共和国民事诉讼法》以及我国参加的有关国际公约的规定,保障诉讼和仲裁活动依法进行,现决定对人民法院受理具有仲裁协议的涉外经济纠纷案、不予执行涉外仲裁裁决以及拒绝承认和执行外国仲裁裁决等问题建立报告制度。为此,特作如下通知:
>
> 一、凡起诉到人民法院的涉外、涉港澳和涉台经济、海事海商纠纷案件,如果当事人在合同中订有仲裁条款或者事后达成仲裁协议,人民法院认为该仲裁条款或者仲裁协议无效、失效或者内容不明确无法执行的,在决定受理一方当事人起诉之前,**必须报请**本辖区所属**高级人民法院进行审查**;如果高级人民法院同意受理,应将其审查意见**报最高人民法院**。在最高人民法院未作答复前,可暂不予受理。
>
> 二、凡一方当事人向人民法院申请执行我国涉外仲裁机构裁决,或者向人民法院申请承认和执行外国仲裁机构的裁决,如果人民法院认为我国涉外仲裁机构裁决具有民事诉讼法第二百六十条[8]情形之一的,或者申请承认和执行的外国仲裁裁决不符合我国参加的国际公约的规定或者不符合互惠原则的,在裁定不予执行或者拒绝承认和执行之前,**必须报请**本辖区所属**高级人民法院进行**

---

[7] 详见《最高人民法院关于人民法院处理与涉外仲裁及外国仲裁事项有关问题的通知》(法发〔1995〕18 号),1995 年 8 月 28 日。(引文中的强调是引者所加,下同)

[8] 中国《民事诉讼法》第 260 条规定:"对中华人民共和国涉外仲裁机构作出的裁决,被申请人提出证据证明仲裁裁决有下列情形之一的,经人民法院组成合议庭审查核实,裁定不予执行:(一)当事人在合同中没有订有仲裁条款或者事后没有达成书面仲裁协议的;(二)被申请人没有得到指定仲裁员或者进行仲裁程序的通知,或者由于其他不属于被申请人负责的原因未能陈述意见的;(三)仲裁庭的组成或者仲裁的程序与仲裁规则不符的;(四)裁决的事项不属于仲裁协议的范围或者仲裁机构无权仲裁的。人民法院认定执行该裁决违背社会公共利益的,裁定不予执行。"中国《民事诉讼法》已于 2007 年 10 月 28 日修订公布,并且自 2008 年 4 月 1 日起施行。原第 260 条上述规定已改列为第 274 条。

审查；如果高级人民法院同意不予执行或者拒绝承认和执行，应将其审查意见**报最高人民法院**。待最高人民法院答复后，方可裁定不予执行或者拒绝承认和执行。

其后，又在1998年4月间下达另一份文件[9]，进一步明确规定：凡一方当事人按照《仲裁法》的规定向人民法院申请撤销中国的涉外仲裁裁决，如果人民法院经审查认为涉外仲裁裁决具有《民事诉讼法》第260条第1款规定的情形之一的，在裁定撤销裁决或通知仲裁庭重新仲裁之前，须报请本辖区所属高级人民法院进行审查。如果高级人民法院同意撤销裁决或通知仲裁庭重新仲裁，应将其审查意见报最高人民法院。待最高人民法院答复后，方可裁定撤销裁决或通知仲裁庭重新仲裁。

这两份文件，看来其主旨均在于通过法院系统内部建立**事先报批、双层复审**制度，其操作要点有二：

1. 受理不执行之诉或撤销之诉：有管辖权的中级人民法院，在正式立案受理不执行或撤销涉外裁决之诉、受理不承认和不执行外国裁决之诉以前，必须层层上报审批，直到最高人民法院批复同意之后，方可正式受理；否则，不得受理。

2. 裁定不予执行或应予撤销：有管辖权的中级人民法院，在正式裁定不执行或撤销中国的涉外裁决、正式裁定不承认和不执行外国裁决以前，也必须层层上报审批，直到最高人民法院批复同意之后，方可正式裁定；否则，不得裁定。

中国最高人民法院下达这两份文件的目的，显然均在于通过法院系统内部建立**事先报批制度**，对地方管辖法院裁定"不予执行""予以撤销"或"发回重裁"的权力，加以必要的规范、限制和给予必要的指导，以防止某些地区的"地方保护主义"妨碍终局中国涉外裁决及外国裁决的顺利执行。

这些规定，既保留了地方各级管辖法院对有关涉外仲裁裁决或外国仲裁裁决进行审查监督的权力，又在这些权力具体行使过程中的某些方面，设立了实质上的"**双层报批复审**"制度。看来，这些规定比较符合中国幅员辽阔、各省发展不平衡等国情特点。因此，日后依中国国情的实际需要修订《仲裁法》时，不妨以专设法条明文规定，把对涉外仲裁裁决以及外国仲裁裁决的司法审查监督，扩大到兼及其程序运作和实体内容，并由高级人民法院和最高人民法院针对下级法院上报的有关不执行或撤销涉外仲裁裁决的意见、有关不承认和不执行外国仲裁裁决的意见，加以"**双层报**

---

[9] 详见《最高人民法院关于人民法院撤销涉外仲裁裁决有关事项的通知》(法发〔1998〕40号)，1998年4月23日。

批复审",从而更加有效地预防"地方保护主义",切实地保障正确的涉外仲裁裁决和外国仲裁裁决得以顺利执行。

但是,由于1995年8月、1998年4月的上述两项通知均未针对中国涉外仲裁裁决和外国仲裁裁决的"不予执行"问题,明确规定有关中级人民法院以及高级人民法院进行审查和逐级上报的时间限制[10],故在实践中往往仍然出现延宕时日、久拖不决的现象,仍然难以切实有效地防止地方保护主义的各种干扰和消极影响。针对这一不足,1998年10月,最高人民法院审判委员会又专门作出了一项"释法规定",明确设定相关时限,借以强化"双层报批复审制"的实际效力。

(三)强化"双层报批复审制":设定时限

此项"释法规定"[11]明文指示:

> 当事人依照纽约公约第四条规定的条件申请承认和执行外国仲裁裁决,受理申请的人民法院决定予以承认和执行的,应在受理申请之日起**两个月**内作出裁定,如无特殊情况,应在裁定后**六个月**内执行完毕;决定不予承认和执行的,须按最高人民法院法发〔1995〕18号《关于人民法院处理与涉外仲裁及外国仲裁事项有关问题的通知》的有关规定,在受理申请之日起**两个月内**上报最高人民法院。

这项规定的实际意义是:受理对外国仲裁裁决执行之诉的主管中级人民法院,必须在受理之后的**两个月时限内完成三件事**,包括:(1) 主管中级人民法院决定是否予以承认和执行;(2) 如果主管中级人民法院初步决定不予承认和执行,应迅即上报所属省高院;(3) 如省高院经过审查后,同意下属主管法院不予承认和执行的初步决定,应迅即上报最高院。

但是,最高院应于多长时期(时限)以内完成审查,作出同意或不同意的最终答复,则仍未明确规定。可谓"美中不足"或仍有"法律漏洞"。

---

[10] 虽然,1998年4月的上述通知针对中国的**涉外仲裁裁决**的撤销和重裁时限问题作出规定:"受理申请**撤销裁决**的人民法院如认为应予撤销裁决或通知仲裁庭**重新仲裁**的,应在受理申请后三十日内报其所属的高级人民法院,该高级人民法院如同意撤销裁决或通知仲裁庭重新仲裁的,应在十五日内报最高人民法院,以严格执行仲裁法第六十条的规定。"但是,对于有关涉外仲裁裁决和外国仲裁裁决**不予执行**的双层审查上报程序,却未设定任何时间限制。

[11] 详见《最高人民法院关于承认和执行外国仲裁裁决收费及审查期限问题的规定》(法发〔1998〕28号),1998年10月21日。

四、中国有关执行外国仲裁裁决的立法仍有待改善

看来,针对上述"美中不足",中国有关执行外国仲裁裁决的立法有待进一步改进之处,至少还有以下两点:

(一)正式立法,提高法律位阶

现有的司法解释的法律位阶不够高,法律约束力不够强,应在中国《仲裁法》修订及其实施细则中,或在中国《民事诉讼法》修订及其实施细则中,进一步作出具体规定,借以提高相关规定的法律位阶,增强其法律约束力。

(二)对最高院设定答复时限

应当在中国《仲裁法》或中国《民事诉讼法》等法律或法规中,进一步明确规定最高人民法院作出最后答复的时限,从收到省级请示报告之日起,一般不宜拖延至两个月以上,以利于提高和保证承认和执行外国正确仲裁裁决的效率。

※　　※　　※

总之,作为全球最大的发展中国家,中国正在持续不断地吸收大量外国投资。适应形势发展,中国确实需要不断改善吸收外资的法律环境,其中包括改善承认和执行外国仲裁裁决的立法和采取各种更加有效的措施。通过这条公平公正的途径,才能更有效地促进外国投资者与吸收外资东道国实现互利双赢,促进全球的共同繁荣。

第7章　论中国涉外仲裁程序中当事人的申辩权和对质权

——就香港百利多投资有限公司诉香港克洛克纳东亚有限公司一案向香港高等法院提供的专家意见书

❯❯ 内容提要

　　本文是作者受托向香港高等法院出具的专家意见书。1989年,香港百利多公司(仲裁申请人)与香港克洛克纳公司(仲裁被申请人)因买卖合同纠纷提请中国国际经济贸易仲裁委员会(CIETAC)仲裁。在审理过程中,CIETAC仲裁庭曾自行指定专家进行调查并由专家出具鉴定报告书。1990年11月8日,CIETAC仲裁庭将上述专家鉴定报告书送达被申请人克洛克纳公司。后者尚未作出具体答辩,CIETAC随即于1990年11月15日签发了裁决书,裁决百利多公司"胜诉",克洛克纳公司"败诉"。

　　1992年4月1日,百利多公司(原告)向香港高等法院起诉,要求判令克洛克纳公司(被告)履行CIETAC裁决书规定的义务。被告不服,提出抗辩,认为CIETAC据以断案的专家鉴定报告不符合事实真相,而且,未允许被申请人行使质疑权利,故请求香港高等法院判定对CIETAC的上述裁决书不予执行。1992年6月10日,原告代理律师向香港高等法院提供证词,声称在中国司法程序和仲裁程序所采取的审理制度中,根本没有诸如"盘问(证人)或对质"(cross examination)之类的做法。就中国的仲裁程序而言,仲裁庭认为必要时,可以自行调查,搜集证据;也可以就案件中的问题请专家帮助,提供咨询意见或进行鉴定。各种证据应由仲裁庭自行审定。仲裁当事人根本无权"盘问"帮助仲裁庭自行调查取证的证人。就仲裁庭自行委托专家作出的专家报告书而言,当事人根本无权"盘问"仲裁庭聘请的专家,针对专家报告书中的调查结论提出异议。在此之前,中国国际经济贸易仲裁委员会秘书处曾在1992年2月15日致香港律师的复信中提到,"由仲裁庭独立聘请的专家作出的鉴定报告,任何一方当事人均无权对专家报告提出任何异议。因为专家鉴定报告是以一个独立、公正、第三人作出的,符合实际的科学的报告,具有权威性"。

被告代理律师于 1992 年 12 月 7 日来函要求笔者提供咨询意见。笔者综合研究了本案的案情及其发展过程,研究了中国的《民事诉讼法》《仲裁法》以及中国参加的相关国际公约的规定,认为:根据中国有关仲裁的立法,根据以"事实为根据、以法律为准绳"的基本法理,根据充分保障当事人行使诉讼权利的审理原则,当事人在诉讼和仲裁过程中依法享有充分的陈述、答辩、质疑、对质等权利。因此,当事人完全有权针对仲裁庭自行指定专家所作出的专家鉴定报告书提出异议。因此,原告代理律师上述证词以及 CIETAC 秘书处上述复函中的主张和说法,并不符合中国有关法律的规定,不宜采信。

1993 年 1 月 15 日,香港高等法院作出判决,其中长篇引述了笔者在本文(专家意见书)中提出的论点和论据,表示赞同和应予采信,并且最后认定:CIETAC 仲裁庭在本案最后裁决之前,未能给被申请人(被告)一方充分申辩的机会,因此,香港主管法院应依据 1958 年《纽约公约》的规定以及香港《仲裁法例》的相应规定,判决对 CIETAC 的上述裁决书不予执行。[1]

目　次

一、专家简况
二、咨询的问题:当事人可否对 CIETAC 自行指定专家作出的鉴定提出抗辩?
三、专家的看法和意见
　　(一)中国审理制度的首要原则之一:确保当事人行使诉讼权利
　　(二)CIETAC 仲裁程序必须遵循上述原则的法律根据
　　(三)中国参加的《纽约公约》确保仲裁当事人享有充分申辩权
附录

本人,中华人民共和国厦门大学政法学院院长陈安教授,应香港史蒂文生·黄律师事务所 1992 年 12 月 7 日来函要求,就香港百利多投资有限公司(以下简称"百利多公司")与香港克洛克纳东亚有限公司(以下简称"克洛克纳公司")争议案件,提供法学专家意见如下:

---

[1] See Judgment, 1991 No. MP 2219, In the Supreme Court of Hong Kong, High Court, Between Paklito Investment Ltd. (Plaintiff) and Klockner East Asia Ltd. (Defendant), 4th January, 1993.
　　本判决书的最后一段提到:"在 1990 年至 1992 年这三年里,本院曾经依法执行了大约四十份 CIETAC 作出的裁决;而本案中的这一份 CIETAC 裁决则是本院第一次决定不予执行。"

一、专家简况

1—9.（从略）

10. 基于以上各点，本人自信具有合格的学识和能力针对上述香港律师事务所提出的以下诸问题，提供专家咨询意见。

二、咨询的问题：当事人可否对 CIETAC 自行指定专家作出的鉴定提出抗辩？

11. 香港史蒂文生·黄律师事务所 1992 年 12 月 7 日来函提出的问题主要有如下两个方面：

A. 百利多公司聘请的仲裁代理人司筱潭律师在 1992 年 6 月 10 日提供的正式证词（affirmation）中，强调指出：**在中国司法程序和仲裁程序所采取的审理制度中，根本没有诸如"盘问（证人）或对质"（cross-examination）之类的做法**。英美普通法体制中所采用的盘问证人或涉讼双方互相对质的程序做法，在中国的审理制度中是根本不存在的。**就中国的仲裁程序而言，仲裁庭认为必要时，可以自行调查，搜集证据；也可以就案件中的问题请专家帮助，提供咨询意见或进行鉴定。各种证据应由仲裁庭自行审定**。作为一条总的原则，中国采用的审理制度不允许仲裁当事人对于仲裁庭自行调查取得的证据提出异议。中国审理制度所固有的特点在于：**仲裁当事人根本无权"盘问"帮助仲裁庭自行调查取证的证人。就仲裁庭自行委托专家作出的专家报告书（意见书）而言，当事人根本无权"盘问"仲裁庭聘请的专家，针对专家报告书中的调查结论提出异议**（见附件"PAC-1"：司筱潭律师上述证词的第 19 段和第 20 段）。

请问：司筱潭律师的上述说法和主张，是否符合中国的实际情况？在中国的仲裁程序中，当事人究竟有没有权利针对仲裁庭自行聘请专家或证人作出的专家报告书或其他证据进行评论？当事人有没有权利向仲裁庭提供证据，以反驳仲裁庭自聘专家所提供的证据？

B. **中国国际经济贸易仲裁委员会**（以下简称"CIETAC"）秘书处 1992 年 2 月 15 日**致香港廖绮云律师事务所丁志钢先生的"(92) 贸仲字第 0346 号"复信**中提

到,"由仲裁庭独立聘请的专家作出的鉴定报告,任何一方当事人均无权对专家报告提出任何异议。因为专家鉴定报告是以一个独立、公正、第三人作出的,符合实际的科学报告,具有权威性"(见附件"PAC-2":CIETAC 秘书处 1992 年 2 月 15 日复信)。

请问:CIETAC 秘书处上述回信中所陈述的看法是否符合中国的实际情况?是否正确?

三、专家的看法和意见

(一) 中国审理制度的首要原则之一:确保当事人行使诉讼权利

12. 针对上述 A、B 两方面的问题,本人提出以下各点看法和意见,供各有关方面参考。

13. 我认为,要正确地回答上述诸问题,首先必须弄清一个前提:在中国司法程序和仲裁程序现行的审理制度中,其最基本、最本质、最重要的原则是什么?

我认为,1982 年公布施行的《中华人民共和国民事诉讼法(试行)》[2](以下简称《民诉法(试行)》)第一章一开头,就对这个问题作出十分明确的、具有权威性的规定:"人民法院审理民事案件,必须**以事实为根据,以法律为准绳**;……**保障诉讼当事人平等地行使诉讼权利**"。民事诉讼法的任务,就在于"保证人民法院查明事实,分清是非,正确适用法律……"(见附件"PAC-3":第 5 条、第 2 条,从略)。1991 年修订公布的《中华人民共和国民事诉讼法》(以下简称《民诉法》),以更加明确的语言,再次反复强调了中国现行审理制度中的上述最基本的原则:"中华人民共和国民事诉讼的任务是保证当事人行使诉讼权利,保证人民法院查明事实,分清是非,正确适用法律……""应当保障和便利当事人行使诉讼权利""人民法院审理民事案件时,**当事人有权进行辩论**"(见附件"PAC-4":第 2、7、8、12 条,从略)。在这里,特别值得注意的是:(1) 把"保证当事人行使诉讼权利"列在整个民事诉讼法诸条任务的第一位,即视为首要任务;(2) 把彻底查明事实真相作为适用法律的根据、基础和前提。

14. 就如何看待案件审理全过程中出现的各种证据而言,上述先后两部民事诉讼法也都作了明确的规定。《民诉法(试行)》把专家的"鉴定结论"列为七种证据之

---

〔2〕 1989 年香港百利多公司将本案争端提交 CIETAC 仲裁,1990 年 12 月 CIETAC 仲裁庭作出裁决,在这段时间里,中国的民事诉讼法尚在"试行"阶段。1991 年 4 月 9 日,公布施行正式的、现行的《民事诉讼法》。

一,并且强调一切证据(包括专家鉴定)都"必须经过查证属实,才能作为认定事实的根据"。同时,第 56 条进一步强调:人民法院应当"全面地、客观地搜集和调查证据"。这里所说的"全面地、客观地",当然包括收集诉讼双方当事人所提供之一切正面的和反面的证据。在有关"开庭审理"的专门规定中,又进一步强调审判员必须在法庭调查中向当事人"出示书证、物证"和"宣读鉴定结论"(见附件"PAC-3":第 55 条、第 56 条第 2 款、第 107 条,从略)。所有这些规定,集中到一点,都是为了达到同样的目的:彻底弄清事实真相,查对附件,尽力避免偏听偏信。

关于对待一切证据(包括专家鉴定结论)的上述基本态度和基本原则,在 1991 年的《民诉法》中再次予以强调(见附件"PAC-4":第 63 条、第 64 条第 3 款、第 124 条,从略)。

15. 在中国现行的案件审理制度中,当事人是否有权对证人(包括法院或仲裁庭聘请的专家)所提供的证词、证据(包括上述专家所提供的鉴定结论、报告书或意见书),进行评论、提出异议、加以反驳,甚至另外提供新的相反证据,以推翻任何人提供的任何已有证据?

答案是完全肯定的。

1982 年的《民诉法(试行)》明确规定:"当事人经过法庭许可,可以向证人、鉴定人、勘验人发问"。在司法实践中,对于当事人提出的向证人、鉴定人等发问或盘问的正当要求,只要不是无理取闹,只要是摆事实讲道理,法庭一向总是许可的,甚至是加以鼓励的,因为这很有助于澄清事实,辨明真相。与此同时,"当事人在法庭上可以提出新的证据",其中当然也包括提出能够用以反驳鉴定人及其鉴定结论的任何新证据(见附件"PAC-3":第 108 条,从略)。

这些基本规定,在 1991 年的《民诉法》中不但以类似语言重新加以强调,而且以更加明确的文字专门添加了一条全新的、总结了多年实践经验的条文,强调:"**证据应当在法庭上出示**,并由当事人**互相质证**"。这里的"互相质证"一词,实际上就是**互相盘问**(见附件"PAC-4":第 125、66 条,从略)。

由此可见,那种认为在中国现行的案件审理制度中根本不存在"盘问证人"或"互相对质"程序的说法,是根本不符合中国**已经行之多年**的现行法律规定和现实实践情况的。

(二) CIETAC 仲裁程序必须遵循上述原则的法律根据

16. 那么,在中国的仲裁程序中,在 CIETAC 仲裁庭审理案件的程序中,是否也必须认真贯彻上述审理原则和规则呢?

答案也是完全肯定的。

17. 在现行的 1988 年《中国国际经济贸易仲裁委员会仲裁规则》(以下简称《CIETAC 仲裁规则》)中,虽然并没有具体的文字明白规定当事人有权对仲裁庭自行聘请的专家及其提供的鉴定报告书提出异议或加以反驳,但是,其中也绝对没有具体的文字明白规定当事人根本"无权"(如司筱潭律师所一再强调的)对上述专家及其报告书提出异议或加以反驳。换言之,其中**并无**针对当事人上述行为的任何**禁止规定**(见附件"PAC-5",从略)。

1988 年的《CIETAC 仲裁规则》之所以未对当事人的上述争讼权利作出明文规定,看来有三条原因:

(1) 它本身十分简明扼要(一共只有 43 条),篇幅极其有限,不可能事事逐一详细规定。

(2) 前述案件审理的诸项基本原则和规则,早已在 1982 年的《民诉法(试行)》(共 205 条)之中作了详细规定,并已行之多年,它们虽然还没有家喻户晓,但对从事司法工作或仲裁工作的法律界人士说来,"以事实为根据,以法律为准绳""保护当事人行使诉讼权利"以及与此有关的重要审理原则和规定,却早已是人人皆知的普通常识了。

(3) 中国的其他重要法律和法规以及中国参加的国际公约已经针对中国涉外案件的仲裁审理原则,专门作出重要的规定。对这方面的主要规定,兹逐一列出如下:

18. 1988 年 6 月,中国国务院在一份专为《CIETAC 仲裁规则》修订工作下达的"批复"文件中,明确指示:应当根据中国法律和中国缔结或参加的国际条约,并参照国际惯例,对中国原有的涉外案件仲裁规则进行修订(见附件"PAC-6":中国国务院对中国国际贸易促进委员会的批复,从略)。这显然是明确指示:1988 年颁行的《CIETAC 仲裁规则》,其一切内容和具体规定(包括审理原则),都**不得违背中国法律**所明确规定的有关案件审理的**基本法理原则**和**基本行为准则**,也都**不得违背中国已经参加的国际条约**,不得违背国际社会早已公认的、约定俗成的**国际惯例**。

(三) 中国参加的《纽约公约》确保仲裁当事人享有充分申辩权

19. 1982 年的《民诉法(试行)》第 189 条规定:中华人民共和国缔结或者参加的**国际条约**同本法有不同规定的,适用该国际条约的规定(见附件"PAC-3",从略)。

20. 1986 年的《中华人民共和国民法通则》第 142 条规定:中华人民共和国缔结或者参加的国际条约同中华人民共和国的民事法律有不同规定的,适用国际条约的规定(见附件"PAC-7",从略)。

21. 1991年经过修订的《民诉法》第238条以完全相同的文字,再次强调和重申了1982年《民诉法(试行)》第189条的上述规定(见附件"PAC-4",从略)。

22. 根据以上18—21各段的政府批文和法律规定,现行的《CIETAC仲裁规则》显然不得违反中国已经缔结或参加的一切国际条约和公约,其中当然也包括中国已于1987年参加的《承认及执行外国仲裁裁决公约》(以下简称《纽约公约》)。

23. 1987年开始对中国生效的上述《纽约公约》明文规定:"凡是受裁决援用之一造未接获指派仲裁员或仲裁程序之适当通知,或因他故,致**未能申辩者**",可以"向申请承认及执行地之主管机关提供证据",证明以上情况,有关主管机关(法院)可以依该当事人的请求,拒绝承认及执行已经生效的外国仲裁裁决(见附件"PAC-8":第5条,从略)。

中华人民共和国最高人民法院于1987年4月10日下达全国各级法院的专门通知中,特别附列《纽约公约》的上述有关条文,指令各下级法院遵照执行(见附件"PAC-8",从略)。

24. 1991年修订的《民诉法》第260条作出的规定,是与《纽约公约》的上述条文完全一致和互相衔接的。该第260条规定:在仲裁案件中,被申请人没有得到指定仲裁员或者进行仲裁程序的通知,或者由于不属于被申请人负责的原因**未能陈述意见**,该被申请人可以提出有关上述情况的证据,经中国人民法院审查核实,法院可以对中国涉外仲裁机构(主要是指CIETAC作出的裁决),**裁定不予执行**(见附件"PAC-4",第260条,从略)。

25. 由此应当得出结论:由CIETAC仲裁庭作出的裁决,如果其据以进行裁决的专家鉴定书,未向仲裁案中的被申请人一方及早出示,让被申请人有充分的机会向仲裁庭陈述自己的申辩意见,提出异议,加以反驳,或另外提供新的证据,这都属于使被申请人"未能陈述意见"或"未能申辩"之列,依照《纽约公约》以及中国1991年《民诉法》的上述规定,该被申请人显然有权向中国法院或其他参加《纽约公约》的国家或地区的法院,提出证据,申请对CIETAC仲裁庭的裁决书,裁定暂且不予执行。待该被申请人依《纽约公约》或依中国法律规定,能够向CIETAC仲裁庭对前述专家报告书**充分申辩、提出异议**、提供新证据,并由CIETAC仲裁庭依照应有程序彻底查清事实真相后,作出新的裁决,再予执行。

26. 前述CIETAC仲裁庭曾于1990年11月8日将本案的两份专家鉴定报告书送达被诉人克洛克纳公司的仲裁代理人,显然可以推定本案仲裁庭原是有意就该报告书请被诉人提出自己的意见(包括异议、反驳)的。可惜的是送达得太迟,而裁决书又签发得太早。否则,如果再等若干星期,或设定一个异议期限,让克洛克纳公司有机会再陈述一下自己的最后意见或异议,然后再签发出裁决书,那就尽善尽美,毫无瑕疵了!我相信,CIETAC一定会朝这个方向努力,使自己的工作更加完善的。

厦门大学

国际经济法教授

陈安

(签字)

1992 年 12 月 10 日于香港

附　　录

一、司筱潭律师证词*

(摘要)

(1992 年 6 月 10 日,香港)

In the Supreme Court of Hong Kong
High Court
Miscellaneous Proceedings
1991 No. M. P. 2219
1-18 〔Omitted〕
…

19. Finally, I would also like to stress that judicial and arbitral proceedings in China followed the inquisitorial system. There is no such thing as "cross-examination" in the Chinese inquisitorial system. The procedure such as that adopted by the common law system for "examination" or "cross-examination" of witnesses is totally absent in the Chinese system. As far as Chinese arbitration proceedings is concerned, in the event that an Arbitration Tribunal want 〔Sic〕 to

---

* 这份"证词"原文是英文,由香港史蒂文生·黄律师事务所附在 1992 年 12 月 7 日来函中,要求陈安教授对该"证词"所述"cross-examination"问题作出评论。据司律师在"证词"第 1—4 点中所作的自我介绍,他当时在北京"中国法律事务中心"任职,曾在 1989—1990 年香港百利多投资有限公司提交中国国际经贸仲裁委员会诉香港克洛克纳东亚有限公司的仲裁案件中,担任百利多公司一方的仲裁代理人。

verify the truth of the evidence submitted by the parties, or to test the veracity of the case put forward by the parties, it would conduct its own inquiries, with the assistance of experts, if it thinks fit. The Tribunal alone would decide on the extent of such inquiries and what further evidence it would wish to collect before it makes a decision on the case. The evidence so collected by the Tribunal would be examined by the Tribunal itself who would decide whether it would accept the same as evidence in the proceedings (cf. Article 27 of the Rules of Arbitration). As a general rule, the inquisitorial system adopted by China did not allow the parties to challenge the inquiries made by the Tribunal itself. If the Tribunal wish[es] to seek the assistance of the legal representatives representing the parties, it could of course invite them to made [Sic] submission on any particular issue for which the Tribunal has made its own inquiry. However it is inherent in the nature of the inquisitorial system adopted by China that the parties do not have the right to "cross-examine" the Tribunal's own witnesses who assisted the Tribunal in making its own inquiries. In the context of an expert report commissioned by the Tribunal itself, the parties have no right to "cross-examine" the Tribunal's experts with a view to challenge the findings in such report. It is an inherent characteristic of the inquisitorial system that the Tribunal plays an active and independent role in ascertaining the evidence required for making a decision. This is different from the adversarial system in which the court or tribunal plays no active part in making any inquiry of its own.

20. In the present case therefore the Defendant had no right, unless the Tribunal invited it to do so, to raise any objection to the expert report prepared by the expert engaged by the Tribunal. The Tribunal alone would decide on the extent of its own inquiries and whether it would accept or reject the whole or only part of the evidence collected through these inquiries.

Affirmed at the office
Robert W. H. Wang & Co.
Nine Queen Road, Central Xiao Tan Si
Hong Kong
this 10th day of June 1992

Before me,
LEE J. BURNEY

Solicitor,
Hong Kong.
This Affirmation is filed on behalf of the Plaintiff

二、中国国际经济贸易仲裁委员会秘书处复函(1992)贸仲字

第 0346 号关于贸仲字第(1990)2986 号裁决执行事

（香港）廖绮云律师事务所

丁志钢先生：

你所 1992 年 2 月 14 日传真收悉。

现答复如下：

1. 在本案于 1990 年 4 月 25 日开庭审理时，仲裁庭不仅审理了本案的程序问题，而且也对本案的事实问题进行了审理，双方不但进行了意见陈述，回答了仲裁庭的询问，还进行了辩论。仲裁庭还要求双方提供进一步的证据和补充陈述。此后双方向仲裁庭提交了进一步的证据和陈述，仲裁庭进行了认真的审阅，经仲裁庭合议后认为有必要独立聘请专家进行技术鉴定。在开庭审理时，被诉人既没有提出由其推荐专家对货物质量问题进行检验，也没有提出由其推荐的专家与仲裁庭聘请的专家一起联合检验货物的主张。

2. 对被诉人于 1990 年 11 月 12 日致仲裁庭函，仲裁庭没有给予答复。其理由是：仲裁规则第 26 条规定："……仲裁庭认为必要时，可以自行调查，收集证据。"仲裁规则第 28 条规定："仲裁庭可以就案件中的专门问题向专家咨询或者指定鉴定人进行鉴定。"也就是说由仲裁庭独立聘请的专家作出的鉴定报告，任何一方当事人均无权对专家报告提出任何异议。因为专家鉴定报告是以一个独立、公正、第三人作出的，符合实际的科学的报告，具有权威性。而且，在被诉人于 1990 年 11 月 12 日致函仲裁庭时，本案已审理终结。更为重要的是，经我会查阅本案的卷宗记载及我会秘书处来函登记记载表明，被诉人于 1990 年 11 月 12 日致本案仲裁庭的函，我会直到 1990 年 11 月 20 才收到，而此时，本案裁决书早已发出。

基于以上考虑，仲裁庭认为对被诉人 1990 年 10 月 12 日函没有必要给予答复。

以上仅供参考。

中国国际经济贸易仲裁委员会秘书处（盖章）

1992 年 2 月 15 日

第 8 章 就中国涉外仲裁体制答英商问（专家意见书）

>> 内容提要

英商 Y 公司于 1994 年与中方 Z 公司订立合资经营合同，在 J 省组建 M 电力公司。合同规定：M 公司生产的电力产品全部由中方 Z 公司按约定价格包销。合同中订有"仲裁条款"，约定将经过协商仍不能解决的争端提交中国国际经济贸易仲裁委员会（CIETAC）仲裁解决。1996 年至 1998 年，因政府调整电价，中方 Z 公司以"不可抗力"为由，要求降低原先约定的包销电价，并且长期拖欠应交的包销电力价款。Y 公司不同意降价，并索偿 Z 公司长期拖欠的巨额电价债款。双方在谈判中各持己见，形成僵局。英商 Y 公司初步决定依法、依约将争端提请 CIETAC 仲裁。

Z 公司方面有关人士制造舆论：(1) 当地政府调整电价属于政策变化引起的"不可抗力"事故，Z 公司依法有权不承担任何违约责任，即使提交仲裁，英商 Y 公司也不会胜诉；(2) 即使英商 Y 公司在仲裁中胜诉，凭胜诉裁决书来到本省本市也执行不了，Y 公司也"没有办法"，不但束手无策，反而损失更大；等等。

英商 Y 公司对于中国的仲裁体制不甚了了，疑虑重重，信心大降，向笔者提出咨询。本文针对英商咨询的八个问题，逐一予以答复。英商对中国现行仲裁体制的基本特点、优点及其排除地方保护主义干扰的能力，提高了认识，增强了信心，遂坚持依法、依约将争端提交仲裁，以维护自己的合法权益，并已正式向 CIETAC 递呈仲裁申请书。最后，经政府主管反复协调，双方各作让步，达成协议，由地方政府和 Z 公司筹款出资，基本上按市场价格购买了英商 Y 公司在 J 省 M 电力公司中的全部股权，从而基本上弥补了英商 Y 公司的经济损失。

>> 目　次

一、仲裁和诉讼（俗称"告状"或"打官司"）有何不同？

二、"仲裁协议"是否必须采取另立合同的形式？

三、英商 Y 能源有限公司申请仲裁，是否已经具有充分的根据？

四、由中国国际经济贸易仲裁委员会进行仲裁，与一般国内民事仲裁以及由法院审判相比较，其主要区别是什么？

五、有人说："即使你仲裁胜诉了，到本省本市执行不了，你也没办法。"这种说法对不对？

六、从申请仲裁到裁决和执行，会拖延不少时间，在此期间内对方如借口处于仲裁中而不执行合同，M 电厂势必瘫痪。遇此情况，对方应承担什么法律责任？

七、如果对方不愿或不能履行合同，英商 Y 公司是否即可按《合资经营合同》第 29 条进行索赔？其赔偿额依法应如何确定？

八、有人说，政策变化属于"不可抗力"。这种说法能否成立？

英国 Y 能源有限公司：

贵公司 1999 年 8 月 12 日来函及所附合资合同等全套文件收悉。

承询有关仲裁的诸项问题，经研究有关国际惯例和中国立法，答复如下：

一、仲裁和诉讼（俗称"告状"或"打官司"）有何不同？

仲裁和诉讼，是当事人用以解决争端的两种不同方式。

就经济合同纠纷而言，各方当事人经过反复友好协商，仍无法达成一致意见，则应依据法律规定和当事人的约定，提请人民法院，按诉讼程序解决；或者提请仲裁机构，按仲裁程序解决。

仲裁与诉讼的主要不同，有如下三点：

1. 提起诉讼，可由单方决定；申请仲裁，须经双方议定

向法院提起诉讼，简称"起诉"，民间通称"打官司"或"告状"。起诉权是任何一方当事人都可以独立自主地享有的一种民事权利，只要合同当事人一方有此要求，并表达出来（通称"意思表示"），就可以向法院起诉，无须事先征得对方当事人的同意。法院对于单方当事人提起的、符合法定条件的诉讼请求，必须依法受理，不得拒绝。〔见《中华人民共和国民事诉讼法》（以下简称《民诉法》）第 8 条、第 108—112 条〕

反之，向仲裁机构申请仲裁，却必须合同当事人双方事先达成一致意见，即必须具有"仲裁协议"，才可以依约提请仲裁，解决纠纷。换言之，提请仲裁解决，必须以

具备"仲裁协议"为前提。对于没有"仲裁协议"、由单方当事人提出的仲裁申请,仲裁机构必须予以拒绝,不得受理。〔见《中华人民共和国仲裁法》(以下简称《仲裁法》)第 4 条、第 21 条〕

2. 或诉讼,或仲裁,双方议定后,不可单方反悔

当事人可以单方决定提起诉讼,但应以双方事先并无"仲裁协议"为前提。如果当事人双方曾经达成"仲裁协议",事后一方反悔,单方向法院起诉,法院无权受理。反之,当事人双方曾经达成诉讼协议,事后一方反悔,单方向仲裁机构申请仲裁,仲裁机构也无权受理。(见《仲裁法》第 4 条、第 5 条)

3. 诉讼采取"两审终局"制,仲裁采取"一裁终局"制

在中国,向法院提起诉讼,实行"两审终局"制;参加诉讼的任何一方当事人对于第一审法院作出的判决,如有不服,可以在法定期限内向上一级法院即第二审法院提起上诉,第二审法院作出的判决或裁定,是终局的判决或裁定。所谓"终局的"判决或裁定,即正式发生法律效力的判决或裁定,可以提请强制执行。(见《民事诉讼法》第 10 条、第 147 条、第 158 条、第 216 条、第 220 条)

反之,向仲裁机构申请仲裁,则实行"一裁终局"制;仲裁机构针对有关案件经过审理作出裁决之后,该裁决是终局的裁决,即正式发生法律效力,可以提请强制执行。换言之,任何一方当事人都不得就同一纠纷再向人民法院起诉或再向仲裁机构申请仲裁,人民法院或仲裁机构也无权再予受理。(见《仲裁法》第 9 条)

以上三点,综合起来,统称为"**或审或裁、一裁终局**"体制。

二、"仲裁协议"是否必须采取另立合同的形式?

"仲裁协议"可以采取在经济合同之外另立合同的方式,也可采取在经济合同中附带专设仲裁条款的方式。两种形式的"仲裁协议"具有完全相同的法律效力。

按照《仲裁法》第 16 条的明文规定,一项合法、有效的仲裁协议,应当具有下列三点内容:

(1) 请求仲裁的意思表示;
(2) 提交仲裁的事项;
(3) 选定的仲裁委员会。

三、英商 Y 能源有限公司申请仲裁,是否已经具有充分的根据?

经查核贵公司寄来的全套文件,未发现 Z 国有资产营运公司(甲方)、J 省电力工业局(乙方)与英商 Y 能源有限公司(丙方)三方当事人之间订有独立的仲裁协议。但是贵公司提供的两种经济合同中,均明文载有**专设的仲裁条款**,按《仲裁法》第 16 条的规定,这些仲裁条款即是合法、有效的"仲裁协议",对合同各方均具有法律约束力,各方必须严格遵循。未经三方共同一致同意更改,任何一方或两方均不得任意反悔违约。

因此,Y 公司如决定将有关经济合同的争端提请仲裁机构解决,不但已经具备充分的合同根据,而且已经具备充分的法律根据。具体而言,下列五点值得特别注意:

第一,三方于 1994 年 3 月 3 日订立、1995 年 4 月 29 日修改的《中外合资经营 M 电力开发有限公司合同》(以下简称《合资经营合同》)第 31 条就是一项专设的仲裁条款,即"仲裁协议",其中明文规定:"凡因执行本合同所发生的一切争议,合资各方应通过友好协商解决,通过协商不能解决时,即提交中国国际经济贸易仲裁委员会依照该委员会规则进行仲裁。仲裁是终局性的,对合资各方都有约束力,仲裁费由败诉方负担。"

第二,《合资经营合同》第 27 条规定,1995 年 4 月 30 日由 M 电力开发有限公司与 J 省电力工业局签订的《购电合同》是《合资经营合同》的组成部分,具有同等的法律效力。换言之,《购电合同》中的一切条款,包括其中的仲裁条款,对各方当事人都具有法律上的约束力。

第三,《购电合同》第九章"争议的解决",实质上就是另一项专设的仲裁条款,就是另一项合法、有效的"仲裁协议"。其具体内容是:"凡因执行本合同所发生的与本合同有关的一切争议,双方应通过友好协商解决;如协商不能解决,应提交仲裁。仲裁由中国国际经济贸易仲裁委员会根据该会的仲裁规则和中华人民共和国法律及本合同规定进行。仲裁是终局的,对争议双方都有约束力。仲裁费用由败诉方负担。"

第四,将上述第一、第三两点摘引的两项"仲裁条款"即"仲裁协议"的文字内容,对照前述《仲裁法》第 16 条规定的"仲裁协议"必备内容,可以看出:

A. 上述两项"仲裁协议",都毫不含糊地表达了将有关争端提交仲裁的愿望,即都有十分明确的"请求仲裁的意思表示"。

B. 上述两项"仲裁协议"分别明确规定了提交仲裁的事项,即"凡因执行本合同(指《合资经营合同》)所发生的一切争议",以及"凡因执行本合同(指《购电合同》)所发生的与本合同有关的一切争议"。

C. 上述两项"仲裁协议"都明确地选定了审理有关争议的仲裁委员会,即中国国际经济贸易仲裁委员会。

综合上述 A、B、C 三点,可以断定:上述两项"仲裁协议"所包含的内容,是符合法定要求的,因而是合法的、有效的。

第五,由此可见,英商 Y 公司如果决定将有关《合资经营合同》以及《购电合同》的争议,提交中国国际经济贸易仲裁委员会,申请仲裁,则此种仲裁申请,不但具有充分的**合同根据**,而且具有充分的**法律根据**。

四、由中国国际经济贸易仲裁委员会进行仲裁,与一般国内民事仲裁以及由法院审判相比较,其主要区别是什么?

主要区别之一在于:由中国国际经贸仲裁委员会进行仲裁的案件,能够切实有效地**摆脱地方行政权力的干预**和**"地方保护主义"的干扰**,从而更能保证仲裁裁决的公正性及其有效执行。

《仲裁法》明确规定:涉外仲裁委员会由中国国际商会组织设立。中国国际经济贸易仲裁委员会是由中国国际商会依法设立的专门处理涉外经贸争议以及国际经贸争议的仲裁机构。

这个**全国性**的专设仲裁机构,具有鲜明的**国际性**。最初在 1954 年 5 月由当时的中央人民政府政务院决定组建,1956 年 4 月正式成立,原名"中国对外贸易仲裁委员会",1988 年 6 月改用今名。

四十多年来,这个专设的涉外仲裁机构,由于其仲裁员的德才综合素质好、办事效率高、仲裁裁决公正,在国内和国际上都享有很高的声誉。它所作出的仲裁裁决,也具有很大的法律权威性和法律约束力,具体说来:

第一,这个仲裁机构 1998 年的现行仲裁员名册中列明共有 424 人,均是从在国际经济法、国际经贸和科学技术等方面具有专门知识和实际经验的中外人士中,遴选聘任。其中 137 人是分别从美、英、法、德、意、加、瑞典、澳大利亚等 21 个国家以及中国香港地区的知名人士中聘任的。

第二,从整体上说,这些仲裁员的共同优点和特点是德才兼备、精通业务、清廉自守、办事公正,其综合素质水平,高于国内各地近年来设立的一般地方性仲裁机构和一般地方法院。而且,由于仲裁员来自全国各地,甚至来自许多外国,不受一省、一市地方当局的直接管辖,因此,在仲裁过程中,能够切实有效地摆脱地方行政权力的干预和"地方保护主义"的干扰,坚持依法秉公断案,作出公正裁决。

第三,由于《仲裁法》规定的"**一裁终局**"体制以及最高人民法院有关执行的**配套措施**,作出了有力的保证,一旦作出仲裁裁决,就**能有效地排除地方行政权力的干预以及"地方保护主义"的干扰,依法强制执行**。

五、有人说:"即使你仲裁胜诉了,到本省本市执行不了,你也没办法。"这种说法对不对?

这种说法,显然不对。不符合依法治国、依法治省、依法治市的基本精神,也不符合当前的最新现实。

第一,对外开放、吸收外资,是中国长期实行的基本国策。重合同、守信用,是中国对外经济交往中的优良传统。由于涉外经济纠纷的处断,事关基本国策的贯彻,并直接影响到中国的**国际信誉**和**国际形象**,故中国中央领导机关一向十分重视和强调在涉外经济领域中务必坚持依法办事,从而改善中国吸收外资的法律环境,取信于人,以吸收更多的外资,为中国的社会主义经济建设服务。

第二,正是由于涉外经贸争端的处断,其正确与否和公正与否,具有很大的**政治影响和经济影响**,必须慎重从事,故中国从20世纪50年代中期起即设立了全国性的专门处断涉外经贸争端的仲裁机构,聘请国内外四百多名德才兼备的专家担任仲裁员,各方当事人只能从这些仲裁员中选择指定一人担任有关争端案件的仲裁工作,并由双方共同选定一人或由仲裁委员会主任指定一人担任首席仲裁员,三人组成该案的**仲裁庭,全权依法处理有关争端**,一裁终局,交付执行。

第三,四十多年来的实践证明:中国国际经贸仲裁委员会作出的仲裁裁决,由于其公正性和权威性,绝大部分均由当事人自觉执行或由法院强制执行。1995年以前,偶有个别裁决因受强大的"地方保护主义"干扰和阻碍,在执行中发生困难,从而损害了中国的国际声誉和国际形象。有鉴于此,最高人民法院曾于1995年8月28日下达"法发〔1995〕18号"文件,明确规定:凡一方当事人向人民法院申请执行中国涉外仲裁机构的裁决,如果人民法院认为该项裁决具有《民事诉讼法》第260条规定的情况之一(指在仲裁程序上不符合某些具体规定等),则在裁定"不予执行"之前,必须报请本辖区所属高级人民法院进行审查;如果高级人民法院同意"不予执行",则应将其审查意见进一步呈报最高人民法院。待最高人民法院答复后,方可裁定"不予执行"(详见附件3:《最高人民法院关于人民法院处理与涉外仲裁及外国仲裁事项有关问题的通知》,从略)。此项通知,看来旨在通过法院系统内部建立**十分严格的事先报批制度**,对地方管辖法院裁定"不予执行"的权力,加以必要的规范、限制和给予必要的指导,**以防止和排除某些地区的"地方保护主义"妨碍终局涉外裁决的顺利执行**。1995年8月之后,由于认真贯彻此项通知所规定的"**事先双重审批**"制度,对于涉外仲裁裁决"不予执行"的权力,实质上已收归最高人民法院,**任何省、市一级的地方法院**,再也**无权任意作出"不予执行"**的决定了。

第四,尤其值得注意的是,中共中央最近以"中发〔1999〕11号"文件,转发了最高人民法院《关于解决人民法院"执行难"问题的报告》,确定今年为人民法院的"执行年",要求各级人民法院在各地党委的领导下,加大执行力度,**严厉打击**拒不执行和妨害人民法院执行生效法律文书(含判决、裁决等)的不法行为。如仍有人以权压法,继续搞地方保护主义,非法干预人民法院的执行工作,将依法追究其法律责任,直至追究其刑事责任。在这种形势下,任何奉公守法的法院工作人员以及任何明智的当事人,面对终局判决或终局裁决的执行问题,想来都不会不识时务,敢于以身试法的。

六、从申请仲裁到裁决和执行,会拖延不少时间,在此期间内对方如借口处于仲裁中而不执行合同,M电厂势必瘫痪。遇此情况,对方应承担什么法律责任?

英商Y公司该怎么办?第一,《中华人民共和国中外合资经营企业法实施条例》(以下简称《合营企业法实施条例》)第112条明文规定:"**在解决争议期间,除争议事项外,合营各方应继续履行合营企业协议、合同、章程所规定的其他各项条款**"。可见,如果对方借口"处于仲裁中"而不执行争议事项以外合同的其他各项条款,导致电厂生产瘫痪,这就是一种**违法行为**,同时又是新的严重**违约行为**,可谓"**错上加错**",由此造成电厂和合资外方的合法权益遭受损害和损失,对方(即违法行为人和违约行为人)应当承担法律上和经济上的责任,依法向受害人赔偿全部损失。

第二,遇到对方采取上述违法、违约的侵权行为,英商Y公司可以视具体情况选

择采取相应的法律行动,实行自我保护,并追究对方的法律责任:

A. 如已申请仲裁而尚未作出裁决,则可以随时依据新情况下发生的**新损害**的大小,向仲裁庭提出**"补充申请",追加索赔金额**。由仲裁庭连同原先提出的索赔要求,一并作出裁决,交由有关法院强制执行。

B. 如已申请仲裁而且已作出裁决,原索赔要求已经处理结案,则可依据新发生的损害提出新的索赔数额,**另案**提出仲裁申请,由中国国际经济贸易仲裁委员会**另外立案受理**,再次作出**新的裁决**,交由有关法院强制执行。

C. 根据《合营企业法实施条例》第102条,以及《合资经营合同》第29条的明文规定,如果英商 Y 公司认定:合营公司因合营一方(即对方)不履行合营企业合同规定的义务,致使企业无法继续经营;或企业发生严重亏损,无力继续经营;或合营企业未达到其经营目的,同时又无发展前途;或合营企业合同所规定的其他解散原因已经出现,遇有上述诸情况之一,**即使**原定合营期限尚未届满,英商 Y 公司仍有权依法依约要求提前终止原《合资经营合同》,**提前解散**合营企业,并依法依约通过仲裁向对方索取损害赔偿。

七、如果对方不愿或不能履行合同,英商 Y 公司是否即可按《合资经营合同》第29条进行索赔?其赔偿额依法应如何确定?

如果对方不愿或不能履行合同,英商 Y 公司不但可按《合资经营合同》第29条的规定索赔,还可按照《中华人民共和国民法通则》(以下简称《民法通则》)、《中华人民共和国涉外经济合同法》(以下简称《涉外经济合同法》)以及《中华人民共和国合同法》(以下简称《合同法》,1999年10月1日起施行)的有关规定,依法计算和确定索赔金额。

《民法通则》

第 111 条 当事人一方不履行合同义务或者履行合同义务不符合约定条件的,另一方有权要求履行或者采取补救措施,并有权要求赔偿损失。

第 112 条 当事人一方违反合同的赔偿责任,应当相当于另一方因此所受到的损失。

《涉外经济合同法》

第 18 条 当事人一方不履行合同或者履行合同义务不符合约定条件,即违反合同的,另一方有权要求赔偿损失或者采取其他合理的补救措施。采取其他补救措施后,尚不能完全弥补另一方受到的损失的,另一方仍然有权要求赔偿损失。

第 19 条 当事人一方违反合同的赔偿责任,应当相当于另一方因此所受到的损失,但是不得超过违反合同一方订立合同时应当预见到的因违反合同可能造成的损失。

《合同法》

第 107 条 当事人一方不履行合同义务或者履行合同义务不符合约定的,应当承担继续履行、采取补救措施或者赔偿损失等违约责任。

第 108 条 当事人一方**明确表示**或者以自己的行为表明不履行合同义务的,对方**可以在履行期限届满之前要求其承担违约责任**。

第 112 条 当事人一方不履行合同义务或者履行合同义务不符合约定的,在履行义务或者采取补救措施后,对方还有其他损失的,应当赔偿损失。

第 113 条 当事人一方不履行合同义务或者履行合同义务不符合约定,给对方造成损失的,**损失赔偿额应当相当于因违约所造成的损失,包括合同履行后可以获得的利益**,但不得超过违反合同一方订立合同时预见到或者应当预见到的因违反合同可能造成的损失。

综上各条,可以看出:(1) Y 公司有权提出的索赔额,应相当于因对方违约行为而使其受到的实际损失,**其中包括合同履行后可以获得的利益(利润、利息等)**;(2) Y 公司有权在对方"以自己的行为表明不履行合同义务"时,**在履行期限届满之前**,即依法要求对方承担违约责任,依法索赔。

八、有人说,政策变化属于"不可抗力"。这种说法能否成立?

第一,当事人一方因"不可抗力"不能履行合同的,根据不可抗力的影响,部分或者全部免除责任,**但法律另有规定的除外**。按国际立法惯例,所谓"不可抗力",通常是指地震、海啸、水灾、暴风雨、战争等人力无法控制、无法克服的意外事件。中国法律对"不可抗力"一词的含义,有法定的解释,不能任意加以扩大或缩小。《涉外经济合同法》第 24 条第 3 款规定:"不可抗力事件是指当事人在订立合同时**不能预见**、对其发生和后果**不能避免**并**不能克服**的事件。"《合同法》第 117 条第 2 款也有大体相同的规定:"本法所称不可抗力,是指不能预见、不能避免并不能克服的客观情况。"

应当注意:"不能预见""不能避免"和"不能克服",应当是**三者必备和齐备**,才能考虑是否属于"不可抗力",否则,仅具其中一项或两项条件,就不应认定为"不可抗力"。

第二,政策的某些变化通常不能被解释为"不可抗力"。因为它虽可能在当事人订立合同时未能预见,但其后果并非绝对不能避免,更非绝对不能克服。

第三,恰恰相反,为了贯彻对外开放、吸收外资的基本国策,中国政府曾以**立法手段**对外商作出了明确的**法律保证**:不得因事后的政策法令有所变化,而对原先给予外商的合同许诺,随便言而无信,自食其言。例如:《涉外经济合同法》第40条明文规定:

> 在中华人民共和国境内履行、经国家批准成立的中外合资经营企业合同、中外合作经营企业合同、中外合作勘探开发自然资源合同,**在法律有新的规定时,可以仍然按照合同的规定执行。**

又如,《民法通则》第116条更进一步明确规定:

> 当事人一方由于上级机关的原因,不能履行合同义务的,**应当按照合同约定向另一方赔偿损失或者采取其他补救措施**,再由上级机关对它因此受到的损失负责处理。

由此可见,中国政府早在对外开放之初,在十几年前就对来华外商作出**郑重的法律许诺**:不允许中方当事人任意借口日后发生的政策法令的某些变化,违反原来签订的合同,给外商合法权益造成不应有的损害。

总之,由于事关中国政府的**国际信誉**和社会主义法治国家的**国际形象**,在履行涉外经济合同时,相信一切有法治观念的中方当事人,终究都会自觉地重合同、守信用,以一地一时的**局部利益**,服从于贯彻基本国策和维护国家信誉的**全局利益**和长远利益。

以上答复,供参考。

厦门大学国际经济法研究所教授

陈 安

1999年8月18日

第 9 章　论涉外仲裁个案中的
　　　　偏袒伪证和纵容欺诈
——CIETAC 1992—1993 年个案*评析

▶▶ 内容提要

　　1991 年，中国科学院 WG 研究所下属 FJ 技术开发公司与香港 PH 激光系统有限公司以及香港中资（国有）HM 公司，三方签订合资经营公司合同（简称《KP 合同》），组建福州 KP 有限公司，扩大开发 FJ 公司原有的尖端专利产品。在 KP 公司成立后，香港 PH 公司迟迟未按约定如数出资。经 FJ 公司事后核实，始知香港 PH 公司的注册资本并非当初香港中资（国有）HM 公司所保荐的 4000 万港元，而是仅有 10 万港元。另一方面，香港 PH 公司董事长 S 滥用其在 KP 合营公司中担任董事长的权力，涉嫌串通或利用美国 PH 晶体激光高科技公司，坑害中方，盗卖中国高科技专利，牟取暴利；甚至力图篡改 KP 公司原定的开发高科技产品的经营宗旨，转而从事房地产买卖。1992 年 9 月，受害人 FJ 公司委托笔者担任代理律师，向中国国际经济贸易仲裁委员会（CIETAC）请求追查资信伪证真相，追究欺诈责任，并解除因被欺诈受骗而订立的上述合资合同。1993 年 9 月，本案三人仲裁庭以 2∶1 作出裁决，在仲裁程序、事实认定以及法律适用方面都存在重大的扭曲和错误，偏袒了伪证，纵容了欺诈。应受害人 FJ 公司要求，笔者当时即出具《法律意见书》，呈交 CIETAC，针对上述扭曲和错误提出质疑和批评，建议**严肃清查**偏袒伪证和纵容欺诈的缺失和疑窦，从中总结教训，以利维护 CIETAC 的盛誉。由于中国的涉外仲裁监督机制不够健全、不够严密、不够严格，以上批评、质疑和建议被搁置一旁，迄无下文。

---

*　本案编号为"V92171"，CIETAC 组庭受理于 1992 年 11 月，裁决于 1993 年 9 月 20 日。裁决书编号为"（93）贸仲字第 3470 号"。本文依据本案案卷文档写成。引文中的强调是引者所加。有关文档可依有关法定程序向 CIETAC 有关部门请求查索阅读。参照 CIETAC 公开发表裁决书的通常做法，本文隐去了当事人、仲裁员、涉案人员及涉案地点等真实的公司名、人名和地名，而以英文字母取代。参见中国国际经济贸易仲裁委员会编：《中国国际经济贸易仲裁裁决书选编（1963—1988）》，中国人民大学出版社 1993 年版，前言。

时隔十余年,此事已成"历史",但人们记忆犹新,挥之不去。如今"旧事重提",盖因其中是非真伪与各种疑窦,仍然有待认真分辨澄清,仍然不无认真总结之价值。"前事不忘,后事之师""以史为鉴,可以知兴替"——这两句古训,在这里也是完全适用的。CIETAC 中专门设有"仲裁研究所",如能专就此个案立项进行"历史"研究,信必大有助中国涉外仲裁之树,根深叶茂,常绿常青!

▶▶ 目　次

一、本案案情梗概

二、本案仲裁申请书

三、关于香港 PH 公司 S 先生欺诈行为的补充说明

　　(一) 香港 PH 公司与美国 PH 公司的关系

　　(二) 香港 PH 公司的资信问题

　　(三) 组建香港 PH 公司的真实意图

　　(四) S 先生在尖端专利产品销售权问题上的欺诈行为

　　(五) 香港 PH 公司 S 先生的欺诈行为对《KP 合同》效力的影响

四、本案讼争主要问题剖析(代理词)

　　(一) 解除《KP 合同》的约定条件和法定条件均已完全具备

　　(二) 本案被诉人的欺诈行为导致《KP 合同》必须火速废除

　　(三) 本案申诉人 FJ 公司的合理合法的紧急请求应予支持

五、关于《(1993)贸仲字第 3470 号裁决书》的法律意见书

　　——对本案裁决执法不公的批评、质疑和建议

　　(一) 关于《裁决书》的法律效力问题

　　(二) 关于事实认定和仲裁程序问题

　　(三) 关于仲裁程序的其他问题

　　(四) 关于法律适用问题

一、本案案情梗概

中国科学院 WG 研究所主办的 FJ 技术开发公司(简称"FJ 公司"或"FJ"),是一家专门生产该研究所发明的晶体尖端专利产品的高科技公司,产品外销,已经占有一定的国际市场。为了进一步开发尖端产品,扩大国际市场,经香港中资(国有)HM

公司(简称"HM")某负责人引荐推介,FJ 公司于 1991 年 11 月 17 日与香港 PH 激光系统有限公司(简称"PH 公司"或"PH")、香港 HM 公司签订合资经营合同(简称《KP 合同》),组建了合资的福州 KP 有限公司(简称"KP 公司"或"KP")。KP 公司注册资金为 1515 万美元,其中 FJ 公司以高科技晶体的技术产权折价 515 万美元出资,占注册资金的 34%;PH 公司以及 HM 公司各以现金 500 万美元出资,各占注册资金的 33%。合同规定:PH 公司应在合资的 KP 公司的营业执照签发之日起 3 个月内,缴足首期资金 150 万美元。但 PH 公司既欠实力,又另有所图,以种种借口拒不依约如期缴资。直至上述营业执照签发 6 个月,才缴交 15 万美元,仅占应缴数的 1/10,致使 KP 公司无法及时开展业务,并造成 FJ 公司专利权益的重大损失。FJ 公司经认真调查核实,终于在 1992 年 8、9 月间得悉 PH 公司在香港的注册资本原来只有 10 万港元,仅相当于 1.28 万美元,基本上是个"皮包公司",经济实力低下,资信不佳;而且 PH 公司涉嫌串通或利用美国 PH 晶体激光高科技公司(以下简称"美国 PH 公司"或"美国 PH")坑害中方,盗卖中国高科技专利,牟取暴利。而当初 FJ 公司之所以接受这家"皮包公司"作为合资对象并与之订立合资经营合同,除了自身缺乏经验和有欠慎重之外,主要是偏听和轻信了设在香港的中资(国有)HM 公司的推荐和"担保"。HM 公司声称:香港 PH 公司"拥有美国政府颁发的多项专利,注册资本为 4000 万港元,拥有 40 多名专家、科研人员及市场推销员,是一家实力雄厚的高科技公司"。PH 在参加合营后,不但肆意拖延,不如期缴交首期投资,而且滥用"董事长"权力、力图篡改 KP 合资公司原定的开发高科技产品的经营宗旨,转而从事房地产买卖投机。FJ 公司在长期受骗上当的情况下,不但吸引外资和拓展国际市场的善良愿望落空,而且自己原有的专利权益也受到严重损害。在连连受害和真相大白之后,FJ 公司乃于 1992 年 9 月 22 日依据合资合同中的仲裁条款,委托厦门市第二律师事务所兼职律师陈安教授,向中国国际经济贸易仲裁委员会申请仲裁,要求追查欺诈和伪证真相,裁决正式解除合资合同,终止 FJ 公司与 PH 公司的合资关系,并责令 PH 公司按合同规定向 FJ 公司交付违约金 12.15 万美元。PH 公司辩称:首期资金到位日期变更推迟,"事出有因",后来已经到位且已有验资证明,故反对解除合资合同;与此同时,提出"反诉",称 FJ 公司对 PH 公司的"诚意和信誉的诋毁已构成严重侵权",要求 FJ 公司向 PH 公司"公开赔礼道歉",并支付违约金和经济损失赔偿费 42.375 万美元。1993 年 9 月 20 日,本案仲裁庭三位仲裁员意见分歧,以"2∶1"的"多数"作出裁决。其要点是:第一,认定合资合同"依法有效",FJ 公司"要求解除合同的理由不能成立,合营各方应继续履行";第二,对于 FJ 公司的经济索赔和 PH 公司的"反诉"索赔,均不予支持。裁决书下达后,FJ 公司方面群情激愤,舆论大哗,认为这一裁决显然有失公正。因为它在仲裁程序、事实认定以及法律适用方面,都存在重大的扭曲和错误,特别令人难以容忍的是:对于 FJ 公司强烈要求**追查资信伪证真相、追究伪证责任从而解除欺诈合同这一关键要害问题,置之不理**,不但在庭审过程中阻拦 FJ 公司代表充分揭露伪证行径,而且在裁决中曲意回避、掩盖和袒护 PH 公司串通 HM 公司**出具资信伪证,实行欺诈**等不法行为,听任国有尖端专利权益继续流失。况且,本案仲裁庭三位仲裁员中有一位资深仲裁员依法秉公断案,公开拒绝在上述裁决书上签字,实为该中国涉外仲裁机构当年仲裁实践中所罕见,这也从一个侧面反映出这份裁决书在实体上和程序上确实存在重大问题,有待查究。有鉴于此,FJ 公司代理律师遂如实向仲裁委员会领导机构及时反映上述意见,请求给予监督、追查和追究错裁责任。以下收辑的是 FJ 公司代理律师先后提交本案仲裁庭及中国国际经贸仲裁委员会领导机构的《仲裁申请书》(1992 年 9 月 22 日)、《关于香港 PH 公司 S 先生欺诈行为的补充说明》(1993 年 4 月 10 日)、《律师代理词》(1993 年 4 月 14 日)以及《关于〈(93)贸仲字第 3470 号裁决书〉的法律意见书》(1993 年 11 月 5 日)。

后来的事态发展证明:上述不公裁决造成了严重的"后遗症":FJ 公司认为基于伪证、欺诈建立的合资关系有如"骗婚",而不许依法解除此种基于伪证、欺诈建立的合资"婚姻关系",则在事实上造成"捆绑夫妻",始终同床异梦,离心离德。自 1993 年 10 月迄 1998 年底,内地与香港合资的 KP 公司内部矛盾重重,纷争不断,"高潮"迭起,又因 PH 公司、HM 公司进一步违约,产生新的资金不到位问题以及新的严重侵害 FJ 公司专利权益问题,迫使 FJ 公司先后于 1995 年 9 月 25 日和 1997 年 6 月 10 日委托北京律师代理,第二度、第三度就新的违约问题和侵权问题向中国国际经贸仲裁委员会诉请仲裁。其中前一案件于 1995 年底在有关方面斡旋下达成和解协议,由 HM 公司向 FJ 公司赔偿 1200 万元人民币(在此之前,PH 公司原有 33% 股权已被 HM 公司背着 FJ 公司私自另行收购);后一案件则于 1998 年 12 月 25 日由新案仲裁庭作出裁决,责令 HM 公司向 FJ 公司赔偿 878.4 万元人民币。

二、本案仲裁申请书

(1992 年 9 月 22 日)

申诉人:中国科学院 WG 研究所 FJ 技术开发公司(以下简称"FJ 公司")

(地址、电话、传真等从略)

被诉人:香港 PH 激光系统有限公司(以下简称"香港 PH 公司")

(地址、电话、传真等从略)

申诉人 FJ 公司根据 1991 年 11 月 17 日与本案被诉人共同签订的《福州 KP 有限公司合同》(以下简称《KP 合同》)第 60 条仲裁条款的规定,就本案被诉人严重违约、迟延缴资、造成申诉人 FJ 公司重大损失的有关争议,提交中国国际经济贸易仲裁委员会,请求给予仲裁。

仲裁请求

(1) 按照《KP 合同》第 53、54 条规定,终止《KP 合同》,正式解除申诉人 FJ 公司与本案被诉人之间的合资经营关系;

(2) 按照上述《KP 合同》规定,本案被诉人应交付违约金 12.15 万美元给申诉人 FJ 公司;

(3) 由本案被诉人承担本案全部仲裁费用。

事实与理由

(一) 关于终止合同

申诉人 FJ 公司是中国科学院 WG 研究所(以下简称"WG 研究所")主办的一家高科技开发公司。为了进一步开发晶体尖端产品,扩大生产规模,开拓国际市场,FJ 公司于 1991 年 11 月 17 日与港商 S 先生主办的香港 PH 公司(即被申诉人)、香港 HM(集团)有限公司(实为中资国有公司,以下简称"HM 公司")签订合资经营合同,组建"福州 KP 有限公司"(以下简称"KP 公司")。

三方约定:KP 公司的注册资本为 1515 万美元。其中,申诉人 FJ 公司以高科技晶体的技术产权折价 515 万美元出资入股,占注册资本的 34%;本案被诉人以现金 500 万美元出资入股,占注册资本的 33%;HM 公司出资金额与所占全资比重,相同于本案被诉人。

按照《KP 合同》第 11 条规定,本案被诉人应在 KP 公司的营业执照签发之日起 3 个月内,按认缴出资额的 30% 投入资金,即应缴足 **500 万美元 × 30% = 150 万美元**。为保证 KP 公司及时开展生产经营,《KP 合同》第 53 条进一步明确规定:本案被诉人如不在上述期限内按约定出资额缴足应交资金,从逾期第一个月算起,每逾期一个月,应缴付应交出资额的 3% 的违约金给守约方。如**逾期 3 个月仍未缴交资金**,除累计缴付应交出资额的 9% 的违约金外,**守约方有权终止合同**,并要求违约方(即本案被诉人)赔偿损失。

衡诸事实:(1) KP 公司的营业执照正式签发于 1992 年 1 月 29 日。虽经申诉人 FJ 公司多次催促,本案被诉人以种种借口拒不依约如期缴资,直至 1992 年 7 月 29 日止,即上述营业执照签发 6 个月之后,才缴交 15 万美元,致使 KP 公司无法及时开展生产经营,并造成申诉人 FJ 公司重大损失。显而易见,自 1992 年 7 月 30 日起,申诉人 FJ 公司要求终止合同的前提条件已经完全成熟和具备。(2) 申诉人 FJ 公司经过认真调查核实,终于得悉本案被诉人在香港的注册资本只有 10 万港元(折合 1.28 万美元左右),经济实力低下,资信不佳,而且不能完全排除本案被诉人与美国 PH 公司双方串通坑害中方、共谋某种非法利益的可能。(详见有关附件)

衡诸法规:经国务院批准,1988 年 1 月由中华人民共和国对外经济贸易部和国家工商行政管理局联合发布了《中外合资经营企业合营各方出资的若干规定》,其中第 4 条和第 5 条明文规定,合营各方不按法定期限在营业执照签发之日起 3 个月内缴清分期出资的定额,即"视同合营企业自动解散,合营企业批准证书自动失效,合营企业应当向工商行政管理机关办理注销登记手续,缴销营业执照"。

根据上述法规要求和《KP 合同》规定,申诉人 FJ 公司兹特正式要求仲裁庭作出裁决:《KP 合同》应予立即终止,正式解除申诉人 FJ 公司与本案被诉人之间的合资经营关系。

(二) 关于违约金

根据以上事实,本案被诉人严重违约,逾期拒不缴付应交资金长达 3 个月以上。按照《KP 合同》第 54 条规定,违约方即本案被诉人应对守约方即申诉人 FJ 公司累计支付应交出资额的 9% 的违约金。除本案被诉人于期限届满以前已经缴交的 15 万美元资金以外,其逾期 3 个多月拒不缴交的资金为 **150 万美元－15 万美元＝135 万美元**。相应地,其累计应交的占出资额 9% 的违约金应为 **135 万美元×9%＝12.15 万美元**。

据此,申诉人 FJ 公司请求裁定:本案被诉人应依约尽速交付违约金 12.15 万美元给申诉人 FJ 公司。

(三) 关于仲裁费用

本案被诉人单方严重违约,又拒不按照《KP 合同》规定支付违约金和赔偿金,致使申诉人 FJ 公司不得不申请仲裁,依法讨回公道。因此,申诉人 FJ 公司请求裁定:本案被诉人应当承担本案的全部仲裁费用。

基于以上事实和理由,申诉人 FJ 公司兹谨根据《中华人民共和国涉外经济合同法》第 18、20、29、37 条以及《中华人民共和国合资经营企业法》第 14 条的规定,并按照《KP 合同》第 60 条的约定,向贵会仲裁庭申述以上各点权利主张和请求,请依法予以公正裁决。

根据《中国国际经济贸易仲裁委员会仲裁规则》第 6 条第 3 款规定,兹谨选择 ZM 先生作为申诉人 FJ 公司指定的仲裁员。

谨呈

中国国际经济贸易仲裁委员会深圳分会

中国科学院 WG 研究所

FJ 技术开发公司(盖公章)

1992 年 9 月 22 日

三、关于香港 PH 公司 S 先生欺诈行为的补充说明

(1993 年 4 月 10 日)

FJ 公司近来陆续获得的新材料、新证据表明:在《KP 合同》订立过程中,香港 PH 公司 S 先生采取了一系列欺骗及故意隐瞒事实真相的手段。这不仅表现为其在香港 PH 公司资信上的伪证和在该公司简介中的作假,而且表现为其蓄意隐瞒出卖我国利益从美国 PH 公司获得 800 万美元暴利的幕后秘密交易,还表现为其力图诱骗中方以 1 美元的代价将价值连城的 FJ 公司高科技产品 LBO 专利及技术诀窍卖断给美国 PH 公司,以及力图将 FJ 公司产品在全球范围内的销售权交由美国 PH 公司垄断。变着法子获取"两权",用资金不到位压迫 FJ 公司接受,是 KP 一系列问题及香港 PH 资金到位问题上违约、违法的根本原因。

按中国法律,组建中外合资经营公司的《KP 合同》由于香港 PH 公司 S 先生的上述欺诈行为应被依法确认为自始无效。兹分别补充说明如下:

(一)香港 PH 公司与美国 PH 公司的关系

香港 PH 公司 S 先生利用国内改革开放的大形势,利用 FJ 公司希望与美国激光高科技公司合作开发的心理,采用欺骗和故意隐瞒事实真相的手段以美国 PH 公司之名大造舆论。在与 FJ 公司洽谈以及许多书面材料中,他一再声称香港 PH 公司是美国 PH 的子公司。中方 FJ 公司曾一直以为是在通过 S 先生与美国 PH 公司合作,创办国际一流激光材料与器件的高科技产业。例如,由 S 先生一手撰写的《可行性报告》不仅载明了香港 PH 是美国 PH 的子公司,以及"美国 PH 公司将成为 KP 合资公司在北美的总代理,它不但可以销售 KP 合资公司的产品,而且可以根据美国激

光界对不同产品的需求,帮助 KP 合资公司开发新产品",还声称将在 1991—1999 年之间,每年邀请美国 PH 公司人员来华或派出人员去美国 PH 公司;中科院 WG 研究所与美国 PH 公司将联合研制、开发新的高科技产品与器件。在 KP 公司成立大会上 S 先生的致词中,他本人亦明确称 KP 公司为中、美、港三方的合资企业。美国 PH 公司人员还参加了签字仪式和第一次三方会谈(见附件 1)。在香港和内地的新闻媒体有关 KP 的报道中,均称 KP 公司的成立系中美在高科技领域合作的结晶(见本案被诉人答辩书的附件 1)。正是基于这种认识,FJ 公司还在第二次董事会上同意在美国建立负责晶体销售的子公司,并同意美国 PH 公司"尽快介入合资公司的运作,熟悉和了解晶体的生产环节"(第二次董事会纪要,见本案被诉人答辩书的附件 6)。显然,在 KP 公司谈判组建的过程中及签字成立后相当长的一段时间内,如果 FJ 公司不误信 S 先生代表了美国 PH 公司参与 KP 合资的谎言,上述情况是不可能发生的。

那么,香港 PH 公司与美国 PH 公司到底是什么关系呢?尽管 S 先生一再声称香港 PH 公司是美国 PH 公司的子公司,但事实上从香港政府公司注册处查到的档案证明:香港 PH 公司的法定登记中既无美国 PH 公司的股份体现,也没有与其"互为参股",因此根据香港的法定登记,它不可能是美国 PH 公司的子公司。即使美国 PH 公司的确拥有香港 PH 公司 44% 的股份,这一股份未在香港政府的公司注册处依法登记,根据美国、中国香港和中华人民共和国的法律,也是非法的和无法律意义的。

将以上事实与 S 先生所说的情况作一比较,就会产生两个实质性的问题:(1) 假若香港 PH 公司与美国 PH 公司根本没有任何关系,S 先生所称"子公司"云云就显然是欺骗 FJ 公司;(2) 假若美国 PH 公司的确拥有香港 PH 公司的股份,而又从未依法登记注册在案,这种关系显然只可能是一种幕后的秘密交易,即 S 先生有意隐瞒了事实真相。两者必居其一,而无论是前者还是后者,都是欺诈行为。

特别值得指出的是,FJ 公司律师 1992 年 9 月已查得香港 PH 公司股份注册真实情况的书面凭证,并将它附入 FJ 公司仲裁申请书,且业经仲裁委员会送达 S 先生,但是直到 1992 年 12 月 28 日,S 先生仍然试图通过香港中资国有的 HM 公司就这一问题哄骗中科院的 WG 研究所及其下属的 FJ 公司,仍然不肯说出事实真相(见附件 2)。

(二) 香港 PH 公司的资信问题

从 KP 公司建立伊始,S 先生就一直极力回避直接提供香港 PH 公司的资信证明。他不出示按合资常规外方所必须提供的银行担保或银行资信说明，却玩弄手法让美国 PH 公司的 R. E. Meshel 和设立在香港的**中资（国有）HM** 公司出具证明，他本人也在 1991 年 12 月 9 日亲笔写了一份关于香港 PH 公司资信的证明（见陈安教授法律意见书附件 2），声称香港 PH 公司有三个股东，S 先生及其夫人分别拥有 5% 和 51% 的股份，而美国 PH 公司的 Steven Schiffer 拥有 44% 的股份。

1991 年 11 月 20 日**由香港中资（国有）HM 公司出具的香港 PH 公司情况简介**中称：

香港 PH 公司"与美国 PH 公司互为控股，主要发展医疗及工业应用激光系统，拥有美国政府颁发的多项专利，注册资本为 4000 万港元，拥有 40 多名专家、科研人员及市场推销员，是一家实力雄厚的高科技公司"。

在此之前一个月，1991 年 10 月 19 日 HM 公司致中科院 WG 研究所的函（见附件 2）中称：

因香港 PH 公司"成立不久，没有业绩及资产负债表可提供，据我们了解，其信誉是可靠的。HM 集团公司可以予以证明和担保。"

事实到底是怎样的呢？直至 1992 年 9 月，FJ 公司由律师通过香港政府公司注册处查证才发现，**以上香港 PH 公司的资信证明纯属伪证**（见附件 2）。事实上，香港 PH 公司只有 10 万港元（约合 1.28 万美元）的注册资本而不是"4000 万港元"，且股东只有 S 先生夫妇二人，美国 PH 公司并不在其中拥有任何股份，而香港 PH 公司也更非所谓的"拥有 40 多名专家"的"实力雄厚的高科技公司"。香港 PH 公司事实上是一个既无经营业绩，又无不动资产的"皮包公司"。同时，由于香港 PH 公司是一家有限责任公司，且仅有 10 万港元的注册资本，因而，它承担经济风险的能力是十分低下的。据此，上述 Meshel 等应 S 先生要求出具的关于香港 PH 公司的股东、资本、实力的证明和介绍以及香港 PH 公司与美国 PH 公司之间的关系的说辞，是明显的伪证和欺诈。

由于 HM 公司是福建省政府在香港所办公司，且其主要人员均属福建省外经贸委原负责官员，使 FJ 公司在香港 PH 公司的资信这一关键问题上长期被 S 先生蒙蔽，这从 FJ 公司主持撰写的《可行性报告》和《项目建议书》及 KP 公司签字仪式期间的背景材料介绍几乎完全原文引用 HM 公司的介绍即足以说明。

尽管 FJ 公司在香港 PH 资信问题上受骗上当，与 FJ 公司对合资企业经验不足有关，也与 FJ 公司轻信了作为省政府的驻外机构的 HM 公司的介绍有关，但是，从目前核实的事实来看，前述伪证显然均是由 S 先生所作出的或与其有直接关系的。Meshel 先生出具的和 S 先生本人手书的有关香港 PH 的介绍中，他们故弄玄虚，仅说明股份相对值(S 先生及其夫人分别拥有 5％和 51％股份,美国 PH 的 Steven Schiffer 拥有 44％的股份),而只字不提其注册资本的绝对值;S 先生对经其审阅认可的《可行性报告》《项目建议书》及 KP 的背景材料介绍中有关香港 PH 的虚假介绍,从未提过只字异议或修改意见;HM 关于香港 PH 的"简介"中的不实之处,不能不令人疑窦丛生:因为,既然香港 PH 公司在香港政府的公司注册登记处登记的材料中明确记载,它只有 10 万港元的注册资本,**近在咫尺而不查核**,所谓"注册资本为 4000 万港元"云云,其来源显然只能是听凭 S 先生自己的介绍了。这一点,从 HM 公司 1992 年 12 月 28 日致 FJ 公司的函件中亦可得到旁证(附件 2)。在这封信中,HM 写道:"根据你们的要求,我们也就贵司对有关香港 PH 公司与美国 PH 公司之间的关系问题质疑询问了 S 先生"。该信还特别附注了 S 先生本人提供的几页证明其本人与美国 PH 公司关系的材料。由此可见,HM 关于香港 PH 简介的材料均出自 S 先生本人之手。

(三) 组建香港 PH 公司的真实意图

KP 组建前后,S 先生在多次场合,甚至在报章上都一再声称,他不惜巨资,投资我国办合资公司是出于其对中国内地改革开放政策的"赞赏"和一片"爱国热情",是为了中国的高科技产业。但既然如此,他何以不直接投资而要专门另组一个仅有 10 万港元注册资本的香港 PH 呢?对此他曾一再解释说,这只是为了与美国 PH 合作的方便。甚至到了 1992 年底,S 先生仍然将其成立香港 PH 公司的目的说成是"爱国行动","想在国内高科技产业上有所作为,带动美国投资者"。但是事实说明,S 背后的真实意图完全是另外一码事。

(1) 根据美国证券与交易委员会档案记载,美国 PH 激光系统有限公司提交备案的截至 1991 年 12 月 31 日的会计年度报告(简称"10-K 年度报告",见附件 3)第 00002 页第 4 段赫然写着以下内容:"1991 年 9 月,本注册公司取得了香港 PH 激光系统有限公司(以下简称"香港 PH 公司")44％的股权。这家香港公司组建的目的,在于取得中国开发的某些非线性光学材料的专利特许"。这段话在美国 PH 公司的该年度报告中重复了多次(见附件 3)。显然,S 先生所说的成立香港 PH 公司的目的与此截然不同。

在第 00003 页第 1 段,美国 PH 又进一步阐述了取得这一专利特许的用途之一:"1991 年 11 月,本注册公司(即美国 PH)组建了高级心脏疾病医疗仪器股份有限公司。该公司处于创始阶段,目的在于使用本注册公司通过香港 PH 公司参加上述合营企业取得的专有技术和先进的非线性光学材料,开发心脏疾病医疗新技术。"

(2) 更有甚者,美国 PH 公开发布的 1991—1992 年的年度报告(见附件 3)称:1991 年 9 月 30 日,美国 PH 给予香港 PH 公司 S 先生的夫人 T 女士个人价值 800 万美元的 4 万股优先股股票,以作为获得香港 PH 公司 44%股权(实际上仅为 4.4 万港元,约合 5600 美元)的交换条件。两者价值悬殊竟达 1428 倍之多!(800 万÷0.56 万=1428.57)。这一奇怪的"不等价"交换的前提条件是,**香港 PH 必须在两年内与 FJ 公司建立一个合资公司,以获得有关非线性光学材料方面的专利特许**,并在这方面按照美国 PH 公司与 S 先生签订的"股票购买协议"所定义的内容进行某些"科技项目"的经营。

关于这一幕后交易的内容,同文第 000073 页写道:"1991 年 9 月 30 日,本公司通过向组建香港 PH 公司的股东之一发放 4 万股本公司的第八类股票,有效地换取了香港 PH 公司 44%的股权。第八类普通股 4 万股可折换为本公司拆股后的 40 万股普通股。按本公司股票当时的市场价格计算,这笔投资金额为 800 万美元。本公司认为,为了换取香港 PH 公司的净底本资产(10 万**美元**)的 44%股权而进行大量的超值溢价投资,是因为该香港 PH 公司的创业股东(指香港 PH 公司的 S 先生)有能力在中国境内进行谈判,作出合资研究和制造(高科技产品)的安排。""如果香港 PH 公司未按照《股票购买协议》,在两年期限内与中国订立某种合资经营协议,并且承担某些股票购买协议所规定或定义的科技项目经营,则应将本公司发给的 20 万普通股(或按协议规定的相当于这 20 万股价款的现金)如数还给本公司。"

上述事实中特别值得注意的是,美国 PH 为了获取香港 PH 44%股份而发放的价值 800 万美元的股票是发放给 S 夫妇本人的,而不是香港 PH 公司。换言之,S 夫妇借助于他们与美国 PH 的幕后交易,并通过建立香港 PH 来达到他们个人获得 800 万美元的巨额暴利,中饱私囊。

那么,美国 PH 公司通过这笔交易又能得到什么好处呢?

根据美国 PH 公司董事长 Steven Schiffer 先生提供的证词(见附件 4),S 先生允诺将 LBO **专利权以及 FJ 公司非线性光学材料在全世界的独家销售权转让给美国 PH**。S 还告诉美国 PH 公司:只有通过香港 PH 公司,KP 合资公司才能建立,并诱使美国 PH 公司认为从 S 的妻子 T 女士处购买香港 PH 公司 44%的股权是建立 KP 合资公司的**先决条件**。因此,为了参加 KP 合资公司,美国 PH 公司用价值 1600 万美元的代价(已入账的部分为 800 万美元,因此,10-K 年度报告上只体现了 800 万美元)从 S 夫妇私人处购取了香港 PH 44%的股份。美国 PH 的这份旁证清清楚楚地表明了 S 先生通过建立香港 PH 企图出卖我司(中国 FJ 公司)的利益并以此已经骗取了巨额私利!这也清楚地解释了为什么美国 PH 公司早在 1992 年 4 月 14 日报给美国政府证券与交易委员会的 10-K 年度报告中就已明确写道:"香港 PH 公司组建的目的,在于取得中国开发的某些非线性光学材料的专利特许。"同时,也无情地揭露了香港 PH 公司 S 先生为牟取巨额私利而在美国 PH 公司与中国 FJ 公司之间设立的骗局。

再来看看下列两项主要事实。KP 公司组建前后,S 先生一而再、再而三采取各种手段,逼迫已拥有年创汇能力达 200 万美元的 FJ 公司将晶体销售权及其国际销售网统统拱手交给美国 PH。同时,S 先生与美国 PH 企图以区区 1 美元的代价,诱骗 FJ 公司将 LBO 专利的全部权利一次性卖断给美国 PH:先将其由 FJ 公司卖断给 KP 有限公司(KP Inc.),再由其卖断给完全与 FJ 公司毫无干系的所谓"香港 KP 有限公司"(KP Ltd.),尔后由后者再将生产、销售和专利特许权转到美国 PH(见附件 3),归由美国 PH 公司在全世界范围内全盘垄断。不仅要使美国 PH 拥有 LBO 专利的生产、销售垄断权,而且要将有关的生产技术细节和诀窍全部无偿转移给美国 PH 公司。将这两项事实与上述 S 先生与美国 PH 的交易相联系,再与《KP 合同》进行比较,S 先生妄图出卖 FJ 公司利益牟取其巨额私利的欺骗行为,就昭然若揭了!

关于专利权的转让证书与许可证,早在 1991 年 9 月 20 日美国 PH 公司 Meshell 先生就给香港 PH 公司 S 先生写了一封信(见附件 3),信中写道:S 先生:依照 **FJ 公司**最近**商谈**的**事项**,现附上如下材料:待签署的"转让证书"一份。以中国科学院 WG 研究所作为出让人转让第 4826283 号美国专利(即中国科学院 WG 研究所在美国申请获准的"LiB305 晶体非线性光学器件发明"专利)。随信附上并由 S 先生转交的"转让证书"是要求研究所"以 1 美元或其等价物,以及其他可估价的良好对价"把 LBO 晶体在美国专利的持有权出售并转让给香港 KP 有限公司(其地址与香港 PH 公司的法定地址完全相同),其转让内容是中科院 WG 研究所将专利权完全卖断,任其处置。根据 Meshell 先生的这封信,S 先生不仅事前完全知道把 LBO 专利以 1 美元的代价转让给美国 PH 这件事,而且这件事就是其精心安排的。这一点在美国 PH 董事长 Steven Schiffer 于 1993 年 3 月 21 日致 FJ 公司总经理 ZY 的信中再次得到证实(见附件 5)。Schiffer 证实:"所有专利转让的文件均是根据 S 先生的安排起草的。"然而,在《KP 合同》谈判的整个过程中,S 先生这一安排却对 FJ 公司只字未提,妄图瞒天过海。

1992 年 1 月份美国 PH 的 Meshell 先生根据 S 先生的安排为美方人员参加 KP 签字仪式准备的两份"转让证书"和一份"许可证和技术服务协议",使这一"转让"的真实意图更加暴露无遗。第一份"转让证书"与前一份基本相同,只是受让人换了一个名称,即"香港 KP 有限公司"(KPI),以便与福州 KP 的英文名称合拍,不过其地址与香港 PH 的地址完全相同(这可能就是为什么 S 先生在合资初期,始终坚持把合资公司总部设在香港的缘故)。而第二份转让证书则是从 KP 公司(KPI)把专利权转让给"香港 KP 公司"(KPL),其地址恰恰又是香港 PH 的地址。经过这么一"转",S 先生就可以轻易地完全攫取整个专利所有权、持有权和使用权,而中科院 WG 研究所和 FJ 公司从此只能依靠空口许诺的所谓 34% 利润的施舍了。

根据从香港政府公司登记注册处所查实的资料,S 先生以 KP 的名义在香港登记注册了两家公司,KP Ltd.(KPL)及 KP Inc.(KPI)。其中 KPI 成立于 1992 年 1 月 25 日。这两家香港 KP 的董事长与法定代表人均为 S。倘若不是转让 LBO 专利的需要,还有其他理由可以解释 S 先生为什么建立了两家香港 KP 吗?

第三份"许可证与技术服务协议"也是经过精心安排的。表面上专利持有权还在与 FJ 公司毫不相干的"香港 KP 有限公司"手中,而美国 PH 通过这一协议却可以获得"上述专利的制造、使用和销售产品的独占许可证,以及运用有关 LBO 晶体的专利和专有技术的制造、使用、销售产品的独占性许可证"以及"依照本专利许可在'区域'(定义为整个世界)内独家制造、精制、组装、使用、经销以及出售本专利所包含的发明物"。

那么,美国 PH 获取 FJ 公司的专利权有什么好处?是否会严重损害 FJ 公司的利益呢?美国 PH 主要发展的是医疗激光器,它本身也处于激烈的竞争环境之中。在其 1991 年的 10-K 年度报告(附件 3)第 11 页中明确指出:"美国 PH 公司与其他发展激光器的公司进行的有效竞争在很大程度上依赖于其技术的保密性和专有性。"鉴于我司的 LBO 晶体是医疗及许多激光器的重要的甚至是关键性的部件,再加上其性能比现有其他晶体优越很多,因此,任何一家激光器厂家,只要控制了 LBO 专利的专利权或独家使用权,就可以有效地阻止别的厂家使用 LBO 晶体,从而保护其激光器的销售。若美国 PH 公司独家获得 LBO 的整个专利权,并控制住其晶体销售权,就可以很容易地对其竞争对手实行控制,不允许它们使用 LBO 晶体。这就是它对 LBO 专利的根本兴趣所在,也是它为什么愿意出高价获取 LBO 专利权的原因。对别的厂家来说,由于 LBO 专利的独家限制(不论是所有权还是使用权),就不能在其生产的激光器中使用 LBO,不得已就只能使用其他晶体。而这些其他的晶体,如 KTP,恰好是中国 FJ 公司的强有力竞争对手。对 FJ 公司来说,由于 FJ 公司主要产品是晶体材料,只有所有的激光器厂家都使用 FJ 公司的晶体,FJ 公司才可能最大限度地扩大产品销售。因而尽量所有激光器厂家都使用 LBO 才是 FJ 公司的根本利益所在。显而易见,FJ 公司与美国 PH 之间在 LBO 专利问题上是存在根本性的经济利害冲突的。换言之,由美国 PH 控制专利权和销售权,我中方利益就可能遭到严重的损害。因此，即便仅仅是 LBO 专利使用权被卖断，就足以使 FJ 公司乃至于 KP 利益遭到严重损失。

以上事实表明，S 先生参加与 FJ 公司的合资绝不是为了所谓促进中国高科技的发展，而是为了骗取中国的专利特许及高科技晶体产品的销售权，以谋取其个人的巨额暴利！正如 S 先生所承认的，香港 PH 公司是为其与中国合资而专门建立的。很显然，美国 PH "慷慨" 赠送 S 夫妇 800 万美元绝不是平白无故的。事实上，若 FJ 公司稍不留心，将上述专利权或者使用权全盘卖断和转移到 KP 公司，那么，S 先生作为该公司的董事长和法定代表人，以及另外两家香港 KP、一家香港 PH 的董事长和法定代表人，就极有可能将上述辗转盗卖阴谋变为事实。他一旦得逞，就将使 LBO 专利权丧失于美国 PH，中华人民共和国所拥有的 LBO 专利权将永远一次性卖断给 S 先生的公司；中国在非线性光学领域的国际王牌从此将失而不可复得。由此可见，S 先生精心策划的盗卖 LBO 专利的种种行为，严重地损害了中华人民共和国的国家利益。

（四）S 先生在尖端专利产品销售权问题上的欺诈行为

《KP 合同》第 17 条规定，KP"产品由合资公司直接向境外销售"。KP 章程第 9 条也就销售渠道作了明确规定。但就在《KP 合同》签字后的第二天，美国 PH 代表就提出了由美国 PH 接管合资公司产品在全球范围内的独家销售权的要求。由于 FJ 公司代表不同意，导致了一场相当激烈的争论。从大局出发，KP 公司开张之初 FJ 公司就在外方的压力下作了让步，部分地接受了与合同不符的内容，同意在美建立一家负责全球晶体产品销售的分公司。尽管如此，关于该公司的总经理人选问题又引发了一场旷日持久的争论。在此过程中，S 先生毫无理由地坚持不接受 FJ 公司推荐的总经理人选，而非要美国 PH 的人员来担任不可，其理由是"白人更好"。

FJ 公司曾百思不得其解，为什么合同章程中明明白白地规定了销售权问题，KP 公司合同刚一签字就立即引起了如此激烈的争论？这个问题直到最近，FJ 公司直接向美国 PH 调查有关情况并得到美国 PH 董事长 Steven Schiffer 先生的答复说明后才弄清楚。事实是：S 先生在《KP 合同》签字以前就已擅自许诺让美国 PH 接管合资公司晶体产品在全球的独家销售权，只是对方完全隐瞒了上述事实。他的这种做法造成了 FJ 公司与美国 PH 之间的严重误会，也是 KP 一成立，中美双方就产生激烈争执、严重对立的根本原因。很显然，若 FJ 公司事前知道 S 先生要把全球独家销售权交给美国 PH，FJ 公司是绝不会与 S 先生的香港 PH 签订合同的。原因很简单，销售权完全由外方控制，不仅违反高科技产业的特点，也会导致 FJ 公司利益的根本受损。在 KP 销售权的问题上，S 先生欺骗及故意隐瞒事实的行为至此已真相大白。正如美国 PH 公司 Schiffer 董事长在其来信中所写到的："S 先生既欺骗了 FJ 公司，也欺骗了美国 PH"（见附件 5、附件 6）。

更重要的是，以上事实还说明了一个根本性问题，即 S 的欺骗行为是引起 KP 成立后，FJ 公司与美国、香港 PH 严重争执的根本原因。所谓要在美国建立负责全球销售的分公司并由美国 PH 人员担任总经理，不过是 S 变相地兑现其将销售权交给美国 PH 的幕后承诺的一种变通办法而已。KP 成立以后，S 一直用资金不到位作为一张王牌来压我们接受他的这一要求，这也恰恰是其在资金到位问题上严重违约、违法的根本原因之一（详见我司同时呈交的 KP 一系列问题的根本原因），同时也是我们对 S 辩护律师的所谓"无关论"的最好驳斥。

（五）香港 PH 公司 S 先生的欺诈行为对《KP 合同》效力的影响

综上所述，由于香港 PH 公司 S 先生故意隐瞒事实真相，谎称香港 PH 公司是美国 PH 公司的子公司，并在有关香港 PH 公司资信和实力的介绍中作伪，以及打着"爱国人士"的幌子四处招摇，因而使 FJ 公司：(1) 以为其是在通过香港 PH 公司与美国 PH 合作，并得以借用美国 PH 的技术力量共同研制和开发新产品、新器件（见 KP 项目建议书）；(2) 以为香港 PH 公司实力雄厚；(3) 以为 S 先生参与合资的目的在于促进我国高科技的发展，并帮助 FJ 公司建立真正的高科技产业。

鉴于香港 PH 公司的一系列欺骗行为以及它背着 FJ 公司妄图出卖 FJ 公司利益及损害我国的国家利益，并已获得巨额私利的事实真相，根据我国下列法律和法规，《KP 合同》应属自始无效。1987 年最高人民法院发布的《关于适用〈中华人民共和国涉外经济合同法〉若干问题的解答》明确规定，涉外经济合同有下列情形之一的，应当确认自始无效："一方当事人采用故意制造假相、隐瞒事实真相或者其他欺骗手段，致使对方形成错误认识与之订立合同的"，"双方当事人恶意串通订立损害国家、集体或第三方利益的合同，或者以合法形式掩盖非法目的而订立合同的"。1981 年五届全国人大四次会议通过的《中华人民共和国经济合同法》第 7 条和 1985 年六届全国人大常委会十次会议通过的《中华人民共和国涉外经济合同法》第 10 条均规定："采用欺诈、胁迫等手段所签订的合同"为无效。1985 年国家工商行政管理局发布的《关于确认和处理无效经济合同的暂行规定》指出："当事人的意思表示不真实或采用胁迫、欺诈等手段签订经济合同的"，"当事人规避法律，损害了国家利益、社会公共利益或他人利益的"，该经济合同即是"内容不合法"。鉴于香港 PH 公司蓄意欺诈，FJ 公司是在被 S 先生故意隐瞒了事实真相和被其欺骗而造成了严重错误印象的情况下与其签订合同的,该合同是出于对合同内容有重大误解而订立的,因而是内容不合法的、自始无效的经济合同。鉴于与香港 PH 公司的这一合同关系将会严重损害 FJ 公司乃至国家利益,应依法立即予以终止、解除、废除。

显然,香港 PH 公司在资信和骗取专利等诸方面的欺诈行为不仅是资金到位方面严重违约、违法的直接原因,而且该欺骗行为本身也明显违背了中国有关法律的规定,从而根本地破坏了经济合同的法律效力。它说明,FJ 公司及时提请终止《KP 合同》是必要的。实际上,在 FJ 公司准备提请仲裁时,又从福建省外经贸委了解到,像香港 PH 公司这样注册资本只有 10 万港元、资信低下的公司本来是不会被批准参与合资的,它们也是因为 HM 公司系省政府驻港的公司,误信其关于香港 PH 公司的资信介绍,才未予深究而批准了《KP 合同》。可见,正是香港 PH 公司的欺骗行为导致了 KP 公司目前的纠纷和问题。FJ 公司不仅为 KP 公司付出了大量的人力、物力和时间的代价,而且也由于上述欺骗行为延误了 FJ 公司自己创办真正的、国际一流的合资公司的进程。因此,鉴于香港 PH 公司弄虚作假,蓄意欺骗 FJ 公司,以及图谋骗取中国的专利权,并出卖销售权以牟取私利,应依法确认《KP 合同》无效,并立刻依法废除这一因被欺诈而签订的合同。

FJ 技术开发公司
1993 年 4 月 10 日

附件目录:
1. S 先生在 KP 公司签字仪式上的讲话(从略)
2. HM1992 年 12 月 28 日致我司函(从略)
3. 美国 PH1992 年 4 月 14 日呈报给美国政府的 10-K 年度报告译文(从略)
4. 美国 PH 董事长 Steven Schiffer 1993 年 4 月 7 日证词(从略)
5. 美国 PH 董事长 Steven Schiffer 1993 年 3 月 21 日致我司函(从略)
6. 美国 PH 董事长 Steven Schiffer 1993 年 3 月 23 日致我司函(从略)

四、本案讼争主要问题剖析(代理词)

(1993 年 4 月 14 日)

中国国际经济贸易仲裁委员会仲裁庭:

本人受申诉人 FJ 技术开发公司(以下简称"FJ 公司")委托,就申诉人 FJ 公司与被申诉人香港 PH 激光系统有限公司(以下简称"香港 PH 公司")之间有关《福州 KP

有限公司合同》(以下简称《KP 合同》)纠纷一案,提出如下代理意见:

本案争议,可以归结为"一个核心,两个基本要点"。核心是:《KP 合同》是否应当尽早解除和废除;第一基本要点是:解除《KP 合同》的约定条件和法定条件是否已经具备;第二个基本要点是:本案被诉人的欺诈行为是否已经导致《KP 合同》必须火速废除。

申诉人 FJ 公司认为:对上述一个核心、两个基本要点的答案都是绝对肯定的。对两个基本要点问题的绝对肯定答案,决定了对核心问题的绝对肯定答案,即《KP 合同》应当刻不容缓地予以解除和废除,以避免 LBO"国宝"被盗的现实危险,避免对中国的国家权益造成无可挽回的严重损失,避免我国这一高科技产业发展的进一步耽误。

兹分别说明如下:

(一) 解除《KP 合同》的约定条件和法定条件均已完全具备

1. 解除《KP 合同》的约定条件已完全具备

《KP 合同》第 11 条规定:乙方(即本案被诉人香港 PH 公司)应在合资公司营业执照签发之日起 3 个月内,投入其出资额 500 万美元的 30%,即第一期投资 150 万美元。第 53、54 条规定:乙方若不如期、如数缴足上述第一期投资,则"从逾期的第一个月算起,每逾期一个月,违约方应缴付应交出资额的 3% 的违约金给守约方。如逾期 3 个月仍未提交,除累计缴付应交出资额的 9% 的违约金外,守约方有权按合同第 53 条规定终止合同,并要求违约方赔偿损失"。经核实,KP 公司的营业执照正式签发于 1992 年 1 月 29 日,本案被诉人依约理应在同年 4 月 29 日以前缴足 150 万美元资金,但却以种种借口拒不依约如期、如数缴资。直至 1992 年 7 月 29 日,只缴交了 15 万美元,即只占其应交第一期出资额的 1/10。根据《KP 合同》的上述规定,FJ 公司自 1992 年 7 月 30 日起,即有权依约要求终止合同。

2. 解除《KP 合同》的法定条件已完全具备

1988 年由对外经贸部和国家工商行政管理局发布的《中外合资经营企业合营各方出资的若干规定》(以下简称《出资规定》)第 4 条第 3 款载明:"合营合同中规定分期缴付出资的,合营各方第一期出资,不得低于各自认缴出资额的 15%,并且应当在营业执照签发之日起 3 个月内缴清。"衡诸本案,本案被诉人至少应在依照本法规定的 3 个月限期内缴足 500 万美元×15%=75 万美元,否则即违反本法规定。福建省对外经贸委关于同意设立 KP 公司的批复中,也明确指出:"各方应于营业执照签发之日起 3 个月内缴清 30% 的注册资本"(见附件 1 第 4 点,从略)。这显然是根据《出资规定》,结合本案《KP 合同》第 11 条的约定,作出的具体规定。

《出资规定》第 5 条进一步规定:"合营各方未能在第 4 条规定的期限内缴付出资的,视同合营企业自动解散,合营企业批准证书自动失效,合营企业应当向工商行政管理机关办理注销登记手续,缴销营业执照;不办理注销登记手续和缴销营业执照的,由工商行政管理机关吊销其营业执照,并予以公告。"《出资规定》第 7 条则载明:"合营一方未按照合营合同的规定如期缴付或者缴清其出资的,即构成违约。守约方应当催告违约方在 1 个月内缴付或者缴清出资。逾期仍未缴付或者缴清的,视同违约方放弃在合营合同中的一切权利,自动退出合营企业"。

根据上述法规规定,KP 公司的《KP 合同》早已在法律上因外商严重违约而自动终止;公司已视同自动解散;其合营企业批准证书以及营业执照均已自动作废;香港 PH 公司也已被视同放弃在《KP 合同》中的一切权利,自动退出了 KP 公司。这是洞若观火、毫无疑义的法定结论。

3. 本案被诉人的几种遁词和曲解不能成立

本案被诉人在其答辩书中以及庭辩(1993 年 3 月 31 日至 4 月 1 日)中,为其资金不如期到位的严重违约行为制造各种遁词,甚至不惜歪曲有关文件的字义原意,来开脱其法律责任,现予逐一批驳:

(1)"乙方资金已如期到位"说

本案被诉人不顾事实,硬说其"第一期现金出资额已**按期**缴纳,福建华兴会计师事务所(92)外验字第 080 号文对此已予验资确认"。其代理律师在庭辩中则更明确强调上述"验资报告"确认香港 PH 公司的第一期出资"已按期投入"。实则上述报告的原文是"截至本报告日"(即 1992 年 9 月 8 日)香港 PH 公司已按第一期出资额投入。把"按额"歪曲为"按期",企图以一字之差,把逾期半年多才投入应缴资金这一严重违约的事实,强行抹杀。这真是谈何容易!(见答辩书之"二"及其附件 5,从略)

(2)"合同有关甲方技术投资的规定有漏洞"说

庭辩中,被诉方律师强调:《KP 合同》中有关甲方(即申诉人 FJ 公司)技术投资的规定有"漏洞";甲方也应在 3 个月期限内投入其技术产权的 30%,才算是"公平合理"。这种说法是站不住脚的,因为:

第一,它根本不符合高科技产业的根本特点。反之,《KP 合同》第 11 条规定的"甲方的技术视合资公司**生产的需要**及时投入",正是完全符合高科技投资本质特点、符合《KP 合同》根本宗旨的最公平合理的规定。按:FJ 公司原称中科院 WG 研究所开发公司,成立于 1980 年,在 1992 年 1 月底 KP 公司正式成立之前,它已存在

12 年,其原有生产和销售业务蒸蒸日上,已拥有晶体年产值高达 200 万美元(见附件 2,从略)。它同意与外商合资经营,毫无疑义是为了**扩大生产**和销售,而绝非把自己原有的既得利益无端让外商分享。外商前来投资,也显然必须通过扩大原有生产规模和销售范围,取得合法的利润回报。关于这一立约的根本宗旨,已载明于《合同》第 4 章和《章程》第 2 章。因此,所谓"视**合资**公司**生产**的需要"一词,显指外商第一期资金如期、如数到位后**扩大生产**的需要。正是由于外商严重违约,第一期资金逾期半年多始终不如期、不如数到位,造成了征地、厂房基建、设备购置、人员雇用等一系列严重困难或陷于停顿,使扩大生产规模成为纸上空谈,因而,甲方的生产技术投资也就被迫根本无法"及时投入"。打个譬喻:福建省某鳗鱼养殖公司拥有一亩池塘,生产正常,赢利丰厚。为扩大养鳗规模,需增辟池塘达到十余亩,于是决定引进外资合营。如约定的外资长期迟迟不到位,从而无法征地、挖塘、蓄水、投饵……试问:鳗苗岂能养在干旱的陆地上或空气中,又岂能按扩大生产的需要"及时投入"?

第二,甲方的"技术投资"是否可以机械地也按 30%、30%、20%、20% 分割为四期同步投入?答曰:高科技投资的本质特点决定了上述"分割投入"的不可能;LBO、BBO 晶体产品的生产技术,是一个不可分割的有机**整体**,它只能在厂房、生产各流程设备等"硬件"具备的前提下,**一次性**地投入、**百分之百**地投入。否则,它的投入就既无条件,也无"需要",更无可能。晶体生产整个生产流程中任何一个环节的设备硬件不具备,技术软件就不可能投入,产品就不可能产出。这就像鳗苗不可能切割成鱼头、鱼躯、鱼尾"分期"投入养殖一样。

第三,甲方的技术投资义务是否意味着甲方应当在外商资金到位以前先把晶体销售权立即转交给 KP 公司甚至美国 PH 公司呢?答案也是绝对否定的。因为,根据《KP 合同》第 8 条、第 16—19 条以及《章程》第 8、9 条的规定,应当交由 KP 公司销售的产品,显然都是指外资投入、生产规模扩大之后的"合资公司的产品",而绝非 FJ 公司自行独立小规模生产的产品。外商没有资金投入、合资公司无法如期投产,试问:他们凭什么坐享 FJ 公司的 LBO 等晶体销售权并从中分享利润?"无功不受禄"乃是常识,不尽义务,岂能坐享权利?

简言之,所谓甲方技术"及时投入"以及 KP 第二次董事会纪要改定的"同步"投入,其**起码前提**显然都是乙、丙两方第一期资金(即各自认缴额的 30%)如期到位。一俟乙、丙两方各自认缴资金的 **30%** 如期到位,并建造好生产所需厂房,购得设备硬件,甲方即根据生产的需要一次性地、**100%** 地投入自己的技术产权投资,这正是高科技投资的本质特点决定了的,何来"不公平"?如果硬要说存在"不公平",那倒可能是对甲方"不公平"了(30%∶100%)!难道不是吗?

第四,退一万步讲,即便 PH 公司的 S 先生对高科技产品的技术投入特点缺乏常识,认为这一合同规定有"漏洞",需要进一步商讨和修改,这也不能成为他拒不执行合同规定的理由。根据合同规定,这一问题根本不是乙方资金是否到位的**前提条件**。同时,在未经法定程序修改之前,已具法律效力的合同绝不能任意拒绝履行。因此,所谓合同"有漏洞""一直就甲方技术如何同步到位进行磋商"的说法,无论在法律上还是常理上,都是绝对不能成为被诉方资金不到位的遁词的。

(3)"甲方不履行合同"说

本案被诉人律师一再辩称,甲方不仅技术未同步到位,而且在乙、丙两方资金于 8 月份到位后,仍未将技术投入,根本就未履行合同。实则,这也只是被诉方的一种无理遁词。因为:

第一,申诉人 FJ 公司从合资公司成立第一天起就积极认真地履行合同,在 KP 公司的审批、土地征用、人员聘请和基建等方面做了大量的工作。根据拟定的生产规模及晶体生产的**技术需要**,FJ 公司不仅请建筑设计院对厂房进行设计和规划,而且组织中科院 WG 研究所许多高级研究员对车间和生产线进行水、电、安全和布局设计,还对 KP 公司用地进行了勘探、打桩、填沙和清理,花费了很多人力和财力。只是由于乙、丙两方资金一再拖延到位,才迫使基建和生产线建设停顿下来了。

第二,1992 年 5 月 12 日至 14 日,申诉人 FJ 公司还单独承担了近两万美元的费用,在一年一度美国举办的全球最大激光会议上,以 FJ 公司及 KP 公司名义联名参展,推销产品,为 KP 正式投产后产品的销售做好了市场准备。这些事实都充分证明了申诉人 FJ 公司认真履行合同的诚意。

第三,即便是在香港 PH 公司一再违约长达四个月之久,资金于 8 月底才到位后,申诉人 FJ 公司仍从大局出发,委曲求全,同时申诉人 FJ 公司尚不知 S 先生力图盗卖 FJ 公司利益以牟取其个人私利的事,故仍希望在被诉方遵守合同、具有合作诚意的前提下,把 KP 公司办下去。一直到正式申请仲裁前,申诉人 FJ 公司先后多次电话或书面通知 KP 公司和其董事长 S 先生,要求 KP 公司将筹建工作所需人员及技术支持告诉 FJ 公司,以便统筹安排好 KP 筹建及 FJ 本身的生产工作。申诉人 FJ 公司亦曾要求尽快进行三方会商,以便根据第二次董事会纪要所规定的"甲方的技术与专利权的投资也同步进行,具体方式由三方股东另行商定",对甲方技术如何到位进行协商。申诉人 FJ 公司还曾要求被诉方尽快按第二次董事会纪要具体商讨落实我司技术投入的具体办法,但 KP 公司、S 先生等均未答复,更不与申诉人 FJ 公司作任何磋商。更有甚者,S 先生还滥用董事长权力,完全背着申诉人 FJ 公司强行迁址,并在其资金投入以前的 **8 月中旬**,就已在福州市鼓山私自定购了 100 亩土地(见附件 3,从略)。他的这些行为不仅违反了合同规定,也完全违反了第二次董事会纪要第 3 条明确规定的"重大投资必须经过董事会集体研究决定"的原则。由此可见,在此期间,真正不执行合同和第二次董事会纪要的恰恰是本案被诉人自己。同时,本案被诉人在此期间的所作所为,已充分说明,其与申诉人 FJ 公司合作的诚意早已荡然无存!

第四,在被诉方肆意践踏合同的情况下,申诉人 FJ 公司通过律师发现了被诉方正式登记在案的资信真相,同时,开始察觉被诉方一直想利用 KP 把 FJ 公司的专利权和销售权盗出国门的情况。为避免国家利益的损失,申诉人 FJ 公司被迫于 1992 年 9 月 22 日,循法律途径申请仲裁,以求解除与被诉方的合同关系。FJ 公司是在申请仲裁解除合同并立案后,才根据《中华人民共和国中外合资经营企业法实施条例》第 112 条、《KP 合同》第 61 条以及前引《出资规定》的条文暂停执行《KP 合同》的。

(4)"甲方人事任免变动"说

本案被诉人以 LBO 晶体技术发明人之一 T 先生未能连续担任××研究所副所长职务,可能"影响"技术投入为借口,掩盖其资金迟迟不到位的真相。这是不值一驳的。因为:

第一,通观《KP 合同》全文,没有片言只字规定本案被诉人的资金到位应以 T 先生连续担任"副所长"为前提;何况,在由中科院党组及福建省委对研究所领导班子进行正常换届后,不再兼任所级行政职务的 T 先生可以更专注于科研(见附件 4,从略);同时,他在科研室、组以及 FJ 公司、KP 公司所担任的职务均未受到任何影响。

第二,从 1992 年 5 月中旬中科院 WG 研究所正常换届到 7 月 29 日这段时间内,被诉方从未对其资金不到位的原因向申诉人 FJ 公司作任何说明。在此期间,申诉人 FJ 公司六次催资并书面要求说明原因,均被置之不理。本案被诉人今天又如何证明其资金不到位与中科院 WG 研究所换届有关呢?更何况,此换届是发生在 5 月中旬,因此,此事更与在此之前资金不到位的真正原因毫不相干。

第三,整个有关的专利技术**产权**,其所有权属于国家,**持有权**属于中科院 WG 研究所,只有使用权被转让给了其下属的 FJ 公司,T 先生本人并不享有本项专利技术**产权**的分毫,故其升、降、去、留,与有关专利技术产权的"及时"投入或"同步"投入,显然概无关系,因而,毫无"影响"可言!由此可见,本案被诉人以 T 的正常职务变动为借口,论证其资金不到位"有理",无非是想遮掩其当时无力出资的"难言之隐"罢了!

(5)"三方一致同意延期"说或"甲方未发表异议"说

本案被诉人硬说,"资金到位日期的变更"——拖延,"是经三方协商一致同意,

历次董事会纪要都有详细记载"。所称"历次",显然是指 KP 公司正式成立前后的三次董事会。

实则,第一次董事会召开于 1992 年 1 月 17 日,当时 KP 公司营业执照尚未正式签发,距第一期资金到位期限的 4 月 29 日尚有三个多月的充裕时间,因而根本不存在所谓"资金到位日期的**变更**"问题。

第二次董事会召开于 1992 年 5 月 2 日。当时乙、丙两方第一期资金到位日期刚刚届满,逾期两天,我甲方代表即严肃地以"最后通牒"式的语言要求乙、丙两方"在 48 小时内"资金到位(见附件 5、6、7,从略)。此后,我甲方董事之一、原 FJ 公司总经理 W 先生于 1992 年 5 月 12 日、5 月 18 日、6 月 1 日先后连续函催乙、丙两方资金火速到位,并如实指出,由于资金迟迟不来,KP 公司的整个基建工作"实际上已经处于停顿状态"。由于本案被诉人对这三封催款函未作任何书面答复,代表 FJ 公司的 KP 公司副董事长 Q 先生不得不于同年 6 月 29 日、7 月 6 日、7 月 24 日又连续三次致函本案被诉人,催促资金到位,并连续向对方提出警告:"谁违背合同和章程,谁就必须负全部责任"。毋庸讳言,这里所使用的显然已是"最后通牒"式文字,其具体含义,显然是指依照合同的上述具体条款索取违约金和解除合同!以上催款的多次书面文件全部在档,铁证如山。试问:这怎能随心所欲地曲解为甲方在第二次董事会上及会后"同意"资金拖延半年多不到位?

至于第三次董事会,本案被诉人在会上不仅对其资金不到位的严重违约行为不表任何歉意,反而在此问题上态度蛮横,"仗财欺人"。加上本案被诉人在会上专横跋扈,公开践踏《章程》第 30 条规定的重大事项"必须经董事会一致通过"的议事原则,不顾 FJ 公司提出的应就迁址方案先进行可行性论证的合理要求,在迁址问题上强行表决,妄图压服甲方;继而出尔反尔,表示"我运用董事长否决权,我只同意先到位 50 万美元,以后的 85 万美元不到位"。在这种情况下,鉴于资金如期如数到位一事再次告吹,又强迫甲方接受盲目迁址的专横"决定",甲方副董事长代表人 H 先生忍无可忍,终于愤然离席,并拒绝在所谓"第三次董事会纪要"上签字。他的行动就是对整个第三次董事会的完全否定,也是对所谓"甲方未对 8 月 22 日资金投入日期发表异议"说的最好驳斥!按照《KP 合同》第 26 条、《章程》第 30 条的规定,所谓第三次董事会"纪要"从未正式形成,纯属一张废纸,从一开始就根本不具备任何法律效力。

(6)"甲方事后认可"说

本案被诉人在答辩书中两度援引申诉人 FJ 公司现任董事长 1992 年 8 月 17 日致 S 先生函件,断章取义地摘引其中"FJ 公司一定一如既往地与乙、丙两方同心同德密切合作"一语,硬说这"完全是对资金到位日期变更的事后认可"。可是一经对照原函原文,人们立即发现,在这句的前面,还有"只要 KP 各方都以合同、章程为准则,真诚合作"这个大前提。这种"阉割"前提的手法,实在幼稚、拙劣和徒劳! 试问:KP 组建以来,乙方在资金到位问题上严重违约,在"迁址"(实质是篡改高科技开发这一组建初衷,转搞房地产投机)问题上践踏《章程》议事原则,并在 8 月 23 日将 KP 公司强行迁出原址,这能说是乙方已经具备"以合同、章程为准则,真诚合作"这个大前提吗?

庭辩中,被诉方律师强调 H 先生 1992 年 9 月 2 日致 S 先生函未直接论及资金不到位的问题,并据此推论这也是"事后认可"。这是十分荒唐的牵强附会。其实,由于被诉方在强行迁址问题上的蛮横行为,迁址问题已成为双方争议的新热点和新焦点。因此,H 先生在收到所谓第三次董事会"纪要"并就此复信 S 先生时,集中地再一次强调了 FJ 公司对 KP 迁址的观点,这怎么能说是 FJ 公司"事后认可"被诉方资金到位或默示"放弃"FJ 公司权力呢?

(7)"法规不适用"说或"灵活适用"说

被诉方律师在庭辩中反复强调,前述《出资规定》第 4、5、7 条不能适用于本案中的出资问题,并对该法规条文的"各方""一方"等字眼作了"独到"的"诠解"。实则,只要稍加推敲,就不难断定这些条文完全适用于本案。

第一,就此项法规的"立法宗旨"而言,它主要是专门"治疗"外商任意违约、资金不到位导致中方经济损失这一"常见病"的"特效药",在本案出资问题上援引和适用本法规的上述条文,正是"对症下药"。

第二,本法规第 5 条把"合营各方未能在第 4 条规定的期限内缴付出资"作为"视同合营企业自动解散"的前提条件,这一前提,在本案中业已完全具备。具体说来,乙、丙两方不但未能在第 4 条法定期限内(即营业执照签发之后 3 个月内)缴付第一期出资,而且在超越法定期限之后的又 3 个月,资金仍未到位。至于甲方作为折价投资的技术产权,也因乙、丙两方的资金不到位而被迫无法在法定期限内"及时投入"。因此,自 1992 年 4 月 30 日起,本法规第 5 条所规定的"**合营各方**"未能在法定期限缴付投资这一条件即已完全成熟,KP 公司即应"视同**自动解散**",相应地其"批准证书**自动失效**"。由于甲方的技术产权投资之未能在法定期限"及时投入",纯属被迫,具有"不可抗力"性质,不应承担任何法律责任,因而甲方完全符合第 7 条所规定的"守约方"这一概念;而乙、丙两家则显然各自是同条所规定的违约的"合营一方",自 1992 年 4 月 30 日起,即应依法视同**自动退出** KP 公司。上述这三个方面的"自动",从法理上和逻辑上说,都必然导致《KP 合同》的完全彻底的自动终止、自动解除或自动失效。与此同时,作为守约方的申诉人 FJ 公司(甲方)随即有权依法依约向各自作为违约方的乙、丙两方,索取违约金和一切损害赔偿。这是不言而喻的。

被诉方律师还援引福建省对外经贸委于 1992 年 9 月 22 日针对 KP 公司**迁址申请**所签发的批准证书(见答辩书附件 8,从略),论证上述国务院发布的《出资规定》不具备法律权威性,可以"灵活地"不予遵守执行。这种论调的错误在于:

第一,这份"批准证书"是专门针对 KP 公司的迁址申请而签发的,其唯一作用在于,KP 公司可凭此证书前往工商行政管理局申请迁址变更登记,并对营业执照上的地址作相应更改,从而使外商 S 先生等人强行迁址一举"合法化"。关于此点,只要对比一下福建省对外经贸委 1992 年 1 月 21 日签发的原始的"批准证书"(见答辩书附件 8,从略),即可一目了然地看清:

① 前后两份批准证书的文号完全雷同,即都是"外经贸 A 府字(1992)031 号";

② 两份批准证书中的企业名称、合资各方、投资总额、注册资本、合资年限、经营年限、经营范围、生产规模、董事长和副董事长人选等各栏载明的内容,也完全雷同;

③ 两份批准证书中唯一的不同之处在于"详细地址"一栏:1992 年 1 月签发的原始的批准证书载明的是"福州鼓楼区山头角 123 号",而 1992 年 9 月签发的批准证书载明的是"福州鼓山福兴投资区福兴北路",同时,在最后一栏的最后一行加上:"**注:迁址**,原 92.1 证书作废"。

第二,1992 年 9 月签发的这一份针对申请迁址的批准证书,是乙方代表 S 先生、丙方代表 K 先生等人互相勾结,瞒着代表甲方的 KP 副董事长 H 先生,暗中申请和骗取到手的。作为申请"依据"的申请书上以及 KP 公司第三次董事会的所谓"纪要"上,都根本没有 H 先生的签字,按 KP《章程》第 30 条规定的"一致同意"议事原则,它只是一张无效的废纸。但福建省对外经贸委的经办人不明真相,误以为董事会上"8∶1"的强行表决是"有效"的。事后他们曾说:"你们内部矛盾问题如果早一点和我们打招呼,我们就不会发批文。"(见附件 8,从略)

把这一份纯属"强奸民意"、骗取到手的**针对迁址问题**的批准证书,硬说是福建省政府主管机关针对**资金迟延到位**予以正式批准的证明,这显然是张冠李戴、偷换概念、指鹿为马!更有甚者,以此项骗取到手的迁址批准证书,论证福建省主管机关有权"灵活地"不遵守国务院发布的统一法令和政令,这就无异于鼓吹下级可以任意否定上级、有法可以不依了!这岂不是太过"离谱"了吗?

(8)"甲方已丧失解约请求权"说

被诉方律师援引上述《出资规定》第 7 条第 1 款有关"守约方"应在违约方经催告

而再度逾期1个月内向原审批机关申请批准解散合营企业的规定,硬说申诉人FJ公司目前已失去解散KP公司或解除《KP合同》的请求权。这种见解,显然是曲解条文原意。因为第7条第1款的这一规定与同条第3款规定是有机地紧密结合在一起的,它的原意显然是指主管机关(即"原审批机关")应在上述再度逾期后继续再等候1个月,如在此期限内守约方未向它提出解散合营企业的申请,它才**有权主动撤销**对该企业的批准证书,相应地,工商行政管理机关才**有权主动吊销**其营业执照。《民法通则》第135条规定:请求保护民事权利的诉讼时效期限一般为2年。两相对照,上述"丧失解约请求权"的见解显然更是直接违反《民法通则》的。一句话,一切法律、法规的解释权,只能依法属于最高人民法院或其他法定权威机关。任何个人随意"诠解"法律、法规文字,不是缺乏自知之明,就是弄巧反拙!

庭辩中,被诉方律师还强词夺理地提出质问:申诉人FJ公司为何不在1992年7月30日,即在合同规定的解约条件刚刚成熟之际,或在其后数日内,提出解除《KP合同》的仲裁申请呢?

另一个强词夺理的质问是:甲方副董事长H在其8月17日致S先生函中提出了要求更换KP公司总经理的建议,既然你们认为KP自动失效,为什么还要求更换一个失效公司的总经理?

对这两个问题的答案都很简单:当时申诉人FJ公司尚未发现本案被诉人在资信方面有弄虚作假行径,更未发现其与美国PH公司的幕后秘密交易:从美方捞取800万美元巨款,纳入S夫妇私囊,并将中科院WG研究所持有的高科技LBO专利这一"国宝"的产品在全世界的销售垄断权,以1美元的代价,辗转"卖断"给美国PH公司,作为S夫妇对美方的报偿。由于申诉人FJ公司当时还处在受本案被诉人谎言蒙骗的状态,所以在对被诉方违约的事实表明严正态度的同时,对被诉方尚存一线希望和期待,给其一次补救的机会,以观后效。然而,事态的发展却与申诉人FJ公司的良好愿望背道而驰。被诉方不仅对FJ公司各种协商解决问题的一再呼吁置之不理,反而在8月8日第三次董事会上以"迁址争议"为导火线,引起一场爆炸式的吵闹和濒于决裂。随后,申诉人FJ公司又发现本案被诉人肆意践踏合同、章程,在完全背着FJ公司的情况下,在8月底强行迁出原址,并一意孤行,大幅度扩大用地投资,借高科技产业之名来搞房地产。之后,申诉人FJ公司通过深入调查,得悉本案被诉人的种种欺诈行径,得知LBO这一价值连城的"国宝"已经面临被人全盘盗出国门的巨大现实危险。此时申诉人FJ公司才猛然醒悟过来,将本案被诉人的这些欺骗行为与KP公司成立以来的种种争端互相联系,才发现被诉方真正"钟情"的并不是高科技产业,从而使申诉人FJ公司与之合作的基础荡然无存,合资创办高技术产业的初衷便无法实现,遂于 9 月下旬决定立即采取法律途径,依法行使自己的索赔权和解约权。

(9) FJ 公司"抽逃资金"说

本案被诉人律师在庭辩时将 FJ 公司帮助美国 SKYTEK 公司建立光学晶体加工点一事作为"重磅炸弹"抛出,企图以此反诉 FJ 公司违反合同有关技术投入条款,"抽逃资金",是"非常严重的违约行为"。

申诉人 FJ 公司认为,该项与 SKYTEK 的协议签订与否跟本案概无关联,完全是 FJ 公司自己的事情。理由如下:

第一,FJ 公司参与合资后,仍作为独立法人存在,这一点在合资意向形成阶段三方的讨论以及 1992 年 2 月 28 日 Q 先生给 HM 公司的信(见附件 9,从略)中已充分体现。除了按《KP 合同》和《章程》规定作为出资方式由合资公司排他性使用的技术以外,FJ 公司仍可以运用别的技术进行自己的晶体生产、经营和销售,有权根据自身发展的需要从事各种商务活动。

第二,本案被诉人的出资违约和故意隐瞒事实真相的行为导致了《KP 合同》的失效和 KP 公司的自动解散。根据前述《出资规定》第 7 条,自 1992 年 7 月 30 日起,本案被诉人已自动退出合营企业,放弃在合营合同中的一切权利,所以本案被诉人无权就 1992 年 7 月 30 日以后 FJ 公司乃至 KP 公司的业务安排提出任何要求,此后 FJ 公司找谁合作、合作内容是什么概与本案被诉人无关。

4. 本案被诉人资金拖延到位的真正原因

以上各点是针对本案被诉人关于资金迟延到位的种种遁词进行的批驳。事实上,本案被诉人不顾合同和法规规定以及 FJ 公司的一再催资,一再拖延其资金投入的真正原因主要是:本案被诉人一直利用资金不到位作为一张王牌来要挟申诉人 FJ 公司接受其种种无理要求,而这些要求的实质是变着法子将 LBO 专利权与 LBO 专利产品的全球性垄断销售权转让给美国 PH,以兑现 S 先生为从美国 PH 已得到的 800 万美元横财而许下的诺言(参见 FJ 公司同时呈交仲裁庭的《关于香港 PH 公司 S 先生欺诈行为的补充说明》(定稿本)以及《KP 一系列问题的根本原因》)。

(二) 本案被诉人的欺诈行为导致《KP 合同》必须火速废除

关于 S 先生在谈判和签订《KP 合同》过程中出具资信伪证、暗地里盗卖我 LBO 专利"国宝"以牟取其个人巨额私利等欺诈行为的具体情节,申诉人 FJ 公司已在呈交仲裁庭的《关于香港 PH 公司 S 先生欺诈行为的补充说明》(定稿本)(1993 年 4 月 10 日,以下简称《补充说明》)中,作了翔实的揭露。这里不再逐一复述。但必须强

调以下各点:

1. 废除《KP 合同》的法定条件已充分具备

《中华人民共和国涉外经济合同法》第 10 条明文规定:采取欺诈手段订立的合同无效。《中华人民共和国民法通则》第 58 条也强调了这一基本法理原则。1987 年最高人民法院发布的《关于适用〈中华人民共和国涉外经济合同法〉若干问题的解答》第三部分之第 7 点,以极其明确的文字指出:一方当事人采用故意制造假相、隐瞒事实真相或者其他欺骗手段,致使对方形成错误认识与之订立合同的,应当确认该合同无效。

衡诸本案被诉人在签订《KP 合同》过程中多种弄虚作假、隐瞒真相的行为,显应断定:废除《KP 合同》的法定条件已经充分具备,应尽快依法确认《KP 合同》为无效合同。

2. 本案被诉人授意 HM 公司个别主管人员提供资信伪证

1991 年 11 月 20 日由 HM 公司盖上公章郑重出具的关于香港 PH 公司的"资信情况简介"中写明:

香港 PH 公司"与美国 PH 公司互为控股,拥有美国政府颁发的多项专利,注册资本为 4000 万港元,拥有 40 多名专家、科研人员及市场推销员,是一家实力雄厚的高科技公司"。

这一份伪证的严重欺骗性和危害性,已在上述《补充说明》中简述。申诉人 FJ 公司由于长期受骗,完全信以为真,致在主持撰写《可行性报告》和《项目建议书》等文件和材料中,多次一字不漏地原文照抄。所有这些文件和材料,都曾经 PH 公司的 S 先生审阅认可,他从未提出只字异议或修改意见。在此次仲裁程序中,本案被诉人又在其答辩书第三部分第 4 点中,大力强调这份伪证的有效性和权威性,并以照抄上述伪证的《项目建议书》作为重要"物证"呈交仲裁庭,妄图继续欺蒙诈骗。在这里,本案被诉人使用的"逻辑公式"是:

(1) 我骗了你,你信假为真,载入你写的文件;

(2) 我即以你写的文件作为"证据",证明我的谎言即是真理!

这种"逻辑"实在是既荒谬,又可恶! 同时,这也有力地反证:

(1) HM 公司当初盖上公章出具的上述伪证,是在 S 先生授意或"唆使"下作出的;

(2) PH 公司的 S 先生至今仍坚持此项伪证"有效",并继续使用这份伪证行骗!

值得特别指出的是:庭辩中,HM 公司主管人员 K 先生对这份假证中所谓"注册资本为 4000 万港元"的来源,解释成所谓"HM 公司的办公室工作人员出于对 PH

公司S先生信任,从其对KP认资500万美元反推算而来"云云。然而,这种解释是完全经不起推敲的。试问:倘若4000万港元真是"推算而来",那么,把香港PH公司这个只有10万港元注册资本的"夫妻店",从无任何经营业绩的"皮包公司",说成是"拥有美国政府多项专利""拥有40多名专家"的"一家实力雄厚的高科技公司",这又是从何"推算"而来的呢? HM公司主管人员K先生的这个解释,不仅完全开脱不了为S先生出具资信伪证的责任,反而更进一步说明了此类HM公司"旁证"或"担保"的不可信性与不负责任性,真是弄巧成拙。事实上,K先生于1992年12月16日与申诉方H、Q两先生的会谈中,却说"4000万港元"是指美国PH公司。更进一步的问题是:K先生为什么会愿意用如此拙劣和自相矛盾的说法来进行显然是为S先生开脱责任的解释呢? 真是令人百思不得其解!

3. 美国政府主管机构的文档证明了本案被诉人的诈骗牟取暴利行为

申诉人FJ公司在此次庭辩中面呈仲裁庭的10-K年度报告及其中文摘译,是由美国政府主管机构证券与交易委员会(Securities and Exchange Commission,SEC)定期公开发布和存档备查的具有法律意义的文书(参见附件10,从略)。根据美国法律,所有上市公司必须如实向美国政府呈报公司经营情况,并对每一项投资及其他重大开支用款如实呈报原因、目的和去向。这些呈报若有不实,在美国是一项极其严重的犯罪行为。根据SEC存档的美国PH公司1991年10-K年度报告(见附件11,摘译第2页,从略),有几点特别值得注意:

第一,S夫妇以个人名义(请注意:不是以"香港PH公司"这个法人名义)与美国PH公司签订了一项"股票购买协议",美国PH公司将当时价值800万美元巨款的股票发给S夫人个人(请注意:不是卖给"香港PH公司"这个法人),归入S夫人私囊,以换取香港PH公司44%的股权(其票面价值仅为10万港元×44%=4.4万港元,相当于5600美元左右),两者价值悬殊竟达1428倍之多! 美方之所以愿意实行如此悬殊、如此奇怪的"不等价交换",主要是因为S夫妇"有能力在中国境内进行谈判,作出合资研究和制造(高科技产品)的安排"。细读有关文字记载,便不难断定这份使S夫妇获得暴利横财的"股票购买协议",显然是以中科院WG研究所和FJ公司持有的LBO专利这一国宝的"安排"作为幕后秘密交易的标的,但申诉人FJ公司对这份"股票购买协议"一事毫无所知,对于自己如何被"安排"(被摆布、被出卖),也仍然蒙在鼓里。这就是S先生在口头和书面所多次反复鼓吹的"中美港真诚合作"!(参见附件12:S先生在1992年1月18日《KP合同》签字仪式上的演说等,从略)

第二,S先生在1991年9月30日把香港PH公司的44%股权出让给美国PH

公司后,长期隐瞒真相,不按香港法律规定的 8 周的时限,向香港政府公司注册署如实申报。他在 1991 年 12 月 30 日呈交该署的股权分配申报表(见《法律意见书》附件 2,从略)中,股东仍只报 S 夫妇两人,作出虚假陈述。直至 1992 年 9 月 17 日,申诉人 FJ 公司向该署取得该申报表复印件之日,上述虚假陈述依旧赫然在目,未作任何变更申报。(按香港刑法第 36 条规定,这是一种刑事犯罪行为,可判处有期徒刑 2 年,并科罚金。参见附件 13,香港刑法摘译,从略)

第三,美国 PH 公司 10-K 年度报告是 1992 年 4 月 14 日向美国政府提交的。

第四,在这份报告第 00002 页(见附件 11,摘译第 1 页,从略)及其他多处对 S 先生组建香港 PH 的目的作了明确的阐述:香港 PH 组建的目的,在于取得中国开发的某些非线性光学材料的**专利特许**。这里的"某些"显然指的就是 LBO。

第五,美国 PH 公司对它给本案被诉人的 800 万美元财富附加了两个条件:一是本案被诉人必须与申诉人 FJ 公司组建一家合资公司;二是必须进行他们之间签订的"股票购买协议"所规定的"科技项目"经营。这两个条件必须在两年之内完成。任一个条件完不成,就必须将这笔价值 800 万美元巨额财富的一半(50%)退回给美国 PH 公司。

4. 美国 PH 公司提供的专利"转让证书"和"许可证协议"暴露了本案被诉人的欺诈行为

早在 1991 年 9 月 20 日,美国 PH 公司根据 S 的"安排",提出了一份拟好的"转让证书",要求中科院 WG 研究所将 LBO 专利的"全部所有权"卖断给总部设在 S 先生家中的"KP 有限公司",代价是 1 美元以及"其他良好对价"(见附件 14,从略)。4 个月之后,即 1992 年 1 月 15 日,美方又根据 S 先生的许愿或许诺,提出了"连环套"式的两份"转让证书"和一份"许可证协议"(见附件 15,从略),要求中科院 WG 研究所和 FJ 公司将 LBO 专利的"全部所有权"以 1 美元代价及其他"良好对价",先卖断给总部设在 S 先生家中的"KP 有限公司"(KP Inc.),再转手卖断给总部同样设在 S 先生家中的另一家"KP 有限公司"(KP Ltd.)。然后,再由后者把 LBO 专利产品的制造、使用、销售及其有关的专有技术(Know-how),以全球性"独占许可证"的方式,全盘授予美国 PH 公司。该"许可证协议"第 4 条载明:许可证出让方放弃提成费,不取分毫报酬,受让方唯一的义务只是"在美国境内追诉侵犯上述专利的第三人",而一切有关费用仍全由出让方承担。

1992 年 1 月 17 日 21 时召开的 KP 公司第一次董事会上,美国 PH 公司的代表 Steven Schiffer 即根据这些"连环套"的"精心设计"和有关规定,要求 FJ 公司将 LBO 晶体专利在全球范围内的独占许可(特别是其中的晶体产品销售权),迅即转交美国

PH 公司全盘垄断。同时,他还提出了立即接管 FJ 公司晶体材料的全球销售权。他的这些违反《KP 合同》的无理要求当即遭到 FJ 公司的拒绝。由此激起了中、美双方的激烈争论。第一次董事会纪要第 5 点文字中所称"就销售问题进行了热烈的讨论",就是对这场"激烈的争论"的"文雅"表述。接着,在 1 月 19 日,美方再次提出了由美国 PH 公司全盘接管 KP 合资公司产品在全球范围内的独家垄断销售权,这就再次导致中、美双方的激烈争论。对于这一激烈争论产生的背景和真实原因,申诉人 FJ 公司当时曾百思不得其解。直到 1993 年 3 月,申诉人 FJ 公司通过系统深入的调查研究,特别在掌握了美国政府主管机构 SEC 的文档材料以及 1993 年 3 月份美国 PH 公司董事长 Steven Schiffer 先生数度来函之后,才初步解开了这个十分难猜的"大谜"![详见 FJ 公司呈交仲裁庭的《关于香港 PH 公司 S 先生欺诈行为的补充说明》(定稿本)第三、四部分及其有关附件]

只要把美国政府主管机构 SEC 文档中关于"股票购买协议"的确凿记载、美国 PH 公司按 S 先生"安排"所设计的"连环套"转让证书、许可证协议以及美国 PH 公司董事长最近的连续来函,特别是 4 月 7 日证词(见附件 16,从略),串在一起,稍加思考分析,上述"大谜"的"谜底"就昭然若揭了。其要点在于:

(1) 本案被诉人以 LBO 专利权及 FJ 公司晶体材料的全球独家销售权为诱饵,使美国 PH 愿意以巨额财富换取这两种权利;同时,欺骗美方,使其误认为只有通过从 S 夫人处购得香港 PH 的股份方可加入合资公司。此外,他还使美国 PH 误信 FJ 公司已同意了将上述"两权"(即 LBO 专利的全部权利以及该专利产品的全球垄断销售权)交给美国 PH。

(2) S 先生既已从这笔交易中取得了美国 PH 给予的价值 800 万美元的巨额横财,作为回报,就必须按他已对后者所作的约许,迫使申诉人 FJ 公司把自己手中现有的 LBO 专利产品独家制造、销售的权利,以转让"独家许可"的形式,拱手交给美国 PH 公司,由后者在全球范围内加以垄断。而美方最为"猴急"的,乃是其中的全球销售垄断权。

(3) 由于申诉人 FJ 公司及其主管机关中科院 WG 研究所对上述各节完全不知情,并坚决抵制上述这两项将使 FJ 公司利益受到严重损害的无理要求,这就导致申诉人 FJ 公司与处在骗局另一端的美国 PH 公司之间产生激烈争执。S 先生为了实现他对美方的许诺,就以资金不到位相要挟,肆意违反和践踏《KP 合同》和《出资规定》,提出种种"变通方案",妄图迫使或骗使申诉人 FJ 公司及中科院 WG 研究所"俯首就范"!换言之,"资金不到位"已成为要挟申诉人 FJ 公司首先拱手交出销售权的主要手段!在第二次董事会上应 S 先生的坚决要求,作为资金到位的条件,在"纪要"中写入了如下规定:"FJ公司的晶体销售工作应尽快移交三方合资的KP公司","要求美国PH公司应尽快介入合资公司的运作",提出一套"推销战略"云云,其精神实质,也在于此!

(4) 本案被诉人第一期资金在违约拖延半年多以后,之所以终于在1992年8月23日到位,乃是由于当时中国大地上出现了"房地产热"!房地产经营利润丰厚的强大诱惑使本案被诉人"移情别恋"。特别是打着"高科技产业"这块招牌招摇撞骗,就能以通常市价50%的价格获得最佳地皮(附件3:WR 9月份致S先生的信,从略)。因而,本案被诉人不惜践踏《章程》议事准则,以极其专横的强行表决,妄图迫使申诉人FJ公司接受"迁址决议";他力图攫取百亩地皮,从中渔利,根本不惜篡改KP公司原定的经营宗旨。

5. 本案被诉人对其欺诈行为的几种辩解不可采信

(1)"多种安排"说

庭辩中,本案被诉人辩称:上述"连环套"中的几份涉及LBO专利"国宝"的转让证书和许可协议,只是《KP合同》正式签订以前"多种安排"中的一种。它只是早已过去、无关宏旨的"历史",而不是"现状",不值得大惊小怪。可是:

第一,本案被诉人却无法举证:除了上述郑重其事地两度见之于书面文字的安排之外,还有什么其他"多种安排"?

第二,1992年初美商来华当时发生于美商与申诉人FJ公司之间的激烈争论以及最近两三个月以来美商与本案被诉人之间的尖锐讼争,都是紧紧围绕着这种特殊"安排"无法兑现而引起的!现在美国PH公司要求取消1991年9月间与本案被诉人订立的"股票购买协议"、索回当时价值800万美元的美国PH股票(见附件17,从略),也是与上述"安排"无法兑现紧密相关的。

显而易见,所谓"多种安排之一"云云,实际上就是唯一安排,至少也是主要安排!

(2)"无关现状"说

庭辩中,本案被诉人极力强调上述美港之间的"股票购买协议"以及与此密切相关的上述"连环套",概与本仲裁案《KP合同》争议无关,不应深究。实则大谬不然。因为:

第一,庭辩中,申诉人FJ公司曾再三质询该项主要涉及中方LBO专利权的美港两方"股票购买协议"究竟是何内容?何以始终既背着中方签订于前,又长期瞒着中方于后?对这两个问题,本案被诉人始终支吾其词,不肯正面回答;继而极力回避,顾左右而言他!其心虚胆怯之窘态,有目共睹!**岂能不刨根寻底,追究到水落石出?**

第二,那笔载明于美国政府主管机构 SEC 文档,并经美国 PH 公司董事长 Steven Schiffer 证实、已经落入本案被诉人私囊的 800 万美元巨额财富,既是一年多以前企图骗走中国 LBO 专利"国宝"及试图将全球垄断销售权拱手交给美国 PH 公司的丰厚酬金,又是 1992 年 1—8 月半年多以来,本案被诉人以"资金不到位"相要挟企图迫使申诉人 FJ 公司尽速交出 LBO 产品销售权,因而导致双方一系列纠纷的主要"**祸根**",它终于进一步导致双方当前在仲裁庭上"对簿公堂"。所有这些,难道不是与本案息息相关的最重要的现实?

特别是作为直接或间接受害者的中国公民,对于 LBO 专利"国宝"面临被骗走或被盗出国门的重大现实危险,岂能等闲视之?

(3)"不足采信"说

本案被诉人的律师辩称:目前本案被诉人与美国 PH 公司董事长双方已卷入法律讼争,因此后者提供的揭露前者欺诈行为的一切说法和证词都"不足采信"!并借此反诬申诉人 FJ 公司与美商"勾结"。这种辩解,实在软弱无力和流于幼稚!

第一,申诉人 FJ 公司及美国 PH 直到今年 3 月 18 日才发现自己也是本案被诉人所设骗局的受害人。过去本案被诉人长期利用 FJ 公司的专利骗美国 PH,又利用美国 PH 的"声势"骗 FJ 公司、压 FJ 公司。现在两个受骗方一经接触对证戳穿画皮,才发现彼此均被骗了,在此情况下,共同合作,以便彻底弄清事实真相,何错之有?有何不可?被诉方关于"勾结"的反诬,适足以反映出本案被诉人极其害怕骗局之真相大白于天下!

第二,申诉人 FJ 公司前面所援引的"股票购买协议""转让证书""许可证协议",均是早在 1991 年 9 月至 1992 年 1 月间,即在美、港当事人双方关系"亲密无间"之际就已出现的。更何况,申诉人 FJ 公司前面引证的 SEC 大量文档记载,一向就是美国政府主管机构的一种法律文书!它更是在美港当事人双方关系极好的 1992 年 4 月 14 日向美国政府报备的。它们的证据力岂能单凭"不足采信"这四字"咒语",便任意抹杀?

第三,在 KP 成立前的商谈过程中以及成立后的纠纷过程中,甚至直到近一个月前,本案被诉人一直利用美国 PH 的"威力"或所谓"影响中美关系",拉大旗作虎皮,虚张声势,借以唬人!事实不胜枚举。试举较近的一例:1992 年 12 月 9 日,S 在致中科院王××副院长的信中,还用所谓美国 PH 要在美国控告 FJ 公司,会引起"你死我活式"国际官司来吓唬人。但实际情况是,美国 PH 早在去年 11 月就与 S 先生发生严重纠纷(见附件 22,从略),并于 1992 年 12 月 21 日正式撤销了早先授予他的投票权(见附件 21,从略)。用 Steven Schiffer 先生自己的话说:"S 先生从未跟我讨论过美国 PH 公司起诉 FJ 公司的任何可能性。他从未向我提起过有关 KP 公司所出现的任何问题。今年 1 月份以来，我从未与 S 先生交谈过。美国 PH 公司从未考虑过任何起诉 FJ 公司的事。我甚至不能想象我们有任何根据可以起诉 FJ 公司。"（见附件 23，从略）

S 先生这种用美国 PH 名义来抬高自己的狐假虎威式的伎俩，也被他用在仲裁庭对本案的审理过程中。请看：尽管他在去年 11 月份就同美国 PH 发生了严重纠纷，并在 1992 年 12 月 21 日被撤销了投票权，但他在 12 月 30 日向仲裁庭提交的答辩书和反诉书中，仍然多处用美国 PH 来吓唬人，妄图再用其惯用的"中美关系""国际纠纷"之类的恫吓来影响仲裁庭的公正裁决。他的这种心理战术及伎俩，不但吓不倒 FJ 公司当事人，事实反而充分证明裹着虎皮吓人者，原来并非真虎，也不是虎的什么亲戚，其虎皮的确是"不足采信"的！更有趣的问题是，这个一直被他奉为神圣上司并被用来吓唬中国人的美国 PH，怎么一夜之间就变成与中方勾结并"不足采信"的了呢？

（三）本案申诉人 FJ 公司的合理合法的紧急请求应予支持

根据申诉人 FJ 公司目前已经发现的官方档案材料，结合一年多以来申诉人 FJ 公司亲身经历的惨痛教训（其中包括中科院 WG 研究所和 FJ 公司内部因受本案被诉人挑拨、收买而出现的混乱现象和分裂动向），申诉人 FJ 公司现在的综合感觉是：**当初一念之差，听信谎言，竟然"误住黑店""误搭贼船"，目前当务之急，就是马上离"店"！火速"下船"**！因此，申诉人 FJ 公司极其迫切、极其恳切地请求仲裁庭尽快依法、依约作出裁决，**火速解除《KP 合同》，彻底结束申诉人 FJ 公司与本案被诉人之间的合资关系**。具体而言，理由有：

1. LBO"国宝"仍然面临有朝一日被盗出国门的重大现实危险

就当前现状而言，根据 S 先生一手"安排"而由美方精心设计的上述"连环套"，现在虽已出现重大"裂痕"，但目前 KP 公司董事长一职仍由 S 先生所据；总经理虽已由申诉人 FJ 公司撤回原有推荐，但在本案被诉人"强力"支持下，伙同 HM 公司个别领导人，以非法的"**三结合**"方式，继续盗用早应依法自动解散的"KP 公司"名义，为所欲为（前述"强行迁址"事件就是典型事例之一），而其对申诉人 FJ 公司在国内原有晶体生产业务的破坏，对申诉人 FJ 公司在国际市场上原有销售网络的削弱，都使申诉人 FJ 公司遭受极其严重的经济损失。更有甚者，在现有的非法"三马驾车"体制下，他们仍大权在握，可以任意与新的外商订立类似的新"连环套"，并利用近来从中科院 WG 研究所以及 FJ 公司挖走的专业人员非法从事 LBO 专利产品的产、销，一俟时机成熟,就完全能够进一步把 LBO 专利国宝盗出国门。关于这一点,绝非申诉人 FJ 公司的杞人之忧或危言耸听,只要看一看那三份"连环套"证书和协议,就得知那个标明"Inc."字样的"KP 有限公司"与标明"Ltd."字样的另一个"KP 有限公司",法定地址都设在 S 先生的私宅之中,S 先生同时又是总部设在福州的第三个"KP 公司"的董事长,所以,只要他觉得有需要,**中科院 WG 研究所和申诉人 FJ 公司现在所持有的 LBO 专利"国宝",就可以在 A→B→C→D 的连续"接力"下,极其迅速地被盗出国门**。因为这种"接力"的最大特色是:可以在同一个房间内、以 5 分钟时间、把"接力棒"从本案被诉人的左手转交给右手,立即跑完"全过程"。因为,三个接力选手,都是同一个人——S 先生!不尽快结束这种局面,申诉人 FJ 公司以及任何有爱国心的中国公民岂能安心睡觉?

2. 申诉人 FJ 公司已绝对无法再与本案被诉人继续合作,《KP 合同》理应依法火速解除

自《KP 合同》签字以来,本案被诉人利用美商、港商的"优越"身份,凭借董事长这一职位,飞扬跋扈,"财大气粗",摆出一副颐指气使的架势,独断专行,遇有大事,往往撇开甲方(即申诉人 FJ 公司),既不商量,又不尊重甲方利益,从而使这一"合作"一开始就困难重重,极不愉快。例如,有关销售权提前转让、移交与否,总部设在香港与否,在美设分公司与否等一系列的争议均没有结果,于是本案被诉人一方面一再用资金拖延到位的手段,力图迫使申诉人 FJ 公司就范,另一方面又背着申诉人 FJ 公司,擅自准备迁址到上海、深圳,继而擅自决断改迁鼓山,发展到在第三次董事会上强行以 8∶1"通过"迁址决议,继而又在资金到位问题上,出尔反尔、自食其言于顷刻之间,此外,还根本背离 KP 组建初衷和经营宗旨,大谈发行股票及搞房地产的生意经[详见第三次董事会纪录(这份材料是由福建省科委主任吴×同志指定同单位的 L 同志在会议现场记录下来的,S 先生飞扬跋扈的突出形象跃然纸上、呼之欲出)]。加之,在此以后,申诉人 FJ 公司进一步查证出 S 先生的多方欺诈行为,其用心"良苦",FJ 公司稍有不慎,即可能陷入 S 先生精心设计的"陷阱"之中。鉴于上述种种,申诉人 FJ 公司实已无法再与本案被诉人"真诚""平等"地合作下去。俗话说:"捆绑不成夫妻",S 先生的种种作为已迫使申诉人 FJ 公司强烈要求尽早结束这种痛苦的"结合"。显而易见,《KP 合同》的解除在所难免、势在必行!

3. 申诉人 FJ 公司请求尽快先作"中间裁决"

申诉人 FJ 公司眼看自力苦心经营多年、颇具业绩的高科技晶体生产和销售业务,日复一日地遭严重削弱、破坏,并且面临彻底毁灭的现实危险,眼看中国国家权益日益大量流失,深为痛心疾首,"度日如年"。鉴于《中国国际经济仲裁委员会仲裁

规则》第 35 条中规定:必要时,可就案件的任何问题作出或中间裁决或部分裁决,鉴于我国《涉外经济合同法》第 34、35 条规定:合同解除后,既不影响当事人要求赔偿损失的权利,也不影响其中原有约定仲裁条款的继续有效,因此,申诉人 FJ 公司特此郑重请求:

(1) 如能在短期内将解除《KP 合同》问题连同支付违约金等问题作出一次性裁决,自是最佳选择。

(2) 如一并解决违约金等问题尚需较长时间,则请求仲裁庭专门针对解除《KP 合同》问题,尽速依法依约作出公正裁决,愈快愈好!

(3) 贵庭如果决定采纳上述第二方案,则违约金等问题可稍待一时,改日再行裁决。如确有必要,也可以另行开庭或另行立案,然后再作公正裁决。

(4) 针对本案被诉人提出的极其荒谬可笑的"反诉请求",申诉人 FJ 公司保留在适当时日予以坚决驳斥的全部权利,同时保留在适当时日要求本案被诉人进一步赔偿损失的全部权利,必要时,将向贵会另行提出仲裁申请。

〔为节省篇幅,本案代理词附件 23 种此处从略,存档备查。〕

FJ 技术开发公司
1993 年 4 月 14 日

五、关于《(1993)贸仲字第 3470 号裁决书》的法律意见书
—— 对本案裁决执法不公的批评、质疑和建议

(1993 年 11 月 5 日)

1993 年 10 月 15 日至 25 日,中国科学院 WG 研究所(以下简称"中科院 WG 研究所")所属 FJ 技术开发公司(以下简称"FJ 公司")的法定代表人 ZY 总经理、H 董事长、中科院 WG 研究所副研究员、FJ 公司仲裁代理人之一 L 君,先后通过长途电话和当面访谈,就《(93)贸仲字第 3470 号裁决书》(以下简称《裁决书》),向厦门市第二律师事务所兼职律师陈安教授提出了一系列具体问题,要求逐一作答,并出具正式法律意见书。

兹针对所提多项具体问题,分别提供法律意见如下:

(一) 关于《裁决书》的法律效力问题

问:《裁决书》于 1993 年 10 月 12 日寄达 FJ 公司后,舆论大哗,群情激愤,认为这一裁决有失公正。它曲解事实,偏袒本案被诉人(香港 PH 公司)串通香港中资(国

有)HM 公司个别主管人员、出具资信伪证、实行欺诈等不法行为。这种裁决,究竟有何法律效力?是否应当服从?

答:在一般正常情况下,仲裁裁决是终局的,对当事人有约束力。但是,在法律规定的某些反常情况下,受害的当事人不必要、不应当服从。相反,可以通过法定程序,提出抗辩,由人民法院作出裁定,不予执行。经法院裁定不予执行的仲裁裁决,就成为一纸空文,毫无法律约束力可言。

问:在这方面,我国法律有何具体规定?

答:《中华人民共和国民事诉讼法》第 217 条第 2 款明文规定:

受害的一方当事人"提出证据证明仲裁裁决有下列情形之一的,经人民法院组成合议庭审查核实,裁定不予执行:

(一)……

(二)……

(三)仲裁庭的组成或者仲庭程序违反法定程序;

(四)认定事实的主要证据不足的;

(五)适用法律确有错误的;

(六)仲裁员在仲裁该案时有贪污受贿,徇私舞弊,枉法裁决行为的;

人民法院认定执行该裁决违背社会公共利益的,裁定不予执行。"

本条规定适用于非涉外的仲裁裁决,即内国裁决。

同时,《民事诉讼法》第 260 条规定:对于中国涉外仲裁机构作出的裁决,**受害的一方当事人**提出证据证明在仲裁过程中由于不属于该当事人负责的原因**未能陈述意见**,或者**仲裁程序与仲裁规则不符**,经人民法院组成合议庭审查核实,应裁定不予执行。此外,人民法院认定执行该裁决是违背社会公共利益的,也应裁定不予执行。[1]

问:中国的《民事诉讼法》与中国涉外仲裁机构现行的《仲裁规则》,两者之间有何关系?

答:1988 年 6 月 21 日,国务院曾下达文件,明确指示:应当根据中国的法律和

---

〔1〕 1995 年 9 月 1 日开始施行的《中华人民共和国仲裁法》,增加了对某些仲裁裁决应予撤销的规定。其第 58 条规定了内国仲裁裁决的撤销条件:"当事人提出证据证明裁决有下列情形之一的,可以向仲裁委员会所在地的中级人民法院申请撤销裁决:(一)没有仲裁协议的;(二)裁决的事项不属于仲裁协议的范围或者仲裁委员会无权仲裁的;(三)仲裁庭的组成或者仲裁的程序违反法定程序的;(四)裁决所根据的证据是伪造的;(五)对方当事人隐瞒了足以影响公正裁决的证据的;(六)仲裁员在仲裁该案时有索贿受贿,徇私舞弊,枉法裁决行为的。人民法院经组成合议庭审查核实裁决有前款规定情形之一的,应当裁定撤销。人民法院认定该裁决违背社会公共利益的,应当裁决撤销。"同法第 70 条则规定了涉外仲裁裁决的撤销条件:"当事人提出证据证明涉外仲裁裁决有民事诉讼法第 260 条第 1 款规定的情形之一的,经人民法院组成合议庭审查核实,裁定撤销。"

中国缔结或参加的国际条约,修订当时原有的《仲裁规则》。据此,在运用同年 9 月颁行的《中国国际经济贸易仲裁委员会仲裁规则》时,即在仲裁过程中,显然必须遵守而不是违背《民事诉讼法》所明确规定的有关民事案件审理的基本法律原则和基本行为原则。诸如:应当以事实为根据,以法律为准绳;应当查明事实,分清是非,正确适用法律;应当保障当事人行使诉讼权利,保障当事人充分陈述意见;应当调查收集证据,按照法定程序全面地、客观地审查核实证据;证据应当在庭审中出示,并由当事人互相质证;知情人有义务出庭作证,审理人员应当让知情人出庭出证等(参见《民事诉讼法》第 2、8、64、66、70、124、260 条)。凡是**违反这些基本审理原则的仲裁裁决**,显然都是**违反仲裁程序**的,经法院审查核实,应裁决不予执行。

(二) 关于事实认定和仲裁程序问题

问:本案被诉人香港 PH 公司董事长 S 先生串通香港中资(国有)HM 公司副总经理 K,由后者在 1991 年 11 月 20 日以 HM 公司名义,盖上 HM 公章,出具书面伪证,证明香港 PH 公司"**注册资本 4000 万港元,拥有 40 多名专家……是一家实力雄厚的高科技公司**",导致 FJ 公司受骗上当,同意与香港 PH 公司组建合资公司。后来经 FJ 公司查证香港政府主管部门文档,得悉香港 PH 公司原来是一家"皮包公司",其注册资本只有 10 万港元。FJ 公司向仲裁庭早就提供了上述书面伪证复印件以及香港政府文档复印件,对 S、K 勾结实行欺诈的不法行径进行揭露,要求追究其法律责任。但两位仲裁员置之不理,却在《裁决书》中公然声称:"就本案被诉人资信而言,仲裁庭认为可以根据以下事实认定:……**合营公司一方的 HM 公司作为福建省驻外机构向中科院 WG 研究所提供的 S 先生信誉和财力的担保书中也证明了 PH 公司是一家实力雄厚的高科技公司。HM 公司副总经理代表 HM 公司作证声明,直至现今也完全信任并愿意作担保。**"请问:这样认定事实,对吗?

答:《裁决书》的这种裁判和认定,当然是错误的。因为:第一,HM 公司副总经理 K 理应知道外商在中国境内合资必须提供**银行担保**的法律规定,更不该随便出具伪证,这是应负法律责任的。第二,香港政府的公司注册文档证明香港 PH 公司注册资金只有 10 万港元,K 却吹嘘为 4000 万港元,这是明目张胆的欺骗!本案仲裁庭两名仲裁员,**把已有欺骗劣迹者所作的口头"担保"视为已经存在的客观事实,并引为经典**,据以断案,这是极其危险的!第三,1991 年 11 月 19 日 K 以 HM 公司名义盖公章出具的上述资信证明,题为《资信情况介绍》,毫无"担保"内容,《裁决书》称之为"担保书",任意拔高,可谓无中生有!

问:《裁决书》据以认定香港 PH 公司资信可靠的另一"证据"是:"香港 FY 律师

出具的见证书证明了香港财务公司贷款 350 万美元给香港 PH 公司,作为投资 KP 的资金。"这份"见证书",据悉是 HM 公司 K 所雇用的一位律师出具的。仲裁庭开庭时,**首席仲裁员 SQ** 不肯出示,不让申诉人 FJ 公司通读一遍即赶紧收藏,生怕申诉人 FJ 公司当庭对质戳穿真相。事后申诉人 FJ 公司多次打长途电话催寄这份"见证书"都横遭拒绝,始终讳莫如深。可是,如今却据以认定事实,裁断案件,请问,这样做,合理合法吗?

答:这是违反审理原则和法定程序的。《民事诉讼法》第 68 条规定:"证据应当在法庭上出示,并由当事人互相质证。"第 124 条进一步把"出示书证"作为庭审的必经程序之一。庭审中不认真出示,已属不当;庭审后经当事人一再请求出示,却横加拒绝,更属不当。从而令人有理由质疑:第一,这份书面"见证书"究竟有多少漏洞,是否经不起认真推敲,就会露馅?第二,所谓的"350 万美元"是否已经贷给了 PH 公司,抑或只不过是墙上画饼、空中皂泡?用不让当事人质证的"证据"认定事实、裁断案件,这是违反审理原则和法定程序的。

问:《裁决书》硬说:"申诉人 FJ 公司突然免去 T 教授中科院 WG 研究所副所长及 FJ 公司董事长职务","T 研究组及其成果是 FJ 公司成为合资企业技术投资的主要内容,T 教授的去留直接影响到合资一方——申诉人 FJ 公司的投资是否确实存在","申诉人 FJ 公司对晶体技术发明人的免职行为造成(本案被诉人)资金延迟到位"。这简直是信口开河!本来申诉人 FJ 公司乃是中科院 WG 研究所主管的一个下属单位,下属单位哪有权将顶头上司领导"免职"? 事实上,T 教授的免职是因任期届满、正常换班而由中国科学院决定的,岂能归责于 FJ 公司?

答:《裁决书》的这种判断,确属对科学院人事任免体制和有关权限的无知,以致严重背离事实。但更可笑的是对于专利权归属问题,竟然缺乏基本知识。按中国《专利法》规定:执行本单位的任务或利用本单位的物质条件所完成的技术发明,称为"职务发明"。国家各单位工作人员的"职务发明",其专利权属于全民所有,并归该单位持有;只有"非职务发明",其专利权才属于个人所有。本案申诉人 FJ 公司作价 515 万美元提供给 KP 合营公司的投资——BBO 和 LBO 晶体技术专利的使用权,其专利权属于国家,并归中科院 WG 研究所持有。作为此项科研发明群体中的成员之一,T 教授对此项专利既无持有权,更无所有权。即使 T 教授本人调离中科院 WG 研究所,国家对此项专利的所有权以及中科院 WG 研究所的持有权,也丝毫不受影响,在这项专利权有效期限 20 年届满以前,它是一直受到法律保护和继续"存在"的。断言 T **去留**直接影响到 FJ 公司投资的**存在**,显然违背中国专利法常识。

问：把 T 教授行政职务（副所长）的期满卸任、正常换届，曲解为 FJ 公司对其顶头上司行使"免职"权力，又把 T 教授的去留曲解为中科院 WG 研究所专利权存亡的前提，再进而据此指责 FJ 公司对 T 教授的"免职行为造成（本案被诉人）资金延迟到位"，要 FJ 公司承担责任，这究竟是出于知识的缺乏，还是出于有意偏袒？

答：二者必居其一，或者兼而有之。

问：本案被诉人香港 PH 公司的董事长 S 先生曾向美国 PH 公司董事长 Schiffer 保证：绝对有把握将中科院 WG 研究所所持有的并许可 FJ 公司使用的 BBO 和 LBO 晶体技术**专利权**及其在全球范围内的**销售权**（以下简称"**两权**"）弄到手，并转交给美国 PH 公司。其具体途径是：通过香港 PH、HM 公司、FJ 公司合资经营"福州 KP 公司"，作为掩人耳目的"中介"，在 KP 董事长 S 先生和副董事长 K 的联合操纵下，全盘转交给美国 PH 公司。Schiffer 等人信以为真，当即以价值 1600 万美元的美国 PH 公司股票（账面 800 万美元）送给 S 夫妇，以"换取"香港 PH 公司 44% 的股权（相当于 5641 美元），实际是一种无偿赠送，以换取日后的上述"两权"。这一事实，已明文记载于美国政府主管机构证券交易委员会（Securities Exchange Commission）定期发表的公报（SEC/10-K）中。申诉人 FJ 公司在委托美国律师深入调查文档之后，发现了这一铁证，已详细译成中文且连同原文复印件呈交本案仲裁庭，并反复要求彻底查清 S 先生盗卖中国 BBO、LBO 专利权的犯罪行为，但仲裁庭竟置之不理。庭审以后，美国 PH 公司因已支付价值 1600 万美元的股票给 S 先生，而 S 先生许诺的"两权"，却迟迟未能到手，发觉其中有诈，继又发现 S 先生竟盗用美国 PH 公司在港资金 135 万美元，充作香港 PH 公司向福州 KP 公司的投资，因而向香港法院起诉，控告 S 先生诈骗巨财和盗用巨款，并致函作为股东的 FJ 公司，要求立即退还或冻结 S 先生盗用并投入福州 KP 公司的美国资金。与此同时，美国 PH 公司董事长 Schiffer 又寄来大量的诉讼材料、证据和证词，将 S 先生设置的国际大骗局的真相和盘托出，并多次揭露他们所目击和知悉的有关 S 先生行贿、巨金收买的事实。他们还多次表示，愿意自费来华出庭宣誓作证。申诉人 FJ 公司收到这些与本案密切相关的来自美国知情人的揭发材料后，都一一及时转呈本案仲裁庭，要求迅速查核事实，立即解除因申诉人 FJ 公司受骗上当而与香港 PH 公司的合营关系，以免国家财产蒙受更大的损失。

可是，本案仲裁庭一概置之不理。如今，《裁决书》的托词是："本仲裁案审理期间，当事人向仲裁庭提交的有关香港 PH 公司与美国 PH 公司之间的诉讼材料及美国 PH 公司 Schiffer 等人的**证据材料**，不属本案仲裁庭管辖范围，对此，仲裁庭不予考虑。"请问：证据材料也有"**管辖范围**"吗？这种托词在法律上站得住脚吗？

答：《裁决书》上的这种说法是错误的，而且违反民事案件审理和仲裁程序最基本的原则："以事实为根据，以法律为准绳"。不审查核实一切证据，焉能客观地查清和认定事实？不查清事实，焉能正确适用法律？焉能公正断案？诚然，不同案件有不同的管辖范围，但是，既受理了某案，举凡与该案有关的一切证据材料，理所当然地就都属于受理该案的机构的管辖范围，岂能推诿搪塞，拒不查核？既不肯定，也不否定，"不管"了事，这至少是不负责任、有亏职守的。

问：《裁决书》认为："美国 PH 公司 Schiffer 等人是利害关系人，他们提供的材料，不能作证据，仲裁庭不予考虑。"请问：这种说法有法律根据吗？

答：不但没有法律根据，而且违反法定程序。

在案件审理的法定程序规则中，只是禁止与本案有利害关系的当事人或第三人担任审判员或仲裁员，却从不禁止知情的利害关系人提供证词、证据和出庭作证。恰恰相反，法律是鼓励一切人，包括知情的利害关系人提供证据的。因为第一，对一切证据进行审查核实，大有助于弄清真相，正确地认定事实。法律要求案件审理人员**"按照法律程序，全面地、客观地审查核实证据"**（《民事诉讼法》第 64 条），其中理所当然地也包括审查核实案件利害关系人提供的证据、证言。经过审查核实，只要它确实符合客观情况，确能证明事物的真相，就应加以采纳，并据以认定事实。反之，如果仅仅因为提供证据者是利害关系人，就"因人废言"，对有关的大量证据、证言不作任何分析、审查和核实，盲目地加以一概排斥，"不予考虑"，则闭目塞听，焉能公正断案？第二，在实际生活中经常出现这种事例：原先合作共事、共同谋取某项利益的当事人，事后发生利害矛盾，成为利害关系人，此时的利害关系人应当是对当初共谋阶段的实况和内幕最为权威的知情人。鲁迅所称**"因为从旧垒中来，情形看得较为分明，反戈一击，易制强敌于死命"**，这显然是社会生活经验的科学总结。美国 PH 公司 Schiffer 等人当初与港商 S 先生共同谋取中国的 BBO、LBO 专利权，如今前者发觉受后者诈骗，恍然大悟，因而"反戈一击"，将当初共谋真相和盘托出，这是大有益于澄清事实，戳穿国际大骗局的。对这样的外国利害关系人提供的、有利于保护中国国家财产的证据和证言，岂能不分青红皂白，盲目排斥？

特别应当强调的是：美商 Schiffer 从福州 KP 合营公司成立之初，就一直是这家公司的董事之一。从这个意义上说，他应当也是 KP 合营纠纷案件即本仲裁案件的当事人之一。对当事人之一提供的证言和证据，竟然不加分析，既不肯定，也不否定，而只是武断地"不予考虑"，这显然是极端不负责任的，也是严重违反法定审理程序的。

问：《裁决书》断言："关于各方出资，事实上各方当事人三次董事会本着互谅精神并根据合资公司当时发展情况已协商一致,作出了适当变更。"其主要依据,就是 1992 年 8 月 17 日 FJ 公司董事长 H 致 S 先生函件中未提到资金到位问题,硬说"申诉人 FJ 公司对于董事会关于变更资金到位日期毫无异议。据此,仲裁庭可以认定这是合资当事人对原合同关于资金到位时间的修改。"

这种断言严重地歪曲了事实。因为:第一,1992 年 8 月 8 日召开的 KP 公司的第三次董事会上,因 KP 董事长 S 先生勾结副董事长 K,妄图篡改合营公司的开发高科技产品的经营宗旨和方向,强要迁址搞土地投机,遭到中方代表 FJ 公司董事长(KP 副董事长)的坚决抵制,会上爆发了激烈争吵,不欢而散,根本没有形成任何董事会决定。事后,S、K 勾结炮制了一份所谓"第三次董事会纪要",H 拒不签字。按照《KP 合同》和《章程》的规定,此等重大事宜,必须经董事会全体成员一致通过,才能作出决定,因此,由 S 先生、K 先生勾结炮制,而 H 拒不签字的上述"第三次董事会纪要"是根本无效的,怎能把这种根本无效的"纪要"强加于 FJ 公司? 更怎能凭以认定事实和处断案件? 第二,福州 KP 公司第三次董事会上的记录人员 L 同志对会上的激烈争吵过程,是目击者。本案开庭前,他已抵达北京,并愿出庭作证,却横遭仲裁庭拒绝。第三,《裁决书》对 1992 年 8 月 17 日的函件内容,采取了"阉割"前提的手法,作了断章取义的曲解,任意删节,不敢全句整段地引述。第四,对于 FJ 公司前任董事长于 1992 年 6 月 29 日、7 月 6 日、7 月 24 日、7 月 28 日、7 月 29 日先后连续多次致函 S 先生严词谴责其背信违约、催促资金到位的"最后通牒"式的函件,却熟视无睹,全然不顾,硬说什么合资各方对于 S 先生资金严重延迟到位已经"协商一致",仲裁员能采取这种孤立、片面的手法来采证和断案吗?

答:这种采证方法和论证方法,诸如孤立、片面、主观臆断、任意阉割……的做法和看法,都是严重违反法定程序的。前面已经提到:民事案件的审理人员,务必"按照法定程序,全面地、客观地审查核实证据";而且应当鼓励和支持一切知情人出庭作证,这是中国《民事诉讼法》规定的基本审理原则(第 64、70 条)。本案仲裁庭对于当事人已经呈交的各种证据,只是**片面地、主观地**查核,即只采用(而且是断章取义地采用)其中的一项,而把其他多项完全相反的证据,盲目排斥或弃置不理;知情人已经到庭且愿意出庭作证,却横遭拒绝,这都是背离了上述基本审理原则的错误做法。这种程序上的错误,势必导致事实认定上的错误以及法律适用上的错误。因此,按照错误程序作出的裁决书,势必不只是**程序上**的违法,而且会造成**实体上**的违法。

(三) 关于仲裁程序的其他问题

问:我们最近再次认真研究了《仲裁规则》,得知其第 32 条明文规定"仲裁庭应当在案件审理终结之日起 45 天内作出仲裁裁决书"。本案虽经申诉人 FJ 公司多次催促从速处理,以免给国家财产造成更大损失,但主办人不理不睬,久拖不决,也**从未通知申诉人 FJ 公司何时是"审理终结之日"**,继而又以"迅雷不及掩耳"的手法,**突然下达了《裁决书》**。这样做,符合上述程序规定吗?

答:当然不符合规定。

问:申诉人 FJ 公司鉴于上次庭审后陆续发现了许多新的事实、新的证据材料,认为很有必要再次开庭彻底查清本案真相,作出公正裁决,为此,曾于 1993 年 10 月 2 日通过传真件向仲委会秘书处和仲裁庭正式提交重新开庭的申请书,按常规,当天即可收到,随后又通过特快专递邮寄了此项申请书,按常规,这份申请书至迟应在 10 月 4 日前收到,但都被置之不理。另一方面,本案仲裁庭却在 1993 年 10 月 11 日,即在收到申诉人 FJ 公司的**上述传真申请书和邮寄申请书之后一个多星期,下达《裁决书》**,从而剥夺了申诉人 FJ 公司进一步充分陈述意见的神圣权利和应有机会。这不是更为严重的违反法定程序吗?

答:确属严重违反民事案件审理的基本原则。审理人员有义务保障当事人行使申诉权利,保证当事人有充分陈述意见的机会,重视当事人提供的新事实和新证据,这都是见之于《民事诉讼法》明文规定的(见第 2、8、64、66、70、124、217、260 条)。本案仲裁庭**事先从未通知当事人"审理终结之日"**,又在《裁决书》正式下达之前一个多星期就已收到申诉人 FJ 公司关于重新开庭的正式申请,不作任何审议和答复,却**"抓紧时间",匆忙下达《裁决书》**,这显然是**违反法定程序的**,也是很不正常的。对此,申诉人 FJ 公司当然有权提出抗议,并且为维护自己的法定申诉权,向有关主管机关提出新的申请。

(四)关于法律适用问题

问:申诉人 FJ 公司早在 1992 年 11 月呈交的《仲裁申请书》中即已提出明确主张:本案被诉人在合资公司领取营业执照后 6 个多月资金不到位,不但严重违约,而且严重违反了有关法规的明确规定,必须承担法律后果。《裁决书》面对无法否认的铁的事实,虽也认定"本案合资公司于 1992 年 1 月 29 日领取营业执照,第一期出资额 150 万美元应于 4 月 29 日到位,但只于 3 月 4 日到位 15 万美元,8 月 22 日本案被诉人第一期资金 150 万美元才全部到位。从时间上看,本案被诉人在资金到位上确实存在着**违约问题**",但对于资金到位上的**违法**问题及其法律后果,《裁决书》为什么完全避而不谈?

答:不敢正视有关法律、法规的明文规定,规避适用有关的法律、法规,这是《民事诉讼法》中多次批评的"**适用法律确有错误**"的一种表现形式。凡属适用法律确有错误的判决或内国裁决，即使已经"定案"，也应通过法定程序，予以否定，或裁决不予执行。(见《民事诉讼法》第 179、185、217 条)

《各方出资的若干规定》明文强调：合营各方不按法定期限在营业执照签发之日起 3 个月内缴清分期出资的定额，即"视同合营企业**自动解散**，合营企业批准书**自动失效**，合营企业应当向工商行政管理机关办理注销登记手续，缴销营业执照。"第 7 条进一步规定：合营一方未按合同规定如期缴付出资，经守约方催告而逾期仍不缴付的，"视同违约方放弃合营合同中的一切权力，自动退出合营企业"。这三个"**自动**"，综合地规定了和强调了违反法定期限、逾期拒不缴资的**法律后果**。这显然是法律上的强制性规定，当事人对此并无自由选择的余地，仲裁员更没有任意规避法律强制规定的权力。《裁决书》面对这种强制性的法律规定，噤若寒蝉，不置一词，足见其不无胆怯心虚！也足见其适用法律上的明显不当和确有错误。

问：首席仲裁员 SQ 在庭审休息期间，曾对申诉人 FJ 公司 ZY 等人发问："你们见过国家科委××同志对中科院 WG 研究所问题的批示吗？""你们要求解除与港商 S 先生的合资关系，这事，HM 公司能同意吗？福建省委能同意吗？你们认真考虑过没有？"当时有多人在场，听后觉得很不是滋味。事后经过查对，迄今未见哪位国家科委负责人对本案有任何"批示"，也从未听说福建省委对本案申诉人 FJ 公司要求解除与港商 S 先生合资关系有任何不同意的意见或"指示"。我们认为，退一万步说，即使有过什么"批示"或"指示"，首席仲裁员为何不明确告诉申诉人 FJ 公司？尤其令人不解的是：他是从哪里得知这种"批示"或"指示"的？这"批示"和"指示"是否某个对方当事人**伪造**的或**伪传**的？

答：正直的、奉公守法的仲裁员在审理案件过程中，应当严格遵循"以事实为根据，以法律为准绳"的基本原则。**任何"批示"或"指示"，都不可能取代法律或凌驾于法律之上**，这是《宪法》第 5 条明文规定的。如果是伪造、伪传什么"批示""指示"，则伪造、伪传者固应承担责任，误信传言、以讹传讹或据此办事，也不是全无责任。在这方面，申诉人 FJ 公司可以列举事实，请求主管机关查明真相和"消息来源"。

问：我们现在总的看法是：本案的仲裁过程和《裁决书》本身，在仲裁程序、事实认定、法律适用、裁决内容等方面，都存在着颇为严重的问题和错误。我们的法律意识提醒我们自己：对于这样的歪曲事实、曲解法律、袒护欺诈和纵容伪证的有失公正的裁决，我们应当怎么办？

答：应当严格依法办事，依法提出抗辩，以保护自己的合法权益，保护国家财产。

具体说来：第一，通过法定程序，请求法院裁定不予执行；第二，向中国国际经济贸易仲裁委员会反映上述情况和提出新的请求。

中国国际经济贸易仲裁委员会作为一个**整体**，在中国国内和国际上都享有**盛誉**。这种盛誉，并不能保证每个仲裁员、每份裁决书都能绝对严格依法秉公断案。因此，纵有个别仲裁员或个别仲裁书断案不公，也无损于仲裁委员会整体的公正形象。仲裁委员会领导人对于来自当事人的不平之鸣和据实举报，历来是**认真倾听**和**严肃清查**的，这也**正是这个仲裁机构素来享有盛誉的重要基础之一**。对于这一点，应当抱有信心。

厦门市第二律师事务所兼职律师

厦门大学法学教授 陈安

1993 年 11 月 5 日

第10章 论涉外仲裁个案中的越权管辖、越权解释、草率断结和有欠透明

——CIETAC 2001—2002年个案*评析

>> 内容提要

中国国际经济贸易仲裁委员会(CIETAC)组建以来,以其断案之公正、公平,在国际上享有盛誉,广受中外当事人信赖。但是其中个别案件的裁断,在实体内容以及程序操作上存在着不合法、不规范的缺失,出现了越权管辖、越权解释、草率断结和有欠透明等重大问题。其客观后果不但株连无辜的第三人,充当替罪羔羊,无端"挨宰"6000余万元巨款,而且实际上是掩盖了、纵容了地方行政官员涉嫌严重违法施政的行为,从而在相当程度上损害到CIETAC断案公正公平的传统光辉形象。笔者谨以CIETAC"诤友"身份,撰写此文,坦诚陈言,以期引起有关方面注意,并通过学术争鸣,共同提高认识。

1995年12月,外商P公司与中国A市(县级)X水电站签订合同,组建中外合资X水电公司,投资总额达2.1亿元人民币。A市的Y电力总站(甲方)奉市政府首长之命,与中外合资的X水电公司(乙方)签订《电量购销合同》,约定由甲方包销乙方所产全部电量每年1.2亿千瓦时以上,此数远远超过甲方当时购电后的"消化"能力,致甲方长期积欠乙方电价款。1998年5月,A市Y电力总站(甲方)奉行政主管之命注销,转化成为D市(地区级)L水电总公司下属的一家分公司(非独立法人)。乙方遂转换索债目标,改向L水电总公司索偿巨债近亿元。L水电总公司认为自己从来就不是本案涉讼合同的当事人,与该合同电价争端原本毫无关系,现在却因A、D两

---

* 本案编号为"DG20010277",CIETAC组庭受理于2001年10月16日,裁决于2002年7月10日。裁决书编号为"(2002)贸仲裁字第0198号"。本文依据本案案卷文档写成。引文中的强调是引者所加。有关文档可依有关法定程序向CIETAC有关部门请求查索阅读。参照CIETAC公开发表裁决书的通常做法,本文隐去了当事人、仲裁员、涉案人员及涉案地点等真实的公司名、人名和地名,而以英文字母取代。参见中国国际经济贸易仲裁委员会编:《中国国际经济贸易仲裁裁决书选编(1963—1988)》,中国人民大学出版社1993年版,前言。

级市政府官员的行政失误以及乙方刻意利用这种行政失误,使 L 水电总公司成为无辜"挨宰"的替罪羔羊,因此,断然拒绝乙方的索债要求。乙方遂于 2001 年 10 月依据《电量购销合同》中的仲裁条款,以 L 水电总公司为被请求人(债务人),将争端提交 CIETAC 请求仲裁。

本案仲裁庭依法组建后,经过两度开庭听审。首席仲裁员 G 在 2002 年 4 月拟出《裁决书一稿》,提交讨论,其中认定:本案争议是 A 市和 D 市两级政府一系列行政行为造成的后果,依据中国现行法律,已超出 CIETAC 和本仲裁庭的管辖范围,因此,应当依法驳回中外合资 X 水电公司的仲裁申请。

本案仲裁庭成员 T 收阅《裁决书一稿》后,提出了与 G 相反的意见。笔者作为本案仲裁庭的第三位成员,在仔细研读 G、T 两位的相反意见后,向 CIETAC 书面表达了自己的看法:完全赞同 G 的意见,不赞同 T 的见解。至此,本案仲裁庭已形成"2∶1"的多数,主张驳回申请人 X 合资公司的仲裁申请。但不知出于何种原因,本案却于 2002 年 6 月 7 日被提交 CIETAC"专家咨询委员会"进行咨询。"专家咨询委员会"若干成员事先未仔细阅读案件文档,经 45 分钟短促讨论,泛泛而谈,认为本案仲裁庭应当受理本案并作出实质裁决,不宜驳回仲裁申请。按规定,此项咨询意见仅供参考,并无约束力。2002 年 6 月 30 日,本案首席仲裁员 G 写成《裁决书二稿》,其中案情事实认定完全照旧,但裁决却发生 180 度的"质变":裁令与本案涉讼合同原本毫无法律关系的 L 电力总公司向 X 合资公司(涉讼合同的乙方)支付巨额欠款 6400 余万元。针对这份《裁决书二稿》,笔者迅即提出正式的《异议意见书》,提出大量法律疑窦,建议在审限内认真查核受害当事人最新举报的重要证据,彻底查清本案中政府官员涉嫌严重违法施政的有关情节,以免 CIETAC 越权管辖和错误裁决。但此项《异议意见书》竟被搁置不理。《裁决书二稿》以与《裁决书一稿》完全相反的"2∶1"多数,迅即作为正式终局裁决书草率签发。笔者曾要求按国际上通行的做法和 CIETAC 的有关先例,把本庭居于少数地位的仲裁员提供的《异议意见书》,附在本案终局裁决书之后,由 CIETAC 同时送达给双方当事人,实行"阳光断案",借以切实维护断案之透明、公开、公平,接受社会公众之监督,杜绝任何"暗箱作业"之弊端。此项合理建议,竟然又被置之不理。

本案 2002 年 7 月 10 日终局裁决书正式下达之后,原与涉讼合同(《电量购销合同》)毫不相干、纯属无辜的第三人即 L 水电总公司,竟被裁令充当替罪羔羊,"挨宰"巨款,致使当地舆论大哗,群情激愤,酝酿"闹事"。经当地政府主管官员反复进行行政协调,矛盾才未进一步激化,各方终于在当地政府主持下商定:仍由原涉讼合同甲方(即 A 市 Y 电力总站)向银行贷款 2000 万元人民币,一次性地向原涉讼合同乙方

(即 X 合资公司)清偿积欠电费,了结多年纷争。至此,L 水电总公司总算从本案错误裁决的"利刃"之下解脱出来,幸免于无辜被"宰"之难。此番因政府主管官员行政行为失误引发而缠讼多年的《电量购销合同》争端,终又通过政府主管官员的行政行为而解决了矛盾。这一结局,以事实有力地印证了笔者当初在《异议意见书》中所剖析判断的"解铃还需系铃人",也印证了本案裁决书越权管辖裁断与越权代庖解释之"徒劳"与不当!

目 次

小引

一、本案案情梗概

二、本案裁决书"仲裁庭意见"一稿与二稿的径庭与突变

 (一)"仲裁庭意见"一稿——原有的 2∶1

 (二)专家咨询会议的短促评议及其可商榷之处

 (三)"仲裁庭意见"二稿——反向的 2∶1

三、本案裁决中的越权管辖裁断和越权代庖解释

 (一)关于越权管辖裁断

 (二)关于越权代庖解释

 (三)关于防止越权管辖和越权解释的几点建议

四、本案仲裁后期的草率断结和断结后的有欠透明

 (一)后期的草率断结及其负面后果

 (二)草率断结后的有欠透明及其负面后果

五、几项寄语

 (一)更完善地发挥所设"专家咨询委员会"的功能与作用

 (二)更充分地发挥常设"仲裁研究所"的功能与作用

 (三)更慎重地选择每案的首席仲裁员

 (四)澄清和修订 CIETAC 现行《仲裁规则》第 54 条

六、尾声

小 引

中国国际经济贸易仲裁委员会(CIETAC)及其前身自 20 世纪 50 年代中期组建

成立以来,迄今将近五十年。近五十年来,从总体上说,CIETAC 以其断案之公正、公平、独立不阿和祛邪扶正,在国际社会中享有盛誉,广受当事人信任和信赖,近年来其受案数量已跃居全球同类仲裁机构的最前列。这是全体中国人特别是中国仲裁界引为自豪和倍加珍惜的。CIETAC 在长达半个世纪的漫长岁月中,之所以能持续地保持蒸蒸日上、欣欣向荣的势头,日益走向真正的现代化和国际化,其关键之一,就在于它一向善于不断地发扬自身的上述优良传统,不断地总结经验教训,不断地倾听社会各界提出来的诤言、从善如流和排除负面因素;简言之,就在于它始终坚持"**与时俱进**"!

在这方面,其最新例证之一,就是 CIETAC 现任主要领导人最近在一次仲裁员研讨会上的重要发言。他提醒大家:近年来我国的仲裁事业不断发展,在经济领域和法制建设中起着重大作用;与此同时,各方面对仲裁工作的要求也更高了,国内外同行之间的竞争也随之加剧。"我们对这个形势应有一个清醒的认识,必须以与时俱进的精神状态,不断开拓仲裁工作的新局面。"为此目的,他特别强调仲裁人员应当"**忠于职守,廉政仲裁**",明确指出:"我们仲裁工作的开展不是处在真空,我们的仲裁员不是生活在世外桃源。……**近年来,社会各界从不同渠道反映仲裁存在的问题,仲裁员的问题呈上升趋势。我们对此问题不能书生气十足,不能麻痹。要正面地、严肃地提出,必须注意这个问题,敲响警钟。我们在仲裁工作中要理直气壮地倡廉反腐,树立仲裁事业的高尚职业道德。**"〔1〕

这篇重要发言的特点,在于既充分肯定成绩,又明确揭示问题;特别是对于来自社会各界的有关 CIETAC 的诤言,**不回避,不"讳疾",不"护短"**,敢于面对和正视现实,有的放矢,语重心长地敲响了警钟,振聋发聩,体现了领导人应有的**眼光、胸怀和气魄**。

笔者忝列 CIETAC 仲裁员队伍,作为其中普通一兵,既因 CIETAC 之享誉全球和蒸蒸日上,分享到一份自豪;也深感有一份责任:作为 CIETAC 的诤友,对其个案中可能存在的不足和缺失,理应就个人所知、所感,直抒胸臆,坦诚陈言,加以评析,以期引起有关方面注意,并通过学术探讨和学术争鸣,集思广益,共同求得真知,提高认识。

在 2001—2002 年 CIETAC 受理的某件涉外合同纠纷大案中,笔者作为该案仲裁庭的成员之一,深感其终局裁决(以 2∶1 多数通过),在实体内容以及程序操作上

---

〔1〕 刘文杰(中国贸促会副会长、中国国际经济贸易仲裁委员会副主任):《努力提高仲裁质量,创造仲裁工作新局面——在 CIETAC 部分仲裁员研讨会上的发言》(本章引文中的强调均是引者所加,下同),载《中国对外贸易(中国仲裁)》2002 年第 12 期,第 6—7 页。

存在着不合法、不规范的缺失,主要表现在其中出现了不应出现的**越权管辖、越权解释、草率断结和有欠透明**等重大问题。其客观后果不但任意**株连**与原合同纠纷全然无关因而全然无辜的第三人,充当**替罪羔羊**,使其无端"挨宰"人民币**6478**万余元巨款,而且实际上是**掩盖**了、纵容了地方**行政官员**涉嫌严重违法施政的行为,从而在相当程度上**损害**到 CIETAC 断案公正公平的**传统光辉形象**。不能不令人感到十分遗憾和惋惜。本文拟在简介本案梗概的基础上,对上述四个方面的缺失和问题,逐一加以剖析。

一、本案案情梗概

1995 年 12 月 12 日,外商 P 公司与 A 市 X 水电站签订中外合资成立 A 市 X 水力发电有限公司(以下简称"X 合资公司")合同书(以下简称《合资合同》)。P 公司出资 55%,计 655 万美元,A 市 X 水电站出资 45%。合资公司投资总额约 2.1 亿元人民币。合资公司营业执照的颁发日期是 1995 年 12 月 27 日。

《合资合同》第 10 条规定:"合营公司与 A 市 Y 电力总站签订'X 水电站电量购销合同',A 市 Y 电力总站[以下简称"Y 电力总站"]必须购买合营公司经营的水电厂[即中外合资扩建后的原 X 水电站]所有可输送的电量,年均购买不少于 12,000 万千瓦电量,电量购销合同必须在申请营业执照以前完成。"

据此,X 合资公司作为乙方与作为甲方的 Y 电力总站[2]在 A 市签订了关于 X 水电站电量购销事宜的《**电量购销合同**》。该合同的主要内容如下:

合同第 2 条"购售电量"第 2 款约定:"乙方年上网电量约为 12,000 万千瓦时,自 1998 年 1 月 1 日起,由甲方包销;若乙方水量足够而机组又能生产电量超过该年 12,000 万千瓦时,甲方应全部购买多余电量。水电站在 1996 年底正式投产后,在 1997 年间由甲方负责包销 9000 万千瓦时"。第 2 条第 3 款约定:"若乙方能够按发电计划生产电力,而因甲方购买不足造成乙方弃水而损失的电量,则甲方仍然要按第 4 条所述基本电价……向乙方支付费用……"

合同第 3 条"电量计量"第 1 款约定:"X 水电站向电网售电的计量点设在 Y 电力总站 B 变电所 110 千伏侧,乙方于计量点装两块计量电度表。甲方每月月终抄表壹次,乙方可派员在场见证"。

---

[2] A 市是 J 省山区的一个县级市,其下属的国有企业 Y 电力总站是依法成立的一个有限责任企业法人,其注册资金仅为人民币 252 万元。

合同第 4 条"电价、电费"第 1 款约定："上网电价为人民币 0.40 元/千瓦时。该电价由基本费用、生产费用和税项所组成"。第 4 条第 3 款约定另收"专项还贷基金"0.05 元/千瓦时，"并入电费计算"。

合同第 9 条"管辖法律及争议解决"第 2 款约定："在执行本合同过程中发生的任何争议应通过友好协商解决，……如协商在 30 天内不能解决，争议将提交中国国际经济贸易仲裁委员会依照该会程序进行仲裁"。

合同第 12 条"政府有关部门的支持"约定："甲方须取得下列文件：(1) A 市人民政府，D 地区行政公署[3]支持甲方履行包销电量的条款，并承诺批准此电量在其管辖范围内销售。(2) A 市物价委员会批准本合同的电价计算方案。"

这份《电量购销合同》，即本案的涉讼合同，乃是由 A 市主管引进外资的 S 副市长一手主持操办的。作为合同甲方的 A 市 Y 电力总站，其法定代表人王树吉(已隐去真名，下同)站长，根本"无权"，也从来未曾直接参加与外商谈判和共同议定合同的具体条款，所有条款均由 P 外商及其主持下的 X 合资公司单方拟定，再由 S 副市长指令王树吉站长到"引资大会"上代表 Y 电力总站在该合同上签署盖章。王站长因迄未参加谈判拟约事宜不明条款具体规定，心存疑虑而不愿到会贸然签署，S 副市长声称：此次引资是重大"政治任务"，"你王树吉不签，我可叫张树吉、李树吉签字，你这站长就不用再当了。"面临被撤职罢官的现实风险和胁迫，王站长不得不依上级指令在该合同上签署盖章。对此有关情节，王树吉本人出具了书面证言。其他知情者也在庭审中作了类似陈述。

1996 年 1 月 3 日和 1 月 10 日，A 市人民政府和市物价委员会分别向本案申请人即 X 合资公司下发文件，表示 1996 年每千瓦时上网电价暂定 0.40 元人民币，待电站竣工投产发电后再按上级有关文件规定和发电成本重新核定。

1996 年 1 月 25 日，A 市人民政府向 X 合资公司下发文件，决定自该公司经营的 X 水电站投产之日起，对全市的所有用电按每 0.05 元/千瓦时标准征收前述"专项还贷基金"，用于偿还 X 水电站的各项投资借款，直到还清为止。

1997 年 1 月 21 日，D 地区物价委员会向 A 市物价委员会下发了 **D 地价商〔1997〕014 号"批复"文件**〔以下简称**"D 地价〔97〕14 号文"**〕，同意 A 市人民政府的审议意见，即 1997 年 X 水电站上网电价执行 0.48 元/千瓦时。A 市物价委员会向 X 合资公司转发了 D 地价〔97〕14 号文，确定从 1997 年 4 月 1 日起 X 水电站上网电价执行 0.48 元/千瓦时。

---

〔3〕 A 市是 J 省"D 地区行署"下属的一个县级市，"D 地区行署"改制为"D 市"后，A 市属于 D 市(地级市)管辖。

1997年5月15日，D地区物价委员会向D地区电力公司下发了**D地价商〔1997〕078号文件**《关于调整D地区电力公司售电价格的批复》[以下简称"**D地价〔97〕78号文**"]。根据该文件批复，D地区电力公司代购代销A市电峰谷电价平均0.24元/千瓦时。

1997年5月20日，A市Y电力总站致函X合资公司要求缓交部分电费称："近几月来，我站无法全部消化贵公司所发出的电量，截至4月，尚有520多万KWH〔千瓦时〕电送往D地区电网，且因上D地区电网每度只有0.25元，与贵公司上网电价每度0.48元悬殊太大，我站难予〔以〕承受。经协商，D地区电力公司同意上述电量暂寄存他处，待今后与我站用电互抵，时间可限到9月底止。由于我站目前资金周转困难，一时无法付清这部分电费，为此，要求贵公司体谅我站困难，同意上属〔述〕这部分电量的电费给予延迟到10月底交清，请支持并示复。"

1997年8月12日，D地区行政公署向所属各县、市下发D署传〔1997〕18号文件《D地区行政公署关于将D等八县、市国有电力企业划入L水电开发总公司[4]统一经营的通知》[以下简称"D地署〔97〕18号文"]，该通知称："为贯彻实施省委、省政府关于组建'大集团、大公司'的发展战略……实现我区经济增长方式的转变，提高国有资产营运效率，经研究将区内八县(市)的国有电力企业[含A市Y电力总站等]划归地属L水电开发总公司，其资产和人员全部由L水电开发总公司代表地区统一经营管理。划归后，其债权、债务均由L水电开发总公司[以下简称"L水电总公司"]承担。"同年年底，D地区行署又下达了D署〔1997〕综268号文件[以下简称"〔97〕268号文"]，催办有关人事和资产正式移交事宜。

D地区行署采取此种行政措施实行所辖电力公司"大改组"的宗旨，在于另行组建一个"大型股份有限公司"——"**N电力股份有限公司**"，使其股票得以"包装"上市，**从而征集大量资金**。

1998年5月19日，A市Y电力总站被工商局注销。同时，其"后继"单位"L水电开发总公司A市分公司"奉命成立。

X合资公司自1997年4月至1998年7月，向A市Y电力总站多次发函催收部分积欠电费；自1998年8月至2001年8月，**转换索债目标**，改向L水电总公司多次发函催收积欠电费，连同"滞纳金"(利息)，索债总额累计高达人民币9866万余元。

---

〔4〕 L水电开发总公司是J省D地区行署(其后改制为D市，为"地级市")下属的国有企业，其注册资金高达人民币26,468万元，约相当于A市Y电力总站注册资金(252万元)的105倍。

L 水电总公司认为自己从来就不是本案涉讼合同[5]的当事人,与该合同电价争端原本毫无关系,现在却因 D 市政府官员的行政失误和 X 合资公司恶意利用这种行政失误转换索债对象,致使纯属无辜的 L 水电总公司充当替罪羔羊,实属冤枉之极,因而坚决不愿无端"挨宰"受害。于是电价争端日益激化。

1998 年 5 月 8 日,D 地区行政公署召开专题会议,力图通过新的行政"协调",解决 X 合资公司与 Y 电力总站以及 L 水电总公司之间的债务纠纷,随即形成专题《会议纪要》。但贯彻不力,纠纷迄未解决。

…………

2000 年 8 月,D 地区行署官员主持组建的 **N 电力股份有限公司**,**上市成功**,销售了数量巨大的股票,从股市上征集了数额巨大的新资金。

2001 年 4 月 10 日,J 省物价局向 D 市(原地区行署)及所辖各县[市、区]物价委下发了 J 价〔2001〕商字 114 号文件[以下简称"省局〔01〕114 号文"],其中将 X 水电站上网电价下调到 0.388 元/千瓦时。

2001 年 4 月 20 日,D 市(即原 D 地区行署改制后成为 D 市)财政局和 D 市国有资产管理局联合给所辖新组建的 N 电力股份有限公司下发 D 国资〔2001〕031 号文件《关于变更国有股权管理的通知》[以下简称"D 国资〔01〕31 号文"]。该文称:"经研究决定,由 D 市国有资产管理局持有的 N 电力股份有限公司**国家股 19847 万股,原委托 L 水电开发总公司管理**,从 2001 年 1 月起[改为]委托 D 地区**国有资产投资经营有限公司管理**,请尽快办理交接手续。"

2001 年 8 月 6 日,D 市人民政府给各县(市、区)人民政府下发 D 政〔2001〕145 号文件《D 市人民政府关于将 L 水电开发总公司八县[市、区]分公司下放管理的通知》[以下简称"D 政〔01〕145 号文"]。该文件称,1996 年为了 N 电力股份有限公司股票上市,原 D 地区行署曾将所辖八县市国有电力企业划入 L 水电总公司统一经营管理。**实际运作只将发电部分资产和相应负债剥离出来,组建 N 电力股份有限公司**。现"N 电力"股票已成功上市一年,N 电力股份有限公司生产经营已步入正轨。为了进一步推进电力体制改革……经研究决定将 L 水电总公司各县(市、区)分公司(包括发电存续公司)**下放给相应县(市、区)**。即原各县(市、区)电力企业,**除进入 N 电力股份公司的资产**、负债和人员外,其余资产、负债和人员**全部下放给相应县**(市、区)。

总之,X 合资公司所经营的 X 水电站自从 1997 年初正式投产发电上网以来,电

---

[5] 即前述 1995 年 12 月 Y 电力总站屈从 A 市政府官员行政命令而被迫与 X 合资公司签订的《电量购销合同》。

价争端问题始终没有得到解决。X 合资公司遂以 D 市政府（即原 D 地区行署）所辖的国有公司——L 水电总公司作为索赔对象（被申请人），于 2001 年 8 月 29 日向 CIETAC 提出了仲裁申请。

由于本案双方各自提出了关于确定 X 水电站电价的政府文件，2001 年 12 月 30 日，被申请人 L 水电总公司致函 J 省 D 市（即原 D 地区行署）物价委员会，请求对 X 水电站上网电价适用有关文件进行解释。

2001 年 12 月 31 日，D 市物价委员会以 **D 价商（2001）144 号文件**下发给被申请人《关于 X 水电站上 D 市网[地网]电量电价问题的批复》[以下简称"**D 价〔01〕144 号文**"]。该批复表示：

一、我委上报 J 省物价局《关于转报 D 市调整分类综合电价的请示》[D 价商〔2001〕1 号文]中 X 水电站上 A 市网的电量电价每千瓦时 0.48 元，省物价局以《J 省物价局关于调整 D 市各县[市、区]综合分类电价的通知》[J 价〔2001〕商字 114 号文]作了批复，即：A 市 X 水电站上 A 市网电量电价每千瓦时 0.388 元。

二、X 水电站所发电量在 A 市网内不能消化的部分上 D 市网[地网]的价格，仍按我委 D 地价商〔1997〕078 号文各类电价中的 A 市电购电价格执行。

2001 年 D 市物价委员会的这份 D 价〔01〕144 号文提到 1997 年 78 号文所定的"**A 市电购电价**"，就是人民币 0.24 元/千瓦时。这就实际上完全否定了本案申请人 X 合资公司一贯坚持按 0.48 元/千瓦时计价的主张。基于切身利害关系，X 合资公司在本案仲裁过程中多次反复指责该 D 价〔01〕144 号文是 D 市物价委员会参与"恶意串通炮制"的"伪证"。

由于本案申请人 X 合资公司与被申请人 L 水电总公司双方对 D 市物价委员会上述批复[即 D 价〔**01**〕**144 号文**]有不同意见，为查明 D 市物价委员会 2001 年 144 号批复的合法性，仲裁庭通过 CIETAC 秘书局于 2002 年 3 月 8 日向 D 市物价委员会的直接上级即 J 省物价局发函调查。2002 年 3 月 25 日，J 省物价局以 J 价〔**2002**〕**143 号文**[简称"**J 价〔02〕143 号文**"]回复仲裁委员会的调查函。其中载明："根据《国家计委规范电价管理有关问题的通知》[J 价〔2001〕151 号文]以及我局《关于调整 D 市各县[市、区]综合分类电价的通知》[J 价〔2001〕商字 114 号文]的有关规定，对上地方电网的上网电量除我局核定的上网电价外，其他电厂[站]上网电价由地市物价部门核定审批。我局核定的 **X 水电站上网电价 0.388 元/千瓦时**指上 A 市网的上网电价,该电站上其他地方电网的上网电价,由 D 市物价委员会核批。"[6]

以上案情梗概,摘自本案裁决书"第一稿"和"第二稿"以及最后"定稿"中的"第二部分 案情"。这三种文稿中由仲裁庭所认定的**本案案情**和**事实叙述**,除个别字句(含错别字)有所调整改订外,几乎**完全一致**和"雷同"。

二、本案裁决书"仲裁庭意见"一稿与二稿的径庭与突变

CIETAC 在收到申请人 X 合资公司的仲裁申请后,根据前述涉讼合同中的"仲裁条款"以及有关的"仲裁规则",组成本案仲裁庭,于 2001 年 12 月 27 日在北京对本案开庭审理。庭审过程中,双方当事人各陈己见,互相控辩对质;其间,曾在双方同意下,由仲裁庭进行调解,未获结果。

2002 年 1 月 25 日,被申请人 L 水电总公司致函仲裁委员会称:

"L 水电开发总公司因 D 市股改上市的政府行为而无端承担诉讼地位上的被申请人,L 水电开发总公司是 N 电力股份有限公司的发起人之一,享有该公司 66% 的股权,而 X 水力发电有限公司[即 X 合资公司]除外商享有 25% 的股权外,其余的 75% 股权归 N 电力股份有限公司。目前,根据 D 市政府 145 号文[即前述 D 政〔01〕145 号文]的通知,各电力分公司又着手下放工作,而本案又因其价格问题属国家定价内容,对于当地政府(A 市)行政承诺的历史问题的理解存在重大分歧,而事实上本案的**电价纠纷在实际履行过程中已由双方**作出结算。为此,本案存在调解的前提基础,**关键是 D 市人民政府的态度对本案纠纷的理顺起重要的作用**,L 水电开发总公司作为 D 市政府下属国有企业,难以组织双方进行调解。因此,L 水电开发总公司特请求仲裁委按仲裁规则规定,由仲裁委主持,特邀市政府介入,组织双方当事人进行调解。"对此,申请人 X 合资公司表示同意邀请 D 市政府介入调解。

仲裁庭认为,在 A 市当地对本案进行第二次开庭审理,同时进行调解,较有利于案件的早日解决。经征得 CIETAC 秘书局同意,于 2002 年 3 月 3 日,在 A 市对本案进行第二次开庭审理,并对本案进行调解。双方当事人均派代表和仲裁代理人出席了第二次开庭,但本次开庭进行的调解没有成功。另外,仲裁庭还就本案的有关问题就近向 D 市和 A 市的政府人员进行了咨询。

---

[6] J 省物价局针对 CIETAC 调查函问题作答的这份复文,明确地肯定了三点,即:(1) D 市物委有权核批当地电价;(2) X 水电站上 A 市网的上网电价为 0.388 元/千瓦时;(3) X 水电站上其他地方电网(含 D 市电网)的上网电价,由 D 市物委核批,即 0.24 元/千瓦时。

2002年3月8日,仲裁庭通过秘书局致函 J 省物价局,请求该省物价局表明对本案涉及的 D 地区物价委员会先后发布的文号为"D 地价商〔1997〕78 号"以及"D 价商〔2001〕144 号"两份文件的意见。J 省物价局对此给予了回复。(其具体内容已摘引和转述于本文第二部分倒数第二段。)

在紧接着第二次开庭后的非正式合议中,本案仲裁庭的首席仲裁员 G 提出:本案案情和有关证据有待进一步仔细辨析和思考。看来可能有三种解决方案:(甲)采纳申请人 X 合资公司的索赔主张,裁令被申请人 L 水电总公司偿还欠债(电费)本息共 6000 万至 9000 余万元人民币;(乙)采纳被申请人 L 水电总公司的抗辩主张,由该公司代 A 市 Y 水电总站(即本案涉讼合同中签约的甲方当事人)向 X 公司偿还应交欠款约 600 万元人民币;(丙)本案争议是 A 市和 D 市两级政府一系列行政行为造成的后果,依据中国现行法律,已经超出 CIETAC 和本仲裁庭的管辖范围,因此,应当依法驳回 X 合资公司的仲裁申请。其他两位仲裁员同意首席仲裁员的建议:待对本案全部文档进一步剖析思考后,各自提出自己的看法,再行合议。

应当肯定:直到此时,本案仲裁庭在首席仲裁员 G 同志的主持下,对本案庭审过程中的听审、提问、查证及庭后初期的主动调查取证,都是积极和审慎的。而 G 同志率先提出的上述三种裁决"方案",也颇有助于开阔思路,促进思考。

(一)"仲裁庭意见"一稿——原有的 2∶1

2002 年 4 月 16 日,G 同志拟就本案裁决书的初稿(以下简称《裁决书一稿》,共 69 页),提交其他两位仲裁员征求意见。《裁决书一稿》的"第四部分 仲裁庭意见"以及"第五部分 裁决",原文如下:

第四部分 仲裁庭意见

仲裁庭通过审阅双方当事人提供的材料以及其他材料,以及两次开庭审理本案,加之听取有关方面的情况介绍后认为,本案争议依据中国法律已经超出了仲裁庭的管辖范围,具体意见如下:

(一)合同签订中的政府行为

A 市政府在一开始就主导了 X 水电站的招商引资及后续合资合同及电量购销合同的签订。1995 年 8 月 3 日,A 市政府首先作出了购电承诺,原 D 地区行署给予见证。

1995 年 12 月 12 日合资合同第 10 条规定:"A 市 Y 电力总站必须购买合营公司经营的水电厂所有可输送的电量,年均购买不少于 12,000 万千瓦时电量,电量购销合同必须在申请营业执照以前完成。"原 A 市 Y 电力总站并不是合资合同的一方,而合资合同之所以能够**加予第三人**这样**强制性的购电义务**,并得以使后来的购销电量合同自然满足这一义务,显然只有 A 市政府从中安排才能得以实现。合同第 2 条第 3 款规定若申请人[X 合资公司]能够按发电计划生产电力,而因原 A 市 Y 电力总站购买不足造成申请人弃水而损失的电量,则原 A 市 Y 电力总站仍然要按基本电价向申请人支付费用。A 市政府同时为保障还贷还向申请人发文,同意电费中加入还贷基金。这些都是 A 市政府为实现自己承诺,通过申请人与被申请人[应指 A 市 Y 电力总站]之间的合同内容来保证申请人收益的具体行为。

合同约定的上网电价是每千瓦时 0.40 元,在 X 水电站正式投入生产后,加收 0.05 元的专项还贷基金。那么,上网电价应是 0.45 元。但是,原 D 地区物价委员会根据 A 市政府的意见在 D 地价商〔1997〕14 号文中将电价定为 0.48 元,这就是在没有任何正当理由的情况下,无形中[又额外]增加了 0.03 元。

综上,仲裁庭认为原 A 市 **Y 电力总站站长王树吉的证词是可以采信的**,合同是政府行政行为的结果。

(二) 关于政府对电力定价问题

电是一种特殊商品,根据现实情况和我国电力法的规定,需要政府定价,这是必要的政府行为。在本案中,政府为了吸引外商投资,需要根据投资总额以及十年还贷测算申请人上网电价。申请人[X 合资公司]的投资总额开始是 2.1 亿元,不断超过预算,根据申请人自己的陈述最后增加到 2.86 亿元。仲裁庭认为 A 市政府将申请人上网电价建议定为 0.48 元应该与此有关。

从本案前后出现的政府文件的本意可以确定,申请人作为生产企业其上网的电价是要保证申请人的投资回收,在投资回收额和每年发电量确定的情况下,其上网电价确实应是一个价格,而不应存在两个上网电价。但是当时可能由于相关方对 A 市存在省、地和[本]市三个电网而每个电网的上网电价又不同的情况,以及 A 市[政府领导对本市]市网实际销售量不清楚或是视而不见、盲目承诺,从而造成原 A 市 Y 电力总站只能在 A 市[本市]电网上销售 5000 多万千瓦时的电量。余电上地网[7],而当时 A 市 Y 电力总站与拥有地区电网的被申请人[L 水电总公司]是两个独立的法人,A 市 Y 电力总站则只能以每千瓦时 0.24 元的价格上地网销售余电。在这种情况下,A 市 Y 电力总站销售余电愈多,则亏损愈大,合同的履行显然不能进行下去,其间的问题已经很难解决。

---

[7] 指 D 地区(其后改制为 D 市)电网。

那么相关方包括[当地]政府对此结果不能说是没有关系的。

（三）关于被申请人股改上市问题

不可否认，在原 D 行署〔1997〕18 号文和〔1997〕268 号文之前，本案被申请人[**L 水电总公司**]与申请人[**X 合资公司**]是没有任何法律关系的。18 号文和 268 号文以及以后相应的工商变更手续，使 A 市所属的原 Y 电力总站与原 D 行署所属的被申请人[L 水电总公司]合而为一，使被申请人[L 水电总公司]代替原 A 市 Y 电力总站成为合同的一方[继受人]，将 A 市范围内应该解决的问题转移到了 D 市的范围。**根据 D 地价商**〔1997〕**78 号文、D 价商**〔2001〕**144 号文以及 J 省物价局**〔2002〕**143 号文，上 D 地区地网的电价仍是 0.24 元**。那么，虽然原 A 市 Y 电力总站与被申请人[L 水电总公司]合二为一了，但上 A 市网与上 D 地区地网的价格根据政府文件并没有统一，使本来已经很难解决的电费问题更加复杂，直接造成当事人之间理解的不一致，以及本案的提起。

从本案的整个过程可以清楚地看出，原 A 市 Y 电力总站划归于被申请人[L 水电总公司]并不是被申请人主动的意思表示和行为，而是原 D 地区行署或现在的 D 市政府的意志和行为。股改上市[8]成功后，D 市政府通过〔2001〕31 号文剥离了被申请人对上市公司股份享有的权利，又通过〔2001〕145 号文要将原划归于被申请人[L 水电总公司]的县级电力企业**下放回去**。这一切，没有原 A 市 Y 电力总站自身的任何意思表示，当然也没有被申请人[L 水电总公司]对接受原 A 市 Y 电力总站以及如何处理合同遗留问题的意见。对于申请人[X 合资公司]向原 A 市 Y 电力总站以及被申请人[L 水电总公司]索要拖欠电费一事，原 D 地区行署政府或现 D 市政府采取了一系列的行政措施打算解决，但是没有成功。

《中华人民共和国合同法》第 2 条规定："本法所称合同是平等主体自然人、法人、其他组织之间设立、变更、终止民事权利义务关系的协议。"第 3 条规定："合同当事人的法律地位平等，一方**不得将自己的意志强加给另一方**。"第 4 条规定："当事人依法享有自愿订立合同的权利，**任何单位和个人不得非法干预**。"第 5 条规定："当事人应当遵循公平原则确定各方的权利和义务。"这几条均是法律对合同的原则要求，但对照这几条，本案[涉讼]合同的**签订、履行**以及合同一方的**变更**均与法律对合同的**基本要求格格不入**。

《中华人民共和国仲裁法》第 2 条规定："平等主体的公民、法人和其他组织

---

[8] 指前述新改制组建的 N 电力股份有限公司获准将股票上市销售。

之间发生的合同纠纷和其他财产权益纠纷,可以仲裁。"第 4 条规定:"当事人采用仲裁方式解决纠纷,应当双方自愿,达成仲裁协议。没有仲裁协议,一方申请仲裁的,仲裁委员会不予受理。"**本案合同的签订、履行以及合同一方的变更**包括争议发生后[当地]政府从中试图解决的行为**均是政府行为在主导,是政府意志的体现,超出了**申请人和被申请人这两个**平等主体的范围**。仲裁是协议管辖,**仲裁委员会**根据[原]合同中的**仲裁条款只能约束[原]双方当事人,对于政府机关和政府行为,**也就**不在仲裁庭的审理范围**。

总之,**本案争议已经超出了仲裁庭的审理范围,[本仲裁庭]对于申请人的仲裁申请只能予以驳回。**

第五部分 裁　　决

驳回申请人的全部仲裁请求。

本案仲裁费为人民币×××××××元,全部由申请人承担,申请人已经预缴了全部费用。

首席仲裁员:×××

仲裁员:×××

仲裁员:×××

本裁决为终局裁决。

中国国际经济贸易仲裁委员会
2002 年 4 月 16 日

本案仲裁员 T 同志在接获首席仲裁员 G 同志的上述《裁决书一稿》后,于 2002 年 4 月 25 日向后者"反馈"了相反的意见。T 同志强调本案涉讼合同(即前述由 X 合资公司与 A 市 Y 电力总站签订的《电量购销合同》)乃是双方当事人**自由、真实**的意思表示,是订立合同的民事主体**自己的判断和选择**,其后果也应由民事主体自己承担。因此,仲裁庭应当作出裁决,责令本案被申请人 D 市的 L 水电总公司向申请人 X 合资公司偿还欠交电费及其"滞纳金",合计人民币 6480 余万元。其主要论据如下:

第一,无论是经济合同法还是合同法,对合同无效均有明确规定,被申请人[L 水电总公司]认为电量购销合同违反了当事人意思表示真实、协商一致的原则,因此合同无效,证据仅是合同签字人法人代表的自述。根据该自述,**签字人被迫订立合同**,原因不是迫于对方当事人的欺诈、胁迫手段,而是签字人自己上级的压力。此理由一则举证证据不足,二则不是法律规定的无效条件。《经济合同法》和《合同法》虽然规定任何单位、个人不得干预经济合同,但并不等于凡是被干预过的合同全部无效。《电力法》第 12 条规定:"地方人民政府应当根据电力发展规划,因地制宜,采取多种措施开发电源,发展电力建设"。被申请人未能举证合同被非法干预,因此不应认定无效。

第二,合同条款是否合法有效,法律有明确规定,其后果也是由法律规定的。《经济合同法》第 7 条和第 8 条、《合同法》第三章就是法律规定的相关内容。经济合同当事人是否有能力履行合同条款、**履行**后效益如何,**是订立合同的民事主体自己的判断和选择,其后果也是由民事主体自己承担**。

笔者作为本案仲裁庭的第三位仲裁员,在仔细研读全案有关文档以及 G、T 两位同志先后提出的截然相反的上述裁决意见之后,于 2002 年 4 月 29 日以书面函件经由本案协办秘书向 G、T 两位仲裁员表述了自己的看法。笔者认为:G 同志拟就的上述《裁决书一稿》中的上述"仲裁庭意见"(即认为本案争议是由 A 市和 D 市两级政府一系列行政行为造成的后果,已经超出和不属于 CIETAC 和本仲裁庭的管辖范围,依法应当驳回申请人 X 合资公司的仲裁请求),乃是合法、公平、公正和可行的,应予赞同。反之,T 同志提出的主张(论点)及其主要论据(即认为 A 市 Y 电力总站法人代表被迫订立合同,不是由于受到对方胁迫,而只是在自己上级压力下"订立合同的民事主体自己的判断和选择"云云),则完全不符合本案涉讼合同的实际。大量事实证明:本案合同条款从最初的订立,到后来一系列的修订、补充或变更,都**并非"合同的民事主体自己的判断和选择"**。恰恰相反,其中涉讼的主要条款,先后一直是**两级政府"父母官"**强加于有关民事主体(即 A 市 Y 电力总站及后来无辜替"罪"的 D 市 L 水电总公司)的"判断"和"选择",类似于**父母之命、媒妁之言**的"**包办婚姻**"或"**强迫成婚**"。因此,其法律后果不应由失去自由意志的"民事主体自己承担"。

至此,本案仲裁庭已经形成 2∶1 的多数,即二人主张应当裁决驳回申请人 X 合资公司的仲裁申请,一人主张应当裁决申请人 X 合资公司"胜诉",并责令与涉讼合同本来就"**没有任何法律关系**"的无辜第三人(即 D 市的 L 水电总公司),向 X 合资公司赔付 6400 余万元巨款。

按常理,基于仲裁庭应**依法独立办案、不受外来干扰**的国际通例和中国法律的有关规定[9],本仲裁庭本可就此作出 2∶1 的多数裁决,或者再由本仲裁庭成员进一步讨论协商后再作决定。但不知出于何种原因和何种需要,本案却于 2002 年 6 月 7

---

[9]《中华人民共和国仲裁法》第 8 条规定:"仲裁依法独立进行,不受行政机关、社会团体和个人的干涉。"CIETAC 现行的《仲裁规则》第 53 条的规定也体现了这一精神,强调仲裁庭应当根据事实,依法"独立公正地作出裁决"。

日被提交 CIETAC 专家咨询委员会进行咨询。

(二) 专家咨询会议的短促评议及其可商榷之处

此次专家咨询会议原定 2002 年 6 月 7 日早上 9 时 30 分召开,因数人迟迟未到,直至 10 时 10 分,才来了 7 位成员,开始开会。其中一人自称迄未得空阅读过本案任何材料;另一人迄未发言。其余 5 人虽大体读过 G、T 两位仲裁员书写的两种仲裁意见,但显然并未细读本案的主要文档书证,发言也主要集中在本案涉讼合同即 1995 年 X 合资公司与 Y 电力总站之间签订的《电量购销合同》的效力问题,**泛泛而谈**,认为该合同虽明显地受到 A 市政府的行政干预,但此类做法在七年前当时的中国时有发生,并非个别现象,不宜完全否定其法律效力。但是,专家们对于 1997 年至 2002 年这五年期间,A 市的上级政府即原 D 地区行署及其后的 D 市政府一系列"翻手为云覆手为雨"的违法施政行为,以及为"股改上市"而强令与涉讼合同本来**毫无法律关系的无辜的第三人 D 市 L 水电总公司"替罪挨宰"**的可能"黑幕",则根本未作深入了解和认真讨论。其所以然,第一,是由于当天上午短短不足两个小时,竟然安排了两项"疑难"案件咨询议题,都要讨论完毕,提出意见,以致本案的一般评论和讨论只是在当天上午 10 时 10 分至 10 时 55 分历时 45 分钟左右的短促时间内进行。当时笔者列席在座,在聆听专家的一般评论之后,曾就本案关键问题当场提出质疑和商榷意见,请求进一步认真讨论和澄清,但会议主持人却以"时间有限,下面还有另案疑难问题待议"为由,**不由分说**,即草草收场;旋即转入另一"难题"案件的咨询评议。第二,是由于当时有关原 D 行署及其后 D 市政府主管官员涉嫌重大违法施政,为实现"股改上市"而隐瞒巨债、虚报净资产、欺骗股民、聚敛不义之财等行为,经当事人揭露,虽已初显端倪,但其有关的具体确凿证据,尚未由知情和受害的当事人充分举报和提供。

笔者认为,此次历时仅 45 分钟的短促咨询会议存在着如下不足之处和有待商榷的观点:

(A) 三份书面意见,只印发两份

在会前各专家只看到了印发的 G、T 两位仲裁员的前述两份裁决意见,而对笔者 2002 年 4 月 29 日书写的前述书面(函件)评论意见,则都说"还没看到"。看来,这一"疏忽"对于专家们事先**充分"兼听"**和**充分思考比较**,不能说是全无负面影响。经笔者当场认真"提醒"和郑重提出要求,才**临时复印补发**,从而在客观上无异于要求与会**专家在现场"现看现议"**,但此时已近咨询会议尾声,显然已经"为时太晚"了!那么,为什么会出现这种不应有的"疏忽"呢? 不能不令人感到纳闷!

(B) 专家们会前阅卷不足,会上评议时间过短

其有关概况,已见前文。笔者认为:既是要提交专家咨询的"疑难"问题,就必有一定的"难度",就不能不适当扩大专家们阅读主要文档书证的范围,让他们有较充分的时间和必要的凭据进行认真的研究,从而提出有理有据的看法,而切忌会前阅卷不足和会上为时间所限只能泛泛而谈,作短促简单的评论或表态。[10] 而尤其重要的是,也应该让承办有关案件的仲裁员们在会上可以有必要的时间介绍案件的症结和分歧,俾便专家们更具体地了解"下情",兼听则明。但是,所有这些都要在全程短短45分钟的时间内议好议毕,不但极难做到,而且给人以"**走走过场**"的不佳印象。这岂不有悖于提请咨询的宗旨?看来,在一次咨询会上(实际上不到两个小时)安排两项待决的"疑难"问题,显然有所欠妥。如果两个"疑难"问题竟能在两小时内全都议好议毕,则这些问题就可能并不疑难,并非疑难问题,也就没有必要提交专家们咨询了。

(C) 政府行为失误依法可否责成受命(受害)企业先"替罪"后索偿

在此次咨询会上,有一种意见认为:本案涉讼合同之强令订立,与A市政府主管官员的昧于本市用电量和包销能力的实况、对外商盲目许诺等施政失误行为固有密切因果关系,但鉴于此类**行政干预失误**造成的合同不能履行或**不能完全履行**的现象,在**1995年**签约当时,所在多有,并不罕见,"**在当时情况下是正常情况**",为"**充分保护来华投资的外商利益**",一般应由受命具体签约而又违约的企业(在本案中应当就是A市Y电力总站)先按合同规定向签约对方(在本案中就是X合资公司)偿付违约金或赔偿金,然后再由该企业向应负责任的上级领导机关或业务主管机关索取补偿。并且强调:这种"先对外付赔然后再向上索偿"的处理办法是"**于法有据**"的,因为在我国的《**经济合同法**》**上就有这样的规定**。这种意见在会上获得不止一位专家的认同。

然而,这种见解却是有待商榷的。据笔者所知,这种见解在1982年7月1日至1993年9月1日这段时间里,确实曾经是"于法有据"的。[11] 但自1993年9月2日

---

[10] 关于这一点,CIETAC的现任主要领导人有一段很中肯的话,值得重视和贯彻。他在充分肯定专家咨询委员会的"救助作用和参谋作用"的同时,也明确指出它的某些不足,即"**从现实情况看,仍有待改进的地方**";特别强调:召开咨询会议之前,"要有充分准备。秘书局应提早将要咨询的内容,送给参会的专家,请专家们预先准备,**避免临场看材料,泛泛而谈**。"参见刘文杰(中国贸促会副会长、中国国际经济贸易仲裁委员会副主任):《努力提高仲裁质量,创造仲裁工作新局面——在CIETAC部分仲裁员研讨会上的发言》,载《中国对外贸易(中国仲裁)》2002年第12期,第6—7页。

[11] 1981年12月制定并于1982年7月1日公布施行的《中华人民共和国经济合同法》第33条规定:"由于上级领导机关或业务主管机关的过错,造成经济合同不能履行或者不能完全履行的,上级领导机关或业务主管机关应承担违约责任。应先由违约方按规定向对方偿付违约金或赔偿金,再由应负责任的上级领导机关或业务主管机关负责处理。"

经过修改的《中华人民共和国经济合同法》公布施行以来,这种见解所主张的做法却已从原先的"于法有据"**转化为"于法无据"**,并且理应认为是并**不合法**甚至是**直接违反新的现行法**了。

如所周知,适应着客观形势的重大发展,早在 1992 年 10 月间,中国共产党第十四次全国代表大会就及时作出具有深远历史意义的战略性决策:把建立社会主义市场经济体制确定为我国经济体制改革的目标。紧接着,在 1993 年 3 月间,第八届全国人大第一次会议通过宪法修正案,决定将《宪法》第 15 条原有的"国家实行**计划经济**"一词明确修改为"国家实行社会主义**市场经济**",从而把党的重大决策正式纳入和确立为国家的根本大法。同年夏秋之间,鉴于原先在计划经济条件下制定于改革开放初期的《中华人民共和国经济合同法》,虽曾发挥过重大的历史作用,但此时随着改革的不断发展和深入,该法"在若干重要问题上显然已经不能适应发展社会主义市场经济和**转变政府职能**的要求,**甚至同宪法修正案不一致,有关条款需要立即调整**。"因此,国内各界要求尽快修订《经济合同法》的呼声日益强烈,而该法**原第 33 条**,即前述由受命签约和受害违约的企业充当"替罪羊""先对外付赔然后再向上索偿"的有关规定,就是属于"需要立即调整"和取消的条款之一。它和其他某些不合时宜的条款一起,果然就从 1993 年 9 月 2 日起,被**彻底取消**了。[12]

针对取消《经济合同法》原第 33 条规定一事,当时国务院具体主持拟出该法修正案(草案)的负责人曾作了专门的说明,指出制定于 1982 年的该法原第 33 条"主要是针对当时[指 1982 年]政企不分、**行政机关干涉企业经营自主权**的问题而作出的规定。有些部门和地方提出,现在[指 1993 年]情况已经有了很大变化。无论法规,还是政策,都是**保护企业经营自主权**不受侵犯的。至于**现实生活中这类问题**[指行政机关干涉、侵犯企业经营自主权]**还时有发生,那要依法处理,不能在经济合同法中为它提供'合法'存在的前提和依据。因此,草案删去了上述的规定**。"[13]

由此可见,自 1993 年 9 月 2 日该法第 33 条原有规定从修订后的《经济合同法》中被剔除以来,上级行政机关或主管官员再任意强令下属企业对外签约,此种行为本身就是侵犯了企业的经营自主权;因上级机关过错而造成受命签约的企业受害违约,却又要受害企业先行"替罪"对外付赔,则更是侵犯了企业的经营自主权。换言

---

〔12〕 参见李鹏(时任国务院总理):《国务院关于提请审议〈中华人民共和国经济合同法修正案(草案)〉的议案》(1993 年 6 月 10 日);杨景宇(时任国务院法制局局长):《关于〈中华人民共和国经济合同法修正案(草案)〉的说明》(1993 年 6 月 10 日);全国人大常委会:《关于修改〈中华人民共和国经济合同法〉的决定》(第 21 项)(1993 年 9 月 2 日)。

〔13〕 杨景宇(时任国务院法制局局长):《关于〈中华人民共和国经济合同法修正案(草案)〉的说明》(1993 年 6 月 10 日)。

之,依照新的法律规定,此类行为自 1993 年 9 月 2 日起,**早就失去"合法"存在的前提和依据**,并转化成为政府的**非法干预**[14]行为。更准确些说,从当天起,此类行为就应依法认定为政府的非法干预行为,并依此种**法律定性,依法处理**。其所造成的恶果,自应由原先施政失误,实行非法干预的行政机关及其施政主管官员**直接负责**,直接承担法律责任,包括依《行政诉讼法》等规定,起诉一切违法施政的行政机关及其工作人员,由他们直接承担应有的、不可推卸的法律责任和经济责任。[15]

由此可见,"先对外付赔然后再向上索偿"之说,自 1993 年 9 月 2 日起,就已开始过时,而历时九年之后的今天,更进一步显得陈旧和不足为凭了。

对照本案实况:上述涉讼合同是由 A 市政府主管官员于 1995 年 12 月间强令下属 Y 电力总站对外签约的,此时**新修订的《经济合同法》实施已经两年多**。任何依法断案的仲裁员(或法官),显然不应当也已不可能再援用当时就早已废除的《经济合同法》原第 33 条规定,来论证应由 Y 电力总站先"替罪"向 X 合资公司支付赔偿的"合法"性和合理性;当然,尤其不能据此裁令与涉讼合同**原无任何法律关系的无辜第三人**即 D 地区(D 市)的 L 水电总公司向 X 合资公司赔付巨款,"替罪"挨宰。[16]

至于所称"保护来华投资的外商利益",也不宜只能笼统、抽象的诠解。笔者认为,此点应作具体的**法律分析**,掌握**合法合理的分寸**。具体说来:

第一,如所周知,中国实行对外开放国策,鼓励外商来华投资,肇始于 1978 年底、1979 年初。1979 年 7 月中国颁行了第一部涉及吸收外商投资的法律(其后又相继颁行了另外两部同类的法律,通常合称为"三资企业法")。1982 年更进一步将吸收和鼓励外商投资的大政方针正式纳入和确立为国家的根本大法——宪法的条款之一。在上述根本大法和基本法律中,都以相近似的法律文字规定了两条相辅相成的原则,即:在华外商"必须遵守中华人民共和国的法律";中国"依法保护"外商在华的

---

[14] 1993 年修订后的《经济合同法》第 5 条规定:"订立经济合同,应当遵循平等互利、协商一致的原则。任何一方不得把自己的意志强加给对方。任何单位和个人不得非法干预。"1999 年 10 月 1 日开始施行的《中华人民共和国合同法》第 3 条、第 4 条两条吸收和取代了上述规定,并作了更加明确的文字表述:"合同当事人的法律地位平等,一方不得将自己的意志强加给另一方。"(第 3 条)"当事人依法享有自愿订立合同的权利,任何单位和个人不得非法干预。"(第 4 条)

[15] 1990 年 10 月 1 日开始施行的《中华人民共和国行政诉讼法》第 2 条规定:"公民、法人或者其他组织认为行政机关和行政机关工作人员的具体行政行为侵犯其合法权益,有权依照本法向人民法院提起诉讼。"第 11 条则进一步具体规定:凡是个人、法人或其他组织"认为行政机关侵犯法律规定的经营自主权的","认为行政机关违法要求履行义务的","认为行政机关侵犯其他人身权、财产权的"等等,均有权直接以负有责任的行政机关及其工作人员作为被告,向人民法院提起诉讼,追究责任和要求损害赔偿,从而把一切违法施政的行政机关及其工作人员推上承担法律责任的第一线。第 71 条规定:在华外商在中国进行行政诉讼,与中国公民、组织有同等的诉讼权利和义务。笔者认为:在华外商如认为因信赖政府盲目的"行政承诺"以致其在华合法财产权益受到侵犯和损害者,除可以其他方式索取损害赔偿外,也可以援引上述法律规定,循行政诉讼的途径,追究政府行政机关的责任和要求损害赔偿。

[16] 详见本文前述"仲裁庭意见"的第三点"关于被申请人股改上市问题"以及本文第四部分之 10.4 段。

"合法权益"。[17] 显然,这些法律文字本身特别强调的是:(1)中国保护外商在华权益的依据,是"依法",而不是依长官的"承诺"。特别是当长官承诺的内容本身就不合法或直接违法,从而损害中国国家或无辜第三人的合法权益时,就更不能以此种"承诺"作为根据,要求百分之百"兑现"。(2)中国保护外商权益的范围,仅仅限于此种权益内容是完全**合法**的。一切并不合法的非法要求,或非分苛求,当然不在保护之列。按照这两项标准来衡量,不难看出:本案涉讼的外商及其主持的 X 合资公司当初在 1995 年底从 A 市政府某长官处获得的"行政承诺",即由后者强令其属下的国有企业 Y 电力总站签约承包购买远远超出其销售能力的电量,依当时的法律规定,就是不合法的;而在 2001 年 8 月,该外商及其主持的 X 合资公司竟又利用 D 地区行署(D 市)一系列违法施政的过错和失误,**改变索赔对象,另觅"猎物"**,择肥而噬,紧紧抓住和猛咬**原先毫不相干、纯属无辜的第三人**——D 市 L 水电总公司,作为**替罪羔羊**,勒索 9866 万余元巨款,[18]显然更是非分苛求和非法要求。对于此种不但非分,而且非法的仲裁请求,一向以**依法**公正断案的传统享誉全球的 CIETAC 及其仲裁人员,岂能不依法明辨是非,反而在"保护外商利益"的抽象概念下,予以姑息迁就,甚至予以全盘支持?

  第二,1995 年底,本案涉讼合同签订之际,已是中国开始实施吸收外资政策之后的第 17 个年头。当时中国有关吸收外资的立法以及其他相关的国内经济立法,虽尚非尽善尽美,但确已形成基本完整的框架和法律体系,并已经具有颇大的公开性和透明度,较之改革开放初期有关法制之不健全和不透明,已有长足进步。在此时此际,进入中国投资市场的外商,特别是像 P 公司这样有较大实力的跨国投资公司,理应遵循跨国投资的国际通例,"入境问禁""入国问俗",事先充分调查了解中国有关法律法规的规定,作为自己在华投资活动应当切实遵守的行为规范和行动准则。**不应当不了解中国法律早已不容许行政官员任意侵害企业自主经营权利的禁止规定**;不应当不了解 17 年来外国投资者因轻信长官盲目承诺而招致经营失败和经济损失的诸多"**前车之鉴**";不应当不了解中国一些官员自认为"权大于法"的**陋习**和**错觉**但到头来却"**法大于权**"的**客观后果**。外商如果事先不充分地调查了解中国法律的禁止规定,以及中国官场某些陋习可能导致的苦果,而轻率地行事,或虽已有所了解却心存侥幸,仍然冒险盲目轻信某些长官的盲目承诺、非法承诺,或甚至有意利用中国

---

  [17] 详见《中华人民共和国宪法》(1982 年)第 18 条;《中华人民共和国中外合资经营企业法》(1979 年)第 2 条;《中华人民共和国外资企业法》(1986 年)第 1 条、第 4 条;《中华人民共和国中外合作经营企业法》(1988 年)第 3 条。

  [18] 详见本文第四部分之 10.4 段。

官场的陋习[19],**以上压下**,谋取非法、非分的厚利,则此等因**不了解、不谨慎**或蓄意**不守法**而落空的经济目的或招致的经济损失,在不同程度上就属于外商自身的过错或"**咎由自取**",从而没有理由要求获得中国法律的充分保护,没有理由不视其过错之大小**自行承担**一定的经济责任甚至一定的法律责任。

第三,由外商 P 公司提出并与 A 市 X 水电站订立的前述《合资合同》以及由该外商主持下的 X 合资公司提出并与 Y 电力总站订立的前述《电量购销合同》,其有关条款,对于 P 公司和 X 合资公司自身权益的保护,可谓"层层设防",相当"缜密"。可见 P 公司、X 合资公司及其聘用的经济参谋和法律智囊都是具有一定实务经验的。按照常规,对于投资总额高达人民币 2 亿余元的一个大项目,该两公司及其有关人员自必须事先进行数项最起码的调查:(1) A 市及其周边地区用电市场的基本容量或销量;(2) 承包购买该大项目发电总量(供电量)的对方企业(即 A 市 Y 电力总站)的资信(含注册资金额)与实际的包购包销能力;(3) 立约对方 Y 电力总站作为独立企业,其法人代表是否具有立约意愿和是否直接参加立约谈判磋商。如果经过应有调查,则该外商对于当时 A 市每年总用电量不过 5000 万千瓦时,因而极难销售消化 X 合资公司水电站每年高达 12000 万千瓦时的供电量,Y 电力总站只是注册资金仅仅 252 万人民币的县属小企业因而显然包购包销能力薄弱(有如儿童无力挑数百斤重担),以及立约对方从未直接参加谈判却受命被迫签约等实际情况,自必一清二楚,心中有数。在这种情况下,任何略为谨慎、不太糊涂的外商当然不至于贸然立约投入巨资。反之,经过必要调查,对上述产销供求严重失衡、包销小企业实力严重不足等实况已经了然在胸,却仍然心存侥幸,要求和依仗当地行政长官作出超过其合法权限和能力的盲目承诺,并据以轻率投资,则由此产生的投资风险和经济损失,自应视情节由该外商自行承担一定责任,不能反而归咎于中国国家和中国法律对外商权益保护"不力"或"不周"。

笔者的以上商榷意见,原已初步形成,并拟在此次咨询会议上提出,向在座专家们进一步请教。但是,如前文所述,由于当时"时间有限,下面还有另案疑难问题待议",出现了"不由分说"的气氛,笔者虽深感"言犹未尽",也只好匆匆退席,无从再当面讨教。现特在此正式提出,期待能获得专家和同行学人们的进一步评论和教益。

(D) 专家的咨询意见是否具有"权威性"

"专家提出的咨询意见具有权威性,但无约束力";"专家提出的咨询意见并无约束力,但有权威性"——这两种说法曾在 CIETAC 仲裁员的研讨会和培训会上不止

---

[19] 诸如守法意识薄弱,好大喜功,为上报"政绩"或其他利益驱动而盲目施政、违法施政等等。

一次地由一位业务领导同志在大会报告中作过阐释,[20]20多年以来也一直在仲裁界广为流行。

一般而论,CIETAC所设"专家咨询委员会"中的成员多是资深仲裁员,他们的人品、学识和经验,都是令人景仰和钦佩的。因而经过他们**认真阅卷**和**深思熟虑**后提出的咨询意见,对于办案的仲裁员来说,具有重要的参考价值,这是不言而喻的。但是,对此也要进行具体分析:

第一,如果咨询会议召开之前有关专家阅卷不足,或竟迄未阅卷,评议时间过于短促,来不及就最关键的疑难问题[21]进行认真深入的评议,又未耐心倾听不同的商榷意见,只限于泛泛而谈,草草收场,有如本案2002年6月7日前述咨询会议情况者,则会上提出的评议意见的参考价值就难免相对地有所降低,从而与人们对专家咨询会议的一般"**期望值**"有一定的**差距**,也与CIETAC现任主要领导人对于改进专家咨询会议提出的**正确要求**[22]有**明显的距离**。

第二,一般而论,强调专家咨询会上的评议意见具有重要参考价值,这是正确的。但是这些评议意见是否均具有"权威性"呢?笔者认为,用"权威性"一词形容或强调专家咨询会上的评议意见的效力,恐有未妥。因为,在马克思主义的有关理论中,"**权威**"一词有其**科学的内涵**,似不宜任意扩大使用范围,随便"**加冕**"。例如,恩格斯在其著名的《论权威》一文中,就曾对"**权威**"的功能作用以及"**权威**"与"**服从**"的关系专门作了论证,他指出:

> 这里所说的权威,是指把别人的意志强加于我们;另一方面,**权威又是以服从为前提的**。
>
> 能最清楚地说明需要权威,而且是需要最专断的权威的,要算是在汪洋大海上航行的船了。那里,在危险关头,要拯救大家的生命,所有的人就得立即**绝对服从**一个人的意志。[23]

既然"权威"是以"服从"为前提的,那么,对于没有约束力、不要求"服从"的专家咨询意见,就不宜称之为"权威"或具有"权威性"。反过来,既将此类意见称为有"权

---

[20] 如笔者记忆无误,是在1993—1994年。
[21] 如本案中原无任何法律关系、纯属无辜的第三人D市L水电总公司是否应当充当"替罪羔羊"挨宰巨款的问题,就是最有争议和最为关键的疑难问题,但在本次咨询会议上却未曾认真深入予以评议剖析。
[22] 刘文杰(中国贸促会副会长、中国国际经济贸易仲裁委员会副主任):《努力提高仲裁质量,创造仲裁工作新局面——在CIETAC部分仲裁员研讨会上的发言》,载《中国对外贸易(中国仲裁)》2002年第12期,第6—7页。
[23] 恩格斯:《论权威》,载《马克思恩格斯全集》第18卷,人民出版社1964年版,第341、343页。强调是引者所加。此处指在海上航行中船长依法享有权威——指挥权,一切船员和乘客必须绝对服从船长在海上航行和救难中的指令。

威性",又说此类意见"无约束力",则此说就显得并不符合"权威"一词所固有的科学含义。而且,**滥用**或**误用"权威"**一词,其影响所及,实际上就会产生某种不应有的**心理"压力"**,甚至产生不应有的**误导作用**。

第三,在本次短促的咨询会上,有一位资深专家临时有事并未如约到会,另一位资深专家则到会而未发言或来不及发言。当然不能推断这二位专家不会同意前述的专家意见,但同样显然的是,也不能推断他们必会同意前述的专家意见。如果他们另有自己的**独立见解**,而不同于其他到会专家的意见,则他们所持的独立见解是否也同样具有"权威性"? 咨询评议时并不实行多数表决制,则何者具有更高的"权威性"? 似乎就难以正确判断。——可见,用"权威性"一词形容咨询评议意见,在实践中也会导致难以"两全",徒滋疑义。

第四,在本案此次咨询评议即将结束之际,有一种意见正式提出:"专家咨询会上的意见可供参考,没有约束力。不过,仲裁庭如不采纳本次咨询会上提出的意见,应当书面说明理由,附卷上交备查。"这种意见的前半段无疑是正确的,它完全符合前述《仲裁法》第 8 条和 CIETAC《仲裁规则》第 53 条关于仲裁庭应**依法独立断案**、不受任何干涉的规定。但是,这种意见的**后半段似有待商榷**:一来,仲裁庭如不采纳咨询评议意见便应"说明理由附卷上交备查"之说,似并无任何法律或规则上的根据;二来,仲裁庭是否采纳咨询评议意见,在具体案件的终局裁决书中,本身就有最明确的书面决定和作出这种裁断的书面理由,似并无必要另写"书面"理由附卷上交;三来,这种"额外"要求实际上近于要仲裁庭"对上作出书面交代",从而容易对具体办案的持有异议的仲裁员(特别是其中的首席仲裁员),产生某种精神上或心理上的"压力"。要完全摆脱这种无形的"压力",可能就要经过一番心理"挣扎"了。

2002 年 6 月 7 日,在聆听专家对本案的咨询评议意见后,本案仲裁庭三位成员曾作合议。T 同志仍持原议:应裁令本案被申请人 D 市 L 水电总公司向申请人 X 合资公司偿付巨额债款(欠交电费及滞纳金)。首席仲裁员 G 同志认为他自己所拟《裁决书一稿》中提出的原有裁决意见(即本案争议系由 A 市、D 市两级政府先后一系列政府行为造成,已超出本仲裁庭的审理权限范围,故对申请人 X 合资公司提出的仲裁申请应予驳回)固然正确,但咨询会上不止一位专家认为:政府行政干预侵犯企业经营自主权的现象"在当时情况下是正常情况",应"充分保护来华投资的外商利益",因而应定性为一般经济合同纠纷予以受理裁断,等等,这些看法也有一定道理。看来难以再按《裁决书一稿》原有意见裁定驳回仲裁申请,而应当考虑改定为有权管辖受理并裁令 L 水电总公司还债付赔。笔者**当时即当面提出:G 同志此议欠妥**。因为仲裁庭有职权也有职责**依法独立断案**,在彻底弄清事实的基础上,断案的准绳和根据只能是法律,而不应当是**法律以外**的**有待商榷**的评议意见或初步看法。鉴于这些初步看法是在阅卷不足、未经深思熟虑、评议时间过于短促的情况下提出的,特别是对于本案的关键疑难——应否裁令纯属无辜的第三人 L 水电总公司替罪挨宰这一核心问题,并未认真深入评议,在这种情况下,仲裁庭对是否采纳这些初步看法,尤应**慎重思考,独立判断**。仲裁庭对于庭外专家意见固然应认真参考,但庭外意见也仅供参考而已,并非"权威",要求"服从",必须采纳。如不予采纳,似也并无根据要求仲裁庭在裁决书之外另附"书面",说明不采纳的"理由"。

仲裁庭此次合议未达成一致意见。随后,笔者收读了首席仲裁员 G 同志于 2002 年 6 月 30 日改写的《裁决书二稿》,其中第一、二、三部分(仲裁程序、案情、双方当事人的主张)与一稿基本雷同,而第四、五部分(仲裁庭意见、裁决)则在**案情**事实**认定未变**的前提下,裁断发生"**突变**",与《裁决书一稿》中原有的仲裁庭裁决意见大相径庭,甚至完全相反。

(三)"仲裁庭意见"二稿——反向的 2∶1

《裁决书二稿》几乎原封不动地保留了《裁决书一稿》的案情事实认定,却从完全相同的事实认定中推导出新的、与《裁决书一稿》**截然相反**的裁决意见。其主要内容如下:

第四部分 仲裁庭意见

…………

仲裁庭认为,本案合同为有效合同。理由如下:

无论经济合同法还是合同法,对合同无效均有明确规定。被申请人[L 水电总公司]认为电量购销合同违反了当事人意思表示真实、协商一致的原则,因此合同无效。被申请人的依据是合同签字人即当时 A 市 Y 电力总站的法定代表人的自述,根据该自述,签字人被迫订立合同。这一理由不是迫于**对方当事人**的欺诈、胁迫手段,而是签字人**自己上级的要求**。[24] 对此,仲裁庭认为,此理由不构成合同无效的要件,因为,一是 A 市 Y 电力总站属国有企业,政府对企业生产经营提出要求**在当时情况下是正常情况**;二是这种情况并不符合《经济合同法》和《合同法》关于合同无效的条件。……

---

〔24〕 T 仲裁员 2002 年 4 月 25 日的"反馈"意见中原先的提法是"原因不是迫于对方当事人的欺诈、胁迫手段,而是签字人自己上级的压力"。现在这种意见被吸纳入《裁决书二稿》及其后的定稿中,却"倒退"一步,把"压力"两字更改为"要求",连原先认定的"压力"也不承认了!足见在文字"推敲"上"忌讳"甚多,刻意回避真相。

被申请人认为合同无效的第二个理由是 A 市 Y 电力总站没有能力履行包销条款,一旦履行必定亏损,因此违背了当事人订立经济合同的目的,违反了平等互利、等价有偿的原则。仲裁庭认为,合同是 1995 年签订的,履行开始时间是 1997 年。供销电合同的最终履行与诸多因素有关,而本案中没有充分证据证明双方当事人以及政府有关部门在 1995 年合同签订时,均认为 A 市 Y 电力总站无法履行合同。因此,仲裁庭对被申请人的这一理由不予支持。

……

本案涉及一系列政府对电上网的价格文件,其中也包括仲裁程序进行过程中的 **D 市物价委员会的〔01〕144 号文和 J 省物价局的〔02〕143 号文**。仲裁庭**通过分析**认为,这些文件的适用范围是明确的,**并不存在矛盾之处**。这些文件其实只解决两个问题,一是申请人上 A 市电网的价格,二是 A 市等电网上 D 地区网的价格。在 A 市 Y 电力总站为独立法人且拥有和管理 A 市电网时,**D 地价〔97〕78 号文**要解决 A 市 Y 电力总站与被申请人[L 水电总公司]的电量及价款的结算问题;在 A 市 Y 电力总站的债权债务全部被被申请人所接受,成为被申请人的一个非法人地位的分公司后,则 A 市电网已成为被申请人电网中的一个有机组成部分,D 地价〔97〕78 号文这时只解决被申请人内部的核算问题,对外并无实际意义。因此,被申请人不能以内部的价款结算依据对抗外部的申请人。……

关于欠付电费

被申请人欠付申请人电费问题从 1997 年就已存在,其中 A 市 Y 电力总站在 1997 年 5 月 20 日、被申请人[L 水电总公司]在 1998 年 8 月 15 日也曾致函申请人表示要解决欠费问题,政府部门也曾试图处理,但一直没能解决。……对此,仲裁庭认为,在双方没有对遗留电费协商一致的情况下,应按合同来确定电费的支付。申请人在仲裁申请书附件材料《1997—2001 年电费结欠汇总表》中说明其电费的计算依据是:1997 年 1—2 月电费按 0.40 元/千瓦时计算,1997 年 3 月至 2000 年 12 月电价统一按 0.48 元/千瓦时计算,2001 年 1—3 月包销电量电价按 0.48 元/千瓦时计算,4 月起按省物价委[局]0.388 元/千瓦时执行,包干外电量电价按 0.25 元/千瓦时计算。这种计算符合仲裁庭对合同和补充合同均有效的认定,其总额为 58,418,304.99 元。对此,仲裁庭予以认定。

关于滞纳金

如前所述,本案电费的拖欠经历时间较长,其中有双方对有关理解的不一致,有合同主体的变动,有政府的协调处理,加之申请人也没有及时对争议提请仲裁,因此,完全按合同中约定的滞纳金的计算标准计算滞纳金,显然不合理。仲裁庭认为,基于本案实际情况,由被申请人向申请人支付欠付电费总额的10％是恰当的,金额为 5,841,830.49 元。

....

第五部分 裁　　决

1. 被申请人向申请人支付自 1997 年至 2001 年 6 月 30 日止所欠电费人民币 58,418,304.99 元及滞纳金人民币 5,841,830.49 元。

2. 本案仲裁费为人民币 756,144 元,由申请人承担 30％,即人民币 226,843.20 元;由被申请人承担 70％,即人民币 529,300.80 元。申请人已经预缴了全部仲裁费人民币 756,144 元,全部冲抵本案仲裁费。故被申请人还应向申请人偿还申请人代被申请人向仲裁委员会垫付的仲裁费人民币 529,300.80 元。

....

本裁决为终局裁决。

首席仲裁员:×××

仲裁员:×××

仲裁员:×××

2002 年 6 月 30 日于北京

就这样,在《**裁决书一稿**》中曾被称为与申请人即 X 合资公司原先根本"**没有任何法律关系**"、**完全无辜**的第三人,即被申请人 L 水电总公司,在《**裁决书二稿**》中,却突然转变成了应当**替罪挨宰**的羔羊,竟被裁令向申请人支付"欠款"金额高达 6478 万余元之巨。令人费解的是:这"一稿"和"二稿"虽**同出一人之手**,但其思路却**判若两人**。

诚然,一份严肃、严谨的裁决书,理应历经多次推敲改订、精益求精,故其初稿与定稿之间自有许多不同,甚至不排除定稿全盘推翻初稿的可能。但是,同样应当肯定的是:**案情事实并非一块"软面团"**,可以任意捏成任何形状;也不是一个"百依百顺"的女孩子,可以任意涂抹和梳妆打扮,有如一位著名的文史哲学家所说的那样。[25] 如果**案情事实认定完全相同**,则其分析论证,似不宜在并无足够法律依据的情况下,甚至在"**与法律对合同的基本要求格格不入**"[26]的情况下,任意来个**急转弯**,

---

[25] 参见胡适:《实验主义》,载姜文华主编:《胡适学术文集·哲学与文化》,中华书局 2001 年版,第 19—20 页。

[26] 《裁决书一稿》原用语。

甚至是来个 180 度的"反向行驶"。

基于此种信念和认识,笔者在 2002 年 7 月 4 日收到《裁决书二稿》邮件并细读"仲裁庭意见"和"裁决"之后,深感其中的"急转弯"或"反向行驶"欠缺法律上和逻辑上的合理依据,故于 2002 年 7 月 7—9 日,以本仲裁庭成员之一的名义,拟就了一份《异议意见书(初稿)》(约 1.5 万字,以下简称《异议书》),提出了个人的看法、存疑、建议和要求。其中的**主要建议**是:鉴于本案案情十分复杂,依据知情的受害当事人**在审限内最新举报的重大事实和最新提供的重要证据**,本案已不是一般的行政干预,而是**涉嫌严重违法施政**造成严重恶果,仲裁庭应尽快采取必要措施,包括**仲裁员再次会晤合议**甚至**第三次开庭**,以便进一步查清真相,为本案作出公正裁决提供坚实可靠的基础!

这份《异议书》于 2002 年 7 月 9 日 23 时 21 分以电子邮件发往北京,请本案协办秘书转呈 G、T 两位仲裁员。遗憾的是,这份《异议书》及其建议竟被搁置不理,未获任何电话、传真回复。7 月 12 日,笔者经电话查询本案秘书,始悉:就在这份《异议书》的电子邮件发到北京的翌晨,首席仲裁员"当机立断",迅即就近办毕有关手续,签发了本案的终局裁决,落款日期为 2002 年 7 月 10 日,离规定的审限届满之日(7 月 16 日),还有整整六天。经笔者数度电话催索,直到 7 月 30 日,始蒙本案秘书惠寄一份正式裁决的复印件,从而得悉:这份正式裁决,其基本内容和实质部分完全**雷同**于前述《**裁决书二稿**》,其中存在着较为明显的**越权管辖裁断、越权代庖解释**等缺失,有待认真商榷。下文将以上述《异议书》[27]为基础,逐一加以剖析。

三、本案裁决中的越权管辖裁断和越权代庖解释

(一) 关于越权管辖裁断

2002 年 7 月 9 日发到北京的这份《异议书》共四个部分,其中第一部分和第二部分提出了笔者对于上述《裁决书二稿》的基本看法和重要存疑。兹分别摘引如下:

第一部分　看　法

1. 我手头上现有两份裁决书(待定稿),一份标明为 2002 年 6 月 10 日,约

---

[27] 这份《异议书》全文各段均以阿拉伯数字标出,以求简明并便于对照查索。本文摘引《异议书》原文时,均保留原数字。此外,另在注解中补充了若干必要的说明。

60 页（以下简称"一稿"[28]）；另一份标明为同年同月 30 日，约 62 页（以下简称"二稿"）。如果我记忆无误，先后两稿，谅均出自首席仲裁员 G 同志手笔。……

2. 但是，这先后两稿的**基本立足点，却大相径庭**。我认为："一稿"对本案基本事实的剖析，是符合法律规定和法理原则的；基于正确剖析提出的裁决意见，是公平、公正和可行的，因而应予赞同。反之，"二稿"的论证过程和裁决意见，却存在着一系列疑窦和问题，甚至对"一稿"中原先正确剖析论证的法律规定和法理原则，有所背离，令人未敢苟同，有待进一步澄清、商榷，因而不宜按此**贸然**签发。

3. "一稿"第四部分"仲裁庭意见"中的以下三段论述，[29] 我认为是正确的：

3.1 **合同签订中的政府行为**：A 市政府在一开始就主导了 X 水电站的招商引资及后续合资合同及电量购销合同的签订。……原 A 市 Y 电力总站并不是合资合同的一方，而合资合同之所以能够加予第三人这样**强制性**的购电义务，并得以使后来的购销电量合同自然满足这一义务，显然只有 A 市政府从中安排才能得以实现。……

合同约定的上网电价是每千瓦时 0.40 元，在电站正式投入生产后，加收 0.05 元的专项还贷基金。那么，上网电价应是 0.45 元。但是，原 D 地区物价委员会根据 A 市政府的意见在 D 地价商〔1997〕14 号文中将电价定为 0.48 元，这就是在没有任何正当理由的情况下，无形中［又额外］增加了 0.03 元。

综上，仲裁庭认为原 A 市 Y 电力总站站长**王树吉的证词是可以采信的，合同是政府行政行为的结果**。

3.2 **关于政府对电力定价问题**：……当时可能由于相关方对 A 市存在省、地和［本］市三个电网而每个电网的上网电价又不同的情况以及 A 市［政府领导对本市］市网实际销售量不清楚或是**视而不见、盲目承诺**，从而造成原 A 市 Y 电力总站只能在 A 市［本市］电网上销售 5000 多万千瓦时的电量。余电上地网，而当时 A 市 Y 电力总站与拥有地区电网的被申请人［L 水电总公司］是两个独立的法人，A 市 Y 电力总站则只能以每千瓦时 0.24 元的价格上地网销售余电。在这种情况下，A 市 Y 电力总站销售余电愈多，则亏损愈大，合同的履行显然不能进行下去，其间的问题已经很难解决。那么相关方包括［当地］政府对此结果不能说是没有责任的。

---

[28] 这份"一稿"原草定于 2002 年 4 月 25 日。如前文所述，此稿于同年 6 月 7 日提交几位专家咨询评议，其所以落款标明为"6 月 10 日"，估计是原拟于专家评议后即按此稿作为裁决书的定稿签发。

[29] 原《异议书》中以下三段论述，均全文直接摘引自原《裁决书一稿》第 55—59 页。详见本文上述第三部分之（一）。为节省篇幅，此处再摘引时有所节略，仅保留关键词句。阅读时请对照前引全文。

3.3 关于被申请人股改上市问题：不可否认，在原 D 行署〔1997〕18 号文和〔1997〕268 号文之前，本案被申请人[L 水电总公司]与申请人[X 合资公司]是没有任何法律关系的。18 号文和 268 号文以及以后相应的工商变更手续，使 A 市属的原 Y 电力总站与原 D 行署所属的被申请人[L 水电总公司]合二为一，使被申请人[L 水电总公司]代替原 A 市 Y 电力总站成为合同的一方[继受人]，将 A 市范围内应该解决的问题转移到了 D 市的范围。根据 D 地价商〔1997〕78 号文、D 地价商〔2001〕144 号文以及 J 省物价局〔2002〕143 号文，上 D 地区电网的电价仍是 0.24 元。……

从本案的整个过程可以清楚地看出，原 A 市 Y 电力总站划归于被申请人[L 水电总公司]并**不是被申请人主动的意思表示和行为，而是原 D 地区行署或现在的 D 市政府的意志和行为**。股改上市成功后，D 市政府通过〔2001〕31 号文剥离了被申请人[L 水电总公司]对上市公司股份享有的权利，又通过〔2001〕145 号文要将原划归于被申请人[L 水电总公司]的县级电力企业下放回去。**这一切，没有原 A 市 Y 电力总站自身的任何意思表示**，当然也没有被申请人[L 水电总公司]对接受原 A 市 Y 电力总站以及如何处理合同遗留问题的意见。……

《中华人民共和国合同法》[第 2 条]规定："本法所称合同是平等主体自然人、法人、其他组织之间设立、变更、终止民事权利义务关系的协议。"第 3 条规定："合同当事人的法律地位平等，一方不得将自己的意志强加给另一方。"第 4 条规定："当事人依法享有自愿订立合同的权利，任何单位和个人不得非法干预。"第 5 条规定："当事人应当遵循公平原则确定各方的权利和义务。"这几条均是法律对合同的原则要求，但**对照这几条，本案[涉讼]合同的签订、履行以及合同一方的变更均与法律对合同的基本要求格格不入**。

《中华人民共和国仲裁法》第 2 条规定："平等主体的公民、法人和其他组织之间发生的合同纠纷和其他财产权益纠纷，可以仲裁。"第 4 条规定："当事人采用仲裁方式解决纠纷，应当双方自愿，达成仲裁协议。没有仲裁协议，一方申请仲裁的，仲裁委员会不予受理。"**本案合同的签订、履行**以及合同一方的**变更包括争议发生后[当地]政府从中试图解决的行为均是政府行为在主导，是政府意志的体现**，超出了申请人和被申请人这两个平等主体的范围。仲裁是协议管辖，仲裁委员会根据[原]合同中的**仲裁条款只能约束[原]双方当事人**，对于政府机关和政府行为，也就**不在仲裁庭的审理范围**。

总之，本案争议已经超出了仲裁的审理范围，[本仲裁庭]对于申请人的仲裁申请只能予以驳回。

4. 简言之,"一稿"中的以上三段论述,**立足于本案的客观事实,符合并维护**了贯穿于当代各国(当然也包括中国)民商法和仲裁法之中的**一大基石:当事人意思自治原则。**

5. 与首席仲裁员 G 同志在"一稿"中论证的上述意见相反,仲裁员 T 同志认为:"经济合同当事人是否有能力履行合同条款,履行后效益如何,是**订立合同的民事主体自己的判断和选择,其后果也是由民事主体自己承担**";并据此**推论和极力主张**:作为本案原合同的一方当事人 A 市 Y 电力总站,特别是作为 Y 电力总站巨额债务**被迫"继受人"**的 L 水电总公司,应当**"自己承担"**原合同的全部经济责任。

6. 我认为,上述引号内的文字,从抽象理论上说,是正确的。但把此种抽象理论生搬硬套地用于本案,并据此作出上述**推论和主张**,显然完全不符合本案涉讼合同的实际,即完全无视"一稿"中所列明的有关政府意志和政府行为的三点基本事实(见上文 3.1—3.3 段)。换言之,本案涉讼合同条款从最初的订立,到后来一系列的修订、补充或变更,都**并非"合同的民事主体自己的判断和选择"**。恰恰相反,其中涉讼的主要条款,先后一直是 A 市、D 市两级政府"父母官"**强加于**有关民事主体(原 Y 电力总站及其巨额债务继受人 L 水电总公司)的"判断"和"选择",**类似于父母之命、媒妁之言的"包办婚姻"或"强迫成婚"。**两度庭审中,不止一人、不止一次地谈到了当初 A 市某主管领导人下令签约时所说的"你王树吉不签,我可叫张树吉、李树吉签"。此等长官语言,颇似老式"家长"所说的"你不同意成婚,我就把你赶出家门"。它对于下级"民事主体"法人代表而言,意味着随时可能被撤职、丢乌纱、穿小鞋,实质上乃是一种使"民事主体"丧失自由意志的**胁迫**。其中毫无"**当事人意思自治**""**民事主体自己的判断和选择**"可言。按《合同法》第 2、3、52 条的相关规定,此种"拉郎配"式的合同所造成的种种后果,就不应该"由民事主体自己承担",即不应该由受到胁迫、丧失自由意志、不能"自己选择"、完全无辜的民事主体,来"自己承担"其后果。否则,就会导致作出**不公平、不公正**的裁决。

这一点,显然是处断本案时理应遵循的思考方向、立论**前提**和实践**准则**。应当说,"一稿"中业已循此正确方向、前提和准则,在纷繁复杂的现象中,抓住本案的**主要矛盾和根本症结**,作出了前述三段科学论证和拟定了正确处断意见(详见前文 3.1—3.3 段)。但令人深感不解的是:"二稿"何以在本案**基本案情、主要矛盾和根本症结**并**无变化**的情况下,却对"一稿"中已有的正确分析和论断,全盘予以否定或至少是全盘避而不谈。此种不应有的"**倒退**",殊属**可惜**!

可憾!

7. "二稿"第 56 页末段至第 57 页首段批驳了被申请人(L 水电总公司)关于原始《电量购销合同》违反当事人意思自治和协商一致原则因而合同无效的主张,认定当时 A 市 Y 电力总站签字人被迫订立合同这一事实(即"一稿"中认为"可以采信"的"王树吉证言",见上文 3.1 段末)"不是迫于**对方**当事人的欺诈、胁迫手段,而是签字人**自己上级**的要求",进而据以断定"此理由不构成合同无效的要件。因为,……这种情况并不符合《经济合同法》和《合同法》关于合同无效的条件。""二稿"的这种论断是缺乏说服力和有待商榷的。

7.1　按《经济合同法》第 7 条第 1 款第 2 项规定,只要是"采取欺诈、胁迫等手段所签订的合同",就是无效合同,并不以此种欺诈、胁迫必须**直接**来自"对方"作为认定合同无效的前提条件,也并不排除来自"自己上级"的胁迫同样可以作为认定合同无效的条件。现行《合同法》第 52 条第 1 款规定合同无效的条件之一是:"**一方**以欺诈、胁迫的手段订立合同,损害国家利益",其中虽有"一方"两字,但并未规定该胁迫等必须**直接**来自该"一方",而不包括该一方要求**第三人**并**通过第三人**对另一方实施的**胁迫**。否则,一切通过收买弱女父母而由父母出面强迫弱女"同意"成婚的强迫婚姻,都可借口该胁迫并非**直接**来自男方而只是来自弱女"**自己父母的要求**",以致不能认定为不受法律保护和自始无效的婚姻,反而必须认定为应受法律保护和自始有效的婚姻了。这样认定和断案,能令**无辜受害弱女**及社会公众信服吗?同理,政府官员出于某种利益驱动(含引资"政绩"有利个人提升,等等),接受外商要求,强令所辖本国公司代表签订合同,使后者丧失自由意志,被迫签约,这种"自己上级的要求",在本质上何异于上述"自己父母的要求"?这样的合同,在本质上何异于上述强迫婚姻?

7.2　如果说,早先 1995 年的《电量购销合同》,在强制性的行政命令下签订时表面上还采取了"**合同**"的形式,那么,1997—2001 年 D 行署和 D 市府为操持"股改上市"而采取一系列强制性措施(先强迫 L 水电总公司继受承担巨额债务,后又强行剥夺该公司巨额股份权益等等)的全过程中,就干脆抛弃了"合同"形式,**赤裸裸地**以一道又一道的**行政命令**(书面红头文件)直接践踏了民事主体当事人意思自治原则,涉嫌"翻手为云覆手为雨",全凭"**长官意志**"为所欲为了。本仲裁庭在庭审过程中早已基本洞悉本案中这种"**长官意志**"否定"**当事人意**

志"的概貌和主线,并已于2002年6月上旬草就"一稿"[30],作出了正确的分析,提出了正确的处断意见,现在又进一步获得上述"股改上市"中**涉嫌重大违法施政**的正式**书面举报和证据**(详见下文10.2—10.6段)而有待进一步认真澄清。在此种条件下,本仲裁庭如果**既不坚持**"一稿"中已经得出的**正确**结论,**又不进一步澄清涉嫌重大违法**施政问题的真相,却在仲裁庭以外某些因素的"压力"下,图"**省事**"、避矛盾、服"**压力**"、行"**倒退**"、求"**速决**",迅即**贸然**决定按现有的"二稿"签发裁决,则其可预见的一系列负面后果和消极影响恐怕不是微不足道的(详见下文10.2—10.6段)。

8. 根据"一稿"和"二稿"第二部分所缕述的本案案情,事实充分证明:本案纷争缠讼多年,其主要症结在于两级政府主管官员不依法施政,甚至涉嫌违法施政的一系列行政行为。其中包括初期的**盲目许诺**、**下令签约**;特别是后来的**资产**强行**上调**,**债务**强行**下放**,强行"捆绑"上市,**涉嫌**隐瞒巨债,虚报净资产,"包装"误导小股民,谋取不义之财,获得暴利之后,继又强行**剥离股权**,涉嫌**抽逃资金**,导致完全无辜的民事主体(L水电总公司)充当"替罪"羔羊,等等。因此,"**解铃还需系铃人**",造成上述局面的有关政府官员或其继任者,既有**责任**、有**义务**,也有职权、**有能力**出面,对涉讼各方进行新的**行政协调**,平衡各方权益,**自行**妥善**解决**。中国国际经贸仲裁委员会对于由一系列不当的行政行为甚至违法的行政命令导致的本案纷争,似乎**没有职权**,也**没有必要**"**越俎代庖**",作出**法定职权**、法定功能**以外**的任何裁决。

第二部分　存　疑

9. 我认为:"二稿"第四部分"仲裁庭意见"中的分析论证和裁决意见,至少存在着以下各点重大疑窦和问题,不宜忽视,不宜不予慎重考虑和认真澄清:

10. 关于涉嫌违法施政的"股改上市问题"

10.1 "二稿"第二部分所缕述的有关"股改上市"的本案案情,与"一稿"第二部分所述的案情,完全一致,除段落稍有调整外,并无本质性的重大改动。细察"二稿"第二部分所述有关"股改上市"的案情,大量事实仍然充分证明:

第一,"从本案的整个过程可以清楚地看出,原A市Y电力总站划归于被申请人[L水电总公司]**并不是被申请人主动的意思表示和行为,而是原D地区行署或现在的D市政府的意志和行为**。股改上市成功后,D市政府通过〔2001〕31号文剥离了被申请人[L水电总公司]对上市公司股份享有的权利,又通过

---

[30] 实为4月25日即已草就。参见前引《异议书》第1段落有关注解。

〔2001〕145号文要将原划归于被申请人[L水电总公司]的县级电力企业下放回去。这一切,**没有原A市Y电力总站自身的任何意思表示,当然也没有被申请人[L水电总公司]对接受原A市Y电力总站以及如何处理合同遗留问题**的意见。"

第二,对照《合同法》的规定,"**本案合同的签订、履行以及合同一方的变更均与法律对合同的基本要求格格不入。**"

第三,**本案合同的签订、履行**以及合同一方的**变更**包括争议发生后政府从中试图解决的行为**均是政府行为在主导**,**是政府意志的体现,超出了**申请人和被申请人这**两个平等主体的范围**。仲裁是协议管辖,仲裁委员会根据[原]合同中的仲裁条款只能约束[原]双方当事人,对于政府机关和政府行为,也就**不在仲裁庭的审理范围**。

令人不解的问题是:以上这三点基本**事实**、**定性**分析及其所据的基本**法理**,究竟**错在哪里**?这些科学的定性分析在"一稿"中可谓洋洋洒洒,头头是道,令人信服(详见前文3.1—3.3段摘引),何以在"二稿"中竟全然消失不见?是完全错误因而应予**全盘否定**,还是明知**正确**,又有所"**顾忌**",有所"**犹豫**",故只好**完全避而不谈**?

10.2 如果说,在1995年原先的《电量购销合同》的签订中,A市某主管官员实施了类似于父母"包办婚姻、强迫成婚"的错误行为,其"引资"的初衷尚属"情有可原",则1997年8月至2001年8月这四年期间D地区行署和D市府主管官员为操持"股改上市"先后实施的一系列行政行为(含"案情"中所述的18号文、268号文、31号文、145号文等等),就类似于父母涉嫌为骗取不义之财,竟强令原本健康活泼的另一**无辜女儿**,听凭原本**毫不相干**的外人任意糟蹋和"宰割"。

10.3 细读双方当事人先后提供的大量文档以及两度庭审中的口头陈述(有记录可查),细读"一稿""二稿"第二部分所认定的本案"案情",不难看出:D地区行署和D市府主管官员在操持"股改上市"的全过程中,涉嫌隐瞒巨债、虚报净资产、误导小股民、聚敛不义之财,因而违反《中华人民共和国证券法》第5、59、177条的规定。其真情实况,当然有待进一步查核,但已属"面目依稀可辨",或近于"呼之欲出"。过去,被申请人**慑于上司官威**,说得隐隐约约,未敢直抒委曲内情,如今官员更动,"压力"稍小,终于敢在仲裁庭规定的**审限之内**(即2002年7月16日以前)以**书面材料数十页**,向仲裁庭正式举报:此次"股改上市"的"资产评估报告"和"招股说明书"等上市文件中所**隐瞒**的**巨额债务**,竟然

高达 **1.74 亿元**,可谓骇人听闻。

这些举报材料,究竟是否子虚乌有,纯属捏造?这显然是本案仲裁庭**不能置之不理,不予澄清的**。现行《仲裁法》第 43 条以及 CIETAC《仲裁规则》第 38 条规定,除当事人有义务对自己的主张提供证据之外,仲裁庭认为**必要时**可以自行调查事实,收集证据。本庭对于当事人在审限之内明确地以书面提出的上述最新举报和最新证据,涉及本案案情的**根本事实**、**根本定性**和根本定位,仲裁庭是否仍然认为"**没有必要**"按自己的**职权**和**职责**进一步自行调查核实呢?对此存疑,显然不能不慎重考虑。

10.4 仲裁庭解决经济纠纷,其最基本的原则应是公正、公平、独立,为此,就务必做到"应当根据事实,符合法律规定"。(见现行的《仲裁法》第 1、7、8 条和《仲裁规则》第 2、53 条)

本案中原先 1995 年《电量购销合同》中的购电方即 A 市 Y 电力总站,只是区区一个县级市下属的企业,其承担**有限责任**的注册资金,只有**区区 252 万元人民币**。如果没有 1997—2001 年 D 地区行署和 D 市府主管官员为操持"股改上市"而涉嫌不法施政或违法施政的一系列行为,则本案申请人索赔的近一亿元的巨额债款,充其量只能获得 252 万元的**有限**赔偿。相对于其索赔近一亿元而言,仅及其 2.5%,而其余 97.5% 索赔巨款势必因 Y 电力总站宣告破产而完全落空。但目前本案的现实却是:申请人 X 合资公司借助于和**充分利用**了 D 市主管官员为"股改上市"而涉嫌**违法施政**的行为,放弃了"**瘦骨嶙峋**"的原债务人 Y 电力总站,改变目标,"**择肥而噬**",紧紧咬住原本"**没有任何法律关系**"("一稿"用语,见上文 3.3 段)、毫不相干、纯属无辜的"替罪肥羊",向被申请人 L 水电总公司索赔巨款。对于申请人此种利用政府官员涉嫌严重违法施政造成的恶果,乘机另择无辜肥羊而噬的"恃强凌弱"行为和无理要求,本案仲裁庭如不慎重权衡前因后果,而**贸然**予以支持,岂能符合《仲裁法》和《仲裁规则》所反复强调的**公正、公平、合法、合理**?

10.5 仲裁庭也许可以自我"谅解"或自我安慰说:我们既无权管束也**无权追究** D 地区行署和 D 市府主管官员操持"股改上市"过程中涉嫌隐瞒巨债、虚报净资产、误导芸芸小股民、聚敛不义之财,继而又抽逃资金、推出"替罪羔羊"等严重不法施政行为。因此,也就只能就合同文字谈合同,裁令购电合同巨额债务的无辜继受人(即被申请人 L 水电总公司)付赔,然后再由当地政府去自行协调。

此种"自解",显然欠妥。因为:

第一，诚然，仲裁庭自身**无权**直接管束或**追究**行政官员的涉嫌违法施政行为，但依现行《仲裁法》第 43 条以及《仲裁规则》第 38 条前述规定，仲裁庭却**有权**也**有责**对于已经浮出水面的"冰山一角"，进一步**追踪调查**，收集证据，澄清事实真相，据以作为公正、公平断案的基础。换言之，无权"**追究**"不等于无权"**追查**"。有权追查和有责追查，**却不予追查**，就很可能**有亏职守**。

第二，CIETAC 成立近五十年以来，以其断案的公正、公平、独立不阿、**祛邪扶正**，而享誉全球。本案仲裁庭如果只图"省事"，对于显然涉嫌严重违法施政、导致无辜当事人代食苦果甚至"替罪"而遭"宰割"之**明显不公、不平**，视而不见，不在**力所能及、责无旁贷**的范围内进一步查明**可以查明**之真相，而贸然作出**严重损害无辜弱者**的裁决，恐不能全然无损于 CIETAC 本身极为珍惜的**公正形象**和一贯坚持的凛然正气！

有一则流行颇广的寓言，值得深思：某甲中箭受伤，求医于某乙。乙取出小锯，锯断甲体外的箭杆，即称手术完毕，要求付酬。甲惶惑不解，诉说箭镞尚在体内。乙答："我是外科医生，只管体外部分。箭镞既在体内，请另找内科医生！"试想：本案仲裁庭岂能充当这样的"外科医生"？[31]

第三，如果在本案的终局性裁决中，故意**择肥而噬、索赔无理**的，**胜诉了**；**无辜替罪、拒赔有理**的，**却败诉了**，则其负面影响及其在 D 地区所可能导致的损害社会稳定的后果（如被申请人 L 水电总公司已经估计会出现的职工闹事、拉闸断电之类），似不宜不予反复斟酌，全面权衡，慎之又慎！

10.6　仲裁庭也许还可以自我"谅解"或自我安慰说：本案被申请人举报 D 地区行署和 D 市府主管官员在"股改上市"中隐瞒巨债、虚报净资产等违法施政行为，是迟至 2002 年 6 月 29 日才正式书面提出，已经失去时机，属于节外生枝，可不予置理。

此种"自解"，也显然欠妥。因为：

第一，盖有 CIETAC 公章的（2002）贸仲字第 002324 号关于延长本案审限的正式通知中，明白表示：本案仲裁庭"要求延长审理期限的请求**确有必要而且理由正当**"，因而同意并决定将审限"延长至 2002 年 7 月 16 日止"。

第二，根据《仲裁法》第 70 条和《民事诉讼法》第 260 条的相关规定，如"由于其他不属于被申请人负责的原因而**未能陈述意见的**"，其有关仲裁裁决可能被法院裁定撤销。

---

[31]　按常理：如果乙确有自知之明，自知没有能力取出"体内箭镞"并有效疗伤，就应在问明"病情"之后，建议甲另请高明，向有能力取镞治伤的良医求治，而不应自行贸然草率施治，贻误受伤病人。

第三，被申请人早在其他一系列材料和庭审发言中已一再提到，并终于在上述法定和 CIETAC 自定**审限届满以前半个多月**，即正式书面郑重举报了有待认真查核澄清的、涉及本案**根本定性的重大事实**，并提供了**重要证据**。如果本庭对此最新举报和最新证据置之不理，是否可能被指控为 CIETAC"自食其言"和违反《仲裁法》第 70 条的相关规定？对此存疑，也不宜不予慎思。

10.7 综合以上各段剖析可归纳为以下四点：

A. CIETAC 及本案仲裁庭的**法定职权是有限**的，不得任意逾越法定的职权范围，越权管辖裁断不该由 CIETAC 管辖裁断的争端。

B. 就本案而言：《裁决书一稿》依据不容否定的客观事实，将本案争端**定性**为政府的**行政行为**所造成的结果，断定不属于本案仲裁庭的法定职权和管辖审理范围，依法应裁决驳回仲裁申请，这种定性和裁决是完全正确的。

C. 反之，《裁决书二稿》完全不顾上述一系列违法施政行为造成恶果的基本事实，将本案争端**定性**为**平等主体之间**一般的经济合同纠纷，进而越权管辖裁决，这种定性和裁决是不正确、不合法的，至少是有待进一步认真探讨商榷的。

D. 既然本案被申请人即无辜**受害的当事人在审限届满之前半个多月**已以相当**确凿**的**最新证据**，**大胆举报**了主管官员涉嫌**严重违法施政**的行为，这直接地、紧密地牵涉到**本案争端的根本定性**，本案仲裁庭理应恪尽职责，抓紧进一步查证澄清，而不应置之不理。因此，建议**不宜按"二稿"立即贸然签发**终局裁决书。

（二）关于越权代庖解释

本案涉及 A 市、D 市、J 省三级政府主管机关先后相继签发下达的一系列"红头文件"。一般说来，这些"红头文件"的文字内容和含义是比较明确的。但是，双方当事人基于各自切身的利害得失，却对其中的某个或某些文件持有不同的理解，或虽理解相同却持有截然相反、针锋相对的态度。其中争议最为激烈的，当首推 D 价〔**01**〕144 号文以及与它相关联的 D 地价〔**97**〕78 号文和 J 价〔**02**〕143 号文。

《异议书》第二部分中的第 11、12 两大段落，专就裁决书先后两稿对于同一文件作出**自相矛盾、截然相反的解释**，以及《裁决书二稿》对于政府授权机关文件作出**扭曲字义的越权解释**，提出了疑问和评议。具体内容如下：

11. 关于 D 市物价委员会"144 号"文件的字义和效力问题

11.1 D 市物价委员会 D 价商〔2001〕144 号文件中明文规定："**X 水电站所**

发电量在 A 市网内不能消化的部分上 D 市网[地网]的价格,仍按我委 D 地价商〔1997〕078 号文各类电价中的 A 市电购电价格执行。"即确认按人民币 **0.24 元/千瓦时**这一标准计价,而不按 0.48 元/千瓦时或 0.388 元/千瓦时计价。

对于 D 市物价委员会的这份 144 号文件,由于其含义十分明确而毫不含糊,申请人 X 合资公司与被申请人 L 水电总公司均凭其切身利害得失,针锋相对地分别表明了自己"**极力反对**"和"**完全赞同**"的态度。换言之,双方当事人对此文件确认定价 0.24 元/千瓦时的**态度**是截然相反的,但双方当事人对此文件本身定价**内容准确含义的理解**(确认定价 0.24 元/千瓦时)却是完全一致、毫无分歧的。

特别值得注意的是:本案仲裁庭《**裁决书一稿**》中对这份 144 号文件的准确含义,也作出完全正确的理解,这与双方当事人的**共同理解**完全一致,毫无分歧(详见前文 3.3 段)。

11.2 申请人 X 合资公司鉴于该文件**明确确认**其所属 X 水电站所发电量上 D 市网[地网]电量的价格"**仍按**"0.24 元/千瓦时的标准计价,实际上完全**否定**了申请人自己坚持按 0.48 元/千瓦时计价的主张,故对该文件深恶痛绝,进而反复多次指责该 144 号文件是 D 市物价委员会参与"恶意串通炮制"的"伪证"。此种反复多次指责,有力地说明了**申请人 X 合资公司**已经**准确地理解**了该文件**上述文字的本义**。

然而,《裁决书二稿》对于该 144 号文中的上述明文规定却"**通过分析**",完全抛弃了"一稿"中对同一文件的正确解释,并完全"反其道而行之",作出了并**不符合其文字本义**、连申请人 X 合资公司自己都不敢随意作出的**扭曲解释**。说是:该文件"其实只解决两个问题,一是 X 水电站电量上 A 市网的价格,二是 **A 市等电网**上 D 地区网的价格"。试将这种解释与 144 号文件原文中所说的"**X 水电站**所发电量……上 D 市网[地网]的价格"作一比较,该 144 号文件原文的原有主词分明是"X 水电站","二稿"却"通过分析",把原文的原主词**变换**成了"A 市等电网"。这样的"**分析**",是否符合字义逻辑最基本的原则:概念的同一性?[32]这样的"分析"和解释,究竟有多大的逻辑依据和事实依据?实在不能不令人纳闷、不解和存疑。

连**申请人 X 合资公司自己**都认为 144 号文件的上引文字给它自己"**绑住**"

---

[32] "同一律系形式逻辑的基本规律之一。在同一思维过程中,每个概念、判断必须具有确定的同一内容。遵守同一律能使思维具有确定性;否则,就会犯'偷换概念'和'偷换论题'等逻辑错误。"参见《辞海》,上海译书出版社 1979 年版,第 197 页;《汉语大词典》(第 3 卷),汉语大词典出版社 1989 年版,第 101 页。

了"择肥而噬"的**手脚**,"二稿"却通过不符合逻辑原则的"分析"为它"**松了绑**",如果有人对此提出"**偏袒**"批评,认为此种"分析""有欠公正"或"有所偏倚",仲裁庭将何以自解?

11.3 "二稿"对 144 号文上述原文通过"分析"作出的上述理解,不但与申请人和被申请人双方对原文本义共同的认知和一致的理解,完全相反,而且与"一稿"原有的正确理解(见上文 3.3 段),也完全相反。因此,"二稿"对 144 号文的这种新"分析"和新解释,是否完全符合原文本义,就有待进一步认真澄清。为**慎重**计,本案仲裁庭理应向**原发文机关**即 D 市物价委员会查询,要求它自己对该段文字的真实含义加以澄清,进一步作出权威性的解释。而不宜只图"省事",径由仲裁庭**自行"代劳"**,以免有"**越权**"解释之嫌。

11.4 这里,牵涉到 D 市物价委员会究竟是否有权规定和解释有关电价的**法定权威机关**问题。申请人多次反复指责 D 市物价委员会参与"恶意串通炮制",提供"伪证"。但至今尚未见申请人 X 合资公司就此种"恶意串通"行为提供任何确凿证据,仲裁庭当然不宜采信。

回顾本案纷争历史:1997 年当初同意和决定 X 合资公司所经营的 X 水电站上网电价从 1995 年合同原定的 0.40 元/千瓦时层层加码增至 0.48 元/千瓦时,就是以"**D 地价商〔1997〕014 号文件**"作为**权威根据**的,该文的**发文机关**,正是"**D 地区物价委员会**"即现在的"**D 市物价委员会**"。申请人 X 合资公司一向坚持这份文件及其所定电价的有效性和**权威性**。但是,申请人对于由同一政府主管机关 D 市物价委员会针对电价现实歧议正式签发的 D 价商〔2001〕**144 号文件**,却反复多次指责为"恶意串通炮制"的"伪证",而又提不出任何有关的确凿证据。对同一政府主管机关签发下达的就**同一电价问题**作出的规定或说明,或奉之为"**权威**",或斥之为"**伪证**",其取舍标准只是看它们对本公司关于 X 水电站的电价主张是否支持、是否有利。申请人对政府主管机关依本身**法定职权**签发的文件,显然是采取了"实用主义"的"**双重标准**"。《裁决书二稿》对此种"双重标准"完全保持缄默,并未作出任何评论,澄清是非,却"**通过分析**",以含糊的"**并不存在矛盾之处**"一词,淡淡一笔带过,从而掩盖了事实上存在的矛盾,并且在实际上迁就了申请人一方利用政府官员涉嫌违法施政造成的恶果"**择肥而噬**"的无理要求(见前文 10.4 段)。这种缄默和这种"分析",实在难以令人信服。试想:如果被申请人 L 水电总公司一方也信口指责当初规定 X 水电站电价为 0.48 元/千瓦时的**第 14 号文件**,是"恶意串通炮制"的"伪证",仲裁庭岂能也采信?岂能也"**通过分析**"在实际上予以迁就?

12. 关于 J 省物价局 143 号文件的真义问题

12.1 本案仲裁庭鉴于上述 D 价商〔2001〕144 号文的适用对象和是否"有权解释",有所不明,曾于 2002 年 3 月 8 日专门驰函 J 省物价局调查咨询。该〔2002〕贸仲字第 001134 号专函(以下简称"调查函")提出:

"本案申请人称,D 地价商〔1997〕014 号文件和 J 价〔2001〕商字 114 号文件并没有对 X 供电上 A 市网还是上 D 地区网作出区分……因此,X 的电价应统一为 0.388 元。本案被申请人称,在 A 市本地使用的电价为 0.388 元,上 D 地区网的电价应按 078 号文件定价。

鉴于 D 市物价委 D 价商〔2001〕144 号文件是在仲裁程序开始后作出的,仲裁庭认为,有必要向省物价局查询如下问题:

(1) X 水电站所发电力上 D 市地区网电价应按照哪一份文件确定?

(2) D 市物价委批复的 D 价商〔2001〕144 号文件是否有省物价局的授权,D 市物价委是**否有权解释**省物价局 J 价〔2001〕商字 114 号文件。"

2002 年 3 月 25 日,J 省物价局以 J 价〔2002〕143 号文回复仲裁委员会的调查函。其中明确回答:"根据……我局《关于调整 D 市各县〔市、区〕综合分类电价的通知》〔J 价〔2001〕商字 114 号〕的有关规定,对上地方电网的上网电量除我局核定的上网电价外,其他电厂〔站〕上网电价**由地市物价部门核定审批**。我局核定的 X 水电站上网电价 **0.388 元**/千瓦时**指上 A 市网**的上网电价,**该电站上其他地方电网的上网电价,由 D 市物价委核批**。"

12.2 把上述两函中的具体询问与具体答复联系起来细予推敲,显然可以看出 J 省物价局(以下简称"省局")确认了以下四点:

第一,省局确认:所核定的 X 水电站上网电价 0.388 元/千瓦时确是专指该水电站"上 A 市网的上网电价"。

第二,省局确认:"该电站"即 X 水电站(发电量)"上其他地方电网"〔显然是专指上 D 市网〕的上网电价,应"由 D 市物价委核批"。〔以上两点均针对"调查函"所查询的第一个问题作答。〕

第三,省局两度确认:**"地市物价部门""D 市物价委"**确实**有权**自行**"核定审批"即"核批"**所辖地区的上网电价。(本点是针对上述"调查函"所咨询的第二个问题作答。)

第四,省局确认:X 水电站发电量上网应当根据事实分为两种,一种是该电站"上 A 市网的上网电价"(0.388 元/千瓦时),另一种是"该电站上其他地方电网的上网电价"(显指 D 市物价委核批的电价 0.24 元/千瓦时),所上电网不同,所定电价当然不同。

简言之,从"调查函"查询的两个具体问题和省局针对该两个具体问题作出的具体答复中,显然无法寻找出这样的结论:即省局认定:X 水电站所发电量**不论**其客观上是上了"**A 市电网**"还是上了"**D 市电网**",应当统一按 0.48 元/千瓦时(或 0.388 元/千瓦时)的标准计价。

可是,《裁决书二稿》却"**通过分析**",作出了与 J 省物价局的上述几点明文确认完全相反的结论,即凡是 X 水电站所发电量,不论其上"A 市市网"还是上"D 市市网",应一律按 0.48 元/千瓦时或 0.388 元/千瓦时的标准计价。

这样的"分析"及其结论,究竟有多大字义逻辑依据和事实依据?不能不令人深感纳闷和存疑。

12.3 《裁决书二稿》对 J 省物价局上述 143 号文件原文"**通过分析**"作出的理解和结论,显然与该文件**原文**的**本义**迥然不同。为**慎重**计,本案仲裁庭理应**向原发文机关**即 J 省物价局再次查询,要求它针对仍存的疑义,进一步加以澄清,作出权威性的解释,而不宜只图"省事",又径由**仲裁庭自行"代劳"**,自行"通过分析"任意作出有悖原文本义的解释,以免又有"**越权**"解释和扭曲解释之嫌!

(三)关于防止越权管辖和越权解释的几点建议

为了防止前述越权管辖和越权解释可能转化为成为错裁的现实,《异议书》的第三部分提出了明确的建议。具体内容如下:

第三部分 建 议

13. 鉴于《裁决书二稿》第四部分"仲裁庭意见"中的分析论证和裁决意见,至少存在着以上各点重大疑窦和问题,不容忽视,有待进一步认真澄清和商榷,作为本庭仲裁员之一,本人本着珍惜和维护 CIETAC 公正形象及其凛然正气的初衷,谨此提出以下建议,请予慎重考虑。

13.1 在上述重大疑窦和问题切实获得澄清和排除以前,似**不宜迅即按"二稿"的现有内容贸然签发本案终局裁决书**。

13.2 本案仲裁庭似应本着组庭以来一向坚持的公正、公平、慎重、稳妥的工作原则,并依据现行《仲裁法》第 43 条和《仲裁规则》第 38 条所规定的**职权和职责**,迅即去函或直接派员前往 D 市物价委及 J 省物价局,就上文第 11—12 段所述存疑问题,**认真、彻底地予以澄清**,并取得该两家**原发文机关**相关的**必不可少的书面答复**。诚然,这样做不免要支出一些新的费用、时间和精力,但事关重大,就不宜只图"省事",影响公正、公平,而且当事人为本案交纳的仲裁费不菲[33],所提供的"物质条件"可谓绰绰有余。

13.3 鉴于本案案情极其复杂,且不是一般的"行政干预",而是涉嫌重大违法施政造成重大恶果,仲裁庭似应认真考虑前文 10.2—10.6 段所列诸点重大因素(含最新举报的重大事实及最新提供的重要证据),尽快采取必要措施(含**本庭仲裁员的再次会晤**甚至**第三次开庭**),追踪查明"冰山一角"下面的真相,俾便作为本庭作出公正、公平裁决的坚实可靠的基础,颠扑不破。

13.4 鉴于 D 市原先主持涉嫌违法"股改上市"的主管官员岗位更动,涉嫌违法上市的重大事实正在逐步显露其本来面目,鉴于 D 市政府正在积极组织和实施新的"行政协调",矛盾解决已显出新的眉目,申请人一方于收到 CIETAC 2002 年 6 月 21 日去函后也并未回函表示断然拒绝新的和解或撤诉,双方当事人终于达成和解协议并非绝不可能,因此,仲裁庭似可在积极采取 13.2—13.3 各段所述各点必要措施的同时,不妨再稍作必要等待(甚至再次略延审限),候其"**三赢结果**"(当事人双方以及政府当局均感"体面"和有利,避免矛盾进一步激化、两败俱伤,也避免政府当局陷入尴尬)"瓜熟蒂落"!

13.5 如果 13.4 段所述新的"行政协调"终于"失败",即原"系铃"政府"解铃"不力或"解铃"无效,和解可能终于落空,则仲裁庭仍可按《裁决书一稿》原定的裁决意见断然作出裁决,即驳回申请人的仲裁申请。之后,因当地政府长官"系铃"之行政作为或"解铃不力"之"**行政不作为**"而自认为利益受损的当事人,可另外自行通过**行政诉讼**索取赔偿。[34]

13.6 如果 13.4 段所述新条件下的"行政协调"终于"失败",而仲裁庭经采取 13.2、13.3 段所述必要措施进一步澄清问题和查明真相之后,认为依法不宜采用 13.5 段所述裁决意见,则还可根据**新事实新证据**作出其他内容的新裁决:既让受到损失的外商获得公平合理的补偿,又不能让它"择肥而噬"的无理要求全部或大部得逞,从而避免使无辜"替罪被宰"的 L 水电总公司遭受过于严重的经济损失。为此,《裁决书二稿》所定的赔偿额理应**大幅度**下调。

13.7 《仲裁法》第 8 条以及《仲裁规则》第 2、53 条反复强调仲裁应依法**独**

---

[33] 本案仲裁费为人民币 75.6 万余元。
[34] 本案中先后因长官行政作为或行政不作为而自认为利益受损的当事人,可能是外商 P 公司及其主持下的 X 合资公司,也可能是 L 水电总公司。就中国现有的实情而言,前者提起行政诉讼索赔的权利一般更有保障,更少顾虑和掣肘。后者提起行政诉讼,所针对的往往就是自己的"顶头上司"和"婆婆",其直接掌握着下级企业领导的人事任免权、奖惩权、财政拨款审批权,等等,下级企业如有"冒犯"或胆敢告上"公堂",则遭受打击报复的"风险"很大,故在提起行政诉讼时,往往掣肘甚多,顾虑很大。

立进行,**不受**任何**外来**因素的**干预**。本仲裁庭既然承担了对本案实行仲裁的职责,对于来自庭外的并无法定约束力的一切意见,既要**虚心倾听**,又要**独立思考**;既要勇于**修正错误**,又要敢于**坚持正确**。对于来自庭外的未经细读本案材料、不了解本案详情的感想性评论,**可以参考**,却**不宜盲从**。因为归根结底,终局裁决之正确与否,必须由本庭所有仲裁员承担全部责任,庭外其他人士可以概不负责。故在吸收庭外人士见解时,不可不**独立判断**,**慎重取舍**。

遗憾的是,《异议书》中所缕述的以上这些异议意见和可行建议(见前文 13—13.3 段),不但未蒙认真倾听或重视,而且连简单的电话(或传真)回音也没有。事后得知,首席仲裁员早在《异议书》电子邮件抵京后的翌日(2002 年 7 月 10 日)就"当机立断"立即签发,这也许就是最强有力的"回音"吧?——尽管此时离 CIETAC 所定的审限(2002 年 7 月 16 日)还有整整六天时间!

四、本案仲裁后期的草率断结和断结后的有欠透明

(一) 后期的草率断结及其负面后果

如前所述,《异议书》中明确提出的可行建议(见前文 13—13.3 段),即关于慎重澄清受害当事人的最新举报和最新证据,再次调查和慎重澄清物价部门权威解释的真义,直至仲裁庭成员再次合议或再次开庭,等等,都是在审限届满的六天前即以电子邮件发到北京的,都是没有理由置之不理、置之不复的。但不知出于何种原因或何种急迫需要,以致**该调查**、**该澄清**、**该复议**,明明**还有足够时间**调查、澄清、复议,却**断然不再调查**、**不再澄清**、**不再复议**,以致本来可以防止的越权管辖和越权解释却终于无法防止,终于从可能转变成了现实,从而直接导致了令人十分遗憾和十分惋惜的负面后果:**择肥而噬**的无理要求**得逞了**;纯属**无辜**的**第三人替罪挨宰了**;涉嫌严重**违法施政**的行为被**遮掩**掩盖了。更有甚者,正是 CIETAC 的这一草率裁决,在客观上竟然成了"名正言顺"地宰割无辜的"**利刃**",成了**冠冕堂皇地遮掩丑恶**的"**帷幕**"。这样的社会效果,显然不能丝毫无损于 CIETAC 一向公正公平断案的名誉。

(二) 草率断结后的有欠透明及其负面后果

《异议书》的第四部分曾经提出了符合当代国际司法惯例和国际仲裁惯例的合理要求。具体内容如下:

第四部分 要　　求

14. 如果本仲裁庭 G、T 两位仲裁员经过慎重考虑后仍然坚持《裁决书二稿》的现有结论,决定按 2∶1 的"多数"作出终局裁决,并且正式签发下达,则作为本案居于"少数"地位的仲裁员,**本人谨此要求:将上述异议意见书全文印出,附于本案终局裁决书之后,由 CIETAC 北京总部同时下达给双方当事人。**

这一要求的理由是:第一,在当代各国的司法实践和仲裁实践中,将居于"少数"地位的法官或仲裁员所书写的异议意见书(dissensions),附同判决书或裁决书同时下达给双方当事人,这已是司空见惯的通行做法。它体现了"服从多数,尊重少数"的民主原则,既提高办案效率,又**增强透明度**,有助于**比较鉴别,发人深思**,有利于进一步**辨明是非**,促进**断案公正**。中国的仲裁实践正在走向现代化和国际化,自当"**与时俱进**",参照采用此种先进国际惯例。第二,现行的 CIETAC《仲裁规则》,并未明文禁止参照采用上述先进的国际惯例,即并未禁止将居于"少数"地位的仲裁员书写的异议意见,同时下达给双方当事人。第三,在 CIETAC 过去的实践中,已不乏这方面的先例。例如:(1995)深国仲结字第 91 号裁决书就是在两位仲裁员签署后下达,而居于"少数"地位的第三位仲裁员 N. Kaplan 先生书写的异议意见书,随即由 CIETAC 深圳分会寄发给双方当事人。[35] 新近,由两位仲裁员签署的(2001)深国仲结字第 100 号裁决书,则是连同第三位仲裁员 W 先生书写的异议意见书,由上述深圳分会同时寄发给双方当事人。

作为持异议意见的第三位仲裁员,笔者的上述正当要求迄未获得任何正式答复。令人费解的是:第一,如果这种要求是错误的,那么,错在哪里? 也应该有个说法,有个交代,为何"**懒**"于或"**怯**"于书面作复? 第二,如果这种要求是正确的,既符合当代仲裁实践的国际通例,也符合 CIETAC 仲裁实践的先进事例,那么,为何不参照先例实行呢? 第三,如果硬说这种要求违反了 CIETAC 现行《仲裁规则》的**禁止规定**,则此种"禁止"规定有何文字依据?[36] 第四,如果现行《仲裁规则》第 54 条中的"少数仲裁员的意见可以作成记录附卷"一语竟然可以被**任意推广解释**为就是"少数仲裁员的意见**不得(或禁止)**同时寄发给双方当事人",那么,上述 N. Kaplan 先生和 W 先生的先行实践就是"明知故犯"地违反了 CIETAC 的"禁止规定",何以迄今未见

---

[35] 参见黄雁明(CIETAC 仲裁员、CIETAC 深圳分会副研究员):《商事仲裁中正当程序问题反思》,载《国际经济法论丛》(第 3 卷),法律出版社 2000 年版,第 439 页。

[36] CIETAC 现行的《仲裁规则》第 54 条规定:"由 3 名仲裁员组成的仲裁庭审理的案件,仲裁裁决依全体仲裁员或多数仲裁员的意见决定,少数仲裁员的意见可以作成记录附卷。"其中显然并无明文禁止规定。

给予"违规"批评甚至处分呢？总之，**四者必居其一**。要完全回避这些问题，看来是比较困难的。

尤其令人费解的是：据悉，本案无辜受害的当事人 L 水电总公司在收到按"多数仲裁员意见"作出的终局裁决书之后，深感不服，而且发现第三位仲裁员并未签署。该公司拟依法定程序向管辖法院申请予以司法审查和监督，要求法院依现行《仲裁法》第 70、71 条的规定，针对本案裁决书裁定不予执行或裁定予以撤销。另一方面，鉴于当时 D 市政府正在抓紧协调最终和平解决本案纠纷并已初具眉目，需要全盘了解和平衡各方面的意见，以便主持和促进尽快达成和解，为此目的，该公司曾向 CIETAC 经办人员查询缘由并索取"少数仲裁员"的异议意见以期通过比较鉴别，全面了解是非曲直。但此项正当要求，竟也遭到拒绝。这就涉及 CIETAC 是否应当**充分尊重当事人的诉讼权利**[特别是其中的**知情权**（right to know）]这个重大原则问题了。

具体说来，这里涉及四个方面的问题：

第一，CIETAC 作为仲裁机构，对当事人的商务秘密有对外"保密"的义务。但 CIETAC 办案，素以公正、公平、公开（透明度）自律，如果自信裁决本身的内容确是公平、公正的，那么，其中正、反两种意见[37]，只要不涉及国家秘密，对双方当事人本身说来，就应当是**全面透明**的，而不应当是半透明、半明半暗或"若明若暗"的；应当是胸怀坦荡，经得起当事人比较推敲和依法投诉，也经得起管辖法院的依法审查监督，而不应当是遮遮掩掩，深恐当事人知情和依法投诉以及法院依法监督。然则，如果确有自信，还有什么必要、有什么法定理由**对当事人**实行这样的"**保密**"？

第二，尤其值得研究的是：**仲裁庭是否有权利**对当事人实行这样的"**保密**"？这样的"**保密**"措施是否直接侵害了当事人在讼争过程中依法享有的知情权？众所周知，我国《民事诉讼法》在其"总则"编中，开宗明义地明确规定"中华人民共和国民事诉讼法的任务，是保护当事人行使诉讼权利"，特别强调在审理民事案件过程中，"应当保障和便利当事人行使诉讼权利"[38]。不言而喻，当事人在诉讼过程中依法享有充分的知情权，应当是当事人行使诉讼权利的重要内容和重大表现之一，依法应当给予充分的**保护、保障**和便利。正是基于这一基本原则，《民事诉讼法》第 52 条进一步具体地明文规定"当事人可以查阅本案有关材料，并可以复制本案有关材料和法律文书。"[39]《民事诉讼法》中的这些基本规定及其基本精神，显然也完全适用于仲裁

---

[37] 此处"正、反两种意见"，并非指其内容上之正确与不正确，只是指两种意见之相左或相反。换言之，如果以合议仲裁庭中按多数意见正式签发的《裁决书》作为"正面"意见，则相应地少数仲裁员正式提出的《异议书》就是"反面"意见；反之，亦然。

[38] 《中华人民共和国民事诉讼法》第 2、8 条。

[39] 《中华人民共和国民事诉讼法》第 52 条第 2 款。

程序,并且也成为指导制定仲裁规则和实行仲裁操作的基本原则。

诚然,民商事仲裁程序有别于民事诉讼程序,因此,不能认为《民事诉讼法》中的每一细节规定都可推广适用于民商事仲裁过程。但是,众所周知,中国是实行"民商合一"体制的国家,"民事诉讼"一词的内涵和外延就包含了商事诉讼在内。民商事仲裁固然有别于民商事诉讼,但是民商事诉讼程序中的**基本原则**,诸如保护、保障、方便涉讼当事人行使诉讼权利(含前述知情权利)等,有什么理由断定它们绝对不能适用于被称为"准司法"和"准民商事诉讼"的民商事仲裁呢?更何况,CIETAC现行的《仲裁规则》,其所据以制定的主要"**法源**"之一,就是中国现行的《民事诉讼法》,[40] 这就更没有任何理由和任何法律根据硬说《民事诉讼法》中关于保护、保障当事人诉讼权利(含知情权)的上述基本原则,不适用于中国的涉外仲裁程序了。恰恰相反,如果断言《民事诉讼法》中的上述基本原则和基本规定根本不适用于中国的涉外仲裁,那就显得有悖基本法理和有违基本法律规定了。难道不是吗?

第三,仲裁庭对当事人实行这样的"保密",是否有欠透明并且直接背离了讲求**"透明度"的当代国际潮流**?特别是,中国"入世"已经一年,国内有关法律、法令、规章和实际操作程序凡与 WTO 规则(包括透明度原则)不符者,都已废除、修改或调整,或正在抓紧废、改过程之中,上述这样的对当事人"保密"的做法,显然与 CIETAC 正在加紧迈向现代化和国际化的步伐,是不相称、不协调的。不是吗?

第四,值得 CIETAC 参考的是:"入世"后,中国正在抓紧进行司法改革,其中包括正在抓紧贯彻 WTO 规则所要求的"透明度原则"。以下一项经过对国内外实践认真调查考察后提出的看法[41]是颇有见地的:

>"透明度原则带来的一个有争论的问题是裁判文书要公开到什么程度?引发这一争论的事由是广州海事法院在网上公开了合议庭成员的少数意见,合议庭的意见被表述为"某审判员认为:……"不赞成公开到如此程度的人认为这与集体审判原则和审判机密原则相违背,也就是说,判决结果是合议庭少数服从多数的集体意见,不应以某审判员的个人立场表述;合议庭的合议结果是审判机密,合议庭的少数人意见不得泄露。而新闻界却对此大加赞赏,认为是中国

---

[40] 早在 1988 年 6 月,国务院在有关 CIETAC 修订仲裁规则的著名《批复》中就明确指示"应当根据我国的法律"和有关国际条约并参照国际惯例进行修订。这里所说的"我国的法律",显应包括经全国人大通过的基本法律《民事诉讼法》在内。1994 年 8 月由全国人大常委会通过的《仲裁法》第 73 条则更进一步明确规定:"涉外仲裁规则可以由中国国际商会依照本法和民事诉讼法的有关规定制定。"以上有关 CIETAC 仲裁规则"法源"的规定,见于 2000 年 10 月新版《仲裁规则》第 2 页之《批复》,第 7 页之第 1 条规定。

[41] 万鄂湘(法学教授、最高人民法院副院长):《"入世"后我国的司法改革与涉外民商事审判》,载《国际经济法论丛》(第 6 卷),法律出版社 2002 年版,第 7—8 页。

的审判程序"**打开了最后一个暗盒**",而且认为**阳光下的审判,可以对法官实行更有效的监督**。当事人和代理人在比较了两种不同意见后,也觉得胜者赢得明明白白,败者输得心服口服,减少了费钱费时的上诉。法院也认为此举节省了诉讼资源,提高了诉讼效率,**有利于实现司法公正。国际司法发展趋势**是支持后一种观点的。长期不主张公开少数法官意见的大陆法系国家法院正在与普通法系国家法院的做法趋同,挪威等国就开始公布不同意见法官的观点。以大陆法系成员国为主要当事人的欧洲法院和欧洲人权法院的**判决中[载明]的歧异法官意见已司空见惯**,在国际法院和前南问题国际刑事法庭的判决书中,中国籍大法官的不同意见已成为国际司法界的一道独特的风景线。

以上这种颇有见地的看法和做法,正在中国司法改革的实践中引起"连锁反应"。紧接广州海事法院上述判决之后,又传来了上海第二中级人民法院将合议庭不同意见正式写进判决书的信息。据报道,对于此种改革创新的做法,该案原告"虽遭败诉,但其代理律师仍对法官说,这份判决书说理充分、有特色,体现了裁判文书改革的力度和裁判过程的**透明度**。"[42] 针对这一改革举措,法学界有人评论说:"长期以来,法院在制作判决书时,都是千篇一律的'本院认为'行文模式,至于合议庭成员对于案件的具体意见只是作为**内部消息**,当事人无从知晓,对案件关心的其他人士更是**一头雾水**。这种做法对于法官来说倒是简单省事,用不着为此多费思量,但却使判决书形成了一种**僵化的文风**,更重要的是判决结果**难以令当事人心悦诚服**,尤其是败诉的一方更易对司法的公正性产生怀疑。俗语说得好,**阳光是最好的防腐剂**。将合议庭成员的具体意见写入判决书,对于当事人来说,他对于案件判决的过程清清楚楚,是非公断明明白白,接受起来要容易得多。""将合议庭成员的个人意见写入判决书,不仅仅是裁判文书的一种改革,而是直接关系到法官职业水平的提高,关系到审判过程以至于司法的**透明与公正**,关系到社会大众对法律的信仰和对法官的信任,因此,这种做法值得提倡。"[43]

社会舆论反馈的良好评价使上海二中院的司法人员受到鼓舞。事后,他们进一步公开说明了将合议庭不同意见写入判决书这一改革举措的本意和用心:**没有公开就没有公正**,阳光是最好的防腐剂。**司法公正的阳光要照进法庭,也要照在裁判文书**这一诉讼活动的**最终载体**上。将合议庭的不同意见也写进判决,十分有利于落实

---

[42] 陆萍、刘建:《上海二中院创沪上首例:合议庭不同意见写进判决书》,载《法制日报》2002年9月12日第1版。据查索,该案民事判决书编号为(2002)沪二中民初字第79号,全文已公布于"阳光法律"网站,值得一读。其网址为:http://www.chinalawcase.com/home/data/display.asp?id=3638。

[43] 周芬棉:《提倡"合议庭不同意见写入判决"》,载《法制日报》2002年9月16日第1版。

审判公开,**接受社会监督**,树立司法公信,它"对于防止**司法恣意**,遏制**司法腐败**,实现司法公正,具有**阳光般**的积极意义。"他们强调:"公开不同意见的积极意义在于,**告诫法官**不仅要主持公正,而且还要使当事人和公众确信每一法官都没有怠于审理,恣意裁判,没有办人情案、关系案、'捣糨糊',更没有枉法裁判,……**不同意见公开了,透明度提高了**,极少数法官在'阳光'下**恣意**裁判和**腐败**的空间就相应**减少了**。"[44]

这些信息和评论,确实令人耳目一新,也完全符合与时俱进、开拓创新的时代精神。问题是:有关法官及其书写的判决需要"实行更有效的监督","阳光是最好的防腐剂","阳光下的审判可以对法官实行更有效的监督","有利于实现司法公正",在当代国际先进的司法实践上,"判决中载明歧异法官意见已司空见惯",将异议意见明确载入裁判文书有利于"防止司法恣意,遏制司法腐败",等等——这些理念和做法如今已经开始指导着和适用于中国的司法改革和中国的涉外民商事审判,那么,它们是否也基本上适用于具有"**准司法**"性质的中国涉外经贸仲裁?

在这方面,CIETAC 的专职队伍中也不乏有识之士,提出了相应的评论和建议。在一篇题为《不同意见写入裁判文书,好!》[45]的短文中,作者指出:在英美法系国家,将同一合议庭案件每位法官的裁判意见尤其是其中少数法官的不同意见(**dissenting opinions**)写入裁判文书,是一件**很正常亦很平常**的事,人们从其中既阅读了裁判文书的判决意见(即合议庭多数法官的意见),又得以阅读裁判文书中公开表述的少数法官的不同意见。正是在这种**比较、鉴别**的过程中,人们才得以**自由地评判出案件的是非曲直**,**透亮地**"窥视"审断该案的每一位法官的思维过程、逻辑分析过程,甚至包括他们的人品才学、性格心态等等,从而心悦诚服地接受了裁判的结果,"因为,这样的裁判文书使你觉得没有什么是**不透明的、不透亮的**,没有什么是**可隐藏的、可暗箱操作的**。"

该文作者认为:"将少数审判人员持有的不同意见公开见于裁判文书,是个**突破**,符合司法公正所要求的公开透明原则,亦在本质上符合我国民事诉讼立法的原意。"但是,敢于"将审判人员的各个不同意见尤其是少数的不同意见公开写进裁判文书,是需要**勇气和底气**的。"如今,"中国法院的司法改革正以咄咄逼人之势向仲裁提出了挑战,中国法院已经先行了一步,那么,一直以专家断案自誉并以此为荣且……名扬于海内外的中国涉外仲裁,是否也已到了应将少数仲裁员的"**dissenting opinions**"写入裁决书的时候了?应该说中国的涉外仲裁基本上具备这样的**底气**,然

---

[44] 上海二中院研究室:《将合议庭不同意见写入判决书的初步探索》,2002 年 10 月 11 日发表于该中院网站。其网址为:http://www.shezfy.com/Discuss/detail.asp?id=142。

[45] 《不同意见写入裁判文书,好!》,载《中国对外贸易(中国仲裁)》2002 年第 10 期,第 6 页。

而却不具备这样的**魄力**！"

该文作者进一步回顾说："不是没有人提出过应将仲裁员之间的不同意见如实写入裁决书，早在 **1994** 年修改 **1989** 规则之际，这个问题就曾提上议事日程，只是那时谁也'不敢'拍板或是谁也不愿拍板作第一个承担有可能危及'生命'之风险的吃螃蟹的人，这不能不说是个遗憾！"显然，作者在这里想要强调：在当前的新形势下，理应"**旧话重提**"，以引起有关人士的足够重视："重要的是无论是诉讼还是仲裁都应尽一切可能利用**一切可以**达到**公正**审理并裁判案件的**形式**或机制以维护所有当事人的合法权益！这才符合社会主义法制的要求，符合独立公正审理并裁判案件的要求，才可以使无论是诉讼还是**仲裁之树常青**！"

看来，这篇公开发表于中国贸促会、中国商会主办的刊物上的文章，其思考方向完全符合现任中国贸促会和 CIETAC 主要领导人所大力倡导的有关基本精神："必须以**与时俱进**的精神状态，不断开创仲裁工作的新局面"；"形势的发展要求我们用**改革**的精神来看我们的工作现状，用**扬弃**的态度对待我们的经验，进一步解放思想，把我们的思想认识从那些不适合时宜的**观念、做法和规则**的**束缚中解放出来**。既要发扬好的传统，又要适应形势发展创造新的做法和经验。"[46]

五、几 项 寄 语

在结束本文之际，谨向 CIETAC 以及同行学友提出以下三项寄语，供认真考虑和深入讨论：

（一）更完善地发挥所设"专家咨询委员会"的功能与作用[47]

为此，似应充分给予参与评议的专家以应得的劳务报酬，同时要求他们事先认真阅读必要的案卷文档，并以事实为根据、以法律为准绳，经过认真思考研究，提出

---

[46] 刘文杰（中国贸促会副会长、中国国际经济贸易仲裁委员会副主任）：《努力提高仲裁质量，创造仲裁工作新局面——在 CIETAC 部分仲裁员研讨会上的发言》，载《中国对外贸易（中国仲裁）》2002 年第 12 期，第 6—7 页。

[47] 关于这一点，笔者曾在八年前即 1995 年的一篇论文中提出这样的设想：在中国涉外仲裁体系的领导机构中，加强和扩大其现有"专家委员会"的作用与功能。专家委员会不但可以在涉外裁决作出之前，针对仲裁过程中出现的疑难问题或分歧见解，进行研究和提出咨询意见，以供有关案件的仲裁庭参考；而且可以在涉外**裁决已经作出并已发生法律效力之后**，接受涉外仲裁领导机构的委托，对涉外仲裁裁决实体内容错误或违法提出的有关投诉，立项进行认真的研究，并将研究结论报送有关主管领导，俾便后者酌情正确处断。在这方面，应当切实**保证**专家委员会确有认真研究的足够时间，并给予应有的咨询研究劳务报酬。参见陈安：《论中国涉外仲裁的监督机制及其与国际惯例的接轨》，载《比较法研究》1995 年第 4 期，第 386 页。

有理有据的中肯意见。此外,还应在**专案评议会的时间上有足够的、切实的保证**,防止时间过于短促,以致无暇充分比较正反意见,兼听则明。

(二) 更充分地发挥常设"仲裁研究所"的功能与作用[48]

对于**已经裁结的案件**,如案情复杂,仲裁庭成员对裁决存在重大分歧,涉及公正原则又一时难辨是非,并有书面异议意见者,或有重大投诉者,可**筛选立项**,交由研究所进行专题研究,提出研究报告,送交 CIETAC 主管领导参考,以利总结经验教训,提高公正断案水平。

(三) 更慎重地选择每案的首席仲裁员[49]

首席仲裁员在每个个案中,都是主持人和实际上的"掌舵人"。因此,对于首席仲裁员综合素质的要求,**显应更高于对一般仲裁员的要求**。为此,在选择和指定首席仲裁员方面,似应建立一套相当缜密、科学、慎重的规章制度,优先选择能够**依法独立不阿**,在倾听任何庭外意见时,既勇于修正错误,又敢于坚持正确,既认真履行"首席"的职守和职责[50],又十分**慎重地使用"首席"的权力**[51],既敢于正确当机立

---

[48] 关于这一点,笔者曾在八年前发表的论文中提出这样的设想:在中国涉外仲裁体系的领导机构中,加强和扩大其现有研究所或其他研究机构的作用和功能。对于有关涉外仲裁裁决实体内容错误或违法的投诉,凡是情节较为复杂、是非较难判明者,可……委托上述研究机构立项进行深入的专题研究,并将研讨结论向涉外仲裁机构的领导人员提出书面报告,便于后者充分了解情况,果断判明是非,对有关投诉作出正确的回答和必要的处理。参见陈安:《论中国涉外仲裁的监督机制及其与国际惯例的接轨》,载《比较法研究》1995 年第 4 期,第 386 页。

[49] 关于这一点,笔者曾在八年前发表的论文中提出这样的设想:健全或修订首席仲裁员的指定体制,从严选定首席仲裁员。首席仲裁员在由三人组成的仲裁庭中,虽然在最终裁决时也只有一票表决权,但他毕竟是仲裁庭的主干或核心,自始至终主持全案的仲裁运作过程,对仲裁裁决的正确与否和公正与否,起着举足轻重的作用。特别是按照中国现行的涉外仲裁程序规则,在三名仲裁员各持己见、不能就裁决形成多数意见时,仲裁裁决即依首席仲裁员的意见作出。在这种场合,首席仲裁员的意见就比"举足轻重"更进一步,成为"一锤定音"、决定一切了。由此可见,在遴选和指定首席仲裁员时,对其品德素质和业务水平,都应有比一般仲裁员更高、更严格的要求。参见陈安:《论中国涉外仲裁的监督机制及其与国际惯例的接轨》,载《比较法研究》1995 年第 4 期,第 386 页。

[50] 其中包含这样的职守和职责:按 CIETAC 现行《仲裁规则》第 38 条的规定,不怕"麻烦",不图"省事",对事关案件根本定性的问题上,主动地和执著地进行必要的、反复的调查事实,收集证据;对当事人在审限内提出的最新举报和最新证据,认真地进行必要的鉴别和追查,以求彻底查清真相,防止草率裁决。

[51] CIETAC 现任主要领导人在前述重要发言中明确提出:"仲裁委员会对首席仲裁员应有刚性的要求。……比如,案件合议过程中,仲裁员有不同的意见,首席仲裁员应**认真倾听**,用心分析比较,**切不要以首席自居,阻塞言路**。""我们必须明确强调首席仲裁员在案件审理中负主要责任的地位。其所负的责任**事关仲裁委员会的对外形象**,事关仲裁事业的发展,事关当事人的切身利益。由于裁决书是终局性的,对当事人双方都具有约束力的,首席仲裁员签下的名字,**字字千斤重**。因此做出裁决一定要**慎之又慎**。我们是机构仲裁,为了我们的仲裁事业,我们对仲裁员特别是首席仲裁员**要严格要求**,严格管理,要讲纪律。凡在工作中不负责任,或不能胜任的,要采取措施,包括**不再予以指定为首席仲裁员**。"这些话,可谓苦口婆心与严肃认真兼而有之,而且显然不是"无的放矢",不容置若罔闻。详见刘文杰(中国贸促会副会长、中国国际经济贸易仲裁委员会副主任):《努力提高仲裁质量,创造仲裁工作新局面——在 CIETAC 部分仲裁员研讨会上的发言》(强调是引者所加,下同),载《中国对外贸易(中国仲裁)》2002 年第 12 期,第 6—7 页。

断,又善于充分发扬民主、集思广益的人士担任首席,以保证每案的仲裁质量,特别是保证每案仲裁裁决的公正、公平和透明。

(四) 澄清和修订 CIETAC 现行《仲裁规则》第 54 条

为促进 CIETAC 加速迈向现代化和国际化,似宜参照当代国际仲裁实践中的先进惯例,明文规定"少数仲裁员"提出的异议意见书,应当或可以连同多数仲裁员作出的裁决,同时向双方当事人送达。特别是在当事人任何一方索取或查阅、复印异议意见书时,不得以任何方式和借口予以拒绝。

※　　※　　※

以上个人管见,是否提出,如何提出,原先颇费斟酌踟蹰。笔者是凡夫俗子,并未超凡入圣,自不免也有些患得患失的凡俗之念。即使现在毅然**公开提出学术争鸣**,也仍时有"知我者谓我心忧,不知我者谓我何求"[52]的古人之慨叹萦回脑际。因为既然公开提出,在个别同行同志听来可能有些"逆耳"或有所"冒犯",从而损及上下或左右的"关系",并引来某些误解、非议或责难,甚至在一定程度上和一定范围内可能成为"众矢之的",或遭到实权人士的某种"莫须有"的"打击报复"。但是,秉着笔者个人的**法律良知**和**追求公正**的痴念,受到作为 CIETAC 诤友责任感的驱使,出于对 CIETAC 整体传统正气和一贯从善如流的确信,基于对 CIETAC 领导层集体素来敢于正视问题和不回避、不"讳疾"、不"护短"这一优良作风[53]的信赖,又不能不义无反顾,勇于坦诚陈言。所有管见陈言,囿于个人视野、学识和水平,自难完全避免欠妥或舛误。但既作为学术争鸣,也早已做好思想准备,竭诚欢迎来自海内外同行学人包括来自 CIETAC 友人的有理有据的批评和指正,俾取得与时俱进的、更加接近真理的共识。

如所周知,CIETAC 为了不断提高本身公正断案和扶正祛邪的专业职能,不但有常设的仲裁研究所、专设的专家咨询委员会,而且每年一度还定期召开全国性的

---

[52] 《诗经·国风·王风·黍离》,参见吕恢文译注:《诗经国风今译》,人民文学出版社 1987 年版,第 109—110 页。

[53] 关于这方面的优良作风,除刘文杰同志的前述重要发言外,中国贸仲会法律部长、CIETAC 副主任王生长同志撰写的《与时俱进,让仲裁之树常青》一文[载《中国对外贸易(中国仲裁)》2002 年第 12 期,第 8—9 页],也体现了 CIETAC 领导层集体提倡自律和"广开言路"的基本精神。文中指出:在绝大多数仲裁案件中,当事人对仲裁员的表现是满意或认可的,"但是,现实反馈的信息也表明,仲裁员还有许多应该注意和改进的地方",诸如考虑问题不周、超裁漏裁、程序处理有缺陷等等。"对于这些问题,**绝不能等闲视之**。"同时,特别强调"仲裁要讲公正",为了做到公正,仲裁员必须抛却私利,"才能避免以权谋私、**偏袒偏护、枉法裁判**等一系列不良现象";必须"坚持实事求是,**调查研究**,在理解现实世界时要**按照其本来面目去理解**而**不要给**它以任何先入为主的**附加**。"这些良言,显然也不是"**无的放矢**"的。

仲裁员业务研讨会和培训会。如果以上个人管见可以在上述几种专业场合作为**案例素材**印发,提供讨论和评析,那么,是否也会更有利于**在 CIETAC 队伍中贯彻"双百"方针,提倡和鼓励学术民主**呢?是否也会更有利于促进 CIETAC 的体制规章在**新形势**下不断自我完善,继续开拓创新,"**与时俱进,让仲裁之树常青**"呢?

六、尾　声

据悉,本案 2002 年 7 月 10 日终局裁决书正式下达之后,原与涉讼合同(《电量购销合同》)毫不相干、纯属无辜的第三人即 L 水电总公司,竟被裁令充当替罪羔羊,"挨宰"6478 万余元人民币,致使当地舆论大哗,该受害公司职工群情激愤,酝酿"闹事"。经当地政府主管官员出面反复进行行政协调,才使矛盾避免进一步激化,在当地政府主持下,各方终于商定:仍由**原涉讼合同甲方即 A 市 Y 电力总站**向银行贷款 2000 万元人民币,**一次性地**向**原涉讼合同乙方即 X 合资公司**清偿积欠电费。至此,**L 水电总公司**总算从本案错误裁决的"利刃"[54]之下**解脱**出来,**幸免于无辜被"宰"之难**。此番因政府主管官员**行政行为**引发而缠讼多年的《电量购销合同》争端,终又通过政府主管官员的**行政行为**而解决了矛盾。这一结局,以事实有力地印证了笔者当初在《异议书》第 8 段、第 13.4—13.5 段中所剖析判断的"**解铃还需系铃人**"!也印证了本案裁决书越权管辖裁断与越权代庖解释之"**徒劳**"与不当!有关方面对此诚能认真加以总结,则"与时俱进,让仲裁之树常青",有厚望焉!

---

[54]　见本文第五部分之(一):后期的草率断决及其负面后果。

第11章 论中国法律认定的"违法行为"及其法律后果*

——就广东省广信公司破产清算债务讼案问题答外商摩根公司问(专家意见书)

>> **内容提要**

　　本文是笔者受托向广东省高级人民法院出具的专家意见书。1997—1998年7月,美国摩根公司与广东国际信托投资公司(以下简称"广信公司")订立和修订《国际掉期交易协议》(以下简称《协议》)。1998年10月,广信公司进入破产清算,摩根公司两度向广信公司清算组要求赔偿违约损失400余万美元,均遭后者拒绝。拒绝的主要理由是:《协议》的内容违反中国人民银行1995年5月29日发布的《关于禁止金融机构随意开展境外衍生工具交易业务的通知》(以下简称《1995年通知》)的规定,属于无效合同,不受中国法律保护。摩根公司遂向广东省高级人民法院提起诉讼,其香港代理律师于2001年9月来函要求笔者提供咨询意见。咨询的主要问题是:中国人民银行的《1995年通知》是否是中国的法律或法规?《协议》内容如确实不符上述通知规定,是否无效合同?广信公司曾向摩根公司作过"虚假不实陈述",后者信以为真并据以立约。依中国法律,应如何分清责任?如何补救?

　　针对上述问题,笔者仔细阅读了本案有关文档,查索和研究了中国《民法通则》《合同法》等多种法律法规的相关规定以及有关的司法解释,认为:中国人民银行以自己名义发布的《1995年通知》,只是部门的规章,不是行政法规,更不是法律。《协议》的内容如与上述通知的规定有所不符,不能简单地认定为"无效合同",完全"不受法律保护";如有确凿证据表明广信公司在签订《协议》之前曾向摩根公司提供虚假信息实行误导并据以立约,则广信公司应承担相应的法律责任,对摩根公司因《协

---

* 本文原是一份"专家意见书"。辑入本书时略有删节。

议》无效而遭受的损失给予赔偿。此外,本案涉讼《协议》采用的范本如果确是当前国际上通行的规则,则依据《WTO协定》第16条第4款的规定,上述《1995年通知》中有关的规定有可能因其不符合《WTO协定》所肯定的国际通行规则而在近期内被中国政府部门废除或修改。

目　次

一、专家简况
二、本案的梗概和咨询的问题
三、专家的看法和意见
　（一）中国人民银行的《1995年通知》并非法律或法规
　（二）《协议》违反《1995年通知》并非当然违法和全盘无效
　（三）当事人一方以不实信息误导对方致造成损害应依法赔偿
　（四）中国法律对违约救济程序的基本规定
　（五）中国法律、法规和行政规章与《WTO协定》规则的"接轨"

本人,中国厦门大学法学院教授陈安,应 Morgan Stanley Capital Services Inc.(以下简称"摩根公司")要求,就其诉广东国际信托投资公司破产清算组(以下简称"广信清算组")一案,提供法学专家意见如下:

一、专　家　简　况

1—10(从略)

二、本案的梗概和咨询的问题

11. 香港安理国际律师事务所2001年9月20日来函简述了本案的梗概:

11.1　摩根公司与广东国际信托投资公司(以下简称"广信公司")于1997年9月3日签订了一份《国际掉期交易协议》(以下简称《协议》)。1998年7月7日进一步修订了该协议。1998年10月,广信公司进入破产清算。依据上述《协议》条款,广信公司违约,摩根公司有权向广信公司要求赔偿因其违约行为引起的损失401万美元。

11.2 1998年11月3日和2000年1月20日,摩根公司先后两度向广信清算组致函,要求确认并赔偿上述损失及其利息,均遭广信清算组拒绝。

11.3 2001年4月29日,摩根公司向广东省高级人民法院呈交了一份《申请书》,请求省高院裁定摩根公司有权作为债权人参与广信公司的破产财产分配。2001年6月21日,又呈交了一份《补充申请书》。

12. 香港安理国际律师事务所着重提出并咨询以下两个方面的法律问题,征求专家意见:

12.1 据广信清算组1999年10月26日致摩根公司复函称:摩根公司与广信公司签订的上述《协议》,违反了中国人民银行1995年3月29日颁发的《关于禁止金融机构随意开展境外衍生工具交易业务的通知》(以下简称《1995年通知》)的有关规定,属于无效合同,不受中国法律保护,因此,摩根公司前述债权主张(见本《意见书》第11.1和11.2段)依法不能成立。2000年6月16日,广信清算组再次函复摩根公司,重申上述见解,再次拒绝摩根公司的债权要求。

12.2 摩根公司一向坚持主张:《协议》并未违反中国人民银行发出的《1995年通知》。退一步说,即使《协议》对《1995年通知》的规定有所不符或有所违反,那么,请问:

12.2.1 《1995年通知》究竟是否中国的法律或行政法规?

12.2.2 如果《协议》与《1995年通知》有所不符或有所违反,则是否即构成"违法行为"?从而,是否必然导致《协议》成为无效合同?

12.3 根据摩根公司掌握的材料和证据,广信公司曾经向摩根公司作过虚假不实的陈述(misrepresentation),摩根公司听信了广信公司的陈述并以此为基础与广信公司签订了上述《协议》。请问:

12.3.1 如果广信清算组拒绝摩根公司有关债权主张的上述答复和解释得以成立,那么,岂不是意味着广信公司不但可以逃避因其自身过错而理应承担的法律责任和经济责任,而且可以借此牟取非法利益?

12.3.2 在这方面,中国的现行法律有何补救规定?

三、专家的看法和意见

（一）中国人民银行的《1995 年通知》并非法律或法规

13. 就上述第 12.2.1 段的问题而言，要判断《1995 年通知》是否属于中国的法律或行政法规的范畴，应当首先查证《中华人民共和国宪法》（见附件一，以下简称《宪法》）的有关规定。

13.1 《宪法》序言末段规定：

本宪法……是国家的根本法，具有最高的法律效力。

第 5 条第 2 款规定：

一切法律、行政法规和地方法规都不得同宪法相抵触。

13.2 何谓"**法律**"？根据《宪法》第 58 条、第 62 条第 3 款以及第 67 条第 2 款的规定：全国人民代表大会及其常务委员会行使国家的立法权。其职权之一，是制定和修改国家的基本**法律**及其他一般**法律**。

13.3 何谓"**行政法规**"？根据《宪法》第 89 条第 1 款的规定，国务院的职权之一，是根据宪法和**法律**，制定**行政法规**，发布规定和命令。同时，《宪法》第 90 条第 2 款规定：国务院所属各部、各委员会（及各部委直属机构）根据**法律**和国务院的**行政法规**，在本部门的权限内，发布**规章**。

13.4 按照《宪法》的上述规定，国务院所属各部、各委及各部委级机构，显然均无权以自己的名义直接颁行任何法律、任何行政法规。它们只能在各部门自身的权限内，发布**规章**。**规章**本身并**不是行政法规，更不是法律**。

13.5 由此可见，中国人民银行以自己的名义发布的前述《1995 年通知》，充其量只能是本部门的规章，而不是行政法规，更不是法律。

（二）《协议》违反《1995 年通知》并非当然违法和全盘无效

14. 就 12.2.2 段的问题而言，2000 年 7 月 1 日起施行的《中华人民共和国立法法》（见附件二，以下简称《立法法》），其第 7 条和第 8 条有关"立法权限"规定的根本依据，就是《宪法》上述各条的具体规定。前者的内容和文字，显然都是从后者直接"移植"而来的。

14.1 《立法法》第二章第二节直接以"规章"两字为题,其中第 71 条第 1 款明文规定:

国务院各部、委员会、**中国人民银行**、审计署和具有行政管理职能的直属机构,可以根据法律和国务院的行政法规、决定、命令,在本部门的权限范围内,制定**规章**。

14.2 上述规定,更具体地证明:**中国人民银行**以自己名义发布的上述《**1995 年通知**》,充其量只能是本部门的**规章**,而不是行政法规,更不是法律。

15. 1987 年 1 月 1 日起施行的《中华人民共和国民法通则》(见附件三,以下简称《民法通则》)第 58 条第 1 款第 5 项规定:

违反法律或者社会公共利益的民事行为无效。

16. 1985 年 7 月 1 日起施行直至 1999 年 10 月 1 日才废止的《中华人民共和国涉外经济合同法》(见附件四,以下简称《涉外经济合同法》)第 9 条第 1 款规定:

违反中华人民共和国法律或者社会公共利益的合同无效。

17. 1999 年 10 月 1 日起施行的《中华人民共和国合同法》(见附件五,以下简称《合同法》)第 52 条规定:

有下列情形之一的,**合同无效**:
(一) 一方以欺诈、胁迫的手段订立合同,损害国家利益;
(二) 恶意串通,损害国家、集体或者第三人利益;
(三) 以合法形式掩盖非法目的;
(四) 损害社会公共利益;
(五) **违反法律、行政法规**的强制性规定。

显而易见,《合同法》本条的第 5 款吸收了上述《民法通则》第 58 条第 1 款第 5 项以及《涉外经济合同法》第 9 条第 1 款的内容,并且规定得更为具体、更加明确。

18. 综合上述第 15—17 段各项法律规定,显然可以断定:只有在合同条款内容直接"违反**法律、行政法规的强制性**规定"的情况下,才能依法认定合同无效。中国人民银行发布的上述《1995 年通知》既然只是规章而不是法律或行政法规,则违反《1995 年通知》的合同,充其量只是违反规章,而并非违反**法律**或**行政法规**,因此,不能据此认定它是"**无效合同**",硬说它"不受法律保护"云云。

19. 就上述第 12.2.2 段的问题而言,1999 年 12 月 29 日起施行的《最高人民法

院关于适用〈中华人民共和国合同法〉若干问题的解释(一)》(见附件六,以下简称《解释》)特别值得注意:

> 第1条 合同法实施以后成立的合同发生纠纷起诉到人民法院的,适用合同法的规定;**合同法实施以前成立的合同发生纠纷起诉到人民法院的,除本解释另有规定的以外,适用当时的法律规定**,当时没有法律规定的,可以适用合同法的有关规定。
>
> 第4条 **合同法实施以后,人民法院确认合同无效,应当以全国人大及其常委会制定的法律和国务院制定的行政法规为依据,不得以地方性法规、行政规章为依据**。

20. 本案涉讼的前述《协议》,乃是在《合同法》实施以前成立并在《合同法》实施之后发生纠纷起诉到人民法院的,按《解释》第1条的规定,应当同时适用第15段至第17段摘引的《民法通则》《涉外经济合同法》和《合同法》的有关规定。

21. 按《解释》第4条的规定,《合同法》实施以后,人民法院确认合同无效,**只能以法律、行政法规为依据,而不得以任何行政规章为依据**。

22. 由此可见,就本案而言,显然不得以"违反"中国人民银行的《1995年通知》这一**规章**作为依据,任意认定《协议》为"无效合同",强词夺理地说它"不受中国法律保护"云云。

23. 由此可见,广信清算组有关《协议》因"违法"而"无效"的主张,以及完全否定摩根公司对广信公司破产财产享有债权的主张,显然是**于法无据**的,是不能成立和不可采取的。

(三)当事人一方以不实信息误导对方致造成损害应依法赔偿

24. 就第12.3.1段的问题而言,如果摩根公司已经掌握确凿证据,足以证明广信公司曾向摩根公司作过虚假不实的陈述,而《协议》又确是以摩根公司听信此种虚假不实陈述作为基础而签订的,则按照中国现行的法律规定,广信公司当然不能逃避它应当承担的法律责任和经济责任。

25. 根据《民法通则》第106条规定:法人"**由于过错**"侵害他人财产的,"应当承担民事责任"。第111条更明确规定:

> 当事人一方不履行合同义务或者履行合同义务不符合约定条件的,另一方有权要求履行或者采取补救措施,并有权要求赔偿损失。

26.《涉外经济合同法》第 11 条规定：

当事人一方对合同无效负有责任的，应当对另一方因合同无效而遭受的损失负赔偿责任。

据此，以摩根公司听信广信公司虚假不实陈述作为基础的《协议》一旦不幸被确认为"无效合同"，则造成此种后果的广信公司就负有法律责任和经济责任，应当对摩根公司因《协议》无效而遭受的损失给予赔偿。

27.《合同法》第 42 条进一步明确规定：

当事人在订立合同过程中有下列情形之一，给对方造成损失的，应当**承担损害赔偿责任**：

（一）假借订立合同，恶意进行磋商；
（二）**故意隐瞒**与订立合同有关的**重要事实**或者**提供虚假情况**；
（三）有其他**违背诚实信用原则**的行为。

上述第 25—27 段的这些法律规定，极其强有力地说明：中国的法律对于任何一方的合同当事人因其提供虚假情况、违背诚信原则而给对方当事人造成损失的，毫不姑息宽纵，听任前者任意逃避其应负的责任。更绝不允许前者通过自己的虚假陈述和违背诚信的行为，从中牟取非法利益。相反，根据中国法律的上述规定，应当认真追究前者提供虚假情况、违背诚信原则的法律责任和经济责任，并责令前者向由此受到损失的对方当事人给予相应的损害赔偿。

（四）中国法律对违约救济程序的基本规定

28. 就中国法律规定的违约救济措施而言，除以上各段所引述的基本实体原则之外，还具有以下各段引述的基本程序原则。关于救济程序，《涉外经济合同法》《合同法》《中华人民共和国民事诉讼法》（以下简称《民事诉讼法》）以及《中华人民共和国仲裁法》（以下简称《仲裁法》），均有相应的规定。

28.1 《涉外经济合同法》第 5 条规定：

合同当事人可以选择处理合同争议所适用的法律。当事人没有选择的，适用与合同有最密切联系的国家的法律。

第 37 条、第 38 条进一步规定：

发生合同争议时，当事人应当尽可能通过协商或者通过第三者调解解决。

当事人不愿协商、调解的,或者协商、调解不成的,可以依据合同中的仲裁条款或者事后达成的书面仲裁协议,提交中国仲裁机构或者其他仲裁机构仲裁。

28.2 《合同法》第126条规定:

涉外合同的当事人可以选择处理合同争议所适用的法律,但法律另有规定的除外。涉外合同的当事人没有选择的,适用与合同有最密切联系的国家的法律。

第128条进一步规定:

涉外合同的当事人可以根据仲裁协议向中国仲裁机构或者其他仲裁机构申请仲裁。当事人没有订立仲裁协议或者仲裁协议无效的,可以向人民法院起诉。当事人应当履行发生法律效力的判决、仲裁裁决、调解书;拒不履行的,对方可以请求人民法院执行。

28.3 《民事诉讼法》第257条规定:

涉外经济贸易、运输和海事中发生的纠纷,当事人在合同中订有仲裁条款或者事后达成书面仲裁协议,提交中华人民共和国涉外仲裁机构或者其他仲裁机构仲裁的,当事人不得向人民法院起诉。

当事人在合同中没有订有仲裁条款或者事后没有达成书面仲裁协议的,可以向人民法院起诉。

28.4 《仲裁法》第4条、第5条规定:

当事人采用仲裁方式解决纠纷,应当双方自愿,达成仲裁协议。没有仲裁协议,一方申请仲裁的,仲裁委员会不予受理。

当事人达成仲裁协议,一方向人民法院起诉的,人民法院不予受理,但仲裁协议无效的除外。

29. 综合以上各种法律规定,可以看出:

中国法律在有关涉外经济合同违约救济措施的选择问题上,首先充分尊重"当事人意思自治原则",可由当事人按合同的争端解决条款,选择处理争议的具体管辖机构(法院或仲裁机构)、处理争议的方式(诉讼或仲裁)以及处理争议所适用的法律(中国法律或外国法律)。

30. 结合本案的情况,可按《协议》第13条"管辖法律和司法管辖区"及其有关附件的具体规定,选择解决争端的管辖法律和管辖机构;也可以按双方当事人重新协商一致同意的有关解决争端的新协议,另行选择新的管辖法律和管辖机关。

(五) 中国法律、法规和行政规章与《WTO 协定》规则的"接轨"

31. 如所周知,中国即将在 2001 年 11 月正式加入世界贸易组织(WTO),因此,在解决本案争端的过程中,除应切实遵守中国现行的宪法、法律以及行政法规之外,还应认真结合考虑《世界贸易组织协定》(见附件七,以下简称《WTO 协定》)的有关规定。

32.《WTO 协定》第 16 条第 4 款规定:

> 每一成员方应**保证其法律、法规**和行政程序与所附各协定对其规定的**义务相一致**。

这意味着:凡是加入 WTO 的每一成员,都承担了条约规定的义务并作出承诺:确保其国内的一切法律、法规和规章,都与 WTO 协定的规则完全一致。凡有不一致者,应按有关条约规定对本国的相关法律、法规和规章加以修改或废除。

33. 中国政府及其领导人、谈判代表已在多种场合公开表示:中国即将加入世贸组织,中国会**信守承诺**,进一步扩大对外开放,有步骤地推进**金融、贸易**等服务领域的对外开放;特别强调:"中国将认真履行对外承诺,根据经济体制的要求和**国际通行规则**,进一步完善涉外经济环境,创造完备的法制环境"。据《人民日报》报道:中国有关部门正在加紧准备**废除或修订一大批违反世贸组织规则的法律、法规和规章**(见附件八)。

34. 结合本案的情况:本案《协议》采用的是《ISDA 国际掉期交易商协会制订的主协议》文本。该文本中所规定的各项"掉期交易条款",乃是当前**国际上通行的规则**。中国人民银行《1995 年通知》这一**规章**中有关禁止的规定,显然已经落后于近几年来国内外经贸形势的重大发展,很有可能因其并不符合当前**国际通行**规则而在近期内被废除或修改。

35. 可以预期,也应当深信:中国的各级人民法院在审理有关本案争端过程中,必将认真遵照中国现行的宪法、法律、法规以及中国即将修订、更新并且**与 WTO 规则完全一致、与国际通行规则接轨**的新的法律、法规,作出公正、公平的裁定或判决。

厦门大学法学教授、博士生导师
陈 安
2001 年 9 月 24 日

(附件八种,从略)

第 12 章　论中国内地土地使用权的回收与变卖
——就香港某债务讼案问题答台商问(专家意见书)

>> 内容提要

本文是笔者受托向香港高等法院出具的专家意见书。1994年3月港商A与台商B在香港组建C公司,各拥有50%股权,旋即以C公司名义在厦门市投资组建D公司开发房地产,从市政府方面购得黄金地段的地块使用权。因开发资金不足,D公司以所获地块使用权作为抵押,向中国数家银行贷得4600万元人民币。其后,两位股东争端迭起。上述房地产开发中途停顿多时,土地闲置超过法定时限,地方政府决定依法收回上述地块,另行转让。同时,由于D公司无力如期偿还银行贷款,中国法院应债权人申请判决以"抵押品"即上述地块使用权依法拍卖或变卖,以所得款项清偿债务。台商B表示要另外单独出资购买D公司拥有的上述地块使用权,港商A主张以拍卖方式出让上述地块使用权。双方各持己见,僵持不下,在祖国内地法院缠讼数年,迄未有最后定论。2001年9月,港商A向香港特别行政区高等法院起诉,要求:(1)台商B应将其在香港C公司中所拥有的50%股权作价转让给港商A;(2)台商B或其他台商不得单独出资购买D公司拥有的上述地块的使用权。2002年3月,台商B在香港聘请的本案代理律师来函要求笔者提供咨询意见。咨询的主要问题是:(1)中国政府是否有权将原先批准转让给外商的土地使用权,依法收回,或依法另行转让?(2)中国法律是否允许外商企业将已获得土地使用权的地块,长期闲置不用?如违法长期闲置,政府如何依法处理?(3)中国政府和中国法院是否有权决定将外商企业用以作为贷款抵押的上述地块使用权,依法加以直接变卖,以便早日还贷和避免该地块继续长期违法闲置?针对上述问题,笔者仔细阅读了本案的有关文档,查索和研究了中国多种法律、法规、司法解释以及部门行政规章的相关规定,对以上三个具体问题逐一作了明确的答复,并提供所引据的文档资料13种。

目　次

一、专家简况
二、本案咨询的问题
三、专家的看法和意见
　　（一）中国政府有权依法收回已转让的土地，或依法另行转让
　　（二）中国法律禁止外商将已获使用权的地块长期闲置不用
　　（三）中国政府和法院有权依法直接变卖外商用以抵押的地块使用权

本人，中国厦门大学法学院教授、博士生导师陈安，应香港黄萃群、李钜林律师行李钜林律师要求，就 A 诉 B 一案，提供法学专家意见如下：

一、专　家　简　况

1—10（从略）

二、本案咨询的问题

11. 兹向陈教授咨询以下法律问题：

11.1　中国政府（含厦门市政府）是否有权将原先批准转让给外商的土地使用权，**依法收回**，或依法**另行转让**？

11.2　中国法律是否允许外商企业将已获得土地使用权的地块，**长期闲置**不用？如违法长期闲置，政府如何依法处理？

11.3　中国政府和中国法院是否有权决定将外商企业用以作为贷款抵押的上述地块使用权，依法加以**直接变卖**，以便早日还贷和避免该地块继续长期违法闲置？

三、专家的看法和意见

(一) 中国政府有权依法收回已转让的土地,或依法另行转让

12. 就上述11.1段的问题而言,按中国的现行法律,中国政府完全有权将原已转让给外商的地块使用权,依法收回,或依法另行转让。

12.1 《中华人民共和国宪法》第10条第1款明文规定:"城市的土地属于国家所有"。第3款规定:"国家为了公共利益的需要,可以依照法律规定对土地实行征用。"第5款规定:"一切使用土地的组织和个人必须合理地利用土地。"

作为中国的根本大法,《宪法》中针对土地问题厘定的上述基本原则,始终贯穿于中国的其他一切有关土地使用权的法律和法规。

12.2 《中华人民共和国外资企业法》第5条规定:"国家对外资企业不实行国有化和征收;在特殊情况下,根据社会**公共利益**的需要,对外资企业可以依照法律程序实行**征收**,并给予相应的**补偿**。"据此,中国政府对于在华外资企业的所有资产以及一切权益,其中当然也包括对于外资企业所已经拥有的地块使用权,均可根据社会公共利益的需要,依法征收,并给予相应补偿。

(二) 中国法律禁止外商将已获使用权的地块长期闲置不用

13. 就上述11.2段的问题而言,中国法律不允许外商企业将已获得使用权的地块长期闲置不用。

13.1 《中华人民共和国土地管理法》第37条第1款明文规定禁止任何单位和个人闲置耕地和城市房地产开发用地,并规定应对违法闲置土地者给予必要的行政处罚。同条第2款又进一步特别规定:"在城市规划区范围内,以出让方式取得土地使用权进行房地产开发的闲置土地,依照《中华人民共和国城市房地产管理法》的有关规定办理。"(见附件3)

13.2 《中华人民共和国城市房地产管理法》第25条规定:

> 以出让方式取得土地使用权进行房地产开发的,必须按照土地使用权出让合同约定的土地用途、动工开发期限开发土地。超过出让合同约定的动工开发日期满一年未动工开发的,可以征收相当于土地使用权出让金20%以下的土地闲置费;**满2年未动工开发的,可以无偿收回土地使用权**;但是,因不可抗力或者

政府、政府有关部门的行为或者动工开发必需的前期工作造成动工开发迟延的除外。（见附件4）

13.3 对于13.1及13.2两种法律中所称的"闲置土地"究竟如何理解？为避免在实际执行中作不正确解释，致使国家土地资源被任意闲置，给国家造成无谓损失，中国国务院主管部门即中华人民共和国土资源部特地在1999年颁布行政法令：《闲置土地处理办法》，专门针对有关问题作了权威性的解释。其中第2条规定：

本办法所称闲置土地，是指土地使用者依法取得土地使用权后，未经原批准用地的人民政府同意，超过规定的期限未动工开发建设的建设用地。

具有下列情形之一的，也可以认定为闲置土地：

（一）国有土地有偿使用合同或者建设用地批准书未规定动工开发建设日期，自国有土地有偿使用合同生效或者土地行政主管部门建设用地批准书颁发之日起满1年未动工开发建设的；

（二）已动工开发建设但开发建设的面积占应动工开发建设总面积不足1/3或者已投资额占总投资额不足25％且未经批准中止开发建设连续了1年的。（见附件5）

13.4 《厦门市国有土地出让条件和使用规则》第10条规定：用地者应自签订合同之日起，在规定建设期限内竣工。"延期竣工超过两年的，市土地局有权收回土地使用权，注销其《建设用地许可证》《土地使用证》，土地使用权以及地上建筑物无偿归市政府所有。"

此项地方性行政法规作为每一份"厦门市国有土地使用权有偿出让合同书"的必备附件，明文记载于该格式合同第17条，并明文规定"与本合同具有同等法律效力"（见附件6、附件7、附件8、附件9）。

13.5 根据以上各项法律法规，对照本案涉讼的三个地块开发的具体情况，这些地块显然可以认定为闲置用地。依中国《城市房地产管理法》第25条、《闲置土地处理办法》第4条第3款以及《厦门市国有土地出让条件和使用规则》第10条的规定，中国政府主管部门对这些地块有权依法**"无偿收回土地使用权"**；当然也有权在无偿收回这些地块使用权之后，将其使用权另行依法出让给其他任何个人或其经营的企业。

兹逐一对照分析如下：

13.6 "厦门市国有土地使用权有偿出让合同书"[（94）厦地合字（协）049号]第2条规定：该合同地块编号为94-B47，面积为9271.394 m²（按补充合同调整后实数计算,下同),容积率为2.0,应开发地面总面积为9271.394 m²×2=18542.788 m²;建设期限为自1994年9月8日起算,至2000年9月8日完工(见附件7)。但是,迄今为止原定竣工期限已经逾期1年6个月,而已经开发的地面面积却为零。中止开发建设早已连续超过1年以上。

13.7 "厦门市国有土地使用权有偿出让合同书"[(94)厦地合字(协)050号]第2条规定:该合同地块编号为94-B48,面积为6633.303 m²,容积率为2.0,应开发地面总面积为6633.303 m²×2=13266.606 m²;建设期限为自1994年9月8日起算,至1998年9月7日完工(见附件8)。但是,迄今为止原定竣工期限已经逾期3年6个月,而已经开发的地面面积亦为零。中止开发建设也早已连续超过1年以上。

13.8 "厦门市国有土地使用权有偿出让合同书"[(94)厦地合字(协)051号]第2条规定:该合同地块编号为94-B49,面积为6900.138 m²,容积率为2.0,应开发地面总面积为6900.138 m²×2=13800.276 m²;建设期限为自1994年9月8日起算,至1998年1月7日完工(见附件9)。但是,迄今为止原定竣工期限已逾期4年整,而已开发的地面面积亦为零。中止开发建设也早已连续超过1年以上。

13.9 根据上述13.1—13.4所列法律和法规,对照13.6—13.8三份合同履行的实际情况(即**已开发面积占应开发总面积的百分比严重不足,中止开发建设连续满一年以上,原定竣工期限逾期已久**),其所涉及的编号为**94-B47、94-B48以及94-B49**三个地块,显然都早已可以认定为**闲置土地**,厦门市主管部门有权依法无偿收回这三个地块的土地使用权,并另作处理。

(三)中国政府和法院有权依法直接变卖外商用以抵押的地块使用权

14. 就上述11.3段的问题而言,按中国的现行法律,中国政府和中国法院有权决定将外商企业用以作为贷款抵押的上述地块使用权,在该外商无力按期还清贷款的情况下,依法加以直接变卖,以便尽早还贷和避免该地块继续长期闲置。

14.1 《中华人民共和国担保法》第33、34、53条明文规定:债权人对于设有抵押权而到期未偿的债款,有权请求法院依法将抵押物变卖作价,清偿金钱债务。(见附件10)

具体说来,该法第33条第1款规定:"债务人不履行债务时,债权人有权依照本法规定以该财产[按:指抵押物]**折价**或者以**拍卖**、**变卖**该财产的价款优先受偿"。第34条第1款第3项规定:"抵押人[按:指债务人]依法有权处分的国有土地的使用权",可以作为债权的担保,依法予以抵押。第53条则进一步明文规定:"债务履行期届满抵押权人未受清偿的,可以与抵押人协议以抵押物**折价**或者以**拍卖**、**变卖**该抵押物所得的价款受偿;协议不成的,抵押权人可以向人民法院提起诉讼。"

可见,依中国现行的《担保法》,以抵押物**折价偿债**,或将抵押物**拍卖**所得价款偿债,或将抵押物变卖所得价款偿债,这三种办法,**悉听债权人**(即抵押权人)与**债务人**(即抵押人)**自由选择其一,自行议定**。只有在双方协议不成的情况下,债权人(即抵押权人)可向人民法院提起诉讼。

14.2 《中华人民共和国民事诉讼法》第225—226条规定,经当事人请求强制执行,法院可以将逾期不还债的债务人的有关财产(含设有抵押权的地块使用权)加以扣押,并依法交有关单位**拍卖**或加以**变卖**,以偿清债款。(见附件11)

14.3 最高人民法院于1998年7月颁行《关于人民法院执行工作若干问题的规定(试行)》第46—48条分别载明:

  人民法院对查封、扣押的被执行人财产进行变价时,应当委托拍卖机构进行拍卖。财产无法委托拍卖、不适于拍卖或**当事人双方同意不需要拍卖的**,人民法院可以交由有关单位变卖或**自行组织变卖**。

  人民法院对拍卖、变卖被执行人的财产,应当委托依法成立的资产评估机构进行价格评估。

  被执行人申请对人民法院查封的财产**自行变卖的**,人民法院**可以准许**,但应当监督其按照合理价格在指定的期限内进行,并控制变卖的价款。(见附件12)

根据以上规定,显然可以看出:

(1) 这些规定是以上述《担保法》和《民事诉讼法》的有关条款作为基础,进一步加以具体化;

(2) 人民法院对查封、扣押的被执行人(通常即是债务人)的财产进行变价时,可以**酌情选择采取三种办法之一**,即:

第一,由人民法院委托拍卖机构进行**拍卖**;

第二,被执行人(债务人)与申请执行人(债权人)双方商定同意不需要拍卖的,人民法院可交由有关单位变卖或自行**组织变卖**;

第三,人民法院可以准许被执行人申请对人民法院查封的财产**自行变卖**,但应监督其变卖价格和指定期限。

人民法院对拍卖、变卖被执行人的财产,应依法进行价格评估。

对照以下事实:厦门D公司作为被执行人——债务人,建设银行厦门分行等作为申请执行人——债权人,双方经过长期协商,已经**一致同意不需要拍卖**,议定在厦门人民法院主持下自行组织变卖,由厦门 D 公司将涉讼地块使用权出让给香港中莱公司,其价款则由福建省人民法院委托依法成立的厦门均和资产评估所作出客观和合理的评估,定为 4954 万元人民币(见附件 13),并应以所得价款清偿建行等债权人。这些协议行为和操作程序完全符合最高人民法院《关于人民法院执行工作若干问题的规定(试行)》中列举的可供酌情选择的三种解决办法中的**第二种**,并且正是以此项最高人民法院的司法解释作为行动指南和行为准则。总之,此举显属于法有据:既有《担保法》第 33、34、53 条以及《民事诉讼法》第 225—226 条作为法律依据,又有上述司法解释作为法律依据。

厦门大学法学教授、博士生导师

陈安

2002 年 3 月 10 日

(附件 13 种,从略)

第13章 小议"法无明禁即为合法"
——就外资企业"设董"自主权问题答英商问(专家意见书)

>> 内容提要

在华英商某独资公司原未设董事会,现拟设立董事会,以便在决策时有利于集思广益。但是,为了提高效率和节省董事高薪等项开支,拟设只由2人组成的董事会。有人认为,这种做法有悖于现行《中华人民共和国公司法》第45条的规定,且因董事人数为偶数,在实践上易于出现"1:1"的决策僵局。故上述设想既不合法又颇欠妥。英商当事人向笔者提出咨询。笔者认为:第一,此事虽小,但也必须从法理上予以剖析,始能明其是非,解除顾虑,解决问题;第二,当事人的上述构思设想,是合法的、可行的,但要做好预防决策僵局的设计,并事先载入企业的章程。

>> 目　次

一、在华外商独资有限责任公司可以设立也可以不设立董事会
　　(一)适用的主要法律:中国的《公司法》与《外资企业法》
　　(二)特别法优先于普通法:《外资企业法》优先于《公司法》
　　(三)《公司法》相关规定的合理解释
二、中外合资企业或中外合作企业的董事会人数不得少于3人,但外商独资企业的董事会人数可以少于3人
　　(一)《中外合资经营企业法》及其实施条例的禁止规定
　　(二)《中外合作经营企业法》及其实施细则的禁止规定
　　(三)《外资企业法》及其实施细则未作相关禁止规定
三、两人董事会或偶数董事会避免决策"僵局"的具体办法
四、新颁《国务院关于投资体制改革的决定》深受外商欢迎,应予认真贯彻
五、结论

英国某公司来函咨询以下具体问题：

（1）依据中国的现行法律法规，在中国境内设立外商投资的独资企业（有限责任公司），是否必须设立董事会？

（2）如果设立董事会，董事的人数是否必须为3人以上？董事会可否只设董事2人，以便既能集思广益，又能提高办事效率和节省经费开支？

（3）如果只设2人董事，意见严重分歧时，如何避免决策困难？

针对以上三个问题，兹逐一奉答如下：

一、在华外商独资有限责任公司可以设立也可以不设立董事会

（一）适用的主要法律：中国的《公司法》与《外资企业法》

现行的《中华人民共和国公司法》（以下简称《公司法》）、《中华人民共和国外资企业法》（以下简称《外资企业法》）以及《中华人民共和国外资企业法实施细则》（以下简称《外资企业法实施细则》），是适用于在华组建经营外商独资企业的主要法律和法规。

（二）特别法优先于普通法：《外资企业法》优先于《公司法》

上述三者的关系是：《公司法》乃是适用于在华各类公司企业（包括外资独资企业）的"**普通法**"，《外资企业法》和《外资企业法实施细则》则是专门适用于在华外资独资企业的"**特别法**"。在适用的先后层次和法律位阶上，"**特别法**"**优先于**"**普通法**"，这是一条很重要的法理原则。《公司法》第18条规定："外商投资的有限责任公司适用本法，有关中外合资经营企业、中外合作经营企业、外资企业的法律**另有规定，适用其规定**。"这就是体现了"特别法"的适用**优先于**"普通法"的原则。据此，关于外商独资企业董事会设立的问题，应当优先适用《外资企业法》和《外资企业法实施细则》的有关规定。

（三）《公司法》相关规定的合理解释

《公司法》第45条规定："有限责任公司设董事会，其成员为**3人至13人**。……董事长为公司的法定代表人"。同法第51条又规定："有限责任公司，股东人数较少和规模较小的，可以设1名执行董事，**不设立董事会**。执行董事可以兼任公司经

理。……有限责任公司不设董事会的,执行董事为公司的法定代表人。"

由上述规定可以推导出四点:

(1) 有限责任公司可以设立董事会,也可以不设立董事会,而只设执行董事 1 人,视公司股东人数多寡和规模大小而定。其立法精神显然是**提高决策和办事效率,精简机构和节省开支。**

(2) 设立董事会的公司,董事长是该公司的法定代表人;不设立董事会而只设立执行董事 1 人的公司,执行董事是该公司的法定代表人。

(3) 董事会的人数,**一般以"奇数"**(即 3、5、7、9、11 或 13)**为宜**,便于在意见分歧时投票表决,形成决议。但是:

(4) **法律并未明文规定绝对禁止董事会人数为偶数**,即 4、6、8、10 或 12 人。因为董事人数多寡及名额分配往往取决于公司投资者(股东)的股权比例。有时各方股权比例相近或相等,如股权比例为 50∶50,或 25∶25∶25∶25,则董事人数就完全可能按 1∶1、2∶2、1∶1∶1∶1 或 2∶2∶2∶2 分配,从而其董事会总人数就可能是 2 人、4 人或 8 人。换言之,董事会的成员人数完全应当由**公司的权力机构**(即全体股东组成的**股东会**)根据本公司的投资比例等具体情况**自主决定**,并载入公司的章程。**公司的权力机构**股东会根据本公司具体情况自主决定董事会人数为偶数,应当是法律允许的、合法的。

二、中外合资企业或中外合作企业的董事会人数不得少于 3 人,但外商独资企业的董事会人数可以少于 3 人

中国现行的"三资"企业法,对三种外商投资企业(即中外合资经营、中外合作经营或外商独资经营的企业)之中的董事会构成问题,有不同的规定。《中华人民共和国中外合资企业法》(以下简称《中外合资经营企业法》)以及《中华人民共和国中外合作企业法》(以下简称《中外合作企业法》)之中,都有关于董事会构成的明文规定;在《外资企业法》中,则没有任何明文规定。具体说来:

(一)《中外合资经营企业法》及其实施条例的禁止规定

《中外合资经营企业法》第 6 条及《中外合资经营企业法实施条例》第 30—34 条,对中外合资企业中董事会成员的人数、董事名额在中外双方之间的分配,以及董事会的职权范围、表决原则和其他议事规则等,都有具体的规定。《中外合资经营企业

法实施条例》第 31 条明文规定：中外合资企业的"**董事会成员不得少于 3 人**。"此种规定的立法精神显然在于：既确保中外合资双方都享有参与企业决策的公平权利，又避免中外双方在一般事项的决策中无法形成"多数"的决议。

（二）《中外合作经营企业法》及其实施细则的禁止规定

《中外合作经营企业法》第 12 条及《中外合作经营企业法实施细则》第 24—31 条，对中外合作企业中董事会（或联合管理机构）成员的人数、双方董事名额分配，以及董事会的职权范围、表决原则和其他议事规则等，也都有与中外合资企业董事会相类似，但又更为详细的规定。《中外合作经营企业法实施细则》第 25 条也明文规定：中外合作企业的"**董事会或联合管理委员会成员不得少于 3 人**"。其立法精神显然与中外合资企业的类似禁止规定大体相同。但是，值得注意的是：《外资企业法》及其实施细则却根本未作任何相似的禁止规定。

（三）《外资企业法》及其实施细则未作相关禁止规定

《外资企业法》及《外资企业法实施细则》中根本**没有关于必须设立董事会和董事人数的具体规定**，有意留下"空白"。其立法精神在于**充分尊重外商独资企业投资股东的自主决定权**，即：设立或不设立董事会问题，董事会人数问题，董事人选的国籍、资格、条件问题，董事名额分配、各位董事的职权大小和表决权大小等问题，全部由外商独资企业投资人（股东）自主决定，这是外商**独资**企业依法享有比中外**合资**企业以及中外**合作**企业**更加充分**的自主经营权的具体表现之一。换言之，这部**优先**适用于在华外商独资企业的法律及其实施细则，都没有禁止外商独资企业设立董事人数少于 3 人即只有 2 人的董事会。一般说来，**法律所不禁止的就是合法、可行的，当事人可以自主地、自由地决定取舍**。[1]

三、两人董事会或偶数董事会避免决策"僵局"的具体办法

设立由偶数成员组成的董事会后，可能在最后投票决策上出现 1∶1 或 2∶2……

---

[1] "法无明禁即自由"——这一原则在现代法治社会中，已成为普遍共识。其主要含义是指：凡是法律没有禁止的，都是允许的、合法的；每个人只要其行为不侵犯别人的自由和公认的社会公共利益，就**有权利、有自由**按照自己的意志活动。参见张文显：《法哲学范畴研究》，中国政法大学出版社 2001 年版，第 393—394 页；《法无禁止即自由：一个值得永远重复的常识》，载《南方都市报》2003 年 7 月 16 日，http://unn.people.com.cn/GB/14781/21702/1970763.html。

的"僵局"。怎么办？应具体分析和具体解决：

（1）有些公司，其股东会本来就有意让偶数董事完全达成一致（consensus）才可决策，即董事人数相等的双方均享有否决权（veto）。此种决策机制，有利于促进各方董事在议事和决策时尽量听取和考虑对方的异议，使最后决策更慎重、更稳妥、更全面、更切实可行。

（2）股东会可授予偶数董事双方不均等的表决权，如 51∶49、26∶24、27∶23 等，以排除或减少投票表决时出现"僵局"的可能。

（3）股东会可临时增派新董事，使董事人数从偶数变为奇数。

（4）股东会可随时调整、更换原有的一名或数名董事，实行改组。

（5）偶数董事会无法通过表决形成决议时，将问题上报股东会，由股东会自行决定。

（6）偶数董事会无法通过表决形成决议时，将问题提交仲裁机构或法院裁断解决。

以上各种选择，均应**事先载入公司章程**，以便随时可以照章办理，避免临时"无章可循"。

四、新颁《国务院关于投资体制改革的决定》深受外商欢迎，应予认真贯彻

2004 年 7 月 1 日颁布实行的《国务院关于投资体制改革的决定》，特别强调："深化投资体制改革的目标是：改革政府对企业投资的管理制度，按照**'谁投资、谁决策、谁收益、谁承担风险'的原则，落实企业投资自主权**"；强调"**企业自主决策**"；强调"**改革项目审批制度，落实企业投资自主权**。彻底改革现行不分投资主体、不分资金来源、不分项目性质，一律按投资规模大小分别由各级政府及有关部门审批的企业投资管理办法。对于企业不使用政府投资建设的项目，一律**不再实行审批制**，区别不同情况实行**核准制**和**备案制**"。

这些规定，都贯穿着进一步**强化企业自主经营、自主决策**的基本精神，因而深受外商和内商的一致欢迎。可以相信，中国各级政府的有关主管部门必将认真贯彻这项最新决定，这会有利于吸引更多的国内外投资者进行投资，以促进中国的现代化建设。

五、结 论

总之，根据上述**特别法优先适用**的法理原则，**法律未明文禁止即属合法可行**的法理原则，根据国务院上述最新决定有关落实和**加强企业自主权**的精神，外商独资企业有限责任公司为了充分发挥各有关董事不同的业务专长，使其在经营决策过程中实行充分的**知识互补**，从而形成更稳妥可靠的决策，同时为了节省经费开支，提高办事效率，其股东会**依法完全有权自主决定设立仅由 2 人组成的董事会**，并将有关规定明文载入公司章程，报请政府主管部门依法备案或核准，以资遵循实施。

厦门大学法学教授、博士生导师

陈 安

2004 年 8 月 7 日

第三编
国际投资法

第1章 OPIC述评：美国对海外私人投资的法律保护及典型案例分析[*]

>> 内容提要

海外私人投资公司(Overseas Private Investment Corporation, OPIC)是美国政府专为美商在外国的投资提供政治风险担保以及相关服务而组建的一家官办公司。在法律地位上，一方面，它是一个企业法人，完全按照公司的体制和章程经营管理；另一方面，却又明文规定它是"在美国国务卿政策指导下的一个美国机构"(an agency of the United States under the policy guidance of the Secretary of State)。公司的董事长以及其余14名董事，概由美国总统遴选任命；资金由美国财政部拨付，并以美国国家信誉担保清偿其一切保险债务；公司应每年向美国国会提交有关经营详况的书面报告。这样的领导结构和上下关系，突显出这家公司处在美国最高一层行政当局直接的严密控制之下，相当"独特"。本文以OPIC为中心，评述美国对海外美资的法律保护体制，针对OPIC组建的历史背景、设置意图、基本体制、具体运作、典型案例处断，逐一加以评介剖析。全文长达12万字左右，为阅读方便，特在文首列明较细目次，俾读者开卷时便可概见全文论述的内容、层次和脉络。

---

[*] 这是笔者1981—1983年在美国哈佛大学从事国际经济法学研究的部分心得，其主要内容，曾分别以《从海外私人投资公司的由来看美国对海外投资的法律保护》和《从海外私人投资公司的体制和案例看美国对海外投资的法律保护》为题，先后连续发表于《中国国际法年刊》1984年本和1985年本。其后，经修订增补，撰成《美国对海外私人投资的法律保护及典型案例分析》一书，于1985年由鹭江出版社作为专著出版，全书约33万字。现辑入本书的，是其中的12万字左右。

文中有关美国海外私人投资公司(OPIC)的论述均以当时(1981年10月至1985年9月)美国施行的OPIC立法作为依据和对象。此后20多年来，有关立法经数度修订增删，其具体数字、措施和程序有所更改，但其所确立的基本体制和主要原则则保持相对稳定，未有根本性变动。本文辑入本书时，除订正1985年初版的印刷错误并增添若干必要注解外，均保持原貌，以存其真。读者如欲细察OPIC体制之最新详情，请查索其主要立法 Overseas Private Investment Corporation Amendments Act of 2003 (http://www.cornell.edu/uscode/22/ch32schIPIIspiv.html)和主要机构 Overseas Private Investment Corporation (http://www.OPIC.gov/)。

目 次

韩德培先生序言

前言

一、从中美投资保险和投资保证协定谈起

二、海外私人投资公司的历史沿革和设置意图

 （一）保护海外美资的国际条约之递嬗

 （二）保护海外美资的国内立法之变迁

 （三）在保护海外美资中，美国当局的趋避

三、海外私人投资公司的基本体制

 （一）组织领导与业务范围

 （二）投保适格

 （三）承保项目

 （四）索赔规定

四、海外私人投资公司对若干索赔案件处断概况

 （一）关于东道国政府的直接牵连问题

 （二）关于股东的基本权利问题

 （三）关于企业的有效控制问题

 （四）关于东道国政府的正当法令问题

 （五）关于在东道国就地寻求补救问题

 （六）关于在东道国搞挑衅活动问题

五、若干初步结论

韩德培先生序言

  从中国共产党十一届三中全会以来，我国就把对外开放定为长期的基本国策，作为加快社会主义现代化建设的战略措施。党还号召我们："充分利用国内和国外两种资源，开拓国内和国外两个市场，学会组织国内建设和发展对外经济关系两套本领。"我国的"四化建设"，可以说是百业待举，需要大量的资金；而资金不足却又是我国经济发展中一个亟待解决的问题。因此，在坚持自力更生，充分发挥本国的人力、物力和财力的基础上，还必须积极引进和利用外资，以加速我国的社会主义现代

化建设。

据悉当前世界上许多国家,合起来计算总共约有八千亿美元的银行存款和游资,正在寻找出路。而我国有丰富的资源,有十亿人口的巨大市场,又有很高的国际威望,对它们很有吸引力。我们应该利用这个机会,积极而又妥善地引进和利用外资,以弥补国内资金的不足,加快现代化建设的速度。在引进和利用外资时,我们必须研究和了解资本输出国对它们的国外投资是怎样实行法律保护的,它们是采取什么样的保护体制,它们的有关法律和法令是怎样规定和怎样实施运用的。这样才能知己知彼,胸有成竹,而避免盲目行事,使自己处于不利的地位。即使一旦发生纠纷,也能公平合理地予以解决,使我国和对方的合法权益都得到保障。

目前我国法学界已开始注意研究有关国际投资方面的法律问题。陈安同志的这本著作,就是在这方面很出色的一项研究成果。他以美国"海外私人投资公司"作为中心环节,分析和论述了美国对海外美资的法律保护体制。他对这个"海外私人投资公司"的历史背景、美国当局的有关意图、"海外私人投资公司"的基本体制以及该公司对若干索赔案件的处断情况,都一一作了扼要的介绍和中肯的评析。特别难能可贵的是,他利用在美国从事研究工作的机会,用心收集了有关海外美资风险的典型索赔案例,通过理论与实践的结合,深刻地揭示出美国当局所设置的一整套法律保护体制,在实际上是如何运转和发挥作用的。这为当前我国法学界研究英美普通法系国家的法律和法律制度,提供了一个很好的榜样。不但如此,他还毫不惮烦地编译和附录了较多的英文原始资料,这些资料是我们在国内不容易找到看到的,对我们研究西方发达国家保护海外投资的现行体制,具有很重要的参考价值。他的这种认真务实的研究态度,也是非常值得称道和敬佩的。我想读者们读过此书后,也一定会深有同感的。谨志数语以为序。

韩德培
1985 年 5 月 26 日于武汉

前　　言

在独立自主、自力更生的基础上,实行经济对外开放,积极吸收外资,以加速中国的社会主义四化建设,这是中国既定的、长期的基本国策之一。为了鼓励和促进外国的工商业家向中国投资,中国决定对合法的外资和正当的外商切实加以法律保护。这一重大决策,已经充分体现在中国的国家根本大法——宪法以及其他一系列涉外法令之中。

就人口和面积的结合体而论,中国拥有全世界最广阔的潜在市场。因此,中国实行经济对外开放和积极吸收外资的政策,不能不引起许多发达国家,特别是美国的浓厚兴趣。据接近美国官方的记者报道,按照美国政府官员所作的估算,自1979年初中美正式建交以来,迄1984年4月中旬为止,短短4年间,美国私人投资家投入中国内地的资本已近七亿美元之巨;而且方兴未艾,势头很足。

作为世界最大的发达国家和最大的海外投资国家,美国政府对美国工商业家在海外的私人投资,特别是在发展中国家的美国私人投资,历来是不遗余力地实行法律保护的。这种法律保护,基本上可以分为两个方面:一方面是在国内立法上,对于美国的海外私人投资加以种种鼓励和保障;另一方面是在国际协定和条约上加以多方面扶持和庇护。在积累和总结多年经验教训的基础上,其现行的主要做法之一,就是通过国内立法,创设了一个政府官办的"海外私人投资公司",授权该"公司"全盘主管美国海外私人投资的保险事宜,承保这些海外私人美资在东道国所可能遭遇到的各种政治风险,负责赔偿其风险损失;而在此之前,或与此同时,又同世界上一百来个吸收美资的发展中国家,逐一签订了专题性的双边投资保险协定,要求这些吸收美资的东道国同意有关的美资在美国国内投保,承认美国私人投资家与美国政府官办"公司"之间的投保承保关系具有法律效力,允许该"公司"依约向投保人支付政治风险事故赔偿金之后,有权取代投保人的法律地位,转而向东道国政府实行国际"代位索赔"。简言之,就是把国内的投资保险合同与国际的投资保险协定挂起"钩"来。美国的这种"法律设计",其主旨显然在于力图使美国国内私法上的保险合同关系在一定意义上和在某种程度上"越出国境",使它同时带有国际公法上条约关系的约束力。

就中美之间的国际投资关系而言,为了进一步鼓励和促进美国的工商业家向中国投资,中国政府已于1980年10月间在互相尊重主权和平等互利的基础上同美国政府签订了关于投资保险和投资保证的协定,同意由美国的"海外私人投资公司"或其继承机构承保在华美资的政治风险,并在一定条件下允许作为承保人的该"公司"享有从国内保险合同中推衍出来的国际代位索赔权。根据有关报道[1]:1982年5月间美国政府又进一步向中国政府提交了一份关于"保护投资"的双边条约草案;建议谈判、缔结,俾使对在华美资实行的法律保护,进一步提高"规格",充实内容。在此种条约草案中美国政府再一次重申了其国内的"投资保险合同"的法律实效,要求对

---

[1] 参见《十一个国家提议同中国商签保护投资协定》,载《中国经济新闻》(香港版)1982年6月21日第23期,第4、15—16页。

方缔约国给予承认。由此足见美国当局对现行的海外私人投资保险体制的重视。

在这种情况下,对美国为海外美资提供法律保护的上述体制进行研究,显然具有重大的、迫切的现实意义。因为,美国是世界上最大的发达国家,中国是世界上最大的发展中国家,两国能否友好合作,不仅对两国本身,而且对整个世界都有重大的影响。在美国私人对华投资日益增长的形势下,为了加强两国之间的友好合作,从美国方面来说,有必要对中国的法律制度,特别是中国的涉外经济法令(包括中国对外资的法律保护和管理规定),进行研究和了解。许多事实表明,美国的法学界显然正在努力这样做。从中国方面说,同样有必要对美国的法律制度,特别是美国用以保护海外美资的法律体制,包括已经明文载入前述中美国际协定的"海外私人投资公司"本身,加强研究和了解。只有互相对对方的有关法令和法律体制进行研究和了解,才能在友好合作过程中避免陷入盲目性,从而尽量减少或避免可以预防的在华美资法律纠纷。而日后一旦发生这类法律纠纷,也才能在双方互相了解和互相谅解的基础上,通过平等协商,公平合理地予以解决;或依约、依法处断,做到既维护中国应有的权益,也保护美国投资人的合法权益。

此外,由于许多西方发达国家对于本国的海外私人投资相继采取了类似美国的法律保护体制,而这些发达国家也在不同程度上、愈来愈多地拥有在华私人投资,因此,研究和了解美国"海外私人投资公司"以及体现在其中的保护海外美资的法律制度,无异于剖析典型,其意义就显然不仅仅局限于正确处理在华美资的法律纠纷了。

基于以上认识,本文试图沿着以上方向进行初步的探索,就美国政府设立"海外私人投资公司"的历史背景、美国当局的有关意图、"海外私人投资公司"的基本体制以及该公司对于海外美资风险事故典型索赔案件的处断情况,作一概要的介绍和简扼的评析。

如果说本文还略具特色的话,那么,它首先就在于以较大的篇幅,对于有关海外美资风险事故的典型索赔案例,从法令与事实、理论与实践的结合上,予以述评。通过这些活生生的案例,人们就不难比较具体、比较深入地看出美国当局为海外美资精心设计的这一整套法律保护体制,究竟是如何运转、如何发挥作用的;它对于美国投资人,特别是对于吸收美资的东道国来说,究竟会产生何种法律效力和实际影响。

其次,本文的另一特色就在于以更大篇幅编译和附录了较多的英文原始资料。这些英文资料是作者1981—1983年在哈佛大学从事研究工作期间逐步收集的,其中有些原始文档则是作者应邀访问"海外私人投资公司",讲解中国涉外经济法令时就近查阅和索取的。鉴于这些第一手资料即使在美国也多未公开发表,在我国国内尤难看到,但对于研究西方发达国家保护其海外私人投资的现行法律体制,具有较大的参考价值;鉴于我国学人对此类法律体制的研究尚处于初步阶段,有待继续加强和深入;特别是由于作者本身学力有限,对于这些原始资料的理解和探索,都比较粗浅,难免有不妥或不足之处,故特为择要选辑,译成中文,附于书后,俾便读者查照和指正,也便于学术界有心人作进一步的发掘和评析。[2] 当然,附录资料中有些观点显然是站在美国资产者的立场上说话的,为提供研究参考,译时均存其真,读者自不难运用马克思主义基本原则,细加分析、鉴别。

本文资料收集过程中,承美国"海外私人投资公司"前任法律总顾问 S. 林·威廉斯(S. Linn Williams)、现任代理法律总顾问安东尼·F. 马拉(Anthony F. Marra Jr),特别是索赔问题高级法律顾问理查德·D. 斯腾(Richard D. Stern)诸先生给予许多帮助。在成书过程中,厦大法律系阮家芳、陈元兴、廖益新、蔡荣伟、周年政等同志也惠予不少助益。均此表示深切谢忱。

陈 安

1985 年 2 月

厦门大学 海滨新村

一、从中美投资保险和投资保证协定谈起

1980 年 10 月 30 日,中美两国的代表在北京换文,签订了《中华人民共和国和美利坚合众国关于投资保险和投资保证的鼓励投资协议》。中华人民共和国自成立以来,同外国签订此种类型的协定,还是第一遭。

众所周知:独立自主,自力更生,无论过去、现在和将来,都是中国社会主义革命和建设事业的立足点。在这个坚定的基础上,按照平等互利的原则,实行对外开放,积极吸收外资,以促进社会主义现代化建设,这是中国长期的战略方针。

为了鼓励和促进外国的企业家向中国投资,中国政府决定对合法的外资和正当的外商切实加以**法律保护**。这一重大决策,不但充分体现在 1979 年以来所颁行的一系列普通法律、法令之中[3],而且充分体现在国家的根本大法之中。1982 年 12 月 4 日公布施行的《中华人民共和国宪法》第 18 条规定:"中华人民共和国**允许外国的企业**和其他经济组织或者个人依照中华人民共和国法律的规定在**中国投资**,同中国的

---

[2] 拙著《美国对海外投资的法律保护和典型案例分析》一书中编译和附录了这些原始资料。在汇总合辑本书时限于篇幅,这些原始资料未予收录。读者如感兴趣,可查阅鹭江出版社 1985 年推出的上述拙著第 143—420 页。

[3] 例如,1979 年 7 月 8 日公布施行的《中华人民共和国中外合资经营企业法》第 2 条就明文规定:"中国政府依法保护外国合营者按照经中国政府批准的协议、合同、章程在合营企业的投资、应分得的利润和其他合法权益。"

企业或者其他经济组织进行各种形式的经济合作。在中国境内的外国企业和其他外国经济组织以及中外合资经营的企业,都必须遵守中华人民共和国的法律。它们的**合法的权利**和利益受中华人民共和国**法律的保护**。"中华人民共和国成立三十余年以来,这也是**第一次**把对外资实行法律保护的原则订入国家的根本大法,足见这一决策并非权宜之计。

为了切实保护合法的外资,中国不但在国内的立法方面作出了明确的规定,而且在同外国缔结的国际条约中也厘定了相应的条款。签订上述中美协议时由美方递交中方的换文中提出:对于在中国境内的美国资本,其"投资保险和保证由根据美利坚合众国的法律而设立的**独立的政府公司**——海外私人投资公司执行"[4]。在上述协议的正文中,又进一步明确规定这个"海外私人投资公司"或其继承机构是美国在华投资"**政治风险**"的"**承保者**",它在依据承保范围向投保人(即遭遇"政治风险"受到损失的美国投资人)支付赔偿金之后,就"继承"了该投保人所让与的"任何现有或可能产生的权利、所有权、权利要求或诉讼权"[5]。

这些规定向人们提出了一系列颇为新鲜的问题。诸如:第一,这"海外私人投资公司"究竟是一家什么性质的公司?它既以"**私人投资**"命名,何以又是一家"独立的**政府公司**"?既称"**投资**公司",又何以经营**保险**业务?简言之,其名与其实是否完全相符?第二,美国是资本主义私有制社会,其各种企业、公司99%以上都是私人资本家经营的,美国当局为什么要设立这样一家颇为奇特的"政府公司"?该公司所据以设立的"美利坚合众国的法律"究何所指?第三,作为"承保者",它所制定的一整套投保、承保体制,同私家经营的保险企业(承保法人)有何异同?第四,它设立以来,处理过哪些实际发生的"风险事故"?投保人和承保人之间在索赔与清偿问题上有过哪些争端?是怎么解决的?承保人在支付赔偿金之后是如何行使它所受让的各项权利的?等等。

对于诸如此类的问题,中国作为接受美国私人投资并与美国签订了上述协议的国家,自有详加了解和研究的必要。这是因为:

第一,中国有着良好的投资环境,美国有着大量的觅利游资,随着中美正式建交,有许多迹象表明美国投资家对华投资的兴趣日趋浓厚。

中美两国于1979年正式建交以后,美国的有识之士在分析美国国势不断下降、必须采取有效对策时,就极力强调对华投资的重要性。例如,海外私人投资公司前

---

[4]《中华人民共和国和美利坚合众国关于投资保险和投资保证的鼓励投资协议和换文》,载《中国国际法年刊》(1982),中国对外翻译出版公司1983年版,第432页。
[5] 同上协议,第1、3条,载同上书,第432—433页。

总经理布鲁斯·列威林就持有这种见解。他说:"由于我们面临着80年代的各种挑战,我们必须看到:许多发展中国家的问题为我们开创了良好的机会去拿出新主意,找到新出路;发展中国家日益增长的各种需要,为许多工业发达国家解决维持经济增长的难题提供了答案。例如,中华人民共和国就是全世界最巨大的潜在市场,它正期待着外国投资能在实现它的发展计划中发挥重大作用。按人口来说,他们参加进来就会把世界市场的规模扩大25%。"[6]

据接近美国官方的《华尔街日报》专职记者阿曼达·本内特报道:美国政府官员作了估算,迄1984年4月中旬为止,美国私人在华投资总额已达6.85亿美元左右。其中已向美国政府官办的海外私人投资公司投保的在中国内地的美国私人资本,截至1984年9月30日,已达3.566亿美元。[7] 此外,《中美和平利用核能合作协定》已于1984年4月30日由两国政府代表在北京草签。有人估计:单就这一项协定而言,它对美方有关公司就意味着开辟了新的、巨大的贸易和投资市场,其款额将达数亿乃至数十亿美元。[8]

美国现任总统里根在1984年4月下旬访华期间曾经总结说:"现在已有不少美国企业家来华投资,还有许多企业家对此感兴趣。随着美国对自己的出口政策继续进行修改,相信会有更多的企业家来中国投资。"[9] 又说:"中国国土辽阔,朝气蓬勃,只要一提起中国,美国人就会感到有一股吸引力。"[10] 美国现在行政首脑的这些观感和评论,看来不是没有根据的。

今后的中美关系,如能在互相**充分**尊重主权和领土完整的基础上健康地迈步前进,则美国的私人对华投资势必会有一个重大的发展。这就进一步要求人们早日了解和研究美国国内法对海外美资的保护规定。因为这种国内法中的某些有关规定,通过上述中美**国际协议**,对于日后可能出现的在华美资法律纠纷及其处理,势必产生某种影响和约束。

第二,如所周知,法律是统治阶级意志的升华,是为一定经济基础服务的上层建筑的一个重要组成部分。这是一切法律的**共性**,中外古今,莫不皆然。尽管西方资产阶级法学一向不肯公开承认法律的阶级性,但事实毕竟是无法抹杀的。美国的法律体制,包括有关保护海外美资的法律体制,显然也具有这种共性,它是为维护美国

---

[6] 〔美〕布鲁斯·列威林:《在阿瑟·立特尔管理学院的一次演讲:谈谈海外私人投资公司》,1980年8月7日,见海外私人投资公司文档。复制件收存于厦门大学法律系资料室。
[7] 参见〔美〕阿曼达·本内特:《里根访华使若干问题打破了僵局,但某些问题仍然相持不下》,载《华尔街日报》1984年4月20日。
[8] 同上。
[9] 《赵紫阳同里根就双边关系举行会谈》,载《人民日报》1984年4月28日第1版。
[10] 《里根总统和夫人举行答谢宴会》,载《人民日报》1984年4月29日第4版。

资本主义制度和资产阶级利益服务的。

中国是工人阶级领导的以工农联盟为基础的人民民主专政的社会主义国家,美国则是资产阶级占统治地位的资本主义国家。两国的社会、经济、政治、法律制度都有很大**差异**。但是,基于世界历史和国际经济的发展,双方都有互相交往、互通有无、在经济上和文化上实行交流的客观需要和主观愿望。在这一点上,是**相同**的。中国吸收美资的目的,归根结底,在于促进本国的社会主义现代化;而美商向中国投资的目的,则最终归结为牟取最大限度的资本主义利润。这是根本**不同**的。但是,双方又都在美商对华投资营业活动过程中,各自获得一定程度的实惠。这一点,却又是**相同**的。所以,既不能不看到:由于以上的**相同点**,双方可以在平等互利、自愿协商的基础上,就许多经济领域的活动和投资项目,取得一致意见,实行各种合作;另一方面,也毋庸讳言:由于以上的**不同点**,日后双方难免在某些具体的利害得失上,有大相径庭直至矛盾冲突之处。

因此,从美国方面来说,有必要对中国的法律制度,特别是中国的涉外经济法规(包括中国对外资的法律保护和管理的规定),进行研究和了解。据笔者所知,美国的法学界显然正在努力这样做。从中国方面说,同样有必要对美国的法律制度,特别是就美国对海外美资实行保护的法律体制,进行了解和研究。在研究过程中,尤其应当注意到:由于美国国内有关投资保险合同所规定的投保、承保关系,使得前述这家"海外私人投资公司"势必成为日后在华美资法律纠纷案件中涉讼的利害关系人,也可能因上述中美国际协议所规定的"代位"[11]关系,直接转化为卷入讼争的当事人。因此,对美国这家官办公司的来龙去脉、基本体制以及其中所体现的美国对海外美资实行法律保护的各种具体措施和做法,更有详加了解的必要。

简言之,只有互相对对方的有关法令和法律体制事先进行了解和研究,才能在友好合作过程中**避免**陷入**盲目性**,尽量**减少**或**避免**可以预防的在华美资**法律纠纷**。而日后一旦发生了这类法律纠纷,也才能在双方互相谅解的基础上,通过平等协商,公平合理地予以解决;或**依约**、**依法**处断,做到既维护中国应有的权益,也保护美国投资人的合法权益。

第三,美国的私人海外投资在资本主义发达国家中一向居于领先地位,对于美国所制定的有关保护海外私人投资的法律制度,其他资本主义发达国家多在不同程度上加以参考、仿效、师法。例如,参照美国的经验举办类似美国海外私人投资公司

---

[11] 指取代他人原有的法律地位,代为行使某种权利或履行某种义务。例如,甲代替债务人乙偿清对债权人丙的欠债,甲即取得原债权人丙原有的地位和权利,可以向乙要求偿还所垫支的款项。此种法律关系在保险公司的业务中最为常见。参见〔美〕亨·坎·布莱克:《法学辞典》,1979年英文第5版,第1279页。

型投资保险项目的发达国家,就有联邦德国、日本、法国、瑞典、加拿大、挪威、荷兰、瑞士、英国等等。[12] 据统计,截至1980年8月,已有18个发达国家采用美国海外私人投资公司类型的体制。[13] 由于受到中国对外开放和吸收外资政策的鼓舞,上述这些发达国家的私人对华投资活动也蒸蒸日上,方兴未艾,中国也正在陆续与其中的许多国家分别签订或谈判双边投资保证协定。[14] 在这种情况下,对美国类型的投资法律保护制度加以剖析,就可以在一定程度上收到**举一反三**、触类旁通的效果。

本文试图沿着上述方向,进行初步的探索,就美国海外私人投资公司的设立背景、基本体制、索赔案例及其处断情况,提供一些轮廓和看法,以作引玉之砖。

二、海外私人投资公司的历史沿革和设置意图

美国在1969年决定设立海外私人投资公司,作为对海外美资实行法律保护的一种特殊工具,这是历史发展的产物。为了比较深入地了解它,自需作简略的历史回顾。

(一)保护海外美资的国际条约之递嬗

美国自立国以来,对于美国人海外资产所实行的国际法律保护,可以约略分为两大阶段。第一阶段是以缔结双边性"**友好通商航海条约**"作为单层保障;第二阶段则是在前述条约之外,另再缔结双边性"**投资保证协议**",以济前者的不足,实行双重保护。这两大阶段的基本分野大体上是在20世纪的50年代初。[15] 到了20世纪80年代初,美国开始致力于同发展中国家谈判和签订双边性"**投资保护条约**",旨在把过去"友好通商航海条约"中的若干规定加以补充和更新。截至1984年6月底,美国虽已先后同巴拿马等四个国家分别达成协议并已签署新约,但由于种种原因,均未

---

[12] 参见《联邦德国、法国、日本、瑞典以及英国所举办的"海外私人投资公司"类型的保险项目》,载美国国会图书馆为第93届国会准备的资料:《关于海外私人投资公司的评论分析》,1973年英文版,第114页以下。

[13] 参见〔美〕布鲁斯·列威林:《在阿瑟·立特尔管理学院的一次演讲:谈谈海外私人投资公司》,1980年8月7日,见海外私人投资公司文档。复制件收存于厦门大学法律系资料室。

[14] 参见中国对外经济贸易部副部长魏玉明1982年6月7日在"中国投资促进会议"开幕式上的讲话:《关于中国从外国吸收直接投资的政策》,载香港《文汇报》1982年6月8日;《中国对外经济贸易部全面解释外商来华投资问题》,载香港《中国经济新闻》1982年5月12日增刊第3期,第12页;《十一个国家提议同中国商签保护投资协定》,载香港《中国经济新闻》1982年6月21日。

[15] 美国同外国签订的第一个投资保证协议,是美国、土耳其专就两国《经济合作协议》第3条所进行的一次特别换文,签署于1951年11月。紧接着美国又于同年12月与意大利签订了同类协议。分别参见《美国参加的条约及其他国际协议汇编》(第3卷)第3分册,1952年英文版,第3721页;第2分册,第2877页。

正式生效。因此，另行缔结保护投资新专约的这种做法，日后能否继上述两大阶段之后，形成第三阶段，还有待于国际法学界作进一步的观察和分析。

现将美国对海外美资实行法律保护的上述三种国际条约和协议，就其发展演变的先后，分别简述要点如下：

第一种，"**友好通商航海条约**"。顾名思义，"友好通商航海条约"所调整的对象和所规定的内容，主要是确立缔约国之间的友好关系，双方对于对方国民前来从事商业活动，给予应有的保障，赋予航海上的自由权，等等。由于这种条约牵涉的范围颇为广泛，因而对于国外投资的法律保护这一特定问题，往往缺乏明确具体的专门规定，一般是笼统含糊，抽象空泛。而早先在列举有权享受条约所定优惠待遇的具体对象时，一般只是沿用"公民""臣民""居民""国民"等词，而并未道及公司。换言之，作为**法人**的公司，在条约中尚未被明确地视同**自然人**，成为享受条约保护的**独立的权利主体**。[16]

19世纪末20世纪初，世界资本主义发展到了帝国主义阶段。资本主义发达国家在继续实行商品输出的同时，**资本输出**剧增，它在资产者的经济利益中占有愈来愈重要的地位。适应着这种形势的发展，1911年以后，美国开始在它所参加签订的双边友好通商航海条约中，正式列出专门条款，把海外私人投资经营的企业、公司等社团，明确规定为受条约保护的独立的权利主体。[17] 1923年，又进一步在它同德国缔结的同类条约中增添若干条款，较为清楚地规定了旅居对方缔约国境内的本国国民及其财产所应当享有的待遇，并且明确提到了海外资产的**征用**与**赔偿**这一特定问题：

> 一方缔约国的国民，处在对方缔约国境内，……他们的人身和财产应当得到对方**持续不断的保护**和保证；他们享有的保护，应当达到国际法所要求的水平。对于他们的财产，非经法律上的正当程序，并且给予**公平合理**的**赔偿**，不得加以征用。[18]

在当时以及此后的一段时期里，美国同其他国家缔结的友好通商航海条约对于海外美资的法律保护问题，大体上均是仿此模式作出规定。但是，后来美国的外交

---

[16] 参见〔美〕赫尔曼·瓦尔克：《美国商务条约中关于公司的规定》，载《美国国际法学刊》1956年第50卷，第373—375、378页。

[17] 这类专门条款首次出现在1911年美国同日本签订的《通商航海条约》上。该约第7条第1款规定："根据一方缔约国的法律已经予以承认或今后将予以承认，并在该国领域内没有住所的商业性、工业性和金融性的股份有限公司，以及其他类型的公司和社团，有权在对方缔约国领域内，依据该国的法律，行使它们的权利，并以原告或被告的身份，出席法庭。"载〔美〕贝文斯编：《1776—1949年美国参加的条约及其他国际协定汇编》（第9卷），1972年英文版，第418—419页。

[18]《美德通商航海及领事权利条约》第1条第4款，载〔美〕贝文斯编：《1776—1949年美国参加的条约及其他国际协定汇编》（第8卷），1971年英文版，第154页。

实践却验证了此种模式对美国资产者保护的"不足"。因为,尽管其中专门提到征用与赔偿的问题,这是明确的;但其所称"公平合理的赔偿",即关于赔偿的**标准**问题,却仍然是含混的。这种"不足"在1938年的美墨争端中显得十分突出:当时,墨西哥政府为了保卫国家主权和维护民族权益,对境内的美国石油公司实行国有化。美国资产者暴跳如雷,其国务卿赫尔在先后送交墨西哥政府的两份照会中强硬声明:

> 我们不能容许一个外国政府无视国际法上的赔偿准则,随便夺取美国国民的财产;也不能容许任何外国政府片面地,通过国内立法径自取消此项**公认的**国际法原则。[19]

> 美国政府只不过是提出一项不说自明的事实:依据法律和公平合理的一切准则,不论为了何种目的,如果不针对征用提供**迅速及时**、**充分足够**以及**切实有效**的赔偿,任何政府都无权征用私人财产。[20]

看来,"迅速及时、充分足够、切实有效"这三项原则,显然就是美国当局对"公平合理的赔偿"一词的解释,并为后来的美国官方文件所多次引据。但是,当时的墨西哥政府却针锋相对、理直气壮地提出:国有化过程中的征用措施是普遍适用于许多人的,它不同于针对个别私人财产的一般征用:

> 如果对这种普遍适用、并非针对个别人士的征用,竟然要求给予迅速及时的赔偿,或者要求给予限期付款的赔偿,并把支付赔偿金视为法定义务,那么,在国际上既**不存在**这样的公认理论原则,也不存在这样的传统实践惯例。……我们国家的变革,也就是说,我们国家的前途,不能因为无法向极少数唯利是图的外国人立刻支付财产赔偿,而从此停顿中断。……墨西哥所主张的理论是:**给予**赔偿的时间和办法理应由它**本国的法律来决定**。[21]

这场美墨纠纷和论战,一直延续到20世纪40年代。美国政府"总结"了诸如此类的"经验教训",于是在第二次世界大战后所签订的一系列友好通商航海条约中,就转而采取另一种新模式。以1953年缔结的《美日友好通商航海条约》为例,其中第6条第3款就针对海外私人投资的征用与赔偿问题,把上述赔偿"三原则"以明确具体的文字,**正式写进**约文之中,以求对对方产生**国际法**上的**约束力**。约文如下:

> 一方缔约国国民和公司的财产,处在对方缔约国领域内,除非为了公益目的,

---

[19] 《美国国务卿赫尔致墨西哥驻美大使纳耶拉信件(1938年7月21日)》,载《美国外交文件汇编》(1938年第5卷),1956年英文版,第677页。
[20] 《美国国务卿赫尔致墨西哥驻美大使纳耶拉信件(1938年8月22日)》,载同上书,第687页。
[21] 《墨西哥外交部部长阿伊致美国驻墨大使丹尼尔斯信件(1938年8月3日)》,载同上书,第679—680页。

不得加以征用；同时，如不**迅速及时**地给予合理的赔偿，也不得加以征用。这种赔偿，必须能够**切实有效**地折成现金，并且必须**完全**相当于被征用财产的**价值**。[22]

至此，几经递嬗，一个以本国自然人以及法人的海外私人投资作为保护对象，具体地规定了征用基本前提和赔偿基本准则的美国式"样板"条款，终于出现。此后，这一样板条款也以大同小异的文字，被广泛地纳入美国同其他国家，特别是同众多发展中国家所签订的同类条约之中。

第二种，"**投资保证协议**"。对于美国资产者说来，在新订的友好通商航海条约中增添了上述这样一条明确的**实体性**条款，这比过去同类条约中只含糊其词地空言"持续不断的保护"，当然是"前进"了一步。但是，实体法如车厢，程序法如车轮，有厢而无轮，则车不能行或虽行而不远。有鉴于此，自20世纪50年代初期起，美国又于原有的友好通商航海条约之外，先后与一百多个国家陆续**另行**签订了"投资保证协议"之类新的**专约**。其主要内容就是明确制订一套**程序性**的规定，借以保证对海外美资的法律保护得以切实贯彻实现。这就是前面提到的双重保证。

迄今为止，此类投资保证协议的条款，也是大同小异的。一般说来，可归纳为以下五个要点：[23]

(1) 双方政府商定：海外私人投资可以交付保险（投保）；(2) 投资项目须经接受投资的东道国根据本协定加以审查此准；(3) 美国通过其海外美资保险机构（保证机构）的营业活动取得东道国当地的货币后，有权就地加以处置、使用；(4) 对于美国国内某保险机构（保证机构）所承保的财产，美国在支付保险事故赔偿金之后，即取得相应的所有权和处理权，并有权取代投资人，实行**代位索赔**；(5) 规定双方政府因索赔问题发生纠纷时的处理程序；规定将其中涉及国际公法问题的争端交付仲裁的方法。

关于"投资保证协议"的上述诸项要点，将在本文第三部分结合美国海外私人投资公司的现行体制问题，另行评介。

第三种，"**投资保护条约**"。据美国国务院官员统计：美国与其他各国间现行的双边"友好通商航海条约"，其中有一半是在第二次世界大战结束后的一段时期里分别缔结的。[24] 战后这四十多年来，世界政治形势和国际经济交往都有了重大的发展变化，上述此类条约中的许多规定已因时过境迁而显得陈旧。同时，此类条约内容

---

[22]《美国参加的条约及其他国际协议汇编》（第4卷第2分册），1953年英文版，第2068—2069页。

[23] 参见美国法学研究所及美国律师公会主持编印、〔美〕塞尔利等编：《国际商务往来律师指南》（第2卷），1979年英文第2版，第288页。

[24] 参见〔美〕斯科特·古吉昂：《美国式双边投资保护条约中的仲裁规定》（讨论稿），1984年4月，见美国国际法学会文档。复制件收存于厦门大学法律系资料室。古吉昂现任美国国务院助理法律顾问。

繁杂,包含有许多非商业性的事项和条款,诸如领事问题、移民问题、各种个人权利问题,等等;有的甚至还包含宗教、教育、丧葬等琐细规定。因此,美国在同20世纪60年代以来新兴的许多国家谈判缔结"友好通商航海条约"的过程中,往往由于条约内容涉及问题过多过广,双方难以达成全面协议,无法签订新约,从而使美国向新独立的发展中国家推广"友好通商航海条约"模式的原计划受到挫折,收效甚微。到了20世纪60年代中期,推广这种条约模式的原定计划就逐渐偃旗息鼓了。

从20世纪70年代中期起,美国国务院法律顾问处的专家们主张着手编织另一种新型的条约网,以便把它扩展到许多新独立的发展中国家。在这以前,欧洲的一些国家已经摆脱了传统的"友好通商航海条约"的老框框,舍繁就简,顺利地同若干发展中国家缔结了双边性的"**投资保护条约**",专门针对有关投资的若干基本问题,达成协议。美国深感自己在这方面已经落后,必须急起直追;但又不能简单地抄袭欧洲模式。因为美国作为全球首屈一指的海外投资国家,在国际经济关系中享有各种传统的"优势",基于切身利害的考虑,必须尽早拟出并大力推行一种切合美国投资人利益需要的、美国型的"投资保护条约"样板,以适应和对付新的世界局面。

关于美国国务院法律专家们积极主张**缔结新型条约**的目的和用意,国务院现任助理法律顾问斯科特·古吉昂作了如下的说明:

> 在这之前,(世界各地)已经发生了大量的征用事件;第三世界也大声疾呼要建立"新的国际经济秩序",而这种"秩序"却是同传统的国际经济法互相抵触的。大力推进缔结新约的主张,正是为了要在这样的历史时期中扩展对投资的保护力量,**加强美国**及其"经济合作与发展组织"[25]伙伴们在投资问题上所**信守、所倡导**的**国际法立场**。在这个意义上,上述美国型的新条约乃是一种"法学家的条约"。精心设计出这种条约,与其说是为了加强(私人)投资决心和扩大投资流量,不如说是更多地考虑到它在**国际法**上产生的**影响**以及如何保住现有的投资"股本"。[26]

如果把这种美国型的新条约模式与传统的"友好通商航海条约"加以对比,就不难通过其异同而看出两者之间的相互关系。可以说,这种美国型的"双边投资保护条约"模式乃是旧日"友好通商航海条约"的一种发展和演进。而这种发展和演进,则是在20世纪60年代以来国际政治形势发生重大变化、国际投资气候对于美国投

---

[25] 这是西方资本主义国家于1961年成立的一个国际经济组织,总部设在巴黎。现有24个成员国,几乎全部是资本主义发达国家。

[26] 〔美〕斯科特·古吉昂:《美国式双边投资保护条约中的仲裁规定》(讨论稿),1984年4月,见美国国际法学会文档。复制件收存于厦门大学法律系资料室。

资家日趋不利的背景下出现的。这两种新、旧条约相比起来，前者删除了后者中的非商业性的条款；也删除了其中虽与商业有关但对美国投资家说来已经变得比较次要的规定（例如航海事宜等）；还删除了业已由其他国际协议所取代的内容（例如，关于贸易事宜，已由"关税及贸易总协定"所取代；关于税收事宜，已由"双边课税协议"所取代）。在这个基础上，这种新型条约模式**把注意力完全集中**于有关保护海外投资的若干关键性问题，诸如：投资的**入境兴业手续**、**投资**兴业的待遇问题（国民待遇与最惠国待遇等）、投资企业的**征用**问题、**资本**和**利得**向境外转移**汇出**的问题、投资**纠纷**的**处理**问题，等等。在许多基本概念和名词术语上，这种新型的"投资保护条约"和传统的"友好通商航海条约"中的有关规定，是互相沟通和大体相同的。但是，前者把后者中有关规定**大大**地**具体化**了，并且按照美国所理解、所坚持的"国际法标准"，对这些规定作了更详细的解释说明。这样做的目的，显然是为了把各种"法定权利"赋予私方投资家，更便于他们在根据条约向法院投诉或向仲裁庭申诉时**直接**加以**援引**和使用，从而**加强**私方**投资家**在讼争中的**法律地位**。

新约模式既已设计定型，就须积极加以贯彻实现。自 1981 年冬季起，美国开始同若干发展中国家就缔结新型的双边"投资保护条约"进行磋商和谈判。[27] 两三年来，美国已经先后同巴拿马、埃及、海地、塞内加尔共四个国家分别达成协议，签署了新约。同时，又正在同摩洛哥、哥斯达黎加、扎伊尔、孟加拉国、利比里亚、洪都拉斯、马来西亚、中国等积极开展缔约谈判。但是，直到 1984 年 6 月底，双方代表业已签署的上述四项新约**尚未**有任何一项已由双方立法机关**正式批准**并开始生效。[28] 而正在磋商谈判中的各项新约，也因在若干重大问题上双方意见相左，或迟迟未获协议，或中途受阻"搁浅"。

据美国报刊透露，出现上述诸现象的基本原因，主要在于以下两个方面：

第一，发展中国家无不十分珍惜自己经过长期奋斗得来不易的独立自主权利；而美方对海外美资享有的权利和待遇，往往**要求过高**，与作为东道国的发展中国家

---

〔27〕 参见〔美〕大卫·鲁滨逊：《评〈美国涉外法令精义诠解〉（修订本）关于征用的观点》，载《美国国际法学刊》1984 年 1 月号，第 177—178 页。鲁滨逊现任美国国务院法律顾问。

〔28〕 参见《美国贸易代表公署指望今年内向参议院呈递八项双边投资保护条约》，载《美国出口周刊》（第 20 卷），1984 年 5 月 15 日，第 950—951 页。

据该刊报道：美国同埃及谈判签订投资保护条约之际，双方的"谈判代表都低估了埃及议会对缔结双边性投资保护条约问题的政治敏感心理，未经充分磋商推敲，就匆忙抢先签署最后协议"，致使条约在提交埃及议会审查批准时中途搁浅。美国同巴拿马签署同类条约后不久，巴拿马原任总统辞职下野。签约问题随即在巴拿马国内引起轩然大波，各党各派围绕着条约内容的这一点或那一点，展开了激烈的政治性论战。条约本身一直是巴拿马在野反对党报刊加以抨击的一个"政治靶子"，因而也搁浅了。至于美国与海地、塞内加尔分别签订的同类条约，据说已"包扎完妥"，就等送交美国参议院完成审批手续了。不过，负责谈判工作的美国贸易代表公署却宁愿再等一等，"等到有更多的、意义重大的（同类）条约获得签署之后，再一起送审，而不愿把仅有的这两项条约就此送呈国会审批。"看来是正在密切注视形势的进一步发展。

努力维护独立主权的立场相左。现任美国贸易代表助理哈尔维·贝尔是当前美方负责"双边投资保护条约"谈判事宜的高级官员。他在总结谈判进展实况时曾感叹说:"国家主权原则触到了外国资本的权利这一敏感问题。这些**主权原则**一开始就把推广新约的计划弄得远比人们预期的要复杂得多。"[29]透过这句话,人们可以看出:正是由于美方为海外美资要求过高待遇,可能**逾越东道国主权**所可以允许的范围和**界限**,使人难以接受,从而使谈判签约问题难以顺利达成协议。[30]

第二,海外美资在其经营活动的过程中,为美国投资人赢得了巨额利润。在这同时,也给作为东道国的一些发展中国家带来一定的经济效益。但是,多年以来,也有相当数量的美资跨国公司在第三世界各国中留下了颇为不佳的历史形象。它们或则恃富欺贫,飞扬跋扈;或则垄断了东道国的经济命脉;或则行为越轨,目无法纪,直至干涉东道国内政,从事颠覆活动。这些,都给接受美资的贫弱国家带来损害和危害。发展中国家总结了历史经验,在同美国就吸收美资问题谈判缔结新约之际,当然不能不保持清醒头脑,谨慎小心,努力趋利避害,以维护本国权益。面对此种基本态度,美国主管新约谈判事宜的高级官员哈尔维·贝尔也有所感触。他说:"在发展中国家,要想就投资准则达成双方可以接受的谅解,那就**很难回避**由来已久的、**对跨国公司心存余悸**的问题。"可以想见:在新约谈判过程中,双方对于美资跨国公司的投资活动问题,确实存在着**约束**与**反约束**的矛盾,存在着约束到何种程度的"讨价还价"。

总之,美国自20世纪80年代初开始大力推行的新型"双边保护投资条约"体制,一开头就遇到了各种阻力和障碍。其中首要关键,就在于美国**至今仍墨守**某些**陈旧**的"国际法信念"。这种推行新条约体制的努力,日后究竟能在多长期间、多大范围、多大程度上如愿以偿,使新体制得以确立,目前尚难预测。但其中有一点则是基本确定的:即使美国同大量发展中国家一一缔结了上述新约——双边性**"投资保护条约"**,它同这些国家先前缔结的双边性**"投资保证协议"**,也势必继续**发挥效能**,并且将和上述新约相辅相成,合力保护海外美资。关于这一点,可以从上述新约的有关条款中,略见端倪。在美国提交对方供谈判用的新约最新"蓝本"中,第6条专就解决投资争端问题作出规定。该条第4款载明:

> 在投资纠纷处理过程中,如果涉讼的一方国民或公司根据**保险合同**或**保证**

---

[29] 参见〔美〕大卫·鲁滨逊:《评〈美国涉外法令精义诠解〉(修订本)关于征用的观点》,载《美国国际法学刊》1984年1月号,第177—178页。

[30] 参见〔美〕阿曼达·本内特:《里根访华使若干问题打破了僵局,但某些问题仍然相持不下》,载《华尔街日报》1984年4月20日。

合同，就其所申诉的全部损失或部分损失，已经获得或即将获得赔偿或其他补偿，另一方缔约国不得借此主张（如作为被告，不得借此反诉主张）享有抵扣权或其他权利。[31]

十分明显，此处约文中所称"保险合同或保证合同"，就是指美国投资人目前同美国"海外私人投资公司"所订立的这一类**投保承保契约**。如前所述，海外私人投资公司（或其继承机构）的法律地位以及它在保护海外美资过程中的作用，已经明文载入美国同大量发展中国家分别签订的《投资保险协议》之中。如今，它对海外美资所发挥的"保险"作用以及它与美国投资人所订立的保险契约，在新型的"投资保护条约"中再次获得**确认**和**肯定**。尽管先后两次确认和肯定的角度和措辞有所不同，但显然可以看出：即使日后美国同大量发展中国家逐一缔结了这种类型的"投资保护条约"，对美国说来，上述"**协议**"和上述"**条约**"不仅可以**并行不悖**，而且可以"**相得益彰**"。

以上，是美国为保护海外美资而在**国际条约**、国际协定方面所作努力的大体轮廓。

与此密切配合，美国同时在**国内立法**方面，多次厘定新案，"精益求精"地定出保护美资的整套措施，并且通过上述国际协定，使美国在国内法上为海外美资提供的保护伞，尽可能地扩张到美利坚合众国国界以外去，遍及世界各地。在这方面的发展过程，也是有案可查的。

（二）保护海外美资的国内立法之变迁

第二次世界大战结束之初，欧洲各国疮痍满目，百废待举，需财孔亟，对欧投资有厚利可图。于是大量美资乘虚蜂拥而入。其主要渠道，就是当年甚嚣尘上的"马歇尔计划"。早在 1948 年，作为推行"马歇尔计划"的一个重要环节，美国国会通过了"经济合作法案"。适应着美国资产者的需要，对于海外私人投资给予"安全保证"的**基本原则**和具体措施，就是依据该法案的下述"**原始**"规定而逐渐铺衍开来的：

根据美国**经济合作署**署长指示制定的规章条例，对于向经过署长以及**有关当事国**批准的项目实行投资的**任何人**，……依照以下条件给予保证：

1. 对任何投资人提供的保证，不得超过该投资人经署长批准投入建设项目的美元总数；并且限定于保证该投资人所获得的下述**其他国家货币**或按这种货币计算的债权，**可以兑换成美元**：从经过批准的投资项目中取得的全部或部分

---

[31]《双边投资保护条约样本》(1984 年 2 月 24 日修订)，载《美国出口周刊》（第 20 卷），1984 年 5 月 15 日，第 960—963 页。

收入、报偿或利润;由于出售或转让全部或一部分投资而取得的补偿款项。但根据本款规定向投资人支付赔偿金之后,上述其他国家的货币或按这种货币计算的债权,即应成为美国政府的财产。

2. 署长可以自行决定对每笔投资每年收取不超过总额1%的保证费。按此项标准收集的经费应当用于清偿根据本款规定提供保证所产生的债务,直到这类债务已经全部偿清或已经过期,或这些经费已按本款规定全部开支完毕。

3. 本款所称的"**人**",是指美国的**公民**,或根据美国的联邦法律、美国某州或某块领土的法律所设立并主要属于美国公民所有的**法人**、**公司**或其他社团。[32]

在这段"原始"规定里,有三个方面值得注意:第一,投资保证制度**适用**的**地区**仅限于欧洲,条文中所称的"有关当事国",指的就是参加所谓"欧洲复兴计划"的欧洲国家[33];第二,投资**保证**的**内容**,仅限于货币兑换上的风险,即只保证投保者可按契约规定将其他国家的货币兑成美元;第三,投资保证业务的**主办机构**——经济合作署,是直属美国国务院的一个**行政部门**。

此后三十年来,美国当局适应着形势的变化和投资人的需要,频繁地修订法案,更新立法,对以上三个方面不断地作了如下几点调整:

在投资保证制度**适用的地区上**:20世纪50年代初,欧洲经济逐步复苏,当地的各国资本家图谋尽多地占有本国的投资市场,开始致力竞争以排挤美资。相形之下,世界上各发展中国家和地区的投资环境,因其原料之丰足、便宜,劳力与地价之低廉,以及销售市场之广阔,对于美资自然具有更大得多的吸引力。但是,另一方面,第二次世界大战以后被压迫弱小民族觉醒的浪潮,日益澎湃于这些国家和地区,维护国家主权、发展民族经济的行动和措施日益加强。对于美资说来,这自然又意味着颇大的"政治风险"。正是在欧洲"地盘狭小"、亚非拉"**利厚险多**"的双重矛盾之下,美国的海外投资保证制度适用的地区,就逐步扩展到欧洲以外的地区[34],并**重点**适用于发展中国家的美国私人投资。1959年以后,又进一步规定:**仅限于**发展中国家的美资,才能适用美国的投资保证制度。[35]

在投资**保证的内容上**:起初仅限于承保货币兑换上的风险;后来逐步扩大到承

---

[32] 《1948年经济合作法案》第111条第2款第3项,载《美国法令大全》(第62卷),1949年英文版,第144—145页。

[33] 这一点,在上述法案的序言中作了总的说明。参见《美国法令大全》(第62卷),1949年英文版,第137页。

[34] 参见《1951年共同安全法案》第520条,载《美国法令大全》(第65卷),1952年英文版,第384页。

[35] 参见《1959年共同安全法案》第413条第2款第4项,载《美国法令大全》(第73卷),1960年英文版,第251页。

保证用风险、[36]战争风险、[37]革命和内乱风险；[38]最近又进一步扩大到承保骚动风险。[39] 关于这方面的具体制度，将在本文的第三、第四部分予以阐述。

在投资保证业务的**主办机构**上：从 1948 年设立"经济合作署"，历经 1952 年的"共同安全署"、1953 年的"国外事务管理署"、1955 年的"国际合作署"，到 1961 年的"国际开发署"，名称屡经变迁，职司有大有小，但均曾相继主管过海外美国私人投资的保证、保险业务。而每次调整更新，后一机构就是前一机构的"继承者"，承接了前一机构就投资保证保险业务所承担的义务和所享受的权利，使投保人与承保人之间的关系稳定化，同时也借以使美国有关承保机构向东道国当局**代位索赔**的权利**稳定化**。[40] 此外，每次更改名称，都还沿用一个"署"（Administration 或 Agency）字，并具体规定它始终是美国政府的一个**行政**部门。

1969 年，适应着国际形势的新变化，美国国会第八次修订《对外援助法案》，把主办海外美资保证保险业务的权力，赋予一个新设的"海外私人投资公司"。一方面，一反过去长期沿用的名称，改"署"为"公司"，即改行政部门为经济法人，完全按照"公司"的体制和章程经营管理；另一方面，却又明文规定它仍然是"在美国**国务院政策指导**下的一个机构。"[41]自从改**公署主管**为**公司经营**之后，**十余年来**，机构名称和基本体制均相对稳定，并至少将沿用到 1985 年 9 月。[42] 这说明此种投资保证保险形式是**基本适合**美国当局和投资人需要的。

人们不禁要问：其中究竟有何奥妙？

海外私人投资公司前总经理布拉德福特·米尔斯 1973 年在美国国会的一次公听会上反复解释了采取"公司"形式的种种好处，其中最主要的是："海外私人投资公司在解决投资纠纷中一向起着建设性的作用，从而**避免了政府**与**政府**之间的**直接对**

---

[36] 参见《1950 年经济合作法案》第 111 条第 2 款第 3 项第 5 点，载《美国法令大全》（第 64 卷），1952 年英文版，第 199 页。

[37] 参见《1956 年共同安全法案》第 413 条第 2 款第 4 项，载《美国法令大全》（第 70 卷），1957 年英文版，第 558 页。

[38] 参见《1961 年对外援助法案》第 221 条第 2 款第 1 项，载《美国法令大全》（第 75 卷），1961 年英文版，第 429 页。

[39] 参见《1981 年海外私人投资公司法案（修订）》第 234 条第 1 款第 1 项第 3 点，载《实用美国法令汇编（律师版）》（第 22 卷），1982 年英文版，第 136 页。

[40] 1980 年中美关于投资保险和投资保证的协议第 1 条载明："投资政治风险"的承保人是美国海外私人投资公司"或继承该公司的美利坚合众国政府的任何机构"。这种规定，显然就是为了使前述法律关系稳定化。参见《中国国际法年刊》(1982)，中国对外翻译出版公司 1983 年版，第 432 页。

[41]《1969 年对外援助法案》第 231 条第 1 款，载《美国法令大全》（第 83 卷），1970 年英文版，第 809 页。

[42] 海外私人投资公司自 1969 年由美国国会授权成立以来，其所据以设立的专题法案在 1974、1978、1981 年先后经过三次修订，每次修订都规定本次授权的有效期限，俾便到期重新修订、重新授权。其用意显然在于使公司的经营章程既能相对稳定，又能适应海外投资环境、气候的变化，及时调整，灵活应付。按照《1981 年海外私人投资公司法案（修订）》第 235 条第 1 款第 5 项的规定，国会对该公司承办美保险保证业务的本次授权，在 1985 年 9 月 30 日以前继续有效。参见《实用美国法令汇编（律师版）》（第 22 卷），1982 年英文版，第 142 页。

抗。"他举例说,如果海外投资人未向该公司投保,一旦遇到征用风险事故,多半就是去找当地的美国大使馆,找美国国务院和国会,要求采取行动。于是美国政府就卷进这种投资纠纷。反之,投资人如果事先曾向该公司投保,那么,该公司就可以"充当外国政府与美国商行之间的桥梁,使**政治性**问题,取得**商业性**解决。"[43]因此,必须采取**公司**形式。

既然"商业性解决"是上策,那就干脆让**私人**去经营投资政治风险的保险业务,与美国政府完全无涉,岂不更好?对这个问题,该公司的另一位继任总经理布鲁斯·列威林解释说:"答案很简单:私人保险公司认为,保这种险,太过冒险,不愿意干。"[44]因此,既必须采取"**公司**"形式,又必须纯由**政府**经营。

此外,还有一位曾经为某投资家索赔案件当法律顾问的美国律师万斯·科文,他在论及投资家为避免各种政治风险损失而宁愿花钱向海外私人投资公司投保时,进一步介绍了该公司许多领导人的共同见解:"正如海外私人投资公司官员们所经常指出的,由于诸如此类的损失而去控告外国政府当局,要求赔偿,单就其费用高昂、旷日持久以及麻烦周章而言,就足以证明(向海外私人投资公司)花钱购买对付政治风险的保险单是很合算的;更不必提国际法所固有的**变幻无常**、捉摸不定,以及**主权豁免**和**国家行为**这一类学说所体现的各种潜在障碍了。"[45]

这些解释,看来都语焉不详,含义晦涩。但如果联系到近二三十年来美国政府和美国投资家所曾经遇到的各种"烦恼",就会知道上述这些话原来都是"经验之谈",而美国政府设置海外私人投资公司的目的意图,也就不难理解了。

(三)在保护海外美资中,美国当局的趋避

如所周知,第二次世界大战以后三十多年来,被压迫民族的解放运动遍及全球,他们争取国家独立、维护民族权益的长期斗争及其重大成就,使得旧日殖民主义、帝国主义、霸权主义的统治秩序受到严重的冲击,并日益有力地促使旧的国际经济秩序被新的国际经济秩序所取代。相应地,国际公法上的某些陈旧"准则",在西方发达国家当权者看来几乎是"天经地义、万世不易"的,现在却受到众多发展中国家的

---

[43]《海外私人投资公司总经理布拉德福特·米尔斯在第93届国会公听会上的发言》,载《海外私人投资公司:美国第93届国会第1期会议众议院外交委员会对外经济政策小组委员会公听会》,1973年英文版,第271—272页。

[44]〔美〕布鲁斯·列威林:《在阿瑟·立特尔管理学院的一次演讲:谈谈海外私人投资公司》,1980年8月7日,见海外私人投资公司文档。复制件收存于厦门大学法律系资料室。

[45]〔美〕万斯·科文:《征用与海外私人投资公司的"法理学"》,载《哈佛国际法学刊》(第22卷 第2期),1981年英文版,第270页。

挑战、非难和抨击。在"南、北"两大营垒舌剑唇枪的论战过程中,这些陈旧的"准则"由于违背时代潮流,违反国际社会中多数成员的意志,理所当然地败下阵来,逐步受到淘汰。反之,在广大第三世界各国据理力争下,许多国际会议、国际协议所厘定的新原则,就逐步上升和转化成为新的国际法准则。国际法上这种除旧布新、新旧更替的过程,从历史发展规律和时代大势所趋看来,乃是十分正常的现象。但是,从固守旧日"秩序"、维护既得利益的角度来看,它就显得"变幻无常""捉摸不定",难以驾驭和控制了。

就美国对海外私人美资实行国际法律保护问题而言,在三十多年来国际风云"变幻"中,它所遇到的实际障碍和"潜在障碍",确也不外乎在国家行为、主权豁免、赔偿标准、司法管辖、外交保护等方面所出现的新问题、新见解以及逐步形成的国际法新准则。在这个过程中,美国当局通过新的国际协定和国内立法努力推行对海外美资的保险、保证制度,特别是通过政府官办"公司"的承保形式来促进这一制度,看来正是为了千方百计地**避开**或**绕过**这些实在的或潜在的障碍——"拦路虎"。兹试分述如下:

1. 力图避开或绕过国家行为与主权豁免问题上的障碍

所谓国家行为,通常指的是一个主权国家的政府所从事的某种作为或不作为。按照国际惯例,主权国家的行为和财产不受任何外国法院的管辖。反过来说,任何一国的法院均不得对外国国家的行为和财产行使管辖权。这种惯例,是各国互相尊重主权独立和各国主权一律平等这一国际法基本原则的自然延伸,通称"对外国国家的司法豁免"[46],或简称"主权豁免"[47]。

以美国而言,早在1897年,美国最高法院院长富勒就曾表述过该院的一致见解:"任何主权国家都有义务尊重其他一切主权国家的独立,因此,一国的法院不应当对另一国政府在**其本国领土上**的行为加以审判。对于这些行为所引起的损失,应当通过两个主权国家商定的适当措施加以补救。"[48]从理论上说,任何国家的政府在**本国领土上**对外国人财产加以**征用**,当然属于国家主权行为,这是不说自明的。但是,20世纪60年代初发生的一起征用事件国际纠纷,却使美国当局在这个问题上陷入思想混乱、自相矛盾和捉襟见肘的窘境:

1960年7月,美国当局大幅度削减古巴食糖进口配额。古巴当局迅即决定征用境内的美国私人投资企业,予以低息长期债券补偿。原美资卡马圭食糖公司的一批

---

[46] 周鲠生:《国际法》(上册),商务印书馆1976年版,第222—226、233—241页。
[47] 〔美〕L. H. Henkin 等:《国际法》,1980年英文版,第491—511页。
[48] 《美国最高法院判例汇编》(第168卷),1898年英文版,第252页。

食糖经古巴征用后售与美商,运往纽约销售。古巴售糖单位原与美国私商法尔约定,售糖价款应交与"古巴国家银行"驻纽约的代理人,事后法尔却受命将糖款交与美国法院指定的收款人萨巴蒂诺。于是,古巴国家银行向纽约地方法院起诉,要求收回糖款。被告萨巴蒂诺等反驳称:这些食糖是美资卡马圭公司的财产,不属古巴所有。1961年3月,美国纽约地方法院判决:古巴的征用法令"**违反国际法**",故美国法院**不承认**它是外国政府的**国家行为,不能享受主权豁免**;糖款应当归卡马圭公司的美国股东们所有。[49]

古巴国家银行上诉于美国的"上诉法院"。该二审法院于1962年7月作出判决,除重申古巴的征用行动"违反国际法"之外,还着重提到:受害的美国股东们别无他途可以寻求法律救济,只有由美国法院宣布古巴政府通过征用所取得的财产(食糖)所有权无效,把售糖所得款项付给美国股东们,方可弥补损失。因此,驳回上诉,维持原判。[50]

事情最后闹到美国最高法院。最高法院碍于"国家行为学说"已获国际公认,1964年3月23日决定撤销原判,发回原辖纽约地方法院重审,并明确地指示了改判要旨:"由于国家行为学说不许可对本案中古巴征用法令的有效性提出异议,因此,强调征用法令无效的任何反诉都是站不住脚的。"[51]

就在最高法院作此最后决定的前后,美国国境内发生了几起与此有关,而且"有趣"的事,不能不补叙一笔:

1962年12月,在美国纽约召开的联合国大会第17届大会上,以美国为首的若干发达国家为一方,以广大发展中国家为另一方,就各国自然资源的主权问题进行了激烈的舌战。交锋结果,是在12月14日通过的大会决议上明文规定:

> 一切国家对本国自然资源都享有"永久主权"。承认各国具有依其本国利益**自由处置**本国自然财富和自然资源的不可剥夺的权利。采取国有化、征收或征用措施,应以**公认的**、远较纯属国内外个人利益或私家利益重要得多的**公益**、安全或国家利益等理由作为根据。遇有此种场合,采取上述措施以行使其主权的国家,应当按照**本国现行法规以及国际法**的规定,对原业主给予适当的赔偿。赔偿问题发生争执时,一般应按采取上述措施的国家的国内诉讼程序,取得解

---

[49] 参见《美国联邦法院判例汇编(补编)》(第193卷),1961年英文版,第375—386页。当时纽约地方法院判决的依据,就是前述1938年美墨纠纷以来美国自己对于国际法中有关征用赔偿准则的理解。它宣称:古巴的征用行动不是"出于公益需要",而是纯为"报复",对在古巴的美国国民实行"歧视";而且征用财产未付给"充分足够的赔偿",所以,"违反国际法"。参见前注[20][22]及有关正文。

[50] 参见《美国联邦法院判例汇编》(第2辑第307卷),1963年英文版,第845—868页。

[51] 《美国最高法院判例汇编》(第376卷),1964年英文版,第439页。全案详况参见第398—472页。

决。但主权国家及其他当事人如另有协议，则应通过仲裁或国际审判以解决争端。[52]

这些文字虽仍有不少含糊、模棱之处（下文将予分析[53]），但从逻辑上说，显然已经基本上承认各国把本国境内被外资控制的自然资源收归国有或加以征用，乃是"自由处置"的方式之一，乃是行使"不可剥夺"的"永久主权"的一个组成部分。同时，遇有纠纷，一般应诉诸东道国国内的司法管辖。

众所周知，联合国总部就设在纽约。大会的激烈论战及其终于通过的国际性决议，对于近在咫尺的华盛顿最高法院的大法官们，自不会毫无影响。法官们审时度势，为了维护自身的威信，对于正在手中复审的上诉案件作出上述处断，自然是比较明智的。

可是，早在最高法院作出上述决定之前，1963 年 7 月，美国**行政**当局却已通过财政部颁行了《古巴财产控制条例》[54]，"冻结"了古巴在美国的一切财产，**禁止一切支付**、汇兑。于是，对"古巴国家银行"说来，美国最高法院的上述决定以及纽约地方法院的遵命改判，就成了"口惠而实不至"的一纸空文。至少在上述条例"解冻"之前，是无法兑现的。

同样有趣的是：紧接着最高法院于 1964 年 3 月作出上述判决之后不久，美国的**立法**机关——国会却在同年 10 月修订《对外援助法案》之际，在该法案第 620 条中赶紧补上一项新规定：今后凡是外国政府以（美国认为）"违反国际法"的征用法令取得的财产在美国卷入讼争，"不论其他法律作何规定，任何**美国法院都不得借口**联邦的**国家行为**学说，**拒绝**根据法律上的是非曲直作出**判决**。"同时规定：除非美国总统基于外交考虑认为个别特殊案件有必要援用国家行为学说并通知法院，法院方可作为例外处理。[55] 于是，**立法否定了司法，而且授权行政干预司法**。至此，原先大法官们所力图建立的"公正持平、执法不阿"形象，就被破坏殆尽了。在这个曾经轰动一时的具体案例上，美国式的"三权分立"竟有如许妙用，三者之间，究竟是互相掣肘，还是紧密配合？确实耐人寻味！

不过，就此案所涉的原卡马圭食糖公司的美国股东而言，前后打了将近四年官

---

[52] 《关于自然资源永久主权的决议》序言，第 1、4 条，载《第十七届联合国大会决议集》，1963 年英文版，第 15 页。

[53] 参见本文第二部分（三）之 2；陈安编译：《国际经济立法的历史和现状》，法律出版社 1982 年中文版，第 40—73 页。

[54] 参见《美国联邦法令条例汇编》（第 31 卷），1981 年英文版，第 597—634 页。

[55] 参见《实用美国法令汇编（律师版）》（第 22 卷），1982 年英文版，第 327—328 页（§2370）；《美国法令大全》（第 78 卷），1964 年英文版，第 1013 页。

司,确实是所费不赀,延宕时日,而又终无所获。前述海外私人投资公司官员们的经常议论[56],虽然并非专指本案,但本案却相当典型,可以作为前述官员们看法的绝好注脚。

反之,此类海外美资如按美国**现行的**投资保险保证体制,由投资家先向海外私人投资公司交费投保(即购买针对"政治风险"的保险单),而美国又事先与有关东道国订有双边性投资保证协定,则一旦发生征用风险事故,投资人便可依据美国国内的保险契约(合同)向该承保公司索赔,而该承保公司于支付赔偿金之后,又可借助于国际上的双边协定所加于东道国的国际法上的约束力,按事先约定的具体办法,代位求偿。于是,国家行为与主权豁免这一类横在索赔途径上的实在障碍或潜在障碍,便多少可以避开或绕过了。

2. 力图避开或绕过征用赔偿标准问题上的障碍

美国对海外美资被征用时赔偿标准的一贯主张,已简述于前。这一标准,曾经广遭发展中国家非议和反对。对此,美国曾仰仗其雄厚经济实力以及第二次世界大战后形成的特殊地位,利用某些接受"美援"的发展中国家经济单薄、对美国有所依赖的弱点,向它们施加压力,迫使"不驯者"就范。其典型措施之一,就是在1962年修订《对外援助法案》时添加了若干新的条款(通称《希肯卢珀修订案》)。其要点在于除以不同语言重申美国一贯主张的征用赔偿三原则之外,特别强调:如果对美资实行征用的东道国不按美国所规定的标准、条件和期限实行赔偿,美国总统就应中断对该国的一切"美援"供应。[57]

这一规定的仗势欺人之处,在于许多发展中国家的美资项目,是早在这些国家尚未独立、尚无主权的殖民地时期,在不平等、不公平、非互利、非自愿的基础上进入该国的。经过多年苛刻的盘剥,其所渔取的厚利早已远远高出原资本的数倍、数十倍。现在,东道国为了巩固新争得的国家独立和维护民族权益,将有关资源或项目收归国有或加以征用,却仍须按照美国的意志,在极短期间内以本国奇缺的外汇偿付"充分足够"的巨额赔偿金,这就无异于剥夺了弱小民族对本国自然资源行使永久主权的权利,使它们继续处在附庸、依赖的地位。正因为如此,这个《希肯卢珀修订案》通过之后,迅即遭到许多发展中国家的抨击。连美国最高法院的大法官们也不得不承认:

一个国家在征用外国人财产方面究竟享有多大限度的权力?在这个问题

---

[56] 参见前注[45]及有关正文。
[57] 参见《美国法令大全》(第76卷),1962年英文版,第260页。

上聚讼纷纭，**意见分歧**如此**严重**，这是当代国际法中所罕见的。……某些新近独立的不发达国家的代表人物质问：关于对待外国人的**国家责任**准则究竟能否约束许多从来就没有对这些准则表示过赞同的国家。也有人极力主张：关于征用财产赔偿的传统标准，反映了"帝国主义者"的利益，因而对于新兴国家的处境说来，是格格不入的。……这方面的问题十分敏感地牵涉到国际社会**各类成员不同**的实践目标和意识形态目标，**很难想象**美国**一国**的法院竟可以对这方面的问题作出判决。[58]

美国最高法院大法官们的这段叙述和有关见解，是有事实根据的。

即以前引联合国大会1962年《关于自然资源永久主权的决议》而论，其中第4条关于征用与赔偿问题的规定，就是"南、北"两方经过激烈论战之后通过的一个**妥协性决议**。众所周知，美国所主张的赔偿三原则，向来为西方其他发达国家所追随，它们认定这就是"**国际法**"上应有的赔偿标准。反之，众多发展中国家则向来认为征用与赔偿，均属本国主权行使过程中的内政，自应按**本国国内法**规定办事。而长期交锋之后终于通过的决议文字却是：对外国人财产实行征用的东道国"应当按照**本国现行法规以及国际法**的规定，对原业主给予**适当的赔偿**"。在这里，前半句基本上就是双方主张的简单相加，后半句则仍然可以见仁见智，各自按自己原来的观点对"适当的赔偿"作出解释，简言之，分歧与纷争并未解决。[59]

事隔十余年，至20世纪70年代初，由于又有许多殖民地被压迫民族相继争得国家独立，全世界发展中国家的数目激增。国际社会结构的变化反映到联合国内，第三世界会员国开始形成压倒性的多数。加上1971年中华人民共和国恢复了在联合国和安理会中的合法席位，坚定地同第三世界各国站在一起，为建立新的国际经济秩序而奋斗。于是，联合国内部形势大变：寥寥几个西方大国操纵一切的局面终被打破，第三世界国家日益活跃，举足轻重。在这种情况下，1974年5月联合国大会第6次特别会议通过的《建立新的国际经济秩序宣言》（以下简称《宣言》）以及同年12月第29届常会通过的《各国经济权利和义务宪章》（以下简称《宪章》），对于征用与赔偿问题的规定，就有了新的重大发展。兹试摘录要点，并比较说明如下：

(1) 各国对本国的自然资源以及一切经济活动拥有完整的、永久的主权。为了保护这些资源，各国都有权采取适合本国情况的各种措施……**包括**有权实

---

[58]《美国最高法院判例汇编》（第376卷），1964年英文版，第428页。
[59] 参见〔日〕曾我英雄：《新国际经济秩序中的国际法问题》，载《亚非研究》1979年9月号；陈安编译：《国际经济立法的历史和现状》，法律出版社1982年中文版，第40—73页。

行**国有化**或将其所有权转移给本国国民。这种权利是国家享有完整的**永久主权**的**一种体现**。任何国家都不应遭受经济、政治或其他**任何形式**的**胁迫**,这些胁迫旨在阻挠它自由地、充分地行使这一不容剥夺的权利。[60]

(2) 一切国家都有权把外国产业收归国有、征用或转移其所有权。在这种场合,采取上述措施的国家应当根据**本国的**有关法律、条例以及**本国认为恰当**的一切办法,给予适当的补偿。[61]

(3) 一切遭受外国占领、异族殖民统治或种族隔离的国家、地区和民族,在它们所固有的**自然资源**以及其他资源受到**盘剥榨取**、消耗殆尽和**损害破坏**时,**有权**要求物归原主,并**取得充分**的**赔偿**。[62]

把这几段文字对照前述 1962 年《关于自然资源永久主权的决议》中的相应文字[63],就可以看出,1974 年的文献有以下几点重大发展:

(1) 正式明文规定,把对本国自然资源实行国有化或征用,"包括"在一切国家"完整的永久主权"之内,即正式确认前者是后者的一个组成部分,"一种体现"。从而在国际社会中起了公开地"**正名**"的作用。同时,删除了征用时"应以公认的……理由作为根据"这一语意含糊、可以随意解释的**前提条件**,这无疑是承认了各国对本国自然资源享有永久主权是绝对的、**无条件的**。

(2) 正式明文规定,在给予征用赔偿时,应当按照东道国**国内法**的规定办事。**删除了**"……**以及国际法的规定**"等字样,从而排除了西方发达国家力图按它们自己建立的"传统"标准所施加的"国际法"的约束,使得"给予适当的赔偿"一语,含义明朗化、界限化,杜绝了前述模棱两可的解释。

(3) 为长期遭受殖民掠夺、自然资源受到严重损失的弱小民族伸张正义,赋予它们在一定条件下**反转过来**向掠夺者**要求损害赔偿**的正当权利,从而减轻或抵消把某些外资企业收归国有时支付赔偿金的沉重负担。

在美国看来,《宣言》和《宪章》中诸如此类的规定是它所不能接受的,特别是上述第(2)点,与美国长期所坚持的主张无异南辕北辙。所以,在《宪章》交付大会正式表决时,尽管有 120 票赞成,美国却是 6 个投反对票国家的为首者。

形势不饶人。失之东隅,就力图得之桑榆。美国在国际性大场合关于征用赔偿标准的传统主张屡次受挫,节节败退,于是就设法通过缔结一系列新的**双边性**投资

---

[60] 《建立新的国际经济秩序宣言》第 4 条第 5 款,载《1974 年联合国年鉴》(第 28 卷),1977 年英文版,第 325 页。
[61] 《各国经济权利和义务宪章》第 2 条第 2 款第 3 项,载同上书,第 404 页。
[62] 《建立新的国际经济秩序宣言》第 4 条第 6 款,载同上书,第 326 页。
[63] 参见前注[52]及有关正文。

保证协议，加以补救。即**一个一个地**对缔约国对方施以新的国际约束：通过先在国内支付保险事故赔偿金，继而向东道国代位索赔的途径，把赔偿金的计算标准，尽可能地（至少是部分地）掌握在自己手中，从而尽可能避开或绕过征用赔偿问题上的国际障碍。看来，这显然是美国在国际上致力于签订新的双边性投资保证协议，在国内不断调整投资保险体制，加强承保单位灵活性的重要动因。

3. 力图避开或绕过东道国的司法管辖

国家对于本国领土内的一切法律纠纷，除受国际法或条约义务的若干限制外，享有充分的司法管辖权。这是国家主权原则的题中应有之义。自从 19 世纪中著名的"卡尔沃主义"和"卡尔沃条款"[64]开始出现以来，国际法学界对于其中有关外籍契约当事人自愿放弃受其本国政府外交保护权利的规定，尽管是非臧否不一，但其中所坚持的外国人应受东道国法律管辖，遇有法律纠纷必须由当地法院审理这一内容，却由于它符合国家主权原则，逐步获得普遍肯定。到了 20 世纪 40 年代，甚至像联合国这样具有颇大国际权威的世界性组织，也在宪章中规定它自身**无权干涉**"在本质上属于任何国家国内管辖之事件"[65]。

1952 年国际法院就英国—伊朗石油公司国际纠纷案件所作的著名裁定[66]，进一步具体肯定了有关外国投资问题的契约纠纷、征用争端都应按照公司所在地的国内法处断，基本上承认了严格的国民待遇原则，即外国人可以享有，也只能享有不超过东道国本国国民的同等法律保护。

此后，在征用索赔的司法管辖问题上，经过第三世界的据理力争，联合国大会先后在 1962 年和 1974 年通过的《关于自然资源永久主权的决议》以及《各国经济权利和义务宪章》中，都正式作出了东道国国内法优先适用的规定，而后者的规定尤为明确："赔偿问题引起争执时，应当根据采取国有化措施国家的国内法，由该国法院进行审理。"[67]

以上，是问题的一个方面。

另一方面，同样是基于主权原则的考虑，联合国宪章中规定了鼓励各当事国通过协商、**自行选择**其他方法以和平解决争端的原则。[68] 在这一原则的影响下，上述

---

[64] 参见周鲠生：《国际法》（上册），商务印书馆 1976 年版，第 237、282—288 页；[美]沃·弗雷德曼等：《国际法案例与资料》，1978 年英文版，第 835—839 页。

[65] 《联合国宪章》第 2 条第 7 款，载《联合国宪章与国际法院规约》，1945 年英文版，第 3 页。

[66] 参见《1952 年国际法院判例汇编》，1952 年英文、法文对照版，第 93—1115 页。当时英国单方投诉于国际法院要求审理。但按《国际法院规约》第 36 条第 2 款规定：必须有关国家一致同意提交该院审理的案件，该院才有权管辖。碍于这一规定，国际法院终以伊朗一方不同意作为理由，明确宣布："本院对本案无权管辖"（投票表决时九票赞成此结论，五票反对），驳回英国的单方投诉，不予受理。

[67] 《各国经济权利和义务宪章》第 2 条第 2 款第 3 项，载《1974 年联合国年鉴》（第 28 卷），1977 年英文版，第 325、404 页。

[68] 参见《联合国宪章》第 33 条第 1 项、第 36 条第 2 项，载《联合国宪章与国际法院规约》，1945 年英文版，第 8 页。

1962年和1974年的两项联合国决议针对征用索赔纠纷问题,作为优先适用东道国国内法的一种**例外**,在"**但书**"中进行了相应的规定:允许各当事国在主权平等的基础上,自由议定采取东道国国内法以外的其他和平解决途径,诸如提交国际仲裁或国际法院审理,等等。[69]

对于这种"但书"规定所提供的机会,美国政府向来是积极加以援用的。它吸取了英伊石油公司征用纠纷的"教训",在1957年9月同伊朗签订的《私人投资保证协议》中,专门列入一项规定:

> 遇有因征用赔偿等引起的代位索赔问题,应由双方政府**直接谈判**解决。如果在一定期间内两国政府无法达成协议,解决争端,则应交由双方共同选定的一位**独立仲裁人**,作出最后的有约束力的裁决。如果在3个月内双方政府就仲裁人选定问题无法达成协议,则应在任何一方政府请求下,由国际法院院长指定仲裁人。[70]

这种直接谈判、国际仲裁条款,逐渐形成一种模式,在20世纪50年代中期以后美国同第三世界其他国家签订的双边投资保证协议中,以大同小异的文字表述,广泛出现。美国的这种做法,显然是通过把国内保险契约同国际保证协议直接挂钩,力求在征用等纠纷的代位索赔问题上,尽量避开东道国国内的司法管辖。[71]

4. 力图避开或绕过国际司法解决中当事人不适格的障碍

按照国际法准则,一个国家对于处在外国境内的本国国民,包括具有本国国籍的自然人和法人,有实行外交保护的权利。对于本国国民在外国所受的损害,可以在一定条件下投诉于国际法院,寻求国际司法解决,取得损害赔偿。

但是,国际法院对投诉案件行使的管辖权,却受到多重限制。第一,必须是诉讼当事国各方一致自愿提交的案件,此点已见前述英伊石油公司案例的裁定。[72] 第

---

[69] 参见《关于自然资源永久主权的决议》第4条,载《第十七届联合国大会决议集》,1963年英文版,第15页;《各国经济权利和义务宪章》第2条第2款第3项,载《1974年联合国年鉴》(第28卷),1977年英文版,第325、404页。

[70] 《美国—伊朗关于私人投资保证的协议》,载《美国参加的条约及其他国际协议汇编》(第8卷第2分册),1957年英文版,第1600页。

[71] 在美国—伊朗投资保证协议之前,美国于同年1月同土耳其签订的同类协议中也有类似的仲裁条款。在此后出现的同类协定中,仲裁人由原定一人逐渐发展为三人,即两国政府各指定一人,并由他们公推另一个第三国国民担任仲裁庭庭长。如公推不成,则由国际法院院长指定。1973年4月美国同罗马尼亚签订的《投资保证协议》则把上述庭长人选指定权授予联合国秘书长。1980年10月签订的中美投资保证协议里的仲裁条款,看来是参照了上述美罗协议的。美土协议、美罗协议、中美协议里国际仲裁规定,分别参见《美国参加的条约及其他国际协议汇编》(第8卷第1分册),1957年英文版,第203页;《美国参加的条约及其他国际协议汇编》(第24卷第1分册),1973年英文版,第1074—1075页;《中华人民共和国和美利坚合众国关于投资保险和投资保证的鼓励投资协议和换文》,1980年10月30日,载《中国国际法年刊》(1982),中国对外翻译出版公司1983年版,第433—434页。

[72] 参见前注[66]。参见《1952年国际法院判例汇编》,1952英文、法文对照版,第93—1115页。

二,"在本法院得为诉讼当事国者,限于国家。"[73]换言之,国际法院不受理由**直接**受到损害的自然人或法人**自行**起诉的国际索赔案件;必须由受害人所属的国家出面起诉,国际法院方予受理。第三,任何国家,只能为具有**本国国籍**的自然人或法人出面向国际法院起诉,要求司法解决;反之,受害人如不具有某国国籍,该国即无权代为出面起诉于国际法院。在最后这一点上,1970年有一桩新的判例引起当时国际法学界的广泛注意,特别是引起了美国的震动。这就是著名的巴塞罗纳公司案。

巴塞罗纳机车、电灯、电力股份有限公司在**加拿大**登记(注册)成立,但其股份却大部分属于**比利时**人所有(约占全部股份的85％)。1948年,这家公司在**西班牙**宣告破产。**比利时政府**认为西班牙当局在事后处置公司财产时,采取了"蚕食式征用"措施,违背了国际法准则,损害了比利时股东们的利益,因而出面向国际法院起诉,要求判令西班牙当局赔偿比利时股东们的损失。此案拖延多年,终于在1970年2月5日由国际法院作出判决,其要点是:(1)公司是法人,按照国际法的一般准则,只允许该**公司国籍**所属的国家行使外交保护权,以实现其寻求赔偿的目的。持股人所属的国家并不享有行使这种外交保护的权利。(2)公司的国籍一般依其登记所在地而定。巴塞罗纳是一家在加拿大进行登记、属于加拿大国籍的公司。因此,比利时政府无权为一个加拿大籍的公司的股东们实行外交保护。(3)本案原告不适格。据此,国际法院以十五票对一票,表决驳回比利时政府的起诉。[74] 在此案争讼过程中,加拿大政府鉴于该公司名义上虽属加籍但其实际财产利益却与本国公民关系不大,故对于向国际法院起诉一举持消极态度。出现了比利时股东心急如焚,加拿大当局无动于衷的有趣局面!

此案表面上与美国全然无关。但判例中所体现的原则,却使美国感到有"切肤之痛"。原因就在于它在海外拥有大量属于**美资**却**非美籍**的跨国公司**子公司**,此例一开,则一旦这些子公司遇到"麻烦",美国要"名正言顺"地为这些子公司的美国股东们寻求国际司法解决,就会遇到新的困难,因而感到"物伤其类"。连某些知名的美国国际法学者对国际法院的上述判决也多非议、责难。[75]

不过,美国投资家所略可引以为慰的是,他们本国的立法者在智囊们的帮助下,已经预先为他们设下一道法律屏障,找到了一个"避法"窍门:早在1965年再次修订《对外援助法案》之际,立法者们就在其中添加了一个新的条款。其中规定:不仅美国国籍的海外公司可以向美国政府主办的承保机构投保,即使并**不具有美国国籍**的

---

[73] 《国际法院规约》第34条第1款,载《联合国宪章与国际法院规约》,1945年英文版,第25页。
[74] 详况参见《1970年国际法院判例汇编》,1970年英文、法文对照版,第3—53页。
[75] 参见〔美〕洛文费尔德:《国际经济法第二卷:国际私人投资》,1982年英文版,第151—152页;〔美〕梅隆:《国际法中的投资保险问题》,1976年英文版,第2—3、17、19、57、99页。

外国公司，只要其持股人全为美国国民（包括自然人、法人），同样可以向美国投保。[76] 自此以后，这条规定一直沿用至今，仍为海外私人投资公司所遵循、执行。

设定这个条款的实际意义不外是：(1) 不具备美国国籍的海外美资公司，通过其具有美国国籍的股东或母公司，向美国政府主办的承保机构投保，建立民法上的保险契约关系；(2) 由于美国事先同接受美国投资的东道国订有国际协议，一般地承认其国内的这种保险契约有效；一旦投保美资遇"险"受损，允许美国官办承保机构依约付赔之后，有权向东道国代位求偿；因此，(3) 一旦有必要采取国际司法途径解决投保美资索赔纠纷，美国政府就可以援引上述两方面的法律关系，作为实行外交保护的法律依据，争取在国际法院成为适格的原告，避开前述的当事人不适格的障碍。

5. 力图改善以高压手段保护海外美资造成的不佳形象

1974年联合国特别大会通过的《建立新的国际经济秩序宣言》大声疾呼：任何国家都不应遭受企图阻挠它行使经济主权的任何形式的胁迫。[77] 这显然不是无的放矢。一方面，美国1962年的《希肯卢珀修订案》给第三世界各国（特别是接受"美援"的国家）留下的印象，就是乘人贫弱，仗富欺人。而且该修订案施行以来，屡遭抵制，收效甚微而树敌甚多，反使美国自己在外交上趋于孤立，以致事隔11年之后，不得不对其中特别雷厉、僵硬之处加以撤销，改得较为缓和、灵活。[78] 这实际上是迫于形势，给自己找台阶下。另一方面，素常美国因海外美资企业被征用事件而进行国际索赔时，均由政府外交行政当局直接出面，这也加深了人们对它的不良观感。

在总结上述两个方面"经验"的基础上，美国投资保证的重点日益转向新的、得到**对方**国家**批准**的项目；并且只好比较现实地通过平等谈判，促使对方国家同意承担对境内美资安全给予某种保证的义务。另外，终于在1969年决定改变二十余年来一直由美国政府行政机关承办保险业务的做法，改由新设立的官办专业公司按照公司章程与投资人签订投保承保合同，使这种保险合同具有更强烈的私法民事契约气息；而在国际代位求偿场合，也以"公司"名义出现，力求在观感上令人觉得它主要属于经济关系的调整和财务纠葛的处理。这样，就既有对海外美资实行外交保护之实，却又并无外交保护之名，至少是外交、政治的色彩被冲淡了许多，冀能使过去动辄由美国政府外交行政当局出面交涉的强权生硬做法在国际社会中所留下的不佳

---

[76]《1965年对外援助法案》第223条第3款，载《美国法令大全》（第79卷），1966年英文版，第654—655页。参见前注[93]及有关正文。

[77] 参见前注[60]及有关正文。

[78] 例如，1962年通过的原修订案规定：凡征用美资企业的东道国不按美国所要求的标准进行征用赔偿者，美国总统应即中断"美援"供应，绝无通融余地。1973年则修改为授权总统灵活掌握。如总统认为对上述国家不中断"美援"供应"对美国国家利益有重大好处"，可继续提供"美援"。参见《1973年对外援助法案》第620条，载《美国法令大全》（第87卷），1974年英文版，第722页。

形象有所改善。

美国著名的国际经济法教授德奥多·梅隆在盛赞海外私人投资公司这一体制的国际作用时指出:"应当理解,投资保险安排是根据投资保证协议行事的。这就使得别人**比较难以谴责**承保的政府是**经济帝国主义**了。"[79]梅隆对公司保险体制的正面赞扬,却无意中从侧面道破了美国当局长期以来的某种心病和治病之方,可谓画龙点睛,言简意赅。

从以上的历史回顾中可以看出:美国对海外美资的法律保护制度经过多年来不断的扩充和调整,时至今日,在国际方面,除了在双边"友好通商航海条约"中作笼统规定之外,终有一百多个双边性投资保证专题协议之签订。在国内方面,终有海外私人投资公司之设立,而若干年后,又还会有新的变动。所有这些,说到底,就是数十年来全球性南北矛盾的一种产物。而从海外私人投资公司的设置意图来看,在国际经济秩序新旧交替期里,美国政府显然一直设法从国际法发展变动的夹缝中,千方百计地寻找空隙,以保护遍及全球的海外美资。足见这个政府对于本国的投资家——资产者说来,确实是恪尽职守,煞费苦心。

三、海外私人投资公司的基本体制

关于海外私人投资公司的基本体制,本文第二部分中已略有触及。这里再择要补充,作一鸟瞰。另外,这家公司自1969年底由国会授权成立以来,它所据以建制的法案历经三次修订,[80]这里引述的根据是1981年10月的最新修订案。

(一) 组织领导与业务范围

根据美国政府1979年10月实施的"第二号改组计划",设立了一个"国际开发合作总署",统一主管美国与发展中国家经济关系方面的各项事务。海外私人投资公司现在是该总署所辖的三个单位之一。[81]但是,在法律地位上,该公司又被视同美国华盛顿哥伦比亚特区的一个居民(法人),设住所于当地。因而在民事诉讼中,它可以以自己的名义当原告或被告,并按其住所所在地确定其司法管辖以及其他权利

---

[79] 〔美〕梅隆:《国际法中的投资保险问题》,1976年英文版,第99页。
[80] 参见前注〔42〕。
[81] 参见《美国政府组织机构手册(1982—1983年)》,1983年英文版,第608—618页。

义务。在一切仲裁程序中,它也具有独立的人格。[82] 这种授权规定,可谓"未雨绸缪",预先为该公司提供了在"打官司"上的独立性、主动性和方便行事之权。

该公司由董事会全权领导。董事共 15 人。国际开发合作总署署长兼任董事长,美国贸易代表或副代表兼任副董事长,公司总经理兼任董事,劳动部官员 1 名兼任董事。其余董事,概由美国总统通过一定手续遴选任命。[83] 公司总经理和常务副总经理也由总统委任并遵照总统命令和董事会决策,实行经营管理。[84] 每逢财政年度年终,公司应向国会提交经营详况书面汇报。[85] 这样的领导结构和上下关系显示:这家公司是在美国**最高一层**行政当局直接严密控制之下的。就此点而言,不但足见其被重视的程度,而且足见其和政府机关行政单位并无大异,尽管它名为"公司"。

关于公司的经营资金,国会授权美国总统按照法定程序由国库拨付专款,总统还可随时补充拨款,使公司手头经常保持足够的保险储备金。另外,公司本身受权可以随时出售一定限额的债券给财政部,以取得现款清偿保险赔偿费,然后定期归还。[86] 公司的一切收入和收益,均由公司自身全权支配。但从 1981 年起,公司应从每年纯收益中提取一定数额交给财政部,逐渐还清 1975 年以前所获得的专用拨款。[87] 简言之,既保证该公司有足够的财源和信用,又要求公司做到精打细算,自给自足。[88] 就此点而言,它和政府行政单位是不同的。

至于公司的业务经营范围,据宣布,包括投资保险、投资保证、直接投资、投资鼓励、专业活动、其他保险活动等六个方面。[89] 所谓"投资保险",指的是按公司所定条件对适格的海外私人投资**专门承保**各种**政治性风险**,诸如东道国禁止外商自由兑换货币、征用或没收企业财产、当地发生战乱引致企业财产损失,等等。该公司并**不承保**企业经营中所可能遇到的一般**商业性风险**,这是它的保险业务同其他一般民营保险公司相异之处。

所谓"投资保证",指的是按公司所定条件对适格的海外私人贷款等提供政治风险保证。按照 1981 年新法案的规定,海外私人投资公司在同一时间内就投资**保险**项目承保的可能风险事故赔偿金债务总额,不得超过 75 亿美元;而在投资**保证**项目中

---

[82] 参见《1981 年海外私人投资公司修订法案》第 239 条第 1、4 款,载《实用美国法令汇编(律师版)》(第 22 卷),1982 年英文版,第 151 页;美国法学研究所及美国律师公会主持编印、〔美〕塞尔利等编:《国际商务往来律师指南》(第 2 卷),1979 年英文第 2 版,第 282 页。

[83] 参见《1981 年海外私人投资公司修订法案》第 233 条第 2 款,载《实用美国法令汇编(律师版)》(第 22 卷),1982 年英文版,第 133 页。

[84] 同上法案,第 233 条第 3、4 款,载同上书,第 134 页。

[85] 同上法案,第 240(甲)条,载同上书,第 157 页。

[86] 同上法案,第 232 条、第 235 条第 6 款,载同上书,第 132、143 页。该法案第 237 条第 3 款还进一步规定:由 OPIC 签发的保险单应构成美国国家承担的义务,并以美国国家信誉保证履行有关义务。

[87] 同上法案,第 236 条、第 240(乙)条,载同上书,第 145、158 页。

[88] 同上法案,第 231 条,载同上书,第 127 页。

[89] 同上法案,第 234 条,载同上书,第 135—138 页。

承保的可能事故债务总额,则限于7.5亿美元,仅及前者的1/10。[90]

所谓"直接投资",指的是按公司所定条件专对美国小本商号发放贷款,协助它们向发展中国家投资。此项贷款总额甚微,而小投资家申请融资者甚众,粥少僧多,因而大量申请书被积压或被驳回。[91] 相形之下,对大投资家则照顾甚多。故有人抨击海外私人投资公司的业务安排在很多场合只不过是为美国最大的一些公司和资本家巨头提供海外投资津贴,"锦上添花"而已。[92]

所谓"投资鼓励",指的是按公司所定条件,对私人投资家提供资助,俾便对海外投资机会(可能项目)进行调查、估量和落实。

所谓"专业活动",指的是举办各种专业项目,包括提供有关个人技能、职业或管理方面的经费和咨询服务,以促进人力资源的开发,提高技术水平和资本使用效能,等等。

所谓"其他保险活动",指的是海外私人投资公司同其他保险公司或融资机构订立保险或再保险契约,让渡或承受再保险业务,等等。

在以上六种业务经营项目中,**投资保险**是**首要**的、占压倒优势的项目。不论是在立法上、章程上,还是在实践中,海外私人投资公司的绝大部分资金和精力,都是投在这个项目上的。下文就有关投保适格、承保项目、索赔规定等主要规章制度,分别加以简介:

(二) 投保适格

这里所说的"投保适格",具体指的是符合一定规格的海外美资才可以向海外私人投资公司投保(亦称"要保")。换言之,海外私人投资公司只是针对符合投保条件、具有投保资格的海外美资,向投资人出售保险单(亦称"保险证券"),承担保险责任。就该公司现有的章程看,其所要求的"适格",可以分为投保人、投保标的物所在国、投保资本三个方面:

1. 投保人适格

适格的投保人有以下三类:(1) 美国公民;(2) 依据美国法律(或美国某州法律、某块领土法律)登记成立,并主要由美国公司所拥有的公司、合伙企业以及其他社

---

[90] 参见《1981年海外私人投资公司修订法案》,第235条第1款,载《实用美国法令汇编(律师版)》(第22卷),1982年英文版,第142页。

[91] 参见《海外私人投资公司财政处呈交公司董事会的备忘录》(1980年11月6日),收存于海外私人投资公司文档。

[92] 参见《美国劳联—产联经济研究部专家伊莉莎白·杰吉尔等人在第97届国会参议院外交关系委员会公听会上的发言》,载《海外私人投资公司:美国第97届国会第1期会议参议院外交关系委员会公听会》,1981年版,第243—267页。

团;(3) **完全**归上述美籍公民、美籍公司等所拥有的具有外国国籍的公司、合伙企业以及其他社团。该**外国国籍**的公司,其股票由非美国人认购者,如不超过股票总数5%,不影响其投保资格。[93] 美国法令作出此种规定的本意,已见本文第二部分分析,[94] 兹不赘述。

2. 投保标的物所在国适格

这方面的适格前提有二,二者缺一不可:

(1) 必须是美国政府事先已经同该所在国(即东道国)政府达成协议,建立了有关投资保险保证的体制,[95] 以免一旦发生风险事故,美国政府无法依约进行代位索赔。关于此点的立法背景,已见本文第二部分论述。

(2) 投保标的物所在国不但必须是"不发达国家",即发展中国家,而且必须是其中国民收入较低的国家。因为这些国家需要资金最迫切,劳动力价格也势必最低廉,从而美国投资获利也最厚。但是这些国家政治上较为"不稳定",各种革命"动乱"因素也多,从而美资可能遇到的风险也较多。因此,针对投入这些国家的海外美资开展保险业务,自然就成了海外私人投资公司的工作中心。按 1978 年的修订法案,美资标的物所在国必须是每人每年平均收入在 1000 美元以下者,该项美资才算投保适格。1981 年的新修订案则大大放宽了这方面的投保限制,把国民收入每人每年平均数限额提高到 2950 美元,这意味着在经济水平较高的发展中国家投放的美资,原先不能投保,现在也可以投保了。

这种修改,在国会中是经过了一番争论的。当时有人认为美国财力有限,应当保留原标准,对可以投保的美资从严控制,仍以低收入的发展中国家的美资作为承保对象,始符合公司法案中所宣布的堂皇目标,即尽力促进和优先考虑这些特别不发达国家的"经济开发和社会发展"。[96] 但是,海外私人投资公司的代表则坦率辩称:有些发展中国家或地区,诸如土耳其、牙买加、韩国等,对于美国说来具有"战略上的重要性",现在这些国家或地区的国民收入每人每年平均数已经过 1000 美元原定最高限额,如果把它们排除在投保适格范围之外,美国就无法通过投资这一重要途径,对它们施加影响;海外私人投资公司也就无法放手地作出努力,以"支持美国

---

[93] 参见《1981 年海外私人投资公司法案(修订)》第 238 条第 3 款,载《实用美国法会汇编(律师版)》(第 22 卷),1982 年英文版,第 150 页(§2198)。参见前注[76]及有关正文。

[94] 参见前注[73]—[76]及其有关正文;[美]梅兹尔:《从巴塞罗纳机车公司案件看投资保证体制中法人投资的国籍问题》,载《美国国际法学刊》1971 年第 65 卷,第 536 页。

[95] 参见《1981 年海外私人投资公司法案(修订)》第 237 条第 1、2 款,载《实用美国法会汇编(律师版)》(第 22 卷),1982 年英文版,第 146 页。

[96] 参见同上法案,第 231 条第 1 款、第 2 款第 2 项,载同上书,第 127 页;《卡内基国际和平基金会高级会员弗列德·伯格斯腾在第 97 届国会参议院外交关系委员会公听会上的发言》,载《海外私人投资公司:美国第 97 届国会第 1 期会议参议院外交关系委员会公听会》,1981 年版,第 248 页。

实现其**外交政策**的各种目标"。[97] 公司负责人提出的诸如此类的"论据",终于打动了多数议员的心,使他们投票同意扩大这方面的投保适格范围。可见,海外私人投资公司考虑投资承保问题,并非仅仅着眼于经济,在某些场合,政治、外交上的考虑往往置于首位。而海外私人投资公司对美国国务院的"**政策指导**"[98],是如此奉命唯谨,亦步亦趋,以及它在美国与苏联争夺世界霸权中所起的配合作用,于此可见一斑。

3. 投保资本性质适格

投保资本性质适格,主要有如下几项条件:

(1) 海外美资,必须经过所在**东道国事先批准**同意投保,始为适格。按海外私人投资公司所定章程,当事人在投保之先,须先向该公司索取"登记申请书",具体填报投资项目简况及投保种类要求,经该公司审议同意,再发给正式申请书,按公司指导填写完毕后寄给东道国政府,申请依据现有双边投资保证协议,批准投资、投保;经东道国政府签署意见后,将原件寄交当地美国大使馆转回该公司。这就是章程中所要求的"通过**美国官方渠道**寄回海外私人投资公司"[99]。如此郑重其事,究其实质,显然就是为了要加强对东道国政府的约束力,提高当地美资的"安全系数"。

(2) 海外美资,必须是新的投资,方可投保。一般说来,这指的是投向新的项目的美资。早先已在当地开业经营的海外美资,如欲投保,一般不适格。但旧企业因进行重大扩建、更新设备而吸收的新投资,则视同投入新项目的美资,可以投保。[100]该公司作此规定是有缘由的:商人把资金投向某个**新的**项目,一般显示该种项目为东道国所急需、所欢迎;同时也显示投资者凭其商人精明眼光、敏锐嗅觉和仔细盘算,经过调查研究和深思熟虑之后,认定该项目比较安全。海外私人投资公司选择此类美资立契承保之后,险情小而保险费照收,自然乐得。但其主要目的,显然在于对美资投放方向**事先**加以**指引**,以免导致过多的国际纠纷,因为实践已经证明:美国再也无法单凭自己的意志断然处置这类纠纷了。

(3) 海外美资,必须**不是**投入下述经营,才有资格投保。换言之,海外私人投资公司拒绝承保下列美资:A. 投资人看来是打算以这笔海外投资所出的产品,**取代**原在美国生产的同类产品,并且销往原属美国同类产品的同一市场,从而"大量削减该

---

[97] 参见《海外私人投资公司代总经理杰拉德·威斯特在第 97 届国会参议院外交关系委员会公听会上的发言》,载《海外私人投资公司:美国第 97 届国会第 1 期会议参议院外交关系委员会公听会》,1981 年版,第 150—151 页。其后,此项标准又有新的调整:投资项目所在国人均年收入在 984 美元以下者,OPIC 应优先考虑予以承保;投资项目所在国人均年收入在 4269 美元以上者,则应限制承保。以上美元,均按 1986 年以美元实值予以核计。参见《2003 年 OPIC 法案(修订)》第 231 条第(2)款。

[98] 参见前注[41]及有关正文。

[99]《海外私人投资公司投资保险手册》,1980 年英文版,第 19—20 页;美国法学研究所及美国律师公会主持编印、[美]塞尔利等编:《国际商务往来律师指南》(第 2 卷),1979 年英文第 2 版,第 303 页。

[100] 同上手册,第 5—6 页;美国法学研究所及美国律师公会主持编印、[美]塞尔利等编:《国际商务往来律师指南》(第 2 卷),1979 年英文第 2 版,第 292 页。

投资人在美国雇用职工的人数";B. 这笔投资看来会大量削减美国其他企业单位雇用职工的人数;C. 这笔投资用于海外制造业或加工业的项目之后,看来会削减美国的贸易利益,大大不利于美国的国际收支平衡;D. 这笔投资采购商品或劳务的重点不在美国,却在另一个发达国家。[101] 一句话,凡是对美国的**就业**、**出口**有较大消极影响的海外美资,一概不予承保,纵使它对发展中国家的"经济开发和社会发展"好处极大,也属枉然。可见,在法案上宣布的该公司成立宗旨虽甚冠冕堂皇,但归根结底,美国自身的经济利益,特别是美国有产者对国内的稳定统治[102]以及在国际上的经济优势,仍是权衡取舍的最高标准。

一笔投向海外的美资,如在以上三个方面均为适格,最后还要经过海外私人投资公司审批。审批的重要根据之一是驻在东道国当地的美国大使馆或美国国际开发署办事处同意推荐的项目;[103]另外,1973年9月,该公司还建立了一套"国情监听、监督制度",由专家们经常分析估量每个国家各种政治风险动向,不断积累资料并经常汇报,为公司领导人充当耳目,便于他们对前来投保的海外美资作出承保与否的判断。同时还规定凡向风险重大的地区投资额达一定数字者,承保与否的审批权属于公司的董事会。[104]

从投资所在国适格和投保资本性质适格的一系列规定中可以看出:该公司对于前来投保的海外美资同意承保与否,是颇费斟酌、慎之又慎的。这同前述"投保人适格"问题上该公司之广张保险大伞,尽量包罗庇护,恰恰形成极其鲜明的对照。怎样解释这种现象呢?看来,根本原因就在于美国的实用主义限制了美国的理想主义。说得通俗些,就是矛盾重重,[105]力不从心,只好有所退让。关于这点,下文将作进一步分析。

---

[101] 参见《1981年海外私人投资公司法案(修订)》,第231第3款,第11—13项,载《实用美国法令汇编(律师版)》(第22卷),1982年英文版,第150页(§2198);《海外私人投资公司投资保险手册》,第17页;美国法学研究所及美国律师公会主编印,〔美〕塞尔利等编:《国际商务往来律师指南》(第2卷),1979年英文第2版,第294页。

[102] 在1977年以前,有关海外私人投资公司的法案中本无本段正文中所说的A、B两点限制。1977年国会讨论对该公司重新授权问题时,遇到工会方面的猛烈抨击和反对。他们指责海外私人投资公司大力鼓励"逃跑工厂"。因为,在海外私人投资公司提供保险的支持下,美国许多公司关闭了设在本国的工厂,而"逃跑"到第三世界去开设新厂,利用当地的廉价劳力,赢得厚利,从而削减了美国国内工人的就业机会,制造新的失业队伍。为了缓和国内的阶级矛盾,并使该公司的重新授权问题得到顺利解决,国会遂在《1981年海外私人投资公司修订法案》中增添了上述A、B两点规定。但每笔投资是否属于A、B两类,仍由该公司当局全权自由裁断。参见《美国劳联一产联提交第95届国会众议院外交委员会国际经济政策小组委员会公听会的声明》,载《海外私人投资公司计划的延期和修订:美国第95届国会第1期会议众议院外交委员会国际经济政策小组委员会公听会》,1977年英文版,第353页。

[103] 参见《海外私人投资公司代总经理赫伯特·萨尔兹曼在第93届国会公听会上的证词》,载《跨国公司与美国外交政策:美国第93届国会第1期会议参议院外交关系委员会跨国公司问题小组委员会公听会》,1973年英文版,第541页。

[104] 参见《海外私人投资公司董事会决议(1973年9月10日)》,载〔美〕梅隆:《国际法中的投资保险问题》,1976年英文版,附录,第602—606页。

[105] 参见本文结论之(二)。

（三）承保项目

《1981年海外私人投资公司修订法案》中所列举的承保项目，基本上沿用1961年以来的规定而又有所扩大。但始终仅限于承保兑换、征用、战乱等三类**政治性**风险，而不包括一般**商业性**风险。投保者可以任意选购下述一、二种风险或全部风险的保险单：

1. 货币禁止兑换风险（亦称"甲类承保项目"）

这种保险的主要内容是：投保人在保险期内作为投资的收益或利润而获得的当地货币，或者因变卖投资企业财产而获得的当地货币，如遇东道国禁止把这些货币兑换成为美元，应由承保人（海外私人投资公司）用美元予以兑换。[106]

按照保险合同所规定的不同情况，投资者必须在换取美元的申请已经提出30天或60天期满而当地政府仍不批准的条件下，方可向海外私人投资公司要求兑换。如事先未尽力向当地政府申请兑换，或者这笔当地货币在投资人手中迟迟不换已超过18个月，则无权再向该公司要求兑换。[107] 在公司依约兑付美元之先，投保人应按公司要求将当地货币的现款或支票、汇票在指定地点交付公司。[108] 公司得到这些货币之后，通常的做法是作价**转让**给**美国财政部**，由财政部拨给驻在该东道国的美国大使馆，供作当地日常开销之用，[109] 即加以"就地消化"。

2. 征用风险（亦称"乙类承保项目"）

这种保险的主要内容是：在保险期内，由于东道国政府采取征用措施，致使投资人的投保资产受到部分或全部损失，应由承保人（海外私人投资公司）负责赔偿。[110]

按照有关法案规定，"征用"一词指的是"在投资人**并无过错**或**不轨行为**的情况下，东道国政府中途废止、拒绝履行或径行削弱它自己同投资人订立的经营项目合同，致使该项目实际上难以继续经营。"[111] 法案条文语焉不详之处，由该公司所颁行

---

[106] 参见《海外私人投资公司234 KGT 12—70型投资保险合同（修订版）》第13条，载1982年英文版单行本，第25页；《1981年海外私人投资公司法案（修订）》第234条第1款第1项第1点之（A），载《实用美国法令汇编（律师版）》（第22卷），1982年英文版，第135—136页。

[107] 参见《海外私人投资公司234 KGT 12—70型投资保险合同（修订版）》第14条第1款，载1982年英文版单行本，第25—26页。

[108] 同上合同，第16条，载同上单行本，第27页。

[109] 参见《海外私人投资公司总经理布拉德福特·米尔斯在第93届国会公听会上的发言》，载《海外私人投资公司：美国第93届国会第1期会议众议院外交委员会对外经济政策小组委员会公听会》，1973年英文版，第265页。

[110] 参见《海外私人投资公司234 KGT 12—70型投资保险合同（修订版）》第18、20条，载1982年英文单行本，第28、30—31页；《1981年海外私人投资公司法案（修订）》，第234条第1款第1项第1点之（B），载《实用美国法令汇编（律师版）》（第22卷），1982年英文版，第136页。在现行的《2003年OPIC法案（修订）》第238条（b）款的"定义"中，已将原定的"东道国政府"一词增补扩大为"外国政府、外国政府的政治分支机关，或由外国政府拥有或控制的一家公司"。这实际上意味着：即使只是东道国的地方政府或一家国有公司有重大违约行为，也要追究其中央政府的"征用"责任。

[111] 《1981年海外私人投资公司法案（修订）》第238条第2款，载《实用美国法令汇编（律师版）》（第22卷），1982年英文版，第150页。

的合同条款加以补充。从这种合同的具体条款来看,海外私人投资公司所承保的征用风险,范围甚广。在该公司保险业务实践中,有关这方面的纷争也最多。为便于对照分析,拟将合同中有关这方面的具体文字及其有关实际案例,一并在本文第四部分中加以论述。

3. 战乱风险(亦称"丙类承保项目")

这种保险的主要内容是:在保险期内,投资人在东道国的投保资产由于当地发生战争、革命、暴动或骚乱而受到**损害**,应由承保人(海外私人投资公司)负责赔偿。[112]

骚乱风险,原来不在承保之列。1981年的修订法案才扩大承保范围,把它纳入丙种承保项目。这是应美国投资人的要求而添加的项目,它显示美资在发展中国家里所遇到的还不够**原定战乱**规格的各种"烦恼"增多了。[113] 不过,海外私人投资公司强调它自己向来只受权承保政治性风险,所以在事后对骚乱风险承保内容作了限制性的解释,即骚乱保险"只限于个人或集团主要为了实现某种**政治目的**而采取的破坏活动所造成的损失"[114]。这就把一般的劳资纠纷、经济矛盾所引起的骚乱冲突风险排除在外,而让私人经营的保险公司去做这方面的承保生意。同时,公司还规定:投保人有义务提出确凿可信的证据,证明该骚乱、恐怖活动或破坏活动的主要目的确实在于实现某种政治意图。[115] 此外,公司还按有关法案的规定,于1982年8月间向国会参、众两院的有关委员会提出报告,[116]专就骚乱承保项目的可行性、范围及其具体实施办法等,进行全面的分析、拟定,俾便另作审批。可见,对于实施这一新的承保项目,颇为慎重。

关于战乱所造成的"损害"一词,公司颁行的合同条款中专门作了解释。它指的是:由于战争、革命、暴动或骚乱,直接引起投保财产的物质状态受到损伤,投保财产被毁坏、被丢失、被夺走并扣留不还,包括在上述战乱中某方军队为了预防或对付日益迫近的敌对行动而采取的坚壁清野等破坏活动所造成的上述各种损害,都在索赔与赔偿之列,但其前提是在战乱与损害之间必须确实存在直接的、必然的因果关系。[117]

---

[112] 参见《1981年海外私人投资公司法案(修订)》第234条第1款第1项第1点之(C),载《实用美国法令汇编(律师版)》(第22卷),1982年英文版,第136页。

[113] 参见《美国第97届国会第1期会议众议院第195号报告书》,1981年英文版,第7页。

[114] 《海外私人投资公司提交董事会的备忘录:关于骚乱保险的一般方针和指导原则》(1982年4月20日)附录一,1982年英文版,第1页。

[115] 同上。

[116] 参见《海外私人投资公司关于实施骚乱保险项目的报告书》(1982年8月20日),1982年英文版单行本。此项承保内容已获国会审批同意,并于1983年开始实行。参见《海外私人投资公司1983年度报告》,1984年英文版,第27页。

[117] 参见《海外私人投资公司234 KGT 12—70型投资保险合同(修订版)》第1条第7款,载1982年英文版单行本,第3页。按现行规定,OPIC现在还增添了新的承保项目:凡因禁兑、征用和战乱三种风险事故而造成营业中断(business interruption)风险事故,亦可预先投保。参见《2003年OPIC法案(修订)》,第234条第(a)(1)(D)款。

（四）索赔规定

上述各种政治性风险事故一旦发生，紧接着，就出现两个方面的问题：一是投保人向承保人（海外私人投资公司）依照国内保险合同索赔的问题；二是海外私人投资公司依照国际保证协定向东道国当局代位索赔的问题。

美国当局和公司领导人充分发挥了美国商人所固有的"精明干练、灵活圆通"的传统精神，把以上这两个方面紧密地联系起来，使其互相渗透，力争"左右逢源"。海外私人投资公司成立不久，国会众议院外交委员会的对外经济政策小组委员会就定下了这样的指导方针：

> 美国已经卓有成效地同各国谈判签订了95个（有关投资保证的）双边协议，对于这些协议，当然不能弃置不用。但是，尽管海外私人投资公司可以行使这些协议中所规定的代位索赔权利，本小组委员会仍然深切期待海外私人投资公司会施展才能，精心设计，妥善安排，做到在绝大多数场合**避免**产生**政府同政府之间的迎面相撞、直接对抗**。[118]

这一基本指导方针显然是在盛气凌人、僵硬压服的一贯做法多次碰壁之后总结出来的。它确实已被贯穿于以下两个方面的具体规定之中：

1. 尽可能把投资人（投保人）推上索赔争讼的第一线，海外私人投资公司则居后指挥、支持，其要点是：

（1）投保人应当尽速把发生风险事故的详况和判断理由通知海外私人投资公司，[119]以便该公司及时通过驻东道国的美国使领馆等机构核实，或指派专人前往当地查证核实。在前一种场合，美国驻外机构所签注的意见，就类似于"公证"。[120]

（2）投保人在把海外企业财产全部转移给该公司并取得赔偿金之前，**必须竭尽一切可能**，首先在东道国境内采取**一切行政补救**或**司法补救措施**（交涉、谈判、请愿、起诉等等），要求制止风险或取得赔偿，并把争讼情况随时报告该公司，按后者的指挥行事。[121] 反之，该公司就有权拒绝支付风险赔偿金。

---

[118] 美国第93届国会第1期会议众议院外交委员会对外经济政策小组委员会：《关于海外私人投资公司的报告》，1973年英文版，第35—36页。

[119] 参见《海外私人投资公司234 KGT 12—70型投资保险合同（修订版）》第19条第1款、第23条第1款，载1982年英文版单行本，第28、33页。

[120] 参见海外私人投资公司文档：《费恩国际公司索赔案卷》，第5969、6159号合同，海外私人投资公司1973年10月20日裁定备忘录，第4页。

[121] 参见《海外私人投资公司234 KGT 12—70型投资保险合同（修订版）》第2条第12款，载1982年英文版单行本，第15页。

(3) 投保人在获得该公司通知同意付赔后,应按后者要求把投保的有关资产、现金、债权、所有权、索赔权或起诉权等等,全部转移给该公司。[122]

(4) 投保人即使在获得该公司支付赔偿金之后,仍有义务同该公司委派的代表全面通力合作,除妥为管理、保护业已转归该公司所有的海外企业一切财产外,尤应**继续参加行使业**已转归该公司的**索赔争讼权利**。"投资人参与这些活动,均是为了海外私人投资公司的利益,或是充当海外私人投资公司的**受托人**,所有这些活动的**一切费用**,概由海外私人投资公司负责支付,**无须投资人自掏腰包**。"[123] 这一条规定的核心内容看来就是:该公司出主意、出钱,投资者出面、出人,继续同东道国政府打官司。

(5) 投保人和承保人之间关于保险合同履行过程中的任何争议,应提交华盛顿特区"美国仲裁协会"仲裁,由后者作出有拘束力的最终裁决。[124]

对于海外私人投资公司精心设计这一套办法的用意,美国法学研究所和美国律师公会所联合主持编印的一套《律师指南》曾作了坦率说明:

> 海外私人投资公司宁愿避免作为投资者的代位索赔人,直接地和正式地向东道国政府要求赔偿。……通过海外私人投资公司与投资人的双方协议或依据保险合同条款,即使在该公司支付赔偿金之后,投资人可能仍然要在名义上或实质上继续参加诉讼,寻求当地的各种补救办法。**有一些因素限制了**海外私人投资公司直接向东道国政府实行**代位索赔**:首先,因货币不能兑换而索赔,往往牵涉到东道国控制管理外汇的正当权力问题。在这类场合,海外私人投资公司宁愿等待一时,按照行得通的规章制度收回美元;或者把所得的当地货币拨充美国政府在投资项目所在国的开销。其次,根据公认的国际法准则,东道国政府对于因战争、革命或暴动所造成的各种损失,通常并没有责任要给予赔偿。[125] 最后,海外私人投资公司作为投保股票的受让人,可以通过谈判协商,议价出售这些股票,解决问题,而不必在法定索赔程序中,要求赔偿。[126]

从这一段说明中可以看出:海外私人投资公司之所以在国际索赔争讼中宁愿采取就地开销、就地出售等办法解决问题,特别是宁愿出钱指使打官司而不愿直接出面当原告,不仅仅是为了缓和气氛,而且也为了**避开**国际法上的**争议**之点和**不便**之处。另外,实际案例还表明,它尽可能不直接出面当原告,也给自己留下余地:尽管实际上它是潜在的当事人或实在的**当事人**,但它往往以"**调解人**"面目出现,在投资

---

[122] 参见《海外私人投资公司 234 KGT 12—70 型投资保险合同(修订版)》第 16 条、第 19 条第 2 款和第 33 款、第 23 条第 2 款,分别载 1982 年英文版单行本,第 27、28—29、33 页。
[123] 同上合同,第 2 条第 13 款,载同上单行本,第 15—16 页。
[124] 参见同上合同,第 11 条,载同上单行本,第 24 页。
[125] 参见周鲠生:《国际法》(上册),商务印书馆 1976 年版,第 235—236 页。摘引者注。
[126] 美国法学研究所及美国律师公会主持编印、〔美〕塞尔利等编:《国际商务往来律师指南》(第 2 卷),1979 年英文第 2 版,第 307—308 页。

者与东道国政府之间斡旋缓冲,求取问题的实际解决。[127]

然而,美国当局在国际索赔问题上从来并不局限于消极地回避国际法上的难题和不便;相反,它一向致力于为自己的各种要求积极地创造国际法上的新理由和新根据,这是人们不可忽视的另一个方面。即:

2. 尽可能扩大海外私人投资公司的索赔权能,以"引而待发"之势对东道国施加影响和约束。

关于这方面的做法,主要是在国际双边协定中比较详细具体地规定了海外私人投资公司代位索赔的范围和途径,其要点已简述于本文第二部分。[128] 这里拟补充分析美国通过这类规定所希望获得的国际法上的几点新依据:

(1) 使国内私法关系上的代位权具有国际公法上的拘束力

条约必须信守,这是公认的国际法基本准则。1969年5月的《维也纳条约法公约》进一步明文规定"条约,必须遵守。凡有效的条约,对于缔约国具有拘束力,各缔约国必须善意履行。"[129]因此,在美国看来,吸收美资的东道国一旦自愿同美国签订了双边协议,允许海外私人投资公司享有代位索赔权,这就意味着该东道国承担了一项在国际法上具有拘束力的义务,有责任如约履行。于是原属美国**国内私法**契约关系上的代位索赔权就此"**国际化**""**公法化**"了。

(2) 使"再代位权"具有国际公法上的拘束力

早先,在美国同其他国家签订的投资保证协议中,都承认美国政府对美国投资人的代位权,而不附加任何限制。[130] 后来,随着第三世界"经济民族主义"的高涨,联合国也相继作出了尊重弱小民族"经济主权"的决议,这就使美国希望获得的代位权受到新的限制,而并不具有绝对性。鉴于国际投资气候的这种变化,自1965年以来,美国同第三世界各国签订的双边性投资保证协议中往往添上一个条款:东道国如果禁止美国承保机构在该国境内取得投资人的财产利益,则应允许美方作出适当安

---

[127] 例如,1974年圭亚那政府对境内美资雷诺尔德斯—圭亚那矿业公司课以重税,并宣布将于年底以前把该公司收归国有。海外私人投资公司在赔偿讼争中的做法是:第一,怂恿美资雷诺尔德斯公司拒交税款;第二,以"调解人"身份出面"斡旋",同圭亚那政府谈判,确定由圭政府支付巨额赔偿金1000万美元;第三,由海外私人投资公司依照国内保险合同向雷诺尔德斯公司支付赔偿金1000万美元;第四,圭亚那政府必须以分期付款方式偿还海外私人投资公司垫支的1000万美元,外加分期付款的厚利高息。参见海外私人投资公司文档:《雷诺尔德斯金属公司索赔案卷》,第5877号合同,《雷诺尔德斯金属公司(圭亚那)索赔案案情梗概》,第2—3页。并参见本文第四部分(一)中的第三件案例。

[128] 参见前注[23]及有关正文。

[129] 《维也纳条约法公约》第26条,载《联合国条约法会议文件》,1971年英文版,第292页。

[130] 如1957年9月签订的《美国—伊朗私人投资保证协议》,载《美国参加的条约及其他国际协议汇编》(第8卷第2分册),1957年英文版,第1159—1600页。

排,将上述利益再转移给东道国法律所允许占有此项利益的单位。[131] 这一条款意味着:东道国允许海外私人投资公司转让代位权,即让它安排"再代位",并且作为一项在国际法上具有拘束力的义务,加以承担、履行。

(3)使国际裁决途径和争讼地位升格具有国际法上的保证

美国当局一方面尽量把投资人推上索赔争讼的第一线,要他们竭尽所能在东道国循着行政诉讼或司法诉讼程序寻找补救办法,取得赔偿;另一方面,却尽量规避完全按照东道国国内的实体法和程序法办事,力图摆脱它的管辖和约束。[132] 这两个方面,貌似相反,实则相成,目的都是一个:从东道国取得最大限度的征用赔偿。前一方面,主要体现在国内的保险合同条款上,后一方面则主要体现在国际保证协议的规定中。此类双边协定中的**国际仲裁条款**,就是为此而设,旨在使此种摆脱东道国司法管辖的裁决途径,获得国际法上的保障。

除此之外,协定中实际上还埋下一个人们容易忽视的"伏笔",即除了在一般情况下保证海外私人投资公司享有并行使代位索赔权这一手之外,还另有一手:"美利坚合众国政府保留**以其主权地位按照国际法**提出某项要求的权利。"[133] 这句话的含义究何所指?有的协议本身并未明言,但人们通过比较,却可以略知大概:1968年3月美国同巴巴多斯签订了投资保险协议,其中第4条后段明文规定:"一旦发生**拒绝受理或执法不公**[134]的情况,或者发生国际法所认定的有关**国家责任**的其他问题,承保国(美国)政府保留**以其主权地位按照国际法**提出某项要求的权利。"[135] 这就意味着:只要美国政府认为按照东道国的实体法和程序法处置美资企业的索赔要求有所

---

[131] 如1965年2月签订的《美国—巴西投资保证协议》第3条第1、2款,载《美国参加的条约及其他国际协议汇编》(第18卷第2分册),1967年英文版,第1808页。

[132] 参见本章第二部分之(三),第2、3点。

[133] 《中美投资保证协议》第3条第2款,载《中国国际法年刊》(1982),中国对外翻译出版公司1983年版,第433页。
按:1973年4月签订的《美国—罗马尼亚投资保证协议》第3条以及同年1月签订的《美国—南斯拉夫投资保证协议》第4条中,也有基本相同的文句。(载《美国参加的条约及其他国际协议汇编》(第24卷第1分册),1973年英文版,第1074、1092页。)

[134] 原文是"denial of justice"。此词在中文著作中有"拒绝司法""拒绝正义""执法不公"等多种译法。兹按其实际含义译为"拒绝受理或执法不公",虽较累赘,但可避免以文害意。美国哈佛研究部在1929年所草拟的《国家责任公约草案》第9条对此词解释如下:"一个国家如果拒绝受理案件或执法不公,致使一个外国人受到损害,它就负有责任。拒绝受理或执法不公,存在于以下几种场合:拒绝提交、无理拖延或阻碍提交法院审理;在司法程序或救济程序上严重缺乏行政管理;不为适当的司法行政管理提供公认的必要保证;作出显然不公正的判决。国家法院的工作失误并未形成不公正判决者,不属于拒绝受理或执法不公。"(参见《美国国际法学刊第23卷特别增刊》,1929年英文版,第134页。)哈佛上述草案中的这种看法,在西方发达国家中(特别是在美国)具有一定的代表性。对于这种看法的评论,可参见周鲠生:《国际法》(上册),商务印书馆1976年版,第四章第七节"国家的责任"、第五章第二节"外国人的法律地位"。

[135] 《美国参加的条约及其他国际协议汇编》(第19卷第4分册),1968年英文版,第4693页。按:在1973年1月签订的《美国—南斯拉夫投资保证协议》第4条中,也有完全相同的文字,载《美国参加的条约及其他国际协议汇编》(第24卷第1分册),1973年英文版,第1092页。

不"公"（更不必说不予受理了），它就有权以主权国家的身份亲自出马，与东道国政府"**迎面相撞，直接对抗**"（借用美国议员语[136]）了；就可以要求撤开东道国的司法管辖，按双边协议中的仲裁条款诉诸国际仲裁，或投诉于国际法院，要求审判。于是，投资人依据**私法合同关系**提出一般索赔的问题，就升级为美国政府援用国际**公法**实行"外交保护"和追究"**国家责任**"的问题了。

对此，美国法学界人士认为："应当指出：美国政府通过海外私人投资公司提出代位索赔，与美国政府**以其主权地位**采取行动，支持财产被征用并**受到**国际法上所认定的**拒绝受理**或**执法不公待遇**的投资人，要求赔偿，其作用是根本不同的。"在前一种场合，美国"海外私人投资公司只能取代投保投资人的地位，不能要求享有更大的权利……在这种情况下，海外私人投资公司所具备的身份同一家私人经营的灾害保险公司提出代位索赔要求，基本上是一样的。"[137]反之，在后一种场合，美国政府以**主权国家身份**出现，其气氛、气势或气焰，当然就迥然相异了。

由此可见，美国富有经验的外交缔约专业人员实际上早就在国际双边协定中为可能出现的"政府同政府之间的**迎面相撞**"作了法律上的准备，即为日后索赔争讼中美方地位的**升格和加强**，预先埋设了国际法上的依据。一旦相撞，美国政府事先早已穿好了"法律盔甲"！

综合起来看，前述国会议员们关于避免政府与政府迎面相撞的说辞，貌似**彬彬有礼**；而缔约外交人员在精心推敲的国际协议中，却是**步步为营**的。从私人或"公司"出面，索取赔偿、就地开销、就地出售、就地转让、就地起诉，一直到政府直接出面谈判、提交国际仲裁、援用外交保护原则、投诉于国际法院，等等，确实是做到了多层设防。这里，既体现了专业人员的"能干"，也体现了美资海外处境的"多艰"！

四、海外私人投资公司对若干索赔案件处断概况[138]

美国海外私人投资公司开设十余年来，其业务经营的总情况可以说是"财源茂

---

[136] 参见前注〔118〕及有关正文。

[137] 美国法学研究所及美国律师公会主持编印、〔美〕塞尔利等编：《国际商务往来律师指南》（第 2 卷），1979 年英文第 2 版，第 308 页。

[138] 据海外私人投资公司索赔问题高级法律顾问斯腾先生函告：该公司长期以来从未正式援用双边投资保证协议中规定的国际仲裁办法，解决索赔纠纷。只是直到最近，才有数起涉及伊朗政府的索赔案件，开始采用国际仲裁办法。但由于尚在讼争之中，尚无结论，材料概未公布。因此，迄今美国学术界所能看到的有关该公司的索赔案例资料，都是以该公司（承保者）和美国投资家（投保者）作为两造当事人的。（见斯腾先生 1983 年 1 月 26 日、12 月 20 日致本文作者函件。）

盛,生意兴隆"。

这首先是由于它的资金主要来源是美国国库的专用拨款,而且由美国政府充当其经济后盾和政治靠山,它无论行使权利还是履行义务,均"有恃而无恐",因此,美国的海外投资人对它抱有较大的期待和信心,纷纷投保。

1969年海外私人投资公司据以成立的法案明文规定:在这家公司成立以前由公司前身各主管机构所签发出售的一切保证单,以及公司成立以后所签发出售的一切保险单、保证单、再保险单,分别按照其中有关条款的规定,"均应构成美利坚合众国所承担的法定义务,因此,应以美利坚合众国的**全部信用**和信誉作为**担保**,保证充分的清偿和履行上述义务。"[139] 口气如此之大,当然会给投资家们造成此家公司十分"稳定、可靠"的印象。再加上这家官办公司提供的保险期可以长达二十年[140](民营保险公司的保险期一般只有一至三年),所收取的保险费又远较一般民营保险公司为低,[141] 难怪它顾客盈门,获利颇丰。[142] 而自从正式开始营业以来,它不仅实现了自给自足的要求,[143] 而且历年累计赚取的利润已高达8.1亿美元。[144]

但是,这家官办的海外投资**承保**公司同美国海外**投资**家投保顾客之间,却并不都是始终融洽无间的。特别是在海外美资遇到风险事故之际,投保人与承保人之间的讼争,可谓屡见不鲜,其间甚至不乏颇为激烈的交锋。

这类讼争与交锋,说到底,无非是资产者个人与资产者阶级整体、海外投资阶层的资产者与其他阶层的资产者之间的矛盾,以及海外投资阶层的资产者与美国广大纳税人之间的矛盾。因为,尽管海外私人投资公司设立的本来目的,就是直接为向海外投资这一阶层的资产者服务的,但是,它毕竟是美国政府所属的一个机构,是整个美国国家机器的一个组成部分。在处理资产者个人与阶级、局部与整体的矛盾时,它必须以不背离这个国家的阶级实质为原则,必须以维护**整个**资产阶级的整体

---

[139] 《1981年海外私人投资公司法案(修订)》第237条第3款,载《实用美国法令汇编(律师版)》(第22卷),1982年英文版,第146页。

[140] 参见《海外私人投资公司投资保险手册》,1980年英文版,第14页;《1981年海外私人投资公司法案(修订)》第237条第5款,载《实用美国法令汇编(律师版)》(第22卷),1982年英文版,第146页。

[141] 参见《海外私人投资公司代总经理杰拉磨·威斯特在第97届国会参议院外交关系委员会公听会上的发言》,载《海外私人投资公司:美国第9届国会第1期会议参议院外交关系委员会公听会》,1981年版,第209页。

[142] 试以该公司新近发表的1983年度营业财政情况报告为例:由于投保顾客多,该年度处在有效期中的投资保险承保总额高达9,513,381,000美元(即已超过95亿美元大关),单单当年一年所收入的保险费等等,除用于支付各种风险事故赔偿金以及公司各种营业开支之外,纯利润高达82,677,000美元(即已超过8000万美元)。参见《海外私人公司1983年度报告书》,1984年英文版,第1,41页。

[143] 参见前注[88]及有关正文。

[144] 参见《海外私人投资公司总经理布拉德福特·米尔斯在第93届国会公听会上的发言》,载《海外私人投资公司:美国第93届国会第1期会议参议院外交委员会对外经济政策小组委员会公听会》,1973年英文版,附表二,载《海外私人投资公司:美国第9届国会第1期会议参议院外交关系委员会公听会》,1981年版,第157页;《海外私人投资公司1983年度报告书》,1984年英文版,第42页。

利益为最高依归。另外,它的财源直接来自国库;**源头**则在于美国广大纳税人所缴交的国税。广大纳税人对于该公司早有"为大资产者锦上添花"的讥弹,[145]对该公司形成了一定的社会压力。从美国国内说,正是由于以上这两方面的缘故,该公司对于单个资产者投保人遇"险"受损后的索赔要求,就不可能有求必应。

诚然,上述这些矛盾都发生在美国领域之内,乍看起来,似乎不值得加以注意,其实不然。因为,争讼的中心往往是投保的海外美资是否已经遇到了现实的风险事故,投保人是否已经遭受风险损失,以及海外私人投资公司是否应当依约支付赔偿金的问题。一旦该公司在国内争讼失败,"理亏"付赔,那么,依据国际双边保证协定中的代位索赔原则,争讼马上就从第一层次过渡到第二层次,从美国国内**延伸**到投保美资所在的东道国去了。从这个意义上说,吸收、接纳美资的第三世界东道国对于美国国内的这类讼争说来,并不全是可以袖手看热闹的旁观者,相反,往往是**暂时潜在**的当事人或现实的利害关系人。因此,对于此类争讼中最常见的案件类型、争执症结和处断情况,对于最可能引起国际代位索赔的具体纠纷问题以及海外私人投资公司对美资施加法律保护的具体范围,不可不略知梗概。特别是多年来,海外私人投资公司对于投保人的索赔要求之所以**不敢过宽过滥**地有求必应,除了上述两个方面的**国内缘由**之外,显然主要因为它在国内依约付赔的根据以及由此而来的**国际代位索赔**的根据,必须言之成理,持之有故,经得起东道国内行人的**推敲**。所以,举凡吸收美资的第三世界国家,为了维护自身利益,避免遭受愚弄,就尤有必要对有关典型案例作较为深入的了解。

在海外私人投资公司及其前身诸机构的业务实践中,绝大部分重大的索赔案例都属于征用风险范围(即乙类承保项目)。该公司在积累多年经验的基础上,在保险合同中对于征用承保项目规定得特别具体、细致。下面拟以这些合同条文规定作为纲索,逐一择要介绍曾经发生过的典型索赔案例及其处断概况。

该公司现行的《海外私人投资公司 234 KGT 12—70 型投资保险合同(修订版)》第 1 条第 13 款规定:

"征用行动"一词,指的是投资项目所在国的政府所采取、授权、认可或纵容的、给予赔偿或不给赔偿的任何行动,该行动开始于保险期内,并且直接造成以下一种后果**长达一年之久**:

(1) 阻碍投资人获得海外美资企业依据有价证券以指定货币支付给投资人的到期款项;

---

[145] 参见前注[92]及有关正文。

(2) 阻碍投资人作为**股东**或债权人**有效地行使**由于投资而取得的对于海外美资企业的**基本权利**……

(3) 阻碍投资人转让有价证券或有价证券所派生的任何权利；

(4) 阻碍海外美资企业对本企业重要财产的使用或处置实行切实**有效的控制**，阻碍建设或经营该投资项目；

(5) ……[146]

在合同本条款规定的后半部，加上一段很长的"但书"，列举了八种情况，**即使具备上述要件**，亦不视为征用行动：

(1) 投资项目所在国政府正当合理地依据本国宪法所认可的政府方针，颁行某种法律、法令、条例或行政措施，按照其中的明文规定，并非有意实行国有化、没收或征用……并非专横无理，而且按照企业的合理分类加以适用，并不违反国际法上的公认原则。

(2) 投资人或海外美资企业在投资人可控制的范围内没有**采取一切**正当合理的措施，包括在投资项目所在国境内遵循当时可以采用的**行政程序**和**司法程序**，提起诉讼，以制止或抗议上述行动。

(3) 根据投资人或海外美资企业自愿参加签订的任何协议而采取的行动。

(4) （东道国政府）由于**投资人**或**海外美资企业**进行**挑衅**或**煽动**而采取的行动。但对下述行为不应认定是挑衅或煽动：甲、投资人或海外美资企业遵照美国政府的特定要求而采取的行动；乙、在投资项目所在国的政府卷入讼争的场合，投资人或海外美资企业在同该项讼争有关的司法程序、行政程序或仲裁程序中诚实无欺地采取的任何合理措施。

(5)(6)(7)(8)……[147]

以上合同条款中关于"征用行动"的规定，包含范围甚广。按照人们通常的理解：对外资企业的征用，指的是东道国政府颁行法律或法令，**明文宣布**把外资企业收归国有或加以征用，并且指派专人前往**接管**、接收。但综观海外私人投资公司上述合同的规定，却并**不以正式宣布征用**并**派人接管**作为认定征用性质的前提条件。恰恰相反，它把西方发达国家通常所说的形迹并不明显的**"蚕食式征用"**[148]也统统包罗

---

[146] 《海外私人投资公司 234 KGT 12—70 型投资保险合同（修订版）》第 1 条第 13 款，载 1982 年英文版单行本，第 4 页。

[147] 同上合同条款，载同上单行本，第 5 页。

[148] 原文为"creeping expropriation"。"creeping"一词含有"逐步蔓延的、蹑手蹑脚的、悄悄爬行的、匍匐前进的、不知不觉的、不声不响的"等多种含义。这里意译为"蚕食式征用"。

在内,从而尽可能造成一种局面:**单按**国际法**一般**原则,未必可以进行国际索赔;**兼按**国内保险合同**具体**条款,却可以进行国际索赔。

从下列各类索赔案例中,可以大体上看出海外私人投资公司和美国仲裁人员是如何理解和运用上述的合同规定的。

(一)关于东道国政府的直接牵连问题

按照前引《海外私人投资公司 234 KGT 12—70 型投资保险合同(修订版)》第 1 条第 13 款第 1 项的规定,凡对海外美资企业造成征用后果的行动,必须是该企业所在地东道国政府所采取、授权、认可或纵容的。

东道国政府所采取、授权、认可或纵容的行动同海外美资企业所遭受的风险损失之间,必须有**直接**的因果联系。换言之,东道国政府的**直接牵连**,乃是构成征用风险事故的前提条件。根据此类条款,海外私人投资公司及其前身机构国际开发署曾对有关索赔案件处断如下:

1. 1968 年印第安头人公司索赔案[149]

1961 年 12 月,美国印第安头人公司与尼日利亚联邦东区州政府签订了一项协议,决定在尼日利亚东区州阿巴市合资经营阿巴纺织厂,开展原棉织布和布坯印染等生产业务。印第安头人公司拥有阿巴纺织厂全部股票的 70%,其余的股票属于当时的尼日利亚东区州政府所有。1964 年 10 月,工厂开始正式投产,赢利颇丰。

当时,尼日利亚联邦政府下辖四个州,其中包括东区州和北区州。北区州盛产原棉。阿巴纺织厂生产所需原棉,经合营双方约定,应由尼日利亚设在北区州的国营棉花购销垄断机构供应。该国营机构与阿巴纺织厂另外订立了原棉供应合同。

1967 年 5 月,由于部族冲突,伊博族聚居的东区州当局宣布脱离尼日利亚联邦,成立"比夫拉共和国"。当时的尼日利亚中央当局,即联邦军管政府,于同年 6 月开始对东区州实行经济封锁和经济制裁,包括中断对东区州的原棉供应、禁止东区州产品外运、冻结东区州在联邦其他地区的银行存款,等等。紧接着,联邦军管政府又于同年 7 月向东区州发动军事进攻,于是内战爆发。在这种局势下,位于东区州的阿巴纺织厂因原料无以为继、产品无法外销、资金周转不灵而陷于瘫痪。同年 8 月间,工厂股东们决定停产关闭。

---

[149] 参见海外私人投资公司文档《印第安头人公司索赔案卷》:(1)《国际开发署备忘录:关于第 5045 号(尼日利亚)投资保证合同的责任问题》;(2)《呈交国际开发署私人投资管理局助理局长赫尔伯特·萨尔兹曼的本案处理备忘录》(1968 年 9 月 10 日);(3)《国际开发署私人投资管理局助理局长赫尔伯特·萨尔兹曼致印第安头人公司等函件》(1968 年 9 月 10 日)。以上原档影印件收存于厦门大学法律系资料室。

1967年8月,东区州的"比夫拉"军政当局下令,命阿巴纺织厂重新开工;并且不顾工厂资方抗议,于8月至11月间征用该厂,开工生产卡几布匹,供当地军队制造军服之需。同年11月底,工厂重新关闭,"比夫拉"军政当局从该厂搬走了部分价格昂贵的机器设备,未给任何补偿。此后,又无偿地陆续征用了该厂的许多生产备用物资。1968年4月,"比夫拉"军政当局宣布:一切外资企业均应重新开工,否则即按"放弃财产"论处;同年6月,进一步宣布:凡是不立即开工生产的工厂,一律予以没收归公。1968年9月4日,尼日利亚联邦军方宣布攻克阿巴市,即上述纺织厂厂址所在地。1970年1月,尼日利亚联邦军管政府即中央当局最后打败了"比夫拉"方面的军队,内战结束。

早在1968年1月,印第安头人公司眼看它在尼日利亚境内的资产不断受到损失,当即根据它和美国国际开发署订立的投资保证合同,正式提出索赔要求,要求按照事先投保的"征用风险"给予事故赔偿金。

此案涉及三个问题:第一,尼日利亚联邦军管政府(即中央当局)的上述经济封锁和经济制裁造成了阿巴纺织厂的生产瘫痪,这是否构成投资保证合同中所规定的"征用行动"? 第二,尼日利亚原东区州的"比夫拉"军政当局(即地方割据当局)强令阿巴纺织厂重新开工生产军需布匹,并无偿取去厂内机器设备和备用物资,这些举动是否构成政府一级的"征用行动"? 第三,1968年9月尼日利亚中央当局军队收复阿巴市以后,原先"比夫拉"军政当局对阿巴纺织厂采取上述行动造成资产损失的责任,应当由谁承担?

对于这些问题,海外私人投资公司的前身机构国际开发署判断如下:

第一,按照投资保证合同的有关规定:东道国政府所采取的行动如已阻碍美国投资人以股东身份有效地行使它对于投资企业的基本权利,或者已阻碍海外美资企业切实有效地控制本企业的重要资产,开展经营活动,只要此种情况持续一年之久,即可认定为发生了征用风险事故。但是,如果东道国政府所采取的行动,既有本国宪法上的依据,又不违反国际法上的公认原则,对境内美资企业说来,并非专横无理,亦非有意歧视,则即使已经具备前述要件,亦不得视为征用行动。对照本案案情,可以看出:尼日利亚中央当局所采取的上述经济封锁措施,其中包括违反合同、中断原棉供应等等,确实已使阿巴纺织厂陷入绝境,无法继续经营。但是,尼日利亚中央当局采取这些措施的直接目的,在于制裁东区州的"比夫拉"地方割据当局;这些措施的法律效力,普遍适用于开设在东区州的一切公司、企业、商号,并非专门针对美资控制的阿巴纺织厂一家,有意加以歧视。更重要的是:上述这些措施乃是一国政府为了保持国家完整而采取的行动,符合其本国宪法的基本精神,也符合国际法的基本准则。因为,根据国际法中的战争法原则,主权国家的政府在军事冲突中对于交战对方采取经济封锁措施,是合法的,可以允许的。因此,不应把尼日利亚中央当局的上述措施认定为投资保证合同中所规定的"征用行动"。

第二,在内战期间对阿巴纺织厂采取前述诸行动的尼日利亚东区州"比夫拉"军政当局,诚然不是控制尼日利亚全国的中央一级政府,也并未获得美国政府的承认,更未获得国际上的普遍承认,但是,根据当时投资保证合同的有关规定,合同中所称"投资项目所在国**政府**"(即东道国)一词,"指的是**现任的**或**继任的**统治当局(不问它继承政权时采取的方法,也不问它是否已被美国承认),或者该统治当局授权的代理机关,它们有效地控制着投资项目所在国的全部或一部,或有效地控制着该国政治上的小单位或领土上的小地区"[150]。按照这种定义标准来衡量,原尼日利亚东区州"比夫拉"军政当局征用阿巴纺织厂大量资产的行动,**也是政府一级的行动**,从而也应属于投资保证合同所承保的征用风险范围。换言之,东道国地方割据当局的征用**行动**同样意味着"东道国政府的直接牵连",意味着已经发生了征用风险事故。尽管"比夫拉"军政当局并未获得美国政府的正式承认,也并非尼日利亚联邦政府即中央当局所授权的代理机关,但它当时既已**实际上有效地控制着**阿巴纺织厂所在的东区州,凭借实权,发号施令,就已具备了投资保证合同中所称的"投资项目所在国政府"的资格。

第三,按投资保证合同的规定,征用的事态和后果必须**持续一年之久**,才能被确认为已经完整地构成征用风险事故。尼日利亚东区州"比夫拉"当局对阿巴纺织厂的征用行动,应自 1967 年 8 月征用工厂强令开工生产军用卡几布匹时起开始计算。投保人美国印第安头人公司早在 1968 年 1 月即正式向承保人美国国际开发署提出索赔要求,显然还不符合上述时限要求。因此,国际开发署有关负责人认为征用事态虽已发生,仍需继续观察它的进一步发展。至 1968 年 8 月底,阿巴市的局面和阿巴纺织厂的处境仍无改变,于是,国际开发署认定:合同中所规定的一年期限已经届满,承保的征用风险事故已经确立。因此,承保人国际开发署负有法律上的义务向投保人印第安头人公司依约支付全额赔偿金。赔偿金总额应相当于在征用事故开始发生当天该公司对阿巴纺织厂投资的净值,即 270 万美元。

根据以上分析判断,国际开发署有关负责人于 1968 年 9 月 10 日正式函告投保人:确认本案事态发展业已构成该署承保的征用风险事故,决定依约付赔。但又附

---

[150] 这是当时原投资保证合同第 1 条第 20 款的规定。该款内容相当于经过修订的现行投资保险合同第 1 条第 16 款,文字上略有变动。参见《国际开发署备忘录:关于第 5045 号(尼日利亚)投资保证合同的责任问题》,第 2 页;《海外私人投资公司 234 KGT 12—70 型投资保险合同(修订版)》第 1 条第 16 款,载 1982 年英文版单行本,第 6 页。

有以下几项条件:(1)本项确认,主要是以投保人向国际开发署申报的事态作为判断依据的。因此,国际开发署保留权利,在上述一年期限届满之后的 90 天以内,就投保人申报的有关主要事态进行独立的调查核实。如在 90 天内发现事实真相与投保人申报的情况有本质的、重大的出入,则可能改变上述事故确认和付赔决定。(2)风险事故赔偿金的总额尚待进一步审计核定。投保人印第安头人公司在领取赔偿金之前,应当依照合同规定预先将它所拥有的涉及阿巴纺织厂资产的一切有价证券及其利息全部转移给国际开发署,俾便后者依约代位索赔或另作其他处理。(3)双方预先商定:投保人印第安头人公司领取了赔偿金之后,在阿巴纺织厂重新开工生产以前,应当为国际开发署继续代管该海外企业的现有资产,以防止损失,静待处理。

1968 年 10 月 12 日,国际开发署向印第安头人公司支付了 270 万美元,作为征用风险事故的赔偿金。美国**国内**投保人与承保人之间的索赔、付赔问题,终于获得解决。但在**国际代位索赔**问题上,仍然存在**纠葛与争议**。

如前所述,阿巴纺织厂所在的阿巴市,已于 1968 年 9 月 4 日为尼日利亚中央当局收复,这就是说,在国际开发署所认定的征用风险事故持续存在 1 年并于 1968 年 8 月 15 日期满确立之后不久,采取这种征用行动的"比夫拉"军政当局即已撤出阿巴市,不再是当地的"统治当局",随后不久,又彻底溃败覆灭。按照国际开发署前述合同规定的推理,"比夫拉"军政当局在占领和管辖阿巴市期间征用阿巴纺织厂大量资产的行为,其赔偿**责任**应当**转归**尼日利亚中央当局承担,因为后者是前者的"**继任统治当局**"。但是,这种推理却不能为东道国所接受。

尼日利亚此次国内事件的背景和性质,因不属于本文论述范围,可暂不置论。就美国国际开发署这一方而言,上述这种合同的一般规定和这种论证的具体方法,存在着三处矛盾,难以自圆其说。首先,按当时投资保证合同第 1 条第 20 款的一般规定,对于美国政府并未予以正式承认的统治当局的征用行动,也视为东道国政府的征用行动。这就意味着:美国在**政治上、法律上不承认**对方具备正式政府地位;而在追究法律责任和经济责任时,却唯恐其不承担正式政府之责。为了避免在国际索赔问题上"师出无名",于是不得不在官署(以及后来的官办公司)参与订立的投资保证合同中把对方当局当作事实上的政府看待,俾便与之谈判、交涉、追究、索赔。这就无异于悄悄地给对方新出现的任何政权以**事实上的承认**。如所周知,在外交实践中,美国政府对于自己看不顺眼或不符合自己口味的新政府,往往拖延多年不予承认,可以说,它在政治上追求的是美国标准的"**理想主义**",但它在经济上奉行的却不能不是美国式的"**实用主义**",从而导致对某些新政权在外交上采取不承认主义,在投资保证合同上采取承认主义。其力不从心,捉襟见肘,于此又见一斑。

其次,既然认为无论中央当局还是地方当局,其行动均属政府行动,就应当用同一尺度加以衡量、分析。但在本案中,国际开发署分析尼日利亚中央当局在内战中的经济封锁行动时,采用**国际法中的战争法准则**,承认这是战时可以允许的行为;而分析地方当局在同一内战中征用工厂生产军需品和取走部分工厂财产时,则避而不谈同一准则,即不承认它作为交战的另一方在军事冲突中同样享有征用急需军用物资这一国际法上的权利,**不肯免除**它的**赔偿责任**,而且把这种责任**转嫁于**尼日利亚中央当局。这在论证逻辑上显然是有欠严密的。

最后,阿巴纺织厂资产的损失,实际上是当时尼日利亚这场内战所造成的,应属于"战争风险"范畴。但印第安头人公司不按"战争险"却按"征用险"索赔,借以取得更多的赔偿金。国际开发署不据此拒赔,却迁就该公司的要求,按照征用风险事故的标准偿付高额赔偿金,然后按征用事故向东道国代位索赔。这种处断,于理于法,均属不当,自难以立足。

由于东道国在承担赔偿责任问题上坚持异议,同时,鉴于这场风险事故产生的历史背景确实相当错综复杂,承保单位的上述处断也确有难以自圆其说之处,因此,无论是当时的国际开发署,还是后来的海外私人投资公司,即该署的继承机构,都迄未能正式行使它所宣称拥有的对东道国实行国际代位索赔的权利。[151]

2. 1971年贝尔彻木材公司索赔案[152]

美国贝尔彻木材公司根据一项特许协定,获准在哥斯达黎加境内经营伐木,兼营本公司木材成品出口业务。首批伐木作业开始于1968年11月1日,结束于1969年4月30日。两个月之后,即1969年6月30日,贝尔彻木材公司请求哥斯达黎加政府发给出口许可证。哥斯达黎加政府认为该公司未按特许协议的有关规定缴纳立木砍伐费,不尊重东道国政府的应有权利,拒不颁发出口许可证。由于双方发生争执,直到1969年10月31日,哥斯达黎加政府才将木材产品的出口许可证发给贝尔彻木材公司。但此时已进入多风季节,海面风浪很大,而且无船可雇,木材无法及时运出。待到次年春天再运,许多木材已经腐烂不值钱了。贝尔彻公司认为东道国政府迟迟不发给出口许可证属于背约,是一种"征用行动",因而在1970年7月依据美国国内的投资保证合同向国际开发署正式索赔。该公司强调:首批伐木作业完

---

[151] 参见《海外私人投资公司第A.Ⅱ.A号报告书》(即海外私人投资公司及其前身机构对历年索赔案件处理情况一览表,1948年—1983年6月30日),第1页,原档影印件收存于厦门大学法律系资料室;《海外私人投资公司索赔问题高级法律顾问R.D.斯腾致本文作者函件》(1983年11月1日),原件收存于厦门大学法律系资料室。

[152] 参见海外私人投资公司文档《贝尔彻木材公司索赔案件》:(1)《贝尔彻木材公司总经理布拉迪·贝尔彻致国际开发署索赔案件主办官员路易斯·约尔丁函件》(1970年7月3日);(2)《海外私人投资公司索赔案件主办人员托马斯·曼斯巴奇致贝尔彻木材公司总经理布拉迪·贝尔彻函件》(1971年2月17日)。以上原档影印件收存于厦门大学法律系资料室。

工、木材成品堆积待运之际,正值风平浪静季节,海上运输安全,船只随时可雇。而大量木材之所以终于腐朽报废,造成重大损失,其关键原因,就在于东道国政府背信违约,出口许可证颁发过迟,致使投资人无法正常经营,从而构成了投资保证合同所承保的征用风险事故。承保人应依约支付赔偿金。

本案在投保人正式提出索赔要求之后不久,即转交国际开发署的继承机构海外私人投资公司处理。继任承保人海外私人投资公司在仔细分析案情之后,对上述索赔要求提出了四点答辩:第一,投资人贝尔彻木材公司拒绝按章缴纳立木砍伐费,显然是违反了原先的伐木特许协议。看来这就是导致东道国政府采取上述行动的主要原因。故推迟发证一事,其咎在于投资人一方,不在东道国政府一方。第二,哥斯达黎加政府在1969年10月31日终于把木材出口许可证发给了贝尔彻木材公司,距离后者申请发证时间,只有4个月。这就是说,东道国政府暂时拒发出口许可证,**并未持续达1年之久,即并未达到合同规定**风险事态持续存在的**必要期限**,不足以构成征用风险事故。第三,木材未能及时运出的真正原因,乃是恰遇天气不佳,又值船只短缺,并非**直接**由于哥国政府推迟发证。第四,总而言之,造成上述重大损失的原因,看来在很大程度上是本案投资人(即投保人)采取了某些不应有的行动,或者是出于疏忽大意,不采取某些应有的行动;而并不能归咎于东道国政府的推迟发证。鉴于投资人不能确证哥斯达黎加政府的行动与贝尔彻木材公司的损失之间具有**直接的因果关系**,而且风险事态持续1年的时间条件也不具备,因此,就本案案情的性质而论,并**不属于**投资保证合同所承保的范围。投保人索赔无理,应予驳回。正式驳回的日期是1971年12月31日。投保人未再申诉。

本案的处断结果说明:投资人所受损失如与东道国政府并无直接牵连,即不得按征用风险论处。

3. 1974年雷诺尔德斯金属公司索赔案[153]

雷诺尔德斯金属公司是在美国特拉华州登记的法人。1965年,该公司与当时的英属圭亚那政府达成协议,在后者境内投资开设雷诺尔德斯—圭亚那矿业公司,经营铝土矿开采业。1968年雷诺尔德斯金属公司(母公司)向雷诺尔德斯—圭亚那矿业公司(子公司)投注新的巨额资本,以更新和扩大采矿设备。同时,该母公司就这笔新投资向当时的美国国际开发署投保。双方订立了投资保证合同。

英属圭亚那于1966年5月宣告独立后,又进一步于1970年2月成立圭亚那合

---

[153] 参见海外私人投资公司文档《雷诺尔德斯金属公司索赔案卷》:(1)《雷诺尔德斯金属公司索赔案案情梗概》(原件未署明日期);(2)《圭亚那政府与雷诺尔德斯金属公司及海外私人投资公司和解协议》(1974年12月31日);(3)《海外私人投资公司与雷诺尔德斯金属公司关于解决索赔争端的和解协议》(1975年2月20日)。以上原档影印件保存于厦门大学法律系资料室。

作共和国，采取了一系列维护国家权益、发展民族经济的新措施。1971年，圭亚那议会通过法案，决定将国家经济命脉铝矿开采工业收归国有。1974年7月，圭亚那政府总理福尔伯斯·伯尔纳姆进一步宣布：圭亚那政府计划在1974年年底以前对境内的美资雷诺尔德斯—圭亚那矿业公司采取国有化措施。同年9月，圭亚那政府颁布施行一项关于铝土矿征税的新条例，把原定**课税率提高十余倍**。此时，原由美国国际开发署主管的海外美资保险业务已改由海外私人投资公司全盘承接办理。投保人雷诺尔德斯金属公司与承保人海外私人投资公司经过密切协商，决定指令圭境内的子公司即雷诺尔德斯—圭亚那矿业公司**抗税不交**。于是，圭亚那政府下令禁止未经缴纳新税的铝矿土出货装运。雷诺尔德斯金属公司随即从圭亚那境内撤出全体美籍人员，中断铝矿土开采，解雇大批圭籍工人。双方关系日益僵化、恶化。

此案明显地属于美国投资保证合同中所规定承保的"征用风险"，即东道国因国家公益需要决定把本国境内的外资企业收归国有。尽管圭亚那政府在1974年9—10月间尚未正式采取征用行动，直接派人接管境内的该美资企业，但既已先由铝矿企业国有化法令在1971年作出了一般规定，又继由政府首脑就该美资铝矿企业国有化期限在1974年作出具体宣布，此时期限即将届满，看来大局已定，难以挽回；而且投资保证合同中关于"东道国政府的直接牵连"这一前提条件也无疑已经具备。鉴于投保人向承保人索赔巨款的问题即将正式摆上议事日程，作为承保人的海外私人投资公司，不能不忧心忡忡。但它通过其干练办事员的精心设计和紧张活动，终于"十分圆满"地处理了此项风险事故，解决了法律纠纷。

海外私人投资公司处理和解决此项投资争端的具体做法可大体归纳为以下几个步骤：

（1）它怂恿和支持美资雷诺尔德斯—圭亚那公司抗税，即拒绝按照圭亚那政府1974年9月新税法规定的新税率缴纳税款。作为投资保证合同中的承保人，海外私人投资公司无疑是此项国际投资纠纷案件中的**利害关系人**，而且随着纠纷的发展和升级，还可能进一步从**潜在的代位索赔人**迅速转化为**实在的代位索赔人**，即国际索赔中**直接当事人**。它怂恿海外美资企业对东道国政府抗税，显然是从它自身的利害得失出发，力图预防或减少日后实行国际代位索赔时可能遇到新的困难或障碍。

（2）当时，尽管海外私人投资公司已经是实在的**利害关系人**或潜在的**当事人**，它却以"**调解人**"的身份出面"斡旋"，在圭亚那境内上述美资企业被收归国有以前，即先行商定由东道国圭亚那政府支付巨额征用赔偿金。上述美资企业与东道国政府关系恶化、破裂之后，海外私人投资公司迅即指派专家前往圭亚那实地察看、评估该企业所拥有的全部采矿设备实物，同时查核该企业的账簿记录，最后认定：该企业现在全部资产约值 1450 万美元,扣除该企业历年积欠东道国圭亚那政府的应交税款,净值约为 1000 万美元。1974 年 11 月初,海外私人投资公司的代表会见了圭亚那政府总理伯尔纳姆,提出了解决一切争端的具体建议。1974 年年底,圭亚那政府同雷诺尔德斯金属公司(母公司、投保人)、雷诺尔德斯—圭亚那矿业公司(子公司)以及海外私人投资公司(承保人)共同签订了一项**四方"和解协议"**。其中最主要之点是:由圭亚那政府支付征用上述美资企业的净额赔偿金 1000 万美元。自 1976 年 1 月起,圭亚那政府应在 13 年内以**分期付款**方式,全部偿清这笔巨款,另加 **8.5%的年息**。享有这笔赔偿金债权的直接收款人是海外私人投资公司。所有逐年还债的款项,必须以美元现款存入海外私人投资公司在美国特定银行中所开设的专门账户。

(3) 圭亚那政府向海外私人投资公司交付的整笔赔偿金,采取**发行债券**的形式,它必须是**可转让**、**可流通**的定期债券,类似于圭亚那国营公司在国外筹措资金时发行的一般有价证券。债券应标明清债义务和日期,并切实保证如期兑现还债。由于上述"和解协议"中明文规定:自签署协议之日起,海外私人投资公司即已取得"**代位权**",继承了雷诺尔德斯金属公司以及雷诺尔德斯—圭亚那公司的一切权利,并且可以全盘地或部分地把这些权利随时转让给他人,因此,海外私人投资公司在取得圭亚那政府交来的上述债券之后,随即凭借该公司在美国国内外享有的高度"**资信**",对这些债券本息的如期兑现清偿加**以担保**,然后在债券市场上把它迅速加以推销,**转售**给其他个人或公司,**取得大量现款**,再由海外私人投资公司垫支若干款额,凑足了现金 1000 万美元。

(4) 1975 年 2 月 20 日,即在上述"和解协议"签署后第 51 天,原投资保证合同的风险承保人海外私人投资公司依约交给投保人雷诺尔德斯金属公司一张支票,面额为 1000 万美元,供后者**立即兑取现款**,作为征用风险事故的赔偿金。同时,双方于当天立下书面新约,除共同确认上述事实外,原投保人雷诺尔德斯金属公司作出如下表态和保证:第一,该公司自即日起完全放弃根据上述投资保证合同所享有的任何索赔权利,即不得再向海外私人投资公司或其前身机构国际开发署提出任何索赔要求。第二,日后海外私人投资公司或其他债权人如果因圭亚那政府上述债券问题同圭亚那政府发生法律纠纷,那么,在与此有关的行政诉讼、司法诉讼、仲裁程序或国际谈判中,雷诺尔德斯金属公司应当提供各种合作,包括尽力提供一切有关情报资料、物证和人证等等。简言之,雷诺尔德斯金属公司**获得风险事故赔偿金之后**,在促使圭亚那政府清偿债务这一问题上,**仍然负有参加"打官司"的义务**。

根据上述四方"和解协议"所附的"分期付款日程表",圭亚那政府所欠下的这笔债款,即赔偿金 1000 万美元,要到 1988 年 1 月才能还清。而从 1976—1988 年这 13

年中，连本带利，实际上竟应付出1826万美元，接近于原定赔偿金额的两倍。

海外私人投资公司向来以此案处理之"得心应手"而沾沾自喜，认为这是该公司解决征用讼争的"最佳案例"之一。因为在此案处理过程中，该公司以"调解人"身份上下其手，自己不但分文不亏，而且既满足了美国投资人的索赔要求，又赚得了来自圭亚那政府的厚息。[154]

（二）关于股东的基本权利问题

1980年卡博特国际投资公司索赔案[155]

按照前引《海外私人投资公司234 KGT 12—70型投资保险合同（修订版）》第1条第13款第1项第（2）点的规定，东道国政府采取的措施碍及投资人行使股东基本权利，长达一年者，应认定为征用行动。

1980年卡博特国际投资公司索赔案，是此类典型之一。1973年，美国卡博特国际投资公司投资于伊朗，与当地政府资本及私人资本合营大型炭黑制造厂，美资股份占50％。双方协定：工厂经理由美、伊两方人员轮流担任，六年一换；第一任经理由美方指派。1979年，适值首任经理任期届满之际，伊朗巴列维王朝被推翻，战乱中工厂一度停工，美方随即撤回经理人员。伊朗政府任命新经理之后，卡博特公司曾派遣代表出席一次工厂董事会议，此后即被拒绝参与工厂经营决策，不让其参加另一次董事会议，也未再收到工厂的财务情况报告。另外，伊朗政府虽宣布即将收购卡博特公司在该厂的股份，但实际上并未立即收购。于是，卡博特公司依据美国国内保险合同，向海外私人投资公司索赔。后者经过核实、审议，承认卡博特公司作为海外企业股东的基本权利已被否定，同意支付赔偿金。其主要理由如下：

> 公司股东的惯常权利应当包括**参加股东年会**的权利、**选举董事**的权利、**分享**一切**股息**的权利、**获得**有关公司**财务状况报告**的权利。尽管单单取消一次股东会议的参加权或仅仅没有送达一份年度财务报告，并不就是本合同第1条第13款第1项第（2）点含义中的股东"基本权利"已被"切实"取消，但是，一个拥有50％股票的股东，他们的各种基本权利一再地遭到故意的否定，这种情况就可以说明股东的上述各项权利确实已被取消。如果这种情况是东道国政府采取、

---

[154] 关于美国法学界对于海外私人投资公司处理此案的评述，可参见〔美〕彼得·吉尔伯特：《征用与海外私人投资公司》，载《国际商务中的法律与政策》第9期，1977年英文版，第528—531、547—550页；〔美〕万斯·科文：《征用与海外私人投资公司的"法理学"》，载《哈佛国际法学刊》（第22卷第2期），1981年英文版，第288页。

[155] 参见海外私人投资公司文档《卡博特国际投资公司索赔案卷》；《海外私人投资公司备忘录：关于卡博特国际投资公司索赔案的处理决定》（1980年12月27日）。

授权、认可、纵容的作为或不作为所造成的后果,那么,这种连续地、故意地削减股东权利的做法就可以归结为征用行动。[156]

这起索赔案件,虽然在投保人与承保人之间的争执不大,但海外私人投资公司在本案裁定备忘录中所作的上述说明,却有两点具有一定的"政策性":第一,它明确而具体地表述了该公司对保险合同中所谓"**股东基本权利**"的基本看法;第二,它明确地认定此次征用事件并非作为一项单独的、决定性的行动而**骤然出现**,而是由东道国政府的一系列措施所**积累形成**的。这种表述,基本上采用了西方发达国家法学界提出的所谓"**蚕食式征用**"的概念。[157] 以上之两点,对于日后海外私人投资公司处理同类索赔案件,势必会有较大影响。

在本案的国际代位索赔过程中,美国海外私人投资公司与伊朗政府之间发生争执。故已连同其他7起类似的索赔案件,提交设在海牙的"美国—伊朗争端特别仲裁庭",请求仲裁。[158] 据海外私人投资公司有关负责人称:截至1983年12月20日,本案仍在争讼之中,尚未最终解决。[159]

(三) 关于企业的有效控制问题

按照前引《海外私人投资公司 234 KGT 12—70 型投资保险合同(修订版)》第1条第13款第1项第(4)点的规定,东道国政府采取的措施直接阻碍海外美资企业**有效地控制**本企业重要财产的使用和处理,长达一年者,应认定为征用行动。何谓"有效地控制"?在解释上见仁见智,歧见甚多。下述三件案例,是此类讼争中较为典型的。

1. 1967年瓦伦泰因石油化工公司索赔案[160]

1962年8月22日,美国瓦伦泰因石油化工公司与海地政府订立了一项特许合同,允许该公司在海地境内投资组建"南美海地石油公司",经营石油勘探、炼油以及制造石油化工产品等项业务。合同有效期为10年。美国资方的主要义务是在海地境内勘探石油资源,兴建炼油厂以及石油化工厂,尽快投产,以便在合理的期间内向

---

[156] 海外私人投资公司文档《卡博将国际投资公司索赔案卷》;《海外私人投资公司备忘录:关于卡博特国际投资公司索赔案的处理决定》(1980年12月27日),第13—14、16页。
[157] 参见前注[148]及有关正文。
[158] 参见《海外私人投资公司1983年度报告书》,1984年英文版,第25页。原档影印件收存于厦门大学法律系资料室。
[159] 参见《海外私人投资公司索赔问题高级法律顾问理查德·斯腾致本文作者函件》(1983年11月1日、12月20日)。原件收存于厦门大学法律系资料室。
[160] 参见美国仲裁协会商事仲裁庭:《关于瓦伦泰因石油化工公司与国际开发署纠纷案件裁决书》(1967年9月15日),载《国际法学资料》(1970年)(第9卷),第889—917页。

海地供应全国所必需的各种石油产品。海地政府赋予美资公司的主要权利是：(1)在10年以内,该公司享有在海地兴建炼油厂和石油化工厂的排他性独占权。换言之,海地政府同意：在上述特许合同有效期内,不允许任何其他人在海地境内营建同类的工厂。(2)一旦该公司所建炼油厂正式开工投产,就不再把经营石油产品进出口的权利赋予他人,除非供应不足,可当另论。此外,(3)海地政府还同意至少在5年以内对经营石油进出口或石油加工业务的**其他商人**征收保护性关税,而对上述美资公司则给予特惠待遇,豁免关税及其他一切捐税。

为了避免建厂迟延拖拉,合同的第6条规定："南美海地石油公司"必须以一笔5万美元的押金,存入美国大通曼哈顿银行。如果在上述特许合同签署成立之后18—24个月内尚未兴建炼油厂,而此种迟延又并非出于战争、罢工或劳资纠纷,那么,这笔押金应立即支付给海地政府,作为损害赔偿。(1963年6月10日,海地政府把本条规定的期限延长了6个月。)但是,一旦该美资公司如期完成建厂工程,或者在1962年10月1日以前尚未获得美国国际开发署针对本投资项目承保风险的合同,则这笔押金应即退还原存款人。其后,由于后一条件成立,大通曼哈顿银行依约将这笔押金存款退还了原存款人,并通知了海地政府。

1963年至1964年间,该美资公司积极扩大筹资,并为建厂做了一些准备工作,但进展甚为迟缓,引起海地政府强烈不满。1964年8月28日,海地官方刊物刊登了两项总统命令。第一项命令载明：鉴于美资南美海地石油公司"从海地国家的一项特许中获得利益,……但该公司的设立徒具虚名,迄今未能发挥应有功能",现将该项**特许合同**"宣布**失效**并予以**取消**"。第二项命令载明：自1964年8月28日起,把内容几乎完全相同的特许权授予另一位科威特投资家谢克·穆罕默德·法耶德,特许合同有效期为50年。1964年10月底,美国投资人瓦伦泰因携同法律顾问等来到海地,要求会见海地总统以及其他负责官员,质问取消特许合同的理由,未果。11月4日,这些美国人被海地武装人员押送到飞机场,驱逐出境。1964年11月9日,瓦伦泰因电告美国国际开发署：特许合同业已被取消,要求后者按照海外投资保证合同给予征用风险事故赔偿。

国际开发署审议案情之后,决定拒赔。其所持主要理由有三：第一,东道国海地政府既未没收也未征用该海外美资企业的财产。第二,海地政府废止特许合同是正当合理的,因为该投资人未能切实履行合同规定的义务。第三,投资人尚未用尽一切办法寻求当地补救。只有用尽当地一切补救办法而终归无效之后,才能向国际开发署索取相应的损失赔偿金。根据以上三点,不能认为投资保证合同中所承保的征用风险事故业已产生和确立,故投保人索赔无理,应予驳回。

投保人不服，根据投资保证合同中的"仲裁条款"，于 1966 年 10 月向"美国仲裁协会"提出申诉。自从美国政府实行海外私人投资保险制度以来，这是**不服政府承保机构处理决定而提交仲裁的第一桩索赔案件**。

美国仲裁协会重新审议了案情，于 1967 年 9 月 15 日作出裁决，**否定了承保人国际开发署原有的拒赔意见**，责令它向投保人瓦伦泰因石油化工公司支付征用风险事故赔偿金。仲裁庭认为：

第一，按照本案投资保证合同的规定，国际开发署所承保的征用风险事故**并不局限于海外美资企业的财产直接被没收、征收**或夺走。就本案而言，投资保证合同条款对**"征用"一词的界说是含义很广的**。凡是东道国政府所采取的行动"阻碍投资人作为股东或债权人有效地行使他对于海外美资企业的各种权利"，或者东道国政府"通过专横无理地或有意歧视地行使政府权力，阻碍海外美资企业对本企业财产的使用和处置实行切实有效的控制，或者阻碍建设或经营该投资项目"，等等，都可以认定为"征用行动"。可见，**"征用行动"并不是单指直接侵夺企业的有形财产**。换言之，投资保证合同中对"征用"一词所下的广泛定义，不但足以包含取消特许合同这一行动在内，而且也足以包含各种**"推定性剥夺"**或**"蚕食性征用"**。对照本案案情，海地所采取的前述三项措施，即废止原有特许、把特许权转授他人以及把美国投资人驱逐出境，其直接后果综合起来，显然已经严重阻碍该美国投资人对于"南美海地石油公司"有效地行使其应有权利，并严重阻碍"南美海地石油公司"**有效地控制、使用**和**处置本企业的财产**，无法继续经营下去。特别是正值美国投资人积极筹措新资金力图加速建厂和扩大经营的关键时刻，东道国海地政府取消了特许合同，这就大大削弱了该投资项目对美国人的吸引力，从而破坏了原投资人进一步筹集资金的能力和继续经营原定项目的能力。因此，海地政府的这些措施应被认定为投资保证合同中所承保的征用风险事故。

第二，上述特许合同虽针对迟延建厂规定了可将押金充公以赔偿海地方面损失的条款，但通观合同全文，并无任何条款授权海地政府可以提前废约，单方面终止合同。姑不论美国投资人在立约之后已经在购买工厂用地、配备干部、培训工人、扩大筹资以及磋商购置机器设备等方面进行了一系列工作；纵使肯定美国投资人在建厂问题上确有迟延拖拉情事，但是，海地政府**事先**并未向美国投资人发出懈怠违约或履约不力的通知或**警告**，也未遵守特许合同中关于把争议提交仲裁的规定，就迅即取消了原有特许合同，这就使东道国政府的这些做法构成了美国国际开发署投资保证合同中所称的"专横无理"行为，从而应被认定为该保证合同承保的征用风险事故。

第三，在本案情况下，美国投资人是无法在当地寻求救济的。当时的投资保证合同规定:投资人应当采取一切正当合理的措施,针对征用行动,寻求一切可能获得的行动补救或司法补救。本案仲裁人员认为:此项条款无异于让投资人自由决断是否值得"为小利而花大钱"。美国设立海外私人投资保证制度的本旨在于促进本国国民向不发达国家投资,而投资保证合同中却要求美国投资人在像本案这样的条件下在异乡他国提起诉讼,指控地位稳固、态度强硬的东道国行政当局所采取的措施属于"违法行为",要求予以改变,这就显得"南辕北辙,荒谬可笑"。因为,呆板地、一成不变地贯彻实行投资保证合同中的这种规定,实际上只会挫伤,而不能促进美国私人向海外投资的积极性和劲头。况且,美国与海地曾在1953年4月间订有双边协议:凡是经过海地政府审查批准、在海地境内经营的美国投资项目,如果美国投资人按照美国国内的投资保证合同已从美国政府方面获得了风险事故赔偿金,那么,海地政府承认美国当局享有代位索赔权;同时,此类代位应当成为"两国政府直接谈判的议题"。由此可见,此项双边协定已经豁免了关于美国投资人应当亲自出面在东道国当地用尽一切办法寻求补救的义务,取消了投保人向承保人索赔的这个前提。换言之,在本案条件下,即使投资人并未在东道国进行行政诉讼或司法诉讼要求纠正原措施,也可以向美国国内承保机构索取风险事故赔偿。

投保人瓦伦泰因石油化工公司的索赔案,经过"美国仲裁协会"专设仲裁庭的裁决,终以承保人国际开发署支付32.7万余美元赔偿金而告了结。后者已从东道国海地收回大体相同的款额。[161]

此案的实际意义在于:通过投保人与承保人两造的讼争和拒赔、付赔两度的反复,把美国海外投资保证合同中所称的"征用行动"概念明确化、具体化了。而本案仲裁人员千方百计为美国投资人曲为辩解的"鲜明"立场、本案仲裁庭对于"征用""有效控制"等词语的解释说明、对于取消特许合同这一事态的分析定性,等等,都为国际开发署及其继承机构——海外私人投资公司后来处理类似的索赔案件,树立了大体的圭臬。

2. 1977年阿纳康达公司及智利铜业公司索赔案[162]

"阿纳康达公司"以及"智利铜业公司"都是美国特拉华州的法人,后者是前者独

---

[161] 参见《海外私人投资公司第A.Ⅱ.A号报告书》(即海外私人投资公司及其前身机构对历年索赔案件处理情况一览表,1948年—1983年6月30日),第1页。后来,海地政府同意以32.7万余美元赎回原先授予美资"南美海地石油公司"的特许权。此项赎款即由美国国际开发署代位回收。(参见《海外私人投资公司索赔问题高级法律顾问查德·斯腾致本文作者函件》(1983年11月1日)。原件收存于厦门大学法律系资料室。)

[162] 参见美国仲裁协会商事仲裁庭:《关于阿纳康达公司及智利铜业公司与海外私人投资公司纠纷案件的裁决书》(1975年7月17日),案件编号:16 10 0071 72,载《国际法学资料》(1975年)(第14卷),第1210—1249页;海外私人投资公司文档《阿纳康达公司索赔案卷》;《阿纳康达公司及智利铜业公司与海外私人投资公司关于索赔争端的和解协议》(1977年3月31日)。原档影印件收存于厦门大学法律系资料室。

资经营的子公司。智利铜业公司投资于其独资经营的子公司"智利勘探公司",在智利境内开采丘基卡马塔铜矿;阿纳康达公司则投资于其独资经营的另一家子公司"安第斯铜矿开采公司",在智利境内开采埃尔·萨尔瓦多铜矿(以下把阿纳康达公司及其所属的子公司以及孙公司,统称为"阿纳康达财团")。

阿纳康达财团投资于智利铜矿开发,已经多年,投资总额高达数亿美元,是掌握智利铜矿命脉的最大的一家美资公司。1964年底,智利基督教民主党领袖爱德华多·弗雷在智利保守党支持下当选为总统。阿纳康达财团认为投资气候十分有利,遂决定对原有智利铜矿企业扩大投资,更新设备。1967年,投入巨额新资本1.67亿美元,并于**1967年12月29日**与美国国际开发署订立了投资保证合同,约定由后者承保征用风险。但按合同规定,这笔巨额投资当时尚非**"正式投保"**,而只是**"预备投保"**。"预备投保"也必须逐年交纳保险费,但其缴费率远低于"正式投保",仅约后者的1/9。相应地,在"预备投保"期内,其有关投资并不立即正式享有被保险权,即风险事故索赔权。但在每年合同期满更新续订之际,投保人审时度势,依据投资环境的变化,有权申请立即转为"正式投保"。直到**1969年12月29日**,即上述合同期满第二次更新续订之际,阿纳康达财团才变**"预备投保"**为**"正式投保"**,并按后者的缴费率交纳保险费年金。

如所周知,铜矿资源向来是智利的国民经济命脉所在,但长期为外国资本特别是美资所控制。"铜矿国有",是智利人民长期奋斗的目标。在人民强烈要求从外资手中收回本国铜矿资源的情况下,智利议会经过长期论战,于1966年1月25日制定《铜业法》,其主要内容之一是决定组建国营的"智利铜业公司"(或音译简称"科德尔科公司"),以智利矿业部部长为首,组成董事会,统筹国内铜矿经营、成铜出口等项业务;授权该智利铜业公司负责组建和参加一系列"混合公司",由外国资本与智利资本联合经营,分享赢利。

1969年5月,智利总统弗雷邀请阿纳康达财团负责人员密谈,告以智利舆论对于该财团继续拥有智利两大铜矿甚为不满,非议颇多,智利现任政府面临巨大社会压力;因而敦劝美国资方把这些铜矿转交"混合公司"经营,即通过智利筹款**高价收买美资股份**的办法,以**逐步实现**铜矿**"智利化"**。经过谈判,双方于**1969年6月26日**达成基本协议:

(1)组建两家"混合"铜矿开采公司,并把阿纳康达财团原先拥有的两大智利铜矿企业全部资产转给该两家新建的"混合"公司。[163]

---

[163] 即"南美丘基卡马塔铜业公司"和"南美萨尔瓦多铜业公司"。

(2) 阿纳康达财团把这两家"混合公司"全部股票的各 51%，出售给智利国营的科德尔科公司。价款按这些美资企业现有资产的账面价格计算，由智利科德尔科公司出具同等金额的**定期债券**（期票）交给美国资方，以分期付款方式，自 1970 年 6 月起，在 12 年内还清。还债时，除本金外，外加年息 6%。智利科德尔科公司一旦从新建的"混合公司"铜矿经营中开始获得股份**红利**，**应立即**用以**还债**。也就是说，以股票日后孳生的新红利，交还股票出让人美国资方，抵充股票本身的价款。

(3) 阿纳康达财团将来愿把新建"混合公司"其余的 49% 的股票，进一步出售给智利科德尔科公司。出售时间可在 1972 年底至 1981 年底之间，具体日期由智利方面选定。但是，这些股票的售价应按新建"混合公司"逐年平均利得的**若干倍**来计算，换言之，阿纳康达财团要求这部分股票的**售价大大超过**它的**票面价值**。

(4) 技术援助合同和销售协助合同应另行谈判，但均应让**阿纳康达财团人员继续主管**采矿、营建和销售业务。

谈判结束后，智利总统弗雷和美国驻智利大使科里双方都称赞此次谈判是"成功"的。1969 年底，阿纳康达财团按照约定的优厚条件，把它原有智利铜矿企业股权的 51% 转让给智利科德尔科公司。自此时起，阿纳康达财团虽然在**名义**上**失去**了对智利两大铜矿的独**资经营权**，但**实际**上在相当长时期里，**仍然是**大权在握，**全盘控制**，并在智利高价赎买过程中，坐享巨利厚息。

然而，好景不长。1970 年 9 月，智利社会党领袖萨尔瓦多·阿连德·戈森斯在其他进步政党联合支持下当选总统，上台执政。在以阿连德为首的进步势力积极推动下，智利铜矿**国有化步伐大为加快**。智利议会于 1971 年 7 月 16 日通过了著名的《宪法第 10 条修订案》。规定尽速把大型铜矿企业**直接全盘收归国有**，并迅即制定了贯彻实现的具体法令。《宪法第 10 条修订案》规定，被收归国有的外资公司可在相当时期内获得以**智利法定货币**支付的赔偿金，但是，应当从中**扣除**该公司自 1955 年 5 月第 11828 号法令颁行以来所逐年获得的"超额利润"。而判断"超额利润"多寡时，则应对照参考这些外资公司在一般国际经营中正常的赢利水平。

根据以上规定，阿纳康达财团与智利前政府在 1969 年达成的前述协议及其有关安排，实际上已被全盘取消。经过智利有关当局核算，断定在实行上述扣除后，不必再对阿纳康达财团支付任何赔偿金。美国资方不服，向智利"铜业特别法庭"申诉，未能获胜。于是在 1972 年 2 月 10 日向投资风险原承保人美国国际开发署的继承机构——海外私人投资公司呈递申请书，要求按投资保证合同的规定，给予征用风险事故赔偿金。

海外私人投资公司审议本案案情之后，于 1972 年 9 月 19 日驳回了阿纳康达财

团的索赔要求,拒绝支付赔偿金。其所持理由,主要是如下四点:

第一,按照本案投资保证合同规定,投保的标的物应当是属于美国自然人或法人所有的海外资产或资本。对照本案案情,阿纳康达财团应东道国智利弗雷政府的要求,在 1969 年 6 月间就铜矿**股权转让**等问题所作的前述安排,早已**改变了**该财团在智利这笔投资的原有性质,从而使这笔投资**不再属于**原有投资保证合同所**承保的范围**。

第二,按照本案投资保证合同的规定,对于每一笔海外投资说来,东道国的"征用行动"(即投资人所遭遇的征用风险事故),只能发生一次。本案这笔投资,实际上早在 1969 年 6 月间就已确定由智利政府加以征用。因为早在当时,阿纳康达财团就已同意在颇为优厚的条件下把铜矿股权分批分期**转让**给智利国营的铜矿公司,即科德尔科公司。可见,应当认定本案这笔投资被征用的**风险事故是发生于 1969 年 6 月**。但是,在当时,投保人阿纳康达财团与承保人国际开发署之间的合同关系只是"预备投保"与"预备承保",并非"正式投保"与"正式承保",因此投保人**当时还没有**资格正式享受**"被保险权"**,从而对开始发生于当时的征用风险事故,无权提出索赔要求。

第三,按照本案投资保证合同的规定,在合同有效期内投保人如有"违约行为",承保人就有权随时提前终止合同,拒绝付赔。同时,合同第 2 条第 11 款[164]规定,一旦合同生效,投保人就负有责任在力所能及的范围内把投保的投资项目加以贯彻实施。对照本案案情,鉴于阿纳康达财团在 1969 年 6 月就已决定将铜矿投资股权转让给智利政府经营的科德尔科公司,这就意味着该财团已不再依约使该项铜矿投资项目切实贯彻执行下去,也说明**投保人已有"违约行为"**,从而导致**承保人**有权终止原保证合同,**解除承保责任**;也导致投保人无权再按照原保证合同索取风险事故赔偿。

第四,综合以上三点,应当断定:在 1971 年智利阿连德政府大力贯彻铜矿国有化计划当时,投保人阿纳康达财团在智利境内已不再享有原投资保证合同中所必须加以保护的原型投资权益。既然这种权益本身已经不复存在,那么,也就不存在这种权益被征用的问题。简言之,1971 年阿纳康达财团在智利境内所遇到的那种事态,不能被认定为原投资保证合同所承保的征用风险事故。索赔显属无理,应予驳回。

投保人阿纳康达财团对于继任承保人海外私人投资公司的上述拒赔决定表示不服,向设在首都华盛顿的"美国仲裁协会"提出申诉。

美国仲裁协会受理此案后,经过多次听证、庭辩和长期审议,终于在 1975 年 7 月

---

[164] 相当于经过修订的现行投资保险合同第 2 条第 7 款。参见《海外私人投资公司 234 KGT 12—70 型投资保险合同(修订版)》,1982 年英文版单行本,第 12 页。

17 日作出裁决,**推翻了海外私人投资公司的拒赔决定**,确认后者有义务依约支付征用风险事故赔偿金。仲裁庭的意见可以大体归纳如下:

第一,关于 1969 年 51% 铜矿股权归属的变化是否已经改变了阿纳康达财团这笔投资的性质问题。这个问题牵涉到全案的关键,即 1969 年的大半数股权转移是否**已经根本改变了原投资保证合同的主题**,从而把这笔投资排除在合同承保范围以外,使双方当事人之间投保、承保的法律关系从此终结,不再存在。本案保证合同所承保的标的物明文规定为"投资",这是一种"**无形的、综合性的权益总称**",并不像一般保险标的物(如人寿、房子)那样明确、有形和具体。就投资保证合同本身的文字逐一加以推敲,并无任何条款明文禁止投保人将海外企业的资产转让给他人。而且,从美国保护海外美资的立法精神、断案历史以及投资保证手册规定来看,可以断定:只有在投资人与投资项目之间已经**全然没有任何利害得失**的密切关联的情况下,原有合同所规定的投保、承保关系才告终止。

对照本案,却完全不属于此类情况。因为,从实际效果上观察,在 1969 年**大半数股权转移之后**,阿纳康达财团**照旧是**原投资项目的**经营人**,正在继续贯彻原有的投资赢利目标,而且顺利地**享有**相当可观的**经济利益**。这就是问题的本质所在。可见,本案承保人据以拒赔的前述第一点理由,是站不住脚的。

进而言之,在当代国际投资的实践中,由于形势变化,外国投资人应东道国政府的要求,双方重新谈判,提前修改原订合同的事例,也所在多有,并不罕见。仲裁庭是这样分析的:

> 历史经验表明:在世界上不发达地区订立的长期采矿特许合同或长期开发合同,往往具有这样的特点:在这些合同继续生效的过程中,就应东道国政府的要求,重新谈判磋商。力量对比正在发生变化:在早先初试的谈判中,一方是天真幼稚的政府,它对自己所拥有的矿藏规模,茫然无知;而它所面临的对手,却是一个老谋深算的跨国公司,后者可以在世界的许多地区随心所欲地挑选惬意的投资场所。可是后来时过境迁,双方重新举行谈判。此时,一方是日益成熟、胸有成竹的行政当局,它熟知自己拥有什么,深信它自己能迅即自力更生地经营事业,并且认为外国投资人的赢利实在太过丰厚……另一方则是吃了许多苦头、地位日益削弱的外国商行。[165]

裁决书中的这一段文字,旨在为阿纳康达财团 1969 年的股权变动进行辩解,但

---

[165] 美国仲裁协会商事仲裁庭:《关于阿纳康达公司及智利铜业公司与海外私人投资公司纠纷案件的裁决书》,(1975 年 7 月 17 日),案件编号:16 10 0071 72,载《国际法学资料》(1975 年)(第 14 卷),第 1238—1239 页。

却也从一个侧面承认了弱小民族逐渐觉醒、国际力量对比发生重大变化、传统的国际经济**旧秩序**正在被国际经济**新秩序**所**更替**的"**无情**"现实。

第二,关于 1969 年 51% 铜矿股权归属的变化是否征用风险事故问题。按照本案投资保证合同的规定,东道国政府采取的措施,直接阻碍海外美资企业有效地控制、使用或处置本企业的重要财产,或直接阻碍海外美资企业继续经营该投资项目,持续达一年以上,方能被认定为"征用行动",即被肯定为征用风险事故业已发生和确立。这是判断是否征用事故的关键标准之一。对照本案案情,1969 年的股权转移实况完全不具备以上条件,因而不能认定征用事态早在当时就已经开始发生并持续存在。

事实是这样的:1969 年 6 月就**股权转移**问题进行谈判期间,阿纳康达财团代表把继续**保留**充分的**控制权**看成是绝对必要的前提,坚持这是出让大半数股权所必不可少的条件;而智利政府代表则同意让阿纳康达财团在 51% 股权出让之后**继续负责**新建"混合公司"铜矿企业的经营管理。在这个基础上,双方共同制定了一整套规章制度,其中包括新建"混合"采铜公司的内部章程、销售合同、咨询合同,等等。综观这些文档,都贯穿着一条总的线索,即在双方合股经营中,给予智利国营科德尔科公司**以外观上、面子上的优势**,而给予阿纳康达财团绝大部分的**实际控制权**。

具体说来:(1) 在新建"混合公司"的董事会中,科德尔科公司占有四个名额,阿纳康达财团只有三名。从表面上看,前者可以通过董事会中的合法多数在经营方针上进行控制。但是,拟定铜矿开采计划和决定人事去留的大权,却全盘由阿纳康达掌握。换言之,纵使董事会否决了美国资方提出的既定计划,它也无权拟定并提出自己的替代方案。(2) 股份红利分配、财会结算事宜,全部委托阿纳康达财团的人员办理;在财会重大事宜上,美方人员并享有否决权。可见"混合公司"中的财会大权也全归阿纳康达财团掌握。(3) 咨询合同名为"咨询",实则其中明文规定:"混合公司"的各级经理人员和各部门主管人员都负有责任,**必须贯彻**执行**美方人员**传达给他们的各种"**指示**",以便切实有效地实行经营管理。(4) 前述两家"混合公司"成立之后,智利方面只派来了两名总经理,其他主管人员和经营管理人员,从上到下,几乎全是美方原班人马。美国资方还对许多原有雇员作了许诺:保证他们不会失业;如在智利被解雇,即可从美方获得新的工作岗位和其他各种实惠。这就使他们有恃无恐,唯美国大老板之命是听。(5) 铜矿营建规划中的一切重大问题,都和往常一样提交设在美国纽约的阿纳康达公司总部审批。

由此可见,1969 年 51% 股权转移之后,实际上原有铜矿的经营以及投资项目的贯彻实施,都同往常一样,基本上按原有模式继续进行,既未中断,亦**无重大实质性**

变化。直到 1970 年 9 月智利大选,新总统上任之后相当一段时期里,投资项目的营建仍按原定计划继续实施。总之,1969 年**大半数股权转移之后**,美国资方对智利境内本企业重要财产的使用和处置,**从未失去"有效的控制"**,也从未间断。根据投资保证合同规定的上述标准,不能认定为当时就已开始发生征用风险。

真正的征用风险事故,应当是开始发生于 **1971 年 7 月 16 日**智利《宪法第 10 条修正案》正式通过,并贯彻实施于阿纳康达财团在智利铜矿的投资之后。因为直到此时,阿纳康达财团投资经营的海外美资企业才**真正失去**对本企业重要财产的**有效控制**。而此项真正的征用风险事故,正是开始发生在**"正式保险"**的有效期间以内,从而符合投资保证合同所规定的索赔条件。因为,早在此项征用风险事故发生之前许久,即 1969 年 12 月 29 日,阿纳康达财团已将这笔投资从"预备投保"改为"正式投保",并按新的缴费率向承保人逐年交纳保险费,从而开始**正式享有被保险权**,即正式享有征用风险事故的索赔权。投保人的此种法律地位,直到 1972 年 2 月向承保人正式提出索赔要求之际,一直持续存在,迄未改变。

第三,关于投保人阿纳康达财团是否有"违约行为"问题。这个问题的关键在于:阿纳康达财团于 1969 年将铜矿股权 51% 转让给智利国营公司,这是否意味着它已无意继续经营原先投保的投资项目,不再努力贯彻实施该投资项目,从而违反了投资保证合同第 2 条第 11 款的规定。

海外私人投资公司所持拒赔理由之一是:投保人连续不断地拥有"对于投资项目的**所有权**",乃是继续获得保险权利的必不可少的条件。仲裁人员认为:在投资保证合同中并无此种明文规定,而美国保护海外美资的立法精神,也并无此种要求。所以**出让股权**但却**保持实际投资利益**一举,**并非"违约**行为"。可见,问题的症结仍在于美国资方在大半数股权出让后是否照旧努力贯彻实施该投资项目。关于这个问题,在上述第二点所列举的五个方面的事实中已经包含了答案。这五个方面的事实既说明了在大半数股权出让后阿纳康达财团对原有铜矿的**"有效控制"**从未中断,也说明它**"贯彻实施"**该投资项目的长期"努力"从未中断,还说明它通过这笔投资获得的**丰厚利润**也从未中断。一直延续到 1971 年 7 月关于铜矿收归国有的智利宪法修订案认真贯彻执行之后,情况才发生根本变化。

针对阿纳康达财团于 1969 年将智利境内美资企业铜矿股权 51% 转让给智利国营公司一事,仲裁庭作了这样的分析:此项转让交易,并非一般的现金买卖,而是特别的分期付款安排;而且**价款来源也大异常规**。股票出让人(美国资方)与股票受让人(智利当局)双方约定:将这批业已转让所有权的股票在铜矿经营中所不断孳生出来的股份**红利**,作为股票本身的**价款**,分期地、自动地、源源不断地**流入原出让人**美国资方的**钱柜**。其具体办法是在银行设立专门账户，集聚红利，定期交付美国资方，智利方面无权干涉。另外，原有投保投资中的这一部分仍然在该投资项目原有铜矿经营中继续承担着风险。正是在这种"**继续孳生红利、继续承担风险**"的意义上，应当说，这**业已出让**的51％的股票，实际上仍是**原**有那笔投保**投资**的一部分。它的命运遭遇同美国**原投资人**（即投保人阿纳康达财团）的利害得失，**仍然是血肉相连**、不可分割的。因此，直到1971年7月智利采取来势迅猛的国有化措施之前，这批股票及其所代表的经济权益，实际上仍然紧紧地牵连到和归属于投保人阿纳康达财团所经营的投资项目，从而**不应把它排除**在原投资保证合同的**承保范围之外**。同时，鉴于智利新政府于1971年把前政府在1969年所作的上述安排一笔勾销，而且进一步把阿纳康达财团在智利境内铜矿股权的其余部分，即1969年美国资方表示愿意日后高价转让但尚未转让的49％的股权，也全盘收归国有，并且由于扣除历年"超额利润"，不再给美国资方以任何赔偿金，因此，应当认定：这就是原投资保证合同中所承保的征用风险事故。

第四，基于以上各点，仲裁庭裁决：继任承保人海外私人投资公司应当依照本案投资保证合同的规定，向投保人阿纳康达财团支付征用风险事故赔偿金。赔偿金中不但应当包括前述新建"混合公司"中投保人**尚未出让**的49％股票的价值，而且应当包括"混合公司"中投保人**业已**于1969年**出让**给智利的51％股票的价值。其具体款额由双方自行商定。如不能达成协议，可提交本庭**另行裁决**。

继任承保人海外私人投资公司对于美国仲裁协会所作的上述裁决表示不服，向首都华盛顿地方法院申诉，要求撤销上述裁决。法院驳回所请，维持原裁决。海外私人投资公司进一步上诉于"美国上诉法院"所设的哥伦比亚特区巡回法院。

在本案争讼悬而未决期间，智利政局发生了剧烈变化：1973年9月11日，智利军人在美国支持下发动政变，推翻了阿连德政府，由陆、海、空三军司令和警察总局局长组成执政委员会，阿连德总统在同政变部队战斗中以身殉职。

智利军政府上台执政后，推行新的亲美政策，并决定对阿连德当政时期收归国有的美资铜业公司支付数亿美元巨款，给予高价赔偿。

1974年7月22日，阿纳康达财团与智利军政府达成新协议，对赔偿金额和支付办法作了具体规定：由智利国营铜业公司出具分期清偿的债券（期票），即"科德尔科期票"，交与美国阿纳康达财团，并由智利中央银行对于这些债券的如期清偿兑现加以担保。1974年8月1日，智利当局把这些债券正式递交阿纳康达财团，并承诺和保证于10年内分期清偿完毕。

阿纳康达财团急于将这批长达10年的分期债券提前兑现，以利资金周转。海外私人投资公司挟其"雄厚资信",完全可以轻易地帮助前者实现这一愿望。于是原告和被告从"公堂对簿"转向"客厅协商",终于在1977年3月31日达成"和解协议"。协议要点,有以下数项:

(1) 双方从此息讼止争,由涉讼两造联名向首都华盛顿哥伦比亚特区巡回法院呈递文书,表示一致同意**撤回上诉**。同时,联名向"美国仲裁协会"声明一致同意撤回申诉,终止第二阶段的仲裁。

(2) 由海外私人投资公司向阿纳康达财团支付现款4700余万美元。这笔款项应从美国"联邦基金储备"中拨付。

(3) 对于阿纳康达财团手中的6张远期债券(预定清偿日期为自1981年8月至1984年2月,每半年一次),由海外私人投资公司"以**美利坚合众国**的全部**信用**和**信誉**作为**担保**",保证它们能如期如数切实兑现,从而大大增强这些债券在市场上的"身价"和流通能力,便于阿纳康达财团脱手转让,提前兑成现金。这批远期债券的总额,也是4700余万美元。两者合计,阿纳康达财团获得的赔偿金总数高达9500余万美元。

(4) 阿纳康达财团应将手中掌握的部分智利"科德尔科期票"写上"背书",将这些期票的**索偿权转移**给海外私人投资公司,俾便后者届时凭票向智利**代位求偿**。

(5) 日后海外私人投资公司凭上述"科德尔科期票"向智利索债、回收债款本息时,如遇纠纷,阿纳康达财团在接到海外私人投资公司的书面要求后,应即采取相应行动,紧密配合。阿纳康达财团为提供这种合作而开支的各种费用,包括聘请律师打官司的费用,概由海外私人投资公司承担,全部实报实销。

至此,这场讼争长达6个年头的索赔官司,经过投保人索赔—承保人拒赔—仲裁庭裁决付赔—承保人坚持拒赔并提交法院—法院驳回所请,责令付赔—承保人不服上诉,继续坚持拒赔—双方联名撤诉等曲折,最后以美国国内**投保人**与**承保人**两造言归于好、"**一致对外**"而告终结。

作为一个"典型案例",本案的实际意义之一在于:它向世界上接受美国投资的发展中国家传递了一条信息:在美国法官(法院)和学者(仲裁庭)眼中,海外美国私人投资纵使在**名义上**其**所有权业**已转移**出让**,不再属于原投资人所有,但只要这笔投资在**实际上**还直接牵涉到**原投资人**的**利害**得失,美国当局就**仍然**对它实行法律保护,不遗余力。

3. 1978年列维尔铜矿及铜器公司索赔案[166]

美国马里兰州列维尔铜矿及铜器公司(以下简称"列维尔铜业公司")独资设立

---

[166] 参见美国仲裁协会商事仲裁庭:《关于列维尔铜矿及铜器公司与海外私人投资公司纠纷案件的裁决书》(1978年8月24日),案件编号:16 10 013776号,载《国际法学资料》(1978年)(第17卷),第1321—1368页。

一家子公司,取名列维尔—牙买加铝业公司(以下简称"列维尔铝业公司"),在牙买加境内经营铝土开采和炼制纯铝。1967 年 3 月 10 日,东道国牙买加政府与列维尔铝业公司订有长期采矿特许协议,规定由前者对后者的投资给予合理的保护;列举后者应对前者缴纳各种税款的种类和范围;同时规定,除了所列举的捐税项目外,牙买加政府不得对列维尔铝业公司另外课征任何其他捐税(协议第 12 条)。协议期限自该铝业公司生产设施正式投产之日起计算,有效期为 25 年。

牙买加原为英国殖民地,1962 年 8 月宣布独立后,由牙买加工党执政,上述协议就是在工党政府当权时签订的。该党主要代表牙买加大农场主、大资产阶级的利益,在 1972 年大选中被人民民族党击败下野。人民民族党上台执政后,大力推行维护民族权益,发展民族经济的新政策。该党领袖、牙买加政府总理迈克尔·曼利在 1972 年 10 月的第 27 届联合国大会以及 1974 年 4 月的第 6 届联合国特别会议上,大声疾呼应当改变外国投资家与东道国在分享自然资源开发事业的经济利益中的不公平比例,抨击旧的国际经济秩序及其关系结构严重阻碍贫穷国家的正常发展,要求国际社会采取措施,认真地改革这种旧秩序、旧结构。另一方面,1974 年他在国内先后多次谈到施政方针时宣布:牙买加政府决定要对作为本国经济命脉的铝矿开采和炼铝工业获得**最大份额的所有权**,从而**实行有效的国家控制**。他郑重声明:过去同外国投资家订立的铝矿开采合同已经**"被历史所废除"**,**"牙买加政府不能再受这些合同约束"**。在同年 5 月 15 日发表的一场演说中,他理直气壮地强调:

> 同各家铝业公司重新谈判合同,这不仅是必不可少的,也不仅是一个**主权国家**的**权利**,而且是对人民的一种义务。这些考虑比合同协议的尊严性,要重要得多。

在合同的重新谈判中,双方讨价还价,十分紧张激烈,迄无结论。1974 年 6 月 8 日,经牙买加议会讨论通过,颁行了新的《铝土矿生产税征收条例》,**大幅度增税**。在这种情况下,列维尔铝业公司生产成本增加,库存产品滞销,连续数月亏损累累。于是,不顾牙买加政府的劝阻,在 1975 年 8 月间自行决定停产关闭。

1976 年 1 月,列维尔铝业公司起诉于牙买加最高法院,指控牙买加现任政府的增税措施违反了前任政府与该公司订立的长期采矿特许协议,要求免征新税。牙买加最高法院驳回所请,并认定:前政府参加订立的原有协议中关于禁止征收任何新税的规定"从一开始就是无效的"。因为这种规定明显地损害了牙买加的主权尊严;况且,按照牙买加的法律,参加订立协议的行政机关的**部长们根本无权**在涉及税收的问题上**对于议会的立法主权**任意加以**限制**和束缚。因此,1967 年的特许协议并未为列维尔铝业公司创造出任何免纳新税的权利,从而,该铝业公司无权依据 1967 年的协议要求免征。于是,列维尔铝业公司的母公司——列维尔铜业公司在 1976 年 4 月间依据美国国内的投资保证合同,转向美国海外私人投资公司索赔,要求按承保的征用风险事故支付巨额赔偿金 9000 多万美元。

海外私人投资公司拒绝支付赔偿金。主要理由是:

第一,根据投资保证合同的规定,东道国政府采取的措施,必须**直接阻碍**境内美资企业**有效地控制**本企业重要财产的使用和处置,并且持续一年之久,才能被认定为发生了征用风险。对照本案案情,当时牙买加政府用以限制外资铝矿企业的若干措施中,只有颁行新的铝土矿税则这一项算是迹象明显的行动,尽管它不符合原特许采矿协议中关于不课征额外新税的约定,但它本身还不就是美国投资保证合同中所承保的"征用行动"风险。因为东道国政府**仍然允许**境内的列维尔铝业公司**有效地控制**本公司的财产,它并未要求该公司关门停业,更没有直接接管或剥夺该公司的资产。换言之,在实施 1974 年 6 月的新税法之后,该铝业公司仍然继续享有 1974 年 6 月以前原有的全部财产和全部权利,既拥有一切生产设施设备,还拥有采矿租约特许,完全可以照常营业。

第二,由于当地政府对铝矿土增课新税而引起的公司生产**成本**增加,只要经营得法,该公司完全可以把这方面的负担**转嫁**到消费者身上去。

第三,1967 年的采矿特许协议和有关合同显然应受东道国牙买加法律的管辖。根据牙买加最高法院的判决,原协议中**禁止课征新税**的条款因违反牙买加法律而**"自始无效"**。因此,根本不存在"违约"问题。何况,即使发生违约行为,也并不能一概构成海外私人投资公司投资保证合同中所规定的征用风险。

第四,总之,该铝业公司在营业上所处的逆境,主要是由于它自身**不善经营**所造成的,**不属于**海外私人投资公司**承保**的征用风险**范围**,索赔应予驳回。

投保人列维尔铜业公司对承保人海外私人投资公司的拒赔裁定不服,于是按投资保证合同中仲裁条款的规定,[167] 在 1976 年 12 月间提交设在首都华盛顿的"美国仲裁协会"仲裁。

仲裁小组由三位仲裁员组成。经过长时间的审议和讨论,仲裁小组内部意见分歧,无法达成一致结论,最后形成"二比一"的局面,把"多数派"和"少数派"的不同意见,分别记录在案;同时依照少数服从多数的原则,把多数派的意见作为正式的有约束力的仲裁决定,加以执行。

"多数派"(即仲裁员 G. W. 海特和卡洛尔·威泽尔两人)的意见认为:海外私人

---

[167]　参见《海外私人投资公司 234 KGT 12—70 型投资保险合同(修订版)》第 11 条,载 1982 年英文版单行本,第 24 页。

投资公司**拒赔无理**,应当依约支付征用风险事故赔偿金。他们所作的长篇分析,可大体归纳如下:

第一,关于是否存在"违约行为"的问题。牙买加政府违反 1967 年特许采矿协议中禁止课征额外捐税的约定,另征新税,是否构成"违约行为"? 牙买加最高法院断定:本国行政官吏无权束缚议会立法主权,协议有关条款(第 12 条)"自始无效"。从牙买加国内法说,这种判决诚然是有道理的。海外私人投资公司也把它作为理由之一,据以拒赔。但是,这个问题不能单凭牙买加**国内法的标准**加以判断,还要根据**国际法的标准**作出鉴定。换言之,上述协议不仅适用牙买加国内法,受牙买加国内法管辖;而且适用国际法,受国际法管辖。因为,此项协议的当事人一方是外国投资人,另一方是东道国政府,内容涉及如何促进东道国的经济发展,所以它不是一般的国内合同,而是国际性合同;而且其中涉及保护外国投资人的财产不受东道国政府侵害的问题,所以应当适用国际法上的**"国家责任"**原则来判断是非。据此,牙买加政府违反 1967 年特许协议中有关规定而另课新税的措施,显然是一种国际法上的"违约行为",应当追究"国家责任"。受到损害的外国投资人有权索赔。

第二,关于课征新税是否构成征用风险的问题。这个问题,取决于课征新税是否阻碍列维尔铝业公司切实**有效地控制**本企业的重要财产。违反特许协议增征铝土矿税一举,单就其本身而言,当然并非征用行动;但是,这种"违约行为"一旦同其他现存因素结合起来,却足以构成征用行动。事实上,在增收新税的同时,牙买加政府还提高了矿区土地使用费,取消了原先给予铝业公司的某些经济津贴费,等等。因此,判断本案中的增税法令的性质,必须联系到牙买加政府采取增税等措施的**动机意图**以及这些措施所造成的**实际后果**,加以**综合考察**。就前者而言,牙买加政府早已公开声明自己的目标,要对铝矿业实行有效的国家控制,增税等措施都是围绕这一中心目标而相继采取的;就后者而言,这些措施表面上看来虽不很严厉激烈,但处处掣肘,已在不知不觉之中逐渐削弱了列维尔铝业公司的经营能力。特别是综合考察这些措施,可以看出:作为该铝业公司投资依据的 1967 年采矿特许协议实际上已被废除,从而使整个公司前途未卜、捉摸不定,遇事难以果断决策。凡此种种,实际上已使该公司对本企业财产以及本企业命运失去有效的控制。尽管它在名义上、理论上仍然拥有并控制着本企业的财产和设施,但这种控制已经不是切实有效的了。

第三,关于应否支付赔偿金问题。1967 年的采矿特许协议乃是列维尔铝业公司在牙买加投资和立足的主要根据。牙买加政府 1974 年颁行新税法等措施实际上已经废除了 1967 年的特许协议,构成了国际法上的"违约行为"。受害的当事人有权索赔。鉴于这种国际法上的"违约行为"已造成后果,使得列维尔铝业公司对本企业重要财产的**有效控制**,业已**名存实亡**,因此,根据原先美国国内投资保证合同第 1 条第 15 款第 1 项第(4)点的规定,应当认定征用事故已经发生。海外私人投资公司作为承保人,应当依约付赔。

第四,关于赔偿金数额问题。作为总的原则,海外私人投资公司应当依约付赔。但是,鉴于列维尔铝业公司确实存在经营不善、长期亏累的问题。因此在计算赔偿金数额时,凡是因该公司本身经营不善而导致的损失,因不属于政治风险承保范围,应当扣除,不予赔偿。投保人列维尔铜业公司原先提出的索赔金额高达 9047 万余美元,但仲裁小组中的"多数派"采纳了海外私人投资公司提供的物证和计算方法,扣除了列维尔铝业公司账面资产中实际上大量减值的数额,认定在"征用风险"发生当时该铝业公司纯投资额仅余下 113 万余美元,承保人应按此项结余的纯投资额支付赔偿金,即**仅约原索赔额的 1/80**。此外,由于海外私人投资公司方面在仲裁中败诉,故应另外负担仲裁费用 18 万余美元。

仲裁小组"多数派"对本案所作的上述裁决,与其说是为列维尔铜业公司"主持公道",维护该投保人的权益,使它不受承保人海外私人投资公司拒赔的损害;毋宁说是为了**重申**美国在海外美资被征用与索赔问题上的**传统观点**,维护**所有**美国海外投资家的利益,使它不受东道国政府的"损害"。裁决书洋洋数万言,论证中心之一就是:凡遇海外投资纠纷,不能全部也不能优先适用东道国的国内法,而应当全部或至少优先适用美国所理解、所坚持的"传统国际法"。究其实质,就是尽力把美国投资家的利益置于东道国的主权之上。但是,美国的这些传统观点已随着国际经济秩序的新旧更替进程而日益显得陈旧、过时。因此,即使在美国本国法学界中,也不是所有的人都全然加以赞同。

本案仲裁小组中的"少数派",即仲裁员弗朗西斯·贝尔根,针对"多数派"的上述见解,提出异议。他主张:本仲裁案中的承保人海外私人投资公司胜诉,**投保人**列维尔铜业公司**无权索赔**。所持理由有以下六点:

第一,本仲裁案件的主要争端和症结,在于如何理解投资保证合同中的有关条款。具体说来,问题的焦点是:依据美国国内投资保证合同的有关规定,投保人是否有权向承保人索赔,承保人是否有义务向投保人付赔。此项保证合同,签订于美国国内;合同双方当事人,即列维尔铜业公司和海外私人投资公司,都是美国国内的公司;依据该合同中的仲裁条款,双方遇有纷争,应提交美国仲裁协会裁断。凡此,都决定了一旦此项投资保证合同涉讼,或在解释上发生分歧,即应受**美国法律**或仲裁规则管辖,**不应任意援引国际法**原则来加以解释或处断。何况,牙买加政府以及列维尔铝业公司都不是本投资保证合同或本仲裁案件的当事人,更不应随便把国际法问题牵扯在内。投保人与承保人之间有关索赔拒赔的纠纷,其是非曲直,只能严格地按照美国投资保证合同有关条款本身的确切含义,根据美国本国的法律或规则,加以裁断。

第二,按照上述投资保证合同有关条款的规定:东道国政府采取的行动,必须直接地阻碍境内美资企业有效地控制、使用或处置本企业的重要财产,而且长达一年以上,才能被认定为征用行动,即被认定为发生了该合同所承保的征用风险事故。简言之,"**直接阻碍有效控制**"乃是构成征用风险的前提条件。这里,关键在于行动与后果之间的因果关系必须是**直接**的,而不是间接的;后果是行动直接造成的,而不是间接引起的。但是,无论从本案申诉人列维尔铜业公司所提供的事实材料来看,还是从本仲裁庭"多数派"仲裁员所作的论证推理来看,都不能确凿地、令人信服地证明:牙买加政府增课新税的行动确已**直接地**造成了列维尔铝业公司无法有效地控制、使用或处置该公司财产的严重后果。恰恰相反,事实证明:在颁行新税法后,牙买加政府始终没有直接阻碍列维尔铝业公司管理自己的工厂,经营自己的商业,并把自己的纯铝产品装运出口。换句话说,该铝业公司对本企业的一切财产和工商经营活动,始终保持着切实有效的控制权和自主权。由此可见,构成投资保证合同中所明文规定的"征用行动"的**前提条件并不具备**,从而不能认定该合同承保的征用风险事故业已发生。

第三,原投资保证合同第1条第15款的最后一段文字毫不含糊地规定:"投资项目所在国政府废除、侵害、不履行或违反有关该项目的任何约许、协议或合同,只有在它已经构成符合本款标准条件的征用行动时,才可以认定为征用行动。"可见,判断是否"征用行动"的唯一标准是上述美国投资保证合同有关条款所严格规定的条件。在本仲裁案件中,既然无法确凿证明列维尔铝业公司在牙买加的处境已经具备了上述前提条件,那么,纵使1974年新税法的规定与1967年的采矿特许协议有所抵触,也决不能任意把有关征用外资企业问题的一般国际法理论原则和观点作为根据,断定海外私人投资公司应当对列维尔铜业公司履行美国投资保证合同规定的赔付义务。

第四,就1974年6月颁行的铝土矿生产税征收条例而论,无论根据哪一种合情合理的标准,都应当认定**征收新税**乃是牙买加**国家的正当权限**,并未越出应有的范围,根本不具备横征暴敛或没收财产的性质。因为,根据准确的计算,1974年实施的新税率实际上只相当于纯铝成品转让价格的20%左右,并**未超过国际社会中课税的正常标准**。大多数欧洲国家课征同类捐税的比率,都高于此数。即使按美国国内法的课税标准来说,这种税率也是合情合理合法的。实际案例表明:美国最高法院在1974年间就曾驳回阿尔科公司对匹兹堡市政当局的指控,判定征税率占总收入的20％是合法的,并非苛征,并不含有变相没收私人财产性质因而并不"违宪"。对比起来,牙买加政府1974年开始课征的新税,不但没有超过国际常规税率,而且它对于境内的所有铝业公司都是**一视同仁**、普遍适用的。尽管它确实给列维尔公司增加了新的捐税负担,但并非另眼歧视,因而课征新税一举是无可厚非的。

第五,列维尔铝业公司在1975年8月间停产关闭,这是该公司不顾牙买加当局的劝阻,自行决定的。此事说明当时该公司仍然享有充分的自主权。该公司当时就认为停止"经济上不合算"的经营活动乃是"任何企业主所固有的基本权利"。列维尔铜业公司总经理威廉·可林斯1975年7月2日写信给牙买加总理说明了决定把牙买加境内所属工厂停产关闭的原因,强调了生产过剩,产品库存过多,市场销售困难这一决定性的因素。列维尔铝业公司也在1975年10月10日致牙买加当局的函件中申述:关厂停产的关键因素是该公司"正在承受着世界性不景气的影响"。两项函件都未指责牙买加政府课征新税的行动是造成该铝业公司停产关门的直接原因,当然更不能由此推导出牙买加政府已对该铝业公司采取"征用行动"的错误结论。

第六,基于以上事实,"少数派"仲裁员弗朗西斯·贝尔根认定:对列维尔铜业公司在牙买加境内的资产说来,美国投资保证合同中所承保的**征用风险事故并未发生**,并不存在。投保人**索赔无理**,应予驳回。

1980年6月20日,海外私人投资公司终于遵照美国仲裁协会本案仲裁小组"多数派"的裁决意见,如数向列维尔铜业公司支付了赔偿金100余万美元。由于海外私人投资公司自己原先就断定本案中的征用风险事故实际上并未发生,投保人索赔无理;如今自不宜出尔反尔,反向东道国牙买加代位索赔,故迄今未敢正式行使"国际代位索赔权"。[168]

(四) 关于东道国政府的正当法令问题

按照前引《海外私人投资公司234 KGT 12—70型投资保险合同(修订版)》第1条第13款但书第(1)项的规定,东道国政府**依据本国宪法**认可的方针颁行**正当合理的法令**,虽碍及海外美资企业的经营,亦不得视为征用行动。根据此类条款,海外私人投资公司及其前身机构国际开发署曾对有关索赔案件处断如下:

---

[168] 参见《海外私人投资公司第A.Ⅱ.A号报告书》(即海外私人投资公司及其前身机构对历年索赔案件处理情况一览表,1948年—1983年6月30日),第5页,原档影印件收存于厦门大学法律系资料室;《海外私人投资公司索赔问题高级法律顾问R.D.斯腾致本文作者函件》(1983年11月1日),原件收存于厦门大学法律系资料室。

1. 1966年韦布斯特出版公司索赔案[169]

该公司投资伊朗,曾与当地政府订立合同,就地设厂为伊朗学校出版供应教科书。其后,伊朗政府自行创办出版企业,供应校用教科书,从而逐步把韦布斯特公司挤出伊朗主要市场。后者认为这就是征用行动,于是依照美国国内的投资保证合同向当时的主管机关国际开发署索赔。国际开发署作出拒赔裁定。其理由可以归纳为:第一,伊朗当局改组教科书供应制度,是正常地行使**本国政府固有的权力**,是合理地调整国内出版业的正当措施,它并未影响到美国投资人对其海外企业实行有效的控制,也未侵害该公司继续营业的权利和职能。第二,没有任何迹象表明伊朗政府采取这些措施的本意在于剥夺本案投资人的股票所有权。第三,本案原有投资合同并未规定投资人有权**垄断**伊朗公立中、小学校课本的出版供应事宜。因此,投资人无权要求继续**包办**此项课本供应生意。第四,综观本案案情,伊朗政府的行为并不属于前述投资保证合同中所规定的"征用行动",索赔无理,应予驳回。至于该公司营业上的逆境和损失,主要应归因于它自身经营不精,缺乏竞争能力,未能另行扩展自己的销售市场,以弥补被当地政府占去的营业阵地。

2. 1972年华盛顿国际银行索赔案[170]

1965年,美国华盛顿国际银行在多米尼加境内投资组建埃克斯普洛马木材公司,经营伐木、制材、出口等业务。该木材公司系按多米尼加法律组成,1966年8月正式开张营业。华盛顿国际银行拥有该公司全部股票的80%。

此后不久,"美洲国家组织"的专家们在对多米尼加自然资源概况进行调查研究的基础上,撰写了专题报告。其中指出:由于林业管理制度松弛,伐木商乱砍滥伐,多米尼加国内的森林资源日益锐减,并危及国内的水土保持;如不及时采取护林补救措施,长此以往,后果不堪设想。多米尼加政府显然十分重视此种意见,于1966年12月8日发布命令,禁止本国木材出口。埃克斯普洛马木材公司随即于同月23日关门停产。投资人华盛顿国际银行通过美国驻多大使馆以及国际开发署对东道国施加压力,促使后者给该美资木材公司颁发了新的伐木、出口许可证。该公司于停产104天之后,在1967年4月6日重新开工。

按照多米尼加的法令,此项伐木经营从一开始就必须不断获得政府颁发的定量

---

[169] 参见海外私人投资公司文档《韦布斯特出版公司索赔案卷》;《国际开发署:关于韦布斯特出版公司索赔案的处理决定》(1966年9月2日),原档影印件收存于厦门大学法律系资料室。

[170] 参见海外私人投资公司文档《华盛顿国际银行索赔案卷》:(1) 国际开发署备忘录:《华盛顿国际银行征用事故索赔案案情分析》,原档影印件收存于厦门大学法律系资料室;(2) 美国仲裁协会商事仲裁庭:《关于华盛顿国际银行与海外私人投资公司纠纷案件的裁决书》(1972年11月8日),案件编号:16 10 0041 71,载《国际法学资料》(1972年)(第11卷),第1216—1234页。

伐木、定量出口许可证,方能持续开工。自1967年4月至1968年8月,埃克斯普洛马木材公司在陆续申请发给新的定量伐木出口许可证过程中,有时遇到东道国当局新的禁令,有时遇到办事人员的拖拉作风,因而未能及时获得新的伐木出口许可证。在上述期间内,该公司的工厂又曾数度停产。但每次停产后,几乎都是由美国行政官员或外交官员出面过问,施加压力,迫使东道国当局对该美资企业给予**破格优待**,发给新的许可证,使后者得以**避开禁令**,重新开工。不过,即使在连续生产期内,它也因台风破坏以及经营不善而亏损累累。

1968年8月27日,多米尼加当局通知埃克斯普洛马木材公司:今后不再颁发新的伐木出口许可证了。大约二十天以后,即同年9月17日,该木材公司的投资人,即华盛顿国际银行,向美国国际开发署正式提出索赔申请,要求按1967年5月间双方订立的投资保证合同的有关规定,支付征用风险事故赔偿金。

但此后不久,即1968年11月18日,多米尼加当局又通知该木材公司:即将发给新的许可证,允许恢复伐木制材生产。1969年3月31日,又进一步通知该公司:有关当局已同意另行颁发一项4倍于原定量的伐木出口许可证。每次定量指标用完以前,只要及早提出申请,即可**不断更新**,取得相同定量的新许可。对于东道国当局的这些新约许,埃克斯普洛马木材公司不置可否,既未答复,也未重新开工。投资人只是一心一意**等待**国际开发署支付征用事故赔偿金。

国际开发署仔细调查和审议了案情,认为以上事实情节,不能构成本案投资保证合同中所规定的征用风险事故,驳回华盛顿国际银行的索赔要求。其所持理由大体如下:

第一,按照本案投资保证合同第1条第15款的规定,东道国政府采取的措施,必须是直接阻碍境内美资企业有效地控制、使用或处置本企业的重要财产,或者直接使它无法经营该投资项目,才能定性为征用风险事故。本案中埃克斯普洛马木材公司的遭遇和处境,完全不属于此类情况。因为,国际开发署在接到投保人索赔要求后,曾派人员前往实地调查,发现该木材公司所拥有的机器设备、管理机构、企业信誉、市场销售等主要方面,都没有因东道国政府采取上述措施而直接地受到损害或破坏。恰恰相反,每逢一般伐木禁令,由于投资人的幕后活动和美国官方的施加压力,该木材公司总是享受**例外开禁**或**优先开禁**的**特惠待遇**。诚然,东道国政府关于禁止滥伐林木的三令五申以及逐次限额审批伐木量和出口量的具体做法,确给埃克斯普洛马木材公司造成很大不便;该公司申请给予一项为期20年的长期伐木出口许可证,也遭到东道国政府拒绝;但是,该公司完全可以逐批地申请并连续地获得短期伐木出口许可证,以便继续经营。特别是东道国政府在1968年8月声称不再颁发新的许可证之后,短短六七个月内,即在同年 11 月间及翌年 3 月间,又先后两次通知埃克斯普洛马木材公司,收回成命,允许该公司恢复伐木生产,并且给予 4 倍于原定、可以连续更新的新型伐木出口许可证。这就再次说明该公司不但未被勒令停产,反而是享受特惠。至于该公司在 1968 年 8 月以后之所以对上述解禁特惠无动于衷,坚持歇业而不再开工,根据国际开发署所掌握的确凿材料以及该公司原负责人和知情人(包括原董事长兼经理托马斯·奎克)提供的证词,显然可以看出是由于经营不善,亏损过多,入不敷出,无法支付工资。而原投资人华盛顿国际银行的董事长在 1968 年 11—12 月谈到是否继续资助该木材公司摆脱财政困境时,已公开宣布:"我再也不把任何钱花在这上头了,我们最好**甩掉**这个破烂**包袱**!"正是由于新的资金来源枯竭,该木材公司重新开工的资金严重短缺,以致无法继续经营下去。简言之,该公司的关门歇业,是出于财政枯竭原因,而不是许可证困难所致。由此可见,在本案中,根本不存在东道国政府采取行动直接阻碍境内美资企业有效地控制、使用或处置本企业重要财产的事态;也不存在采取行动直接使它无法经营该投资项目的情况。因而并未发生过本案投资保证合同里所规定、所承保的征用风险事故。

第二,按照本案投资保证合同第 1 条第 15 款的规定,征用事态必须开始于投资保险期以内,并且持续存在一年以上,才能被认定为确实构成了征用风险事故,并应予赔偿损失。但是,如前所述,本案中埃克斯普洛马木材公司数度停工,实际上并非由东道国政府伐木禁令或迟延发给许可证所直接造成的后果,因此不能视为已经发生过征用事态。退一步说,即使把该公司的数度中断生产归咎于东道国的上述行动,那么,仔细分析起来,也并不符合投资保证合同本款所规定的**时间条件**。前面提到:本案中的投资保证合同订立于 1967 年 5 月,但第一次停工 104 天这一事态却产生并存在于 1967 年 1 至 4 月间,即在上述保证合同开始生效、保险期开始计算以前。其后的几次停产事态,经过精确计算,即使全部累计起来也只有 128 日,远远不足 365 天之数,即不具备征用事态持续存在一年以上这一先决条件,从而不可能构成本案投资保证合同中所规定的征用风险事故。

第三,按照本案投资保证合同第 1 条第 15 款但书第(1)项的规定:东道国政府采取的行动,纵使已经具备本款**正文**中所规定的征用事态诸项条件(即确已直接阻碍境内美资企业有效地控制、使用或处置本企业的财产,或确已直接使它无法经营该投资项目;此种事态确实开始出现在保险期以内;确已持续存在达一年以上),但是,如果东道国政府采取的该项行动,是(1)正当合理地**根据本国宪法**所认可的施政方针,颁行法令条例,或采取行政措施;(2)这种法令或措施并无明文规定有意实行国有化或征用;(3)并非专横无理;(4)是按照企业的合理分类加以适用;(5)并不违反国际法上公认的原则，那么，就不能把东道国政府采取此项行动，认定为征用风险事故业已发生。

国际开发署根据投资保证合同中的本项**但书规定**，针对索赔人华盛顿国际银行所提出的主张，围绕上述五点，逐一地列举事实加以分析，并得出结论：东道国多米尼加政府当时就伐木出口问题所采取的各项行动，完全符合上述但书规定，因而应当**排除在"征用行动"这一概念之外**，即不能认定为征用风险事故。

根据国际开发署所列举的大量事实，显然可以看出东道国多米尼加政府当时颁行的各种护林法令和采取的相应措施，是完全正当、十分合理的。这些法令和措施的主要目的，就是在于制止滥伐乱砍，**保护本国森林资源，防止水土流失**，以免给本国人民带来重大损失和长期灾害。正如当时多米尼加总统巴拉格尔以及林业局局长埃斯特拉达·梅迪纳所强调的：采取这些措施，"为的是制止破坏国家林木水土资源的行为，替子孙后代保住这些财富"；"否则，历史就会惩罚我们，让我们滴水全无"。既然这些措施确是为了保障本国人民根本利益，它当然完全符合多米尼加本国宪法的基本精神。华盛顿国际银行为了达到索赔目的，曾任意歪曲投资保证合同条文本意，硬说上述但书文字中的"**宪法**"一词，指的是**美国宪法**，因此必须以美国宪法作为标准，判定多米尼加政府的行动"违宪"，追究赔偿责任。这种节外生枝、无理取闹的主张，由于其霸权面目和荒唐悖谬是如此彰明昭著，连美国国际开发署经办人员也认为根本无法站得住脚，因而根据投资保证合同这段文字的真实内涵，予以批驳。强调：这里指的**只能是东道国的宪法**，而"不应援引另外一种毫不相干的法律（即另外一国的宪法）来解释本投资保证合同。因为，无论是但书文字本身，还是上文下文，都根本没有这种含义。"

此外，国际开发署对本案所作的案情分析中还举出这样的事实：东道国多米尼加政府在颁行禁止滥伐林木的法令时，确实是按照企业的合理分类，公平执法的。它所实施的禁令，**是一视同仁**、普遍适用的，即不但适用于境内的一切外资伐木企业，而且适用于本国人经营的同一行业。只有经营铁路枕木、桥梁用木、学校以及其他公共工程用木者，因为是东道国社会公益所需，才略有例外。就上述美资埃克斯普洛马木材公司当时的处境而言，尽管它伐木出口显然并非为了东道国社会公益，但多米尼加政府在美国官方的干涉和压力下，总是一次又一次地在实施禁令过程中对该美资企业给予特殊优惠和破格照顾，即不但毫无"专横"可言，反而是恩渥有加！（在这样的条件下，投资人反诬东道国"蛮横征用"，岂非信口雌黄，恩将仇报？！）

基于以上事实，国际开发署断定：退一步说，即使华盛顿国际银行所指控的东道国政府行动，根据本案投资保证合同第1条第15款**文本**的规定，可以**肯定**为"征用行动",那么,根据该合同同条同款**但书**的规定,却应加以**否定**,排除于"征用行动"范围——即承保范围——之外!

总之,索赔无理,应予驳回。

索赔人华盛顿国际银行不服,于是在 1972 年 4 月间依照投资保证合同中仲裁条款的规定,向设在首都华盛顿的"美国仲裁协会"提出申诉。此时,由于原海外投资承保业务已由国际开发署移交给新设立的海外私人投资公司承接办理,后者即成为本案仲裁庭中的被诉人。

仲裁庭经过认真阅卷、调查、听证和审议,于 1972 年 11 月最后裁决:承保人国际开发署——海外私人投资公司**拒赔有理**,投保人即索赔人华盛顿国际银行败诉,驳回所请。

仲裁庭作出上述裁决的理由,与国际开发署所作的上述案情分析,其要点大体相同,兹不多赘。

3. 1973 年佐治亚太平洋国际公司索赔案[171]

1968 年 5 月,美国佐治亚太平洋国际公司独资设立子公司"南美厄瓜多尔林业公司",并由后者与厄瓜多尔政府订立伐木特许合同,在该国境内经营木材生产。这家林业公司在企业筹办过程中遇到一些困难,进展缓慢。1970 年 7 月,厄瓜多尔政府根据一项新的法令,取消了若干项伐木特许合同,其中包括与"南美厄瓜多尔林业公司"订立的上述合同。厄瓜多尔当局指责该林业公司敷衍拖拉,不严格遵守特许合同第 8 条的规定,如期开工安装生产设备并如期竣工投产。这就是执行上述法令、取消上述特许的主要根据。南美厄瓜多尔林业公司鉴于已耗去开办费 20 万美元左右,深恐赔本,乃委托当地律师要求东道国当局收回成命,不把该林业公司列入上述新法令适用范围,继续给予伐木特许,但未获批准。1971 年 4 月,该公司进一步向东道国有关部门提出行政申诉,不久又被驳回。

在请求厄瓜多尔当局收回成命以及正式提出行政申诉过程中,该林业公司强调说:正是由于东道国厄瓜多尔政府未能履行特许合同中所规定的义务,让该公司有权迅速获得一块适当的办厂场地,以便兴建一家锯木工厂,因而使它无法严格遵照特许合同的有关规定,如期履约。对于这些辩解,厄瓜多尔当局未予采信。

鉴于东道国政府拒绝收回成命,南美厄瓜多尔林业公司的母公司——佐治亚太

---

[171] 参见海外私人投资公司文档《佐治亚太平洋国际公司索赔案卷》:(1)《呈交海外私人投资公司代总经理赫尔伯特·萨尔兹曼的本案处理备忘录》(1973 年 8 月 2 日);(2)《佐治亚太平洋国际公司副总经理格雷·伊万斯致国际开发署私人投资管理局保险处主办官员戈登·伊克尔函件》(1971 年 1 月 6 日);(3)《佐治亚太平洋国际公司投资人活动及厄瓜多尔政府公然采取征用行动简况》(1971 年 1 月 6 日)。以上原档影印件收存于厦门大学法律系资料室。

平洋国际公司早在 1971 年 1 月初就向海外投资的承保人美国国际开发署正式要求按照双方事先订立的投资保证合同,支付征用风险事故赔偿金。

随后不久,本案即转交国际开发署的后继机构海外私人投资公司处理。后者的经办人员经过实地调查和精心审议,认为佐治亚太平洋国际公司在厄瓜多尔的投资确实遭到了损失,应予弥补,但又不宜简单地按常规办事,即不宜采取一般的索赔和代位索赔的方式。其理由如下:

第一,海外私人投资公司认为厄瓜多尔政府取消原先给予南美厄瓜多尔林业公司的伐木特许权,是一种"专横无理"的行为。因为,特许合同本身规定任何一方如欲提前终止合同,必须事先通知对方,并给对方留下设法补救的时间,但东道国政府并未信守此项废约程序规定。更重要的是:东道国当局违约迟迟不给建厂场地是"因",投资人违约未能如期建厂投产是"果",不追究原因,只追究结果,这样的执法根据是不公平的。诚然,东道国政府有权依据本国宪法所认可的方针,颁行各种法令或采取各种措施,限制外资企业经营活动,这些都是正当的,但是,这些法令或措施,必须以并非**专横无理**为前提;而厄瓜多尔政府的上述行为具有"专横"性质,客观上又阻碍投资人正常经营该投资项目,这就构成了投资保证合同上所规定的征用风险事故。

第二,佐治亚太平洋国际公司曾聘请一位厄瓜多尔籍的当地律师,提供法律服务。据该律师 1970 年 10 月 8 日函告:就在厄瓜多尔当局取消给予南美厄瓜多尔林业公司伐木特许之后不久,厄瓜多尔总统的一个侄儿,即拥有很大实权的国防部部长,已经决定组织公私合营的公司,从事伐木经营;该公司业已申请给予一片特许伐木区,其主要部分正就是前此划给南美厄瓜多尔林业公司特许伐木的那块地盘。厄瓜多尔的林业委员会已经同意此项申请。在美国的目光里,这表明厄瓜多尔当局对该美资企业"另眼看待",**有意歧视**。

第三,根据以上案情,投资保证合同中规定的征用事态业已发生,并已持续存在一年以上,构成了征用风险事故。承保人海外私人投资公司应当设法对投保人佐治亚太平洋国际公司所遭受的损失给予补偿。但是,考虑到本案所处的特定环境和具体情况,这种补偿不宜按通常案例,采取索赔—付赔—代位索赔的简单方式。因为:

第四,1970 年 12 月,南美厄瓜多尔、秘鲁等五国共同制定了《安第斯地区外国投资法》,对外来投资(包括美资)的经营活动施加多种限制,借以保护本地区各弱小民族的经济权益。在此种情况下,海外私人投资公司不得不在本地区部分国家中暂时停办投资承保业务。但是,据海外私人投资公司调查分析,厄瓜多尔对上述《外国投资法》的某些解释,对美国投资家说来,是比较"宽宏大量"的,因而厄瓜多尔乃是一个可以提供"**最佳机会**"的场所,大大有利于海外私人投资公司在这里**重新开办**它在其他安第斯国家中业已停办的投资承保项目。基于这种理由,"从海外私人投资公司的利益考虑,应当对本案采取**斡旋和解**的办法,而不是采取批准此项索赔要求和支付赔偿金的办法"[172]。所谓"斡旋和解"的办法,具体说来,就是由海外私人投资公司经办人员从中"撮合",建议和说服厄瓜多尔政府作出安排,让现在持有上述美资林业公司原来伐木特许证的厄瓜多尔"卡亚帕斯公司"作为一方,让美国"佐治亚太平洋国际公司"作为另一方,共同组建一家"合资经营公司",合作经营,分享利得。

此案经海外私人投资公司斡旋缓冲,于1973年8月由该公司支付10万美元给佐治亚太平洋国际公司而终告了结。[173] 出于种种考虑,而且数目较小,海外私人投资公司全面地权衡了利弊得失,后来未对东道国代位索赔。

4. 1979年阿格里科拉金属公司索赔案[174]

1974年10月,美国阿格里科拉金属公司与乍得的托姆巴巴耶政府签订协议,允许该公司在乍得境内独资设立一家子公司,即"乍得阿格里科拉公司",经营阿拉伯橡胶的种植、收购、加工和出口等业务。乍得阿格里科拉公司按照乍得法律组建成立,并承担三项义务:(1)开辟一个具有相当规模的橡胶树种植园;(2)建立一个橡胶加工厂;(3)同基本上由东道国政府控股的"索那科特公司",合资经营橡胶购销业务,即负责收购和销售乍得个体农民所采集的野生橡胶。该美资公司的主要权利则是享有全部乍得橡胶的包销权,即垄断销售。

1975年4月,乍得武装部队发动军事政变,推翻了托姆巴巴耶政权,由费利克斯·马卢姆为首的最高军事委员会执政。新政府大力推行发展民族经济的政策。1975年12月13日,乍得新政府书面通知乍得阿格里科拉公司应将该公司在1975—1976年享有的橡胶包销权转交给乍得的索那科特公司。随后不久在双方代表的会谈中,乍得政府官员面告美国资方:原先的协议不再有效,新的安排则有待谈判;而且新的安排中可能不再给予美国资方以橡胶包销权。乍得政府始终不否认美国资方曾被赋予橡胶包销权,但强调此次"暂时取消"美国资方的上述包销权具有以下四点正当理由:

第一,按照原来双方商定的计划,该美资公司应在1974—1975年开辟园地并种

---

[172] 海外私人投资公司文档:《呈交海外私人投资公司代总经理赫尔伯特·萨尔兹曼的本案处理备忘录》(1973年8月2日),第3页。

[173] 参见海外私人投资公司文档:《海外私人投资公司第A.Ⅱ.A号报告书》(即海外私人投资公司及其前身机构对历年索赔案件处理情况一览表,1948年—1983年6月30日),第2页。原档影印件收存于厦门大学法律系资料室。

[174] 参见海外私人投资公司文档《阿格里科拉金属公司索赔案卷》;《海外私人投资公司备忘录:关于阿格里科拉金属公司索赔案的处理决定》(1979年6月7日)。原档影印件收存于厦门大学法律系资料室。

植橡胶树 1000 公顷。尽管美国资方宣称已经种植了 650 公顷,但据乍得政府调查落实,已种植的橡胶树只有 20％成活。可见美方**懈怠违约**。

第二,按 1974 年 10 月以前原定的生产计划,该美资公司应当在 1975 年以内开工兴建并建成一座年产 500 吨橡胶的加工厂。但美方始终未依约如期建厂,没有履行应尽义务。

第三,1975 年间,该美资公司曾经提出申请,要求东道国政府允许它把 2000 万"非洲金融共同体法郎"(以下简称"法郎")兑换成为美元汇出乍得境外。但是,截至 1974 年 12 月 31 日,该公司定期投入的资本只有 1000 万法郎,向乍得政府申报的赢利额为 800 万法郎。在连本带利不过 1800 万法郎的情况下,却要求把 2000 万法郎兑成美元汇出国外,此种做法毫无疑义是一种滥用储备基金的行为,即**抽逃资金**的行为。它起码是表明美国资方无意继续投资进一步开辟橡胶树种植园和兴建橡胶加工厂,不肯切实履行协议规定的义务。

第四,当地的野生橡胶树,是乍得的国家财产,美资公司**无权**取代乍得本国机构,在橡胶商品流通过程中**垄断**一切**销售**业务。

美国资方一方面针对乍得新政府关于暂时取消美资公司橡胶包销权的书面通知以及上述诸点理由,向东道国当局提出异议,进行辩解;另一方面,又以乍得新政府的此项新决定作为理由,于 1975 年 12 月 26 日向美国海外私人投资公司正式提出索赔要求,即要求按照美国国内的投资保险合同,给予征用风险事故赔偿金。此后,美国资方代表与东道国乍得政府代表举行了多次谈判。美国资方于 1976 年 1 月间表示愿意作出"让步",与乍得当局平分秋色,**分享**乍得橡胶的**包销权**,即把东部乍得的包销权交还给乍得索那科特公司,而美资公司则继续保持西部乍得的包销权。与此同时,美国海外私人投资公司也以"斡旋"为名,直接出面多次约见乍得驻美大使,对乍得政府施加压力。但这些谈判或"斡旋"拖延甚久,迄未达成新的协议。

事隔两年多,1978 年 4 月 20 日,乍得政府函告海外私人投资公司:乍得当局拟按美国资方先前 1976 年 1 月间所建议的新条件,准许该公司恢复在乍得的经营活动。但在收到此函以前许久,美国资方早已宣布该项投资项目业已经营失败,并断然表示不再回到乍得继续经营。于是,美国海外私人投资公司于 1979 年 2 月向乍得政府送去一份针对本案投保人索赔要求的"分析意见",指责乍得政府负有法律上的赔偿责任;海外私人投资公司的法律顾问并拟亲往乍得讨论索赔问题。但当时正值乍得境内爆发内战,此行遂作罢论。迄 1979 年 6 月为止,乍得政府未对海外私人投资公司有关上述索赔要求"分析意见"的函件,作出答复。

在这种情况下,海外私人投资公司于 1979 年 6 月作出决定:本公司承保的征用风险事故已经发生,并已持续达一年以上,应当按照原先投资保险合同的规定,对投资人(即投保人)美国阿格里科拉金属公司支付赔偿金 6.7 万美元。

海外私人投资公司作出上述付赔决定的依据,与乍得阿格里科拉公司对乍得政府暂时取消包销权的决定所作的辩解,大体上是一致的。其所持理由,可粗略归纳如下:

第一,关于开辟橡胶种植园的问题。美资公司未能按照原计划面积如数开辟胶园并种植胶树,其重大原因之一,在于东道国乍得当局未能依约及时拨给开辟种植园所需的租借地皮。可见,该公司未能完成橡胶树种植计划属于"情有可原"。橡胶树种植初期成活率甚低,并不足以证明该美资公司不能胜任或不负责任。一般说来,在企业经营的初期,即使经营管理良善,却未能完成预期目标,这种现象,所在多有,并不罕见。

第二,关于橡胶加工厂的建厂期限问题。按 1974 年 10 月以前提出的生产计划,虽然规定应于 1975 年 1 年内开工并建成,但 1974 年 10 月 25 日乍得政府与美资公司达成的**新协议**中则只是要求该美资公司"尽可能迅速完成加工设施,无论如何应在五年以内全部竣工",可见建厂完工**期限业已放宽**。而且协议中"尽可能迅速"一词可以理解为:(1)至少应事先收集足够的野生橡胶,才有必要建成一座年产 500 吨橡胶的加工厂,但 1974 年全年的野生橡胶产量却只有 215 吨,从经济观点上看,建厂可以再等待一段时间;(2)允许美国资方从野生橡胶的购销经营中获得利润,转而用以资助橡胶加工厂的兴建,只要工厂营建完工不超过五年期限即可。因此,不能认为 1975 年 12 月 13 日以前尚未开工建厂就算是重大的违约行为。

第三,关于将储备基金兑成美元汇出境外问题。乍得政府不让境内该美资公司把 2000 万法郎兑成美元汇出,这当然并未逾越乍得政府合法权利的范围。尽管按照东道国政府法律的一般规定,外资企业的利润可以自由汇出,但当辟园、建厂急需资金之际,当然不宜将大笔款项汇回美国。不过,该美资公司企图把储备基金汇出乍得境外是采取向乍得当局公开提出申请的方式,并无偷偷摸摸、违法汇兑行为。况且,实际上乍得政府业已有效地制止了这种打算,后来这笔基金还是用于该美资公司在乍得境内的经营事业。因此,这方面的违约行为实际上并未发生。

第四,综上所述,美资乍得阿格里科拉公司在经营过程中的缺陷与不足,还不能说就是已经发生了重大的违约行为。针对这些缺陷与不足,完全可以采取较为宽大和缓的措施加以纠正。例如,一方面责成和督促该公司进一步开辟种植园和尽速开工建厂,另一方面允许它继续开展原有的经营活动;确立严格的外汇管理制度,保护国内储备基金,防止过量外流,等等。简言之,可以采取其他切实有效的办法来预防重大的违约行为。因此,海外私人投资公司认为:乍得政府对境内该美资公司经营中的缺陷采取废弃原定协议、中断或取消包销权、阻碍公司正常经营活动的做法,未免失之过苛,即"过于严厉而且很不恰当",具有"**专横无理**"性质。这些措施,已经使乍得阿格里科拉公司无法有效地控制和使用本企业的重要财产,无法开展原定的经营活动,而且事态持续存在已达一年以上,因而应当认定投资保险合同中所承保的征用风险事故业已发生和确立,应予付赔。

在海外私人投资公司上述付赔决定所论证的几点理由中,值得人们注意的是它对投资保险合同第 1 条第 13 款但书第 1 项[175]的解释和运用。按此项但书规定:东道国政府所颁行的法令或采取的措施,虽然直接地阻碍境内美资企业的正常经营,但如这些法令或措施是依据本国宪法所认可的施政方针,并非专横无理,并不违反国际法上的公认原则,则不得视为征用行动,即不应认定为征用风险事故业已发生。在本案对上述但书的实际援引运用和案情论证中,海外私人投资公司专在合同文字中的"**专横无理**"一词上大做文章,振振有词,但对于合同文字中所理应包含的另一些关键性问题,诸如:乍得新政府为维护本国经济命脉而中断或取消前政府所赋予外国投资人的本国重要资源销售垄断权,这是否符合乍得本国**宪法的基本精神**,是否为维护民族经济主权所绝对必需;把弱小国家维护本**民族经济主权**的必要措施指责为"专横无理",这是否违反**当代常识**,等等,则躲躲闪闪,有意避开。可见,它在这些问题上是理不直、气不壮的。海外私人投资公司至今未就本案所支付的风险事故赔偿金向乍得政府实行代位索赔,而只是作为"可能向东道国收回的赔偿金额"[176]而记录在案。看来,这同它在当代**国际法法理**上所处的虚弱地位是不无关系的。

(五) 关于在东道国就地寻求补救问题

按照前引《海外私人投资公司 234 KGT 12—70 型投资保险合同(修订版)》第 1 条第 13 款但书第 2 项的规定,遇有征用事故发生,投资人或其所控企业不尽力在东道国就地通过行政、司法程序抗议、制止者,按非征用事故论,不得索赔。根据此类条款,海外私人投资公司及其前身机构国际开发署曾对有关案件处断如下:

1. 1967 年中央大豆公司索赔案[177]

该公司贷款给委内瑞拉"中美洲热带孵鸡公司",后者经营失败,整个公司产业

---

[175] 参见《海外私人投资公司 234 KGT 12—70 型投资保险合同(修订版)》,1928 年英文版单行本。
[176] 《海外私人投资公司第 A.Ⅱ.A 号报告书》(即海外私人投资公司及其前身机构对历年索赔案件处理情况一览表,1948—1983 年 6 月),第 4 页。
[177] 参见海外私人投资公司文档《中央大豆公司索赔案卷》:(1)《国际开发署特别风险保证处处长雷·米勒致中央大豆公司副总经理休格函件》(1966 年 7 月 8 日);(2)《中央大豆公司律师波尔格曼致国际开发署特别风险保证处处长雷·米勒函件》(1966 年 9 月 22 日);(3)《呈交国际开发署私人投资管理局助理局长赫尔伯特·萨尔兹曼的本案处理备忘录》(1967 年 9 月 21 日)。

成为破产诉讼中的标的物。当地官员奉命前往查封公司所属工厂设施,意欲扣押财产等待清偿,遇到公司职工抵制。他们占领厂房,设置路障,以免工厂被查封后陷于失业,而且无法索回被资方拖欠的工资。美资中央大豆公司以及上述孵鸡公司的法律顾问劝告资方不要正式请求委内瑞拉政府出面派警干涉,以免导致流血事件发生,扩大事态,从而造成工厂财产的彻底毁损。资方接受了这种劝告,未向东道国地方的或中央的行政当局请求"维持秩序,执行法律,保护厂区生命财产安全";也未向当地的司法部门提出控告,依法进行刑事诉讼和民事诉讼。数日后,骚动平息,但孵鸡公司的厂房设施在骚动中受到严重破坏,其价值已不足以清偿所欠中央大豆公司债款。于是后者依美国国内的贷款保证合同向国际开发署索赔。

索赔的主要理由是:第一,该公司认定:这是一次暴动,而且是东道国委内瑞拉政府所纵容的。第二,按照贷款保证合同的有关规定,由于东道国内发生暴动而导致美国投资人财产受到严重损失,属于"战争、革命或暴动"风险事故,即属于国际开发署所承保的"丙类政治风险"范围。第三,按照贷款保证合同的有关规定,由于东道国政府所"采取、授权、认可或纵容"的行动而导致美国投资人财产受到严重损失,属于"征用行动"风险事故,即属于国际开发署所承保的"乙类政治风险"范围。因此,第四,国际开发署作为承保人,应按前述保证合同有关条款的规定,向投保人即中央大豆公司如数支付风险事故赔偿金。

国际开发署经过多方调查,最后决定不予赔偿。其所持理由,归纳起来,有如下数点:第一,本案投保人所指控的东道国职工的上述行为,并未达到贷款保证合同中所规定的"战争、革命或**暴动**"的程度。从性质上说,这些职工为防止失业以及索回被拖欠的工资而对厂方采取措施,属于**劳资纠纷**。对于资方说来,这只不过是一般**营业性风险**,不具有**政治风险**性质,从而**不属于**原定保证合同的**承保范围**。第二,没有任何确凿证据足以证明工厂职工的行动是出于委内瑞拉政府的教唆或指示。第三,也没有任何确凿证据足以证明委内瑞拉政府未派警平息骚动,就意味着贷款保证合同中规定应予追究责任的"认可或纵容"。因为债权人中央大豆公司**并未针**对孵鸡公司职工的行动**提出抗议**,并请求东道国政府采取治安措施。既然无人提出要求,当地政府就没有责任非要插手过问,并无包庇之嫌。而且,可能正是因为中央大豆公司的不作为(无所作为、不吭声),因而影响到东道国政府决定不过问此次工潮。第四,以上情节既说明当地政府同工厂职工骚动毁房行为并无直接牵连,也说明投保人并**未积极依循行政程序**和**司法程序寻求救助,违反**了合同上述**但书**规定。由此可见,第五,本案投保人所指控的事故,既不是暴动风险,也不是征用风险。所提索赔要求没有任何合同上的根据或法律上的根据,应予驳回。

2. 1972年华尔施建设公司索赔案[178]

1963 年 3 月,美国华尔施建设公司与苏丹政府订立合同,接受后者委托,承建自首都喀土穆至瓦德·麦多尼之间的主干公路,全长 183 公里。1966 年 10 月,双方另订新合同,商定由苏丹政府出资购买华尔施建设公司在苏丹境内的大部分机器设备,同时允许华尔施建设公司在本项修路工程中继续使用。1967 年 6 月,以色列在美国支持与苏联纵容下,对当时的阿联等国发动侵略战争,包括苏丹在内的若干阿拉伯国家随即同美国断绝了外交关系。于是,参加修路工程的华尔施建设公司美籍人员按美国驻苏丹大使馆的紧急命令,撤离苏丹,修路工程中途停顿。

随后不久,华尔施建设公司向苏丹政府提交了修路工程垫支款项的发票清单,要求后者偿清欠款约 50 万美元。苏丹政府偿还了 28 万美元左右,余数约 22 万美元,迟迟拒不支付,也未说明原因。1968 年 9 月,华尔施建设公司向当时的投资承保机构美国国际开发署提出书面申请,要求按照投资保证合同规定,给予征用风险事故赔偿。

国际开发署经过审议,认为索赔理由不足,拒绝赔偿,并于 1969 年 5 月末正式驳回所请。该署认为:

第一,华尔施建设公司所提供的材料,不能确凿证明东道国苏丹政府的行动是蓄意征用、没收海外美资企业,或把它收归国有。换句话说,仅仅是一次拒绝按照发票账单付还垫支款项,没有其他**有力佐证**,就不足以推断苏丹政府全盘吞没该项美资。相反,国际开发署有关负责人根据另外一些情报资料认定:东道国政府拒还部分垫款只不过是由于其他原因引起的**一般违约行为**,**并非征用行动**。

第二,没有证据表明:华尔施建设公司所指控苏丹政府拒还部分垫款的上述行动,"严重地阻碍"该修路工程的继续进行。事实上,在苏丹政府拒还部分垫款之前几个月,华尔施建设公司早就撤退人员,未再继续开工,即早已中断履行 1966 年订立的上述修路合同。况且,苏丹政府暂时拒还部分垫款,也并不排斥双方当事人继续依约完成工程,再作结算。

第三,由此可见,华尔施建设公司目前所遇到的问题只是一般的合同纠纷,并非投资保证合同上承保的征用风险事故,因而不能据此向承保人国际开发署要求支付赔偿金。

鉴于国内索赔受阻,华尔施建设公司无奈,只好直接转向苏丹政府申诉索债。苏丹政府提出反诉,指责华尔施建设公司未经东道国许可,**擅自停工撤员**,**破坏**原订

---

[178] 参见海外私人投资公司文档《华尔施建设公司索赔案卷》:(1)《国际开发署私人投资管理局助理局长赫伯特·萨尔兹曼致华尔施建设公司副董事长华尔施函件》(1969 年 5 月 28 日);(2)《呈交海外私人投资公司总经理布拉德福特·米尔斯的本案处理备忘录》(1972 年 2 月 23 日)。以上原档影印件存于厦门大学法律系资料室。

修路合同,理应向苏丹支付 2 万美元**损害赔偿金**。1970 年 11 月,苏丹司法部正式驳回华尔施建设公司的索债要求。于是,案件纠纷又转回美国国内。投保人华尔施建设公司于 1971 年 1 月再次向承保人正式索赔。

此时,原由国际开发署主管的投资保证业务已转由海外私人投资公司接办。后者重新审议本案,并且根据案情的新发展以及投保人提供的新材料,**改变**了国际开发署的**原有裁决**,认为应予赔偿。理由大体如下:

第一,投资人华尔施建设公司在苏丹政府拒绝还清部分工程垫款开支之后,自 1968 年起,就曾直接通过行政渠道,并且委托苏丹籍的当地律师通过同一渠道,多次提出抗议。到 1971 年 11 月为止,历时已三年有余。在这个过程中,涉讼双方曾举行多次谈判,但苏丹司法部终于在 1970 年 11 月 12 日发出公函,明白无误地驳回华尔施建设公司关于清偿部分工程垫支费用的要求。自此以后,虽经华尔施建设公司想方设法,继续索债,苏丹政府仍然坚持原有立场,拒绝付款。因此,应当认定:投资人已在东道国按照当地的**行政程序**和**司法程序**,尽力采取**补救措施**,从而**排除**了原先投资保证合同第 1 条第 15 款**但书**中不予赔偿的规定。[179]

第二,如上所述,苏丹司法部 1970 年 11 月 12 日的函件已经正式地、毫不含糊地驳回了华尔施建设公司的索债要求。事隔一年左右,1971 年 11 月 9 日,华尔施建设公司又进一步提供了该公司所聘当地律师发来的电报,其中汇报说:"苏丹政府现在明确答复:仍然坚持全盘拒绝〔华尔施建设公司的〕索债要求。"此种情况,已由《美国在喀土穆的利益》一书第 961 页的记载所证实。鉴于苏丹政府业已正式驳回华尔施建设公司的索债要求,并始终坚持原有立场,不肯改变,这就十分清楚地表明了该东道国政府确实有意从根本上取消华尔施建设公司收回工程垫支费用的权利,**即有意征用**本案美国投资人的有关财产,从而**排除**了前述**佐证不足**的问题。

第三,根据以上情节,应当认定:征用事故业已发生;而 1970 年 11 月 12 日,即苏丹司法部发出公函正式驳回索债要求的当天,乃是征用事故发生的第一天。按照投资保证合同的有关规定,从当天起,事态持续存在一年,即 1971 年 11 月 12 日,就正式构成了征用风险事故。现在,已是 1972 年,条件已经具备,海外私人投资公司应当依约付赔。

1972 年 12 月 14 日,承保人海外私人投资公司向投保人华尔施建设公司支付了征用风险事故赔偿金 22 万余美元。后来,承保人从东道国回收了 19 万余美元,略有亏折。[180]

---

[179] 相当于现行的《海外私人投资公司 234 KGT 12—70 型投资保险合同》(修订版)第 1 条第 13 款但书第 2 项的规定,载 1982 年英文版单行本,第 5 项。

[180] 参见海外私人投资公司文档:《海外私人投资公司第 A.Ⅱ.A 号报告书》(即海外私人投资公司及其前身机构对历年索赔案件处理情况一览表,1948—1983 年 6 月 30 日),第 2 页。原档影印件收存于厦门大学法律系资料室。

美国国际开发署及其继承机构海外私人投资公司在处理以上两案过程中，对前者拒赔，而对后者先是拒赔，继则付赔。其中决定性**关键**，端视投保人是否已经**尽力**在东道国**当地**依法采取**补救**、**争讼**措施。如此断案，显然是为了立下"圭臬"，驱使投保人尽力先在索赔第一线"冲锋"，俾便承保人在后面从容指挥。这是符合该署和该公司的一贯立法精神和立约精神的。[181]

（六）关于在东道国搞挑衅活动问题

1974年南美国际电话电报公司索赔案[182]

按照前引《海外私人投资公司234 KGT 12—70型投资保险合同（修订版）》第1条第13款但书第4项的规定，如果征用事件的发生是由于美国投资人或其所控制的企业在东道国**搞挑衅活动**而引起的，**不予赔偿**。合同的这一条款，还有更高一级的法律依据，即《1969年对外援助法案》第238条第2款。这一款规定：海外私人投资公司对征用风险的承保，应以东道国的有关措施并非出于投资人的**过错**或**不轨行为**，作为基本前提。[183] 然而，某些实践却同理论文字**背道而驰**。其典型事例就是对1974年美国南美国际电话电报公司索赔案的处断。

南美国际电话电报公司是美国国际电话电报总公司所独资经营的一家子公司。它早年就投资于智利境内的"智利电话公司"，迄1971年1月，控股达70%，东道国政府股份只占24%，其余6%为智利私人所有。鉴于这家公司经营的是涉及智利全国千家万户的公用事业，属于国民经济命脉之一，1967年智利当局即规定该公司中的政府股份比重应予提高。

1970年10月，智利社会党领导人萨尔瓦多·阿连德·戈森斯博士当选总统，大力推行经济命脉国有化计划。1971年5月，智利政府开始与南美国际电话电报公司资方就智利电话公司中的美资股份收归国有问题进行谈判。据当时智利政府评估，智利电话公司中美资股份的全部权益约值5800万美元；而美国资方则坚决主张按智利电话公司账面计算，美资权益应值1.53亿美元。由于双方在估产和赔偿金数额上分歧太大，谈判终告破裂。1971年9月29日智利当局派员全盘接管了智利电话公

---

[181] 参见前注[118]、[104]及有关正文。

[182] 参见海外私人投资公司文档《南美国际电话电报公司索赔案卷》：(1)《海外私人投资公司在美国仲裁协会商事仲裁庭上的答辩状》(1974年7月19日)；(2) 美国仲裁协会商事仲裁庭：《关于南美国际电话电报公司与海外私人投资公司纠纷案件的裁决书》(1974年11月4日)；(3)《海外私人投资公司总经理马歇尔·梅斯致南美国际电话电报公司总经理约翰·吉尔福伊勒函件》(1974年11月15日)；(4)《海外私人投资公司与南美国际电话电报公司和解协议》(1975年1月7日)。

[183] 参见《美国法令大全》(第83卷)，1970年英文版，第815页。《1969年对外援助法案》的这一条款，一直沿用至今，继续保留在《1981年海外私人投资公司修订法案》第238条第2款中。参见《实用美国法令汇编（律师版）》(第22卷)，1982年英文版，第150页及有关正文。

司。于是,南美国际电话电报公司依照美国国内的投资保证合同的有关规定,在同年 10 月 8 日向海外私人投资公司索赔。

正值承保人海外私人投资公司审议此项索赔要求之际,美国报刊上出现了涉及本案的一桩爆炸性"内幕新闻",全国轰动,舆论大哗。事情是这样的:

美国专栏作家杰克·安德森根据深入采访、调查所得资料,从 1972 年 3 月 21 日起,在《纽约时报》上陆续发表了一系列的专题文章,其中引证了美国国际电话电报总公司内部的一批**绝密文档**,初步披露了该公司与美国中央情报局共同策划阴谋,**严重干涉智利内政**的部分事实。随后,安德森又将这些绝密的文件档案,原原本本地直接公之于众。美国官方起初矢口否认此事,但迫于舆论,美国参议院"跨国公司问题小组委员会"在 1973 年 3 月 20 日至 4 月 2 日举行了连续 13 天的听证会,进一步调查了此事的来龙去脉,弄清了国际电话电报总公司主管人员与美国中央情报局高级官员密商插手智利政权更迭问题的部分内情。虽然远未水落石出,真相大白,但毕竟已使此事无法继续遮掩。

原来,美国国际电话电报总公司的一名董事约翰·麦康,同美国中央情报局渊源甚深。此人曾在 1961—1965 年长期担任中央情报局局长。1970 年,他在美国国际电话电报总公司担任董事期间,仍然兼任中央情报局的顾问。麦康充分利用了这种"渊源"和"方便",于 1970 年 5 至 6 月间,同当时美国中央情报局的在任局长赫尔姆斯秘密商定:双方保持密切接触,互相交换有关智利大选政局的情报。麦康一方面对赫尔姆斯表示:国际电话电报总公司乐意协助中央情报局执行在智利搜集情报的"日常公务";另一方面又对美国国际电话电报公司的总经理哈罗德·吉宁提出建议:从本公司利益出发,同中央情报局保持密切联系是"明智可取"的。吉宁经过深思熟虑,认为麦康言之有理,乃于 1970 年 9 月 9 日通知麦康:该公司愿慷慨**"捐献" 100 万美元**,支持美国政府"资助"智利国内的右翼政治势力,要他们互相串联,设法在大选中击败阿连德,**阻挡阿连德当选总统**上台执政。遵照吉宁的嘱托,麦康将此项赠款建议及其意图及时转达美国中央情报局局长赫尔姆斯以及掌握决策大权的白宫高级官员。在麦康的穿针引线下,美国国际电话电报总公司指派专人与美国政府要害部门的各级负责官员,就如何击败阿连德问题,频繁接触,多次密商,并留下文字记录。

但是,基于智利民意抉择,1970 年 10 月,阿连德终于当选为智利总统。1971 年 9 月 29 日,智利新政府派人**接管**智利电话公司。两天之后,美国国际电话电报总公司迅速派员递送专函密信给美国总统的"国际经济事务助理"彼得逊,建议采取 18 项具体步骤以制裁阿连德政府,力图切断智利政府财源,冲击金融秩序,制造经济混乱，从而**迫使阿连德辞职下台**。密信中说："一切活动都应**悄然无声**又**切实有效**地进行，眼看阿连德熬不过未来这 6 个月财政拮据的大难关。"[184]

美国国际电话电报总公司不仅在**美国国内**积极主动参与密谋，而且派遣要员径赴智利，直接在**智利境内**从事**颠覆活动**。1970 年秋，正值智利国内大选、政权更迭的关键时刻，美国国际电话电报总公司中专职主管"美洲国际关系"的罗伯特·贝雷勒兹两度潜赴智利，会晤阿连德的政治劲敌——亲美的智利右翼首脑霍尔赫·阿莱桑德里·罗德里克斯的妻舅兼心腹阿尔图罗·马特，主动建议**提供金钱支持**；并共同策划煽动**罢工**、制造**骚乱**，发动**军事政变**。总之，不惜巨金，不择手段，竭力阻挡阿连德当选执政。贝雷勒兹于得意之余，竟将以上活动的"成绩"写成详尽的书面备忘录，密呈设在美国纽约的该公司总部"报功"。

此类密件在美国报刊被和盘端出之后，智利政府随即将其汇编成册，作为罪证，立此存照，并以英语和西班牙语两种文字，出版散发。智利总统阿连德本人于 1972 年 4 月 18 日面告美国驻智利大使戴维斯：美国国际电话电报总公司及其子公司的这些阴险活动业已严重地触犯了智利的**国家尊严**，智利政府决定不再与该公司进行任何估产谈判。同日宣布该公司在智利的一切财产将被完全收归国有。

不言而喻，美国国际电话电报总公司及其子公司上述所作所为，早已**超出**工商营业**正轨**，因而受到美国国内外公正舆论的共同谴责。海外私人投资公司鉴于人心不可轻侮，为维护自身信誉，于 1973 年 4 月 9 日作出决定，驳回投保人南美国际电话电报公司关于征用风险事故的索赔要求，**拒绝支付**任何**赔偿金**。它列举大量事实，着重论证了以下几点主张：

第一，投保人 1970 年在智利、1970—1971 年**在美国**，均有针对智利当局的**挑衅活动**和**不轨行为**，从而给它自己造成被动局面，丧失了同东道国智利政府进一步谈判的任何机会，堵塞了在东道国就地寻求补救的途径。

第二，投保人的这些挑衅活动和不轨行为，**干涉了智利的内政**，触犯了智利国家的尊严，并使它自己留下严重污点，信誉扫地。此种情况，不但严重削弱了它自身向东道国索赔的地位，而且严重损害了海外私人投资公司日后代位索赔的权利。因为，海外私人投资公司作为潜在的代位索赔人，其代位索赔权利和能力之大小，完全取决于**原始债权人**法律地位之强弱。在本案中，海外私人投资公司日后代位索赔的权能，势必因原始债权人索赔地位之严重削弱而受到严重损害。

第三，投保人不但没有及时地、如实地向承保人报告有关投资项目的一切活动

---

[184] 参见美国仲裁协会商事仲裁庭：《关于南美国际电话电报公司与海外私人投资公司纠纷案件的裁决书》（1974 年 11 月 4 日），案件编号：16 10 0038 73，载《国际法学资料》（1974 年）（第 13 卷），第 1337、1338、1344 页。

情况,俾便承保人及时采取相应对策,反而有意**隐瞒**事实**真相**,以致造成许多延误,并使承保人陷入被动境地。投保人对承保人蓄意欺瞒的典型事例之一是:美国国际电话电报总公司曾为公司总经理吉宁与白宫高级官员密谋一事准备了一份背景材料备忘录,该公司法律事务处负责人理查德·贝特森特意在这份备忘录的封面上郑重提醒吉宁:

> 切切注意:千万别将这份文件的任何复印本留给即将同您会谈的那个人。如果我们**未经海外私人投资公司事先许可**,将这样的文件留在外人手中,日后提出风险索赔要求就会遇到许多麻烦。

由此可见,这是蓄意欺瞒,明知故犯。

总之,以上三个方面,都完全背离了本案投资保证合同中的有关规定,显见投保人没有履行合同所载明的责任和义务,构成了严重的"**违约行为**",从而**解除了承保人依约赔偿风险损失的责任**。承保人断然拒赔,自属理所当然。

投保人南美国际电话电报公司对承保人海外私人投资公司的上述拒赔决定表示不服。于是依据本案投资保证合同仲裁条款的规定,在1973年4月30日,向首都华盛顿的"美国仲裁协会"提出申诉。

事隔一年之后,即1974年5月初,仲裁庭才开始正式审理此案。涉讼两造经过充分准备,在仲裁庭上再次申述了各自的主张,并展开激烈争辩。尽管其是非曲直,已是如此彰明昭著,然而,仲裁小组却在1974年11月4日最终否定了海外私人投资公司原有的**拒赔意见**,作出终局裁决:依据本案投资保证合同条文本身的规定,承保人海外私人投资公司对于投保人南美国际电话电报公司在智利境内因征用风险事故所遭受的损失,负有赔偿责任。具体赔偿金额,待损失数字核实确定后,再另作裁决。

三位仲裁员在本案裁决书中既轻描淡写,又振振有词:

第一,美国国际电话电报总公司和南美国际电话电报公司在美国境内的上述行为只不过是向美国政府求援。而本案投资保证合同中并无条款明文禁止这种行为,因而并不构成任何"违约行为"。

第二,该两公司在智利境内的上述行动,只不过是"**姑且试试,并无实效**"[185],也不构成"违约行为"。因为"契约中并无明文规定禁止投资人在东道国内部进行政治活动,以便保护投资人自己的财产"[186]。

---

[185] 参见美国仲裁协会商事仲裁庭:《关于南美国际电话电报公司与海外私人投资公司纠纷案件的裁决书》(1974年11月4日),案件编号:16 10 0038 73,载《国际法学资料》(1974年)(第13卷),第1309页。

[186] 同上刊物,第1347页。

第三,海外私人投资公司有义务遵照本案投资保证合同规定,按征用风险承保范围,向南美国际电话电报公司赔偿损失。[187]

至于在他人国境内偷偷摸摸地进行**政治收买**,寻找和培植自己的政治代理人,插手干预他国元首(总统)选举,妄图左右他国政局,甚至**策划**军队**骚乱**,发动武装**政变**……这些,算不算干涉他国内政,侵犯他国神圣主权? 对于他国**主权内政**大事,竟可以"**姑且试试**",横加亵渎冒犯,这算不算粗暴违反**国际法**的起码准则和联合国宪章的明文规定? 就一般法理常识而言,未遂犯似乎也是"**并无实效**",**其未遂罪行**,算不算犯罪行为,应不应追究刑事责任? ——对于这类根本问题,三位仲裁人在长达 70 页洋洋数万言的裁决书上却三缄其口,不置一词,只是怯生生地附带声明:

> 我们仅仅是援引合同的书面文字(就事论事)。[188] 本案仲裁人员没有必要,也从未曾对下述两件事表示赞同或不赞同:(1)南美国际电话电报公司在 1970 年和 1971 年向美国政府挂钩搭线,是否正派恰当,是否符合该公司的经营方针? (2)如果美国果真采纳了南美国际电话电报公司的建议,那么,美国政府答应该公司的请求而采取行动,这究竟是美国政府的上策,还是下策? 这类政策问题不好由我们来判断决定。我们对这两个问题或其中任何一个问题,都**不予表态**。[189]

实际上,他们对于前述国际法上的大是大非问题,已经以"不予表态"的方式表了态。读了这一段躲躲闪闪、胆怯心虚的迂腐文字,令人不禁想起一则流行颇广的寓言:某甲中箭受伤,求医于某乙。乙取出小锯,锯断甲体外的箭杆,即称手术完毕,要求付酬。甲惶惑不解,诉说箭镞尚在体内。乙答:"我是外科医生,只管体外部分。箭镞既在体内,请另找内科医生!"

在华盛顿的此次仲裁庭上,索赔**无理**的,胜诉了;拒赔**有理**的,却**败诉**了。然而,败诉的海外私人投资公司并不是"弱者",因而**并未真正受到损害**。

在本案提交华盛顿仲裁庭待决期间,智利政局在 1973 年 9 月 11 日发生剧变。智利军人在美国支持下以暴力推翻了阿连德政府。政变后上台的军政府奉行的政策,符合美国需要。于是,南美国际电话电报公司、海外私人投资公司重新开始了同智利军政府谈判、索赔或从中"斡旋"的活动。前面说过,本案仲裁庭于 1974 年 11 月

---

[187] 参见美国仲裁协会商事仲裁庭:《关于南美国际电话电报公司与海外私人投资公司纠纷案件的裁决书》(1974 年 11 月 4 日),案件编号:16 10 0038 73,载《国际法学资料》(1974 年)(第 13 卷),第 1310、1374—1375 页。

[188] 同上刊物,第 1349 页。

[189] 同上刊物,第 1310 页。顺便说说:据美国学者介绍,这三位仲裁员(即罗特·威廉森、约翰·范·武尔希斯以及阿米·卡特尔)原来都是退休法官,曾分别在美国三个州的最高法院担任法官之职(见〔美〕斯泰纳、瓦格茨:《跨国法律问题》,1976 年英文版,第 478 页,注〔81〕)。论法律知识和审判经验,他们理应都是出类拔萃的佼佼者,但却囿于霸权积习,视弱国主权如草芥,以致写出这样的裁决书来,贻为国际笑柄。真是偏见比无知离开真理更远!

4 日裁决承保人应当依约付赔。可是,就在这裁决之前整一个月,即 1974 年 10 月 4 日,涉讼双方的代表即已聚首于美国首都,握手言欢,共同商定由投保人即投资人**直接向东道国智利**索取赔偿。而 1974 年 11 月 15 日,即在上述仲裁庭裁决承保人应当付赔之后 10 天左右,承保人即正式函复投保人,表示完全赞同该投保人(即投资人)在向东道国直接索赔问题上业已基本取得的重大"成果",即:(1) 直接支付赔偿金的"替身"(该谁来赔)已经找好了;(2) 赔偿金总额(该赔多少)已经定好了;(3) 赔偿金付款方式(该怎么赔)已经约好了;因而,(4) 已经**无须承保人先依国内合同付赔,再依国际协定代位索赔**了。[190]

在海外私人投资公司正式复函首肯和赞许之后,1974 年 12 月 20 日,南美国际电话电报公司(以总经理约翰·吉尔福伊勒为代表)同智利军政府(以经济合作部部长拉乌尔·萨埃斯为代表)正式签署了"和解协议"。其主要之点是:

(1) 东道国智利政府对美国投资人南美国际电话电报公司直接支付现款约 1800 万美元,以偿清智利电话公司积欠美方投资人的债款本息。

(2) 南美国际电话电报公司在智利境内被征用的股份资产权益,作价 8720 万美元,由智利政府全数给予赔偿。

(3) 赔偿金总额甚巨,智利方面无法一次总付完毕。现先开出两张信用证,共计 1000 万美元,供投资人分别于 1975 年 3 月、9 月向纽约某指定银行兑取现款。其余 7720 万美元,以分期付款办法,于 1975—1987 年首尾 13 年内,分 26 期还清,**另加年息 10%**。每期还款,均自 1974 年 12 月 15 日起开始计息。

(4) 由智利方面把本金总额为 7720 万美元的 26 张期票交付美方投资人,并由智利中央银行对这些期票的如期全数清偿提供担保。

向东道国直接索赔就这样如愿以偿,具体落实。大约半个月之后,原投保人南美国际电话电报公司会同原承保人海外私人投资公司在 1975 年 1 月 7 日又订立了另一份"和解协议"。其要点是:

(1) 鉴于**国际直接索赔**问题业已解决,国内该两公司之间的讼争即可迎刃而解,不必再对簿公堂、有伤"和气"了。本案仲裁庭原拟就赔偿金额问题进行第二次裁断,现在显然已无必要,应予撤销。双方从此**息争销案**。

(2) 对于南美国际电话电报公司从智利所获得的部分债券期票的如期全数兑现,由海外私人投资公司以自己雄厚的"**资信**"提供无条件的**担保**。

---

[190] 参见海外私人投资公司文档《南美国际电话电报公司索赔案卷》;《海外私人投资公司总经理马歇尔·梅斯致南美国际电话电报公司总经理约翰·吉尔福伊勒函件》(1974 年 11 月 15 日)。原档影印件收存于厦门大学法律系资料室。

（3）海外私人投资公司于和解协议签字当天，出钱收购南美国际电话电报公司手中所掌握的部分期票和债券，使后者立即获得**现款**约 3480 余万美元，以利资金周转。

（4）海外私人投资公司将投保人依据原投资保证合同在 1971 年 9 月 29 日（即智利阿连德政府派人接管智利电话公司美资股份之日）以后所继续交纳的保险费 400 余万美元，全数退还投保人。

（5）自上述债券和期票转让、移交完毕之日起，南美国际电话电报公司依据这些债券和期票所享有的**索兑权利**，概由海外私人投资公司**承接**、行使。

（6）日后海外私人投资公司如因这些债券和期票的兑现清偿问题同智利方面发生任何纠葛纷争，则在与此有关的一切**谈判**、**诉讼**过程中，南美国际电话电报公司应当紧密配合，**积极参与**，提供一切必要的合作。

于是，这场一度轰动全国、争讼长达五个年头的海外"投资保险"纠纷案件，终于以美国**投保人**与美国**承保人**之间的"**公私通盘合作、联合一致对外**"的方式而"圆满"地解决了。

至于智利方面所负的这笔巨额赔偿金债款，名义上是 8720 万美元，实则分期付款，连本带息，累计竟高达 1.25 亿美元之巨。按付款日程安排，直到 1987 年 7 月 15 日才能还清。[191]

从以上各种典型案例中可以看出：海外私人投资公司及其前身机构对索赔案件的处断，是相当"精明""干练""灵活"和"老谋深算"的。迄今为止，它们曾经受理和处断过的索赔案件，其解决办法，大体上可分为下列七类：

（1）由承保人海外私人投资公司或其前身机构以**现款支付**风险事故**赔偿金**给予投保人——海外投资家，然后从东道国收回相应的款项。

（2）由海外私人投资公司对有关东道国发行的赔偿金**债券**（期票）加以担保，尽快在证券市场出售这些债券，从而使投保的投资家迅速获得赔偿金**现款**；然后要求东道国如期还债，使**债券本息**如期如数**兑现**。

（3）以东道国作出许诺、海外私人投资公司加以保证的方式，或以现金付赔与保证付赔两者兼用的方式，予以解决。

（4）以"赔款协议"的方式，予以解决。

（5）由承保人海外私人投资公司或其前身机构驳回投保人的索赔要求。

---

[191] 本案中由海外私人投资公司经手交付南美国际电话电报公司的金额应是 9400 余万美元。参见《海外私人投资公司第 A.Ⅱ.A 号报告书》（即海外私人投资公司及其前身机构对历年索赔案件处理情况一览表，1948—1983 年 6 月 30 日），第 9 页。原档影印件收存于厦门大学法律系资料室。

(6) 投保人自动撤回索赔要求。

(7) 提交国际仲裁。

五、若干初步结论

综上所述,可以看出:

第一,美国对海外美资实行法律保护的制度,几经历史变迁,导致海外私人投资公司的出现及其基本体制的建立,这是各种矛盾交汇、争斗、消长的产物;同时,它又是诸般矛盾的综合体现。这些矛盾,有国际范围的,也有美国国内的。就前者来说,有**南北矛盾**(如发展中国家在必要时征用境内美资企业与美国的反征用),有**北北矛盾**(如禁止投保美资主要用于采购其他发达国家的商品和劳务[192]),有两个**超级大国之间的矛盾**(如力争把对苏争霸中心战略要地所在国纳入"投保适格"范围,甚至专门为此修改立法,放宽限制[193]),等等;就后者来说,有美国**工人阶级**同海外**投资家**的矛盾(如抨击工厂"逃跑",加剧失业问题[194]),有美国广大**纳税人**同海外**投资家**的矛盾(如抨击海外私人投资公司实际上侧重于为少数海外投资巨头提供"投资津贴"[195]),此外,还有**海外投资家**阶层同**资产者其他阶层**之间、海外投资家个人与资产阶级**整体**之间利害得失的矛盾(如风险事故发生之后投保人与承保人之间的索赔纷争)。总之,这些矛盾十分错综复杂,而海外私人投资公司的现行体制,正是所有这些矛盾相互交错、相互渗透和相互作用之后产生的一个"**合力点**"。

然而,所有这些矛盾,并不是同等重要的。就美国海外私人投资公司所涉及的诸多矛盾而言,其中的**主要矛盾**,乃是**南北矛盾**,即广大发展中国家同首屈一指的发达国家——美国之间的矛盾,或者说,国际经济新秩序的众多倡导者同国际经济旧秩序的首要守护人之间的矛盾。从海外私人投资公司产生、发展的历史轨迹来观察,这一主要矛盾显然是始终贯穿全程,主导一切和决定一切的。

第二,第二次世界大战以后,特别是近二十年来,上述主要矛盾的两个对立方面,始终是在"又斗争、又妥协"的情况下互相依存、互为消长。从其发展过程看,虽时有起伏、迂回,但总的说来,面对波澜壮阔的"经济民族主义"潮流,美国当局对海外美资实行法律保护时,已愈来愈不可能再僵硬地全面坚持其旧日的、美国标准的"**理想主义**"观念和处事原则。因此,它在力争尽多地维护既得利益、尽可能地守住

---

[192] 参见前注[101]及有关正文。

[193] 参见前注[97]及有关正文。

[194] 参见前注[102]及有关正文。

[195] 参见前注[92]及有关正文。

国际经济旧秩序阵地的同时,不得不逐步按照美国传统的"**实用主义**"精神,竭思殚虑,从国际法的各种缝隙中,尽可能地寻找新的空间,继续卵翼海外美资。立法者和专家们所设计出来的各种新办法,有的是国际法上的"**避法行为**",有的是公法关系与私法关系的交叉、交融或互为表里,有的是以私法为手段,以公法为后盾……花样不断翻新,宗旨则始终如一:尽力从法律上保护海外美资。透过纷繁的各种现象,人们不难从中看到一条十分重要的发展线索:1938年国务卿赫尔式的傲倨[196],早已失去时代基础;1962年参议员希肯卢珀式的要挟[197],也已不能通行无阻,于是乃有海外私人投资公司式的对等谈判。这条发展线索及其总的发展趋势,体现了第二次世界大战以来美国国势从鼎盛喧赫到式微衰落的逐渐过渡;也体现了第三世界众多弱小民族从随人俯仰到独立行事的不断觉醒;尤其体现了后者日益成为上述**主要矛盾**中的**主导方面**,在改变旧国际经济秩序、建立新国际经济秩序过程中,发挥着愈来愈明显的主导作用。

第三,作为海外私人投资公司这一投资保护体制的延伸和配合,美国同众多的第三世界国家先后签订了一百来个双边性投资保证协定。其基本条款,多属大同小异。把这类协定中的基本条款同美国历史上的若干传统做法相比,看来前者是以多少较为平等的态度同第三世界各国打交道。这一点,应当实事求是,予以肯定。也正因为如此,它是目前条件下第三世界各国所可以接受的。但是,既然其中还有"伏笔"[198],再联系到美国在处理国际事务中的**多年积习**,联系到它对第三世界各国所作的某些妥协让步殊非出于心甘情愿,因此,人们对于它的"故态复萌"的可能性,即对于它可能继续按照国际经济旧秩序的框架以及国际法上陈旧过时的观念标准,来解释对海外美资的法律保护问题,就不能完全掉以轻心。至于对南美国际电话电报公司"智利式"事件[199]在一定条件下重演的可能性,即美资跨国公司利用自己拥有的强大实力粗暴地干涉东道国内政、从事颠覆活动的可能性,尤其不可不保持足够的警惕。

第四,在此类投资保证协议中,一般均设有专款规定:举凡由美国政府按上述体制施加法律保护的海外美资,都必须是**事先**经**东道国**政府**审查批准**的。[200] 这一专款,为吸收美资的第三世界国家提供了维护自身独立主权和经济利益的重要条件。

---

[196] 参见前注[19]、[20]及有关正文。
[197] 参见前注[57]及有关正文。
[198] 参见前注[133]—[137]及有关正文。
[199] 参见本章第四部分之(六)。
[200] 参见《中美投资保证协议》第2条;美国—伊朗、美国—巴巴多斯、美国—罗马尼亚、美国—南斯拉夫同类协议第2条。分别参见《中国国际法年刊》(1982),中国对外翻译出版公司1983年版,第432页;《美国参加的条约及其他国际协议汇编》(第8卷第2分册),1957年英文版,第1159—1600页;《美国参加的条约及其他国际协议汇编》(第19卷第4分册),1968年英文版,第4693页;《美国参加的条约及其他国际协议汇编》(第24卷第1分册),1973年英文版,第1074、1092页;

对于这一条件,发展中国家当然应牢牢把握,充分运用。而作为社会主义国家,对于外来投资的审查批准,更有自己独特的尺度和标准。就中国而言,独立自主和自力更生,向来是革命和建设的根本立足点。1979年以来,中国坚定不移地实行对外开放政策,在平等互利的基础上积极扩大对外交流,有**选择**、有步骤地吸收包括美资在内的外国投资,以促进中国的现代化建设,这是长期的战略方针,也是建设具有中国特色的社会主义的必要措施。但是,中国人民始终保持着清醒的头脑。邓小平同志曾经明确指出:"中国人民珍惜同其他国家和人民的友谊和合作,更加珍惜自己经过长期奋斗而得来的独立自主权利。任何外国不要指望中国做他们的附庸,不要指望中国会吞下损害我国利益的苦果。"[201]这一基本精神,适用于并指导着中国对外关系的一切方面,当然也包括对美资的吸收、使用在内。这是不言而喻的。

众所周知,在半殖民地半封建的旧中国,根本谈不上什么**独立自主**的对外开放政策。只有在中国人民已经站起来了,社会主义祖国独立主权业已牢牢在握,国际环境发生了重大变化,党中央决策极其睿智英明的今天,中国终于获得了比以往任何时候都更加有利的对外开放、吸收外资的条件和时机。今天,中国有足够的能力,自己**把关**;有坚定的胆魄,自己**做主**;有敏锐的目光,自己**挑选**;有强健的胃肠,自己**消化**。因此,在为促进社会主义现代化而积极吸收外资的过程中,杞忧大可不必,昏聩必不可有,**胆大**和**心细**,则绝不可无!

第五,从20世纪40年代末起,几十年来,美国对海外美资实行法律保护的具体做法,经过多次的修改、补充,形成了以海外私人投资公司和国际双边投资保证协定作为两翼的整套现行体制。现行的这套基本体制看来是**相对稳定**的。但每隔三五年,即有一次重新审议和修订增删。[202] 就此点而言,它又是相对地**变动不居**的。对海外私人投资公司经营海外美资保险业务的最新授权,始于1981年10月,迄于1985年9月底,届时,美国的立法者们又将适应着当时的形势发展,根据美国投资人的利益作出新的调整。因此,凡是吸收美资的第三世界国家,对于美国施加于海外美资的法律保护制度及其具体办法,对于这种制度和办法的**历史**、**现状**和发展**趋向**,自不能不**持续地**密切注意、深入研究。只有这样,才能在吸收美资和处理有关纷争的过程中,既维护东道国自己的应有权益,也保护对方的合法利益,真正做到公平合理,平等互利。

1983年1月草竟于 哈佛 庞德大楼
1984年11月修订于 厦大 海滨新村

---

[201] 邓小平:《中国共产党第十二次全国代表大会开幕词》,载《人民日报》1982年9月2日。
[202] 参见前注[42]及有关正文。

第 2 章　从 OPIC 到 MIGA：跨国投资保险体制的渊源和沿革*

≫ 内容提要

　　第二次世界大战结束后半个世纪以来,专为跨国投资非商业性风险而建立的保险体制,其主要发展脉络,是从 OPIC 模式演进到 MIGA 模式。OPIC 模式始创于美国,其组建的表面理由是:在美国海外投资遭遇政治风险时,可由 OPIC 出面处理,从而"做到在绝大多数场合避免产生政府同政府之间的迎面相撞、直接对抗";而其深层意图和实际功效,则是通过 OPIC 机构的运作,使得本来属于美国国内私法关系上的索赔代位权上升为对东道国具有国际公法上拘束力的一种权利。鉴于美国始创的这种跨国投资保险体制行之有效,其他发达国家(资本输出国)便相继仿效,也建立起类似的投资保险体制。其共同特点是:以国家为后盾,以国内立法为依据,以与发展中国家缔结的双边投资协定为先行,由政府专门机构或国家指定的专业公司为本国海外投资者提供非商业性风险的保险。但是随着世界经济的发展,这类模式就逐渐显现出自身所固有的狭隘性和局限性,受到各国的法律、政治、国籍、保额等限制,使得许多跨国投资无法获得担保。形势要求设计一种能够打破国家界限、在跨国投资保险方面进行国际协作的体制,借以摆脱上述狭隘性和局限性,从而更有效地促进世界资本的跨国流动。MIGA 模式遂应运而生。本文简扼评述从 OPIC 到 MIGA 的发展进程以及 MIGA 的组织结构、基本体制、运作原则、主要业绩和存在问题等,指出 MIGA 体制是当代南北两大类国家之间互相依存、冲突、妥协和合作的重要产物,它源于 OPIC 体制,又远高于 OPIC 体制;运用 MIGA 机制对于中国具有重大的现实意义;应当充分了解和熟练掌握这种机制,在国际投资领域,进一步推动全

＊ 本文原载于陈安主编、徐崇利副主编:《MIGA 与中国:多边投资担保机构述评》一书(福建人民出版社 1995 年版),作为该书的"绪论"。读者如欲细察 MIGA 机构之最新详情,可查索其主要网站:http://www.miga.org/;并可参阅 MIGA 总顾问 Lorin S. Weisenfeld 撰写、徐崇利教授翻译的《多边投资担保机构的十五年发展历程》(MIGA After Fifteen Years),载陈安主编:《国际经济法学刊》(第 9 卷),北京大学出版社 2004 年版。

球的南北合作和南南合作,加速国际经济秩序除旧布新和新旧更替的历史进程。

目　次

一、跨国投资保险体制的渊源和沿革:从 OPIC 到 MIGA
　　(一) OPIC 模式的由来、演进和局限
　　(二) MIGA 模式的孕育和诞生
二、多边投资担保机构的概貌
　　(一) 多边投资担保机构成员国结构
　　(二) 多边投资担保机构股权、投票权分配
　　(三) 多边投资担保机构第一个五年的主要业绩、存在的问题和前景展望
三、研究多边投资担保机构对于中国的重大现实意义
　　(一) 有利于扩大吸收外资
　　(二) 有利于扩大向外投资
　　(三) 有利于扩大吸收港、澳、台地区的投资
　　(四) 有利于促进全球合作,建立国际经济新秩序
附录　多边投资担保机构的十五年发展历程

多边投资担保机构(Multilateral Investment Guarantee Agency,简称"MIGA")是一个世界性组织,成立于1988年4月。它的主要功能,是为跨国投资在东道国可能遇到的非商业性风险,即政治风险,提供担保。作为一家保险机构,它所承保的非商业性风险,分为以下四种:[1]

(1) 货币汇兑险:指的是东道国政府采取措施,限制或妨碍外国投资者在合理期间内将当地货币兑换成为外币,并汇出东道国境外,致使外商遭受损失。

(2) 征收和类似措施险:指的是东道国政府采取征收或其他类似措施,实际上剥夺了外国投资者对其投资的所有权、控制权或其重大收益,致使外商遭受损失。

(3) 违约险:指的是东道国政府拒绝履行或违反与外国投资者签订的合同,外商无法求助于司法或仲裁机构,索取赔偿,或审理中久拖不决,或虽有判决、裁决却无法执行,致使外商遭受损失。

(4) 战争和内乱险:指的是东道国境内发生军事行动或内部动乱,致使外商遭受

---

[1] 参见《汉城公约》第11条。对于MIGA承保的这四种非商业性风险的具体说明,详见陈安主编、徐崇利副主编:《MIGA与中国:多边投资担保机构述评》,福建人民出版社1995年版,第5章。

损失。

世界各地的跨国投资者,可以根据投资项目所在东道国的国情,以及自己的需要,就以上四种非商业性风险类别,选择其中的一种或几种,向 MIGA 投保,订立投资保险合同,取得保障。

MIGA 是国际复兴开发银行(International Bank for Reconstruction and Development,通常简称"世界银行"或"世银")集团的第五个成员。在 MIGA 成立之前,世界银行集团包括四个成员,各自具有独立的法人资格。它们是:世界银行、国际金融公司(International Finance Corporation)、国际开发协会(International Development Association)以及解决投资争端国际中心(International Centre for Settlement of Investment Disputes,简称"ICSID")。

和 ICSID 一样,MIGA 也是世界银行主持组建的、旨在促进各国游资跨国流动的一个专门组织。不同的是:ICSID 通过受理和处断国际投资争端,为跨国投资家在东道国所可能遇到的各种非商业性风险提供法律上的保障;[2]MIGA 则通过直接承保各种非商业性风险,为跨国投资家提供经济上的保障,并且进一步加强法律上的保障。简言之,两者的业务和功能,互相配合,相辅相成,可谓"殊途同归",其主要宗旨和共同效应都在于通过"国际立法"(国际公约),切实保护跨国投资者的权益,改善国际投资环境,促进资本跨国流动,特别是向发展中国家流动。

MIGA 组建的法律根据,是世界银行拟订的《多边投资担保机构公约》(Convention Establishing the Multilateral Investment Guarantee Agency,简称《汉城公约》)。在世界银行的主持下,经过多年的酝酿、反复的磋商以及对草案的多次修订,《汉城公约》于 1985 年 10 月在世界银行的汉城年会上正式通过,向世界银行成员国以及瑞士开放,供各国签字。按照本公约第 61 条的规定,公约生效的前提条件有二:第一,已经有 5 个第一类签字国(发达国家)以及 15 个第二类签字国(发展中国家)交存批准书;第二,这两类国家已经认购股份的总额不得少于 MIGA 全部法定资本总额的 1/3(约合 3.6 亿美元)。1988 年 4 月 12 日,《汉城公约》因上述两大前提已经具备而正式生效,随即正式组建成立 MIGA,并于 1989 年 6 月正式开张营业。

中国是 MIGA 的创始成员国之一。1985 年 1 月间,世界银行曾派遣代表前来北京就有关组建 MIGA 的问题与中国政府进行会谈、磋商。1988 年 4 月 28 日,中国正式签署《汉城公约》,两天后即交存了批准书,并按规定认购了 MIGA 的股份,从而成为本公约的正式成员国。中国认购了 3138 股 MIGA 股份,相当于 3138 万特别提款

---

〔2〕 参见陈安主编:《"解决投资争端国际中心"述评》,鹭江出版社 1989 年版,第 1—27 页。

权(SDR),约折合 4000 万美元。这个认股数字,在 MIGA 全体成员国中居第六位,[3] 领先于许多发达国家,甚至超过由全球最发达国家组成的"七国集团"中的加拿大和意大利。中国综合国力不强,特别是财力有限,却认购了 MIGA 的大量股份,它对这个全球性多边投资担保机构的重视和支持,由此可见一斑。

中国对 MIGA 的重视和支持,并非出于短暂的策略考虑,而是基于长期贯彻改革开放基本国策的战略需要。立足于中国的国情,认真研究 MIGA,比较深入地了解 MIGA 体制的历史、现状及其发展前景,从而积极、正确地加以运用,这对于进一步改善中国的投资环境,吸收更多的外资,以促进中国的社会主义经济建设,具有重大的现实意义。

一、跨国投资保险体制的渊源和沿革:从 OPIC 到 MIGA

MIGA 是跨国投资活动发展到一定阶段之后"应运而生"的产物。它的出现,可以说是一种历史的必然。

一方通过跨国投资以追逐高额利润,另一方借助吸收外资来发展本国经济,这是当代国际经济交往的常见形式。在跨国投资的实践过程中,资本输出国与资本输入国之间、外国投资者与东道国政府之间、外国投资者与东道国公民或公司之间,既有互惠互利的一面,也时有利害冲突的一面。前一面导致国际合作,后一面导致国际争端。

第二次世界大战结束以后,亚洲、非洲、拉丁美洲许多弱小国家相继挣脱殖民统治的枷锁,成为政治上独立,但经济上仍很落后的发展中国家。它们为了巩固和发展政治独立,就必须进一步争得经济独立,即必须进一步从根本上改造国内原有的殖民地经济结构,摆脱外国资本对本国的经济控制,独立自主掌握本国的经济命脉,充分利用本国的自然资源,大力发展本国的民族经济。在这个过程中,这些国家对于原先根据不平等条约或在强弱地位悬殊条件下签订的投资协议、特许协议或合同,予以修改或废除,对某些涉及本国重要自然资源和国民经济命脉的境内外资企业,加以限制、征用或收归国有;或者建立严格的外汇管制制度,限制或阻碍外国投资者任意将资本或利润兑换成外币并汇出本国境外。这就触犯了外国投资家以及

---

[3] 参见《MIGA 1994 年度报告》,英文版,第 44—46 页。MIGA 中认购股份最多的九个国家依次为:美国(20519 股)、日本(5095 股)、德国(5071 股)、法国(4860 股)、英国(4860 股)、中国(3138 股)、俄国(3137 股)、加拿大(2965 股)、意大利(2820 股)。

西方原殖民国家即发达国家的既得利益,时时引起矛盾纠纷,甚至尖锐对抗,激烈冲突。除此之外,发展中国家在争得独立后的一定时期里,由于各种内外因素的影响,往往政局不很稳定,甚至发生战争或内部动乱,使外商投资企业在当地的资产遭到毁损、破坏,蒙受损失。

面对这种新的局面,发达国家的政府殚精竭虑,以各种办法来保护本国的海外投资,冀能使其尽量免受或少受各种非商业性风险所造成的损失。在多年反复实践中,它们逐渐认识到:单靠粗暴的强权压制和"外交保护",难以切实有效地达到预期目的,而且往往引起发展中国家的强烈反弹,导致国际政治冲突。于是,发达国家政府的"法律智囊"们逐步摸索和设计了一条比较迂回曲折的法律保护途径:由本国专设的某个机构或公司,为本国投资者向海外跨国投资所可能遇到的各种非商业性风险,提供担保(保险)。其操作程序大体有如下三个要点:

第一,由跨国投资者母国的政府与投资项目所在地东道国的政府签订国际协定,双方同意由投资者母国的某家专设机构(或公司),承保此类投资项目在东道国境内可能遭到的非商业性风险,并共同承认作为承保人的该专设机构(或公司)日后依法享有跨越国界的代位求偿权(subrogation);

第二,由跨国投资者与其母国的上述专设机构(或公司)就所选定的有关非商业性风险类别,签订投资保险合同,并由前者向后者缴纳保险费;

第三,一旦在东道国境内发生承保范围内的非商业性风险事故,并经承保人确认和理赔之后,承保人即代位取得投保人(即跨国投资者)的索赔权,有权向东道国政府实行跨国代位求偿。

这种做法,以美国的"海外私人投资公司"(Overseas Private Investment Corporation,简称"OPIC")为典型,并逐渐成为在发达国家中流行的模式。为叙述方便,不妨称之为"OPIC 模式"。

(一) OPIC 模式的由来、演进和局限

OPIC 这种法律设计或体制模式,最早出现在美国。这并非历史的偶然。如所周知,在第二次世界大战结束以后相当长的一段时期里,美国国势鼎盛喧赫,美国投资家在海外的跨国投资,遥遥领先于其他发达国家。20 世纪 70 年代中期以后,美国的综合实力虽逐渐从巅峰走向下坡,但它迄今仍是全球最大的资本输出国。上述法律设计,正是切合于美国的现实需要而出台的。

早在 1948 年,作为推行"马歇尔计划"的一个重要环节,美国国会通过了《经济合作法案》。根据这个法案,美国率先创立海外投资保险制度。此后 20 年间,适应着形

势发展和海外投资家的需要,多次修订有关法案,使这一专业保险体制在承保内容、适用地区、主办机构以及运作体制等方面,不断改善。至1969年,依据第八次修订的《对外援助法案》,彻底改变了由美国政府专设行政机构主办海外美资非商业性风险承保业务的传统做法,把主办此项业务的权力,授予一个新设的、美国政府官营的"海外私人投资公司",完全按照保险公司的体制和章程经营管理;但与此同时,又把该公司定位为由美国总统直接指挥、控制以及"在美国国务院政策指导下的一个机构"。[4]

对于建立 OPIC 这一投资保险体制的宗旨、意图及其"优越性",美国的一些"权威人士"曾作如下说明:

美国国会众议院外交委员会的对外经济政策小组委员会提出:"深切期待海外私人投资公司施展才能,精心设计,妥善安排,做到在绝大多数场合避免产生政府同政府之间的迎面相撞、直接对抗。"[5]

海外私人投资公司前总经理布拉德福特·米尔斯1973年在美国国会的一次公听会上反复解释了采取"公司"形式的种种好处,其中最主要的是:"海外私人投资公司在解决投资纠纷中一向起着建设性的作用,从而避免了政府与政府之间的直接对抗。"他举例说,如果美国的海外投资人未向该公司投保,一旦遇到征用风险事故,"多半就是去找当地的美国大使馆,找美国国务院和国会,要求采取行动。于是美国政府就卷进这种投资纠纷了。"反之,投资人如果事先曾向该公司投保,那么,该公司就可以"充当外国政府与美国商行之间的桥梁,使政治性问题,取得商业性解决"[6]。因此,必须采取公司形式。

既然"商业性解决"是上策,那就干脆让私人去经营投资非商业性风险的保险业务,与美国政府完全无涉,岂不更好?对这个问题,该公司的另一位继任总经理布鲁斯·列威林解释说:"答案很简单:私人保险公司认为,保这种险,太过冒险,

---

[4] 参见《1969年对外援助法案》第231条第1款、第233条第2—4款、第239条第1、4款,载《美国法令大全》第83卷,1970年英文版,第809—821页。根据该法案,这家官办的专业保险公司实际上仍处在美国政府的直接领导之下,其董事会成员一半由美国政府有关主管部门的代表兼任,其余董事须经参议院同意后由总统任命,美国国际开发署署长任董事长,公司总经理和常务副总经理也由总统委任,并执行总统的命令和董事会的决议。这种组织结构保证了美国最高一级行政当局得以直接地对这家公营公司进行严密控制,使它成为贯彻美国对外政策的得力工具。参见陈安:《从海外私人投资公司的由来看美国对海外投资的法律保护》,载《中国国际法年刊》(1984),中国对外翻译出版公司1984年版,第90—119页;陈安:《从海外私人投资公司的体制和案例看美国对海外投资的法律保护》,载《中国国际法年刊》(1985),中国对外翻译出版公司1985年版,第78—120页。

[5] 美国第93届国会第1期会议众议院外交委员会对外经济政策小组委员会:《关于海外私人投资公司的报告》,1973年英文版,第35—36页。

[6] 《海外私人投资公司总经理布拉德福特·米尔斯在第93届国会公听会上的发言》,载《海外私人投资公司:美国第93届国会第1期会议众议院外交委员会对外经济政策小组委员会公听会》,1973年英文版,第271—272页。

不愿意干。"[7]因此,既必须采取"公司"形式,又必须纯由政府经营。

此外,还有一位曾经为某投资家索赔案件当法律顾问的美国律师万斯·科文,他在论及投资家为避免各种非商业性风险损失而宁愿花钱向海外私人投资公司投保时,进一步介绍了该公司许多领导人的共同见解:"正如海外私人投资公司官员们所经常指出的,为了诸如此类的损失而去控告外国政府当局,要求赔偿,单就费用高昂、旷日持久以及麻烦周章而言,就足以证明(向海外私人投资公司)花钱购买对付政治风险的保险单是很合算的;更不必提及国际法所固有的变幻无常、捉摸不定,以及主权豁免和国家行为这一类学说所体现的各种潜在障碍了。"[8]

实际上,美国政府建立 OPIC 机制,还有更深一层的真实意图和实际功效,即**通过运用这种机构,使得本来属于美国国内私法关系上的代位权上升为具有国际公法上拘束力的一种权利**。

一般而论,由美国保险公司与美国海外投资者所签订的投资保险合同,尽管该保险公司是政府官办的,其所承保的又是非商业性风险,但作为保险合同双方当事人(即承保人、投保人)之间的权利义务关系,它在本质上仍然还是美国国内民法、保险法上的一般私法关系;其法律上的约束力,当然也仅能在美国国境之内发生效用。但是,如前所述,订立这种保险合同的前提是:投资者母国政府与投资项目所在国政府事先签订了国际协定,承认作为投资政治风险承保人的专设公司日后享有跨国的代位求偿权。众所周知,"条约必须信守"(pacta sunt servanda)是公认的国际法基本准则。1969 年 5 月的《维也纳条约法公约》进一步明文规定:"条约必须遵守。凡有效的条约,对于缔约国具有拘束力,各缔约国必须善意履行。"[9]因此,在美国看来,吸收美资的东道国一旦自愿同美国签订了双边协定,允许海外私人投资公司享有代位索赔权,这就意味着承担了一项在国际法上具有拘束力的义务,有责任如约履行。于是,原属美国国内私法契约关系上的代位索赔权就此跨出了美国国界而"国际化""公法化"了,美国在海外的投资也就据此获得了更加强有力的法律保障。这是问题的一方面。

问题的另一个方面是:在许多发展中国家(资本输入国)看来,美国所建立和运用的这种 OPIC 机制,也是可以接受的。对比美国在保护其海外投资过程中原先惯

---

[7] [美]布鲁斯·列威林:《在阿瑟·立特尔管理学院的一次演讲:谈谈海外私人投资公司》,1980 年 8 月 7 日,见海外私人投资公司文档。复制件收存于厦门大学法律系资料室。

[8] [美]科文:《征用与海外私人投资公司的"法理学"》,载《哈佛国际法杂志》(第 22 卷第 2 期),1981 年英文版,第 270 页。关于科文此处所列举的"各种潜在障碍"何所指,以及美国如何通过 OPIC 体制力图避开或绕过这些"潜在障碍",可参见前注[4]引文所作分析,载《中国国际法年刊》(1984),中国对外翻译出版公司 1984 年版,第 101—114 页。

[9] 《维也纳条约法公约》第 26 条,载《联合国条约法会议文件》,1971 年英文版,第 292 页。

用的强权压制手段而言,采用 OPIC 机制可以说是从恃强凌弱、简单粗暴开始转向尊重弱者、平等协商。发展中国家在是否允许美资入境、是否愿意与美国签订跨国投资保护(保证)协定等方面,都具有一定的自主权和选择权,从而使发展中国家所最为珍惜的国家主权获得一定的尊重。

与此同时,发展中国家鉴于在本国政治、经济独立自主的前提下,在对入境美资实行必要监督和管理的条件下,美国资本的输入毕竟带来了国内经济建设急需的大量资金、先进的生产技术和科学管理经验,扩大了本国的就业机会,从而有利于发展本国的社会生产力,有利于增强本国的综合国力,有利于提高本国人民的生活水平。因此,许多发展中国家立足于各自的国情,在全面权衡利弊和平等协商的基础上,相继同意与美国签订有关投资保证的双边协定,接受了 OPIC 这种跨国投资保险体制。

美国以外的其他发达国家(资本输出国),鉴于美国率先创立的这种跨国投资保险体制行之有年、行之有效,便相继仿效或师法,也建立起类似的投资保险体制。其共同特点是:以国家为后盾,以国内立法为依据,以与发展中国家缔结的双边投资协定为先行,由政府专门机构或国家指定的专业公司为本国海外投资者提供非商业性风险的保险(insurance)或担保(guarantee)。

例如,日本的海外投资保险制度于 1956 年开始正式实行,它是 1950 年出口信贷保险制度的扩大。根据 1956 年的《出口信贷保险法》(即《输出信用保险法》)的规定,海外投资保险分为海外投资原本保险和海外投资利润保险两种。1970 年,日本把两种保险制度合二为一,直接由日本政府专设的机构即通商产业省所属的出口保险部(Export Insurance Division, Ministry of International Trade and Industry)主管和经办。其运作的基本法律根据是现行的《贸易保险法》。

又如,德国的海外投资保险制度根据 1959 年的《联邦预算法》建立,由指定的两家公司,即"信托股份公司"(Treuarbeit A. G.)和"黑姆斯信贷担保股份公司"(Herms Kreditversicherungs A. G.)作为联邦德国政府的代理人,承办德国海外私人投资的保险业务。值得注意的是,这两家公司只能从事保险合同业务的实际操作,而并无承保与否的决策权。举凡海外投资者提出的投保申请,应首先呈交由联邦经济部、财政部、外资部以及经济合作部的代表组成的部际委员会(Interministeriellon Ausschuβ)审批。由此可见,德国联邦政府对这两家公司专业保险业务的管理和指挥,也是相当直接和具体的。[10]

---

[10] 参见〔美〕卢瓦特:《改善发展中国家投资气候的多边途径:以 ICSID 和 MIGA 为例》,载《哈佛国际法杂志》(第 33 卷第 1 期),1992 年英文版;黎晔:《德国对外投资担保基本制度研究》,载《中德经济法研究所年刊》1993 年本,第 129—144 页。

发展到今天，世界上主要的公营出口信贷和海外投资保险机构组成了"信贷和投资保险机构国际联盟"（The International Union of Credit and Investment Insurers，简称"伯尔尼联盟"，the Berne Union）。组成这个联盟的机构来自经济合作与发展组织（Organization for Economic Cooperation and Development）开发援助委员会的所有成员国，以及韩国和印度，其中的主要骨干乃是美、日、德三国的有关机构。[11] 美、日、德模式的海外投资保险体制在许多发达国家中相继建立以后，数十年来，在促进世界游资跨国流动和扩大国际经济合作方面，发挥了积极的作用。但是，随着时间的推移和世界经济的进一步发展，这类模式逐渐显现出自身所固有的狭隘性和局限性，不能适应世界经济发展新形势的要求。换言之，由于各国政府专门机构直接主办或国家指定专业公司承办的此类投资保险制度，往往有着这样那样的限制性要求，使得许多跨国投资无法获得担保。其中常见的障碍是：第一，各国官办的投资保险机构或公司既受本国政府的控制，又受本国法律的约束，还要受当局现实政治需要的消极影响。其典型事例之一是：美国政府自 1989 年下半年以来奉行"对华经济制裁"政策，美国官办的海外投资保险机构（"海外私人投资公司"）随即紧密地配合美国当局的政治需要，停止向美商对华的新投资提供保险，至今尚未"解禁"。第二，各国官办的投资保险机构或公司对于投保人或投保公司股东的国籍往往设有限制性规定，以致许多跨国设立的子公司往往四处"碰壁"，投保无门；[12] 而且，在不同国家的投资者共同参加同一项目投资的场合，还会产生投保人不适格的问题。第三，各国官办投资保险机构或公司的承保额一般都有上限，因此当投资者申请投保大型项目时，就会因单一国家官办的投资保险机构或公司无法提供足额的保险而产生承保能力不足的问题。[13]

于是，国际经济界和法律界的人们就开始设想并进而设计了一种能够打破国家界限、在跨国投资保险方面进行国际协作的体制，借以摆脱上述狭隘性和局限性，从

---

[11] 参见〔美〕卢瓦特：《改善发展中国家投资气候的多边途径：以 ICSID 和 MIGA 为例》，载《哈佛国际法杂志》（第 33 卷第 1 期），1992 年英文版。据统计，从 1987 年 1 月至 1989 年 12 月，"伯尔尼联盟"的成员机构为进入发展中国家的海外投资提供保险的承保总额达 170 亿美元。其中日本机构的承保额居首位，约为 78 亿美元，占总数的 46%；其次是美国机构，承保额为 43 亿美元，占 25%；德国机构居第三，承保额为 20 亿美元，占 12%。三者合计，占承保总额的 83%。

[12] 例如，美国、德国和日本这三个国家的海外投资保险制度都要求投保的投资者与承保机构的所在国有相当密切的关系。美国要求前来投保的投资者必须是其资产至少 51% 为美国人所有的美国公司，或其资产至少 95% 为美国人所有的外国公司。德国法定的合格投资者仅限于在德国有住所的德国公民以及根据德国法律设立、在德国设有住所或居所的公司或社团。日本法定的合格投资者仅限于日本公民或日本法人。据此，一个德国或日本公司在美国的子公司既不能向德国或日本的承保机构申请投保，也不能向美国的承保机构申请投保（如果其中的"非美资"比例超过 49%）。

[13] 参见陈仲洵：《多边投资担保机构与美国在华投资》，载《中国国际法年刊》（1992），中国对外翻译出版公司 1993 年版，第 179—180、198—200 页。

而更有效地促进世界资本的跨国流动。

(二) MIGA 模式的孕育和诞生

早在 1948 年,世界银行内部就开始有了为跨国投资提供非商业性风险保险的设想。在 50—60 年代,除世界银行外,一些国际组织、民间团体和私人也提出了建立多边投资保险机制的种种构想,这类方案多达十几种。其中较重要的是:1962 年世界银行起草的《多边投资保险——工作人员报告书》、1965 年经合组织提出的《关于建立国际投资保证公司的报告书》及 1966 年世界银行拟就的《国际投资保险机构协定草案》等。但这些方案都未能妥善解决一些关键性的问题,诸如发展中国家的出资、承保机构的代位求偿权、设想中的机构与东道国之间争端的解决、机构中投票权的分配,等等,因而难以得到众多发展中国家特别是拉丁美洲国家代表们的支持。另一方面,发达国家由于已建立了各自的官办投资保险制度,担心一个世界性的多边投资保险机构会与它们的官办投资保险机构发生竞争,因而也没有太大热情。这些原因导致国际社会构建多边投资保险制度的努力一次又一次地搁浅,直至 80 年代初才再度提上世界银行的议事日程。

20 世纪 80 年代初,由于过分倚赖外国商业贷款,许多发展中国家面临严重的债务危机,无力还债,导致国际债务纠纷频起。与此同时,出于对东道国征用等政治风险的担心,流向发展中国家的外国直接投资在全球跨国直接投资流动总额中的比重急剧下降(尽管外国投资在发展中国家的利润率往往比在发达国家高得多)。世界经济形势的发展证明:国际社会迫切需要一个南北两大类国家都能接受的世界性机制,借以缓解或消除外国投资者对非商业性风险的担心,促进更多外国直接投资流向发展中国家,从而使两类国家在平等互利基础上,达到共同的繁荣。

正是在这样的历史背景下,南北两大类国家的代表们重新折冲樽俎,反复磋商,在互谅互让、互作妥协的基础上,达成共识,使孕育多年、一直处在难产状态的全球性多边投资担保机构,通过 1988 年正式生效的《汉城公约》,终于诞生了。[14]

第二次世界大战结束后半个世纪以来,专为跨国投资非商业性风险而建立的保险体制,其发展脉络,大体如上。其中居于主导地位的,是从 OPIC 模式演进到 MIGA 模式。综观《汉城公约》全文不难看出,MIGA 机制具有以下几个突出的特点,从一定意义上说,这些特点也是它的优点:

---

[14] 关于组建多边投资担保机构过程中南北两大类国家的意见分歧、矛盾冲突和互让合作,详见陈安主编、徐崇利副主编:《MIGA 与中国:多边投资担保机构述评》,福建人民出版社 1995 年版,第 1、2 章。

第一，MIGA体制源于OPIC体制，又远高于OPIC体制。MIGA在设置宗旨、主要功能、承保险别、投保条件、运作程序、理赔前提、代位求偿等方面，显然都借鉴和吸收了OPIC体制的有益经验。但是MIGA体制绝非OPIC体制的简单翻版或单纯的多国化。MIGA在服务对象、承保范围、保险能力、兼容并蓄、运用灵活等方面，具有明显的优越性，远非OPIC等单国的狭隘体制所能企及，其发展潜力也远非后者所能匹敌。

第二，MIGA是当今世界南北两大类国家之间经济上互相依存、冲突、妥协和合作的产物。在跨国投资问题上，南、北之间的矛盾和冲突植根于两大类国家间不同的经济利益，但两大类国家之间很强的经济互补性又促使它们必须互相依存和取长补短。因此，冲突和矛盾的结果必然导致互相妥协和互相合作，共同谋求改善发展中国家的投资环境。如果没有两大类国家之间的相互妥协和合作，也就不会有MIGA的出现。

第三，这种妥协的结果之一，就是作为东道国的发展中国家在一定程度上自我限制本国在外国投资担保问题上的主权。这种自我限制明显体现在以下几个方面：一是承认MIGA与外国投资者之间签订的担保合同在一定条件下对东道国具有法律拘束力；二是承认MIGA对东道国的代位求偿权；三是承认MIGA与东道国之间的争端解决方式为国际仲裁，而不是东道国法院的判决；四是承认在采用仲裁程序时，一并适用《汉城公约》、可适用的国际法规范以及东道国的国内法规范，而不仅仅限于适用东道国的国内法规范；五是承认国际仲裁裁决对当事人和当事国具有终局性的法律拘束力，犹如在《汉城公约》各成员国法院作出终审判决那样。[15]

第四，妥协的另一方面的结果是，《汉城公约》成员国中的发达国家同意敦促本国投资者更加尊重东道国——发展中国家的政治主权和经济主权。在一定程度上，务必恪守东道国的国内立法。这些要求尤其明显地表现为：一是除非事先获得东道国政府的同意，MIGA不得签订任何承保非商业性风险的担保合同；二是MIGA不对不符合东道国法律和法规的投资提供担保；三是MIGA只承保有利于东道国经济发展的投资；四是MIGA不担保任何因投保人认可或投保人负有责任的东道国政府的任何作为或不作为所造成的损失；五是从法律上禁止MIGA干涉任何成员国的内政，禁止MIGA伙同任何成员国从事反对其他成员国（特别是发展中国家）的政治活动。[16]

---

[15] 参见《汉城公约》第11条(a)款及第13条(a)款；第18条(a)(b)款；第57条；公约附件Ⅱ；第4条(g)(h)(j)款。

[16] 参见《汉城公约》第15条；第12条(d)款(i)(ii)(iii)项；第11条(c)款(i)项；第34条。

基于以上两个方面的妥协和合作,加入 MIGA 既有利于发展中国家,也有利于发达国家。前者可以改善投资环境,吸收更多的外资,以加速本国经济的发展;后者可以在相对安全的条件下增加更多的赢利机会。

第五,MIGA 机制不同于任何国家官办保险机制的突出特点,在于它对吸收外资的每一个发展中国家成员国,同时赋予"双重身份":一方面,它是外资所在的东道国;另一方面,它同时又是 MIGA 的股东,从而部分地承担了外资风险承保人的责任。这种"双重身份"的法律后果是:一旦在东道国境内发生 MIGA 承保的风险事故,使有关外资遭受损失,则作为"侵权行为人"的东道国,不但在 MIGA 行使代位求偿权之后,间接地向外国投资者提供了赔偿;而且作为 MIGA 的股东,它又必须在 MIGA 行使代位求偿权以前,即在 MIGA 对投保人理赔之际,就直接向投资者部分地提供赔偿。此外,它作为"侵权行为人"还要面临 MIGA 其他成员国(包括众多发展中国家)股东们国际性的责备和集体性的压力。可见,MIGA 机制在实践中加强了对东道国的约束力,对外资在东道国所可能遇到的各种非商业性风险,起了多重的预防作用。[17]

正因为如此,MIGA 对跨国投资作出的承保,较任何国家官办保险机构或公司作出的承保,具有更高的国际权威性和国际影响力。它对于缓解和消除跨国投资者对在东道国遭到非商业性风险损失的顾虑,促使更多的国际游资流入第三世界国家,确实能够而且正在发挥任何国家官办保险机制都无法企及的积极作用。

二、多边投资担保机构的概貌

《汉城公约》于 1985 年 10 月在世界银行的汉城年会上正式通过,1988 年 4 月正式生效。根据这个公约而组建成立的多边投资担保机构,则直到 1989 年 6 月才开始正式营业。

MIGA 这个世界性的跨国投资保险机构正式开张营业以来,其成员国不断扩大,业务蒸蒸日上,国际影响也日益增强。

---

[17] 参见世界银行法律顾问哲根·沃斯(Jurgen Voss)等人的有关评论,载《国际贸易报告书》(第 4 卷第 19 期),1987 年 5 月 13 日,英文版,第 653—654 页;陈仲洵:《多边投资担保机构与美国在华投资》,载《中国国际法年刊》(1992),中国对外翻译出版公司 1993 年版,第 198—200、202—204 页。

(一) 多边投资担保机构成员国结构

根据《汉城公约》的规定,凡是世界银行的成员国,都有资格参加本公约,成为本公约的成员国,从而也就成为多边投资担保机构这个世界性跨国投资保险机构的股东。[18] 诚然,世界银行的成员国并没有非参加本机构不可的义务,但是《汉城公约》中关于本公约正式生效条件的规定〔第 61 条(b)款〕以及关于本机构投票权平衡分配的规定(第 39 条),都强调了必须有一定数量的南、北两大类国家即发展中国家和发达国家共同参加、共襄盛举的重要性和必要性。

为此,《汉城公约》在 1985 年通过之时,即专门附有一份当时世界银行诸成员国的名单(即"Schedule A",通译"附表 A"),将这些国家分为两大类,其中所列"第一类国家"就是发达国家,共 20 个;"第二类国家"就是发展中国家(个别例外情况,下文另作分析),共 128 个。两类合计共 148 个国家。

至于瑞士,它虽然并非世界银行的成员国,但鉴于它在国际社会的经济、政治生活中具有公认的特殊地位,因此也允许它参加进来,成为本公约的缔约国以及多边投资担保机构的股东,并被列入上述"第一类国家"名单,遂使该第一类国家总数达到 21 个。

《汉城公约》在 1985 年 10 月世界银行汉城年会上通过之后,由于种种原因,许多成员国心存观望,并未即时完成签署和批准手续。直到两年半以后,即 1988 年 4 月,才凑足 20 个成员国(其中发展中国家 15 个,发达国家 5 个),完成了批准手续,并认购了应有的股份,从而使本公约正式生效。又过了 1 年,即 1988 年 4 月,两大类 148 个国家中也只有大约 1/4 完成了缔约手续,成为本公约的正式成员国。[19] 简言之,MIGA 的确立和营运,经历了一个"迟迟学走、步履蹒跚"的孩提阶段。但是,由于它自身所固有的生命力和优越性,确能比较有效地适应国际社会两大类国家的共同需要,因此近几年来参加缔约的国家明显迅速地增多,出现了"健康成长、阔步前进"的势头。据统计,截至 1995 年 4 月 25 日,《汉城公约》的正式成员国已经达到 128 个,其中 19 个为发达国家,109 个为发展中国家;此外,还有 24 个国家已经签署本公约,并正在完成交存批准书、认购股份和缴纳应有股金等有关手续。现将本公约的正式成员国、预备成员国(即已签署本公约但尚未完成批准、缴纳股金等手续的国家)按其类别、地区综合列表如下:

---

[18] 参见《汉城公约》第 4—6 条、第 61 条(a)款;《汉城公约解说》第 2 条。
[19] 参见〔美〕波茨(MIGA 高级顾问、经济合作与发展组织开发援助委员会前任主席):《MIGA 第一个五年的回顾和今后的展望》(1994 年 4 月 12 日),华盛顿英文单行本,第 3 页。

表 3-2-1 《多边投资担保公约》成员国名单[20]

正式成员国(128 个)				
Ⅰ. 发达国家[21] (19 个)	比利时	德国	卢森堡	瑞典
	加拿大	希腊	荷兰	瑞士
	丹麦	爱尔兰	挪威	英国
	芬兰	意大利	葡萄牙	美国
	法国	日本	西班牙	
Ⅱ. 发展中国家[22] (109 个)	非洲地区	亚洲/太平洋地区	欧洲/中亚地区	拉美/加勒比地区
	安哥拉	孟加拉国	阿尔巴尼亚	阿根廷
	贝宁	中国	阿塞拜疆	巴哈马
	博茨瓦纳	斐济	白俄罗斯	巴巴多斯
	布基纳法索	印度	保加利亚	贝利塞
	喀麦隆	印度尼西亚	克罗地亚	玻利维亚
	佛得角	韩国	塞浦路斯	巴西
	刚果	马来西亚	捷克	智利
	象牙海岸	密克罗尼西亚	爱沙尼亚	哥斯达黎加
	赤道几内亚	尼泊尔	格鲁吉亚	多米尼加联邦
	埃塞俄比亚	巴基斯坦	匈牙利	厄瓜多尔
	冈比亚	巴布亚新几内亚	哈萨克	萨尔瓦多
	加纳	菲律宾	吉尔吉斯	格林纳达
	肯尼亚	斯里兰卡	立陶宛	圭亚那
	莱索托	瓦努阿图	马耳他	洪都拉斯
	马达加斯加	越南	摩尔多瓦	牙买加
	马拉维	西萨摩亚	波兰	尼加拉瓜
	马里		罗马尼亚	巴拉圭
	毛里塔尼亚	**中东/北非地区**	俄罗斯	秘鲁
	毛里求斯	巴哈林	斯洛伐克	圣卢西亚
	莫桑比克	埃及	斯洛文尼亚	圣文森特
	纳米比亚	以色列	土耳其	特立尼达和多巴哥
	尼日利亚	约旦	土库曼	乌拉圭
	塞内加尔	科威特	乌克兰	委内瑞拉
	塞舌尔	黎巴嫩	乌兹别克斯坦	
	南非	利比亚	马其顿	

---

[20] 本名单根据以下资料综合整理而成:(1)《MIGA 1994 年度报告》,英文版,第 59 页;(2) "MIGA 成员国名单",MIGA 总部印行,1995 年 4 月 25 日;MIGA 于 1989 年 6 月开始正式营业,故其"财政年度"(Fiscal Year,或简称"FY")自每年 7 月 1 日起至翌年 6 月 30 日止,跨日历年计算,并冠以翌年年次。例如,"1990 财政年度"所指时间为"1989 年 7 月 1 日至 1990 年 6 月 30 日"。

[21] 1994 年 6 月 30 日上述"MIGA 成员国名单"中此处原词为"Industrialized Countries",直译为"已工业化国家"。按各国英文名首字字母顺序排列,下同。

[22] 上述名单中此处原词为"Developing Countries",直译应为"发展中国家",但其中竟包含俄罗斯、乌克兰、白俄罗斯等苏联经济发达地区的几个加盟共和国。可见,此处"Developing Countries"一词与当今国际上习惯使用的公认的"发展中国家"一词的内涵和外延,并不完全一致。

（续表）

	苏丹	摩洛哥		
	斯威士兰	阿曼		
	坦桑尼亚	沙特阿拉伯		
	多哥	突尼斯		
	乌干达	阿拉伯联合酋长国		
	扎伊尔			
	赞比亚			
	津巴布韦			
预备成员国[23]（24个）				
	非洲地区	**亚洲/太平洋地区**	**欧洲/中亚地区**	**拉美/加勒比地区**
	阿尔及利亚	柬埔寨	亚美尼亚	哥伦比亚
	布隆迪	蒙古	波斯尼亚和黑塞哥维那	多米尼加共和国
发展中国家（24个）	加蓬		拉脱维亚	危地马拉
	几内亚	**中东/北非地区**	塔吉克	海地
	几内亚比绍	叙利亚	南斯拉夫	巴拿马
	卢旺达	也门		苏里南
	塞拉利昂			圣基茨和尼维斯
	尼日尔			

现有的表 3-2-1 中成员国名单，较之 1985 年世界银行汉城年会上提出并附在《汉城公约》正式文本之后作为本公约构成部分的"原始名单"，已有许多变动和发展。其中值得注意的是：

第一，原始名单所列世界银行 148 个成员国，以及非成员国瑞士，均已获得《汉城公约》分配的股份认购权，但是迄今仍有一些世界银行成员国根据本国国情和出于各种考虑，并未申请参加缔约，更未认购股份。例如，原始名单中列在"第一类国家"（即发达国家）的澳大利亚、奥地利、冰岛、新西兰迄今尚未加入本公约。原始名单中列为"第二类国家"（即发展中国家）的阿富汗、缅甸、泰国、新加坡、伊朗、伊拉克、墨西哥、中非、乍得、利比里亚、索马里等国，迄今也未加入本公约。

第二，原始名单中列为"第二类国家"（即发展中国家）的希腊、葡萄牙、西班牙三国，现在均改列在"第一类国家"名单之中。反之，原始名单中列在"第一类国家"名

---

[23] 此处原词为"Countries in the Process of Fulfilling Membership Requirements"，直译应为"正在履行成员国各项必要手续的国家"。按《汉城公约》第 61 条以及 1990 年 6 月制定的《MIGA 成员资格规则》第 3—5 条的规定，凡是有资格申请加入《汉城公约》的国家必须全部完成以下四项手续才能成为本公约的正式成员国和 MIGA 正式股东：(1) 由申请参加缔约的国家指派其授权代表在公约上签署；(2) 由签署国根据其宪法程序对参加本公约一事予以批准、接受或同意；(3) 由签署国向设在美国首都华盛顿的世界银行总部交存其批准书、接受书或同意书；(4) 由已经签署和批准的国家按规定认购分配给它的定额 MIGA 股份，并在规定期限之内分别以现金和期票等缴清 20% 认购股份的资本金额。为了叙述方便，本文将已经签署《汉城公约》但尚待继续完成全部缔约手续的此类国家简称为"预备成员国"。

单中的南非,现在则改列在"第二类国家"名单之中。这种改动在《汉城公约》及其有关补充规定中是有法律根据的。按照《汉城公约》第 3 条(c)款以及第 59 条(b)款规定:公约附表 A 所列的两大类国家经 MIGA 理事会特别多数票[24]通过,即可予以修改。而 MIGA 理事会于 1988 年 6 月 8 日通过的《多边投资担保机构章程》第 17 条(c)款则进一步明确规定对于在 1987 年 10 月 30 日以后申请参加 MIGA 的新成员国(即"非创始成员国"),应由理事会指定该国归属何种类别。

第三,苏联所属地区以及原东欧各社会主义国家,除匈牙利、罗马尼亚、南斯拉夫三国外,在 1985 年时均不是世界银行成员国,故均未列在当时两大类国家的原始名单之中。1990 年以来,苏联和东欧地区在政治、经济上发生了剧烈的振荡和变动,并且出现了一系列新的独立的国家。紧接着国内经济、政治制度改变之后,它们相继参加了世界银行的组织,并且先后参加了《汉城公约》,成为本公约的新成员以及多边投资担保机构的新股东。表 3-2-1 中"欧洲/中亚地区"一栏中所列的本公约正式成员国和预备成员国,其绝大部分均属此类。

第四,苏联所属地区以及东欧各社会主义国家,在表 3-2-1 中,全部被列入《汉城公约》的"第二类国家"即发展中国家。这种划分归类,显然是依据上面第二点所述《汉城公约》条款及章程规定而由 MIGA 理事会作出决定的。不过,如细加分析,则可看出这种划分归类有其切合实际的一面,又有其易滋混淆的一面。众所周知,原属苏联的中亚地区各国以及欧洲波罗的海东岸的三个小国,历史上都曾经沦为沙皇俄国的殖民地或半殖民地,经济发展水平向来比较低下,现在把它们列入"第二类国家",这当然是切合实际的。但是作为苏联主体的俄罗斯,曾经长期是全球两个超级大国之一的"中坚",从其经济发展水平以及综合国力而言,当然是属于发达国家之列,甚至是属于此类国家的前列。如今苏联虽已解体,但"百足之虫,死而不僵",俄罗斯的现有经济发展水平和综合实力,仍远高于一般发展中国家,不应当同日而言,混为一谈。因此把它归入"第二类国家",即发展中国家之列,难免会引起国际社会经济、政治诸领域中基本概念上的混淆。

不过,如果注意到《汉城公约》"附表 A"中对"第二类国家"一词所附加的一条专门注解,则应当强调:"本表列为第二类国家的各国,是专指本公约所称的发展中国家成员国"(或译:"发展中成员国家",注解原文为:Countries listed under Category Two are developing member countries for the purposes of this Convention),而不是

---

[24] 所谓"特别多数票",指的是足以代表 MIGA 认购股份 55% 以上、不少于本机构投票权总数 2/3 的赞成票。见《汉城公约》第 3 条(d)款。

泛指或等同于国际社会中已经公认或"约定俗成"的一般意义上的发展中国家。[25] 例如,上述原始名单曾把素来不属于发展中国家之列的西班牙、葡萄牙、希腊一度列为"第二类国家",这也反证了《汉城公约》中所称的"发展中国家",其含义并不完全等同于国际社会中所惯用的"发展中国家"一词。它只是专指那些急需吸收外资而MIGA又愿意为其境内的外资承保非商业性风险的国家。只有这样理解,才不会导致国际政治生活中基本概念上的含糊和混淆。

弄清了和强调了这一点,就不难理解MIGA理事会把俄罗斯、白俄罗斯、乌克兰等国列为"第二类国家"的特定历史条件:《汉城公约》"序言"和第2条强调本公约的宗旨在于通过消除与非商业性风险有关的忧虑,"促进和进一步鼓励外国投资流向发展中国家";第14条有关"适格东道国"的规定又明文设限:MIGA"只对在发展中国家成员国境内所作的投资提供担保"。衡之于俄罗斯、白俄罗斯、乌克兰等国的现实情况:体制剧变后经济上急需外资注入,但其政局动荡不稳又使外国投资者因担心遇到非商业性风险而趑趄不前。在此种条件下,如将这些国家列入《汉城公约》附表A中的"第一类国家",则投入这些国家的外资将因不符合本公约第14条关于"适格东道国"的规定而无法获得MIGA同意承保非商业性风险。这就不能消除外国投资者的顾虑,从而也无法满足俄罗斯等国家吸收外资的急迫需要。反之,只有把它们列入本公约所专门指定的"第二类国家",即急需吸收外资而MIGA又愿意为其境内外资承保非商业性风险这一特定含义上的"发展中国家",才能从实际上解决俄罗斯等东道国吸收外资以及外国投资者向这些东道国投资双方所遇到的困难问题。在特定的历史条件之下,MIGA理事会适应本公约上述规定而采取的这种现实措施,也从一个侧面反映出MIGA开展跨国投资保险业务时,在实际操作中的一种灵活性。

(二) 多边投资担保机构股权、投票权分配

MIGA股权和投票权的分配,与一般保险公司相比较,有类似之处,又有独特之处。这是由MIGA的固有本质所决定的。

按照《汉城公约》规定,MIGA具有完全的法人资格[26]。从表面上看,就其组织

---

[25] 在国际社会的经济生活和政治生活中,"发展中国家"通常指的是在第二次世界大战结束以后,挣脱殖民枷锁、争得主权独立或恢复了主权独立的贫弱国家。这些国家共同的主要特征是:(1)在殖民主义盛行全球、帝国主义横行无忌的历史时代中,它们曾经长期沦为殖民地或半殖民地(附属国);(2)它们在取得或恢复政治独立之后,面临着长期积贫积弱,经济十分落后的局面,为了巩固政治独立,进一步取得经济独立,彻底摆脱贫困落后,必须极力发展本国的经济。参见陈安主编:《国际经济法总论》,法律出版社1994年版,第24—28页。

[26] 参见《汉城公约》第1.43—1.50条。

形式、经营管理、业务内容而论,它当然具有一般保险公司的共性。但是稍为深入分析,就不难看出它又有许多区别于一般保险公司的独特个性:第一,它不单纯是一般民法、商法意义上的公司,即不是单一国家国内私法上的主体,而是国际公法上的主体。它赖以成立的法律根据,就是一项特定的国际公约——《汉城公约》。第二,它的股东,全部是享有国际公法上平等主权地位的独立国家,而并无任何不享有主权地位的地区或任何私人资方混杂其中。第三,MIGA 本身及其代表和职员,均依据《汉城公约》的有关规定,享有国际公法上的某些"特权和豁免"[27],即类似外交人员的特惠待遇,这当然不是一般保险公司所能奢望和企及的。第四,也是最重要的,它的股东,分别属于全球南、北两大类国家"营垒"。这两大类国家之间既有着经济上的互补性(即在经济利益上互相依存、互相需要),又有着经济上的对抗性(即在经济利益上互相矛盾、互相冲突)。现在,它们为了一个共同的目标,即通过促进国际资本跨国流入发展中国家,借以实现互利,而组成了 MIGA,这就要求两大类国家在国家利益上互谅互让,作出必要的妥协,以利在 MIGA 中"合作共事"。MIGA 两大类股东关系上的这种特征,显然迥异于一般保险公司。

MIGA 组织与一般保险公司相比较所具有的上述共性和个性,在 MIGA 股权和投票权的分配上有着明显的综合表现。换言之,MIGA 相同于一般保险公司的共性,决定了它在股权和投票权的分配上基本上是按各股东认购股份的多寡来分配;MIGA 不同于一般保险公司的独特个性,决定了它在股权和投票权的分配上并不完全以认购股份的多寡作为唯一的标准。

根据《汉城公约》的规定:MIGA 的法定资本为 10 亿特别提款权(SDR 1 000 000 000)。全部资本为 10 万股,每股票面价值为 1 万特别提款权,供各成员国分别按分配定额认购。《汉城公约》设定:1 特别提款权等于 1.082 美元,故 MIGA 全部总资本值为 10.82 亿美元。[28] 成员国每认购(subscribe)1 股,即在 MIGA 事务投票决策方面享有 1 票,称为"股份票"(subscription vote)。[29] 换言之,在各成员国中,财力越大,认购股份越多(即出资额愈多)者,在处理 MIGA 事务中享有越多的投票权和越大的决策权。

---

〔27〕 参见《汉城公约》第 1.43—1.50 条。
〔28〕 参见《汉城公约》第 5 条(a)款。"特别提款权"(Special Drawing Rights,简称"SDR")原是国际货币基金组织(IMF)分配给各成员国的一种使用特定资金的权利,故称为"提款权",同时也是一种特殊的货币计值单位。它原与美元等值,即每 1 SDR 单位等于 0.888671 克黄金。其后,由于美元出现危机,国际货币基金会组织宣布自 1974 年 7 月 1 日起,SDR 与黄金脱钩,按一定期间内出口额最大的若干国家的货币,以加权比例的方法,综合计算定值,简称"一揽子货币定值"。SDR 现在据以定值的五种货币是:美元、德国马克、法国法郎、日元以及英镑。参见陈安主编:《国际货币金融法》,鹭江出版社 1988 年版,第 357—381 页。
〔29〕 参见《汉城公约》第 39 条(a)款。

但是，按《汉城公约》的规定，与"股份票"同时并存的是"成员票"（membership vote）。即每一成员国，不论其国家大小、国势强弱、财力巨细、认股多寡，都同样享有数量完全相等的 177 票投票权或决策权。《汉城公约》明文记载了作出这种规定的目的和意图：旨在使 MIGA 投票权的安排能够反映本公约南、北两大类国家在 MIGA 的决策过程中享有"平等利益"（equal interest），[30] 并通过多方调整尽可能做到上述两大类国家在 MIGA 事务投票权上的均衡与平等（voting parity）。[31] 换言之，每个成员国享有的投票权的票数，即是其"股份票"与"成员票"这两者的相加。通过这种特定的投票权分配，实现两大类国家在 MIGA 事务决策权上的总体平衡。

众所周知，在当代的南、北两大类国家中，发达国家财力雄厚，远远超过众多贫弱的发展中国家。发达国家能够分别通过多认购股份而拥有很多"股份票"投票权，但是在作为 MIGA 成员的 100 多个国家中，发达国家毕竟只占成员国总数的 1/8 至 1/7，在《汉城公约》"附表 A"原始名单中列明者只有 21 个，[32] 相应地，它们所拥有的"成员票"投票权的总和，就为数有限；反之，虽然发展中国家财力薄弱，它们通过认购股份所能取得的"股份票"投票权，为数不多，远逊于发达国家，但是发展中国家约占 MIGA 成员国家总数的 6/7 至 7/8，它们所拥有的"成员票"投票权的总和，就远远超过发达国家的"成员票"投票权的总和。换言之，发展中国家在"股份票"方面的总体劣势，从其在"成员票"方面的巨大总体优势中，得到弥补而转强；反过来，发达国家在"股份票"方面的巨大总体优势，却因其在"成员票"方面的总体劣势，受到削减而转弱。在这两个方面互相消长的过程中，再加上《汉城公约》中关于许多重要事务必须获得"特别多数票"方能作出决策的明确规定，综合运用得当，就可以使南、北两大类国家在 MIGA 决策权（投票权）方面，达到总体上的均势和平等，得以基本上实现"平起平坐"。

MIGA 中各成员国投票权分配的这种格局和模式，显然是南、北两大类国家两大营垒矛盾冲突→长期论战→反复谈判→妥协合作的又一重要体现。对于在国际社会的经济生活和政治生活中长期处于弱者地位的众多发展中国家说来，在国际经济组织的决策权即投票权方面争取到按这种新的模式实行新的分配，确是得来不易

---

[30] 参见《汉城公约》第 39 条(a)款。

[31] 《汉城公约》第 39(c)款(ii)项。关于通过多方调整达到投票权均衡与平等的具体办法详见陈安主编、徐崇利副主编：《MIGA 与中国：多边投资担保机构述评》，福建人民出版社 1995 年版，第 2 章第 3 节。

[32] 《汉城公约》附件"Schedule A"原始名单中列出 21 个"第一类国家"（category one）：澳大利亚、奥地利、比利时、加拿大、丹麦、芬兰、法国、联邦德国、冰岛、爱尔兰、意大利、日本、卢森堡、荷兰、新西兰、挪威、南非、瑞典、瑞士、英国、美国。迄今为止，澳大利亚、奥地利、冰岛、新西兰四国尚未加入 MIGA；南非则被改列为"第二类国家"（category two）。反之，上述原始名单中原被列为"第二类国家"的希腊、葡萄牙、西班牙三国，现在则被改列为"第一类国家"。经过上述调整后，现有名单中被列为"第一类国家"的共计 19 个。

的,也是它们团结一致、长期联合奋斗的初步成果。

兹将MIGA各个成员国——各个股东分别认购的股份数(股权)、缴资情况、投票权票数(含"股份票"和"成员票")以及各成员国投票权票数在MIGA全部投票权总票数中所占的百分比,综合列表如下。[33]

表 3-2-2　多边投资担保机构认购股份及投票权分配一览表

（截至1994年6月30日）

（货币单位：千美元）

成员国国名	股份认购及缴资情况					投票权分配情况	
	认购股份	应缴股金	已缴股金	欠缴股金	待缴股金	投票权票数	在总票数中所占百分比
阿尔巴尼亚	58	628	126	—	502	235	0.20
安哥拉	187	2023	404	—	1619	364	0.31
阿根廷	1254	13568	2714	—	10854	1431	1.23
阿塞拜疆	115	1244	249	—	995	292	0.25
巴哈林	77	833	167	—	666	254	0.22
孟加拉国	340	3679	736	—	2943	517	0.44
巴巴多斯	68	736	147	—	589	245	0.21
白俄罗斯	233	2521	504	—	2017	410	0.35
比利时	2030	21965	4393	—	17572	2207	1.90
贝利塞	50	541	108	—	433	227	0.20
玻利维亚	125	1353	271	—	1082	302	0.26
博茨瓦纳	50	541	108	—	433	227	0.20
巴西	1479	16003	3201	—	12802	1656	1.42
保加利亚	365	3949	790	—	3159	542	0.47
布基纳法索	61	660	132	—	528	238	0.20
喀麦隆	107	1158	232	—	926	284	0.24
加拿大	2965	32081	6416	—	25665	3142	2.70
佛得角	50	541	108	—	433	227	0.20
智利	485	5248	1050	—	4198	662	0.57
中国	3138	33953	6791	—	27162	3315	2.85
刚果	65	703	141	—	562	242	0.21
哥斯达黎加	117	1266	253	—	1013	294	0.25
象牙海岸	176	1904	381	—	1523	353	0.30
克罗地亚	187	2023	405	—	1618	364	0.31

---

[33] 主要资料依据：《MIGA 1994年度报告》,英文版,第44—46页。

(续表)

成员国国名	股份认购及缴资情况					投票权分配情况	
	认购股份	应缴股金	已缴股金	欠缴股金	待缴股金	投票权票数	在总票数中所占百分比
塞浦路斯	104	1125	225	—	900	281	0.24
捷克	445	4815	963	—	3852	622	0.53
丹麦	718	7769	1554	—	6215	895	0.77
多米尼加联邦	50	541	108	—	433	227	0.20
厄瓜多尔	182	1969	394	—	1575	359	0.31
埃及	459	4966	993	—	3973	636	0.55
萨尔瓦多	122	1320	264	—	1056	299	0.26
爱沙尼亚	65	703	141	—	562	242	0.21
埃塞俄比亚	70	757	152	—	605	247	0.21
斐济	71	768	154	—	614	248	0.21
芬兰	600	6492	1299	—	5193	777	0.67
法国	4860	52585	10518	—	42067	5037	4.33
柬埔寨	50	541	108	—	433	227	0.20
格鲁吉亚	111	1201	239	—	962	288	0.25
德国	5071	54868	10973	—	43895	5248	4.51
加纳	245	2651	530	—	2121	422	0.36
希腊	280	3030	606	—	2424	457	0.39
格林纳达	50	541	108	—	433	227	0.20
圭亚那	84	909	182	—	727	261	0.22
洪都拉斯	101	1093	219	—	874	278	0.24
匈牙利	564	6102	1220	—	4882	741	0.64
印度	3048	32979	6596	—	26383	3225	2.77
印度尼西亚	1049	11350	2270	—	9080	1226	1.05
爱尔兰	369	3993	798	—	3195	546	0.47
以色列	474	5129	1025	—	4104	651	0.56
意大利	2820	30512	6102	—	24410	2997	2.58
牙买加	181	1958	391	—	1567	358	0.31
日本	5095	55128	11026	—	44102	5272	4.53
约旦	97	1050	210	—	840	274	0.24
哈萨克	209	2261	452	—	1809	386	0.33
肯尼亚	172	1861	372	—	1489	349	0.30

(续表)

成员国国名	股份认购及缴资情况					投票权分配情况	
	认购股份	应缴股金	已缴股金	欠缴股金	待缴股金	投票权票数	在总票数中所占百分比
韩国	449	4858	971	—	3887	626	0.54
科威特	930	10063	2013	—	8050	1107	0.95
吉尔吉斯	77	833	167	—	666	254	0.22
莱索托	50	541	108	—	433	227	0.20
利比亚	549	5940	1188	—	4752	726	0.62
立陶宛	106	1147	229	—	918	283	0.24
卢森堡	116	1255	251	—	1004	293	0.25
马其顿	50	541	108	—	433	227	0.20
马达加斯加	100	1082	216	—	866	227	0.24
马拉维	77	833	167	—	666	254	0.22
马来西亚	579	6265	1253	—	5012	756	0.65
马里	81	876	175	—	701	258	0.22
马耳他	75	811	161	—	650	252	0.22
毛里塔尼亚	63	682	136	—	546	240	0.21
毛里求斯	87	941	188	—	753	264	0.23
密克罗尼西亚	50	541	108	—	433	227	0.20
摩尔多瓦	96	1039	208	—	831	273	0.23
摩洛哥	348	3765	753	—	3012	525	0.45
纳米比亚	107	1158	232	—	926	284	0.24
荷兰	2169	23469	4694	—	18775	2346	2.02
尼泊尔	69	747	149	—	598	246	0.21
尼加拉瓜	102	1104	221	—	883	279	0.24
尼日利亚	844	9132	1826	—	7306	1021	0.88
挪威	699	7563	1513	—	6050	876	0.75
阿曼	94	1018	204	—	814	271	0.23
巴基斯坦	660	7141	1428	—	5713	837	0.72
巴布亚新几内亚	96	1039	208	—	831	273	0.23
巴拉圭	80	866	173	—	693	257	0.22
秘鲁	373	4036	807	—	3229	550	0.47
菲律宾	484	5237	1047	—	4190	661	0.57
波兰	764	8266	1653	—	6613	941	0.81

（续表）

成员国国名	股份认购及缴资情况					投票权分配情况	
	认购股份	应缴股金	已缴股金	欠缴股金	待缴股金	投票权票数	在总票数中所占百分比
葡萄牙	382	4133	827	—	3306	559	0.48
罗马尼亚	555	6005	1201	—	4804	732	0.63
俄罗斯	3137	33942	6788	—	27154	3314	2.85
圣卢西亚	50	541	108	—	433	227	0.20
圣文森特	50	541	108	—	433	227	0.20
沙特阿拉伯	3137	33942	6788	—	27154	3314	2.85
塞内加尔	145	1569	314	—	1255	322	0.28
塞舌尔	50	541	108	—	433	227	0.20
斯洛伐克	222	2402	480	—	1922	399	0.34
斯洛文尼亚	102	1104	221	—	883	279	0.24
南非	943	10203	2041	—	8162	1120	0.96
西班牙	1285	13904	2781	—	11123	1462	1.26
斯里兰卡	271	2932	586	—	2346	448	0.38
苏丹	206	2229	446	—	1783	383	0.33
斯威士兰	58	628	126	—	502	235	0.20
瑞典	1049	11350	2270	—	9080	1226	1.05
瑞士	1500	16230	3246	—	12984	1677	1.44
坦桑尼亚	141	1526	305	—	1221	318	0.27
多哥	77	833	167	—	666	254	0.22
特立尼达和多巴哥	203	2196	439	—	1757	380	0.33
突尼斯	156	1688	338	—	1350	333	0.29
土耳其	462	4999	1000	—	3999	639	0.55
土库曼	66	714	143	—	571	243	0.21
乌干达	132	1428	286	—	1142	309	0.27
阿拉伯联合酋长国	372	4025	805	—	3220	549	0.47
英国	4860	52585	10517	—	42068	5037	4.33
美国	20519	222016	44404	—	177612	20696	17.79
乌拉圭	202	2186	438	—	1748	379	0.33
乌兹别克斯坦	175	1894	380	—	1514	352	0.30
瓦努阿图	50	541	108	—	433	227	0.20
委内瑞拉	1427	15440	3088	—	12352	1604	1.38

(续表)

成员国国名	股份认购及缴资情况					投票权分配情况	
	认购股份	应缴股金	已缴股金	欠缴股金	待缴股金	投票权票数	在总票数中所占百分比
西萨摩亚	50	541	108	—	433	227	0.20
扎伊尔	338	3658	—	731	2927	515	0.44
赞比亚	318	3441	688	—	2753	495	0.43
津巴布韦	236	2553	511	—	2042	413	0.35
合计（1994年06月30日止）	94948	1027337	204736	731	821870	116365	100.0
合计（1993年6月30日止）	87581	947626	188794	731	758101	106520	

附注：1. 截至1994年6月30日，还有几笔股金来自以下几个国家，因尚未办完应有手续，暂未计入：(1) 扎伊尔暂交认股费1000美元；(2) 巴哈马股金13.5万美元；(3) 几内亚股金9.8万美元；(4) 拉脱维亚股金7.9万美元；(5) 莫桑比克股金7.9万美元；(6) 乌克兰股金62万美元；(7) 越南股金17.8万美元；(8) 波斯尼亚和黑塞哥维那股金6.5万美元；(9) 南斯拉夫（塞尔维亚和门得内哥罗）股金18.7万美元。以上九笔款项总计为144.2万美元。

2. 上述统计表最后一行是1993财政年度的合计数字，附录于此，俾便与1994财政年度的合计数字对比，看出进展情况。

对于表3-2-2的综合统计数字加以粗略分析，可以看出在MIGA内部股权、投票权分配方面，有如下一些重要现象、问题和趋向，很值得注意：

第一，截至1994年6月30日，MIGA的投票权总票数为116365票，其在两大类成员国间的具体分配结构可归纳为如下表格：[34]

表3-2-3 MIGA股票权总票数在两大类成员国间的具体分配结构表

	第一类国家（美、英、德、日等19个发达国家成员国）	第二类国家（中国等102个发展中国家成员国）	合计
股份票	57387	37561	94948
成员票	19×177＝3363	102×177＝18054	21417
合计	60750	55615	116365
占投票权总票数的百分比（%）	52.2	47.8	100

从上表的统计数字看，在"股份票"方面，19个发达国家挟其经济上的绝对优势，多认股多得票，比102个发展中国家多出19826票，从而享有大得多的投票权；但是在"成员票"方面，102个发展中国家却凭借其"国多势众"，按每国177票累计，比19

---

[34] 主要资料依据：《MIGA 1994年度报告》，英文版，第44—46页。

个发达国家多出 14691 票,在很大程度"扳回"了投票权上的劣势,缩小了差距,从而在两大类国家投票权总数的全局对比中,形成 52.2∶47.8 的局面。这种对比,截至 1994 年 6 月 30 日,虽尚未能完全实现《汉城公约》第 39 条所预期的那样,使两大类国家在 MIGA 事务投票权分配上达到完全的均衡与平等,但确已朝着这方向迈进,并有了引人注目的重大发展。如果加上 1994 年 7 月 1 日以来完成了批准、认股等全部缔约手续的新添发展中国家成员国,则发展中国家在上述投票权分配方面必将迅速享有与发达国家完全相等的票数和完全平等的权利。这种情况,估计在 MIGA 1995 财政年度的综合报告书上会有明确的反映。

第二,两大类国家在决策权的总体分配上基本达到平衡这一事实并不能掩盖、更不能抹杀单个富强发达国家与单个贫弱发展中国家在决策权上的巨大悬殊。试以美国为例,它在投票权上享有 MIGA 投票权总票数的 17.79%,相比之下,有 30 多个贫弱小国,却只享有 MIGA 投票权总票数的 0.2% 左右,两者相差达 80—90 倍之巨!众所周知,"财多权大,财大气粗",长期以来就是国际社会政治生活与经济生活中常见的陈规陋习,也是国际经济旧秩序的集中体现之一。这种属于国际经济旧秩序的陈规陋习,在 MIGA 这一全球性的多边机构中,仍然有着相当强大的影响。这是人们在对 MIGA 的长处加以充分肯定的同时,不能不有的清醒认识。

第三,这种"财大气粗"的陈规,如果再与政治上的霸权主义陋习结合在一起,其对 MIGA 良好宗旨的贯彻,势必产生更大的消极影响和负面作用。仍以美国为例,美国国会的议员们明知《汉城公约》中设有专条,明文禁止 MIGA 及其总裁和职员们一概不得干涉任何成员国的内政事务;在作出有关 MIGA 业务的决策时,对任何成员国,不论其政治性质(political character)如何,均应不偏不倚,一视同仁。[35] 但是,美国的这些立法者们却在有关 MIGA 的国内立法中,与《汉城公约》关于禁止干涉任何成员国内政的上述明文规定唱对台戏,公然要求其本国派驻 MIGA 的董事,想方设法运用其享有巨大优势的决策权——投票权力,把美国的政治观念、"人权"观念,塞进 MIGA 的业务决策过程之中,作为能否为投资项目承保风险的衡量标准,从而发散出一股十分浓烈的霸权主义气息。[36] 对此,人们在 MIGA 机制的运作过程中,当然更不能不保持应有的警惕和加以必要的抵制。只有这样,才能保证《汉城公约》良好宗旨的顺利贯彻实现。

第四,随着参加 MIGA 的发展中国家成员国日益增多,随着 MIGA 机构运作的日益正常化和健全化,单个富强发达国家在 MIGA 总决策权中所占的比重,呈现出

---

[35] 参见《汉城公约》第 34 条;《MIGA 公约解说》第 60 条。
[36] 参见《美国法典》(United States Codes)(第 22 卷)第 290 节 k 条 2 款;陈仲洵:《多边投资担保机构与美国在华投资》,载《中国国际法年刊》(1992),中国对外翻译出版公司 1993 年版,第 202—211 页。

逐步下降的趋势。仍以美国为例,在 1991 财政年度,美国所拥有的投票权票数占 MIGA 投票权总票数的 24.63%;[37]1992 年度,这个比例下降为 22.3%;[38]1993 财政年度,再下降为 19.43%;[39]到了 1994 财政年度,又进一步下降为 17.79%。[40] 短短 3 年间,在 MIGA 内部出现的这种发展趋向,从国际经济秩序新旧更替的历史进程来看,从全球弱小国家力争在国际事务中享有更多发言权和更大决策权的正当要求来看,显然是一种令人高兴的良好势头:一叶纵非秋,一叶可知秋!

(三) 多边投资担保机构第一个五年的主要业绩、存在的问题和前景展望

《汉城公约》第 67 条规定:本公约生效后五年,MIGA 理事会应当对本机构的活动及其取得的效果进行全面的检查总结,以便作出某些调整和改进,提高本机构贯彻其宗旨的能力。以此为据,MIGA 聘请了专家对本机构 1989 年 6 月至 1994 年 6 月五年间的经营和工作进行了首次的全面评估。兹简介要点如下:

MIGA 开业运作五年间的最主要的业绩,体现在其中心业务——跨国投资保险上。

在这五年中,MIGA 经历了初期"迟迟学走,步履蹒跚"的孩提阶段,自 1992 年起,开始出现了"健康成长、阔步前进"的势头。根据统计,截至 1994 年 6 月 30 日,MIGA 与跨国投资者签订的保险合同已达 101 项,它所承保的风险事故"或有债务"(contingent liability)的最高总额已达 12.5 亿美元,所涉及的流入发展中国家的项目投资总额则高达 61 亿美元。逐年进展情况见下表:[41]

表 3-2-4　MIGA 第一个五年签订担保合同数等逐年进展情况表

(截至 1994 年 6 月 30 日)

(货币单位:亿美元)

类目＼财政年度	1990	1991	1992	1993	1994	累计
签订担保合同数	4	11	21	27	38	101
承保风险事故"或有债务"的最高总额	1.32	0.59	3.13	3.74	3.72	12.50
涉及的跨国投资总额	10	9	10	19	13	61

---

[37] 参见《MIGA 1991 年度报告》,英文版,第 40 页。
[38] 参见《MIGA 1992 年度报告》,英文版,第 35 页。
[39] 参见《MIGA 1993 年度报告》,英文版,第 40 页。
[40] 参见《MIGA 1994 年度报告》,英文版,第 46 页。
[41] 参见《MIGA 1994 年度报告》,英文版,第 17 页;世界银行:《MIGA 第一个五年的回顾与未来的挑战》(以下简称《挑战》),英文版,第 5—6 页。"或有债务"(contingent liability)又译"偶发事故可能引起的债务",指的是尚未发生但很可能发生的债务,它的发生与否,取决于日后某种特写事态是否出现。就保险机构而言,其"或有债务"主要是指承保范围内的风险事故一旦发生后,保险人可能承担的债务。"或有债务"最大总额的增加,是保险业务兴旺发达的主要指标之一。

专家们认为,这些数字表明:MIGA 作为国际保险行业的新成员,在短短五年间,就已崛起成为全球最大的五家投资保险机构之一;而就其专门承保跨国投资非商业性风险业务而言,则已居于全世界的首要地位。[42]

五年累计,全球跨国投资者向 MIGA 递交的非商业性风险投保"初步申请"已经超过 1500 份;登记在案的跨国投资者来自 44 个成员国家(其中包括 22 个发展中国家),投资项目所在国则分布在 104 个国家。[43] 这些数字不但表明 MIGA 在贯彻其组建宗旨——促进国际资本向发展中国家流动方面,确实正在发挥广泛的、积极的作用,而且表明它在促进"南南国际合作"(即发展中国家相互之间的协作)、改造国际经济旧秩序方面,也正在发挥引人注目的积极作用。

截至 1994 年 6 月 30 日,MIGA 所承保的各类非商业性风险中,征收险的承保额居于首位,然后依次为汇兑险、战乱险和违约险。这表明跨国投资者数年来所最担心,因而最乐意向 MIGA 投保的险别,仍然是东道国政府对外资实行征用或限制外币汇兑方面的风险;反过来说,MIGA 在解除或减轻跨国投资者顾虑上所能发挥的积极作用,也最突出地表现在这两个方面。五年累计,MIGA 为跨国投资者承保各类非商业性风险的金额可分别表示如下:[44]

表 3-2-5　MIGA 承保跨国投资的风险类型和承保金额
(截至 1994 年 6 月 30 日)

(货币单位:亿美元)

风险类型	承保金额
汇兑险	7.671
征收险	9.182
战乱险	5.617
违约险	0.500

在 1994 年 6 月 30 日以前已经正式签订的 101 项跨国投资保险(保证)合同中,投保的跨国投资者分别来自比利时、加拿大、丹麦、法国、德国、日本、卢森堡、荷兰、挪威、沙特阿拉伯、新加坡、西班牙、瑞士、英国、美国。投资项目所在的东道国则分别为:阿根廷、孟加拉国、巴西、保加利亚、喀麦隆、智利、中国、捷克、加纳、圭亚那、匈牙利、印度尼西亚、牙买加、哈萨克斯坦、马达加斯加、巴基斯坦、秘鲁、波兰、俄罗斯、坦桑尼亚、特立尼达和多巴哥、土耳其、乌干达、乌兹别克斯坦。分布在这些东道国

---

[42] 参见《MIGA 1994 年度报告》,英文版,第 16 页;《挑战》,英文版,第 6 页。
[43] 参见《MIGA 1994 年度报告》,英文版,第 14、16 页;《挑战》,英文版,第 6 页。
[44] 参见《MIGA 1994 年度报告》,英文版,第 16 页。

的外国投资项目，在 MIGA 承保的跨国投资总额中占有不同的比例，可以表示如下：[45]

表 3-2-6　MIGA 承保跨国投资在各东道国的分布情况
（截至 1994 年 6 月 30 日）

（单位：%）

东道国	比例	东道国	比例
巴基斯坦	14	阿根廷	12
巴西	9	捷克	8
波兰	7	土耳其	7
孟加拉国	5	智利	5
印度尼西亚	5	圭亚那	5
特立尼达和多巴哥	5	乌兹别克斯坦	4
其他*	14		

* 含：秘鲁、匈牙利、牙买加、乌干达、中国、俄罗斯、加纳、坦桑尼亚、哈萨克、马达加斯加、保加利亚、喀麦隆。

从上表可以看出，截至 1994 年 6 月 30 日，巴基斯坦是 MIGA 承保外资数额最大的国家，占承保总额的 14%。阿根廷和巴西分别居于第二位和第三位。中国则尚未"单列"，可见当时 MIGA 承保的在华外资，为数不多。但是近来情况有重大的发展，随着外资大量涌入中国以及 MIGA 与中国协作的加强，在中国境内获得 MIGA 承保的外国投资，其数额正在直追上述三个国家，开始进入前列〔其有关情况，详见下文以及《MIGA 与中国：多边投资担保机构述评》（陈安主编，福建人民出版社 1995 年版）一书第 12 章〕。

按《汉城公约》规定，MIGA 应当促进流向发展中国家的是"生产性资金和技术"，它所承保的跨国投资应当符合东道国宣布的发展目标和重点。[46] 回顾 MIGA 开业后五年中的实践，是符合这种要求的。截至 1994 年 6 月 30 日，MIGA 所承保的跨国投资，其绝大部分均属于生产性很强的项目，诸如制造业、采矿业、农工综合企业、基础工业以及生产性融资等，而服务性行业则仅占其中很小比例。五年累计，其具体百分比大体如下：[47]

---

[45]　参见《MIGA 1994 年度报告》，英文版，第 15 页；《挑战》，英文版，第 7—8、16 页。
[46]　参见《汉城公约》，序言、第 12 条(d)款。
[47]　参见《MIGA 1994 年度报告》，英文版，第 16 页。

表 3-2-7　MIGA 承保跨国投资的产业分布情况
（截至 1994 年 6 月 30 日）

（单位：%）

产　业	比例	产　业	比例
金融业	35	制造业	28
采矿业	23	农工综合企业	6
基础设施	4	服务业	3
旅游业	1		

特别值得注意的是：截至 1994 年 6 月 30 日，MIGA 与世界各地跨国投资者签订的 101 项保险合同中，所涉及的跨国投资项目一般均能"安然无恙"，未遇非商业性风险，因此尚无一例因遭遇 MIGA 承保的非商业性风险损失而向 MIGA 提出索赔。[48] 出现这种局面，原因当然很多：诸如近几年来，吸收外国投资的众多发展中国家的法律环境普遍有较大改善，增强了保护外商投资合法权益的措施；MIGA 在审议是否签发保险合同的操作过程中，遵循《汉城公约》的有关规定，采取相当审慎的态度，事先加强调查研究，并对东道国的政治主权和经济主权给予应有的尊重，[49]从而"防患于未然"；等等。但是这种局面的出现，显然在很大程度上应当归因于 MIGA 机制本身所蕴含的"南北协作"优点，吸收外资的国家在 MIGA 机制中所具有的"双重身份"（即既是吸收外资的东道国，又是 MIGA 的股东），以及由此产生的对非商业性风险事故的抑制或制约作用。[50]

可以说，向 MIGA 投保非商业性风险，能够使跨国投资者获得更大的"安全系数"或"安全感"。因此，MIGA 在国际保险业市场中已经获得良好的"商誉"，其标志之一是：1994 年，MIGA 曾对已经签约的投保人客户作过一次书面通讯调查，有 96% 的客户在反馈信息中表示：今后如果再有跨国投资需要投保，他们将是再度光顾 MIGA 的"回头客"；而且他们将乐意向其他新客户（跨国投资者）推介 MIGA。[51]

为了贯彻促进国际资本向发展中国家跨国流动的宗旨，MIGA 在努力开展为跨国投资承保非商业性风险这一中心业务的同时，还必须按照《汉城公约》第 23 条的规定，采取其他各种措施，提供各种技术性协助和咨询服务，以进一步改善跨国投资的环境，增加发展中国家对外资的吸引力；消除国际资本向发展中国家流动的各种障碍；在与资本跨国流动有关的国际组织之间、投资者母国与投资项目所在东道国之间，进行各种沟通和协调工作。这里值得一提的是：截至 1994 年 6 月 30 日，MIGA

---

[48]　参见《挑战》，英文版，第 18 页。
[49]　前注[16]及有关正文。
[50]　前注[17]及有关正文。
[51]　参见《MIGA 1994 年度报告》，英文版，第 15 页；《挑战》，英文版，第 7 页。

主办的"政策咨询服务"项目(Policy Advisory Services)以及 MIGA 参与主办的"外国投资咨询服务"项目(Foreign Investment Advisory Service)已协助 74 个发展中国家成员国增强了它们对外国投资的吸引力,并且为 44 个发展中国家成员国提供了各种技术性的服务,以吸引更多的国际资本投入这些急需外资的国家。[52]

MIGA 聘请的专家们在回顾、总结与评估过程中,既充分肯定了这个机构 1989 年 6 月至 1994 年 6 月这五年间的业绩,也指出了它所存在的问题。其中最主要的问题有:

第一,现金储备和资本储备不足。[53] 作为一个正常运作的保险机构,通常应当拥有足够的原始资金,并从保险费收入中逐年提取足够的"未到期责任准备金"——理赔准备金,切实保证和逐步提高对付风险事故的理赔能力。这样,才能有效地保障投保人的权益,避免或减少投保人的风险损失。为此,保险机构因承保额不断扩大而导致的"或有债务"总额的增加,应当与它的原始资金和理赔准备金两者相加的总额,形成一定的合理比例,借以维持保险业务的健康发展,尽力避免出现"资不抵债"的被动局面。衡之于 MIGA 的现状,近数年来承保业务迅速扩展,"或有债务"总额急剧增加,在这种"营业兴旺"的可喜现象的后面,却蕴含着某种"隐忧":MIGA 的原始资金号称 10.82 亿美元,但各成员国实缴现金不过其中的 10%,即约 1.08 亿美元,外加同等数额的本票或类似的债券。由于开业不久,MIGA 所提取和积累的理赔准备金也相当有限。但是截至 1994 年 6 月底,MIGA 承保风险事故的"或有债务"最大额已达 12.50 亿美元之巨,大大超过了《汉城公约》第 22 条所设定的合理比例和必要限制,降低了 MIGA 对付或有风险的能力。此种情况如不及时改变,一旦发生多发性风险事故,MIGA 就难以维持健康运作和在国际保险市场中的良好商誉。

第二,潜在功能尚未充分发挥。[54] 随着世界经济的发展,有些发展中国家已经具备向外投资的能力,也有向外投资以取得更大经济效益的需要。MIGA 在促使这些发展中国家向急需外资的其他发展中国家直接投注资本方面,尚未充分发挥应有的积极作用。另外,在吸引各国私营保险机构参加跨国投资非商业性风险承保业务方面,还有许多"分保"和"共保"方式可资采用,MIGA 在这个领域中的潜在功能,也还有待大力发掘和发挥。

第三,"赞助担保"机制迟迟未予启动。[55]《汉城公约》第 24 条及附件 Ⅰ 规定,

---

[52] 参见《挑战》,英文版,第 6 页;《MIGA 1994 年度报告》,英文版,第 34—36 页。
[53] 参见〔美〕波茨:《MIGA 第一个五年的回顾和今后的展望》(1994 年 4 月 12 日),华盛顿英文单行本,第 iv—v 页、第 45—46 页。
[54] 同上书,第 vi 页、第 47 页。
[55] 同上。

MIGA 除了开展第 12 条至第 23 条规定的一般担保（保险）业务之外，还可以开展"赞助投资担保"（guarantees of sponsored investments）。这种机制的要点是：（1）任何成员国都可以在认缴 MIGA 定额股金之外，另行出资，为承保某项投资的非商业性风险，提供赞助，从而予以承保，而不问该项投资的业主属于什么国籍。换言之，在"赞助投资担保"机制下，投保人可以不受《汉城公约》第 13 条所规定的国籍条件的限制。（2）为赞助投资担保而额外征集的经费以及因实行此类担保而获得的保险费等收入，应另立账户，称为"赞助信托基金"，独立经营，自负盈亏，在经济核算上与 MIGA 无涉。（3）"赞助信托基金"项下的资产与负债，虽与 MIGA 无关，但其整个投保、承保业务的操作，仍须严格遵守 MIGA 厘定的有关规章制度。《汉城公约》设置"赞助投资担保"的目的，旨在尽可能扩大 MIGA 的承保功能，而又不增加 MIGA 整体的财务负荷或风险责任。但是 MIGA 自 1989 年开业以来，历经五年，此种机制尚未正式启动和运用，这也有待改进。

第四，技术性协助和各类咨询服务项目供不应求。[56] 这类项目，在为跨国投资改善法律环境、消除障碍、沟通信息、穿针引线、搭桥铺路、缓解矛盾、增加共识等方面，颇起作用，因而广受欢迎。但 MIGA 因限于经费，"心有余而力不足"，未能广泛免费举办；而国民经济低收入的发展中国家成员国又难以自行承担有关费用，因而未能获得急需的此类服务或协助。

针对在全面检查 MIGA 五年运作情况中发现的问题，专家们提出了相应的努力方向、改进建议或解决途径：[57]

其一，采取各种暂时性、阶段性或长期性的措施，尽快地和有步骤地增加 MIGA 的现金储备和资本储备，一待时机成熟，就要对《汉城公约》中有关股本总额和缴纳股金等规定，作出必要的修订。

其二，优先承保和促进南南合作的投资项目，以鼓励国际资本在发展中国家之间跨国流动。这不但有利于在不同层次的发展中国家之间实现经济发展上的互补互利，也大有助于增加 MIGA 机制在广大发展中国家中的影响力和稳定性。

其三，尽早启动"赞助投资担保"机制，以补充 MIGA 承保能力之不足。在这方面，迄今为止已有人提出若干方案：一是适用于俄罗斯和脱离苏联而独立的一些国家；二是适用于南美地区诸成员国之间的跨国投资；三是适用于非洲坦桑尼亚特大型电力投资项目。这些方案虽都还有待进一步磋商和加以完善，但确已显示出一种

---

[56] 参见〔美〕波茨：《MIGA 第一个五年的回顾和今后的展望》（1994 年 4 月 12 日），华盛顿英文单行本，第 vi—vii 页、第 48 页。

[57] 同上书，第 iv—x 页、第 45—49 页；《挑战》，英文版，第 10—11 页。

扩大 MIGA 承保能力的正确方向。

其四,尽量运用各种"共保"或"分保"形式,吸收私营保险机构以及各国官办的保险机构,共同承保大型跨国投资项目,以进一步扩大 MIGA 的承保业务和减轻 MIGA 的风险责任。

其五,想方设法,向受益的发达国家政府和多边国际机构征集捐款,为低收入的发展中国家提供它们急需而又无力支付必要费用的各种咨询服务和技术性协助。同时,在发展中国家成员国间组建"投资促进机构"的国际网络或国际协会,开展各种互助活动。

从 MIGA 诞生的历史和运作的现状看,可以说它是"应运而生"和"应运而壮"的。正因为它的诞生和成长,都适应了世界经济发展和"南北合作"的现实需要,而这种势头方兴未艾,因此,在可预见的未来岁月中,它在促进国际资本向发展中国家跨国流动方面,势必具有更广阔的"用武之地",势必会发挥更大的积极作用。

世界银行集团另一成员国际金融公司进行的一项专题研究成果表明,近十年来跨国直接投资(FDI)流向和流量的发展变化,颇为引人注目:在 20 世纪 80 年代中期,每年流向发展中国家的跨国直接投资的总量仅为 90 亿美元左右;其后,由于世界经济的发展变化,以及许多发展中国家投资环境的改善,这种年流量逐步迅速增长,至 1992 年,扣除了奖金、红利和收益向投资者母国回流的数字之后,当年流向发展中国家的跨国直接投资的净总额已高达 360 亿美元。在发展中国家雨后春笋般出现的新兴产业部门中,外资比重的增长尤为迅速。在 1992 年以前这五年间,流向 118 个发展中国家的跨国直接投资,以每年平均递增 23% 的比率不断增长,其中 1991 年和 1992 年的年增长率,曾经分别高达 37% 和 33%。[58] 另据"联合国贸发会议"报告书(1994 年 8 月)的统计,1993 年全球各国对外直接投资总额为 1950 亿美元,其中约 800 亿美元投入了发展中国家,占总额的 41%,在绝对量和相对量方面,都开创了新的纪录。[59]

正是在这样的宏观背景下,MIGA 专为跨国流入发展中国家的国际资本提供非商业性风险担保的业务,近年来也迅速扩展,日益兴旺发达。可以预期,MIGA 这个体现着南北两大类国家经济上互相依存、冲突、妥协和合作的全球性机构,只要沿着

---

[58] 参见〔美〕波茨:《MIGA 第一个五年的回顾和今后的展望》(1994 年 4 月 12 日),华盛顿英文单行本,第 45 页;《挑战》,英文版,第 11 页。

[59] 参见《发展中国家吸收外资达到创记录水平》,载《参考消息》1994 年 9 月 6 日第 4 版。

严格遵循国际经济法的诸项基本原则[60]的方向继续阔步前进,就必将在国际社会中受到更广泛的欢迎,获得更普遍的器重和信赖。

三、研究多边投资担保机构对于中国的重大现实意义

中国是 MIGA 的创始成员国之一。在 MIGA 筹组、建立、运作的全过程中,中国一直给予重视和支持,这是出于中国贯彻改革开放基本国策的战略需要,也是中国积极推动全球南北合作、促进世界经济共同繁荣的重要表现。

认真研究 MIGA 体制的历史、现状和发展前景,有利于积极、正确地利用这种机制,促进中国的社会主义经济建设。

深入研究 MIGA 机制,对于中国具有重大的现实意义。具体说来,至少有以下几个主要方面:

(一) 有利于扩大吸收外资

深入研究 MIGA 机制,增进对此种机制的了解和掌握,有利于中国进一步与 MIGA 这个全球性跨国投资保险机构密切协作,使后者得以为更多的对华投资项目提供风险担保,以便进一步改善外商在中国投资的法律环境,增强对外资的法律保障,减轻或解除外商的思想顾虑,从而吸引更多的外资流入中国。

一方面,1979 年改革开放以来,由于保护、鼓励和管理外资的立法渐趋健全,加以政局稳定、市场广阔、机遇众多,导致外商对华投资兴趣与日俱增。据有关部门统计,截至 1995 年底,17 年来中国实际使用外商直接投资金额共计 1354 亿美元。在此期间内,吸引外资的规模,呈现逐年加速扩大的趋向。例如,仅 1991 年至 1994 年这 4 年间,外商对华直接投资实际金额为 766.6 亿美元,其中 1993 年实际投入中国的外资即高达 275 亿美元,约占当年全球投入发展中国家外资总额 800 亿美元的 34.3%,居发展中国家吸收外资的首位;1994 年投入中国的外资进一步增加到 337.87 亿美元。而 1995 年第一季度所吸收的外资竟高达 146 亿美元。如果按这个

---

[60] 根据《建立国际经济新秩序宣言》《各国经济权利和义务宪章》等基本文献,国际经济法的基本原则可大体归纳为尊重经济主权、贯彻公平互利、实行全球合作、恪遵有约必守等。参见陈安主编:《国际经济法学》,北京大学出版社 1994 年版,第 2 章;2001 年第 2 版,第 2 章;2004 年第 3 版,第 2 章。

势头发展下去,1995年投入中国的外资,又将大幅度超过1994年。[61]

另一方面,据来自MIGA总部的信息:MIGA与对华投资外商订立的第一份投资保险合同,正式签发于1993年。两年来,进展迅速,迄1995年6月,MIGA已为在华外资项目签发13份保险合同,其承保总额累计近1亿美元;投资部门包括产品制造业、农工综合企业、制药业、渔业、能源、丝织业、灯具业等。此外,另有近100项的对华跨国投资已向MIGA申请投保并已正式登记在案,其投保总金额可达10亿美元以上。申请投保的对华投资者分别来自比利时、加拿大、法国、德国、意大利、韩国、挪威、瑞士、美国和英国;投资项目涉及农工综合企业、建筑业、石油开发业、制造业以及基础工业等。[62]

综合以上两个方面的信息,不难看出:第一,MIGA在国际社会的对华投资界中开展承保业务的"用武之地",十分广阔,大有可为;第二,中国如能在进一步了解和掌握MIGA机制的基础上,与MIGA进一步协作,促使MIGA与申请投保的各国对华投资者签订投资担保(保险)合同,积极地为他们承保非商业性风险,就势必会使他们进一步消减顾虑,增强对华投资的"安全感"和信心,从而促使更大量的外资源源流入中国。

(二)有利于扩大向外投资

在开放性的经济环境中,资本的流动应是双向的,既有输入,也有输出。发展中国家虽然资金薄弱,总体技术水平较低,但这并不意味着发展中国家就无须或不能向国外投资。通过向国外投资,可以带动本国产品出口;学习外国的先进技术和管理经验;开辟从国外获取短缺资源的新渠道,并且减少中间环节,降低成本,提高经济效益。发展中国家虽然在经济、技术的整体水平上远逊于发达国家,但完全可以利用某一行业、某一区位的相对优势,集中资金,到发达国家或到别的发展中国家进行投资。事实上,许多发展中国家,如印度、科威特、巴西、阿根廷等,早已有多年的对外投资经验;而且发展中国家对外投资总额的绝对量和相对量均呈现日益增长的趋势。例如,根据有关专家的统计,在1980年,发展中国家拥有的国外直接投资在全

---

[61] 参见《我国利用外资稳步增长》,载《国际商报》1995年2月11日;《"八五"期间利用外资比"七五"增长两倍多》,载《人民日报》(海外版)1995年7月24日第1版;《发展中国家吸收外资达创纪录水平》《德报说中国投资环境竞争加剧》,分别载《参考消息》1994年9月6日第4版、1995年7月25日第8版。

[62] 参见MIGA总部法律部首席顾问罗林·威森费尔德先生致陈安教授函(1994年9月9日、1995年4月10日、1995年5月26日),以及他所撰写的辑入陈安主编:《MIGA与中国:多边投资担保机构述评》,福建人民出版社1995年版,第12章的专题论文:《多边投资担保机构与中国的协作及其潜在功能》。

球对外直接投资总额中的比重仅为 1.5%,至 90 年代初,这个比重已逐步上升至约 4%。[63]

中国自 1979 年改革开放以来,在向国外、境外投资方面进行了积极的开拓,取得了可喜的进展。据统计,截至 1992 年,中国的各类企业已纷纷走出国门,在遍布全球的 120 多个国家和地区中,开办了 4000 多家合资、独资和合作企业,国外投资总额达 18.5 亿美元。截至 1995 年 7 月,中国各公司在国外投资又有大幅度增长,其总金额已达 53.27 亿美元。此外,截至 1994 年 4 月,单在香港一地的中国内地公司投资即高达 200 亿美元左右,超过美国人和日本人在香港投资的总和。向外投资的范围主要是开发林业、矿业、渔业等方面的国外资源,并积极经营产品制造、加工装配、工程承包、交通运输、金融信贷、房地产、进出口贸易、百货商店、旅游餐馆、咨询服务等诸多行业。其投资方式,多为国外贷款以现汇投入,或以中国的技术、设备和材料等作价投资。[64] 这些境外企业对于中国充分利用国外资源、资金、技术、管理经验和各类信息,扩大中国对外经济交流和进出口贸易,促进国内经济的发展,都起到了积极的作用。但从总体上说来,中国的向外投资事业还只处在起步阶段。这方面的实践经验相当不足,因此对这些境外企业暂时还缺乏一套行之有效的管理体制和比较健全的法律保护体制。

但是,众所周知,中国的境外投资在当地并非不可能遇到各种政治风险(即战争和暴乱、政府征用、限制汇兑等非商业性风险)。针对此类风险,如何实行保险或加以保证,中国目前尚无专设的法律体制。国务院 1985 年颁行的《保险企业管理暂行规定》授权中国人民保险公司经营有关国有企业、外资企业、中外合资企业的各种保险业务,该公司据此颁布了《外国投资保险(政治风险)条例》,对外商在华投资的非商业性风险提供了法律上和经济上的保障,但对中国法人或自然人在境外投资的同类风险,则缺乏明确规定。1995 年 10 月 1 日开始施行的《中华人民共和国保险法》,在其有关"财产保险合同"的法律条文中,也未设有针对跨国投资的非商业性风险实行保险的专门规定。但是,既然国务院颁行的上述法规已经授权中国人民保险公司经营有关国有企业和"三资"企业的"各种保险业务",则这些企业在中国境外的投资所可能遇到的各类非商业性风险,在逻辑上和法理上均应属于可以向该公司投保与该公司可以承保之列。只要投保人与承保人双方自愿按照上述政治风险保险条例

---

[63] 参见〔美〕戈尼克:《国际直接投资的最新趋势》,中译文载《国际经济》1993 年第 3 期。
[64] 参见《中国境外企业逾四千家》《上海一批企业参与国际竞争》《中冶公司在国际市场露头角》《长江三角洲拓展外向型经济,跨出国门进入更高发展阶段》《首钢买下秘鲁最大铁矿,迈向一流跨国企业》《中国在境外投资超过五十亿美元》,分别载《人民日报》(海外版)1993 年 2 月 25 日第 1 版、1992 年 4 月 12 日第 2 版、8 月 8 日第 2 版、8 月 20 日第 1 版、11 月 11 日第 2 版、1995 年 7 月 29 日第 1 版;法国《费加罗报》文章摘要:《中国是世界经济的"氧气瓶"》,载《参考消息》1994 年 4 月 13 日第 8 版。

的规定订立保险合同,当可使中国各类企业在境外的投资获得同样的法律上和经济上的保护和保证。可以预期:随着中国企业在境外投资活动的进一步拓展,中国将会借鉴和总结国际和国内的实际经验,通过有关立法,逐步建立起保护本国境外投资免受非商业性风险损害的法律体制。

与此同时,在针对境外华资可能遇到的各种非商业性风险事故提供保险方面,中国完全可以,而且应当实行"两条腿走路"的方针:一方面,尽早健全有关的国内立法,建立起专门保护本国对外投资免受境外非商业性风险损害的法律体制;另一方面,充分利用现有的、全球性的 MIGA 保险机制,来保护不断注入许多发展中国家的中国投资。经过 MIGA 承保的跨国投资,其对于东道国的法律约束力、"避险效果"和"安全系数",均超过任何单一国家政府主办的任何保险机构。[65] 可见,中国为了确保日益增多的境外华资的"政治安全"和合法权益,并进一步扩大对外投资,取得更大经济效益和社会效益,则充分利用 MIGA 机制是必不可少的,因而深入研究、充分了解和熟练掌握这种机制,也是十分必要的。

(三) 有利于扩大吸收港、澳、台地区的投资

由于众所周知的历史原因和现实需要,在当前的经贸实践中,中国的港、澳、台同胞注入祖国大陆的投资以及有关的投资活动,均比照外国投资,享有基本相同的法律地位和法律待遇。

来自中国境外的此类投资,其非商业性风险的投保与承保问题,或则尚未妥当解决,或则在不久的将来会遇到新的"适格"问题,值得及时探讨。

以当前的香港和澳门而言,它们分别隶属英国、葡萄牙管辖,这是当年殖民主义肆虐和不平等条约造成的历史恶果。在当前阶段,祖国内地来自港、澳的投资,自可分别选择适用英国或葡萄牙现行的海外投资保险体制,或者适用 MIGA 现行的一般保险体制,以取得投资者所需的保险。但是随着社会主义新中国的独立自强和对百余年国耻的彻底洗雪,香港和澳门分别于 1997 年和 1999 年回归祖国怀抱,港澳同胞以及来自港澳的投资的法律地位,也将发生相应的变化。换言之,香港和澳门回归之后投资的港澳同胞或港澳法人,都正式具有中华人民共和国的国籍,因此,他(它)们势必不能再选择适用英国或葡萄牙的现行海外投资保险体制;与此同时,按照《汉城公约》第 13 条(a)款的规定,既然他(它)们届时都不再具有投资项目所在"东道国以外另一成员国国民"或"另一成员国法人"的法律身份,也就不能作为一般的适格投资者,向 MIGA 投保。

---

[65] 参见本文第一部分:前注[17]、前注[18]及有关正文。

但是,鉴于《汉城公约》第 13 条(c)款另有关于东道国政府和东道国自然人或法人可以联合向 MIGA 申请投保的特别规定,第 24 条及附件Ⅰ又另有关于成员国可以自筹资金在 MIGA 机制内举办"赞助投资担保"的特别规定,中国政府只要根据这些特别规定的基本原则,与 MIGA 充分协作,作出具体的灵活安排,就不难使那些愿意向祖国内地投资,却不愿意向祖国内地官办保险公司投保的港澳投资者,可以向 MIGA 申请投保,获得 MIGA 机制在法律上和经济上的保障,从而消除顾虑,放心地向内地投资。

至于台商在祖国大陆投资的保险问题,目前面临着比港澳投资者在祖国内地投资的保险复杂得多的困难和障碍:

第一,由于海峡两岸长期隔绝形成的思想疑虑和祖国大陆现行保险机制尚欠完善,对祖国大陆实行投资的台商强烈希望获得投资保险却又往往不愿向祖国大陆的保险机构投保。

第二,台湾当局现行的"大陆政策"又设置重重障碍,不允许向祖国大陆投资的台商利用台湾现行的"海外投资保险"机制,获得避免各种非商业性风险事故损失的保险。

第三,即使是以海峡两岸以外第三地公司身份对祖国大陆实行迂回"间接"投资的台商,也由于该第三地官办投资保险机构(例如美国的 OPIC)的狭隘性和歧视性政策,无法获得这些机构的承保。

第四,台湾方面多次提议签订的包含投资保险条款的《台商大陆投资权益保障协议》,因涉及一系列政治敏感问题,短期内显然无法实现。即使假以若干时日,两岸的"海协会"和"海基会"终于签订了上述协议,其法律地位也只是民间性的协议,它本身并非法律或法规,不能直接成为对祖国大陆投资的台商向两岸保险机构申请投保的法律依据。

于是,希望获得强有力的投资保险的台商,就可能一直处在"投保无门"的窘境,从而影响他们向祖国大陆进一步投资的积极性和自信心。

但是,《汉城公约》关于"联合申请投保"和"赞助投资担保"等特别规定,如果运用得当,却不失为台商摆脱上述窘境的良好出路。换言之,深入研究、充分了解和熟练掌握 MIGA 机制,并在此基础上与 MIGA 进一步协作,作出灵活和切实的具体安排,就不难扫除上述困难和障碍,使台商如愿以偿地获得强有力的投资保险,从而激励他们更加放心、更加放胆、更加放手地向祖国大陆投资,以实现两岸的共同繁荣和中华民族的全面振兴。

(四) 有利于促进全球合作,建立国际经济新秩序

从全球宏观上说来,MIGA 机制是南北矛盾和南北合作的产物,又是进一步缓冲和减少南北矛盾、增强南北合作和南南合作的重要杠杆。中国作为全球最大的发展中国家,历来以贯彻公平互利原则、促进全球合作、改造国际经济旧秩序、建立国际经济新秩序,作为自己不可推卸的国际责任,作为自己对外政策的重要基石。只有深入研究 MIGA 机制,充分了解和熟练掌握这种机制,才能正确运用这个有力的杠杆,在国际投资领域,进一步推动全球的南北合作和南南合作,加速国际经济秩序除旧布新和新旧更替的历史进程。

附录 多边投资担保机构的十五年发展历程[*]

【内容提要】

本文首先论述了 20 世纪 80 年代以来政治风险担保对促进外国投资流向发展中国家(包括中国)的重要现实意义以及 MIGA 在其间所起的特殊作用。接着对 MIGA 晚近发展的各个方面,诸如担保业务的现状、环保考虑、纠纷解决以及技术援助活动等,作了相当系统的论述和分析,阐明了 MIGA 的新世纪战略以及该机构所作的努力。本文专门剖析了过去十五年里 MIGA 在华开展担保业务有起有落的原因,并回答了中国国内一些学者由此而产生的疑问。文中特别对 MIGA 参与处理的一起在华外资担保纠纷案作了比较详细的评析。

【目次】

一、引言
    (一) 与投资者利益攸关的政治风险
    (二) MIGA 在投资保险市场中的地位
二、MIGA 担保数额的增长
    (一) MIGA 担保数额增长所涉范围
    (二) MIGA 发放的具有特殊意义的担保

---

[*] 本文由"多边投资担保机构"(MIGA)首席法律顾问劳伦·S. 威森费尔德先生(Lorin S. Weisenfeld)撰写,厦门大学法学院徐崇利教授翻译,原发表于《国际经济法学刊》(第 9 卷),北京大学出版社 2004 年版。经征得作者、译者惠允,转载附录于此,以飨读者。谨此致谢。

（三）未来的发展趋势

三、MIGA 担保能力的扩大

四、MIGA 对环保的关注

（一）背景

（二）对项目的环境评审

（三）环境审查和评估

（四）公开协商与信息披露

（五）实施

五、MIGA 在中国的活动

六、MIGA 的理赔经历

七、MIGA 的技术援助计划

（一）MIGA 的投资促进工具和知识资源

（二）信息传播与扩大对投资者进行搜索的工具

（三）MIGA 在中国的技术援助活动

八、MIGA 的调解服务

九、结论

十、附录：MIGA 环境评估的模式

一、引言

20世纪80年代是全球政治和经济发生革命性变化的前奏。这种变化为外国直接投资创造了良好的环境，并为外国投资者带来了巨大的商机。中央计划经济体制的没落、新兴市场国家法制改革的起步以及国有企业的私有化，这些都对发展中国家产生了重大的影响。例如，随着世界进入后冷战时期，并伴随着东欧国家和苏联政治经济哲学的转变，又有二十多个新国家为潜在的私人投资敞开了国门。

这些转变引发了作为新兴市场的发展中国家在吸引外资方面的激烈竞争。在数十个这样的国家中，外国投资越来越被认为是推动国有企业私有化的一个急需的资金来源渠道。此外，这些国家需要创造就业机会和引进现代技术，从而为私人投资者在这些新千年兴起的市场拓展业务，开辟了广阔的前景。

外资的流入重新受到许多国家的青睐，因为这些国家的政府已经认识到，外国资本是他们进行筹资和减少政府财政赤字的一种有效途径。在大多数情形下，外资也将给东道国带来先进的技术诀窍和就业市场的扩大。显然，发展中国家能从日益增长的投资流入中获益,即外国投资可促进这些国家顺利、成功地向现代经济转型。

在过去十年里,外国私人资本之所以浪潮般地涌向中国,有多种原因。其中使中国成为外国私人资本一个主要栖息地的最重要的因素是,中国在20世纪90年代经济增长迅猛,国内市场巨大,相对于其他亚洲国家劳动力成本低,以及始终强调以市场为导向的改革。反过来,大量外国资本的流入,也增强了中国产业发展的动力。

世界经济的这些发展已为中国带来了许多有益的项目,且激发了有远见的外国投资者在华投资的兴趣。然而,就像诸多发展中国家那样,中国在为潜在的外国投资提供诱人商机的同时,外国商人也不免担忧在此类国家投资的风险。

(一)与投资者利益攸关的政治风险

一个私人投资者通常所追求的是,使其投资回报最大化,并将所有可能会减损其潜在收益的技术、经济、政治风险降至最低限度。例如,在中国,有关对知识产权保护问题的不稳定性和较多的政治变动问题,已经抑制了一些外商在中国投资的意愿。然而,中国加入世贸组织,达成有关实施著作权法和商标法的协议,这些举措消除了一个重大的不稳定因素,应能增强那些原来心存疑虑的投资者开辟中国市场的信心。

在解决一风险之后随之又对另一潜在的风险产生担忧,是在任何一个国家的投资者都有过的一种强烈的共同体验。因为,对政治风险的评估是一项具有高度主观性的事情,投资者越来越愿意寻求保险,以使其投资在将来遭遇突发的、不可预见的政治风险事故时,能够得到保护。

对政治风险的担忧,经常造成一些外国投资者对潜在的投资裹足不前。东道国政府采取诸如国有化或毁约等行动的可能性以及可能发生的政治侵害(包括恐怖主义行为、战争和内乱等),都可能损害对一项投资的所有权和经营管理权。货币管理规定的改变,也会影响到投资者将投资本金和收益从东道国转移出境的权利。在每个投资者作出投资于一个外国市场的决策之前,都会考虑这些因素。在此情形下,政治风险保险的可供性,经常会给那些潜在的投资者开展投资活动注入动力和安全感。由此,已有越来越多的外国投资者购买政治风险保险,以应对其投资面临的此类或然性风险。

"政治风险"有时又称"主权风险"或"非商业性风险",涵盖东道国政府采取的会对特定投资产生有害影响的行为,包括具有政治动机的受害行为(革命、恐怖主义行为、骚乱、战争和内乱等);货币不能兑换和资金(利润、利息、资本和特许费等)无法转移出东道国;对资产实行征收或国有化,以致剥夺一个投资者拥有和控制其投资的部分或全部权利;以及东道国政府违反与投资者签订的合同。

投资者已感到,对其面临的"政治风险"细加监控和管理的必要性正在不断增加。为了保证自己能掌控投入一项目的资本和预期的投资回报,就偶然因政治因素而可能遭受的损失进行投保,已经成为投资者一种物有所值的选择。在一些新出现的国家,其处事方式因无先例可考,政治风险投资保险的提供也许为诸多外国投资者所必需;但在其他国家,只有那些对政治风险比较敏感的企业,才偶尔会购买此类保险。

在过去的十五年里,对投资保险的需求持续高涨,已经超过了许多政治风险保险机构的承保能力。各国国家保险机构因设定的担保适格标准有异,使得投资者投保无门的情形大量存在;对来自一发展中国家投资者在其他发展中国家的投资,各保险机构所能提供的长期担保甚少。而且,由于私营保险机构和公营保险机构经营目的不一,投资者选择的保险机构类别不同,需支付的费用和获得担保的范围也大相径庭。

目前,已有二十多个国家,主要是经合组织成员国,建立了促进国际投资的国家投资保险制度。有时,一个机构通过兼营保险和金融业务,同时发挥促进投资和贸易的功能,如英国的出口信用保险局和法国的对外贸易保险公司等;另一些国家则设立不同的机构来分别处理投资和贸易促进业务,如美国的海外私人投资公司和进出口银行等。至少在晚近,投资者从使用本国国家投资保险制度中得到的最主要好处是,相对于多边投资担保机构(以下简称"MIGA")和私营保险机构而言,一国企业更容易从本国的国家保险机构处取得担保,且担保费用往往也要比其他种类的国际投资保险机构要低得多。然而,随着投资保险越来越全球化,获保几率和担保费用等问题的重要性将会减弱。

目前,日趋增多的私营保险机构为私人投资者开办了政治风险保险业务。这些私营保险机构包括:Lloyd's of London,American International Group(AIG),Sovereign Risk Insurance,Ltd.(Bermuda),Chubb & Son,Axis Specialty Limited(Bermuda),Unistrat Assurances(UNISTRAT),and Zurich US。

在投资者母国政府的支持下,国家保险项目能够提供长期的、不可撤销的担保(15—20年),并且保险费率通常相对较低。但是,国家保险机构受到本国政府对东道国政策的限制,而且此类保险机构往往只服务于本国国民。例如,在过去的十多年里,出于政治原因,美国海外私人投资公司就不被允许向在中国和叙利亚的美国投资提供保险。与国家保险项目相比较,私营保险机构通常只提供最低1年期、最高至10年期的保险(其原因是这些私营保险机构只能获得非常有限的分保服务),且根据风险分析和市场的承受能力,采取浮动保险费率。虽然私营保险机构提供的保险产品设计灵活,对客户需求反应快,但是一般不承保投资的货币兑换不能险和政治侵害险。

（二）MIGA 在投资保险市场中的地位

在政治风险保险机构中，MIGA 是最大的多边投资保险实体，同时也是唯一一个担保从一发展中国家流入另一发展中国家的外国直接投资的机构。创建 MIGA 的宗旨是，填补现行各国国家保险机构和私营保险机构在承保能力和担保范围上的"死角"。对各自不同的国家投资保险制度而言，在担保的适格标准以及为投资者提供的险种和担保额方面，存在着诸多与投资者需求不匹配之处。人们认为，MIGA 可有效地弥补这些保险机构的缺陷，而不会与其相互竞争。不像一些国家保险机构和私营保险机构，对于不同类型的投资，MIGA 的担保制度可以灵活多变地予以承保，并可根据每个具体投资项目的特点，调整其担保设计。

从风险管理的角度来看，MIGA 具有诸多优势，特别表现在，MIGA 愿意通过分保和共保的安排，与其他国家保险机构和私营保险机构合作开展业务。《多边投资担保机构公约》（以下简称《MIGA 公约》）要求 MIGA 须与各国国家保险机构进行紧密的合作。当各国国家保险机构无法提供充分或必要的担保时，MIGA 可以拓展其担保业务，以满足投资者的需求。在各国国家保险机构和私营保险机构不逮之处，MIGA 也许是长期担保的唯一提供者。

从机构的角度来看，作为由工业化国家和发展中国家自愿组成的团体，MIGA 也非常独特。由于 MIGA 归 162 个成员国（截至 2003 年 6 月 30 日）所有，这些成员国共缴纳了 17.7 亿美元的资本金。无疑，一个东道国政府在对 MIGA 承保的投资采取不利的行动之前，都会考虑上述事实。由此，MIGA 担保的投资不但有益于投资者，而且将惠及任何一个 MIGA 的分保和共保机构。

各国国家保险机构与 MIGA 打交道的方式通常是从 MIGA 处取得分保和共保服务。例如，MIGA 通常与美国的海外私人投资公司、加拿大的出口开发公司、日本的通商产业省、荷兰的出口信贷公司、英国的出口信用保险局和澳大利亚的出口融资和保险公司合作，共同促进资金投向发展中成员国的项目。同样，MIGA 也积极地与众多的私营保险机构开展分保和共保合作。

二、MIGA 担保数额的增长

（一）MIGA 担保数额增长所涉范围

在成立后的第一个十五年中，MIGA 担保业务发展迅猛，这不但表现在所发放担保的数量和担保数额的绝对增长上，而且表现在担保数额的分散状况上。MIGA 担保数额的增长是与成员国数量的迅速增加相对应的。无论是作为吸收 MIGA 担保投资的国家，还是作为从 MIGA 担保中受益的投资者母国，这些成员国都认为，MIGA 的活动对他们的经济产生了潜在的积极影响。在这期间，MIGA 时刻谨记自身的发展性宗旨，以保持平衡的方式，审慎地扩大担保数额。

从1994财政年度到2003财政年度，MIGA每年发放担保的数量处在最低38项到最高72项的区间内（见表1）。

表1　MIGA在各财政年度发放的新担保数量　　　　　　（单位：项）

财政年度	1994	1995	1996	1997	1998	1999	2000	2001	2002	2003	总计
发放的担保数量	38	54	68	70	55	72	53	66	58	59	593

资料来源：《MIGA 2003年度报告》。

在上述期间，MIGA的年度新承保额增长了400%，从3.72亿美元上升到13.7亿美元（见表2）。自1988年成立以来，MIGA已为400多个项目签发了650余个担保合同。

表2　MIGA在各财政年度承担的新担保额　　　　　　（单位：百万美元）

财政年度	1994	1995	1996	1997	1998	1999	2000	2001	2002	2003	总计
承担的新担保额	372	672	862	614	830	1310	1605	2000	1222	1372	10859

资料来源：《MIGA 2003年度报告》。

MIGA承担的总风险额从1994年的10亿美元上升到2003年的51亿美元。然而，在此期间，因MIGA将自己担保的部分风险分保了出去，故承担的净风险额仅从10亿美元增至32亿美元（见表3）。最后，MIGA的保费收入从1994年的1000万美元，增长至2003年的39500万美元。

表3　MIGA在各财政年度承担的风险总额和净额　　　　　　（单位：百万美元）

财政年度	1990	1991	1992	1993	1994	1995	1996	1997
总风险额	100	200	400	700	1000	1600	2300	2500
净风险额	100	200	400	700	1000	1600	2200	2200
财政年度	1998	1999	2000	2001	2002	2003	总计	
总风险额	2900	3700	4400	5200	5300	5100	35400	
净风险额	2200	2600	2800	3200	3200	3200	25600	

资料来源：《2000年MIGA评论》和《MIGA 2003年度报告》。

从1994—2003年，MIGA的成员国数量从121个增至162个。其境内投资获得MIGA担保的成员国数量从26个上升到75个。将MIGA已担保的投资和虽未担保但与之相关的资本额计算在内，自开业以来，MIGA已累计促进总额约为480亿美元的外国直接投资流向发展中国家。

其间，MIGA担保数额所发生的最有意义的变化之一出现在行业分布方面。在

MIGA 成立初期,其绝大部分担保数额用于金融、采矿和制造业的投资。现在,基础设施已取代金融业成为 MIGA 担保数额投放的最重要行业,且该行业担保数额所占比例得当。金融业担保数额的萎缩可归因于该行业担保合同的撤销(尤其是在拉丁美洲和加勒比地区)、近年来在这两个地区接连发生的经济危机以及在世界范围内对金融业投资的相对低潮。

同样,制造业和采矿业项目得到 MIGA 担保数额的比例也在大幅下降。1994年,制造业获得的担保数额约占总额的 29%,到 2003 年财政年度末则仅占总额的 10%。同期,采矿业的担保数额从 23% 下降至 6%。

制造业和采矿业担保数额比例的下降,虽然在一定程度上反映了这些行业新投资的减少,但其主要原因还在于,MIGA 在基础设施尤其是在电力项目上承保额的快速增长。1994 年,基础设施担保风险额所占比例不足 4%,至 2003 年则达到了 41%,所占比重,跃居各类项目首位(见表 4)。这一增长反映了基础设施项目(通常涉及国有公用事业的私有化)对 MIGA 担保服务需求的持续走高。这些项目往往相当复杂和巨大,一家保险机构经常独立难举,有赖于 MIGA 与其他投资保险机构的联手合作。

表 4　MIGA 担保数额的行业分布(总担保风险额)　　　　(单位:%)

行业＼财政年度	1994	2000	2001	2002	2003
基础设施	4	29	29	36	41
金融业	34	34	36	35	29
制造业	29	12	9	9	10
采矿业	23	12	9	8	6
石油和天然气		2	5	4	6
旅游业	1	2	2	2	4
服务业	3	8	6	4	3
农业	6	1	4	2	1
总计	100	100	100	100	100

资料来源:《MIGA 1994、2003 年度报告》。

在此期间,MIGA 担保活动的区域分布状况也发生了重大变化(见表 5)。拉丁美洲地区仍高居榜首,其所占担保份额从 1994 年的 40%,略升至 2003 年的 43%。拉丁美洲地区对担保的需求主要来自以下两个方面:外国投资者对在该地区投资有着强烈的兴趣;以及继 1997—1998 年亚洲和俄罗斯金融危机之后,阿根廷也发生了金融危机,外国投资者担心其他拉丁美洲国家可能会紧随其后。欧洲和中亚地区一直名列第二,但它们在 MIGA 担保风险额中所占的比例有所下降,即从 30% 减至

26%,其原因是,外国投资者认为在中欧一些国家投资的政治风险已经很小,无须再购买保险。

表 5 MIGA 担保数额的区域分布(净担保风险额)　　　　　(单位:%)

地区\财政年度	1994	2000	2001	2002	2003
拉丁美洲和加勒比地区	40	51	57	55	43
欧洲和中亚地区	30	22	19	20	26
亚洲和太平洋地区	26	14	10	10	12
中东和北美地区		1	2	2	3
撒哈拉以南非洲地区	4	12	12	15	19
总计	100	100	100	102*	103*

* 说明:总计数超过 100% 的,是因为有些担保项目跨两个地区的国家,重复计算所致。
资料来源:《MIGA 1994、2000—2003 年度报告》。

从 1997—1998 年金融危机以来,MIGA 在亚洲地区开展的担保活动相对来说很少。自 1998 年始,MIGA 就着力提高对亚洲投资者和在亚洲投资的项目的服务意识,包括在东京设立代表处;但一些迹象表明,近年来,亚洲地区对 MIGA 担保的需求仍然有限。

首先,在亚洲地区的一些国家,实际吸收的外国投资很少。其次,在该地区的其他国家,像韩国和马来西亚,政治风险实际上并不存在,外国投资者根本无损失可言,而且这些国家的经济恢复很快,因而一些企业认为,根本无须就在这些国家的投资项目投保政治风险。最后,近年来,在华外商对担保的需求也不强劲,因为中国经济持续高速增长,并创记录地保持吸收大量的新外资。从中可以合理地推断,购买政治风险保险,已不再是外国投资者在华投资所要考虑的关键因素。

在撒哈拉以南的非洲地区,MIGA 担保数额增长显著。1994 年,该地区只利用 MIGA 4% 的担保数额,但在截至 2003 年 6 月 30 日的 2003 财政年度里,这一比例已经提高到 19%,比 1994 年增长了近 5 倍。在 2003 财政年度,非洲获得了 MIGA 发放的 14% 的新担保。非洲吸收的外国直接投资额一直只占流向发展中国家总额的不足 3%。相对于这个数字,现 MIGA 在该地区取得的业绩尤显可贵。

(二)MIGA 发放的具有特殊意义的担保

作为世界银行集团的一员,MIGA 特别注重支持那些直接有助于消除贫困的项目。尤其是,MIGA 努力加强对在收入非常低的国家(特别是在非洲和世界上被称为"后冲突地区"的国家)投资的项目提供支持。大多数发达国家的投资者都可从本国国家保险机构获得政治风险担保;而对来自新兴市场国家的投资者而言,本国经常尚未建立此类保险制度,且他们对私营投资保险市场的利用或了解也很有限,因此,MIGA积极支持来自这些新兴市场国家的商人投资于其他发展中国家。此外,鉴于较小企业在推动一国经济发展中所起的作用(以及小企业通常难以获得投资保险的现实),MIGA成立了一个专门小组来支持中小项目。最后,随着世界许多地区之间经济相互依赖关系的加强,为了鼓励跨区域的投资项目,MIGA已开始对多国项目提供担保(如管道运输项目)。

MIGA已经促进170多亿美元的担保投资流向35个最低收入的成员国。这些项目利用MIGA总担保风险额的三分之一强。仅在2003财政年度,MIGA支持的在这些国家投资的项目就达19个,共促进4亿多美元的投资流向最低收入的成员国。在亚洲,吸收这些投资的国家有阿塞拜疆、吉尔吉斯斯坦、印度尼西亚和越南;在非洲有布隆迪、马里、莫桑比克、尼日利亚和赞比亚;以及波斯尼亚和黑塞哥维那、塞尔维亚和尼加拉瓜。MIGA的支持被认为是关键性的因素,因为这类国家中的绝大多数普遍难以吸收到外国直接投资,而MIGA能扮演着特别明显的能动角色。

一些后冲突区域刚刚摆脱内战或地区动乱。对于在这些区域的外国投资,MIGA同样认定自己能起到重要的促进作用。因投资者显然担忧这些后冲突国家的政治风险,作为一个担保政治风险的投资保险机构,MIGA能够发挥特别重要的作用,当然不足为怪。为了向投资者提供服务和帮助东南欧国家的重建,MIGA在萨拉热窝、波斯尼亚和黑塞哥维那设点工作了一年多时间。MIGA在巴尔干地区的努力已经取得了成效,分别在阿尔巴尼亚、马其顿、波斯尼亚和黑塞哥维那首开担保记录,同时也为在克罗地亚投资的两个项目提供了担保。

此外,MIGA还建立了两项信托基金,促进在后冲突地区的投资。对在这些地区的投资发放担保的资金来源于这两项基金的赞助者。这两项基金是在1997年建立的,一项用于波斯尼亚和黑塞哥维那(由欧盟赞助),另一项用于西岸和加沙地带(由日本政府、欧洲投资银行和巴勒斯坦方面赞助)。但因西岸和加沙地带政治上的持续动荡,用于该地区的基金未发挥原定的作用。迄今为止,在这项基金项下,只签发了一个担保合同;而且因担保项目面临该地区重新引发的敌对行动的威胁,该担保合同在一年之后即被撤销。

然而,波斯尼亚基金的运作则要成功得多。在这项基金存在期间,为承保在波斯尼亚的投资,共签发了8份担保合同。这些合同涉及5个不同的项目,包括三家商业银行、一个瓶装软饮料工厂和一项医疗设施。这项基金动用1000万美元左右的资本金,共推动约7000万美元的外国投资流入该地区。投资波斯尼亚项目的投资者主要来自同一地区的国家，如奥地利和斯洛文尼亚。

MIGA 现正在考虑为其他后冲突国家或地区建立类似的信托基金，包括阿富汗和非洲。

MIGA 担当的最重要的角色之一就是促进发展中国家之间的投资。在来自一发展中国家的投资者想投资其他发展中国家的项目时，如中国投资者有意在莫桑比克开办一个项目，通常对他们来说，其项目要获得投资保险，尤其困难重重。不像中国，许多发展中国家缺乏那种大多数发达国家都有的国家投资保险机构；即使一些发展中国家有这样的机构，往往也是始建不久，尚无充足的资金实力和开展担保业务的其他资源来支持本国投资者在海外的投资。[1] 来自发展中国家的投资者要从私营政治风险保险机构那里获得保险，也非常困难。

在通盘考虑这些原因之后，MIGA 相信，作为一个多边发展机构，自己肩负特有的责任，来支持那些来自发展中国家又到其他发展中国家投资的投资者。MIGA 完成这一目标所面临的最大障碍是，对 MIGA 提供的服务和由此而给海外投资带来的潜在益处，许多来自发展中国家的投资者认识不足。MIGA 已加倍努力提高他们在这方面的意识。在 2003 财政年度，得到 MIGA 支持的来自发展中国家投资者投资的项目，已占该机构承保项目总数的 28%。这些项目包括在马里和布隆迪的电讯项目。具体而言，在马里的这个项目由一个塞内加尔投资者投资，在布隆迪的另一个项目的投资者来自毛里求斯；另有一个对莫桑比克具有重要意义的石油和天然气输送管道项目，该项目由一个南美投资者投资；以及还有一个在越南的由新加坡集团投资者投资的大型电站。随着有更多的来自发展中国家的投资者到境外投资，并了解 MIGA 发放的多种政治风险保险可为他们提供潜在的保护，预计 MIGA 承保此类项目的数量还会增加。

中小项目对一国的经济发展起着特殊的作用，但往往难以得到投资保险。有鉴于此，MIGA 已经投入额外的资源来承保在发展中国家和新兴市场国家的较小项目。这些项目对东道国的发展通常有着异乎寻常的重要影响。自 1993 年以来，MIGA 已经促进 90 多个投资规模在 5000 万美元以下的项目，占 MIGA 签发的担保合同总数的 14%。2003 财政年度，在 MIGA 承保的项目中，可归入中小项目的就有 10 个。

晚近，MIGA 担保业务一项相当有意思的发展是多国项目保险需求的持续增加。这种需求说明在一个不断被压缩的世界里，这类项目日趋普遍；并反映了许多

---

[1] MIGA 已为这些发展中国家"初出茅庐"的国家投资保险机构提供开展保险业务以及其他方面的人员培训。

资源丰富的国家要将其自然资源输送到市场,需要借道其他国家。这些位于两个或两个以上东道国的项目,对 MIGA 的承保工作提出了新的,有时甚至是独特的要求。由此,针对这类项目,MIGA 有必要重新审视其对担保的定义和批准担保的含义。随着新程序的到位,MIGA 在 1999 财政年度为两项多国项目发放了投资保险,并在紧接着的一年里,又承保了第三个项目。在这三个项目中,一个是建设一条从玻利维亚到巴西的天然气输送管道,投资者就两国政府都有可能采取的损及该项目企业的行为投保了征收险。第二个也是一个天然气输送管道项目,但铺设的线路是从阿根廷到智利。同样,为应对这两个国家可能针对该项目采取的行动,投资者投保了征收险。第三个是一个连接南非、斯威士兰和莫桑比克的输变电营运项目。在该项目中,南非的投资者就可能产生于这两个邻国的政治风险投了保。通过承做这三个项目的担保案,MIGA 的业务人员为日后承保更大乃至更复杂的多国项目积累了宝贵的经验。

作为一个小机构,对在海外设立分支机构或地区办事处,MIGA 起初还心存疑虑。然而,因其工作的复杂性,以及竭尽全力为促进资本流向较为贫穷的成员国(尤其是在亚洲和非洲的这些成员国)的意愿,促成 MIGA 最早在巴黎开设了地区办事处,旨在重点推动对撒哈拉以南非洲国家的投资;随后又在东京建立了一个地区办事处,主要关注对亚洲的投资。这些派出机构对提高 MIGA 在中小企业界的影响,做了卓有成效的工作。在过去的两年里,该行列中又增添了设在南非约翰内斯堡和新加坡的两个地区办事机构。为了帮助饱受战乱蹂躏的西非国家的重建,大概在未来的一年里,MIGA 可能还会选择在一个西非国家境内设立一个办事机构。现在,已有若干城市成为选址的考虑对象。

最后,MIGA 已经启动了一个设立"流动办事机构"的计划。该计划拟扩大 MIGA 在那些自己知名度尚不够高的国家的活动的影响力。为了挤进这些新市场,MIGA 派出了一个小型团队,花两个或三个星期的时间,走访一目标国家或地区的主要城市,宣讲 MIGA 的保险项目、技术援助活动和网络信息服务。在当地投资促进机构的主持下,MIGA 团队在每个走访城市举办研讨会,然后又分别会见当地的官员、金融机构人员和潜在的投资者。在上一财政年度,流动办事机构已寻访南部非洲、俄罗斯、安第斯国家和中东国家;在东南亚国家则游走了两次。

(三)未来的发展趋势

MIGA 担保数额的增长和分布更趋多样化,由以下两大因素所致:外国直接投资进入发展中国家的普遍发展趋势以及与这些投资相关的潜在的政治风险;MIGA 为支持特定种类投资所作的特殊努力,因为这些特定种类的投资对东道国的发展影响大或对 MIGA 担保数额的平衡有益。

MIGA 本身并不创造投资，只是在私营部门投资者需要特定的政治风险保护时，MIGA 可帮助他们在发展中国家举办投资项目或对投资项目提供融资。由此，要想整体把握 MIGA 担保数额的增长情形，得分别考虑以下三个因素：第一，进入发展中国家的外国投资流量的增减；第二，与这些潜在投资有关的政治风险程度的大小（包括要求银行限制对一些或所有发展中国家发放贷款）；第三，在类似条件和价位下，其他公营和私营保险机构对这些项目提供长期政治风险保险的可能性。

大多数分析家预测，流向发展中国家的投资额会继续增加，尤其是在美国经济增长速度放慢的情况下，更是如此。同时，投资者因历经了 1997—1998 年的金融危机，还可预见的是，投资项目的举办人在观察与其项目有关的风险时，将慎之又慎；以及在审查一些发展中国家维持预期增长和需求数量方面的能力时，会更为细致。预计私有化（多属资本密集型项目，并很需要外国投资者的大量投资）的趋势仍将持续，在未来的几年里将集中在污水处理、收费道路和住房建设项目。像在中国这样的国家，虽然国有部门现仍占主导地位，但观察家们预料，在这些国家，私营部门参与的重要性将会得到相当程度的提高。最后，作为普遍发展趋势的一个方面，一些国家的中央政府将责任下放给次主权实体和半国有企业，使得项目的举办人和投资保险机构更难以区分商业性风险和非商业性风险（哪怕有中央政府的保证）。这将导致投资者和贷款人越来越要求投资保险机构提供更为复杂的（承保范围更广的）政治风险保险。

对政治风险保险需求的一轮高潮已经到来，其促成原因是 1997—1998 年的金融危机，以及这场危机所伴生的政治风险保险可供性的增加和范围的扩大以及保费相对低廉。在中期内，恐无大的国际金融危机会发生，因此对政治风险保险的需求量也将趋于适中。然而，倘若出现了这样的一次危机，也可能会抑制需求，因为危机将造成对许多项目的投资裹足不前，从而减少对政治风险保险的需求。由于投资者更有信心地认为，像 1997—1998 年那样的金融危机不会卷土重来；而且在某种程度上私营政治风险保险市场的承保能力和保险费率已趋稳定，所以对政治风险保险的需求可望得到释放。这就是说，如果流进发展中国家的投资总额持续增长，对政治风险保险的绝对需求量可能也将增加，尽管比之于流入发展中国家的外资总额，投保政治风险的投资的相对数量还会下降。当然，许多银行（以及其他投资者）将会继续对跨国风险尤其是对发展中国家的风险实行内部控制。对此类投资者而言，不论对具体项目风险评估的结果如何，也不论世人怎样普遍认为全球政治风险已经不复存在，他们对政治风险保险的需求始终存在。

对 MIGA 来说,由近年来出现的发展势头所带来的结果是可预期的。尤其是,MIGA 承保的项目平均规模将有望继续扩大。同样,随着近期电讯、水利和其他项目担保申请数量的增加,尽管对 MIGA 担保需求的行业分布多样性可能会有所加强,但是对基础设施部门的担保需求仍具有继续上升的可能性。就这些基础设施项目,特别是对其中与半国有企业和次主权实体有关的那些项目(当然包括多国项目),MIGA 在承保时所需投入的内部资源也将大幅增加。在担保大型项目时,MIGA 仍将需要继续或加强开展与其他公营和私营投资保险机构的密切合作。

虽然上述发展趋势几乎是 MIGA 所不能控制的,但是,因为对 MIGA 的担保需求(尤其是在特定国家投资对担保的需求)会大于其承保的能力,所以 MIGA 还能够决定自身担保数额的分布状况。在这方面,MIGA 将坚持把市场开发和担保业务的重点放在那些应优先开展、对东道国经济发展具有重要影响的领域,即上文确定的在低收入发展中国家、非洲和后冲突地区投资的项目,投资者来自发展中国家的项目,以及中小型投资项目和中小投资者投资的项目。为了实现在这些领域担保增长的目标,有赖于 MIGA 在市场开拓方面付出更大的努力,并进一步加强与其世界银行集团其他成员(特别是国际金融公司)以及对此存有兴趣的其他机构(诸如亚洲开发银行和亚洲各国的国家投资促进机构)之间的合作。当然,这些努力能否奏效,又取决于投资者是否有兴趣在这些 MIGA 优先担保的领域举办项目和提供融资。

鉴于《MIGA 公约》为 MIGA 确定了发展性宗旨,MIGA 希望,衡量其未来经营是否成功的主要标准,不应是担保数额的绝对规模,也不是承保项目的绝对数量,而应是其担保的这些项目对促进东道国发展的全方位影响,以及使世界上一些最不发达国家和大多数身处劣势地位人民的切实受益。

三、MIGA 担保能力的扩大

1999 年,MIGA 理事会批准该机构增加 8.5 亿美元的资本金。与之配套,世界银行直接捐助了 15 亿美元。资本金的增加既反映了 MIGA 成立后第一个十年期里担保数额迅猛增长的需要,也反映了现行投资者对 MIGA 担保的需求。这也表明,各成员国赞赏 MIGA 在促进投资流向发展中国家方面所起的积极作用。

追加的资本金使 MIGA 有了扩大其担保计划的可能。在批准增资之后,MIGA 董事会又同意,该机构对单个项目的最高净担保限额,可从原来的 5000 万美元提高到现在的 1.1 亿美元;对单个国家的净最高担保限额,可从原来的 2.5 亿美元提高到现在的 4.2 亿美元。随着对单个国家和单个项目担保限额的提高,连同其大力拓展的分保业务(容下详述),现 MIGA 对单个项目最高担保风险总额可达到 2 亿美元,对单个国家担保风险总额则最高可达 6.5 亿美元。利用合约分保，MIGA 就可将其担保提高到这两个数额。在单个项目和单个国家的限额之上，如有需要，通过与其他公营和私营保险机构开展下述"合作担保计划"以及临时分保，MIGA 仍可发放额外的担保。

资本金的增加也使得 MIGA 有可能更加关注其管理层确定的优先拓展领域。这些领域包括：在那些利用世界银行集团软贷款（国际开发协会提供的贷款）的成员国投资的项目，尤其是在非洲国家投资的项目；中小型项目；以及由来自发展中国家投资者或贷款人发起的、投资于其他新兴市场国家的项目。

MIGA 将一如既往地通过与其他公营和私营的投资保险机构达成各种形式的安排，来带动其资源的有效利用。由于近来的许多项目规模越来越大，也越来越复杂，在所有类型的投资保险机构之间开展合作的必要性不断增加；在实践中，这种做法也日趋普遍，特别是对那些大型的基础设施项目，更是如此。MIGA 在弥补其他投资保险机构不足以促进投资流向发展中国家方面，担负着特殊的使命；而且已成为市场上开发创新性分保业务的先锋。就此，MIGA 已与澳大利亚、奥地利、英国、加拿大、芬兰、法国、日本、斯洛文尼亚和美国的国家投资保险机构以及所有的主要私营保险机构，签订了特定项目的共保和分保合同（以临时安排和合作担保计划的方式）。这样的协作有效地提高了向投资者提供保险的能力，并更加有利于保险人和被保险人防范政治风险的发生。

通过有效用的方式挖掘潜能来承担风险，MIGA 能够利用自己作为多边投资保险机构的地位来支持大型投资。为便于理解 MIGA 的这种作用，有必要对此类安排进行剖析，并列举说明使用这些安排的实例。

1999 年 2 月，MIGA 分别与在百慕大注册的两家私营保险公司——HCA Insurance Company Limited(ACE) 和 XL Capital Limited(XL) 签订了两个长期合约分保安排。这样的安排表明了一个保险机构如何能够更好地满足潜在客户的需要，扩大自己的业务活动范围，同时又能控制自身的净担保风险额。这两个协议是在 1997 年 MIGA 与 ACE 签订的前一个合约分保协议的基础上起草的。这些分保安排的关键条款是：

- 就 MIGA 签发的每一个担保合同，ACE 和 XL 都将按一定比例分入各自的分保额。分保的比例可按设定的一个风险分担矩阵进行调整。
- MIGA 保留确定其合同条件和作出是否签发担保的全部自由裁量权。

如前所述，这些安排所产生的结果之一是，就单个项目和单个国家，MIGA 有效担保限额（以担保风险总额表示）得到了大幅提高（按照使用风险分担矩阵的结果，分别可达 2 亿美元和 6.5 亿美元）。这就使得 MIGA 可继续扩大在主要新兴市场国家的担保数额，并在促进投资投向重要项目方面发挥能动的作用。尤其是在 MIGA 开展共保和临时分保的情形时，这种作用就更加明显。

MIGA 的合作担保计划展示了在当今保险市场上公营和私营投资保险机构如何相互协作的关系。合作担保计划这种机制采用类似于国际金融公司 A 类和 B 类辛迪加贷款的方式，将公营和私营保险机构提供的保险结合起来。根据这种计划安排，虽然 MIGA 对外充当其他参与担保的公营和/或私营保险机构的记名保险人，但是这些参保机构实际上要分担担保合同项下一定比例的保额，从而有效地分享了（当然是有偿的）MIGA 作为一个多边实体和世界银行集团一员的地位优势。当然，在这种情形下，投资者承担着这些参保机构的信用风险。

除合作担保计划之外，MIGA 还积极使用临时分保来提高对大型项目的承保能力。如采用临时分保，MIGA 得承担分保人的信用风险。截至 2003 年年底，通过使用临时分保（14 亿美元）和合作担保计划（7 亿美元），在自身承保能力之外，MIGA 另增了总计达 21 亿美元的担保能力。现在仍然有效的合约分保累计在一起，平均每年给 MIGA 额外增加担保能力 10 亿美元以上。

晚近的一些实例可用以说明共保和分保的好处：

共保、合作担保计划和分保的结合。2000 年 4 月，MIGA 签发了迄今为止最大宗的（可能也是最复杂的）一笔担保。该项担保支持的对象为，贝尔公司位于巴西的一家南美子公司 6.5 亿美元辛迪加贷款中的 2.3 亿美元部分。这些贷款用于在巴西最大城市——圣保罗的一个电讯设施的扩建项目。在发放 2.3 亿美元的限制转移险和征收险的担保时，MIGA 采用了合作担保计划。MIGA 作为记名保险人，自留 5500 万美元的保额，其余 1.75 亿美元保额由参保的私营保险机构分摊。该项目其余贷款部分的风险分别由加拿大的出口开发公司、美国的海外私人投资公司以及美国国际集团另行承保。被担保的投资用于巴西首都圣保罗蜂窝电话网的建设和营运，以完善该国的电讯基础设施，并将长期雇用 2000 名巴西国民。该项目表明，在一个竞争非常激烈的市场上，私营和公营的保险机构能够相互有效地开展合作，提供客户所需的保险产品，从而在调动各自优势的基础上，最终使投资者和东道国受益。

临时分保。2003 年，通过对在保加利亚的一个电站项目实施临时分保安排，MIGA 获得了 1.425 亿欧元的担保能力。借此，再加上自身的担保能力，MIGA 向法国的 Société Cénerale S. A. of France 公司提供了为期 13 年、保额为 2.33 亿欧元的担保。在该项目中，以这家法国公司为代理行的一个银团，为保加利亚的 Maritza East Ⅲ Power Company 公司提供了一笔 1.45 亿欧元的非持股贷款和一笔 2540 万欧元的备用信贷额度,外加利息。此外,对 Energy Power Development Corporation 公司在该项目的股权投资,MIGA 还签发了一项 5000 万欧元的担保合同。这样,MIGA 的总担保额达到了 2.83 亿欧元。该项目显示,就那些自己独立难举的大型项目(如基础设施建设),通过与其他保险机构开展临时分保合作,MIGA 就有能力予以承保。

四、MIGA 对环保的关注

（一）背景

MIGA 的一项政策是,其担保的所有投资应以对环境和社会负责的方式进行。MIGA 坚持其支持的项目(包括在中国的项目)应按照国际公认的环境标准和实践营运。

从 1990 年开始,MIGA 对其担保的项目适用世界银行的环境政策和指南,并接受国际金融公司的环境咨询和建议。对于 MIGA 这样一个小型的和创立不久的机构而言,借助世界银行集团其他更有经验的成员的力量,不失为一条相当好的途径。然而,随着担保业务的增长,努力为自己客户的需求量身定制环保标准,对 MIGA 来说,是一项更为有益的举措。

1998 年,在董事会的建议下,为了回应客户的要求和反映自身的发展性宗旨,MIGA 开始制定自己的环境政策。该标准独立于世界银行的环境政策,但又与之相协调。在制定过程中,MIGA 需考虑以下两个方面的特点:第一,客户是股权投资者或是贷款人;第二,其在开展分保和共保业务时对环境作出评估的紧迫性,因分保和共保活动要求对发放担保的程序和合同起草过程进行协调。

MIGA 董事会和管理层对拟议中的环境保护标准进行了广泛的审议,其后又将文本草案公示了一段时期,听取公众的意见。最后,MIGA 董事会批准了该机构的环境评估和披露政策及程序,并准予其于 1999 年 7 月 1 日开始生效。经批准的此类政策和程序已在网站上公布(网址为 www.miga.org)。2002 年 5 月,MIGA 董事会又作出一项决定,同意 1999 年开始采用的环境评估和披露政策继续有效。同时,世界银行集团作为一个整体特别关注一些特定的环境和社会问题。针对这些特定的环境和社会问题,MIGA 董事会又批准了该机构拟采用的几个相关保障政策。

（二）对项目的环境评审

对环境的评审工作实际上在 MIGA 成立之初就已开始,1999 年生效的环境政策表明这一评审做法的正规化。此外,与该新政策相配套的是环境披露政策。在环境披露政策中首次设立了有关标准,按照这些标准,MIGA 必须保证与项目相关的环境信息得包括对环境和社会敏感的考虑,并将这些环境信息提供给当地社区和其他利益关系方。对投资者的环境评估报告,披露政策要求应以可获得的方式及时在当地加以公布。

MIGA 的环境政策具有可预见性,因为它是在环境审查和环境影响评估程序的基础上形成的,而该程序又与每个投保项目相适应。投资者应自己承担费用按照国际现行的"最佳实践"进行评估(具体做法详见下文阐述)。MIGA 承保的每个项目都应符合东道国制定的、比较严格的环境管理规定,或者 MIGA 确定的与投保项目相适应的保障政策和指南。

这些保障政策和指南有三个不同的来源。为了保证它们能以应有的程度适用于相关项目,要求项目举办人出具的环境评估报告必须显示,针对以下具体事项的环境和社会保障政策已经得到满足。这些具体事项包括:

- 生物的自然栖息地
- 森林
- 原住民
- 有形文化资源
- 非自愿迁徙者的重新安置
- 虫害管理
- 水坝安全
- 国际水道工程

这些保障政策详列在 MIGA 的网站上。

除了应满足适用的保障政策外,投资者提交的环境评估报告还必须表明,在世界银行采取的特定产业指南确定的范围内,拟投资项目的环境影响是可以接受的。这些行业指南见于世界银行集团主持出版的《防止和减轻污染手册》。按照可持续性发展、生产较为清洁产品以及防止污染的原则,该手册对工业项目设计和营运作了详细的规定,并包括涉及防止污染、减轻污染的措施以及被允许排放幅度的规范。

指南是评判环境评估报告的依据,其第三个来源是有关工作场所安全的指南,出现在世界银行的同类标准之中。这些指南反映了在职业健康和安全事项,包括童工问题上的公认的最佳实践。

(三)环境审查和评估

在接到一项正式的担保申请之后,MIGA 将对拟投资的项目进行初步的环境审查,以便确定该项目环境评估的适当程度和类型,从而确保该项目按设计要求将符合 MIGA 环境政策的各个方面。根据项目的类型、坐落地、敏感度和规模以及潜在

环境影响的性质和强度,MIGA将拟议中的投资划分为以下三种类型:

类型 A:如果一项目可能会对环境产生实质性的负面影响,且这些影响具有敏感性[2]、分散性或前所未有的,那么该拟议中的投资应被归入 A 类。这些影响可能及于该项目产生物理作用的所在地点或设施之外的广大地区。A 类项目环境评估报告检查的对象是,该项目对环境产生的潜在的积极和消极影响;同时将之与那些可行的选择方案(包括如不上该项目,情形将如何)所可能产生的环境影响相比较,并就需要采取的有关防止、缩小、减轻或弥补负面影响和改善环境绩效的措施,提供推荐意见。

类型 B:如果一项目对人口或重要环保区域(包括湿地、森林、草地和其他生物资源自然栖息地)所产生的潜在环境负面影响小于 A 类项目,那么该拟议中的投资应被归为 B 类。这些影响因地而异;其中如果有的话,也只有极少数是无法补救的。在大多数情况下,较之 A 类项目,B 类项目更容易找到能减轻环境负面影响的措施。B 类项目的环境评估范围可能会因项目的不同而不同,但比 A 类项目的范围要窄。

类型 C:如果一项目可能只对环境产生很小的负面影响或根本不会产生负面影响,那么该拟议中的投资应被归为 C 类。除了审查外,针对 C 类项目,就无须再进行任何进一步的环境评估活动。

属于 A 类和 B 类的项目应进行"环境评估"。在大多数情形下,尤其是投资者为股权投资者的场合,投资者应自己付费负责进行环境评估。如为 A 类项目,MIGA 非常鼓励项目举办人召集与项目没有关联的独立环境专家,在无利益冲突的情况下开展环境评估工作。在 A 类项目中,对于那些有严重的或多方面环境问题需要关注的项目,或争议很大的项目,举办人通常还应聘请一个由独立的、国际公认的环境专家组成的咨询小组,就与项目环境评估有关的各方面问题,征询该咨询小组的意见。该咨询小组应扮演什么样的角色,取决于项目建设已经进展到何种程度,以及在 MIGA 着手开展该项目承保工作时,环境评估完成的程度和质量。如果在 MIGA 考虑向该项目发放担保之前,A 类项目的环境评估工作虽然已由项目举办人以及与其有关联的专家全部或部分完成,然而,因存有潜在的利益冲突问题,还必须就需分析的潜在重要事项,聘请独立的专家对环境评估报告进行评审。

因拟投保的项目不同,为满足 MIGA 的环境评估要求,所采用的评估模式或手段可能也会不同。这些做法可包括以下一项或几项要素:环境影响评估、环境审计、

---

[2] 如果潜在的环境影响也许是无法补救的,或者涉及非自愿迁徙者的重新安置问题,或者会对原住民或重要的文化财产产生负面影响的,那么,就可被认为具有"敏感性"。

环境风险或危害评估或者环境行动计划。[3]

在适当情况下，MIGA 的环境评估将使用上述手段或要素中的一个或多个。MIGA 将建议投资者按照拟议中项目的类型使用相应的环境评估要求。MIGA 将对环境评估所认定的事实和提出的建议进行评审，以便确定投资者提供的东西是否已足以让 MIGA 作出担保的决定。在 MIGA 介入一项目之前，如果该项目的举办人已经全部或部分完成了环境评估，那么，MIGA 将对投保人所提供的环境评估报告中所列的事实和建议进行评审，以确保其与 MIGA 的环境政策相符。为了使自己有充分的依据作出决策，MIGA 还可能要求投保人作进一步的环境评估工作，包括与公众进行公开协商和向公众信息披露。

考虑到东道国的立法规定和当地的条件，环境评估报告也可能会推荐一些替代性的防止和减轻污染的排放幅度和方式。在此情形下，举办人的环境评估报告必须提出完整和详细的理由，证明为什么对该特定项目或地点选用这样的排放幅度和水平。当使用替代性的排放幅度时，应呈报 MIGA 董事会评审。

在无东道国特定的立法和规章或世界银行的环境指南可资援引的情形下，MIGA 可能会对项目适用其他国际公认的环境标准或最佳的管理实践。

MIGA 的经历表明，中国的环境规则和管理规定基本上符合 MIGA 环境指南的要求。

考虑到项目的贷款人和少数股权者（股比低于 50%，对企业没有控制权的）与项目的关系，根据 MIGA 的环境政策，对他们可适用略有不同的规则。如果向 MIGA 申请担保的为一项目的贷款人或少数股权者，他们须提供该项目举办人环境评估报告的副本以及其他 MIGA 认为必需的补充信息，以便 MIGA 判断该项目的环境影响是否良好。

（四）公开协商与信息披露

作为审查程序的一部分，就项目的环境影响问题，MIGA 要求 A 类项目的举办人必须与可能会受到投资影响的东道国当地团体以及当地有关的非政府组织进行协商。这些协商在项目开发的早期就应开始；如有必要，应连续不断地进行。在对项目进行设计时，应考虑受影响的这些团体就与项目有关的环境和社会问题提出的意见。在投资者不是项目的多数股权者或对项目没有控股利益的情形下，MIGA 将要求这些投资者提供项目举办人已经采取有关步骤的信息，以证明具有实质意义的当地协商和信息披露工作已在进行。

---

[3] 对这些术语和相关概念的阐述，详见本文附录。

为了使在东道国的当地民众受益,MIGA 要求投资者以适当的方式就地公布 A 类项目的环境影响评估报告。此外,在项目被提交 MIGA 董事会评审之前,该报告应在"世界银行信息中心"公示 60 天。

为了使 A 类项目的协商具有实质意义,MIGA 期望项目举办人应及时地提供相关资料,且提供资料的语言和方式应为与之协商的他方团体所能理解。在 MIGA 收到正式担保申请之前,或在项目已经按东道国的环境法律和规章得到批准或许可之前,A 类项目的环境影响评估业已完成的,MIGA 将按自己的要求判定公共协商和信息披露是否已经达到足够的要求。如有必要,就实行补充性的公共协商和信息披露计划,MIGA 还可与担保申请人达成协议。

(五)实施

MIGA 所有的担保合同都要求投保人在整个担保期间必须遵守东道国的法律和规章,包括环境法律和规章,以及 MIGA 的环境政策和指南。在担保合同中,投资者必须就遵守法律和规章这一事项作出陈述和保证。如为 A 类项目,MIGA 可能会通过实地查访或由项目举办人提交定期报告的方式,对投资者的守法情况进行确认。

投资者如违反担保合同规定的义务,且在合同规定的宽限期限内未予纠正的,MIGA 有权终止担保或拒绝赔付。

五、MIGA 在中国的活动

中国是首批加入 MIGA 的国家之一,于 1988 年 4 月成为该机构的成员国。尽管如此,但直到加入 5 年之后,MIGA 才对在中国的投资发放第一笔担保。这种发放担保的滞后性,引发了一些观察家对中国能否利用 MIGA 机制的疑虑,乃至怀疑 MIGA 基于政治化的考虑有意阻却在中国发挥作用。

然而,自 1993 年 MIGA 对进入中国的投资签发第一个担保合同之后,形势有了非常快的变化。从 1993 年到 1999 年间,MIGA 共与在华外商签订了 37 份担保合同。这些合同涉及 28 个不同的项目,MIGA 累计承担的最高保额超过 2.5 亿美元。到上一个十年期末,MIGA 在中国签发的担保合同数高于任何其他国家。MIGA 在中国的承保额从零跃升至占其全部担保数额的约 3%。到 2000 年,只有 7 个其他国家获得的总担保额超过中国。

然而,来得快去得也快,在华外商对 MIGA 担保的需求也下降得突然,让人始料不及。虽然中国现仍有不少大型的石油和天然气输送管道项目以及数量颇多的其他项目,但是,除 1999 年与 2003 年分别对两个大型基础设施签发的担保合同之外,在 1999 年至 2003 年间，MIGA 未对在华外资发放一笔担保。在这 4 年间，在华外商对 MIGA 担保需求的下降，个中原因比较复杂。1997 年始于泰国的金融危机席卷亚洲的其他国家，这明显地对该地区的投资气候产生了不良的影响。特别是在临近上一个十年期结束之际，亚洲地区的主要经济体仍处在动荡之中，日本经济继续萎缩。美国网络经济泡沫的破裂，连同对纽约和华盛顿的"9·11"恐怖袭击，加剧了发展中国家投资气候的不稳定性。在新千年莅临之初，MIGA 担保业务总体上开局不旺。

在过去的四五年里，发生的这些事件对外国投资流动产生了负面影响，这是毋庸置疑的。然而，尽管如此，中国的经济增长却一直非常强劲。中国的经济增长率虽从超过 13% 的高位回落到了 7%—8% 的区间，但中国的年经济增长及其吸收外资的能力，仍在世界上处于领先地位。由此，中国外部不利的宏观经济发展趋势，只能部分解释在华外商新千年时对 MIGA 担保需求下降的原因。

其余的原因恐怕只能从积极的方面去寻找。随着中国的发展，外资流入的数量年复一年地创记录，且投资纠纷极少。于是，似乎有了这样的可能，许多在华外商认为中国的政治风险水平已低于他们当初的想象。在投资业界，也出现了不少非正式的此类报告。由此，可能是由于在华外商越来越认为没有必要投保这一简单的原因，在中国，对 MIGA 的担保需求就跌了下来。

从 1993 年至今，MIGA 担保的在华外资涉及范围广泛的经济活动，包括制造业、电力生产、农业和金融业等项目。这些投资来自诸多资本输出国，其贡献之处在于，促进了中国的经济发展与经济增长，创造了可观的出口水平，带来了数以千计新的工作岗位，为工人提供了技能培训，以及刺激了中国国内供应的增长。

MIGA 在中国的第一份担保合同是于 1993 年与美国的 Non-Fluid Oil International 公司签订的，为该公司在山东烟台的一家合营企业中的股权投资提供担保。该合营企业的中方为烟台市政府所属的烟台玻璃厂。该合营企业生产玻璃模具润滑油以及其他专用的润滑油，供当地厂商使用。该合营企业生产的产品，其质量完全可与以往进口的同类产品相媲美。

1994 年，MIGA 对在中国的外商投资项目共发放了 3 笔担保。第一笔发放给一家大型的美国化学公司——American Cyanimide Company，为该公司在一家制药厂的投资提供担保。American Cyanimide Company 投资 700 万美元，与苏州市第六制药厂（系国有企业）合资设立了一家双方股比为 50∶50 的合营企业，生产的药品用于满足中国国内需要。该企业运用先进的技术生产高质量的药品，销往中国国内无法供应此类药品的地区。该企业的大部分原材料从当地采购。

同年，MIGA 向美国 Continental Enterprises Limited 公司的子公司——美国

Continental Grain Company 签发了两份担保合同,为该公司在中国投资的农业综合经营项目提供了 440 万美元的征收险和战乱险担保。这家名为"Wuhan Conti"家禽饲养场的合营企业,由 Continental Grain Company 与中国一家国有企业合资建设和经营。该企业生产的受精禽蛋就近出售给 Continental Grain Company 全资拥有的种禽厂。

1995 年,MIGA 在中国共签发了 7 项担保合同,担保额累计达 6800 万美元。Sika Silk Co.,Ltd 系由来自中国、意大利、韩国和美国等六家公司在四川省联合举办的中外合营企业,MIGA 向该合营企业的外方——美国 Pepsico,Inc.、意大利的 Ratti Technologies S.r.L 和韩国的 Shinwa Textile Co.,Ltd 提供了担保,承保其股权投资的货币转移险、征收险和战乱险。Ratti Technologies S.r.L 和 Shinwa Textile Co.,Ltd 均为世界著名的生产和加工丝绸的专业厂商,他们为项目提供了工程、技术、营销和管理方面的生产要素。通过设立该合营企业,四川省引进了先进的丝绸生产设备,工人被派往 Ratti Technologies S.r.L 位于意大利科莫市的最先进的丝绸加工厂进行培训。

Catalina Lighting,Inc. 是美国高级照明装置的供应商,投资收购和扩建中国的一家电力产品公司。就该项投资,MIGA 与其签订了承保征收险和战乱险的担保合同。该公司对繁荣当地经济具有重要意义,原材料大部分从中国国内采购。

China Capital Development Corporation 在中国投资设厂生产铜制工业品,获得了 MIGA 征收险的担保。该项目企业是 China Capital Development Corporation 与中国一家国有公司合资成立的合营企业,生产半导体脱氧铜制品,包括用于制造发动机和通讯设备的连杆、电线和电缆等。

美国 Honeywell 公司与中国 Sinopec 集团公司联合举办了一家合营企业。就对该合营企业的股权投资,Honeywell 公司获得了 MIGA 征收险和战乱险的担保。该项目企业出售、安装和支持各种管理和控制系统,此类系统旨在改进制造业厂家的生产和提高效率,特别是以石油和化工工业的厂家为服务对象。

MIGA 向美国 Ingersoll Rand Co. 的一家全资子公司在华投资提供了限制转移险、征收险和战乱险的担保。该公司与中国国有的 Oil & Feed Machinery Head Co. 总公司合资开办了一家合营企业,从事动物饲料生产设备的装配、制造和销售。约 20% 的产品供出口。

一家美国机械设备制造商——Sunnen Products Co. 与中国两家国有企业合资创办了一家合营企业。就 Sunnen Products Co. 在该合营企业中的投资,MIGA 提供了征收险和战乱险的担保。

Citibank N. A. (花旗银行)是美国的大银行。就该行在中国投资设立分支机构的资本金,获得了 MIGA 货币转移险和征收险的担保。Citibank N. A. 银行将这些投资用于扩大其在上海和深圳的分支机构和新分支机构的建立。

1996 年,MIGA 对在中国的项目发放了 3 项投资担保。就其股权投资、股东贷款和贷款担保,瑞士 André & Cie. 获得了 MIGA 货币转移险、征收险和战乱险的担保。该公司与江西 Xinjian Foreign Economic Relations & Trade Corporation 合资设立了一个农业综合经营企业,其经营范围包括榨油、食用油的精制,以及在江西境内销售谷物种子和食用油副产品。该企业也开展研究工作,意在开发与植物种子有关的新产品,并希望缓解江西省食用油和相关产品长期供应不足的矛盾。该项目首次在当地生产精制食用油,所有的投入和生产所需的设备,均从中国国内采购。

荷兰 Atlantic Commercial Finance, B. V. 公司是前些年陷入严重危机的美国大型跨国公司——安然公司的全资子公司。MIGA 对该公司的股权投资发放了 1670 万美元的货币转移险、征收险和战乱险的担保。该项目是一座 159 兆瓦的组合交流电柴油机电厂,位于中国海南岛东部,属中等负荷,专门用于解决海南省的供电紧张问题。应客户要求,这一新电厂旨在自动调节用电需求的波动,有助于消除断电现象以及使供电和用电相匹配。该项目的发电量约占当时海南省电站装机总容量的 13%,对促进当地的经济发展具有重要的意义。该电厂还采取各种措施使自己符合世界银行环境指南的要求。

ING Bank N. V. 银行获得了 MIGA 货币转移险、征收险和战乱险的担保,承保对象为该公司对 Sika Silk Company Ltd. 的贷款。如前所述,Sika Silk Company Ltd. 系一家由来自中国、意大利、韩国和美国投资者联合举办的合营企业。该项目外方的股权投资已在 1995 年得到了 MIGA 的承保。

1997 年,MIGA 在华共发放了 3810 万美元的投资担保。Coastal Wuxi Power Ltd. 是当时美国 Coastal Corporation 的全资子公司,其股权投资和贷款获得了 MIGA 限制转移险、征收险和战乱险的担保。该项目是美国 Coastal Wuxi Power Ltd. 与两家中国国有电力公司联合举办的合营企业,建设和运营位于江苏省的 40 兆瓦涡轮燃气电厂。该电厂设计用于缓解用电高峰时期无锡市商业用电的缺口。

Purolite International Ltd. 是一家英国公司,其投资对象为位于杭州的一家离子交换树脂制造企业的现代化和扩建项目。MIGA 向该公司的股权投资发放了 1410 万美元的限制转移险、征收险和战乱险的担保。该企业生产的产品用于水处理和食品加工,70% 的产品在中国境内销售,可满足当地对离子交换产品年需求量的 1/4。其余产品出口给亚洲其他国家的用户使用。该企业可为当地创造约 300 个就业岗位。

美国 Kimberly Clark Corporation 在北京投资生产和销售个人保健品。就该公司在合营企业中的股权投资，MIGA 提供了 8500 万美元的限制转移险、征收险和战乱险的担保。该合营企业由 Kimberly Clark Corporation 与中国国有的 Beijing Economic Technological Investment & Development Corporation 合资包办，雇用的当地工人超过 100 人，并提供销售、管理和使用新技术生产高质量个人保健品方面的培训；60% 的原材料来自当地，对当地的包装、分销和广告业的发展都有积极的促进作用。

德国 BWF Unternehmensbeteiligungen GmbH 是生产和经营针式过滤毡的企业，其股权和贷款投资得到了 MIGA 征收险和战乱险的担保。该项目企业坐落于江苏省境内，是 BWF Unternehmensbeteiligungen GmbH 与西山市的一家当地制造商联合创办的合营企业。该公司的投资带来了制造和销售针式过滤毡的先进技术和专有技术。该合营企业从当地采购原材料，中国国内公司可从中受益。项目创造了 130 个新的工作岗位，并提供生产流程、质量控制和设备维修方面的培训。年出口额超过 60 万美元。

1998 年，MIGA 对在华外商发放的担保额达 5000 万美元。André & Cie. 再次获得了担保。这次 MIGA 承保的是法国 Banque Nationale de Paris 向 André & Cie. 提供的贷款担保的政治风险，该贷款属于对位于江苏省的一家农业综合经营企业提供的融资。

上述美国 Coastal Corporation 就其在中国的投资又获得了第二份担保合同。MIGA 向该公司的全资子公司——Coastal Suzhou Power, Ltd. 的投资发放了限制转移险、征收险和战乱险的担保。Coastal Corporation 在苏州建设和营运一座 76 兆瓦的简单交流电涡轮燃气电厂。该项目设计用途是缓解苏州市市区电力短缺的问题，并改善电力供应的可靠性。这些发电设备取代了临时的燃油和燃煤锅炉，这样就降低了煤炭的消耗，对节约能源和减少对环境的危害做出了贡献。该项目还在毗邻区域修设了一条新公路、一个码头和一条连接当地高压输电网的变电线路。

Harris Advanced Technology(Malaysia)Sdn. Bhd 是美国 Harris Corporation 的全资子公司，获得了 MIGA 提供的 3060 万美元的限制转移险、征收险和战乱险的担保。担保的对象为该公司对在中国的一个半导体制造和测试工厂的投资。该厂位于苏州市经济技术开发区，生产多种先进的电子元器件，以满足中国对电子产品不断增长的需求。该项目共创造了 1300 个工作岗位，并带来了不菲的出口收入。

1999 年，MIGA 对在华的 5 个项目发放了担保，保额累计达 5050 万美元。

Coastal Corporation 在江苏省的两个电力项目新投资得到了担保。Coastal Nanjing Power Ltd. 在南京市投资建设涡轮燃气柴油电厂,投保 2070 万美元的限制转移险、征收险和战乱险。该项目有助于缓解南京市因经济快速增长和电力装机容量有限所带来的电力严重短缺状况。

Coastal Guzu Heat and Power Ltd. 也是 Coastal Corporation 的子公司,在苏州市投资 1080 万美元建设和营运一座 24 兆瓦的组合交流电涡轮燃气电厂,得到了 MIGA 签发的保单。该电厂旨在缓解苏州市城区电力短缺状况,并改善苏州市电力供应的稳定性。该电厂与其他两个电厂一起营运,并利用废弃的热能增加发电量。

德国 BWF Unternehmensbeteiligungen GmbH 对在江苏省境内的一家针式过滤毡制造厂进行了 370 万美元的股权和贷款投资。该投资得到了 MIGA 第二份征收险和战乱险的担保。该厂生产和销售的专用聚酯纤维过滤针用于工业粉尘的压缩和废气的净化,产量占到中国生产的针式过滤毡的近 50%,并大量用于出口。对该厂的所有供应和生产所需的主要原材料,均从当地供应商采购。

Interface Overseas Holding Inc. 获得了 MIGA 提供的 950 万美元的限制转移险、征收险和战乱险的担保,担保该公司对 Shanghai Interface Carpet Co. Ltd 的股权和贷款投资。该项目建设和营运的工厂为当地市场生产和销售毯制高顶硬帽。

德国 Schmalbach-Lubeca AG 的股权投资得到了 MIGA 发放的 580 万美元的担保。该投资生产和销售的产品为真空包装袋以及用于食品和饮料罐的包装设备。这些产品通过提高食品罐密封设备的质量来改善食品安全状况。真空包装袋用于保存易腐烂的产品。该项目将制造真空包装袋的设备租赁给当地的中国公司。Schmalbach-Lubeca AG 还为中国的客户提供技术和售后服务。当地雇员能得到制造、测试和分销高质量食品包装产品的现场培训。该项目还建立了一个包括医疗、住房、意外保险以及其他受益基金在内的社会福利计划。项目生产所需的原材料采自当地。

从接受咨询和收到初步担保申请、正式担保申请的数量来判断,2003 财政年度,在华外商对 MIGA 担保的需求有所增加。也许是巧合,许多需求来自供水行业。数个不同合同的承保工作正在进行之中,在 2004 财政年度之初,MIGA 已向供水行业的外国投资者签发了两份保单。

在这两份担保合同中,最具经济意义的一份是与一家老牌的法国供水系统运营商——Compagnie Générale des Eaux 签订的,其保护对象是该公司用以收购上海市浦东自来水公司 50% 股份的投资。这 2.45 亿美元的股权投资实际上是投在了供水设施的私有化项目。在该家为上海浦东地区提供饮用水的新合营企业中,公众持股的浦东水资源管理和开发公司仍占 50% 的股权。MIGA 向投资者发放了总保额为 1 亿美元的征收险担保。随后,其中 30% 的担保风险额通过合作担保计划机制,又以辛迪加的方式分保给私人保险市场。

此外,在 2004 财政年度,新加坡的 Darco Environmental 公司得到了 MIGA 发放的 7900 万美元的限制转移险、征收险和战乱险的担保。被担保的股权投资投向一个位于浙江省的水处理厂。该厂将提供工业和居民用水。该投资由新加坡投资者设在香港的子公司投入。

另有两个供水项目的承保工作正在进行之中。这两个中型项目均在中国的南方。因交易的复杂性,在 2005 财政年度之前,这些担保合同恐难定板。此外,未决的正式担保申请涉及制造业、电力和城市垃圾焚化等项目的投资。这些项目的举办人希望得到 MIGA 3 亿多美元的担保。

除了承保工作已取得进展的这些项目之外,MIGA 还通过自己的渠道收到了关于在华投资的约 140 项初步担保申请。这些项目来自人们想象到的各个行业,从传统的制造业和基础设施项目,到旅游、采矿和多种服务业。这些项目相当大一部分的投资者来自美国。

在中国发生的撤销担保合同的情形,已为 MIGA 所注意。近年来,在经济转型取得实质进展的其他较大的发展中国家,已有此类情形的出现。在过去的 3 年里,在华被担保人撤销合同的就有 10 个。这些投资者进言 MIGA,他们在中国的项目受到政治风险干扰的概率非常之低,无须继续维持担保。除一个项目之外,其他所有的此类项目都属传统制造业的投资,且大部分投在中国的东部沿海地区。这些企业作出不再继续购买担保的决定与 MIGA 已注意到的在华制造业外商对担保需求的放慢有一定的关联。倘若 MIGA 在去年粗略观察到的该现象代表着一种发展趋势已经发端的话,那么,这就有力地证明了中国成功地为外商创造了一个使之有信心的和稳定的经济环境。

六、MIGA 的理赔经历

无论是与公营的保险机构,还是与私营的保险机构相比,MIGA 在过去 15 年的经营过程中,应该说是特别幸运的:自其建立以来,MIGA 只支付了一起索赔案。

自 1998 年以来,出现了二十几起事件。就他们在一些东道国碰到的问题,被担保的投资者向 MIGA 进行了通报。假如 MIGA 未及时介入,可能已经导致一些保单项下索赔请求的出现。在其中的 5 起事件中,正式的索赔请求最终被提起。MIGA 对这些索赔案中的一起(针对在印度尼西亚的一项投资)于 2000 年支付了赔偿;2002

年拒付了另一起有关印度尼西亚的索赔案;第三起索赔案与在阿根廷的一项投资有关,现正在磋商之中。在 2003 年提起的两起索赔案,也都是针对在阿根廷的投资。因被担保人不再坚持索赔的请求,可推定他们已放弃了这一权利。

对于这二十几个案件中的每一个,为了在事态未进一步恶化之前努力解决纠纷,MIGA 在被担保的投资者告知 MIGA 已与东道国政府出现严重的纠纷之时,就立即与资本输入国当局进行磋商。就大多数事件而言,除了那些后来发展成索赔和出自阿根廷的那些事件之外,其余的纠纷花费不长的几个月时间就得到了成功的解决。

有关在阿根廷投资的担保合同纠纷,相对来说,未得到及时的解决。这些纠纷不是投资者与东道国政府之间发生的传统型的冲突,而是因为阿根廷制定的立法对投资者造成了负面的影响,这些立法本身又是该国在上一个十年期之初经济陷入困境的产物。为了应对该国历史上最严重的经济危机,阿根廷颁布了一系列的立法。在一些外国投资者看来,这些立法改变了 MIGA 所担保的那些投资的"游戏规则"。因为,这些被指控的阿根廷法律和法令是为了从整体上最终改善经济状况而制定的普遍适用的规范,虽然阿根廷政府已经非常努力地与 MIGA 进行合作,以寻求一个两全之策:既不损害这些立法所要达到的经济目的,又能将被担保投资者权利受损的程度降至最低,然而,事实证明,这需要花费相当长的时间。

MIGA 现行的格式担保合同第 27.1 条第 e 款规定,一旦遇有"任何会引起或实质性地增加一项损失可能性的事件或情形",投资者有义务立即通知 MIGA。规定这一条款的目的是要让 MIGA 尽早知悉正处于萌芽状态的问题。从理论上讲,与已经恶化数月之久并成为当地一起名闻遐迩案件的纠纷相比,一起刚刚出现的纠纷更容易解决。MIGA 是一个具有中立地位的发展性国际组织,并归其成员国所有。MIGA 的创始者预料到,在处理涉及被担保人的一起纠纷时,这样的双重因素共同起作用的结果,使得该机构具有了实质性的影响力。事实已经证明如此。

自 1998 年以来,由被担保投资者告之 MIGA 的潜在索赔情形为数很少。与之对比,在同一时期,据报告,各大国家投资保险机构已支付了数起索赔案。鉴此,人们必然会问,MIGA 在交易中的地位本质上是否已经成为一种"疫苗";亦即,就其他投资者在相同情形下碰到的一系列困难,MIGA 可为向自己担保的投资者筑成一道防护网。没有具体的证据支持这种猜想;但是,在对一项由世界银行集团成员之一承保的投资进行干预之前,大多数发展中国家会三思而后行。作这样的假设并非不尽合理。

此外,MIGA 出色的理赔记录应被视为该机构高质量的承保工作的体现。与国际投资保险市场上的一些保险机构相比,MIGA 既不是一个业务量很大的保险人,也不是一个签发保单的最快者。相反,它是按照项目对东道国发展所产生的积极影响的程度，审慎地选择担保的项目；而对于那些经济、金融或环境风险超过 MIGA 可接受水平的项目，MIGA 会认真考虑那些不予承保的建议。似可断定的是，MIGA 担保项目的成功至少部分来自其在承保工作中一丝不苟的态度。

最后，实践证明，在有关索赔案的谈判过程中，MIGA 的应对方法是非常有效的。尽管其机构规模小，但是，对那些自己已在当地开展业务的国家，MIGA 努力与这些国家的政府官员保持联系。MIGA 拥有多种文化背景的职员，他们遴选自约 50 个成员国，精通外语。这就意味着，在任何一个成员国投资的投资者碰到问题时，MIGA 都可快速地与之直接接触。如果情况允许，有经验的职员将立即前往该国收集已生纠纷的信息。MIGA 尽量做到越快越好，会见东道国的官员和被担保投资者的代表，并选派专家，以一个"诚实的中间人"的角色敦促他们朝着解决纠纷的方向努力。在几起潜在的索赔案得到解决之后，成员国们告诉 MIGA，MIGA 行动是如此之快速，其代表对纠纷解决事宜是如此有经验，以及他们提议的解决纠纷的方案是如此的睿智，都是这些成员国所始料未及的。若干东道国政府官员表示，较之与他们打交道的世界银行集团的其他成员，MIGA 在相当程度上更具"敏捷性"。

审视已经提交 MIGA 的索赔案和潜在的索赔请求，可以发现一个有趣的现象，就是 MIGA 发放担保所依据的普遍接受的国际法原则，与外国投资者面对的现实（尤其是在东道国经济整体上处于困难的时候）之间存在着张力。因负有为客户保密的义务，MIGA 不可能随意详细谈论其索赔谈判的过程。然而，以下阐述的两个案件，要么已经公开，要么客户已表明放弃保密的要求。这就为理解索赔如何产生和了解 MIGA 如何处理投资纠纷，提供了一个难得的文本。

在第一个案件中，MIGA 对在印度尼西亚的安然公司支付了赔偿，虽然当事双方都想避免这样的结果发生。第二个案件事关美国海岸能源公司在中国的投资。因为在旷日持久的谈判中，当事双方都显示了超乎寻常的灵活，使得索赔得以避免。最后要介绍的是发生在阿根廷的一组案件。然而，至少在其中的一个案件中，尽管当事双方已经尽到了避免向 MIGA 索赔的努力，但是事实上想要让 MIGA 不付赔，现在看来，似已无可能。

自 1998 年以来，MIGA 面临的潜在索赔案数量很少，如果说这样的情形非常引人注目的话，那么，同样令人好奇的是，在向 MIGA 报告的问题中，大多数与"违约"有关。虽然出现了 1997 年亚洲金融危机和 2001 年阿根廷拖欠债务的事件，但是极少有纠纷与货币禁兑险有关；尽管非洲麻烦不断，但是没有一起纠纷涉及政治侵害险，也没有一起纠纷与传统的征收和国有化险有关。

虽然 MIGA 有权发放独立于征收险的违约险担保，但是由于市场不接受，在实践中,极少有投保违约险的情形。MIGA单独签发违约险合同的前提是,投资者应援引其与东道国政府订立的投资协议中的仲裁救济条款,然后再将仲裁程序推进到赢得对东道国政府的裁决为止。只有在东道国政府阻挠仲裁程序的进行并使之无法完成,或者即使仲裁程序已经完成,但东道国政府拒不履行对其作出的不利裁决时,MIGA才承担赔付的责任。这两种情形均构成国际法上的"拒绝司法"行为。

从MIGA的角度来看,宁愿等到出现"拒绝司法"的情形,才考虑赔付。其原因是,在这之前,复杂的纠纷尚未明朗化,且当事双方仍在自行解决纠纷的过程之中,MIGA应避免不情愿地介入其间。虽然因这种违约险可减少管理的难度而受到MIGA的青睐,但却遭到了投资者的抵制,他们不愿承担久拖不决的以仲裁方式解决纠纷的费用。大多数投资者也更愿意把纠纷解决在早期阶段,并修补与东道国政府之间的关系,以挽救他们的投资,而不愿诉诸仲裁,因为仲裁通常无法及时和建设性地处理他们与东道国政府之间的关系。

基于上述原因,尽管保费更高,为了防范违约风险,实际上,所有投资者所选择的是保险范围更广的"征收险"险种。在最近的一次修订之前,MIGA标准的格式保单第8条通过综合第8.2条第d款第i项、第8.2条第d款第ii项和第8.5条的规定,已经默示地将违约险纳入其内。就投资者遭遇的足以有可能产生索赔的纠纷,之所以说在他们与MIGA签订的大多数合同中,已经将违约险包括在担保范围之内,[4]是从以下规定中推导出来的:

第8条 征　　收

8.1 对征收的担保应涵盖东道国政府[5]采取、引导、授权、批准或同意的任何措施,只要这些措施在第8.2条规定的征收的意思之内……

8.2 在不违反以下第8.3条、第8.4条和第8.5条规定的前提下,一项措施应属"征收",如果该措施:……

(d) 阻止项目企业:

(i) 实际经营在担保申请中列明的投资项目或其实质性部分;

(ii) 行使与投资项目有关的实质性权利……

　　…………

8.5 东道国政府违反对担保持有人或项目企业的合同义务,其本身并不

---

〔4〕 此类合同是按照每个客户和每项交易的要求起草的。由此,从在审查过程中接触到的一些合同来看,其措辞与标准的格式合同会略有不同。

〔5〕 在保单中的所有地方,"东道国政府"均为一个广义的概念,除了在首都的中央政府外,还包括经授权行使统治和管理权力的次主权实体。

必然构成征收措施。

把这些规定放在一起并从整体上加以解读,在下列情形下一东道国政府实体因违约而给投资者造成损失的,投资者可能会获得请求 MIGA 赔付的权利:按标准格式合同补篇的规定,违约方包括在"东道国"含义范围之内;以及被控的违约行为阻碍投资者经营已经规划的项目,但应意识到那些尚未达到高度严重性质的违约行为,不在保险范围之内。

虽然不幸,但外国投资者和东道国政府实体之间发生日常的争吵,在所难免。尤其是复杂的基础设施投资项目,项目协议总计有超过 200 页的情形。设置上述有关违约情形限定的目的在于,将这些日常的争吵与涉及当初双方谈判中核心问题的重大投资纠纷区别开来。MIGA 意在只对那些达到征收水平的违约险提供保护,因为,实际上,这些违约行为在效果上等同于剥夺被担保的投资。

安然公司是在美国能源领域的一大巨头,后因陷入一系列欺诈和丑闻而倒闭。1997 年出现在安然公司与印度尼西亚政府之间的一起纠纷,显然是 MIGA 在开业头十年期中碰到的最棘手的案件。在自安然公司按照担保合同第 8.2 条正式通知 MIGA 起的一年时间里,该纠纷未能得到解决。结果发展成 MIGA 的第一个付赔的案件。安然公司希望通过谈判解决索赔问题,而不是最终从 MIGA 获得赔偿了事,因为那样会断送其在印度尼西亚的利益。由此,在担保合同规定的 365 天等待期和 180 天的付赔决定期届满后,安然公司多次同意 MIGA 展期。当最后一次展期届满时,正是印度尼西亚一方需要作出决定之时,但该方终未有回应,安然公司出于必须履行其对股东所负义务的考虑,只好无奈地选择要求 MIGA 付赔。但从 MIGA 获得赔偿之后,安然公司立即请求 MIGA 重开与印度尼西亚政府的和解谈判。这项谈判又进行了 6 个月,但终因印度尼西亚经济动荡,以致无果而终。

作为该案投资者的安然公司,在当时是一个电力、基础设施和自然资源部门的大型多国公司。该公司与印度尼西亚当地的一个合作伙伴组建了一个合营企业。1995 年,该企业从印度尼西亚国家电力公用事业公司赢得了一份建设一家电厂的合同,电厂的位置在印度尼西亚爪哇岛的东部。安然公司就其在该项目投资可能遭遇的风险购买了保险。如上所述,按照担保合同的规定,在征收险中包括了违约风险。根据与印度尼西亚电力部门达成的项目协议,安然公司和其在当地的合作伙伴于 1996 年开工建设该项目。

在苏哈托政府终结的那段时间里,许多由其批准建设的电力项目,因电价高和项目本身建设成本的问题,被勒令重新进行严格的审查。1997 年,在有关国际金融机构几近一致的支持下,印度尼西亚政府"中止"了 27 个电力项目,MIGA 担保的这个项目就是其中之一。该项中止令没有提及投资者在这些被中止项目中可能拥有的权利,也没有包括任何一项预计应列入的有关处理投资者索赔的条款。同样,就那些已经善意地按照合同进行投资的投资者而言,1997 年之后,已经强烈地感受到他们的投资价值已经受损,但印度尼西亚政府也没有任何给予补偿的规定。

如有可能,安然公司还是希望仍留在印度尼西亚。由此,安然公司通过自己的努力,就公司的未来,寻求与印度尼西亚政府展开协商,但对方始终置之不理。印度尼西亚政府拒绝以任何方式与安然公司商讨,似乎是因当时时局动荡和混乱所致,而非出于对安然公司的敌视,因为安然公司当时在该国声誉良好。在经历几个月的冷遇后,安然公司受挫。于是,按照担保合同的规定,向 MIGA 提交了索赔的通知。

MIGA 立即将该事件知会印度尼西亚政府的高层。印度尼西亚政府承认,没有就此事及时给安然公司作出充分的回应(不过对其他绝大多数项目,亦是如此);并着手与 MIGA 一起寻找解决问题的可能途径。印度尼西亚政府请 MIGA 相信,它希望找到一条能使对方撤回索赔的解决方法。

此事的商谈持续了 18 个多月之久。涉及的问题复杂,因为当事双方希望找到一种解决方案,既能满足该案投资者的合法权益,又能顾及当时政局非常混乱的印度尼西亚政府在经济和政治方面的担忧。MIGA 相信,通过其顾问设计一个解决方案,将当时对印度尼西亚另一项重要的输油管道新投资也考虑在内,就相当有可能促成当事双方共同接受该解决方案。该解决方案包括了实际上要让赔付请求作废的内容,由安然公司将已得到的赔付款退回 MIGA。不幸的是,这样的一种解决方案只是从原则上看起来具有可行性,而在 2000 年印度尼西亚当时那样的经济困境下,实践证明是无法实施的。由此,拟废除赔付请求并促成安然公司参与另一项新的、较大项目投资的这样一次努力,最终还是付之东流。人们应在事后设想一下,就该 1 亿美元投资的输油管道项目,假如当时在合理利率基础上能够确保融资到位的话,那又会是怎样的一种结果呢?!

随着废除赔付请求谈判的失败,按照《MIGA 公约》的规定,MIGA 开始与印度尼西亚政府谈判一项挽回自己损失的协议。该公约第 18 条第 a 款规定:

> 一旦对担保持有人支付和同意支付赔偿,本机构应代位取得担保持有人对东道国……所拥有的、与被担保投资有关的权利或求偿权。……

作为该案已获赔投资者的代位权人,MIGA 就其向该案投资者所支付的全部损失赔偿额,有权要求印度尼西亚政府给予补偿。

起初,印度尼西亚政府对是否同意与 MIGA 展开协商心存疑虑,因为该国担心,这样会给自己处理其他受损电力项目(包括由美国海外私人投资公司承保的项目)

的纠纷,树立一个不利的先例。同时,一些不得人心的电力项目似乎存在着"腐败、串通和裙带关系"等污点,正是这些问题导致了苏哈托政府的最终下台。由此,印度尼西亚政府也不得不关注公众对向 MIGA 付赔一事的反应。

另外,对按《MIGA 公约》负有接受 MIGA 代位求偿的义务,印度尼西亚政府从未置疑过。尽管笼罩在电力项目失败的气氛中,但会谈进行得还是相当友好。印度尼西亚政府聘请了场外法律顾问(纽约一家主要的律师事务所),在与该电力项目有关的谈判中,向其提供咨询意见。也许是因为所涉赔偿额相对较小,印度尼西亚政府相当快地就与 MIGA 达成了解决的方案。正式的索赔解决协议于 2001 年年初签订。该解决协议要求印度尼西亚政府向 MIGA 支付全额补偿,但可采取分期等额支付的方式,利率适中。尽管当时该国的时局仍然持续不稳,但作为解决协议内容的一个组成部分,MIGA 同意在印度尼西亚重开担保业务,并积极寻求推动新的外国投资投向该国。总的来看,MIGA 管理层认为,这是在不幸中求得的一个非常满意的结果。

随着安然案件的出现和发展,一个在中国碰到麻烦的被担保投资者也向 MIGA 报告了相似的情形。从实质上看,在中国的这个案件与安然在印度尼西亚碰到的问题非常类似——对方违反了一个关键性的合同,需要展开紧急磋商,投资者面临的是丧失在项目中投资的危险,其解决过程发展的路线也与安然案件大致相同。但与安然公司在印度尼西亚遭遇的情况有所不同的是,中国的这个案件从国际法观察家的角度来看,反映了一个发展中国家对法律规则的理解与西方传统信守合同理念之间的冲突。

中国这起案件的当事一方——海岸公司,是一个一体化经营的多国能源公司,该公司惠允我们在这里讨论其纠纷的事实;另一方当事人是江苏省电力管理部门。作为投资者的海岸公司(现已被埃尔·帕索公司吸收合并)是一家美国大企业,活跃于石油、能源和电力领域,在中国有着长期和成功的投资经历。在上一个十年期的头几年,中国许多城市地区发展到了工业化的阶段,对电力需求紧迫。鉴此,1995—1996 年,海岸公司与当地有关部门签订了 4 个合营企业合同,在江苏省境内投资建设 3 个调峰电厂。这些电厂分别位于无锡市、苏州市(有两个合营企业)和南京市。3 个电厂的总投资额超过 6000 万美元。

这三项投资所采取的方式类似,按照中国标准化的模式以合营企业的形式投资于电力行业。每个合营企业都建立在一系列相关的协议之上,这些协议由该案投资者的子公司和适格的当地政府部门签订。就 MIGA 的担保而言,在每个投资项目的这些协议中,最为重要的是购电合同,该合同规定了当地用户购买合营电厂所生产电力的价格。因为这些购电合同决定着投资回报,所以构成当时该案投资者讨价还价的核心部分。

这些购电合同是与以下当地有关实体签订的,前三个合同的订约实体是地市级部门,最后一个是省属机构：

- 无锡市城电新能源开发有限责任公司(1995年4月27日)
- 苏州能源开发有限责任公司(1995年10月17日)
- 苏州能源开发有限责任公司(1997年5月4日)
- 南京市供电局(1996年4月19日)

在购电合同订立时,这些实体均为当地政府所辖的半政府部门性质的地市级和省级机构。每个实体显然有法定的权力与供电方谈判购电计价方法和购电量,以购买电力用于零售,从消费者那里收取电费。从最终用户处收入的款项用于履行其在购电合同项下对合营企业的支付义务。

就该案投资者子公司投入合营企业的投资,MIGA签发了通常类型的保单,所担保的险种包括征收险。保单所载与本目前述有关内容相似,承保范围涵盖违约的情形。虽然投资的只有4个合营企业,但是签发了5份担保合同,因为其中在无锡市的那个项目,MIGA既承保了股权投资的风险,又承保了股东贷款的风险。

按照《MIGA公约》第15条的规定,MIGA在向该案投资者签发5份担保合同时,征得了中国政府的批准。每个项目的批准申请起初呈报中国财政部的一位副部长。该副部长告知,此类申请应由当时的中国对外贸易经济合作部办理。MIGA在呈送申请时随附了相关的补充信息。项目所有的信息由中国对外贸易经济合作部转交给江苏省有关部门审查,并听取意见。在规定的时间内,中国对外贸易经济合作部批准了每一项担保。根据《MIGA公约》第15条的规定,批准一个项目的担保,意味着东道国政府同意MIGA对该项目提供保险。

这4个项目的购电合同是投资的经济命脉所在,因为合同规定的购电计价方法和购电量决定着该案投资者的投资回报率。依电力行业的惯例和中国的实践做法,在购电合同的谈判中,考虑到这4个项目的实际情况,合同起草时以"成本加利润"方法为基础计算该案投资者应得的价款。换言之,双方议定,电力按约定的购电计价方法和数量出售给当地购买者,其所得应能偿付该案投资者的生产成本和投资的合理利润回报。因为该案投资者无法控制项目的成本,特别是作为电厂燃料的柴油价格每年都在浮动,而且劳动力成本、汇率和税收负担也都不确定,所以购电合同按照成本中性的补偿原则制订一个算式,将成本转由购电方承担。由于有些年度实际用电量可能会低于事先测算的最低值,就此,也需要规定一个补偿办法,该办法也构成以消耗中性为基础的电价算式的一部分。

在这4个电力项目进入营运阶段之后,中国政府开始在全国范围内重新审查其电力政策。电力行业的快速发展和不时显现出来的无序状况,促使这种重新审查的步伐加快,以整顿过去10年里开始出现的电价混乱情形,包括电价计算基准的多变、市场的无效率、电力销售的重复征税和高税收负担以及地方行政管理的失误。在中国,受到电力行业价格问题严重影响的那些省份,迫切需要寻找新的办法来解决这些问题。

考虑到存在的这些问题,从1998年11月17日到1999年9月22日,江苏省政府颁布了一系列政策文件和规定,结合在一起并构成一项"综合电价政策",于1999年7月15日开始生效。该综合电价政策对江苏省的电价制度进行了系统的改革,所采取的措施包括全面调低现行的电价,取消各种针对电力销售的地方税,以及收回地方政府购电的权利。由此,实际上巩固了电力的销售制度。

综合电价政策取消了地方电力价格部门审查和调整购电合同项下电价的权力。而按照与综合电价政策一同出台的249号通知(1999年3月5日发布)的规定,江苏省的调峰电厂必须另订新的购电合同。这些调峰电厂得就新合同与江苏省电力公司谈判,该公司被授予独家从电厂购买电力和向省内用户零售电力的垄断权,同时还有确定电价的权力。从当时的情况来看,对于这种单方面废止外商以前与地市级部门签订的购电合同所产生的后果,江苏省政府并未作出如何加以处理的规定。

最关键的问题是,综合电价政策中的管理规定,突然将购电的计价方法由购电合同约定的"成本加利润"公式改变为"一刀切"的做法。按照该管理规定,供电计价被简单化为,调峰电厂均应采取限定"最低购电时数"的方法。该方法意味着,自此,这些美国企业的投资回报将取决于其发电的成本和电力的销售量,而这两项因素正是他们所无法控制的,会发生周期性的大变动。

由于柴油成本的变化无常以及外汇汇率风险的存在,江苏省政府采取的这些新措施,从经济上看,将严重威胁该案投资者在该省继续顺利经营的能力。境况表明,两个电厂的收益将使该案投资者无法获得合理的投资回报。第三个电厂的情形是,项目的投资收益率将跌至4.1%,以此来支付贷款的成本,尚有相当大的差距。具有讽刺意味的是,因为将发电成本和发电量的风险强加于该案投资者,综合电价政策带来了这样一种结果,在当时情况下,电厂销售的电力越多,该案投资者所得的利润反而越少。显然,这种情形是不合理的。

当上述情形继续延续而未见好转时,根据保单的规定,随着时间的推移,可能就已演变成了该案投资者有权向MIGA索赔的风险损失。

每个主权国家都有权利,实际上也有义务不时地对其电力政策进行评估,并保持此类政策的合理性,使之与本国电力行业的发展步伐相协调。这不但对发达国家来说是这样,而且对发展中国家来说也是如此。而就此面临的挑战是在每个案件中要考虑电力行业投资者的既得权,如果投资者已经按照与当地购电方订立的合同作出了实质性的投资承诺,唯一公平的做法是,在调整国内的电力政策时,应考虑投资者的利益。

该案投资者试图避免由新的综合电价政策给其带来的不利影响,但经数月努力,终无所获。一直拖延到1999年后期,仍然无望获得关键性的赔偿。于是,该案投资者就告知MIGA其所碰到的问题,并请求MIGA紧急协助其寻找解决纠纷的途径。该案投资者主张,单方面修改合同规定的购电计价方法,属于违反与其子公司订立的几个购电协议的行为。这样的单方面违约行为正包含在本目所述的MIGA广义征收险的承保范围之内。尽管对事件很着急,但该案投资者还是告诉MIGA,它非常同情江苏省政府实现电力政策合理化和现代化的动机,并向MIGA明确表明,它愿意采取灵活的态度寻求解决的方案,以顾及江苏省政府关心的一些问题。

在从该案投资者那里得知其碰到的问题之后,MIGA立即与中国中央一级政府的有关部门和地方一级政府的有关部门进行了磋商。这些部门一致知会MIGA,如有可能,他们希望能避免索赔情形的发生。在紧接着的有关当事方的谈判中,中国政府官员提出了这样一个疑问,为什么违约行为构成一个征收事件,而不是一起可以在当地法院解决的普通商业纠纷。他们向MIGA表明,他们是本着保护中国电力消费者这一全国性的一贯政策,以最大的善意行事。难道合法的国家利益不能优于投资者个人的合同权利?

在许多观察家眼里,这样的疑问反映了作为一方的许多发展中国家政府和作为与之互动的另一方的外国投资者看问题角度的不同。对经济进行良好的管理,是一国政府对其百姓应负的职责所在;而无论哪里的投资者都要对其股东负责,以取得合理的股权投资回报。这两种利益之间存在着的张力,并非今天才有,其反映了自二战之后有关合同权利的国际法的演变过程。

按照MIGA的观点,在这方面,国际法已在相当程度上发展出了自己的规则,而且规则非常明确。MIGA遵从世界银行于1992年发布的有关外国投资待遇的指南。[6] 考虑到确立已久的约定必须信守的原则,该指南要求作为国家的一方当事人遵守与私人投资者订立的常见的商事合同,就像作为非国家方的私人投资者也受该

---

[6] 参见《有关外国投资待遇的法律框架》,世界银行集团1992年版。

合同约束一样。根据指南第 4 条的规定，如果不是出于商业性的原因（如外国投资者破产），一个国家单方面终止这样的合同，就应被视为一种征收行为。在征收的情形下，单方面违约的国家必须向投资者支付赔偿。MIGA 征收险的设计正反映了这一点，在上述印度尼西亚案件中，按照担保合同，MIGA 就对投资者承担了赔偿的义务。如果纠纷得不到友好解决，对中国这个案件的投资者，MIGA 可能也负有赔付的义务。

与安然案件不同，江苏省的这起纠纷经过耐心的和旷日持久的谈判，才最终得以解决。在 MIGA 的协助下，当事双方保持了数年之久的直接的、经常性的接触。其间，他们之间的分歧逐步缩小。为了使他们之间的关系不被破坏，双方都意识到有必要作出妥协。2002 年，他们签订了一个表明相互之间已取得共识的谅解备忘录。虽然该备忘录在一些观察家看来，并非在所有方面都已非常明确，有关技术性问题可能仍得留待当事双方在今后处理，但是当事双方毕竟已懂得应重视纠纷的解决。

从有关投资纠纷解决国际法的发展这一角度来看，人们可以有趣地注意到，在中国的这一事件中，尽管 MIGA 是以投资保险人的身份出现，但是它努力实际上也做到了以一个"诚信的中间人"的角色进行工作，以弥合发生冲突的当事双方的分歧，并为他们解决纠纷引路。在其中一轮谈判中，MIGA 敦促双方就投资回报达成协议，这就意味着双方都要作出一定程度的妥协。在该轮谈判结束之后，一位参与处理该事件的中国高级官员写信给 MIGA，称：

（我们）非常欣赏（MIGA）为解决该……问题所做的工作。没有……MIGA 作为调解人，我们和合营企业的合作双方将更难以解决该问题。

MIGA 在回信中写道：

非常感谢您发来的令人高兴的电子邮件以及您的褒奖之词。值得欣慰的是，您已理解 MIGA 为处理该……问题所要做的事情。

（该案投资者）是 MIGA 的客户，由此，我们负有诚信的义务兑现与之签订的担保合同。同时，MIGA 又是一个发展性的组织，《MIGA 公约》要求它应维护成员国的利益。所需的技巧是能同时满足这两项义务。这是我们努力要完成的任务。

（我们）相信（该纠纷当事双方）的不同利益可以得到协调，但这需要双方的耐心和灵活态度。MIGA 努力创造一种氛围，在其间，通过友好协商，能够达成一个适当的妥协。

如果我们成功地帮助该案当事方达成一个公平的解决方案,我们将对国际法的发展做出贡献。这是(贵部)和 MIGA 可非常引以为豪的成就。

对于外国投资者与东道国之间发生的纠纷,国际法所能提供的救济方法存在着缺漏,显然,创造性地使用 MIGA 的斡旋方法,可弥补这方面的缺漏。简单地按保单获得赔付,带着赔款撤离一个东道国,这对一个认真的长期投资者而言,绝非一个有吸引力的选择。对于一些案件,并非就有外交解决的方法可供投资者依靠;就其他一些纠纷来说,正式的仲裁方式也未必可行或费用太高。尽管 MIGA 作为一个保险人有自己的利益需要保护,但是,提请 MIGA 出面调解,仍不失为一种新兴的、替代性的纠纷解决办法,而且这种方法非常具有吸引力。

有幸的是,因阿根廷经济危机造成的一组案件印证了这一观点。截至 2001 年,在阿根廷发生拖欠债务事件的前夕,该国已成为 MIGA 拥有第二大担保额的东道国。当时 MIGA 有 25 个担保合同承保在阿根廷的投资。截至 2001 财政年度末,MIGA 在该国拥有的总担保额已达 7 亿美元。

自阿根廷政府作出将本国货币比索以 1∶1 兑换率与美元挂钩的决定后,起到了良好的效果,该国的年通货膨胀率很快降到了 2%、3% 左右,以致该国经济出现了十年的超常水平增长。但在此后,阿根廷政府的预算长期不平衡,最终导致了该国长达 4 年的灾难性经济衰退。从衰退的程度来看,阿根廷的经济缩水了 30% 以上。在进入 21 世纪之前,阿根廷的经济在世界上还骄傲地稳居中等发展水平,但很快陷入了该国历史上最严重的经济危机。当时的政府下台了,继任政府在 2001 年 12 月宣布无力偿还国内债务和对外债务。

为了减少对银行的压力,以努力保护本国的金融体系,就在阿根廷政府宣布拖欠债务的前夕,银行存款,无论是比索存款,还是可与比索等价流通的美元存款,均被冻结。这种冻结行动导致许多商业活动的中止。在拖欠偿还债券之后,新政府又颁布政令,规定从美元账户中只能提取比索,而且限定提款的数额;同时,美元存款被强制按 1.40∶1 的比例兑换成当地货币,而不是当初存款时的 1∶1 比例。将被冻结的美元存款强制兑换成比索存款的做法,在阿根廷被称为货币的"比索化"。按照 2002 年年初制定的紧急立法,以美元、欧元、日元和其他外国货币结算的债务也被"比索化",有义务兑换成比索债务。在被冻结的美元银行存款按 1.40∶1 的比例被"比索化"的同时,金融机构持有的美元债券和私人之间的以美元结算的债务也被按 1∶1 的比例兑换成比索。然而,该兑换率并没有给受损的债权人带来多少安慰,因为比索很快又骤然暴跌了下来。

根据 2002 年年初制定的紧急立法,阿根廷建立了一个官方的外汇市场和一个自由兑换的外汇市场。官方的汇率被设定为 1.40∶1,但能按该汇率兑换的仅限于数量有限的交易。其他所有交易,包括 MIGA 的被担保人在阿根廷从事的大多数交易,只能被迫在自由市场上换汇,汇率由供求力量来决定。2002 年,自由浮动汇率一直徘徊在 4∶1 附近,2003 年则跌至 3∶1 左右。

2003 年,阿根廷的经济重新趋于稳定,同年 5 月新总统当选,危机最严峻的时刻已经过去。在危机高峰时开始实行的金融管制被逐步拆除。然而,对一些情形严重的案件来说,这些值得欢迎的举措来得为时已晚,MIGA 的被担保人在阿根廷已遭受了金融损失。

总共就约 10 个担保在阿根廷投资的合同,MIGA 与该国政府展开了磋商。笼统而言,阿根廷政府为控制经济危机而采取的经济措施,以两种不同的方式给这些受影响的项目投资者造成了损失。另外,冻结银行存款使得当地的项目无法还贷(如属基础设施项目,因随之而来的物价冻结,使得这些项目无法履行债务)。非故意拖欠的债务开始越积越多,投资者越来越意识到他们的企业可能已无法继续运作,按照 MIGA 担保合同的规定,这就构成了提出征收险索赔的一个依据。

除冻结银行存款和公共服务价格外,MIGA 的被担保人遭受的损失还来自其存款的"比索化"。将美元存款强制兑换为阿根廷比索,由此立即就造成了币值的贬损。一些在阿根廷的投资者,包括一位 MIGA 的被担保人,向世界银行的"解决投资争端国际中心"(ICSID)对阿根廷政府提起了仲裁,诉称他们的损失是因等同于无偿征用的存款"比索化"行动所致,而这种无偿的征用又类似于征收。这些仲裁案中的大多数,现仍处于该仲裁机构审理的初期阶段。

在阿根廷出现危机之初,投资者就与 MIGA 取得了联系,要求 MIGA 展开对阿根廷有关部门的斡旋工作,以寻找途径,缓解其采取的经济措施对他们的项目所造成的严重负面影响。阿根廷政府一直与 MIGA 密切协作,该国有关部门向 MIGA 表示,他们希望采取一切合理的措施来避免 MIGA 担保合同项下索赔案的发生。从实际操作过程来看,在阿根廷处于衰退谷底时所起草的多种救急措施是普遍适用的,这些部门的官员并未考虑到这些措施对 MIGA 的被担保人可能带来的后果。一旦 MIGA 提醒此类措施可能会产生意想不到的结果之后,这些部门就与 MIGA 展开了长达 18 个月的密切协作,就这些紧急管理规定设定了范围很小的例外,但这些例外可使大多数被担保人免于在 MIGA 担保合同项下提出正式索赔。

考虑到在危机期间阿根廷经济所遭受的灾难性打击,被担保人这一方在与 MIGA 磋商的过程中,表现出了灵活和合作的态度。在一个因存款"比索化"遭受了重大损失的项目中,投资者与 MIGA 达成协议,推迟其按保单本可提出的正式索赔,由该投资者在 ICSID 仲裁机制下继续向阿根廷政府寻求救济。作为回应，MIGA 同意修改担保条款，承诺如该投资者得到对其有利的、具有法律效力的终裁裁决，但在合理的期限内得不到阿根廷政府执行的，MIGA 仍将负责支付赔款。

在这些案件中，有几个还正在磋商之中。其中一起悬而未决的索赔请求，涉及因阿根廷政府冻结物价而违反了与投资者订立的项目协议，在索赔期限届满时，仍有可能会发展成 MIGA 有义务赔付的案件；其他的索赔请求也有萌发的可能性。然而，无论如何，似乎没有异议的是，既有阿根廷政府的合作和受影响投资者一方的建设性态度，对在阿根廷的被担保投资者来说，MIGA 斡旋方法的运用，已使其境遇大为改善。

七、MIGA 的技术援助计划

MIGA 提供的投资担保服务有助于缓解投资者潜在的政治风险。除此之外，MIGA 还与其他不少合作伙伴一起提供技术援助，帮助发展中成员国建立和实施吸引外国直接投资的战略。由 MIGA 提供的技术援助可大体分为以下两类：

- 咨询和能力建设服务：服务的对象是发展中成员国的公共和私营投资促进中介机构。
- 在线投资信息服务：向投资者提供存在于发展中成员国的新的投资机会的信息，并进行分析。这些在线信息服务也提供给那些投资促进中介机构，服务的内容是，为信息传播和扩大对目标投资者的搜索，提供低价的交流渠道。

MIGA 的技术援助由所属的"投资市场服务部"提供，该部与其合作伙伴进行广泛的合作，以充分运用其信息和财政资源，同时提供知识产品和技术援助服务。投资市场服务部的主要商业目的之一就是成为一个交流中心，为客户和合作伙伴吸引高层次的外资，提供最佳实践以及各种手段和知识产品。

通过投资市场服务部长达 5 年的产品开发努力，MIGA 的客户和合作伙伴现可获得一系列的研究和分析手段、最佳实践指导、培训资料、信息传播服务和可共享的软件。这些产品可全方位地支持有关投资促进和机构能力建设方面的活动。

（一）MIGA 的投资促进工具和知识资源

1. 机构分析

在启动对特定国家的技术援助项目之前，就对象国的投资促进中介机构和该国有关促进外资的整体制度框架，MIGA 通常要开展 3—5 天的评估活动。为了方便此类分析，MIGA 开发了一个系统的"评估要点框架"，涉及投资促进中介机构运作的近 60 个方面。设计该框架的目的是，鼓励投资促进中介机构及其顾问思考这样的问题,何为有关促进投资的能力和良好绩效的特点以及这些机构应采取的使自身更具效率的步骤。

该评估框架涵盖的作为评估对象的机构能力范围包括：
- 机构的发展
- 合作关系和为投资者提供服务的状况
- （在国家和机构层面上）打造自身形象的能力
- 投资机会的创造

在订有特许协议的情况下,MIGA 也将该框架提供给其他技术援助机构使用。从 MIGA 这里获得特许权的机构可能将该框架用于机构评估和要点评估工作,并将评估的结果作为设计能力建设计划的基础。

2. 培训和能力建设资源

MIGA 通过各种长期的能力建设计划（典型的期限为 12—24 个月）,为客户国提供技术援助。针对一系列特殊的议题,投资市场服务部还会不时地举办多国系列讲习班,讨论特殊的议题,例如,怎样使用互联网作为扩大对投资者的搜索范围并与他们进行联络的工具等。

投资市场服务部作为一个机构,已有 15 年的积累,该部现拥有广泛的内部资源,包括各种投资促进工具、培训资料、讲稿、最佳实践分析和案例研究成果等。为了更广泛地传播这些知识,2001 年,投资市场服务部自己推出了第一项综合性的投资促进查阅资源——"投资促进工具箱"。该工具箱的用途及于一个投资促进机构设立和运作的各主要方面,囊括了 MIGA 向其发展中成员国提供技术援助过程中所获得的经验总结,并与 MIGA 评估要点框架中有关核心能力的评估事项相链接。该工具箱构成了 MIGA 提供技术援助服务的基础,且在完成正式的能力建设援助之后,为继续保持投资促进的动力,该工具箱也提供了一个有价值的查阅工具。

目前,投资市场服务部正在扩大其投资促进培训资源的供应能力,所采取的举措是开发在线的"外国直接投资资源中心"（以下简称"FDI 中心"）。该中心将为全世界投资促进业界人士提供知识管理的一大入口,使他们随时能获取投资促进工具箱中的知识资源,以及相关的案例研究成果、培训单元、搜索工具和最佳实践领域的范例。该入口将使 MIGA 及其合作伙伴能够通过提供实时培训和互联网上的各种工具,更好地服务于客户国。

FDI 中心的初始版本将在 2004 年初启用,包括一个各种投资促进工具、最佳实践、授课帮助、软件阅览、案例研究范本和其他资源的查阅馆,这些资源的组合实际上就是一个内容得到拓展的在线版投资促进工具箱。其后,还将就发挥特定功能的专业领域(如投资者服务和投资者搜寻),开发电子版学习课程,以进一步丰富 FDI 中心的资料库。

3. 投资者搜寻和跟踪工具

投资市场服务部正协助各国的投资促进中介机构选择和实施投资者跟踪系统。按支持投资促进活动的特殊需要,对一个商业客户关系管理软件进行修改,通常就可构成开发投资者跟踪系统的基础。投资市场服务部已经为一些主要的客户关系管理集成包开发了模本,这些集成包的用途是:向投资者推销投资的目标国家或地区;用于维持与潜在的和现有的投资者之间的关系;以及跟踪在各个国家或地区新旧投资的进展情况。投资市场服务部与各国投资促进中介机构的人员和技术顾问一道工作,选择和实施投资者跟踪系统,并将该工具融入针对机构客户的有关营销和管理情况报告的整体计划之中。

为了支持作为客户的投资促进中介机构寻找和选定潜在投资者,MIGA 已经开发了一套针对特定产业的指南,为在所选定的产业内搜寻潜在投资者提供指导,然后对特定的公司进行分析。这些投资者搜索资源将归入 FDI 中心,可帮助投资促进中介机构在电脑上获得关键的数据。诸如,了解各竞争国吸收外资的数额以及与之相关的法律、政策和管理框架;确定国际投资的主要发展趋势;评估投资者的观点;开展特定行业的研究和确定关键产业的发展趋势;选定潜在的投资者并收集其国际战略和经营现状的信息。该指南现已覆盖的产业包括服装、汽车、电力、寻呼中心、电讯以及旅游业。这些集成的可供查阅的信息还包括聚焦非洲、拉丁美洲、亚洲和太平洋地区的投资搜寻资源。

4. 竞争分析和产业基准评估

投资市场服务部最近已经着手制订一项计划,拟在行业最佳实践的基础上开发一种标准的方法,用于指导跨国产业的基准评估研究,以及建设一个查阅数据库,收集对以往基准评估进行分析的数据和研究。

进行这些活动的目的是为了指导投资促进中介机构,开展研究制订一套有关最佳实践的标准。有了这样的标准,这些投资促进中介机构就可以自己或在一个顾问的帮助下进行研究。这些活动也将为潜在的投资者生产和发送详细的有关国别成本和投资条件的信息,并建立一个数据库,以支持投资市场服务部、MIGA 的合作机构或客户在未来开展研究。

(二) 信息传播与扩大对投资者进行搜索的工具

投资市场服务部完成其咨询服务职能的载体是,一项传播有关在成员国投资机会信息的强力计划。为此,投资市场服务部非常注重依靠现代信息技术和互联网。

新技术可创造吸收商业业务和投资的机会,投资市场服务部帮助作为客户的成员国将这些机会转化为资本。MIGA 的在线投资者信息服务,构成世界银行集团为刺激外资流向发展中成员国所作努力的关键部分。这些服务能及时地为各地的专业人士和想在新兴市场国家开展业务活动的跨国投资者,提供实质性的数据和分析。同时,这些服务也为发展中国家的投资促进中介机构提供低成本的目标选定机制,以便他们在扩大对投资者的搜索时占有信息先摄的优势。

MIGA 免费提供的在线服务包括以下三类:

Investment Promotion Network(IPAnet)(www.ipanet.net):这是连接外国投资者和投资机会的一个 MIGA 信息交流网站。该网站作为一个通道,经此可获得世界银行集团、投资促进机构以及相关的政府部门提供的投资信息,并可得到全世界私营部门的商业信息服务。使用者可以搜寻和浏览 IPAnet 近 1.3 万个信息来源渠道,这些信息来源渠道按国别、主题和行业编目,可用于调查潜在的投资机会、分析商业环境、获取有关生产要素成本和基础设施的研究成果,以及与关键的政府部门、金融机构和投资支持服务机构取得联系。

FDI Xchange(www.fdixchange.com):该系统定期用电子邮件的方式发送提请用户注意的通知,其内容包括注明可链接的 IPAnet 数据库中新的投资信息。这些投资信息按使用者地区、所处行业和感兴趣的议题编排,以便利于客户查找。这种不断更新的个人定制电子邮件,可在每周、每两周或每月发送一次,同时也为那些输送信息的机构提供详细的联系地址;以及在内容上可链接的其他有关国家的信息和对活跃在市场上的那些双边和多边渠道的分析及详情,这些双边和多边渠道提供的是有关金融和风险管理的服务。

Privatization Link(www.privatizationlink.com):这是一个专为世界范围内的私有化活动提供最新信息的特殊交流场所。这些信息可用以支持发展中国家从事私有化的机构,这些机构的职能是为本国国有企业吸引高质量的买家。该项服务的特色是,提供分布在 70 多个发展中国家的有关私有化的信息,并无论在什么时候都平均掌握对 600—700 项拟出售企业的情况介绍,这些拟出售的企业是由世界各地 50 多个私有化机构推出的。

这些服务可为投资促进中介机构及其顾问和其他商业信息提供者所用。这些信息提供者分布在工业化国家和发展中国家,传递相关的市场信息和投资机会给潜在的投资者。

提供给投资促进中介机构的 IPAworks 网站模型

MIGA 将自己的投资促进能力建设和信息技术专长结合起来,开发了一个资源共享的网站,称为"IPAworks"(www.ipaworks.com),供投资促进中介机构申请使用。IPAworks 是一个容易安装和运行的网站架构,该架构能使发展中国家的投资促进中介机构快速和低成本地建立一个专业性的网站。建立 IPAWorks 的基础是,由投资促进中介机构提供有关职能和信息方面的现行最佳实践。有了 IPAworks,按照各自特殊的机构性需要和投资促进的优先目标,发展中国家的投资促进中介机构就可轻易地做到,使他们的网站能满足客户的需求并不断地加以更新。MIGA 免费提供该网站架构,并附带免费提供一年一度的在线支持和一个参考网站,作为其技术援助计划的一部分。

(三) MIGA 在中国的技术援助活动

1. 现行努力

MIGA 最近在东亚完成了一个区域性的基准评估。该项东亚竞争力基准研究,对中国、印度尼西亚、马来西亚、菲律宾、泰国和越南的电力和信息服务产业的营运成本和条件作了比较。在该地区,这两个产业包含的外资成分很大。开展这项研究旨在建立一条基线或一个基准,该基准涉及一系列的生产要素。凭借这一基准,可对相对实力、投资气候的改进,及产业动态变化情况加以衡量。该项研究的一个附带的目的是,提高参与者投资促进中介机构自己开展此类活动的能力。对这些参与其中的投资促进中介来说,此乃代表着一种新的和独特的方法。该项研究不仅仅是为了揭示一种信息,以反映中国和其他参加国在所涉行业吸收外国直接投资方面的竞争力;而且是为了促使投资促进中介机构将注意力转向那些已经开业的主要外国投资者的投资动机和他们所关心的问题。

完成了东亚研究之后,应国际金融公司的邀请,MIGA 将协助四川省投资促进局,专门针对四川省开展类似的研究。四川省的这项研究由 MIGA 负责实施,并由一个全球性的基准评估计划主办,涉及全世界发展中国家的不同产业部门和服务业。该基准评估计划打算反映前述东亚研究已有的工作成果,并在此基础上展开工作;同时将加强和充实该项东亚研究所采用的方法。

在四川省,MIGA 将与国际金融公司、四川省投资促进局以及其他全国性的以及省级、地市级的投资促进中介机构一道工作,开展这项研究,列入研究范围的有 5 个产业和该省的 12 个地方。就此,MIGA 还启动了一个为期一年的分季度举行的能力建设培训班。该培训班是国际金融公司和四川省投资促进局所作协调和给予支持的结果,将惠及全省各地方。

2. 以往项目

全球化和信息革命已经给外国直接投资和投资促进业务本身带来了巨大的影响。新的信息技术在吸引外资的竞争中扮演着越来越重要的角色。加强发展中成员国投资促进机构吸收和留住外资的能力，是 MIGA 的一项使命。作为该使命的一部分，MIGA 提供了一系列区域性的技能建设讲习班，以帮助投资中介机构更新传统的投资促进技术，并增强其利用互联网进行广泛沟通的能力。通过训练，投资中介机构可从最先进的技术中受益，受益面包括扩大对潜在投资者的搜寻；学习作为本国竞争对手的国家和地区的经验；以及开展在线研究，确定目标行业的发展趋势和潜在投资者。

2002 年，MIGA 工作人员参加了在厦门举行的"中国国际投资和贸易洽谈会"，并在北京举行的一个地区性投资促进研讨会上开设了培训课程，该研讨会由中国商务部和"世界投资促进机构协会"主办。MIGA 出场的目的是帮助投资中介机构运用用以支持其投资促进努力的信息技术，尤其是用于那些管理促进活动的信息技术。该研讨会吸引了来自亚洲地区投资促进机构的约 25 名人士参加。为继续进行类似于一年之前在厦门所作的努力，MIGA 组织了一个名为"支持投资促进的信息技术手段"研讨会，培训对象为来自东亚和东南亚各国的投资中介机构。该活动由中国商务部作为东道主，参加者共有 18 人。他们来自韩国、印度尼西亚、马来西亚和中国各地的投资促进机构。

1999 年，MIGA 与联合国开发计划署和国际金融公司的"外国投资咨询服务部"一起为图们江地区的一个计划工作。该计划涵盖中国、朝鲜、蒙古和俄罗斯的有关地区，旨在建立和制定一套有效的组织框架和政策，促进外国投资，以此方式带动该地区跨境一体化的进程。MIGA 派出了一个小组，评估当地投资促进联合会的能力，并研究各国之间潜在的合作领域。MIGA 随后建议采取特别行动，以提高各机构投资促进计划的水平。MIGA 还提议，应建立一个地区性的投资服务网络，作为以技术为基础的原始动力，提高向投资者所提供的援助的质量。在这些建议的基础上展开行动，联合国开发计划署建立了一项投资者服务计划，该计划定于 2004 年年内启动。

八、MIGA 的调解服务

首先，MIGA 是一个投资保险机构。MIGA 付出大量的努力，通过其政治风险保险计划的激励，促进外国直接投资流向发展中成员国。与此同时，MIGA 在投资纠纷解决领域也必须开发自己的专长，因为如果投资者与东道国之间的纠纷不能成功地得到解决,MIGA 就得付赔。由此,MIGA 需要雇用顾问人员,这些顾问人员在投资纠纷解决方面富有经验,并对该领域的学术研究一直保持着兴趣。在开业后的第一个 15 年中,MIGA 非常幸运,只碰到 3 起正式索赔案,付赔的只有一起。这种情形使得 MIGA 的律师们显得多少有些"英雄无用武之地"。

资本输出国感到,在保护国外投资方面,国际法机制存在着缺漏。最初,在这些资本输出国的鼓励下,MIGA 把自己积累的有关纠纷解决的独有经验当作资本,为友好解决投资纠纷提供调解服务。该项服务对来自工业化国家的投资者和发展中成员国一视同仁。在出现纠纷后,外国投资者如寻求东道国的当地救济,经常感到不可靠或徒劳无用;而采取正式的国际仲裁方式,费用又很高昂而且非常耗时;何况对一个陷入与东道国政府之间纠纷的外国投资者来说,国际仲裁大门不一定就向他敞开。MIGA 提供的调解服务,意在填补这个相当大的缺漏。

《MIGA 公约》的起草者虽没有用很多的语句,但似乎已经考虑到了 MIGA 创建调解机制的使命。在其著作中讨论《MIGA 公约》起草过程中所产生的争议时,希哈塔先生注意到,来自工业化国家和发展中国家的代表共同意识到,MIGA 作为一个国际投资保险组织,为了实现鼓励越来越多的资本流向发展中成员国这一宗旨,应承担开展"广泛的补充性活动"的职责。[7]

《MIGA 公约》第 23 条在"投资促进"标题下列举了提议的 MIGA 补充活动的种类。回应资本输出国的关切,第 23 条引领 MIGA 开展研究和其他活动,以改善外国投资在发展中成员国的投资环境。为了顾及发展中成员国的需要,该条还指示 MIGA 在自己的专业领域,得应邀向这些国家提供技术咨询和援助。

第 23 条接着规定:

(b) 本机构还应:(i) 鼓励投资者和东道国友好解决纠纷;……

令人好奇的是,《MIGA 公约》起草者希望 MIGA 发挥调解作用的意图,并没有在《MIGA 公约注释》[8] 和《MIGA 业务细则》中被明文表述出来,这两个法律文件在此问题上保持沉默。同样,希哈塔先生在他的著作中也没有提及如何把《MIGA 公约》第 23 条第 b 款第 i 项的意图转化为有效的制度。

推动 MIGA 赋予第 23 条第 b 款第 i 项所定之使命以纲领性内容的动力,为 20

---

〔7〕 See I. Shihata, MIGA and Foreign Investment, Nijhoff, 1988, p. 210. 已故的希哈塔先生为世界银行前资深副行长兼总顾问、解决投资争端国际中心前秘书长、MIGA 的发起人以及《MIGA 公约》的起草主持人。——译者注

〔8〕 《MIGA 公约注释》第 43 段似乎将《MIGA 公约》中的敦促性措辞转变为了一项确定的义务。该公约只规定 MIGA"应鼓励"投资纠纷的友好解决,而《MIGA 公约注释》则包含了 MIGA"负有义务"去做这样的语句。

世纪90年代中期几个资本输出国所赐。在上一个十年期的早期,外国直接投资额大幅攀升。也许可以预料的是,与此相伴生的是,在其中的任何一年里,外国投资者与其投资所在的发展中国家之间的纠纷数量也在增加。由于在海外投资的投资者购买投资保险的比例非常低,大多数卷入这些纠纷的投资者都无法使自身得到保险赔偿。许多投资者追寻传统的外交保护做法,将这些纠纷呈交本国政府,希望本国政府以正式或非正式的方式支持其求偿。然而,在这些情况下,愿意对求偿者积极地施以援手的政府,为数寥寥无几;即使是那些通常会有力保护本国海外投资者利益的政府,有时也不愿意这样做。因为政府对这些投资者知之甚少,不会为了捍卫他们的利益,而把与东道国之间稳定的,也许是极好的外交关系推入危险的境地。

马丁事例可说明一个大国政府的尴尬处境。这个案件的求偿者是美国的一个小商人,从事海上疏浚和工程建设业务。马丁先生的这家企业与巴巴多斯政府签订了一个相当普通的工程建设合同,承建一条海上防浪墙和防波堤。其后,纠纷光顾了这个项目,巴巴多斯政府最终取消了该合同。因巴巴多斯政府拒付已经完工的那部分工程款,马丁先生的企业濒临破产。于是,马丁先生请求美国国务院支持他向巴巴多斯提出违约损害赔偿。因他本人在佛罗里达商业圈内是一个名人,能说服当地有影响的政治家保证向他提供支持,要求美国国务院对巴巴多斯采取惩罚行动。

毋庸置疑,巴巴多斯是美国第二个最老的盟友,两国间一直保持着非常友好的关系。美国国务院不愿对一个像巴巴多斯这样的小国恃强凌弱,何况该部门对纠纷的事实一无所知。于是,美国国务院想到了MIGA,急促MIGA激活已被MIGA管理层遗忘的第23条第b款第i项的规定,对该纠纷进行调解。巴巴多斯政府对该纠纷也知之甚少,但开始感受到了不爽的政治压力,同意参加事实调查和调解的过程。由此,当然也有机遇的成分,MIGA的调解服务自此发端。

诚如《MIGA公约》所言,MIGA启用调解程序的目的是,"鼓励投资者和东道国友好解决纠纷"。正式的仲裁解决方式要按照严格的程序规则在中立国进行。与之不同,MIGA的调解努力是非正式的,并建立在谈判和和解的理念之上。MIGA运用自己的经验处理针对成员国的赔偿请求,澄清所提出的问题,并引导当事方合理地解决冲突,以求得对双方都公正的结果。

当然,MIGA在解决纠纷的过程中,并不代表任何一方,而是努力为各方提供斡旋,对他们解释可供选择的解决方案,并帮助他们策划经济上可行、政治上现实的解决办法。MIGA对纠纷所作的调解结论以建议的形式出现。这些建议对当事方没有拘束力。如果当事方对MIGA的建议不满意,还可以寻求国际法上的救济。

像其所附属的世界银行一样,MIGA 是一个归成员国所有的多边组织。MIGA 是一个发展性的机构,只有在有利害关系的成员国提出请求时,才提供调解服务,而不接受个人的调解请求。这就是如马丁事例那样,为何由美国国务院最先与 MIGA 接触。

从 1995 年 MIGA 第一次提供调解服务开始,此项服务就被视为《MIGA 公约》第 23 条项下免费提供的技术援助计划的一个要素。然而,MIGA 发现,就其调解服务,并无相应的预算。由此,MIGA 现已要求参加调解程序的成员国应承担实质性的费用,主要是差旅费。对于复杂和耗时的案件,MIGA 也可能会要求成员国支付工时补偿费。

无论何时,MIGA 的法律人员可能都要负责世界各地十多起投资纠纷的协商工作。1999 年解决的两起纠纷,可以说明外国投资者与东道国之间所产生之问题的广泛性。

在 Tobago Cays Holding Co. 事例中,投资者是安提瓜这个加勒比小岛国的一家公司,为安提瓜人和美国人所有。该公司成为加勒比岛国——圣文森特和格林纳丁斯一次政府征用私人财产行动的对象。该案投资者的地产被征用,用于一个国家公园的建设。双方一直没有就被征用财产的补偿数额达成协议。经过一段时间之后,该纠纷对圣文森特的投资气候产生了具有不良影响的威胁。MIGA 与当事方一起工作了将近两年的时间,使他们友好地解决了该项投资纠纷;同时,其结果也保证了一个独特的生态旅游自然保护区——圣文森特 Tobago 国家海洋公园的建立。

托夫特事例涉及一个丹麦投资者。该丹麦投资者在加纳开办了两个农产品加工关联企业,声称在 20 世纪 80 年代后期,因当地政府对这两个企业的经营进行了不当干预,导致其破产倒闭;而东道国政府则主张,此乃股东的疏忽和非法行为所致。该案被提交给由加纳著名法学家和 MIGA 首席顾问组成的调解小组。在安卡拉举行了一周的听证会之后,调解小组发现双方都有过错,最后裁决该投资者只能得到有限的赔偿。

这些案例以及其他几个在解决过程中正取得进展的案件表明,在外国投资者与东道国发生的纠纷中,现行国际法提供的救济存有缺漏,MIGA 的调解机制可用以填补这方面的缺漏。就有些纠纷而言,外交解决途径在实践中并不可行;对其他一些纠纷来说,正式的仲裁解决方式成本高昂,并容易久拖不决;而自愿的、非正式的和低费用的调解方式,越来越被认为是解决投资纠纷的一种有吸引力的方式。

九、结论

目前,MIGA 已经登记并有可能得到担保的在华外商申请案近 150 项,共涉及

160 多亿美元的潜在投资。这些担保申请由来自众多资本输出国的投资者提出，包括比利时、加拿大、法国、德国、希腊、意大利、韩国、挪威、瑞士、土耳其、美国和英国。申请涉及的项目从农业综合经营、旅游和建筑业，到石油和天然气、制造业和基础设施建设。

就此刻而言，MIGA 在中国开展担保业务是成功的，而且构成促进中国吸收大量外国直接投资的因素之一。对此，我们相信不会有人提出异议。鉴于在上一个十年期里，MIGA 对在中国的项目签发了大量的合同，也许在这里值得花一点笔墨提及的是，尽管中国是 MIGA 的早期成员国并公开宣传这一成员国资格，但在上一个十年期开始时，MIGA 才刚刚开始在中国发放担保。此时有关评论人士曾有过担心，这种担心尤其来自中国一些出版物的作者。

在 MIGA 开业的早期，一些作者存在着一种先入为主的偏见，认为 MIGA 在作出担保决策时，可能会戴着涂上政治色彩的眼镜。美国海外私人投资公司和中国的关系就是一个心目中挥之不去的阴影。从美国海外私人投资公司开始在中国从业的年头起，中美两国的政治关系就忽冷忽热。因为政治的原因，美国海外私人投资公司停止在华担保业务已达十余年之久。中国政府指望位居 MIGA 成员国之列，由此将能抵消因美国海外私人投资公司拒保立场所带来的负面影响；然而，假如 MIGA 不在中国发放担保，那么中国从其 MIGA 成员国身份中获益的期望显然就会落空。

MIGA 归成员国所有，要指望 MIGA 董事会的决策概能排除所有的政治考虑，那是不现实的。然而，从 MIGA 在中国开展活动的记录来看，在避免政治因素干扰该机构运作方面，MIGA 的管理层比当初一些观察家所预计的要做得更为成功。事实上，迄今为止，没有一个在华项目被 MIGA 的董事会否决，绝大多数担保项目被批准时，董事会成员也没有从可能被认为是从政治性质的角度考虑问题。似乎可以明确的是，不管美国政府对在华投资持什么样的立场，但并未对 MIGA 大力开展在华担保业务设置障碍。实际上，具有讽刺意味的是，MIGA 迄今为止担保的在华外商大多数是美国企业。

确实，在 MIGA 开业后的最初几年里，在华外商对 MIGA 担保的需求迟迟没有得到满足。在当时，一些评论者将 MIGA 在华担保业务启动慢的原因归咎于其他一些成员国政府的非友善态度，这是可以理解的。然而，从事后来看，MIGA 在华业务启动慢一些，似并无不可告人的原因使然。在早期，MIGA 只是一个新的、缺乏经验的机构。显然，该机构要赢得声誉并进入市场，需要一段时间。恰在此时，"1989 年政治风波"的事后影响对海外投资流入中国产生了抑制性作用。其情形似乎是，

MIGA 作为生手和当时中国的不利氛围两大因素相结合，使得最初在华外商对 MIGA 担保需求不大。除此之外，别无其他解释。

现在，人们对 MIGA 在中国所起的作用已确信无疑，最近更多的评论者问及：MIGA 对适格东道国的连续性要求，是否会在某种程度上阻碍对在华项目发放担保。这一担忧针对的是《MIGA 公约》第 12 条第 d 款第 iv 项的有关规定。该有关规定的内容为，在决定对拟议中的项目提供担保时，MIGA"应考虑东道国的投资条件，包括对外资提供公正平等的待遇和法律保护"。这一要件是否为对一成员国设置的陷阱呢？即 MIGA 一方面允许一国成为其成员国；但在另一方面，又以该国的条件未能令人满意为由，拒绝对其提供担保。

一个国家虽被接纳为 MIGA 成员国，但又被认为不适合在其境内发放担保，或 MIGA 虽已向一成员国签发担保合同多年，但该成员国又被认为在一些方面对其后的担保不适格。至少从理论上讲，存在上述两种情况的可能性。然而，MIGA 作出每一个不发放担保的决定，将纯粹基于商业上的考虑，而不是出于政治上的原因。例如，在 MIGA 担保征收险的情形下，如果一成员国加入 MIGA 时的政府被取代，新政府公开地、明显地敌视外国投资，那么 MIGA 将认定该国已不适格，这样做是公正的。假如有这样一个政府，宣布打算削弱或否定外国私人投资的作用，并随后实施一个不准备给予适当补偿的征收计划，那么，在这一环境下，MIGA 对在该国的投资提供担保，将慎之又慎。由此，只要以公正的立场解读《MIGA 公约》第 12 条的规定，就会认为，如果在一个国家的投资环境会使 MIGA 发放担保面临过度的风险，那么，MIGA 应限制对在该国的投资提供担保。由于一国的投资气候在一段时期可能会在好与不好之间摇摆不定，必须要求 MIGA 在签发每一份保单时，应满足《MIGA 公约》第 12 条规定的关于成员国可获得担保的适格标准。

该项验证标准是从 MIGA 审慎的担保政策中合理地派生出来的，正如一句古老的保险格言所说的那样："保险人不能对一座正在燃烧的仓库承保火灾险。"从迄今为止 MIGA 良好的管理活动来看，没有理由担心《MIGA 公约》第 12 条将被援用于设定不公平的适格条件，以限制对一成员国发放担保。

就此刻而言，MIGA 在中国的前景非常光明。已有近 150 项担保申请得到登记，要求 MIGA 担保其在华投资的外商申请数量超过了其他任何成员国。对担保的需求似乎相当准确地折射出此时中国市场对外国投资者的巨大吸引力。只要中国的经济状况仍然良好，投资机会对外国投资者仍很诱人，MIGA 预料，在华外资对担保的需求将继续高于其他任何成员国。在这种情势下，尽管开始时 MIGA 对在华开展担保业务行动迟缓，但现在 MIGA 已经非常自信，其对鼓励外国直接投资流入中国，起到了重要的作用。

此外,MIGA 似乎开始走向平衡,发挥支持中国海外投资的作用。现在,中国是世界上最大的经济体之一。近些年来,随着中国企业经济实力的壮大和国际竞争力的提高,越来越多的中国企业迈出了向海外投资的第一步。推动中国企业走出国门进行投资的因素与相当传统的资本输出国企业相同:获得原材料;进入新市场;与具有互补性的外国企业实行战略联合;当然,还有觅得更多的利润。在这些新兴市场国家,中国海外投资企业面临着西方企业长期遇到的同样的问题,包括东道国政府对其投资进行政治干预的风险。

目前,已有 11 家中国企业就其海外商业项目与 MIGA 洽商保险事宜。其中的 3 个项目投资额总计高达 16 亿美元,现正处于正式申请的阶段,承保工作进展顺利。其他 8 个项目拟议中的投资额达到 26 亿美元,仍属初步申请担保的项目。这些投资集中投向主要的基础设施项目,在制造业投资的项目比较少,只有一个对采矿业的投资。不足为奇,大多数中国海外投资将投向亚洲的邻国——印度尼西亚、韩国、尼泊尔、泰国和越南。其中的一个拟在尼日利亚投资。

另者,MIGA 已经与中国出口信用保险公司开展了紧密的合作。该公司是中国官办的出口信贷机构,在兼并了中国人民保险公司和中国进出口银行的出口信贷部门之后,于 2001 年底开业。在中国出口信用保险公司的起步阶段,MIGA 向该公司提供了技术援助,启动了人员培训的系列课程,并在北京共同主办了投资保险的研讨会。

随着越来越多的中国资本在海外寻找机会,作为一个投资保险机构,中国出口信用保险公司的担保业务正在扩大。2002 年,该公司对中国投资者提供的政治风险担保额已经超过了 7 亿美元,2003 年同比又增长了 3 倍。中国出口信用保险公司与 MIGA 最近签订了一个谅解备忘录,准备进一步加强两大机构之间的合作。在近期内,中国出口信用保险公司与 MIGA 有可能会共同开展共保和分保业务合作。

十、附录:MIGA 环境评估的模式

在准备 MIGA 环境评估报告的过程中,可能会使用各种不同的手段和方法。懂得这些手段和方法的种类,是不无助益的。兹将这些要素介绍如下:

环境行动计划。该手段所要提供的详情是,为了消除或抵消对环境的负面影响或将之降至可接受的水平,在一个项目建设和营运期间所应采取的措施,包括为完成这些措施需采取的具体行动。

环境审计。该手段用以确定对现有设施给予所有环境方面关注的性质和程度。

该项审计应指明所应采取的适当措施,并论证其正当性,旨在缓解环境方面的关注、评估这些措施的成本以及推荐完成这些措施的计划。对特定的项目,环境评估报告可能只单独包括一项环境审计的内容;在其他情形下,该项审计则仅构成整个环境评估文件的一部分。

环境影响评估报告。该手段用以确定和评估一个拟议中的项目的潜在环境影响;鉴定可替代的选择方案;设计合适的缓解、管理和监控环境影响的措施。环境行动计划是环境影响评估一个不可分割的组成部分。

环境风险评估。该手段用于评估在安装过程中,因存在危险的条件或材料而发生危害的可能性。风险代表着已被意识到的潜在危险发生的可能性和这些潜在危险的重大性。由此,在进行环境风险评估之前,往往先要对一项危险进行评估,或将两者同时实施。环境风险评估是一种灵活的分析方法。例如,采取具有系统性的方法,对有关潜在的危险活动或物质的信息进行整理和分析,因为这些活动或物质在特定的条件下会引发风险。各项目只要涉及:处理、储存或处置有害材料和废物达到规定的最低限量,水坝的建设,以及在易发生地震和其他潜在自然灾害的地点开工的大型建设工程,MIGA 都要求进行例行的环境风险评估。对特定的项目,环境评估报告可能只单独包括一项环境风险评估的内容;在其他情形下,该项环境风险评估则仅构成整个环境评估文件的一部分。

危险评估。该手段用于对在安装过程中与有危险的材料或条件出现有关的危害进行确定、分析和控制。各项目只要涉及特定的易燃、易爆、易起化学反应和有毒的材料在某地的出现达到规定的最低限量,MIGA 就要求进行危险评估。对特定的项目,环境评估报告可能只单独包括一项危险评估的内容;在其他情形下,该项危险评估则仅构成整个环境评估文件的一部分。

项目的区域影响。处在周边的区域可能会受到项目的影响,包括受到其所有的附属设施的影响。这些附属设施诸如输电线路、管道、沟渠、隧道、改道和通道、暂借和被处置的地块和建筑营地,以及由项目带来的其他非规划的增生情形(例如,人员的临时安置、修通道路时清除或移植庄稼)。受影响的区域可能包括:(1)项目所处的江河流域,包括受危害的河口和海岸带;(2)需给予迁移者重新安置或作为补偿的他处土地;(3)空气带(例如,排入空中的污染物,如烟尘,可能到达或飘散的区域);(4)移民路线和野生动物或鱼类的迁移路线,尤其是这些路线与公共健康、经济活动或环境保护区有关时;(5)用于谋生活动(打猎、捕鱼、放牧、采集、农耕等)的土地或用于举办宗教和传统仪式的用地。

第 3 章　多边投资担保机构与美国在华投资[*]

>> **内容提要**

本文通过对多边投资担保机构与世界银行、解决投资争端国际中心、美国欧皮克公司之间相互关系的分析,阐明了该机构对于促进资金与技术流向发展中国家所具有的独特作用,揭示了其内在的运作机制,指出了其理应具有的独立自主性和非政治性由于其组织领导模式而有可能受到一定的制约和影响。作者以大量事实证明,中国从一开始就对该机构采取了非常积极和极具诚意的态度。某些国家,特别是美国通过其国内立法以及美国董事在 MIGA 之中拥有特大投票权的优势地位,力图把国际经贸关系政治化的做法,使该机构对于承保外国在华投资尚未发挥应有的积极作用,但前景仍然是乐观的。作者建议中国制定具体实施《多边投资担保机构公约》的专门立法,进一步改善投资环境,从而在公正与平等的基础上促进中国人民与各国人民之间的互利关系。

>> **目　次**

前言
一、MIGA 与世界银行集团之间的关系
二、MIGA 与解决投资争端国际中心之间的关系
三、MIGA 与美国欧皮克公司之间的关系
四、中国学者的观点及中国的有关立法
五、美国对 MIGA 的看法以及相应的立法

---

[*] 本文原载于《中国社会科学》1992 年第 6 期(总第 78 期)。作者系当时在美国俄勒冈州路易斯与克拉克大学西北法学院攻读 J. D. 学位的研究生陈仲洵,由当时在该校担任客座教授的陈安指导撰写。本文中以相当的篇幅转述了陈安教授对有关问题的见解,并作为其立论的重要依据之一。经征得本文作者同意,现辑入本书。

六、MIGA 对保护美国在华投资可能发挥的重大作用

七、结语

前　言

多边投资担保机构(The Multilateral Investment Guarantee Agency，MIGA)于1988年4月12日正式成立。它是世界银行集团的第五个新增成员。[1] 作为一个自主的国际性担保组织，MIGA 的目标在于促进以生产为目的的资金和技术流向发展中国家，"协同东道国政府和潜在投资者改善外国直接投资环境，帮助消除阻止资金流向发展中国家的障碍。"[2]为了达到这个目标，MIGA 主要为外国投资者的非商业性投资风险提供担保。此外，还为成员国提供咨询和振兴服务。

促成世界银行集团设立 MIGA 的主要动因是：

(1) 发展中国家投资环境不稳定。近些年来，许多发展中国家政治、经济动荡，使得许多外国投资者在投资时裹足不前。

(2) 各国的国家保险机构在投保人资格方面的限制。各国的国家保险机构既受本国政府的控制，又受本国法律和政策的约束。来自不同国家的投资者共同参加同一个项目投资时，因为各国的国家保险机构对投保人国籍的限制规定，就会产生投保人适格的问题。

(3) 各国的国家保险机构在承保能力方面的限制。首先，一般说来，多数保险机构传统上只承保商业风险而不承保诸如战争险之类的政治风险。其次，各国家保险机构的承保数额都有上限。由此，当投资者申请投保大型项目时，就会因各国国家保险机构无法对此提供足够的保险而产生承保能力的问题。再次，为了有效地保护本国的海外投资，各国的国家保险机构，如美国政府经营的海外私人投资公司(Overseas Private Investment Corporation，OPIC，以下简称"欧皮克公司")，对非商业性风险提供担保须以与东道国订有双边投资保护条约作为前提。尽管美国与有关东道国之间分别签订了约100个双边投资保护条约，但该公司的承保范围仍然存

---

[1] 参见《MIGA 概述》，载《MIGA 1990年年度报告》，第3页。该材料由 MIGA 提供。1988年初，世界银行集团包括四个成员：国际复兴与开发银行(以下简称"世界银行")、国际金融公司(以下简称"金融公司")、国际开发协会(以下简称"开发协会")以及解决投资争端国际中心(以下简称"中心")。

[2] 《MIGA 1990年年度报告》，第7页；《MIGA 公约》第2条，载《国际经济法基本文献》(第1卷)，1990年英文版，第498页。

在许多缺陷和不足。

（4）债务危机。在 20 世纪 80 年代，第三世界国家经济发展迟缓，数额巨大的债务难以清偿，导致发达国家在发展中国家的私人投资锐减。

针对上述错综复杂的棘手问题，在借鉴美国欧皮克公司实施细则和经验教训的基础上，世界银行着手起草《多边投资担保机构公约》（以下简称《MIGA 公约》）。1985 年《MIGA 公约》在世界银行的汉城年会上获得通过。同时，该公约向世界银行所有成员国和瑞士开放，以供签署。1988 年 4 月 12 日《MIGA 公约》生效，MIGA 正式成立。

MIGA 最主要的功能是对来自以下一种或几种风险造成的损失提供担保：[3]

（1）货币汇兑。该险别的承保范围是因限制或迟延将当地货币兑换成外币并汇出境外而给投资者造成的损失。

（2）征收和类似措施。该险别的承保范围是由于东道国征收或类似行为剥夺了投保人对其投资的所有权和控制权，或严重损害投资所产生的重大利益。

（3）违约。该险别的承保范围是东道国政府对投保人毁约或违约，使得投保人无法求助于司法或仲裁机构，或面临审理上的不合理拖延或虽有裁决却无法执行。

（4）战争和内乱。该险别的承保范围是在《MIGA 公约》适用的东道国境内任何地区所发生的任何军事行动或内部动乱给投资人造成的损失。

MIGA 于 1989 年 6 月开始正式营业，截至 1992 年 6 月，已经签署《MIGA 公约》的国家达 113 个，其中 79 个国家已批准该公约并认缴了特定百分比的"特别提款权"，正式成为该机构的成员国，包括中国和美国。[4]

在 1990 年财政年度（至 1990 年 6 月 30 日止），MIGA 已就第一批担保合同展开了谈判，所支持的四个项目直接投资总额达 10.4 亿美元；该机构还对 22 个国家提供了政策和咨询服务。[5] 截至 1992 年 6 月底，该机构开业满三年，已承保 36 个跨国投资项目，其有关直接投资总额达 29.62 亿美元，所承担的风险责任达 5.04 亿美元。此外，已经登记在案的投保申请剧增，其中，跨国投资项目的投保人分别来自 32 个国家，而接受这些投资的有关东道国达 93 个，遍布全球各地区。值得注意的是：开业三年来，凡属 MIGA 承保的投资项目，迄未发生过政治风险事故索赔案件。[6] 这些事实表明，该机构业务日益兴旺，发展潜力很大。

美国是世界上最大的资本输出国。在中国所有的贸易伙伴中，美国居第三位。同时，美国又是在中国最大的投资者之一，仅次于中国的香港地区和澳门地区。在

---

［3］　参见《MIGA 公约》第 11 条。
［4］　参见《MIGA 成员国一览表》，载《MIGA 1992 年年度报告》（修订本），1992 年 6 月 23 日，第 7 页。
［5］　参见《1990 财政年度 MIGA 的主要成就》，载《MIGA 机构 1990 年年度报告》，第 4、11 页。
［6］　参见《MIGA 1992 年年度报告》（修订本），1992 年 6 月 23 日，第 2、9、10、14 页；《MIGA 简讯》（第 2 卷）（第 1 期），1992 年春夏，第 4 页。

华投资和准备在华投资的美国商人十分关注中国对美国在华投资的保护状况。不言而喻,作为 MIGA 的成员国,中国有义务按照《MIGA 公约》的有关规定,切实保护所有成员国外商包括美商的在华投资。

本文将评析:MIGA 与世界银行、解决投资争端国际中心、美国欧皮克公司等相互之间的关系;中国学者对 MIGA 的看法以及中国的有关立法;美国对 MIGA 的看法以及美国的有关法规。笔者试图探讨的问题是:首先,从 1979 年实行经济改革和对外开放以来,中国是否通过同意外国保险机构承保外商的非商业性风险,始终不渝地保护在中国境内的外国投资,包括美国在内的在华投资?其次,MIGA 在保护美国在华投资中所起的作用如何?尤其是 1989 年 6 月之后,在美国政府采取"对华经济制裁"措施的条件下,MIGA 对在华美资何以能够发挥其不可代替的担保作用?日后这一机构在这方面的发展前景如何?等等。

一、MIGA 与世界银行集团之间的关系

世界银行的目标之一是"通过担保或者参加私人投资者的贷款和其他投资活动,促进外国私人投资"[7],并致力于"鼓励向成员国生产性资源开发提供国际投资"[8]。作为一个与世界银行紧密挂钩的国际组织,MIGA 的建立直接体现和服务于世界银行的这一宗旨。正如世界银行总裁 A. W. 克劳森(A. W. Clawsen)在 1985 年强调的那样,MIGA 通过对外国私人投资和开发贷款提供多边担保以及通过改善在发展中国家的直接投资环境,有力地增强了世界银行的活动。[9]

一般来说,MIGA 在形式上和实质上都是一个自主的国际组织,在法律地位和财政关系方面均独立于世界银行。[10] 这种独立性集中体现在 MIGA 具有"完全的法律人格"[11],它有自己的理事会、董事会和法定代表人。[12] 特别是,它有权签订合同;取得并处理动产和不动产;进行法律诉讼。[13] MIGA 的独立性使它拥有理论上

---

[7] 《国际复兴与开发银行协定条款》(以下简称《世界银行协定条款》)第 1 条第 ii、iii 款,载《国际经济法基本文献》(第 1 卷),1990 年英文版,第 427 页。
[8] 同上。
[9] 《世界银行总裁强调采取政策措施促进经济实质增长》,载新华社海外新闻稿 1985 年 4 月 19 日。
[10] 参见《MIGA 公约》第 1、30—32 条。
[11] 同上。
[12] 同上。
[13] 同上。

的决策自主;充当独立的诉讼主体而无须其他国际组织(包括世界银行)参与其事。

为了促进世界银行的活动,也为了发挥和实现自身的补充作用,《MIGA 公约》强调,MIGA 特别需要与世界银行和国际金融公司合作,以补充世界银行、国际金融公司和其他国际开发金融机构的活动。[14] 与该目标密切相关的是,MIGA 的成员国资格只对世界银行成员国和瑞士开放,[15] 世界银行总裁按照有关规定兼任 MIGA 的董事会主席。[16] 实践中最能体现 MIGA 和世界银行密切关联的因素是,世界银行总裁也一向被选任为 MIGA 的总裁,MIGA 董事会 14 个成员中的 11 个同时又是世界银行董事会的董事。[17] 这种人事安排上的大幅度交叉显然旨在保证 MIGA 有效地发挥其补充世界银行活动的作用。劳伦·S. 威森费尔德(Lorin S. Weisenfeld)是确立 MIGA 方案的主要律师之一。他解释了为什么 MIGA 多数董事又是世界银行董事,指出:"这是世界银行集团的一种模式;这种模式意味着这些相同的人员同时也是国际金融公司和国际开发协会的董事。选择这种方式是为了保持政策在某种程度上的有效性和一致性,以减少在行政管理经费上的无谓消耗和陷于枯竭。反之,如果四套董事完全分立,各自为政,这种局面将在所难免。"[18]

笔者认为,MIGA 组织人事制度上的这种刻意安排,固然对世界银行的活动起到了有力的补充和辅助作用,但恰恰是这一安排,为在世界银行和 MIGA 领导机构中享有决策权重大优势的某些大国或大国集团施加自己的主导性影响,提供了广泛的可能。在这种组织领导模式下,MIGA 在重大决策方面究竟是否能够真正独立自主,是值得怀疑的。考虑到国际经济秩序的目前状况,有理由认为,MIGA 的决策自主,从某种程度上说,有可能只是理论上的"自主",而实际上,不能排除由于某些大国意志的作用而损害发展中国家会员国利益的可能性。假如这种情况竟然发生,与建立 MIGA 的初衷显然是相违背的,对于 MIGA 贯彻与实现由《MIGA 公约》所载明的"促进以生产为目的的资金与技术流向发展中国家"的宗旨和目标也是不利的。

---

[14] 参见《MIGA 公约》第 2、35、4、32 条。
[15] 同上。
[16] 同上。
[17] 参见《MIGA 与世界银行》,载《中东行政报告书》,1989 年 4 月,第 23 页;到 1990 年 6 月 30 日,董事会已有 17 个董事,见《MIGA 1990 年年度报告》,第 36—37 页。
[18] 威森费尔德 1991 年 8 月 13 日写给厦门大学政法学院院长陈安教授的信(原信复印件现存厦门大学国际经济法研究所备查)。

二、MIGA 与解决投资争端国际中心之间的关系

1966年,解决投资争端国际中心(以下简称"中心")依《解决国家与他国国民间投资争端公约》(以下简称《中心公约》)正式建立。与《MIGA 公约》一样,《中心公约》也是在世界银行主持下订立的。"中心"的宗旨是为各缔约国和其他缔约国国民之间投资争端的解决提供调解和仲裁的便利,以此取代对地方当局或外国主权国家提起的国内诉讼,或者取代就具有政治敏锐性的经济事宜所展开的外交谈判。[19]《中心公约》主要对世界银行各成员国开放。截至1990年2月,已有91个签署国批准了《中心公约》。[20]

"中心"与 MIGA 的特点和功能各异,但联系密切。MIGA 是一个经营保险业的营利性组织,"中心"则是一个从事仲裁和调解的非营利性组织。[21] "中心"只限于调解与仲裁东道国和外国投资者之间的投资矛盾与争端,[22] 只有在"争端双方书面同意(将争端)提交'中心'"调解或仲裁的前提下,"中心"才能积极行使其职能。[23] 而且该"书面同意"必须各案逐一出具。[24] 然而,MIGA 可能遇到和加以处理的矛盾与争端却复杂得多。

在与私人投资者订立的在发展中国家投资的每个保险(担保)合同中,MIGA 通常是立约一方当事人。[25] 同时,MIGA 在积极充当外国投资者的代位求偿人时,它本身又是向作为东道国的发展中国家代位索赔的一方当事人。[26] 由此,MIGA 可能直接或间接地介入以下几种矛盾与争端:(1) MIGA 与其债权人即投保人之间的争端;[27] (2) MIGA 和成员国之间就解释和适用《MIGA 公约》的争端;[28] (3) MIGA 和成员国之间有关代位求偿及其他事项的争端;[29] 以及(4) MIGA 和成员国之间有

---

[19] 参见《中心公约》,序言、第1条;《中心公约简介》,载《国际经济法基本文献》(第1卷),1990年英文版,第947页。

[20] 截至1990年2月,已有99个国家签署该公约,其中91个签署国业已呈交批准书,参见《中国签署〈中心公约〉》,载《中心新闻》1990年冬季号,第2页。

[21] 参见《多边投资担保机构新闻发布会》,联邦新闻社1990年9月7日。

[22] 参见《中心公约》,序言、第1条第2款、第25条第1款。

[23] 同上。

[24] 同上。

[25] 参见《MIGA 公约》第11、15、16、17、18、44、51、57条、第56条 a 款。

[26] 同上。

[27] 同上。

[28] 同上。

[29] 同上。

关"停止成员国资格"问题的争端。[30]

在国际仲裁方面,MIGA 创设了一种"自动仲裁解决"国际争端的体制。该体制与"中心"的"被动"仲裁体制截然不同。[31]

另外,MIGA 和"中心"之间的不同功能又是相辅相成的。1985 年出现的《MIGA 公约》和 1965 年出现的《中心公约》,两者先后虽相隔 20 年,但都紧扣国际投资"风险"同一主题。准确地说,"中心"通过对国际投资争端的调解和仲裁,从法律上间接保护投资者在东道国免受非商业性风险的损失;MIGA 则通过直接承保非商业性风险,从经济上更加有效地保护投资者免受此类非商业性风险的损失。两者可谓"殊途同归",其共同宗旨都在于通过形式不同、实质互补的"国际立法"(国际条约),切实保护国际上的跨国私人投资家,以推行世界银行所规定的方针。[32]

根据《MIGA 公约》第 18 条的规定,一旦 MIGA 对投保人支付或同意支付赔偿,投保人对东道国和其他债务人所拥有的有关投保投资的权利或索赔权,应由 MIGA 代位取得。[33] MIGA 一旦取得了这种代位求偿权,它和"中心"之间的密切联系就更加显而易见。

例如,《MIGA 公约》第 57 条规定:"有关本机构作为投资者代位人拥有债权的争端,应按(i)本公约附件Ⅱ中规定的程序予以解决;或者按(ii)本机构与有关会员国准备达成的协议,采用其他方法解决此类争端。在后一种情况下,本公约附件Ⅱ应作为此类协议的依据。此类协议每次均需先经董事会特别多数票通过,随后,本机构方可在有关会员国领土内进行担保义务。"

该条一再强调的《MIGA 公约》附件Ⅱ规定,在采用调解程序时,如果争端双方(包括 MIGA)没有就调解人达成协议的,则可向"中心"秘书长要求为他们指定一位调解人;[34]在采用仲裁程序时,开始应由要求仲裁的一方(申请人)向争端另一方(答辩人)发出通知书,如在发出通知书的 60 天内,未能组成仲裁庭或尚未选出庭长,则可由"中心"秘书长在争端双方联合请示下予以指定。[35]

此外,附件Ⅱ还规定,除非该附件另有规定或争端双方另有协议,调解人和仲裁人应遵守"中心"所采用的调解规则和仲裁规则。[36] 再者,除非双方另有协议,付予

---

[30] 参见《MIGA 公约》第 11、15、16、17、18、44、51、57 条、第 56 条 a 款。
[31] 参见《多边保险计划势必增强欧皮克公司》,载《国际贸易报告书》(第 4 卷第 19 期),1987 年 5 月 13 日,第 653 页。
[32] 参见陈安:《"解决投资争端国际中心"述评》,鹭江出版社 1989 年版,第 24—25 页。
[33] 参见《MIGA 公约》第 17 条。
[34] 参见《MIGA 公约》附件Ⅱ,第 3 条 b、c、h 款,第 4 条 b、c、e、k 款。
[35] 同上。
[36] 同上。

调解人或仲裁人的费用和报酬应根据"中心"调解或仲裁所适用的收费率确定。[37]

《MIGA公约》的这些规定显示：MIGA与"中心"之间联系密切，特别是在调解和仲裁规则的使用、调解人和仲裁人的指定以及调解和仲裁费用的确定等方面，更是如此。

《MIGA公约》第57条反复强调附件Ⅱ规定的程序，旨在促使担保合同和再担保合同"适用某个国际公认机构的商事仲裁规则，如'中心'规则、联合国国际贸易法委员会规则或国际商会规则"[38]。由于"中心"也是世界银行集团的一员，"中心"的设立又特别着意于解决东道国和外国投资者之间的争端，理所当然，"中心"规则将成为MIGA机构解决国际投资争端的第一选择，并由《MIGA公约》附件Ⅱ正式作出规定，其目的在于联结世界银行的这两大挂钩机构，为国际投资创造良好的环境。

据"中心"当年的顾问卡伦·诺德兰德尔（Karen Nordlander）称，早在1980年，中国就已对加入"中心"表示了某种程度的兴趣。[39] 从1983年到1990年，中国在同其他国家签订的一系列投资保护协定中，表达了参加《中心公约》，并在某种程度上接受"中心"体制的意向。[40] 在中国成为《中心公约》成员国之前，中国法学界对是否参加"中心"问题展开过激烈的争论。[41] 归纳起来有三种观点：第一种观点强调中国对外开放的基本国策，主张中国"从速加入，促进开放"；第二种观点强调中国的国家主权，担心中国可能因参加《中心公约》而在某种程度上丧失对在华外资的管辖权，因此主张"珍惜主权，不宜参加"；第三种观点强调基本国策和主权观念应当并重，主张"积极研究，慎重参加"，即先积极开展对《中心公约》的研讨，然后再审慎定夺是否加入该公约。经过长期争论，中国着眼于进一步打消外商投资的顾虑，以利于吸收更多外资，终于同意在一定程度上放弃对中国政府与外国投资者之间投资争端的司法管辖权，于1990年2月9日签署《中心公约》，正式接受"中心"体制。世界银行副总裁兼法律总顾问、"中心"秘书长希哈塔先生（Ibrahim F. I. Shihata）认为，犹豫观望十多年之后，中国决定加入《中心公约》，这"将有助于中国改善投资环境，吸引更大数量的外国投资"[42]。

---

[37]《MIGA公约》附件Ⅱ，第3条b、c、h款，第4条b、c、e、k款。
[38]《多边投资担保机构公约及对该公约的评论》，1985年英文版，第23页。该材料由MIGA提供。
[39]《美国和中国享受的待遇将不低于其他外国和内国当事人》，载《美国出口周刊》（第19卷第9期），1983年5月31日，第318页。
[40] 参见陈安：《解决投资争端国际中心"述评》，鹭江出版社1989年版，第24页。
[41] 参见金克胜：《中国国际法学会1986年学术讨论会》，载《中国国际法年刊》（1987），中国对外翻译出版公司1988年版，第462—471页；陈安："解决投资争端国际中心"述评》，鹭江出版社1989年版，第28—46页；陈安：《是重新闭关自守，还是扩大对外开放——论中美经济的相互依存以及"1989年政治风波"后在华外资的法律环境》，载美国《律师》（第10卷第2期），1991年春季号，第33页。
[42]《中国签署〈中心公约〉》，载《中心新闻》1990年冬季号。

三、MIGA 与美国欧皮克公司之间的关系

欧皮克公司是美国政府机构,其宗旨是促进和鼓励美商在发展中国家的投资。欧皮克公司经美国国会授权于 1969 年建立,其主要业务是承保美国在东道国——发展中国家投资的政治风险,包括货币禁兑险、征用险和战乱险等。[43] 欧皮克公司也以对直接贷款或对国际组织贷款提供担保的方式,资助与美国友好的发展中国家的建设项目。同时,欧皮克公司还通过提供一系列投资先期规划服务,其中包括资助可行性研究和资助投资调查团等活动,为美国私人资本增加更多的海外投资机会。[44]

欧皮克公司的职能和特点充分显示了该公司对美国海外投资的重要性。根据创设欧皮克公司的立法规定,由该公司保险、保证和再保险的投资必须与友好的不发达国家或地区的建设项目有关,且美国总统已同意与该国或该地区政府共同设定有关保险、保证或再保险的方案。[45]

乍看之下,一般都会认为 MIGA 和欧皮克公司形同孪生。例如,二者的宗旨和功能都是为了促进国际投资;由二者承保的特别风险都是非商业性风险;二者都只将新投资列入它们的保险范围;二者都只承保流入发展中国家的投资;二者都提供与海外投资有关的类似服务;二者提供保险均须以投资所在国即东道国批准为前提;二者都提供长期保险;二者均要求作为投保人的投资者在获得风险事故赔偿支付之前,必须根据东道国法律,尽量寻求当地的行政救济;一旦承保人已经向或同意向投保人支付赔偿,二者都可取得代位求偿权;二者都受承保最高数额的限制;等等。

尽管有上述许多类似之处,MIGA 绝非欧皮克公司的简单翻版。在保险范围和保险能力方面,MIGA 和欧皮克公司有很大的不同。[46] MIGA 和欧皮克公司的区别以及世界银行和美国一些高级官员所津津乐道的 MIGA 的优势,将在本文第六部分详加论述。

---

[43] 参见《对外援助法案》第 231—241 条,《1989 年对外关系立法》,美国众议院和参议院,1990 年,第 76—102 页;陈安:《美国对海外投资的法律保护以及典型案例分析》,鹭江出版社 1985 年版,第 35 页。

[44] 参见〔美〕柯恩:《欧皮克公司在中国的计划:最新动态》,载《东亚执行报告书》1989 年 4 月 15 日,第 8 页;〔美〕马拉:《欧皮克公司在中国的计划以及投资者遇到的问题》,载《中国法律报告书》1986 年冬季号,第 170 页。马拉当时是欧皮克公司的总顾问。

[45] 参见《对外援助法案》第 37 条 a 款;陈安:《美国对海外投资的法律保护以及典型案例分析》,鹭江出版社 1985 年版,第 92 页。

[46] 参见《国际贸易报告书》,第 653 页。

四、中国学者的观点及中国的有关立法

1. 中国学者对 MIGA 的看法

在中国,对于 MIGA 的研究刚刚起步,有关著述不多。1991 年 6 月,笔者专门走访了厦门大学政法学院院长陈安教授,请教中国法学界对 MIGA 的看法。陈安教授是中国研究国际投资法的知名学者,当时正在美国俄勒冈州西北法学院担任客座教授。他阐述了对 MIGA 的个人见解,并比较分析了中国加入 MIGA 的利弊得失。[47]

陈安教授认为,MIGA 是当今世界发展中国家和发达国家之间,即"南、北"两大类国家之间经济上互相依存、冲突、妥协和合作的产物。他强调,"南、北"两大类国家在经济上各具优势,这是"南、北"经济上互相依存和资本由"北"向"南"流动的根源所在。对于跨国投资家来说,在发展中国家投资,较之在发达国家投资,"虽能获得更大的利益,但也伴随着更大的风险,尤其是政治风险"。如果没有经济上的互相依存和在"南方"国家相应风险的存在,MIGA 就不可能产生。

陈安教授指出,"南、北"矛盾和冲突植根于两大类国家之间不同的经济利益和政治观点。发达国家认为,投资者在发展中国家的私有财产神圣不可侵犯;然而,发展中国家却十分珍惜来之不易的政治主权和经济主权,并赋予它至高无上的地位。例如,第二次世界大战以后,尤其是在 20 世纪 60 年代和 70 年代,为了摆脱殖民国家的政治压迫以及为了争取经济上的独立,许多新兴的发展中国家对在其领土内的外资实行征收或国有化,给予或不给予发达国家索要的"充分"补偿。

尽管历史上有过种种冲突,现在,为了促进本国经济的发展,发展中国家仍然需要外来资金、先进技术和科学的管理经验;而发达国家则需要廉价的劳动力、原料和广阔的市场,来牟取更多的利润。因此,完全割断两者之间的相互联系是不现实的,对任何一方都是有害的。事实上,冲突和矛盾的结果必然导致互相妥协和互相合作,共同谋求改善发展中国家的投资环境。如果没有两大类国家之间的相互妥协和合作,也就不会有 MIGA 的出现。

陈安教授进一步阐释,这种妥协的结果就是作为东道国的发展中国家在一定程度上自我限制本国在外国投资担保问题上的主权。这种自我限制明显体现在以下几个方面:(1) 承认 MIGA 与外国投资者之间签订的担保合同在一定条件下对东道

---

[47] 参见本文作者整理的访问记录:《陈安教授谈 MIGA》。

国具有法律拘束力;(2)承认 MIGA 的代位求偿权;(3)承认 MIGA 与东道国之间的争端解决方式为国际仲裁,而不是东道国法院的判决;(4)承认在采用仲裁程序时,一并适用《MIGA 公约》、可适用的国际法规则以及东道国的国内法规则,而不仅仅限于适用东道国的国内法规则;(5)承认国际仲裁裁决对当事人和当事国的最终效力和法律拘束力,犹如在《MIGA 公约》各成员国法院作出最终判决那样。[48]

陈安教授强调,妥协的另一方面的结果是,《MIGA 公约》成员国中的发达国家同意敦促本国投资者更加尊重东道国——发展中国家的政治主权和经济主权。在一定程度上,务必恪守东道国的国内立法。这些要求尤其明显地表现为:(1)除非事先获得东道国政府的同意,MIGA 不得签订任何承保非商业性风险的保险合同;(2) MIGA 不对不符合东道国法律和法规的投资提供保险;(3) MIGA 只承保有利于东道国经济发展的投资;(4) MIGA 不担保任何因投保人认可或负有责任的东道国政府的任何作为或不作为所造成的损失;(5)从法律上禁止 MIGA 伙同任何成员国从事反对其他成员国(特别是发展中国家)的政治活动。[49]

无疑,加入 MIGA 既有利于发展中国家,也有利于发达国家,前者可以改善投资环境,吸收更多的外资以加速本国经济的发展;后者可在相对安全的条件下增加更多的赢利机会。

笔者认为,陈安教授的上述见解抓住了问题的实质,触及了 MIGA 建立的根基——"南、北"的依存、矛盾、妥协与合作。他的理论在某种程度上代表了中国法学界的观点。这种观点注重发展中国家的主权,是与中国作为半殖民地国家在 1949 年之前的痛苦经历密切相关的。

2. 与 MIGA 有关的中国立法

长期以来,中国的最高立法机关——全国人民代表大会批准的许多国际条约,包括十分重要的条约,暂时也还没有相应的国内专门立法予以配套。因此,迄今为止中国尚无有关 MIGA 的国内立法,这是可以理解的。[50] 然而,《中华人民共和国民法通则》第 142 条规定:"中华人民共和国缔结或者参加的国际条约同中华人民共和国民事法律有不同规定的,适用国际条约的规定,但中华人民共和国声明保留的条款除外。"根据上述规定,《MIGA 公约》在法律效力上高于中国国内立法,在《MIGA 公约》与中国法律规定相抵触的情况下,应当优先适用《MIGA 公约》。

---

[48] 参见《MIGA 公约》第 11 条(a)款及第 13 条(a)款、第 18 条(a)(b)款、第 57 条及公约附件Ⅱ第 4 条(g)(h)(j)款。

[49] 参见《MIGA 公约》第 15 条、第 12 条(d)款(i)(ii)(iii)项、第 11 条(c)款(i)项、第 34 条。

[50] 威森费尔德 1991 年 7 月 12 日写给陈安教授的信件(以下简称"MIGA 信件 A")中,认定中国目前尚无有关 MIGA 的专门立法(原信复印件现在笔者处备查)。

值得注意的是,中国在国内立法和国际条约中均承认代位求偿权。例如,1982年的《中华人民共和国经济合同法》和1988年的《企业财产保险条款》,都承认对第三方提出索赔的代位求偿权。《经济合同法》第25条规定:"财产保险合同,采用保险单或保险凭证的形式签订"。"被保险财产的损失,应由第三人负责赔偿的,如果投保方向保险方提出要求,保险方可以按照合同规定先予赔偿,但投保方必须将追偿权转让给保险方,并协助保险方向第三人追偿"。《企业财产保险条款》第20条除肯定《经济合同法》有关规定之外,还进一步明确规定,如第三方应当赔偿投保财产损失的,投保人有权利也有义务先向该第三方索赔;如果投保人不先向第三方索赔,而直接向保险人(即承保人)提出赔偿请求的,投保人应事先将对第三方追偿的权利转让给保险人。

为了消除外商对在华投资政治风险的顾虑,中国的涉外投资法确认,在特殊情况下,虽可根据社会公共利益的需要,对外商投资实行征收,但应给予相应的补偿;[51]同时,中国也承认自己参加签订的保护国际投资条约中规定的代位求偿权。1980年,中国政府同美国政府签订了双边投资保证协定,接受欧皮克公司在中国所实施的保险计划。根据该协定,中国明确同意美国在华投资可由欧皮克公司或继承该公司的美国政府机构提供保险、再保险或保证。此外,中国还同意:如果承保者根据承保范围向投资者支付赔款,保险人(欧皮克公司或其继承者)享有向中国政府提出代位求偿的权利。[52]

中国在国内和国际的上述立法实践表明,早在正式签署《MIGA公约》之前,中国就已承认和实行财产保险合同的基本法律原则。

3. 中国对MIGA的态度

中国对承认《MIGA公约》的规定,包括有关赔偿支付和代位求偿的条款持积极的态度。根据这些条款,一旦MIGA已经向或同意向投保人支付赔偿,投保人对东道国和其他债务人的权利和请求,就由MIGA代位取得。以下事实恰能说明中国对MIGA的积极态度:

(1) 从1984年10月到1985年3月,一个"寻求支持"建立MIGA的世界银行代表团与各国政府包括中国政府进行了广泛的磋商。早在1985年1月,希哈塔先生已就有关建立MIGA的问题在北京"同中国政府进行了单独会谈"[53]。

(2) 1985年10月,《MIGA公约》在世界银行的汉城年会上通过,同时向世界银

---

[51] 参见《中华人民共和国中外合资经营企业法》第5条等。
[52] 参见《中华人民共和国和美利坚合众国关于投资保险和投资保证的鼓励投资协定》第3条,载《中国国际法年刊》(1982),中国对外翻译出版公司1983年版,第432—435页。
[53] 〔美〕希哈塔:《MIGA与外国投资》,1988年英文版,第75页。

行的所有成员国和瑞士开放签署。时间刚过一个月,中国财政部外事财务司世界银行处就将《MIGA 公约》文本译成中文,并印发给各有关单位和学者征询意见,俾供最后决策参考。

(3) 中国是 MIGA 的创始会员国,已被选为 MIGA 理事国,中国财政部部长已成为在 MIGA 代表中国的理事。

(4) 中国签署《MIGA 公约》的日期和递交该公约批准书的日期,相隔仅两天。

(5) 中国在 MIGA 中认缴了 3138 股股份,相当于 3138 万特别提款权,折合 33953160 美元,占 MIGA 全部认缴股份的 3.138%,在所有成员国中居第六位,超过许多发达国家,甚至超过"七国集团"的加拿大和意大利。除股份份额超过中国的五个国家之外,与其他国家相比,中国在 MIGA 中享有更广泛的权利并承担相应的义务。中国财力有限却认缴大量股份,单从这一事实就不难推断:中国对 MIGA 是充满善意和信心的。

(6) MIGA 机构建立之后,中国官方通讯社——新华社对 MIGA 的活动作了连续报道,报道内容涉及不同国家和不同国际组织对 MIGA 的积极评价和评论;其他国家参加《MIGA 公约》的情况;MIGA 的正式建立;MIGA 承保的重要项目;中国代表在 MIGA 国际会议上宣布优待外资的立场。一般而言,新华社代表中国政府的立场,因此,这些报道体现了中国支持 MIGA 的积极态度。[54]

(7) 1988 年 9 月 25 日在 MIGA 主持的一次会议上,中国财政部副部长项怀诚愉快地表示了中国对 MIGA 的支持。他宣称,中国参加 MIGA 是消除外商对中国政治风险顾虑的一个"积极步骤"[55]。

(8) MIGA 的现任法律顾问威森费尔德先生在致陈安教授的第二封信中写道,据他查阅 MIGA 档案留下的印象,中国政府与 MIGA 就项目的批准、当地货币的使用以及投资保护等问题所展开的谈判是"顺利、融洽的","中国方面没有设置任何障碍"[56]。

总之,这些事实从不同角度和不同侧面反映了中国对 MIGA 的现实态度并富有诚意。

---

[54] 根据笔者所掌握的资料,在《MIGA 公约》于 1988 年 10 月正式通过之前,新华社海外新闻稿早在 1985 年 4 月 19 日起就开始报道 MIGA 的活动,截至 1991 年 6 月,新华社海外新闻稿已发了 31 篇报道。新华社的这些报道均已被收集在美国 Lexis/Nexis 电脑资料库存中,随时可供查索并印出。

[55] 《中国对外国直接投资政策概述》,载新华社海外新闻稿 1988 年 9 月 25 日,第 2 页。

[56] 威森费尔德 1991 年 7 月 26 日写给陈安教授的信(以下简称"MIGA 信件 B",原信的复印件现存厦门大学国际经济法研究所备查)。

五、美国对 MIGA 的看法以及相应的立法

美国于 1988 年 4 月 12 日批准《MIGA 公约》,成为 MIGA 的成员国。美国负责 MIGA 事务的官员认为,MIGA 和欧皮克公司在保险范围和保险能力方面颇有不同。MIGA 和欧皮克公司之间是互补关系,而不是主从关系。两者对比较大型的项目进行保险和再保险时可以相互协助。[57] 如果某项投资金额巨大,两者中任何一方都不愿或无力单独承保,则它们可以对该投资的政治风险实行共保或分保。例如,有一项期限长达 20 年、金额高达 3000 万美元的再保险,就是由 MIGA 负责实施,并与欧皮克公司达成了再保险协议的。根据该再保险合同,MIGA 和欧皮克公司一起承保货币兑换险和征用险,为的是"支持美国通用电器公司从设在匈牙利的一家生产轻工产品的公司——坦格斯让公司获得 1.5 亿美元的收益"[58]。

然而,世界银行法律顾问哲根·沃斯(Jurger Voss)却认为 MIGA"比欧皮克公司具有更大的实力和影响"[59]。

1987 年 5 月在美国参议院外交关系委员会举办的一次听证会上,[60] 以及在其他场合,如在 1990 年 9 月举行的一次新闻发布会上,[61] 世界银行和美国的一些高级官员都发表了对 MIGA 的看法。

第一,沃斯强调,MIGA 具有国际性,它由所有成员国包括发展中国家出资,而欧皮克公司仅仅是一个由美国政府出资的国内保险机构。[62]

第二,MIGA 中主管保险业务的副总裁莱·P. 霍里伍德(Leigh P. Hollywood)认为,欧皮克公司只承保美国本国的海外投资,而 MIGA"作为政治风险的承保人",业务范围遍及所有成员国在其他发展中国家成员国境内的投资。[63] 霍里伍德特别强调"这是一种极其重要的功能,它使 MIGA 区别于欧皮克公司和其他各种国内建制,这些国内建制的服务对象仅限于本国国民"[64]。

第三,为了保证欧皮克公司在它向投保人支付赔偿之后,能够顺利行使代位求

---

[57]《国际贸易报告书》(第 4 卷第 19 期),1987 年 5 月 13 日,第 653—654 页。
[58]《MIGA 1990 年年度报告》,第 12 页。
[59]《国际贸易报告书》(第 4 卷第 19 期),1987 年 5 月 13 日,第 653—654 页。
[60] 同上。
[61] 参见《多边投资担保机构新闻发布会》,联邦新闻社 1990 年 9 月 7 日。
[62] 参见《国际贸易报告书》(第 4 卷第 19 期),1987 年 5 月 13 日,第 653—654 页。
[63] 参见《多边投资担保机构新闻发布会》,联邦新闻社 1990 年 9 月 7 日。
[64] 参见《国际贸易报告书》(第 4 卷第 19 期),1987 年 5 月 13 日,第 653—654 页。

偿权，美国必须分别同每一个作为东道国的发展中国家逐一订立投资保护协定。美国商务部对外商务局主管亚历山大·古德（Alexander Good）认为，"欧皮克公司具有合适的承保范围并具有进取精神，但它尚未同所有国家都逐一订立协议"，因此，它的保险业务只限于一些特定国家。反之，在所有的 MIGA 成员国之间，就不存在这个问题。[65]

第四，美国财政部主管发展中国家事务的助理副部长詹姆·康罗（Jame Conrow）认为，"MIGA 能够保证有一个强有力的国际裁判庭，而欧皮克公司则办不到这一点。这是迄今为止发展中国家首次在国际公约中接受自动交付仲裁解决的体制。"[66]

第五，沃斯认为，一旦发生 MIGA 承保范围内的风险事故，使外国投资遭受损失，作为侵权行为人的东道国，在 MIGA 顺利行使代位求偿权之后，才不得不间接地向投资者付赔；可是，作为承保人的所有 MIGA 成员国，包括东道国，却在 MIGA 行使代位求偿权之前，就必须直接"向投资者提供金钱赔偿"[67]。

显然，不管发生什么情况，由于东道国是 MIGA 的成员国，它们将间接地甚至直接地承担由 MIGA 承保的投资风险事故所造成的全部或部分损失。然而，如果此项投资风险由欧皮克公司承保，则这家美国政府经营的保险机构就得首先自己支付赔偿。[68] 在欧皮克公司赢得代位索赔的诉求之前，东道国没有任何义务直接向投保的外国投资者支付任何赔偿。

根据这些官员的分析，笔者认为，在促进和保护投资流向第三世界方面，MIGA 具有更高的国际权威性和更强的国际影响力。特别是，如果美国海外投资者在某些国家投资，而这些国家又暂时受到美国"政治制裁"或"经济制裁"，那么，MIGA 的"非政治化"特点，使得该机构对美国海外投资者而言更是十分重要和必不可少的。

值得注意的是，美国社会的其他阶层，如劳联—产联等工会组织，对 MIGA 的看法则迥然不同于美国的高级官员和投资家。劳联—产联认为，欧皮克公司漠不关心

---

[65] 参见《国际贸易报告书》（第 4 卷第 19 期），1987 年 5 月 13 日，第 653—654 页。
　　欧皮克公司的营运已起到鼓励美国海外投资的作用，然而，它又促使许多公司停止在美国的业务，而将他们的公司转移到发展中国家，利用东道国廉价的劳动力，牟取更多的利润。这些活动导致美国国内就业机会一定程度的减少。1977 年，欧皮克公司遭到美国劳联—产联的强烈攻击和反对。为了缓和国内矛盾以及为了顺利解决对欧皮克公司的重新授权问题，美国国会附加了一些法律条款。根据这些条款的规定，如果某项美国海外投资可能造成美国国内就业机会大为减少或可能造成美国贸易利益大为减少的，欧皮克公司即应拒绝对该项投资提供保险。由此，欧皮克公司在审议和判断投资是否具有投保资格方面，享有自由裁量权，参见《美国法规汇编》第 22 卷第 2191 节（K）(1)(m)款，第 128 页。

[66] 《国际贸易报告书》（第 4 卷第 19 期），1987 年 5 月 13 日，第 653—654 页。

[67] 同上。

[68] 参见《中华人民共和国和美利坚合众国关于投资保险和投资保证的鼓励投资协定》第 3 条。

因鼓励海外投资而对美国劳动就业造成的消极影响;MIGA 和欧皮克公司在经营上犹如难兄难弟,"并驾齐驱"。[69] 从欧皮克公司的经营后果来看,预计 MIGA 业务的展开,将促使更多的美国公司将其国内业务转移到海外,从而进一步加深美国工人劳动就业的困难。在考虑到 MIGA 不能为美国创造就业机会的同时,劳联—产联也关注海外投资对各国工人权利的实际影响。他们指责说,这种实际影响曾"被列为评估欧皮克公司保险业务是否可行的标准之一,而对 MIGA 却没有这样的要求"[70]。

在妥协的基础上,劳联—产联的批评得到了国会立法人员的认同。在国会通过的有关认可美国参加 MIGA 的专题立法中,规定了美国工人的权利。该法案要求美国指派在 MIGA 中任职的董事"提出建议并尽力促使制定出有关的政策和程序",以便在出现以下情况时,能够阻止 MIGA 董事会向拟议中的投资提供担保:[71]

首先,对于任何尚未采取或不拟采取措施给予该国工人以国际公认的工人权利的国家,MIGA 就不应对进入该国的任何投资提供保险。

其次,如果东道国对投资附加了扰乱贸易的履行条件,从而可能造成美国或其他成员国国内就业机会大量减少,或可能造成美国或其他成员国从该项投资中可能获得的其他贸易利益大量减少,那么,MIGA 也就不应提供担保。

显然,这两种情形都与就业问题直接相关。实际上,法案中的这些规定对美国工人来说只是一种不痛不痒的安抚。因为,MIGA 也必须考虑美国社会其他非工人阶层以及其他成员国社会各阶层的利益,它不可能不折不扣地执行这些规定。更何况,尽管美国是 MIGA 中的一大主角,但 MIGA 毕竟并非由美国独家经营,因此,美国试图通过国内立法随心所欲地将自己的政策强加于 MIGA 的董事会,也不会是容易的。

六、MIGA 对保护美国在华投资可能发挥的重大作用

中国通过国内立法和国际条约,从法律上保护美商在华投资。在国内法方面,《中华人民共和国宪法》这一根本大法以及其他一系列中国涉外法律和法规,都明文规定在华外资(包括在华美资)的合法权益受到中国法律的保护;在国际条约方面,

---

[69] 参见《国际贸易报告书》(第 4 卷第 19 期),1987 年 5 月 13 日,第 653—654 页。
[70] 《国际贸易报告书》(第 4 卷第 19 期),1987 年 5 月 13 日,第 653 页。
[71] 参见《实用美国法规汇编》(第 22 卷),第 290K—2 节,第 102—103 页。

中国政府在实行对外开放基本国策之初,即率先于 1980 年与美国政府签订了有关投资保险的鼓励美商在华投资的双边协定。

自中国成为 MIGA 成员国之后,由 MIGA 承保的美商在华投资可进一步得到中国和 MIGA 的双重保护。一旦发生 MIGA 承保范围内的非商业性风险,给美国投资者造成损失,作为东道国的中国将面临双重的赔偿责任:首先,在 MIGA 行使代位求偿权之前,中国须向投资者**直接**支付金钱赔偿;其次,在 MIGA 顺利行使代位求偿权之后,中国无异于向投资者**间接**地支付了赔偿。

可见,无论出现上述哪一种情况,中国的 MIGA 成员国资格决定中国不可能规避向上述投保了的在华美资支付部分或全部侵权赔偿金的义务,即无法摆脱对 MIGA 承保的在华美资非商业风险负有的赔偿责任。况且,无论出现上述哪一种情况,中国都将随即受到来自 MIGA 所有成员国包括众多发展中国家成员国的压力。这当然是中国不愿意看到的局面。

中国在参加《MIGA 公约》之前,显然意识到而且已经洞悉 MIGA 体制中的这些"奥妙",以及它们对吸收外资的东道国所形成的多重约束力,但中国仍然决定参加该公约。由此可见,中国鼓励和保护外商来华投资(包括在华美资),其善意和决心是无可置疑的。

MIGA 和欧皮克公司各自都有最高的承保限额。[72] 当美商在华投资的特大型项目特别是开发自然资源和能源建设项目需要投保时,MIGA 在保险市场上格外能发挥其承保能力。[73] 假如 MIGA 和欧皮克公司都无力单独承保美国在华大型投资项目,则二者可以一起对该投资项目实行共同保险或分保。

MIGA 是唯一一家专门承保政治风险的多国保险机构,在多数实质性场合,MIGA 因循或仿照美国欧皮克公司的做法开展保险业务。[74] 但是,两者承保对象范围的广狭却有不同。前者的适格承保投资未必就是后者的适格承保投资;反之亦然。就美国欧皮克公司而言,除了前面已经提到的对投保人的国籍设有狭窄限制之外,还存在着美资所在东道国是否符合美国所设定的"政治标准"的人为障碍。相形之下,MIGA 却具有较宽的"胸怀",它有权承保美国法律和欧皮克公司政策禁止承保的项目。[75] 如果出现这种情况,美国投资者在投保各种在华非商业性风险时,就

---

[72] MIGA 对每一投资项目的每一类风险,最高保险额为 5000 万美元,参见《投资者最新动态》,载《中国商务》1990 年 2 月 26 日第 2 版;《MIGA》,载《世界保险报告书》,1990 年 3 月 18 日。
[73] 参见 MIGA 信件 A。
[74] 同上。
[75] 同上。

有了新的选择,在考虑投保取舍时,可以舍欧皮克公司而取 MIGA。[76] 反之,如果一项美商对华投资对于这两家保险机构说来都是适格的承保投资,那么,该美商就可以自由选择 MIGA 或欧皮克公司,看看二者之中何者能就在华非商业性风险向投资者提供更有效、更充分和更廉宜的保险和保护,择优投保。

1990 年在美国发表的一篇新闻评论引述了 MIGA 副总裁霍里伍德的看法。他指出:"与一些国家政府经营的专门承保政治风险的机构不同,MIGA 无须考虑东道国的人权记录,或一个投资项目对投资者母国劳动者就业的影响,因此在某些国家保险机构无法承保某些不符合条件的投资项目时,MIGA 却可以承保,从而弥补缺陷。"[77]

根据霍里伍德的观点,如果"出于政治原因",一个国家保险计划不能将某一特定东道国列入承保范围,那么,MIGA 就是一个受欢迎的选择。因为,MIGA 批准承保投资项目所依据的主要标准是:(1)该投资项目是否对作为 MIGA 成员国的东道国有利;(2)该项目在财政上是否具有足够的生存和发展能力。[78]

霍里伍德有关 MIGA"非政治化"的这些观点,看来是"言之有据"的。它符合《MIGA 公约》第 34 条的规定。该条明确强调:"MIGA 及其总裁和职员不得干涉任何成员国的政治事务。在不伤害机构考虑与投资有关的所有因素这一权力的前提下,其一切决定均不受有关成员国政治性质的影响。在权衡与决策有关的各种因素时应无所偏倚,以期达到第 2 条所阐明的宗旨。"

然而,如果将《MIGA 公约》的这一规定与美国国会专为本国参加该公约而通过的法律规定加以比较,人们首先就会陷入迷惑不解,继而发现两者之间在"非政治化"问题上"南辕北辙"。因为,《美国法规汇编》第 22 卷第 290 节 K 条 2 项规定:

> 美国派驻 MIGA 的董事上任后,应当在该机构正式签发第一份保险单之前,立即提出建议,并尽力促使该机构董事会采用有关的政策和程序,从而使该机构不对拟在下述国家中投资的项目提供担保:
> (1)该国尚未采取或不拟采取措施给予该国工人以国际公认的工人权利。
> (2)东道国对该项投资附加扰乱贸易的履行条件,从而可能造成:美国或其他成员国的就业机会大量减少;或美国或其他成员国从该项投资中可能获得的其他贸易利益大量减少。
> (3)该项投资会提高一国某类工业的生产能力,而这类工业在世界范围内

---

[76] 参见《投资者最新动态》,载《中国商务》1990 年 2 月 26 日第 2 版。
[77] 同上。
[78] 同上。

已面临相同、相似或竞争产品的生产能力过剩,其结果,势必给其他成员国中生产这种产品的厂商造成重大损害。

美国法律的这些规定,不仅要求 MIGA 切实保护美商的各种经济利益,而且要求 MIGA 接受美国的政治观念,把东道国的所谓"人权"记录作为是否同意承保有关投资的重大标准,即把适格承保的标准政治化了。

其次,《MIGA 公约》第 12 条 d 款 iv 项规定:

> 在担保一项投资时,MIGA 应彻底弄清……东道国的投资条件,包括该投资是否可得到公正平等的待遇和法律保护。

这一规定本身自无不当,但如戴上美国政坛近年来相当流行的有色眼镜,却也不难对该公约的这一条文随心所欲地作出政治化的解释。

有鉴于此,美国是否能如愿地将其本国的某些法律和政策,即那些把承保适格政治化的法律和政策推行于 MIGA,以影响该机构的决策过程,以及 MIGA 的"非政治化"是否真正现实可行等,就都成为耐人寻味的问题。

最后,MIGA 现任法律顾问威森费尔德在 1991 年 7 月 12 日致陈安教授的一封信中指出,尽管 MIGA 已经接受许多可能投保的美国和欧洲客户的咨询,但这些初步的咨询"尚未成熟到申请订立合同的程度",因此,直到当时为止,"MIGA 仍未获得在中国承保投资项目的机会"[79]。

笔者对这封信中的委婉说辞,与《MIGA 公约》以及美国立法的上述有关规定作了综合比较和仔细揣摩,觉得有必要进一步探讨以下几个具体问题:

问题 1:MIGA 衡量这些咨询是否"成熟"到可以申请订立合同的标准是什么?美国派驻 MIGA 的董事在衡量这些咨询时持何立场?是什么原因导致 MIGA 尚未获得在中国承保投资项目的机会?其主要原因是来自 MIGA 客户的犹豫不决,还是来自 MIGA 本身的限制和劝阻?

问题 2:根据《MIGA 公约》第 12 条 d 款 iv 项的规定,在 1989 年 6 月 4 日之后,MIGA 对中国投资环境如何评估?这种评估是否取决于世界银行所作的评估?MIGA 是否认为中国的投资环境尚不符合该机构承保在华外资的水准?

问题 3:现在,中国已被列入"有资格获得担保的 MIGA 成员国"名单(从 1991 年 7 月 2 日开始),并被确定为"第二类国家(即发展中国家成员国)"之一。[80] 相应的注解称:"凡是来自这第二类国家或第一类成员国的投资者在这些第二类成员国境内

---

[79] MIGA 信件 A。
[80] 签署和批准多边投资担保机构公约国家一览表(截至 1991 年 7 月 2 日)。

的投资,便有资格获得 MIGA 的担保"[81]。这是否意味着目前 MIGA 已判定中国现行的投资条件已全面符合《MIGA 公约》第 12 条 d 款 iv 项的规定,即在华外资已经能够"得到公正平等的待遇和法律保护"[82]?

问题 4:自 1989 年 6 月 4 日以来,美国欧皮克公司已停止承保新的美商对华投资,[83]这是美国对中国实行"经济制裁"的措施之一。美国此项措施会不会对 MIGA 的承保政策产生实际影响,从而在事实上限制或阻碍 MIGA 承保美商在华投资?

问题 5:美国派驻 MIGA 的董事按照前述美国 22 U.S.C. §290K-2 项法律规定行事,则目前美国推行的把对华经贸问题政治化的政策是否严重影响 MIGA 承保在华投资的决策? 如果回答是肯定的话,那么,究应如何理解《MIGA 公约》第 34 条规定的有关该机构经营"非政治化"的精神实质?

问题 6:如果美商就其适格的在华新投资正式向 MIGA 提出投保申请,MIGA 是否会真正严格遵照公约中的"非政治化"规定而同意承保?

问题 7:MIGA 是否已经确认中国是它承保投资非商业性风险的重要市场? 认定的主要依据是什么?

笔者曾就上述这些令人"纳闷"的疑难问题,通过陈安教授的帮助,直接函询 MIGA 的法律顾问威森费尔德,向他请教。他在回信中坦率地承认,这些问题正是"评论家们在探讨 MIGA 过程中所遇到的一批最难解答的难题。"

对于问题 1,威森费尔德在回信中委婉地解释说:"投资程序是一个缓慢的过程,即使一帆风顺,由于跨国性行动耗费时日,因此,到最终达成针对投资的协议,拖延一年或更长时间,也不是不可能的。在投资目标所在国的经济和政治形势似乎还在变动之中的情况下,尤其如此。"[84]

另外,威森费尔德强调,MIGA 不清楚"为什么针对在华投资要求投保的几家申请人至今尚无进一步的行动"[85],也不知道在出现问题 1 提到的情况时"美国派驻 MIGA 的董事将持何立场"。但是,他断然"保证 MIGA 从来没有做任何劝阻投资者向中国投资的事情"。相反,他强调,MIGA"迫切希望"在中国这个市场上开辟业务,站稳脚跟,从而使"中国真正成为 MIGA(开展承保业务)的一个重要市场"[86]。其所以然,是因为"在过去十年中国际投资界对中国一向怀有相当大的兴趣,对于外国投

---

[81] 签署和批准多边投资担保机构公约国家一览表(截至 1991 年 7 月 2 日)。
[82] 《MIGA 公约》第 12 条 d 款 iv 项。
[83] 〔美〕所罗门:《中国与最惠国待遇:变革的催化剂是交往而不是孤立》,载美国国务院文件《现行政策》第 1282 号,1990 年 6 月 6 日,第 5 页。
[84] MIGA 信件 B。
[85] 同上。
[86] 同上。

资家说来,这个国家的幅员使它成为一个潜在的巨大投资市场。作为一个促进开发的机构,MIGA将充分发挥作用,以促进向这个如此重要的发展中国家实行投资。我深信,这种期待是现实的"[87]。

对于问题2,威森费尔德实际上不愿确切回答,理由是MIGA尚未处理过针对在华投资申请投保的事例,因此,根据《MIGA公约》第12条d款iv项规定,要求该机构对中国现行投资条件进行评估,也就无从谈起了。

对于问题3,威森费尔德明确答称:"一个国家被列入一项成员国名单并不表示已经断定外国投资在该国受到的待遇。这样的一种判断将在随后有人要求MIGA承保在该国境内的投资项目时再作出。实际上,MIGA每次承保该国境内的项目,都必须按照《MIGA公约》第12条d款iv项规定的标准逐一审定"。

威森费尔德的这种解释显然暗示:中国作为一个签署和批准《MIGA公约》的成员国,并被列入上述名单,仅仅意味着它是该公约第14条所规定的一般意义上的"合格东道国",而并不意味着MIGA已经具体断定中国的投资环境完全符合该公约第12条d款iv项规定的标准。对于后者,还有待于日后逐案审定。

问题4和5可以说是上述所有问题的关键和核心。显而易见,美国有关MIGA的国内特别立法(即前述22 U.S.C. §290K-2项法律)与《MIGA公约》第34条规定是直接抵触、大相径庭的。前者规定,美国派驻MIGA的董事有义务推行美国有关MIGA的法律和政策,针对可能出现的四种情况,设法阻止该机构向拟议中的投资提供担保。然而,《MIGA公约》第34条规定的该机构"非政治化"机制,在理论上给人们的印象是:(1) MIGA奉行中立政策,在政治上无所偏倚;(2) MIGA的一切决策,与政治无涉,不应接受世界范围内一国或数国的任何政治影响;(3) MIGA本身及其所属全体人员,一概"不得干涉任何成员国的政治事务","禁止政治活动"。根据以上缔约精神,其逻辑上的必然结论和具体结论之一,理应是:(4) 在MIGA决定是否向美商在华投资提供担保时,根本无须考虑美国国内立法即22 U.S.C. §290K-2项法律所力图强加于MIGA的政治性限制规定;更不应接受来自美国国内法的政治性掣肘。由此可见,MIGA在这方面较之美国的欧皮克公司,具有一些明显和独特的优势。从理论上说,凡是碍于美国政策、出于某种"政治原因"因而欧皮克公司不能承保的美商海外投资,只要符合MIGA的有关规定,即可由该机构提供担保。

然而,现实无情。世界上迄今存在的强权政治的阴影,却在一定程度上阻遏着

---

[87] MIGA 信件 B。

上述理论的贯彻。

由于美国是 MIGA 最大的持股者,来自美国的董事在该机构中拥有 21.7% 的投票权,[88]因此,MIGA 在审议申请投保的美商在华投资时,事实上不可能不受美国政府的政治决策以及有关立法的重大影响。可以说,在一定条件下,美国董事的投票倾向,在某种程度上甚至对 MIGA 的决策具有举足轻重的作用。更为重要的问题是,在 MIGA 成员国中,以西方"七国集团"为首的发达国家投票权的总和,占该机构董事会全部投票权的 49.72%。[89] 如果它们对某一特定国家或特定事项持相同的看法或采取相似的政策,那么,这些国家就能全盘控制 MIGA 特定决策。

针对笔者提出的这个关键性疑难问题,威森费尔德回答得比较含蓄,也比较含糊。他在前述函件中写道:"美国在许多国际机构中都是最大的持股人,因此,它力图运用其投票权促使这些国际机构的决策符合美国政府的观点,这是极为正常的。通常,国际组织的成员国,包括美国,对某一特定事项持这种或那种观点,便会各自努力设法取得其他持相同意见的成员国的投票支持,以加强自己的地位。这种努力,既可以正式地在机构内部的会议辩论中进行,也可以非正式地通过各种外交接触之类的场合进行"[90]。

在解释美国投票权在 MIGA 决策中的作用之后,他指出,如果有美商对华新投资向 MIGA 申请投保,而美国董事却力图加以"劝阻",则暂且还不知道"美国究竟是对 MIGA 的管理部门非正式地表示意见;抑或是在董事会上就此事项展开辩论"。如果正式投票,也往往"无法预料董事会的投票结果"。因为,直到 1991 年 7 月为止,MIGA 还没有这方面的具体实践记录。[91]

显然,在这里威森费尔德并不否认,美国对中国实行"经济制裁"和"政治制裁"政策的延续以及美国 22 U.S.C. §290K-2 项法律的规定,势必通过美国董事行使其在 MIGA 中的特大投票权,在某种程度上限制该机构承保美商在华投资的能力。

但是,另一方面,威森费尔德在上述函件中既不直截了当地确认,也不直截了当地否认《MIGA 公约》第 34 条规定的该机构"非政治化"的特点和要求。很难认为,这不是他对现实难题的一种"规避"。联系到威森费尔德在历史上和现实中的两种身份,他在答疑时存在的"苦衷",就不难理解了。他曾在美国政府主办的欧皮克公司

---

[88] 参见《多边投资担保机构关于资本份额认缴和投票权的声明》,载《MIGA 1990 年年度报告》,第 26—27 页。美国在 MIGA 中占有 20.519% 的股份份额。"七国集团"总共拥有 MIGA 投票权的 49.72%,其中,美国 21.7%、日本 5.53%、联邦德国 5.5%、法国 5.28%、加拿大 3.29%、意大利 3.14%。

[89] 同上。

[90] MIGA 信件 B。威森费尔德在信中解释称:"通常,一个成员国虽然反对承保某一特定项目,但鉴于其他成员国大多支持该项目,一般都会投弃权票,而不会投不赞成承保该项目的反对票。"

[91] 同上。

连续担任助理总法律顾问长达 12 年之久,而现在则在 MIGA 这一国际性机构中担任要职,正在积极努力地为这个机构树立公正、超脱的形象,以利于在全球开拓承保业务。可是,事实上,美国政府的政治观念和政策对 MIGA 决策的影响确然存在,而这种存在又显然成为该机构实现"非政治化"的一大障碍。此种理论与现实的矛盾、美国国内法与国际公约的抵触,以及"过去"与"现实"两重身份的差异,势必促使威森费尔德在说明这个问题时陷入两难境地。

虽然如此,笔者仍然认为,美国政府把对外经贸问题政治化的惯常做法对 MIGA 实现"非政治化"的消极影响也不是不受限制或无法抵消的。如果其他发达国家成员国就特定国家或特定事项与美国抱有不同的观点或采取不同的政策,而发展中国家成员国又能坚持自己的政策,那么,美国就无法控制 MIGA 的决策。例如,美国是西方国家中唯一一个迄今仍然对中国实行"经济制裁"的国家,而欧共体却在 1990 年 10 月的外长会议上就已决定取消对中国的经济制裁。此外,西方七国首脑会议的主席也赞同美国总统布什关于无条件延续对华最惠国待遇的主张,并建议继续改善同中国的关系。在这种国际动向下,即使美国仍然能在 MIGA 中扮演重要的角色,恐怕也难以随心所欲地控制该机构实现"非政治化"的趋势。目前,在对华投资承保的问题上,摆脱美国政策对 MIGA 的影响的可能性正在日益增大,这将使《MIGA 公约》第 34 条所倡导的理论上的"非政治化"得到某种程度上的推动和实施。对于美国在华私人投资来说,这种结果恰恰是 MIGA 优于美国欧皮克公司之处,因为美国立法规定后者必须受制于美国的法律和政策,而前者则理应不受美国法律的约束。MIGA 的这种优势可以使它比美国欧皮克公司发挥更大的作用。[92] 凡是在中国已经进行新投资或有兴趣进行新投资的美国投资者,在中美关系尚未恢复正常、欧皮克公司拒绝承保对华新投资的现实情况下,仍然可以自由地要求 MIGA 提供投资保险。对这些投资者而言,MIGA 能够扮演一个欧皮克公司所不能扮演的角色。一旦充分了解 MIGA 的独特优势,MIGA 所具有的特点将有力地刺激美国投资者向该机构申请投资保险。即使日后欧皮克公司恢复对美商在华投资的保险计划,它也无法发挥 MIGA 所能发挥的独特作用。因此,如何与 MIGA 进行合作以及做到二者间的互补,看来将成为欧皮克公司面临的一项重大课题。另一方面,中美经济上的多种互补性、MIGA 的出现和开始运作、中国的迅即参加并大力支持该机构,所有这些,都预示着 MIGA 完全可以通过与欧皮克公司之间的合作以及与中国之间的合作,大力加强对美商在华投资实行国际保护。简言之,MIGA 开拓对在华美资的承保业务,其前景是十分乐观的。

---

〔92〕 参见〔美〕所罗门:《中国与最惠国待遇:变革的催化剂是交往而不是孤立》,载美国国务院文件《现行政策》第 1282 号,1990 年 6 月 6 日,第 3 页。

七、结　　语

随着时间的推移,由于 MIGA 的多国性质及相应的优势,它在保护跨国投资方面将会起到越来越大的作用。

作为世界上最大的海外投资国家,美国与新建的 MIGA 以及世界银行集团的其他成员之间有着非常密切的联系。有关建立 MIGA 的最初构想和倡议就是在美国的积极推动下提出的。美国正在充分利用这些国际经济组织以及相应的机制,促进其在世界范围内的投资大业。看来,为了更有力、更有效地保护美商在发展中国家的投资,包括在华投资,美国应当会更加注意发展欧皮克公司和 MIGA 之间的互补关系。

中国正在加快步伐,更大胆地实行对外开放和吸收外资的既定国策。根据新近来自 MIGA 总部的信息,截至 1992 年 7 月上旬,外国对华投资已有 16 个项目在 MIGA 正式登记申请投保,其投资总额超过 6 亿美元,投资部门包括产品制造业、农业综合企业、制药业、渔业、能源业乃至快餐业等等。[93] 面临这种新的形势,作为正在吸引巨额外资包括美资的国家,中国理应注意以下几个问题:(1) 仔细研究世界银行集团五大国际经济组织以及它们之间的相互关系,准确理解这五大"齿轮"间相互衔接和相互配合的微妙之处;(2) MIGA 对中国人来说还很陌生,应当设法使更多的中国人了解和接受新建立的 MIGA 及其运作机制;(3) 应当制定具体实施《MIGA 公约》的专门立法,以进一步改善投资环境,预防和消除跨国投资过程中出现的国际矛盾,促进国际合作,从而在公正与平等的基础上促进中国人民与各国人民(包括美国人民)之间的互利关系。

---

[93] 参见 MIGA 总部威森费尔德 1992 年 7 月 7 日写给陈安教授的信(原信复印件现存厦门大学国际经济法研究所备查)。